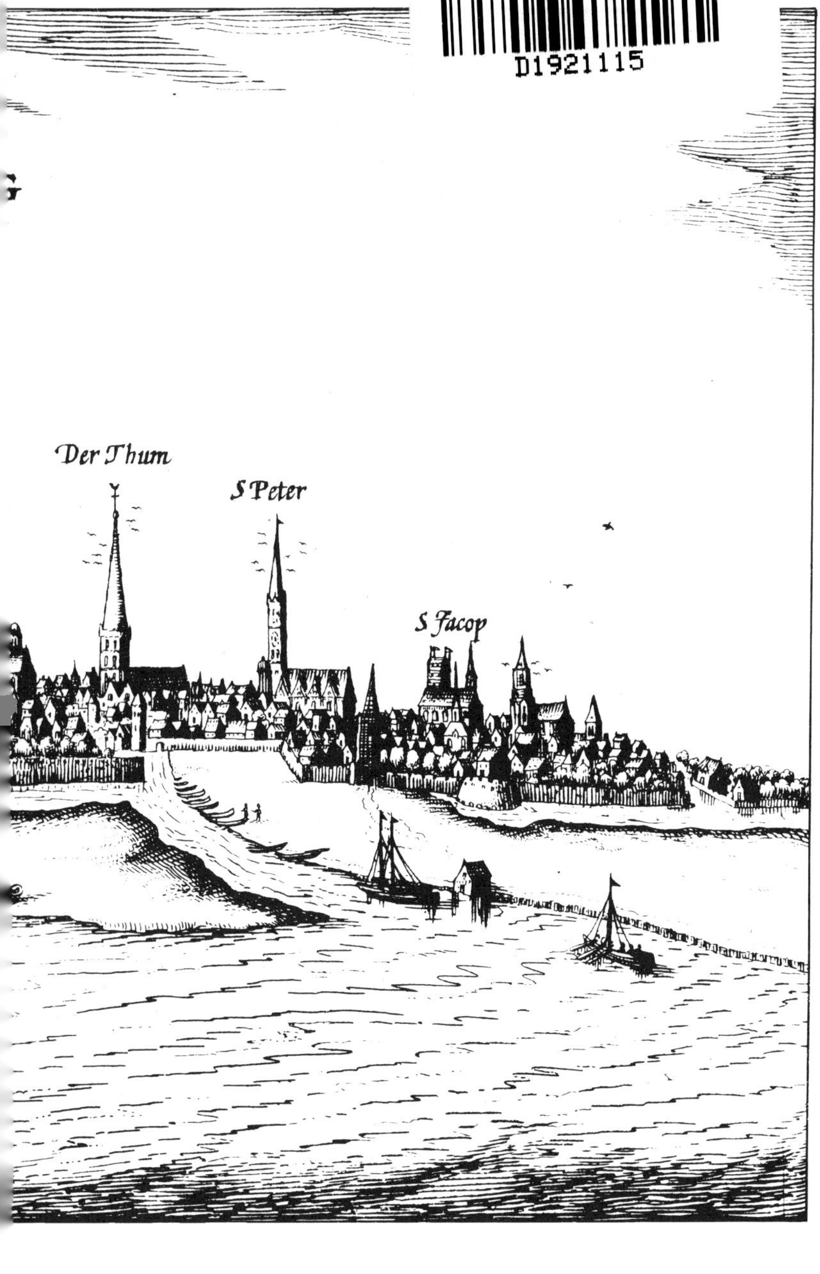
Der Thum
S Peter
S Jacop

ECKART KLESSMANN

# GESCHICHTE DER STADT HAMBURG

Die Hanse

*Danksagung*

Für die vielfältige Unterstützung und mannigfache Anregung habe ich zu danken Herrn Dr. Hans-Dieter Loose, dem Leiter des Hamburgischen Staatsarchivs, und seinen Mitarbeitern, die das Manuskript vor der Drucklegung durchgesehen, korrigiert und mich während der Arbeit beraten haben (mein besonderer Dank gilt dabei Herrn Dr. Hans Wilhelm Eckardt); Herrn Dr. Peter Freimark vom Institut für die Geschichte der deutschen Juden; den Mitarbeitern des Museums für Hamburgische Geschichte, der Kunsthalle, des Museums für Kunst und Gewerbe, des Altonaer Museums und der Staatlichen Landesbildstelle.

Die Kulturbehörde der Stadt Hamburg und die Patriotische Gesellschaft haben meine Arbeit mit einer finanziellen Beihilfe gefördert.

Ihnen allen und den vielen Ungenannten, die mit Hinweisen, Ratschlägen und Anregungen meine Arbeit begleitet haben, gilt mein herzlicher Dank. *E.K.*

Die Deutsche Bibliothek – CIP-Einheitsaufnahme

Ein Titeldatensatz für diese Publikation ist bei
Der Deutschen Bibliothek erhältlich


Zuerst erschienen 1981 bei Hoffmann und Campe, Hamburg
Umschlaggestaltung: atelier freilinger & feldmann
Motiv: »Alt-Hamburg« 19. Jahrhundert vor dem Zollanschluß

Foto: Strumper & Co.
Druck und Bindung: Clausen & Bosse, Leck
Printed in Germany

ISBN 3-434-52596-3

Informationen zu unserem Verlagsprogramm finden
Sie im Internet unter www.die-hanse.de

# Inhalt

*Bildnachweis*

Die Abbildung auf dem Schutzumschlag zeigt den Blick vom Neuen Jungfernstieg über die Binnenalster hinweg zum Jungfernstieg mit dem Alsterpavillon und zu den Türmen von St. Petri und St. Jacobi; kolorierter Stahlstich von Johann Poppel nach einer Lithographie von Carl Lill, um 1840. Das vordere Vorsatzpapier gibt eine Ansicht Hamburgs von der Elbseite wieder; Holzschnitt aus einer Ausgabe von 1575 der *Kosmographie* von Sebastian Münster. Der Hamburg-Plan auf dem hinteren Vorsatzpapier (s. auch S. 397), eine zeitgenössische kartographische Darstellung, läßt das Ausmaß der Verwüstungen erkennen, die der Große Brand von 1842 anrichtete.

Die Vorlagen für die Abbildungen, im Folgenden durch Seitenangaben bezeichnet, stellten zur Verfügung: Altonaer Museum in Hamburg: 268 – Erich Andres, Hamburg: 580, 586, 589, 590, 591 – Archiv für Kunst und Geschichte, Berlin: Schutzumschlag – Bildarchiv Preußischer Kulturbesitz, Berlin: 541 – Hamburger Kunsthalle: 80, 85, 87, 190, 192, 193, 203, 271, 285, 415, 419, 421, 422, 423, 490, 494, 496 – Museum für Hamburgische Geschichte, Bildarchiv: vorderes Vorsatzpapier, 108, 163, 173, 174, 196, 207, 237, 255, 261, 264, 273, 288, 290, 291, 295, 318, 363, 378, 391, 417, 551 – Museum für Kunst und Gewerbe, Hamburg: 221 – Ingo Röhrbein, Hamburg: 601 – Gerhard Schack, Hamburg (Copyright Prof. Dr.-Ing. Kurt Illies, Hamburg): 492 – Sammlung Georg Schäfer, Schweinfurt: 59 – Staatliche Landesbildstelle Hamburg: 345, 402, 409, 441, 469, 473, 479, 485, 521, 522, 523, 527, 528, 531, 560, 564, 569, 571, 573, 594, 597, 599 – Staatsarchiv Hamburg: 17, 27, 29, 41, 50, 53, 56, 62, 67, 76, 78, 79, 82, 89, 96, 113, 118, 120, 121, 123, 125, 135, 137, 150, 152, 153, 159, 161, 166, 168, 175, 176, 178, 209, 212, 213, 215, 239, 240, 251, 265, 275, 277, 302, 303, 304, 307, 311, 315, 320, 321, 323, 325, 326, 327, 328, 330, 332, 339, 347, 349, 351, 366, 375, 379, 384, 387, 397, 398, 400, 404, 416, 427, 430, 433, 435, 439, 516, 546, 549, hinteres Vorsatzpapier – Staats- und Universitäts-Bibliothek Hamburg: 200, 243, 258.

Verlag und Autor danken den genannten Personen und Institutionen für die freundlich erteilte Abdruckerlaubnis.

# Vorwort

»Von allen deutschen Großstädten ist keine nach ihrer Erscheinung und ihrem Wesen so unbekannt wie Hamburg.« Mit diesem Satz beginnt Alfred Lichtwark seinen 1897 veröffentlichten Essay *Hamburg*. Das Hamburg, wie es Lichtwark gekannt hat, existiert nicht mehr. Es genügten fünfzig Jahre, um das Gesicht dieser Stadt entscheidend zu verändern. Von 1900 bis 1940 fielen die für Hamburg so charakteristischen Gängeviertel sämtlich der Spitzhacke zum Opfer. Ihnen als dem Verlust des traditionsreichen »Alt-Hamburg« nachzutrauern ist nur sentimental, denn ihre zweifellos pittoreske Erscheinung verbarg unsägliches Elend. Dem oberflächlichen Betrachter ist es wahrscheinlich nie deutlich geworden, daß diese malerischen Elendsviertel die Brutstätten aller Epidemien waren, von denen Hamburg in seiner Geschichte immer wieder heimgesucht worden ist. Aber nicht daran dachte Lichtwark, als er das zornige Wort von der »Freien und Abrißstadt Hamburg« prägte. Neben der Beseitigung der Elendsquartiere sind auch viele wertvolle Zeugnisse Alt-Hamburger Architektur geopfert worden. Und was die Spitzhacke nicht schaffte, zerstörten von 1940 bis 1945 die Bomben.

Aber die tiefgreifenden Veränderungen des Stadtbilds reichen sehr viel weiter. Mit einigem Grund haben sich die Besucher Hamburgs in früheren Generationen immer auch an Venedig erinnert gefühlt, denn die Stadt war von einem ausgedehnten Netz von Fleeten und Kanälen durchzogen, von denen ein beträchtlicher Teil seit der zweiten Hälfte des 19. Jahrhunderts zugeschüttet worden ist. Wenn im übrigen Binnen- und Außenalster so etwas wie ein Wahrzeichen Hamburgs geworden sind, so ist daran zu erinnern, daß beide kein Werk der Natur sind, sondern künstliche Seen, die im 13. Jahrhundert entstanden, als das Wasser der Alster gestaut wurde, um Mühlen zu betreiben. Der Kommerz hat also schon sehr früh das Erscheinungsbild Hamburgs geprägt, nicht erst der tief in das alte Stadtbild eingreifende Bau des Freihafens mit all seinen Folgen.

Als der englische Dichter Samuel Taylor Coleridge 1798 Hamburg besuchte, bemerkte er: »Die erste Voraussetzung für irgendwelche bauliche Schönheit in Hamburg wäre, fürchte ich, ein großer Brand. Die Stadt ist gar zu muffig.« Die diskret formulierte Hoffnung des Dichters hat sich buchstäblich erfüllt – im Großen Brand von 1842 und im noch weit größeren 1943. Aber schon vor 1842 ist die Stadt immer wieder verwüstet worden, von den Wikingern, die 845 einen Teil des gerade entstehenden Hamburg niederbrannten, über die Verheerungen durch Wenden und Obotriten im 10. und im 11. Jahrhundert bis hin zur ersten Brandkatastrophe des Jahres 1284, bei der nur ein einziges Haus unversehrt geblieben sein soll. Davon aber war nie die Rede, wenn in unserem Jahrhundert von der dieser Stadt eigentümlichen Lust an der Selbstzerstörung geklagt wurde. Hamburgs nicht zu leugnende Sünden seien hier keineswegs entschuldigt. Aber man sollte doch auch bemerken, daß eine Stadt wie Berlin sich nicht minder an der Architektur ihrer Vergangenheit versündigt hat und daß die Selbstverstümmelung von Frankfurt am Main nach 1945 alles in den Schatten stellt, was sich Hamburg in der Nachkriegszeit geleistet hat.

Daß diese Tatsachen fast verdrängt worden sind und daß Hamburg seit dem 19. Jahrhundert der Ruf einer extrem kulturfeindlichen Stadt anhängt, hat eine merkwürdige Tradition. Bis heute ist unermüdlich die Legende zementiert worden, Hamburg stehe gleichsam von vornherein in Erbfeindschaft zu allem, was irgend mit Tradition und Kultur zu tun hat. Unzählig sind die stets emsig kolportierten Anekdoten, die uns glauben machen möchten, der Hamburger Kaufmann verkörpere das Banausentum schlechthin. Und da wird dann aufgelistet, welche Genies die Stadt nicht beherbergt oder gar vertrieben habe, wie provinziell Hamburgs Kultur überhaupt gewesen sei, welch schauerliche Profitgesinnung »den Hamburger« von jeher beherrscht habe.

Dabei hat es »den Hamburger« ohnehin nie gegeben, denn die Stadt ist seit ihrer Gründung immer so etwas wie ein Schmelztiegel für Millionen Zuwanderer gewesen, wie Berlin. Daß viele andere Städte ihr architektonisches Erbe besser bewahrten, lag allerdings auch daran, daß sie kommerziell zur Provinzialität verkümmerten und sich eine Modernisierung einfach nicht leisten konnten. Ferner ist zu bedenken, daß ein protestantisches Gemeinwesen eher ein unsicheres, auf Nützlichkeit bedachtes Verhältnis zur Kultur pflegte denn ein zur Tradition und zur Kunst verpflichtendes.

Daß ein Künstler wie Daniel Chodowiecki 1782 befand, »Hamburg enthält ohnstreitig mehr Kunstsachen als man glaubt«, und der Kritiker Alfred Kerr in den zwanziger Jahren unseres Jahrhunderts nicht allein meinte, Hamburg sei »die schönste Großstadt in Deutschland«, sondern sogar folgerte: »Wie ist es möglich, daß Hamburg nicht selber Deutschlands Hauptstadt wurde?« – dies zeigt doch, daß auch andere Aspekte denkbar waren.

Im 17. und im 18. Jahrhundert war Hamburg einmal eines der bedeutendsten Kulturzentren Deutschlands. Hier wirkten Dichter wie Brockes, Hagedorn und Klopstock, also die größten Lyriker deutscher Sprache im 18. Jahrhundert (außer Johann Christian Günther), erst hier konnte sich ein so bedeutender Komponist wie Georg Philipp Telemann entfalten, und es gehört mit zur Kultur, daß in jener Zeit nirgendwo in Deutschland die Presse so frei war wie in Hamburg. Auch in späteren Jahren, als die Stadt ihren Ruf als kulturelles Zentrum längst eingebüßt hatte, zog es Dichter wie Liliencron und Dehmel hierher.

Hamburg ist das eigentlich nie so recht zugute gehalten worden. Wohl aber wurde ihm ein ewiger Vorwurf daraus gemacht, Johann Sebastian Bach den Organistenposten an St. Jacobi verwehrt zu haben, obwohl das gar nicht eine Entscheidung des Stadtregiments, sondern ein Beschluß der Kirchengemeinde war. Aber das paßte ja so prächtig ins Bild: Bach bekam die Stelle nicht, weil er sein Amt nicht erkaufen wollte. Diese Krämerseelen! Daß aber der Verkauf solcher Ämter damals auch außerhalb Hamburgs gang und gäbe war, ist weit seltener zu lesen.

Daß Hamburg nach dem Tod Carl Philipp Emanuel Bachs, 1788, ein eigenartig gebrochenes Kulturverständnis erkennen ließ, hat vielerlei Gründe. Die materiellen Heimsuchungen – die wirtschaftliche Zerstörung durch die französische Okkupation (1806–1814), die Vernichtung der Altstadt durch den Brand von 1842 – reichen zur Erklärung nicht aus, so gravierend sie auch waren. Die Tatsache, daß Hamburg nie Fürstenresidenz gewesen ist mit all ihren Vor- und Nachteilen, hat zweifellos auch seine Kultur bestimmt, erklärt aber auch nicht alles; sie verweist indes darauf, daß man Hamburg nur mit den Freien Reichsstädten – also etwa Frankfurt am Main, Bremen, Lübeck – vergleichen sollte, denen für das 19. Jahrhundert schwerlich eine herausragende Kulturpflege nachgerühmt werden kann. Vielleicht ist der Grund eher darin zu suchen, daß in Hamburg Kultur und Staat im 19. Jahrhundert streng getrennt waren. Dieser Grundsatz war insofern lobenswert, als er die Bevormundung der Kunst durch die Staatsgewalt einschränkte und die Kulturpflege dem privaten Mäzenatentum anheimstellte. Nachteilig aber erwies sich daran, daß der Staat nie in die Pflicht genommen werden durfte. Hamburgs Museen, das Schauspielhaus, die Musikhalle und nicht zuletzt die Oper verdankten ihre Entstehung der Initiative und dem Geld Hamburger Kaufleute. Erlahmte deren spendenfroher Sinn, so durfte die Stadt selbst nicht einspringen; sie konnte nur das schon Vorhandene unterstützen oder auch übernehmen. Was einmal sinnvoll als Abwehr staatlicher Bevormundung gedacht war, erwies sich nun als höchst gegenteilig in seinen Auswirkungen.

Und als dann die Stadt sich überraschend entschloß, selbst als Mäzen aufzutreten und dem Schriftsteller Gustav Falke einen lebenslangen Ehrensold zu verleihen, gab es nicht wenige Kritiker, die sich über Hamburg lustig machten. Daß sich Hamburg zur nämlichen Zeit die splendideste Sammlung von Jugendstilkunst zu eigen machte, fand niemand erwähnenswert. (Sie ist heute die größte der Welt.) Daß die Stadt mit dem Lessing-Preis, dem Bach-Preis, dem Lichtwark-Preis, dem Edwin-Scharff-Preis und dem Alexander-Zinn-Preis heute fünf Kulturpreise vergibt – nicht zu reden von den Aufwendungen der nichtstaatlichen Patriotischen Gesellschaft und der Stiftung FVS –, scheint für das allgemeine Ansehen der Stadt keine Rolle zu spielen.

Doch genug. Die Geschichte einer Stadt und ihre Bedeutung bemessen sich nicht einzig und allein nach ihrem Kulturverständnis. Daß ich diesen Punkt im vorliegenden Buch so besonders betone, geschieht darum, weil ich meine, die Stadt Hamburg sei in allen früheren Darstellungen als Stadt der Kultur eher zu kurz gekommen. Ihr hanseatisches Understatement mag allerdings ungewollt zu ihrem schlechten Ruf als musenfeindlicher Ort beigetragen haben.

Mich hat aber auch anderes bewegt. Selbst seit 1961 in Hamburg ansässig, mußte ich schon früh bei der Lektüre älterer Stadtgeschichten feststellen, daß mein Interesse an der sozialen Entwicklung dieser Stadt keine Nahrung fand. Ich meine aber, man könne nicht Hamburgs Geschichte schreiben, wenn man Geschichte nur als Entwicklung einer hauchdünnen Oberschicht begreift. Das ist wahrlich keine besondere Erkenntnis, sondern eine Binsenweisheit; liest man aber frühere Stadtgeschichten, so stellt man erstaunt fest, daß die Geschichte von Hamburgs Elend mit bemerkenswerter Selbsttäuschung, um nicht zu sagen: Verlogenheit unter den Teppich gekehrt worden ist. Es erschien mir daher wichtig, auch die wortwörtlich namenlose Not in der Geschichte dieser Stadt wenigstens andeutungsweise darzustellen. Wie überall, so haben sich die Pracht und der Reichtum auch in Hamburg auf Ausbeutung und Verelendung gegründet, und alle hübschen Anekdoten von den Senatoren und Kaufleuten, die gemütlich mit den Arbeitern plattdeutsch »gesnackt« haben, weil sie ja bekanntlich alle »in einem Boot« gesessen haben sollen, erweisen sich als bewußte Beschönigung unsäglicher Armut.

Das aber hat mich andererseits nicht dazu verführt, nun einfach den Spieß umzudrehen und Menschen, die zu viel Geld und Besitz gekommen sind, deshalb zu verteufeln. Einer der reichsten Kaufleute Hamburgs, Caspar Voght, war der erste, der für die notleidenden Massen ein Sozialprogramm entwarf und in Ansätzen auch verwirklichen konnte. Die ersten Herolde der Französischen Revolution in Hamburg waren hochbegüterte Kaufleute. Die ersten Ansätze zu einem innerbetrieblichen Sozialprogramm hat ein Hamburger Fabrikant geschaffen.

Ich habe meine Aufgabe nicht darin gesehen, Legenden zu töten und aus Lust an der Provokation aus Schwarz Weiß zu machen und umgekehrt. Aber beim Schreiben einer Stadtgeschichte wird man immer wieder mit zählebigen Legenden konfrontiert, etwa jenen von der traditionellen Gastfreundschaft Hamburgs, das ohne Ansehen der Person jedermann in seinen Mauern beherbergt habe. Im Kern ist das wohl richtig; nicht zufällig wählten nach 1789 Tausende französischer Emigranten, Aristokraten wie Republikaner, Hamburg zum Refugium. Aber der große Hugenotten-Strom zu Ende des 17. Jahrhunderts ging an der Stadt vorbei nach Preußen, weil Hamburgs evangelisch-lutherische Geistlichkeit in ihrer fanatischen Engstirnigkeit und ihrer unchristlichen Erbarmungslosigkeit jedwede Toleranz leidenschaftlich verabscheute und sich als stärker zeigte denn die liberale Stadtregierung. Wer nicht lutherisch war, hat es in Hamburg sehr lange schwer gehabt. Zu einer Zeit, in der Brandenburg-Preußens mit Recht so genannter Großer Kurfürst Kalvinisten und Juden christliche Barmherzigkeit erwies, durften Hamburgs lutherische Geistliche von den Kanzeln Juden als »Ungeziefer« schmähen, das es »auszurotten« gelte; ja die bestallten Diener Jesu Christi haben sogar noch im 18. Jahrhundert im Gottesdienst zum Pogrom gehetzt. Gewiß, das war keineswegs Hamburger Eigentümlichkeit; aber mit der vielberedeten Hamburger Toleranz verträgt sich das schwer, auch wenn man feststellen muß, daß es in Hamburg weder ein Getto noch vor 1933 eine Judenverfolgung mit Mord und Totschlag gegeben hat.

Anders als frühere Darstellungen habe ich der Geschichte der Juden in Hamburg mehr Raum gegeben, weil ich meine, daß gerade die Geschichte dieser Minderheit sehr viel über eine Stadt aussagen kann, spiegelt sich doch im Verhalten der Mehrheit viel von deren Mentalität.

Der Leser möge mein Buch nicht als lückenlose Chronik verstehen. Daß läßt schon der vorgegebene Umfang nicht zu. Es wird auch nicht der Anspruch auf Objektivität erhoben, denn die gibt es nicht. Auch der gewissenhafteste Historiker wertet nach seinen eigenen Maßstäben und ist parteilich. Die von dem römischen Historiker Tacitus geforderte Grundhaltung des *sine ira et studio* (ohne Zorn und Eifer) ist liebenswert idealistisch, aber weltfremd. Ich verstehe mein Buch als einen Essay zur Geschichte dieser Stadt. Ich weiß sehr wohl, daß die Akzente in dieser Darstellung ungleichmäßig gesetzt sind, und man mag mir vorhalten, daß diese oder jene Staatsaktion nur fünf Zeilen, die Geschichte eines Arbeitskampfs aber fünf Seiten bekommen habe. Überspitzt gesagt: Ich bekenne mich hier ohne Einschränkung zu meiner Subjektivität und Parteilichkeit. Wer meine Zeilen nachmessen möchte, soll wissen, daß »Unausgewogenheit« von vornherein das Prinzip dieser Darstellung gewesen ist.

Die Fakten allerdings müssen stimmen. Darum bin ich den Mitarbeitern des Hamburger Staatsarchivs sehr dankbar, daß sie mein Buch im Manuskript kritisch geprüft und mich auf manche Ungenauigkeit aufmerksam gemacht haben. Das bedeutet allerdings nicht, daß jede Aussage verifiziert worden wäre. Sollten mir Irrtümer unterlaufen sein, so bitte ich den Leser, mir das mitzuteilen. Jedenfalls dürfen die Archivare nicht verantwortlich gemacht werden für die Subjektivität der Darstellung; zu ihr habe ich mich als Autor ganz allein zu bekennen. Ich gestehe gern, daß ich mein Buch in kritischer Liebe zu meiner Wahlheimat geschrieben habe.

Diese Darstellung schließt mit dem Ende der »Ära Max Brauer«. Das war der Wunsch des Verlags. Jede weitere Annäherung der Beschreibung an die Gegenwart hätte die kritische Distanz beeinträchtigt. Mit der Amtszeit Brauers war die erste Phase des Wiederaufbaues abgeschlossen. Wenn daher die letzten Zeilen diesem Bürgermeister gelten, bewußt in der Charakterisierung durch einen seiner Nachfolger im Amt, so geschieht dies darum, weil man schon früh seinen Namen zur Kennzeichnung jener Wiederaufbauphase gebraucht hat; Brauers unbestreitbare persönliche Verdienste sollen damit nicht geschmälert werden.

Eine der besten Charakteristiken Hamburgs – und wie viele gibt es! – verdanken wir Jonas Ludwig von Heß aus Stralsund, der seit 1780 als Arzt in Hamburg lebte. Er hat die Stadt 1796 in vier Sätzen so vorgestellt: »In Hamburg ist Nahrung für den Beobachtungsgeist. Es vereinigt alles in sich, was dem Menschen, dem Staatsbürger, dem Philosophen, dem Künstler, dem Gelderwerber und Verzehrer wichtig ist. Selbst die Miniatur dieses Freistaats erleichtert hier die Studien. Man findet kurz, bei einander und zusammengedrängt, was man anderswo, entfernt durch Ort und Verhältnisse, weitläufig und mühsamer aufsuchen muß.«

Bedenkt man es recht, so ist diese Erkenntnis noch heute unverändert gültig.

Hamburg, im September 1980 Eckart Kleßmann

Die neue Auflage bot willkommene Gelegenheit, die Ergebnisse der Domplatzgrabung von 1979 bis 1986 zu berücksichtigen, die Darstellung in einigen Kapiteln zu ergänzen und manche Details nach neuen Forschungen zu präzisieren. Der Umfang des Buches wurde dafür erweitert.

Hamburg, im September 1988 E. K.

## Vorwort zur 7. Auflage

Es war der Wunsch des Verlages, die bislang bis 1960 geführte Chronik zu aktualisieren und auch die sich anschließenden Jahre der Konsolidierung darzustellen. Damit aber wird der Chronist zum Zeitzeugen, dem eine distanzierte Beschreibung der Fakten nicht länger möglich ist. Jede Darstellung von Geschichte ist subjektiv, am meisten aber dann, wenn der Erzählende zum Augenzeugen wird. Damit verstehen sich – noch mehr als sonst – Ungerechtigkeiten des Urteils von selbst, denn eine objektive Gerechtigkeit – gäbe es sie denn – ist nicht möglich.

Hamburg, im Juni 1994 E. K.

# Die ersten fünfhundert Jahre

Stadtsiegel vom Ende des 13. Jahrhunderts
Hamburg, Staatsarchiv

Manche Einzelheiten der Gründungsgeschichte Hamburgs sind unter Historikern umstritten, da die wenigen Quellen hierzu nicht in zeitgenössischen Originalen, sondern nur in späteren überarbeiteten Abschriften vorliegen. Immerhin hält die Mehrzahl der Forscher gegenwärtig folgenden Ablauf der Ereignisse für wahrscheinlich. Im Jahr 831 gründet Kaiser Ludwig der Fromme das Bistum Hamburg und erwirkt dessen Erhebung zum Erzbistum durch Papst Gregor IV. im folgenden Jahr. Erzbischof wird der zuvor zum Bischof geweihte Benediktinermönch und Missionar Ansgar, den man später aufgrund seiner Missionstätigkeit bei Dänen und Schweden als »Apostel des Nordens« bezeichnet. Der Sitz Ansgars wird eine an der Alster gelegene Befestigung mit Namen Hammaburg; von dort aus soll die Heidenmission im Norden Deutschlands und in Skandinavien fortgesetzt werden. Die Neugründung liegt im nördlichen Grenzgebiet des Frankenreichs.

Der Vater Ludwigs, Kaiser Karl der Große, hatte hier in den Jahren 798 bis 804 den Widerstand der Sachsen gebrochen und seinen Herrschaftsbereich bis an die Elbe ausdehnen können. Dort, wo später die Hammaburg errichtet werden sollte, befand sich gegen Ende des 7. Jahrhunderts eine sächsische Burganlage, deren Reste bei der zwischen 1979 und 1986 vorgenommenen archäologischen Untersuchung des einstigen Domplatzes entdeckt wurden. Diese Befestigung bestand aus zwei parallel laufenden Spitzgräben im Abstand von vier bis fünf Metern, die eine Anlage von etwa 55 Metern Durchmesser umschlossen. Ob sich hinter diesen Gräben noch ein Wall befand, ließ sich nicht mehr nachweisen, wohl aber fanden sich im Inneren Bebauungsreste, Grubenhäuser mit Pfosten und ein Brunnen. Diese sächsische Burg stand auf dem Gelände, das auf dem heutigen Stadtplan von Domstraße, Curienstraße, Schopenstehl und Altem Fischmarkt umschlossen wird. Wahrscheinlich haben nach 804 auf diesem Areal vorübergehend die slawischen Obotriten gesiedelt, die Karl den Großen bei seinem Kampf gegen die Sachsen unterstützt hatten, weswegen der Kaiser ihnen das eroberte Gebiet nördlich der Elbe zunächst übertrug. Doch diese obotritische Siedlung bestand nur vorübergehend. Eine zweite, diesmal fränkische Befestigungsanlage entstand vielleicht schon 808.

Es war in der spätsächsischen Zeit nicht das erstemal, daß Menschen hier siedelten. Schon in der Mittleren Steinzeit war die Gegend bewohnt gewesen, denn sie hatte eine günstige Lage. »Am Austritt der Alster in die flache Elbniederung schieben sich nämlich die randlichen Geesthöhen so dicht an das Flußbett heran, daß sie einen bequemen Übergang durch das Tal ermöglichen. Wer also auf dem uralten Höhenweg, von Lauenburg über Geesthacht und Bergedorf kommend, gen Norden strebte, fand an dieser Stelle den kürzesten Übergang über die Alster vor. Dieser Landweg ist im engeren Stadtbereich noch heute im Zuge der Steinstraße, des Speersort, der Rathausstraße, der Großen Johannisstraße, in dem Burstah und dem Alten Steinweg erhalten. Während die westliche Geestzunge in sanfter Neigung zum Alstertal abfällt, steigt der östliche Höhenzug am Alten Steinweg etwas steiler wieder an. Der Alsterübergang liegt noch heute beim Großen Burstah. Den Kreuzungspunkt zwischen der Alster und dem Höhenweg hatten sich also die Ur-Hamburger für ihre Niederlassung ausgesucht, und zwar faßten sie zunächst Fuß auf dem südlichen Geesthang, der an seiner höchsten Stelle 8 m über die ihn umgebende Niederung emporragte« (Reinhard Schindler).

Die von Kaiser Karl gestiftete Reichsruhe war nur von kurzer Dauer. Schon 808 wurden die mit den Franken verbündeten Obotriten von den Dänen besiegt, unterworfen und zinspflichtig gemacht. Um ein weiteres Vordrängen der Dänen zu verhindern, ließ Karl im folgenden Jahr die Gebiete nördlich der Elbe militärisch besetzen und verlegte die Nordgrenze des Fränkischen Reichs an die Eider-Trave-Linie. Seine ehemaligen Verbündeten, die Obotriten, mußten daraufhin unter anderem das spätere Hamburger Gebiet räumen und zogen sich in ihr Ursprungsland Ostholstein zurück.

Die von Karl bei der Niederwerfung der Sachsen gegen Ende des 8. Jahrhunderts aus Gründen der Reichsbefriedung und zugunsten der Obotriten umgesiedelten Stämme kehrten in ihre Heimat zurück. Es waren die in den späteren Gründungs-Urkunden genannten Nordalbingier. In ihrem Gebiet nun sollte eine Missionsstation errichtet werden. Aber dafür fehlen die Beweise. Nach einer weitverbreiteten Annahme ist dies im Jahr 801 gleichzeitig mit der Erbauung der Hammaburg im Schutz der neuen Befestigung geschehen. Die Hammaburg, die vor 832 nirgends namentlich erwähnt wird, könnte schon um 808 begonnen worden sein und war vielleicht 834 vollendet, denn aus der Gründungsbestätigung des Erzbistums läßt sich unter Umständen vermuten, daß Ansgar seine Missionskirche in das Areal der fertigen Burg einfügte.

Diese Burg entsprach nicht dem, was wir uns heute unter einer Burg vorstellen; sie entsprach auch nicht jener Fortifikation, die das seit dem Mittelalter gültige Hamburger Wappen zeigt, sondern war viel schlichter. Erst die umfassende archäologische Untersuchung in den Jahren 1949 bis 1956 hat uns ihr ursprüngliches Aussehen vermitteln können, wofür die Grabung von 1979 bis 1986 auch Einzelheiten lieferte. Demnach lag die Hammaburg auf dem Areal der alten Sachsenburg und des späteren Doms, neben dem heutigen Pressehaus, bei dessen Errichtung ein Teil der Umwallung verschwand.

Mit einer Grundfläche von 130 x 130 Metern umfaßte die Hammaburg ein Gelände von etwa einem Hektar. Umgeben war sie von einem 6 bis 7 Meter hohen Wall, der an seiner Sohle die respektable Breite von 15 Metern maß. Am stärksten ausgebaut war die Befestigung an der dem Feind zugewandten Nordseite. Dort wurde der Wall außen durch eine mächtige Spaltbohlenwand geschützt, hinter der sich, stufenartig um dreiviertel Meter zurückversetzt, eine zweite Palisadenwand erhob; der Zwischenraum war mit festgestampftem Lehm ausgefüllt. Die Wallbekrönung befestigten Heidesoden. Zum Inneren stieg der Wall terrassenförmig herab. Zur Wallbekrönung führte für die Wachen eine Treppe, deren Stufen vorn mit Holz befestigt waren; auf der

Trittfläche lagen Grassoden. Vor der Umwallung zog sich ein 7 Meter breiter und 2 Meter tiefer Graben um die Burg.

Die Innenbebauung der Burg nachzuweisen war darum schwierig, weil hier der spätmittelalterliche Dom gestanden hatte, dessen Fundamente so tief reichten, daß sie den älteren archäologischen Bestand zerstören mußten. Wenigstens ließen sich die Standspuren einiger Eichenpfosten erkennen, die einmal das Dach der hölzernen Taufkirche getragen hatten, vielleicht einer dreischiffigen Halle von 10 Metern Länge und 6 bis 8 Metern Breite. Andere Bauten, etwa das Haus des Erzbischofs, ließen sich nicht mehr nachweisen. In der Hammaburg mögen etwa 40 bis 50 Menschen gewohnt haben.

Außerhalb der Burg, im Westen, hatten sich vor allem Kaufleute sowie Handwerker und Fischer niedergelassen; viel mehr als 200 werden es kaum gewesen sein. Die Handelssiedlung, in der sie saßen, entsprach ähnlichen Anlagen frühstädtischen Charakters in Mittel- und Nordeuropa. Siedlungen dieser Art werden in der Stadtforschung als Wik bezeichnet. Den Hafen der Hammaburg – und damit den ältesten Hafen Hamburgs – bildete ein kleines Gewässer, das spätere, 1877 zugeschüttete Reichenstraßenfleet, dessen Wasser von der Bille gespeist wurde. »Starke Faschinen sicherten das sumpfige Erdreich in der Uferzone des Hafenfleetes. Später, als der Schiffsverkehr es erforderte, ging man zur Anlage einer festeren Landebrücke über. Sie bestand aus reihenweise und parallel zum Ufer geschichteten, unbehauenen Baumstämmen, die zum Wasser hin gegen Abrutschgefahr verpflockt waren. Schiffsländen dieser Art werden in nordischen Quellen des 10. und 11. Jahrhunderts genauso beschrieben, wie sie bei den Ausgrabungen in der Kleinen Bäckerstraße und am Alten Fischmarkt gefunden wurden. In Burgnähe erleichterte eine aus Baumstämmen gebaute Treppe den Zugang zur feuchten, hochwassergefährdeten Hafenbrücke. Sie leitete zum Hohlweg über, der zum Burgtor hinaufführte« (R. Schindler).

Sie diente leider auch der Bequemlichkeit höchst unwillkommener Besucher, denn im Hochsommer 845 erschien plötzlich eine Wikingerflotte im Hafen, deren Besatzung die Hammaburg stürmte, ausplünderte und niederbrannte. Die nachgewiesenen Brandspuren lagen im Süden und im Südwesten der Burg; von hier aus, das heißt vom Wasser, muß der Angriff der Wikinger auch begonnen haben. Erzbischof Ansgar hatte zunächst an Verteidigung gedacht, entschloß sich dann aber zur Flucht. Er gehörte zu den ganz wenigen, die ihr Leben retten konnten. Die Hammaburg wurde allem Anschein nach nicht wieder aufgebaut. Ansgar erhielt 847 das gerade vakante Bistum Bremen zugewiesen, und dieses wurde im folgenden Jahr mit dem Erzbistum Hamburg vereinigt. Der Wik aber, die Handelssiedlung, hatte kaum gelitten; er erstand schon bald wieder und breitete sich aus.

Die Landschaft, in der dies geschah, konnte ebenfalls dank der gründlichen archäologischen Untersuchung rekonstruiert werden. Die Analyse von Blütenstaubkörnchen, die sich in feuchten Erdschichten über mehr als tausend Jahre erhalten hatten, ergab, daß im Ur-Hamburg zunächst eine Wald- und Heidevegetation überwog. Hier wuchsen Birken, Erlen und Haselsträucher. In zunehmendem Maße jedoch diente der Geestrücken dem Ackerbau – namentlich Hafer, aber auch Gerste, Roggen und Lein –, und die feuchte, sumpfige Marsch zu Füßen dieses Geestrückens wurde zu Weideland. »Es ist eine kräuterreiche Flora, vertreten durch Klee, Hahnenfuß, Kuckuckslichtnelke, Labkraut, Felberich, Igelkolben, Froschlöffel, Laichkraut u. a.« (Reinhard Schindler).

Der Name Hammaburg leitet sich her von der altsächsischen Bezeichnung *ham* = Ufergelände, Marschland und ist bewahrt im heutigen Hamburger Stadtteil Hamm am Übergang von der Geest- in die Marschzone; Hamm, ursprünglich ein altsächsisches Dorf, hat Hamburg vielleicht den Namen gegeben. Anfangs wird Hamburg überwiegend in der Schreibweise »Hammaburg« wiedergegeben; daneben kommt seit dem 12. Jahrhundert oft »Hammenburg« vor, vereinzelt aber auch »Hambueg«, das sich als Namensform im 13. Jahrhundert durchsetzt (mittelniederdeutsch »Hamborch«).

Außer dem Erzbischof gab es im Bereich der Hammaburg und

der bei ihr Siedelnden noch einen Vertreter des fränkischen Königs, den Grafen und Befehlshaber Bernhard, der am Tag des Wikingersturms nicht in Hamburg weilte. Im Jahr 966 ernannte der deutsche König und sächsische Herzog Otto I. zu seinem ständigen Vertreter mit fast herzogsgleicher Funktion Hermann Billung, der dieses Amt auf seine Nachkommen vererbte. Erzbischöfe und Billunger teilten sich somit die Herrschaftsrechte über Hamburg. Sie vertrugen sich zunächst gut und arbeiteten zusammen, nachdem 983 ein Slawenüberfall, der zweite nach 915, den allmählich wachsenden Ort zum drittenmal zerstört hatte. Vom 11. Jahrhundert an aber bildete sich allmählich eine Rivalität zwischen dem weltlichen und dem geistlichen Würdenträger heraus. Denn die Billunger waren eigenwillige Herren, gegen Kirche und König zunehmend feindlich gesinnt, während die Hamburger Erzbischöfe dem Königshaus die Treue hielten. Die hochfahrenden Billunger taten auch alles, die in Ostholstein und Mecklenburg siedelnden und ihnen unterstellten Obotriten – von den Erzbischöfen sanftmütig behandelt, denn sie sollten zum christlichen Glauben bekehrt werden – durch Unterdrückungsmaßnahmen und hohe Tributforderungen zu reizen. Die Obotriten rächten sich; zweimal, 1066 und 1072, schlugen sie kräftig gegen Hamburg los und verwüsteten die Stadt.

Diese Rivalität zwischen geistlicher und weltlicher Macht führte nun dazu, daß sich Erzbischof Bezelin Alebrand um 1035 einen Wohnturm erbaute, in der Überlieferung als Steinernes Haus bezeichnet, denn profane Steinbauten gab es damals im Norden noch nicht; ein »steinernes Haus« war also höchst ungewöhnlich. Als Antwort darauf zog der Billunger Bernhard II. mit einer Turmburg nach, später Alsterburg genannt, und 1061 errichtete sein Sohn Ordulf einen weiteren Herrschaftssitz, genannt Neue Burg.

Auf die Reste der Alsterburg war man schon zu Ende des 19. Jahrhunderts beim Bau des neuen Rathauses gestoßen; sie ließ sich an der Südwestecke des heutigen Rathausmarktes lokalisieren. Die Neue Burg hingegen wurde erst bei den Grabungen 1953/1954 gefunden; sie hatte die Gestalt eines mächtigen Ringwalls von über 5 Meter Höhe und 17 Meter Breite und befand sich auf dem Gelände der späteren Nikolaikirche.

Bei Ausschachtungsarbeiten für einen Neubau am Speersort stieß man 1962 überraschend drei Meter unter dem heutigen Straßenpflaster auf ein 4 Meter starkes, aus unbehauenen Findlingen gebildetes kreisförmiges Fundament. Sein Inneres hat einen Durchmesser von 11 Metern. An diesen Ring angeschlossen ist ein zweiter, kleinerer mit einem Durchmesser von 4,5 Metern, der einen 4,2 Meter tiefen Brunnenschacht umschloß. Da über diesen Fundamenten in späteren Jahrhunderten immer wieder gebaut und Keller gegraben wurden, war dies nur noch der unterste Fundamentring, bei dem wertvolle Einzelfunde nicht zu erwarten waren. Die wenigen Scherben von Tongefäßen, die hier lagen, ließen aber eine Datierung in das 11. Jahrhundert zu.

Nach Kenntnis der Stadtgeschichte und ihrer Topographie und nach der Tiefe des Fundaments, dessen Dimensionen auf ein überaus mächtiges Gebäude hinwiesen, kam nur ein einziger repräsentativer Bau in Frage, der hier gestanden haben konnte und für dessen zeitliche Einordnung auch die Keramikreste sprachen: Erzbischof Bezelins Steinernes Haus. Und noch etwas stützte diese Vermutung: Das Bauwerk befand sich bei seiner Errichtung im Bereich der Dom-Immunität, das heißt in dem aus dem gräflichen Gerichts- und Verwaltungsbezirk herausgenommenen geistlichen Schutzbezirk um den Dom, wo nur der Erzbischof bauen durfte; nur er besaß auch die Macht und die Mittel, ein Gebäude von diesen Abmessungen aufzuführen.

Als Bindemittel für die Fundamentsteine hatte man Schlick aus der Elbmarsch verwendet, der im Boden, unter Luftabschluß, steinhart wird. Gefundene Mörtelreste vom aufgehenden Mauerwerk zeigten, daß man den Kalk mit zerstoßenen Muschelschalen anreicherte. Nach der Mächtigkeit des Fundaments könnte der Turm sehr wohl zwei Stockwerke gehabt haben mit einem Eingang im ersten Geschoß, der nur über eine Leiter oder eine – schnell zu zerstörende – Holztreppe zu erreichen war. Der Turm lag an der höchsten Stelle des damaligen Hamburg, unmittelbar an der Heidenwall genannten Stadtbefestigung. Dieses Steinerne

Haus war also die Residenz des Erzbischofs, wenn dieser von seinem Hauptsitz Bremen aus Hamburg besuchte; der Brunnen garantierte eine unabhängige Wasserversorgung bei Belagerungen. Wieweit das Steinerne Haus den Obotritenstürmen 1066 und 1072 standhielt und sich auch als Fluchtburg bewährte, wissen wir nicht. Der Turm jedenfalls wurde möglicherweise erst im 13. Jahrhundert abgerissen und seine Steine zum Bau der Steinstraße verwendet. Mit der Entdeckung des Fundaments 1962 konnte erstmals der Beweis erbracht werden, daß es schon vor dem 12. Jahrhundert im Norden profane Steinbauten gegeben hat.

Die Macht der für Hamburg so verderblichen Slawenstämme wurde fürs erste 1105 eingedämmt, als die Sachsen ihren Widersachern in der Schlacht bei Schmielau eine schwere Niederlage bereiteten. Aber dieser Sieg wäre kaum dauerhaft gewesen, hätte sich nicht bald darauf eine für Hamburg äußerst glückhafte Wendung angebahnt.

Als das Geschlecht der Billunger 1106 ausgestorben war, verlieh Herzog Lothar von Sachsen, der spätere Kaiser Lothar III., die Grafschaften Holstein und Stormarn an den Grafen Adolf von Schauenburg. Mit ihm begann die für Hamburg überaus segensreiche Herrschaft der Schauenburger, denen die Stadt ganz entscheidend ihren Aufstieg zu danken hat. Graf Adolf I. baute die Alsterburg verstärkt aus; nach seinem Tod wurden die Arbeiten von der Witwe vollendet. Sein Sohn und Nachfolger, Graf Adolf II., betrieb die Kolonisation Ostholsteins, wodurch die Slawen zurückgedrängt wurden; zu Friesen und Niederländern kamen auch westfälische Einwanderer hinzu. So verlor Hamburg den bisherigen Charakter eines immer wieder gefährdeten Grenzortes. Ein wirtschaftlicher Aufschwung, verbunden mit räumlicher Ausdehnung, war die Folge. Damals wurde vor allem die Reichenstraßeninsel verstärkt bebaut. Entscheidender aber war das Wirken Adolfs III. (1164–1203). Er gründete 1188 Hamburgs Neustadt, indem er das Gelände der ehemaligen Neuen Burg samt Umgebung einer Unternehmergruppe zu freiem Eigentum übertrug, damit sie eine Kaufmannssiedlung mit Hafen anlege. Er verlieh der neuen Stadt eine Reihe wichtiger Privilegien. Auf seine Veranlassung gewährte Kaiser Friedrich Barbarossa den Kaufleuten dieser neuen Stadt am 7. Mai 1189 unter anderem den freien Handelsverkehr und Zollfreiheit auf der Niederelbe bis zur Elbmündung sowie in Holstein die Fischereirechte auf der Elbe im Umkreis von zwei Meilen und in der Bille, ferner das Recht, in der Grafschaft Holstein Bauholz zu schlagen und dort Vieh zu weiden. Diese Vergünstigungen, vor allem die Zollfreiheit, beförderten Hamburgs Aufstieg als Handelsstadt und erlaubten es der Stadt 1267, die Freiheit ihrer Schiffe mit Hamburger Kaufmannsgütern vom Elbzoll zu bewahren, der von allen einkommenden Schiffen in Stade erhoben wurde. Zu diesem Zweck wurde damals der noch heute vorhandene Barbarossa-Freibrief gefälscht. Eine echte Urkunde hatte nämlich der Kaiser 1189 der Stadt nicht ausgestellt, sondern wohl nur den Entwurf einer solchen. Nur Schiffe, die nicht Hamburger Kaufleuten gehörende Güter beförderten, mußten danach in Stade eine Abgabe entrichten, übrigens bis 1861.

Seit 1189 war Hamburg in die Kämpfe zwischen dem Schauenburger Grafen und dessen Oberherrn, Herzog Heinrich dem Löwen, verwickelt. Diese Kämpfe waren Teil der großen Auseinandersetzung zwischen den beiden mächtigsten Herrschergeschlechtern im Deutschen Reich, den Staufern und den Welfen, und flammten unter wechselnden Koalitionen immer wieder im ausgehenden 12. und im beginnenden 13. Jahrhundert auf. Im Zuge dieser Wirren brachen 1199 auch Feindseligkeiten zwischen dem Schauenburger Grafen und dem Dänenkönig aus. Dessen Bruder Herzog Waldemar II. überfiel 1201 Hamburg. Graf Adolf III. wurde gefangengenommen, Hamburg und das gesamte Umland von den Dänen besetzt. Nachdem Adolf III. unter Zwang auf seine Rechte als Graf von Holstein verzichtet hatte, mußte er seine Grafschaft verlassen und zog sich resigniert auf die Schauenburg bei Rinteln an der Weser zurück. Die Dänen aber richteten sich nun in Hamburg ein. 1214 trat der Staufenkönig Friedrich II. im Namen des Deutschen Reichs sogar das Gebiet nördlich der Elbe und damit auch Hamburg an das mit ihm gegen die Welfen verbündete Dänemark ab. Zwar konnte

Der »Freibrief« Kaiser Friedrich Barbarossas für Hamburg vom 7. Mai 1189 in der um 1265 entstandenen Nachahmung. Hamburg, Staatsarchiv der welfische Gegenkönig Otto IV. Hamburg 1215 kurzfristig besetzen; er mußte aber bald wieder seine Truppen abziehen, und die Dänen belagerten Hamburg. Zu diesem Zweck errichteten sie zwei Kastelle, die eine absolute militärische Beherrschung gewährleisteten. Die Stadt mußte sich ergeben.

Aber dem listigen Dänenkönig war kein Erfolg auf Dauer beschieden. Ihm widerfuhr genau das, was er 1201 dem Grafen Adolf angetan hatte: 1223 wurde er während einer Jagd von dem Grafen Heinrich von Schwerin im Handstreich gefangengenommen, und dann begann man über die Modalitäten seiner Freilassung zu verhandeln. Der Sohn Adolfs, Graf Adolf IV., erschien nun auf dem nördlichen Schauplatz, besiegte bei Mölln den vom Dänenkönig als Statthalter in Holstein eingesetzten thüringischen Grafen Albrecht von Orlamünde und nahm ihn gleichfalls gefangen. Waldemar mußte ein hohes Lösegeld bezahlen und feierlichen Verzicht leisten auf alles von ihm eroberte Land zwischen Elbe und Eider. Wieder in Freiheit, erklärte der Dänenkönig den erzwungenen Verzicht für nichtig und griff zu den Waffen. Aber eine von deutschen Fürsten – unter ihnen Adolf IV. – gebildete Koalitionsarmee, in der auch Hamburger Bürger mitkämpften, bereitete dem wortbrüchigen Waldemar in der Schlacht von Bornhöved östlich von Neumünster am 22. Juli 1227 eine dermaßen vernichtende Niederlage, daß für lange Zeit die dänische Vorherrschaft gebrochen war und von ihr keine Bedrohung mehr zu befürchten stand.

Aus Dankbarkeit für diesen so entscheidenden Sieg stiftete der gottesfürchtige Graf Adolf IV. Hamburgs erstes Kloster, der heiligen Maria Magdalena geweiht, weil der Sieg bei Bornhöved an ihrem Tag errungen worden war. Das Franziskanerkloster St. Maria Magdalenen wurde an der Stelle errichtet, an der sich heute die Börse befindet, und zu Ehren des Stifters trägt der Platz den Namen Adolphsplatz. Der Graf entsagte seiner politischen Tätigkeit und trat 1239 selbst als Mönch in das Kloster ein. Später ließ er sich zum Priester weihen und ging in das Franziskanerkloster nach Kiel, wo er 1261 starb.

In den ersten fünfhundert Jahren ihrer Geschichte bot die Stadt

Zelle im 1227 vom Grafen Adolf IV. gestifteten St.-Maria-Magdalenen-Kloster, abgebrochen 1837. Aquarell von Peter Suhr, 1837

Hamburg ein durchaus ländliches Erscheinungsbild. Die Häuser, in denen Kaufleute, Handwerker, Fischer und Gewerbetreibende aller Art wohnten, waren klein: zumeist 7 bis 8 Meter lang, 3 bis 4 Meter breit, die Hauswände selten höher als 2 Meter. Es waren hölzerne Ständerbauten mit innen wie außen lehmverputztem Flechtwerk, die Fußböden in der Regel aus festgestampftem Lehm, selten auch schon mit Brettern oder Knüppeln gedielt. Im Inneren der Häuser befanden sich neben den Wohnungen die Stallungen für das Vieh (Kühe, Ziegen, Schafe, Schweine), das morgens vom Gemeindehirten abgeholt und auf die Weide geführt und abends wieder bei den Besitzern abgeliefert wurde. Das Vieh weidete auf der Grimm- und der Cremon-Insel, später auf der Bürger- und der Moorweide (daher die heutigen Straßennamen).

Das bevorzugte Wohngebiet war das Marschland, weil man dort dem Hafen näher war. Die Überschwemmungsgefahr nahm man dafür in Kauf. Sie war zwar zu Beginn der Besiedlung noch nicht sehr groß, obwohl das Gelände damals um 6 Meter tiefer lag als heute, aber der Meeresspiegel war gleichfalls etwas niedriger. Die ersten schweren Sturmfluten suchten Hamburg – und das ganze Küstengebiet – 1164 und 1219 heim. Die Bewohner verließen das Marschland dennoch nicht, setzten aber ihre Häuser und Speicher durch Aufschüttungen höher. Dafür nahm man Viehdung, Abfälle und Bauschutt; man siedelte sich sozusagen auf dem eigenen Mist mit jeder Generation etwas höher an. Nicht zufällig heißt eines der ältesten Hamburger Siedlungsgebiete Meßberg = Mistberg.

Die von 1947 bis 1957 vorgenommene archäologische Untersuchung der Innenstadt hat uns erstmals ein ziemlich genaues Bild der ältesten Besiedlung geliefert. Aus ihm geht hervor, daß die erste Zerstörung durch die Wikinger 845 vornehmlich auf den Bereich der Hammaburg beschränkt blieb; der Wik der Kaufleute und der Handwerker blieb nahezu unversehrt. Es stimmt keineswegs, wie in älteren Darstellungen zu lesen steht, daß das älteste Hamburg restlos vernichtet wurde und Jahre brauchte, um sich von diesem Schlag zu erholen. Im Gegenteil: Gleich nach 845 begann der Ort zu wachsen. Ein Erlenwald westlich des heutigen Dornbusch wurde um 900 gerodet und hier das eigentliche Handwerkerviertel errichtet; Namen wie Schmiedestraße, Knochenhauertwiete, Pelzerstraße, Große Bäckerstraße haben die Erinnerung daran bis heute lebendig erhalten. Die Begüterten hingegen, die Kaufleute, wohnten in der Reichenstraße; auch hier war ein Erlenwald gerodet worden. Die Orte innerstädtischen Handels waren der Alte Fischmarkt, wo die Fischer ihren Fang verkauften, und der Neue Markt, heute Hopfenmarkt. Der neue Hafen am Nikolaifleet und das Reichenstraßenfleet machten es durch ihre günstige Lage möglich, daß Waren aller Art unmittelbar in der Stadt umgeschlagen werden konnten; vom Reichenstraßenfleet führte zum Fischmarkt eine hölzerne Treppe empor – so stark war damals noch der Geländeunterschied.

Über den spezifisch hamburgischen Handel sind wir nur sehr lückenhaft unterrichtet. Nach den archäologischen Funden wurden Gefäße rheinischer und norwegischer Herkunft importiert; auch Mahlsteine aus dem Rheinland führte man ein. Größere Mengen von Roggen- und Weizenkörnern, die im Gebiet des alten Hafens bei den Ausgrabungen gefunden wurden, lassen darauf schließen, daß ein wichtiger Exportartikel Hamburgs damals Getreide gewesen sein muß.

Obwohl die bei den Ausgrabungen gefundenen hölzernen Abflußrohre, die zum Reichenstraßenfleet führten, Ansätze einer Abwässerbeseitigung erkennen lassen, bot Hamburg im frühen Mittelalter ein anspruchsloses Bild. Es glich mehr einem Konglomerat einzelnstehender Hütten und Gehöfte. Auch im Viertel der Reichen, auf der von zwei Fleeten umschlossenen, nach 850 besiedelten Marscheninsel mit der Großen Reichenstraße, lagen nur kleine Häuser, meist um einen Hof gruppiert. Erst im 12. Jahrhundert entstanden großräumige, dreischiffige Bauten vom Typ des Niedersachsenhauses. Die Straßen waren unbefestigt und lagen voll von Schmutz, Dung und Hausabfällen. Aus diesen Abfällen konnten die Archäologen übrigens ein interessantes Detail ablesen: Die Tierknochenfunde lassen Rückschlüsse über die Ernährungsgewohnheiten zu. Danach verzehrten die Handwerker überwiegend Rindfleisch, die Kaufleute das damals teurere Schweinefleisch. Zur Bereicherung des Küchenzettels leistete man sich auch gern Miesmuscheln.

Das Stadtgebiet wurde im Westen von der Alster, im Süden vom Gröningerstraßenfleet (heute Ost-West-Straße) begrenzt; zwar reichte die ursprüngliche Besiedlung südwärts sogar bis ins heutige Freihafengelände, aber dieses Gebiet mußte angesichts des steigenden Meeresspiegels und der damit verbundenen Überschwemmungen aufgegeben werden. Im Osten schützte eine Stadtbefestigung, der man später den Namen Heidenwall gab, die Stadt. Dieser Heidenwall zog sich von der Rosenstraße über den Gerhart-Hauptmann-Platz bis zum Schopenstehl, eine 2 Meter breite Befestigung, zwischen deren Holzwänden Erde gefüllt war. Wann der Heidenwall errichtet wurde, ist nicht bekannt; wahrscheinlich geschah es nach dem zweiten Slawen-Überfall von 983. Die Nordseite der Stadt bedurfte noch keines besonderen Schutzes, denn hier lag die sumpfige Alsterniederung, die für einen Angreifer kaum zu passieren war.

Erst im 12. Jahrhundert begann die Besiedlung der Nordseite im Bereich von Bergstraße, Raboisen und Ferdinandstraße. Am Rathausmarkt wurde gegen Ende des 12. Jahrhunderts mit der Bebauung begonnen. Daß dies so spät erfolgte, mag vielleicht mit der großen Sturmflut vom 26. Februar 1164 zusammenhängen. Zwar wissen wir nicht genau, welche Zerstörungen das Wasser anrichtete; zweifellos aber mußten Teile des Marschlandes nun geräumt werden, weil sie nicht sicher genug waren. Mit St. Petri wurde die erste Kirche der Wik-Bewohner gebaut. Zwar wird St. Petri urkundlich erst 1195 genannt, die Gründung dürfte aber wohl schon siebzig Jahre vorher erfolgt sein.

Die Neustadt bekam ihr erstes Gotteshaus 1195 mit St. Nikolai, dem Schutzpatron der Kaufleute und der Schiffer geweiht. Um den Mehlbedarf der wachsenden Bevölkerung zu decken, ließ Graf Adolf II. um 1189 einen Damm durch die Alster ziehen, deren so gestautes Wasser eine Kornmühle trieb. Diese Mühle lag am Großen Burstah, was soviel wie »Bauerngestade« (Bauerndamm) bedeutet, weil die Erdarbeiten zum Dammbau vermutlich von den Bauern der Umgebung geleistet wurden. Die Mühle war gräflicher Besitz und wurde an einen Müller verpachtet, der dem Grafen ein Zwanzigstel des vermahlenen Getreides als Pacht zu liefern hatte.

Angesichts der nun immer stärkeren Entwicklung des Gemeinwesens empfand man die bisherige Einteilung Hamburgs in eine erzbischöfliche Altstadt und eine gräfliche Neustadt als hemmend für die weitere Entwicklung, und so beschlossen die Bürger beider Stadtteile 1216 den längst überfälligen Zusammenschluß unter einem gemeinsamen Stadtrecht, mit dem man beschwor, »dat Hamborg eyn is unde eyn bliwen scal jummermeine« (daß Hamburg eins ist und eins bleiben soll immerdar). An der Trostbrücke wurde das erste Rathaus gebaut.

Die Vereinigung von Altstadt und Neustadt geschah nicht ganz zufällig. So unhaltbar wie die Trennung dieser beiden Bereiche, so unhaltbar wurde auch der Umstand, daß das Erzbistum Hamburg-Bremen nun schon seit 945 de facto von Bremen aus verwaltet wurde. Und so fiel 1223 der Beschluß, den Sitz des Erzbischofs auch de jure nach Bremen zu verlegen.

Auch die persönliche Bindung der Erzbischöfe an Hamburg hatte nachgelassen. Erzbischof Adaldag, der von 937 bis 988 sein Amt versah, war nicht nur häufig in Hamburg gewesen, er hatte sogar 964 einen überaus prominenten Gefangenen an die Alster gebracht: Papst Benedikt V. Der Investiturstreit zwischen Kaiser und Papst hatte schließlich dahin geführt, daß Otto I. den Papst kurzerhand absetzte und als eine Art Ehrengefangenen seinem engsten politischen Berater anvertraute, eben Erzbischof Adaldag. Der Papst starb schon nach wenigen Monaten seines Hamburger Zwangsaufenthalts und wurde im Dom beigesetzt; Reste seines Grabmals wurden bei den Ausgrabungen von 1949 gefunden. Zur Zeit Adaldags lagen im Bereich der einstigen Hammaburg der Dom, die Domschule und die verschiedenen Wohnungen der Erzbischöfe; die Domherren wohnten auf dem Geestrücken am Speersort.

Nach der Zerstörung Hamburgs 983 sorgte Erzbischof Unwan, im Amt von 1013 bis 1029, für den Wiederaufbau der Altstadt, errichtete um 1020 eine neue hölzerne Domkirche und soll auch maßgeblich am Bau des Heidenwalls beteiligt gewesen sein, was naheliegt, denn diese Befestigung schützte ja ganz unmittelbar den Dombezirk.

Erzbischof Bezelin Alebrand (1035–1043) errichtete dann sein schon genanntes Steinernes Haus, und er sorgte auch für einen Neubau des Doms – erstmals aus Stein. Da die Überlieferung von Quadersteinen spricht, war es also nicht ein Bau aus Ziegeln, die übrigens zu dieser Zeit in Hamburg noch nirgends verwendet wurden. Reste dieser früheren Dombauten sind nicht gefunden worden; bei der Anlage des letzten, größten Doms wurden durch die tiefe Fundamentierung alle Spuren der älteren Kirchen vernichtet.

Politisch einflußreich war auch Erzbischof Adalbert, Bezelin

Alebrands Nachfolger. Er war ein Freund Kaiser Heinrichs III. und wurde der Berater von dessen Sohn und Nachfolger Heinrich IV. Adalbert hatte gute Chancen, Papst zu werden, aber er schlug das höchste Kirchenamt aus, weil ihm der Ausbau seiner geistlichen Macht – und sie reichte immerhin bis nach Skandinavien – wichtiger war. Erzbischof Adalbert scheint Hamburg geliebt zu haben, denn er hatte ausdrücklich gewünscht, dereinst in Hamburg bestattet zu werden. Doch sein Nachfolger entschied anders: Adalbert wurde 1072 im Bremer Dom beigesetzt.

Nachdem 1228 auch die erzbischöflichen Hoheitsrechte an die Grafen von Holstein abgetreten worden waren, verblieb in Hamburg nur noch das Domkapitel, das die eigentliche Dom-Immunität verwaltete und dem Bremer Erzbischof beratend zur Seite stand. Für Hamburg – um das hier vorwegnehmend nur anzudeuten – sollte diese Dom-Immunität, die trotz vielfacher Veränderungen erst 1803 erlosch, noch schwere Auseinandersetzungen mit sich bringen, denn der Dombezirk war für die Stadt exterritoriales Gelände.

Es mag nicht ganz unwichtig sein, darauf hinzuweisen, daß die Hamburger Bevölkerung keineswegs von Anfang an christlich war, auch wenn der Ort ursprünglich als Zentrum eines Erzbistums und als Missionsstation gegründet worden war. Bei den Nachkriegsgrabungen in der Großen Reichenstraße fand man ein kleines beinernes Kruzifix, wie es als Glaubenszeichen im 10. Jahrhundert an der Kleidung getragen wurde. Zu dieser Zeit wiesen sich die Anhänger des germanischen Glaubens durch einen kleinen Thorshammer aus. Beide Glaubensrichtungen lebten freundlich miteinander; die christliche Missionstätigkeit im Norden gründete sich noch allein auf das Wort und seine Überzeugungskraft, nicht auf Feuer und Schwert wie in späteren Jahrhunderten, als es einem Todesurteil gleichkam, sich nicht zur christlichen Religion zu bekennen. Thorshämmer hat man in Hamburg bislang zwar nicht gefunden, aber das spricht nicht gegen ihr Vorhandensein.

Nachdem die Altstadt nun von den Erzbischöfen an die Grafen von Holstein abgetreten und somit auch die politische Einheit hergestellt worden war, stand dem Aufstieg Hamburgs nichts mehr im Wege. Und in der Tat zeichnete sich jetzt ein ungewöhnlicher Aufschwung der Stadt ab.

Zunächst einmal erhielt Hamburg um 1230 eine ganz neue Befestigung in Gestalt einer Stadtmauer aus Ziegeln. Jetzt wurden auch die Grimm- und die Cremon-Insel, bislang Weideland, besiedelt; um 1240 wurde St. Katharinen gegründet. Auch nach Osten begann die Stadt über den alten Heidenwall hinauszuwachsen. Hier entstand mit der Gründung von St. Jacobi um 1250 Hamburgs viertes Kirchspiel. Zunächst war es nur eine kleine Kapelle gewesen, die man um 1200 dem heiligen Jakobus, dem Schutzpatron der Pilger, geweiht hatte, denn nach Hamburg pilgernde Gläubige, die im Dom beten wollten, kamen hier vorbei oder rasteten im Umkreis dieser Kapelle in den Gasthäusern, in denen auch Fuhrleute unterkamen. Kranke und Gebrechliche fanden Aufnahme im Beginenkonvent der Blauen Schwestern, der 1233 gegründet wurde, während man sich die im Mittelalter noch sehr zahlreichen Leprakranken weit fern hielt: Sie wurden im St.-Georg-Hospital untergebracht, das um 1220 gegründet wurde und auf dessen Existenz und Lage noch heute die Spitalerstraße weist.

Das Viertel um St. Jacobi vergrößerte sich so rasch, daß die kleine Kapelle bald einem geräumigeren Neubau weichen mußte, und da die bei der Kirche gelegene Straße eine der wichtigsten Einfallstraßen der Stadt wurde, bekam sie 1269 als erste eine Pflasterung und damit den Namen Steinstraße.

Ein weiteres Hospital erhielt die Stadt um diese Zeit mit dem erstmals 1247 erwähnten Heiligen-Geist-Hospital am Rödingsmarkt, das auch über stattlichen Grundbesitz verfügte, wozu nicht nur das Heiligengeistfeld gehörte, sondern auch das damals noch weitab liegende Dorf Barmbek. Auch die Klöster nahmen sich damals der Krankenpflege an, und Hamburg hatte deren drei: das schon erwähnte St.-Maria-Magdalenen-Kloster der Franziskaner, das 1235 auf dem Gelände des heutigen Rathausmarktes errichtete St.-Johannis-Kloster der Dominikaner und das 1247 gegründete Nonnenkloster in der Nähe des Dorfes Herwardeshude (heute St. Pauli). Das Gut Herwardeshude hatte Heilwig, die Gemahlin des Grafen Adolf IV., ursprünglich als Witwensitz erhalten. Als dann aber Adolf IV. 1239 in das St.-Maria-Magdalenen-Kloster eintrat, bestimmte Heilwig ihren Besitz zum Zisterzienserinnenkloster. Dieses Kloster nun bekam in kürzester Zeit starken Zulauf. Begüterte Familien gaben ihre Töchter dorthin zur Erziehung oder ließen sie als Nonnen eintreten. Beides war stets von aufwendigen Schenkungen begleitet, und manch einer vermachte auch sein Vermögen dem Kloster. Da die Nonnen selbst zu Armut und Sparsamkeit verpflichtet waren, investierten sie die Gelder in Grundbesitz. Sie erwarben den Hof Heimichude (zwischen Fontenay und Lombardsbrücke) und die Äcker des (nicht mehr existierenden) Dorfes Odersfelde, ja schließlich gelangten ganze Dörfer in ihren Besitz, so Eppendorf, Winterhude, Alsterdorf, Groß-Borstel, Niendorf, Lokstedt, Ohlsdorf, Eimsbüttel, Bahrenfeld, Ottensen, Othmarschen, Rissen. Im August 1295 wurde das Kloster verlegt, und zwar in das Areal, das heute von den Straßen Harvestehuder Weg, Abteistraße, Heilwigstraße und Krugkoppel umschlossen wird. Das neue Kloster bekam den Namen Vrouwendal (im Straßennamen Frauenthal noch heute bewahrt); es nahm aber den alten Namen Herwardeshude mit, der später diesem Stadtteil den Namen Harvestehude gab. Der in Holz errichtete Klosterbau brannte 1308 ab und wurde durch einen Steinbau ersetzt, der 1530 abgerissen wurde.

Die einschneidendste Veränderung im Aussehen der Stadt geschah aber um 1230 im Zusammenhang mit dem Bau einer neuen Mühle, weil die Kapazität der Mühle am Großen Burstah angesichts der immer stärker wachsenden Bevölkerung nicht mehr ausreichte. Für diese neue Mühle wurde von der Bergstraße bis zum heutigen Gänsemarkt ein Damm aufgeschüttet, der die Alster staute. In der Folge wurde die Alsterniederung im Norden der Stadt überflutet, und es bildeten sich Binnen- und Außenalster. Der Graf verkaufte die Mühle 1266 an den Müller Heyne Rese. So erhielt der Damm den Namen Reesendamm; später wurde aus dem Reesendamm der Jungfernstieg. Einer der mächtigen Eichenpfähle dieser Mühle wurde 1928 beim Bau der U-Bahn-Station Jungfernstieg gefunden und auf dem Bahnsteig aufgestellt.

Sieht man einmal davon ab, daß der damals entstandene Stausee Hamburgs Stadtbild bis heute entscheidend prägt, so hatte seine Anlage noch weitere Folgen. Der neue Mühlendamm ließ nun so wenig Wasser durch, daß sich die Fläche des Stausees vor der Mühle am Großen Burstah verringerte. Auf dem so neu gewonnenen Grund wurde das St.-Maria-Magdalenen-Kloster errichtet. Wichtiger aber: Wegen des neuen Mühlendamms bekam nun auch der Nikolaifleethafen nicht mehr genug Wasser, so daß eine neue Hafenanlage an der Einmündung der Alster in die Elbe erforderlich wurde; damit rückte nun die Alsterstadt zur Elbe, zunächst mit der Anlage des sogenannten Binnenhafens.

Seit der endgültigen Vereinigung von Altstadt und Neustadt 1228 war der Graf von Holstein der alleinige Herr Hamburgs. Aber er ließ der Stadt ungewöhnlich viel Freiheit. Ihm vorbehalten waren nur der Zoll, die Münze und das Gericht; er verlangte nicht einmal Steuern. Regiert wurde Hamburg von einem Rat, der Vertretung der Stadt gegenüber dem Grafen. Dieser Rat hatte etwa 30 Mitglieder, Vertreter der Kaufmannschaft und der Handwerker, wobei die vermögenden und einflußreichen Fernhandelskaufleute den Ton angaben. Zwei Bürgermeister standen dem Rat vor; die Mitgliedschaft war ehrenamtlich. Bei wichtigen Anlässen hatte der Rat die Meinung der Bürger zu hören, die durch ein die Wittigesten (Weisesten) genanntes Gremium vertreten wurden.

Eine in der ersten Hälfte des 13. Jahrhunderts eingerichtete Ratskanzlei führte die Korrespondenzen und, ab 1248, das sogenannte Erbebuch, das dem Grundbesitznachweis (Erbgrundstücke) diente. Außerdem betreute sie das Schuldbuch, in dem die Privatschulden von Kaufleuten verzeichnet waren. Und schließlich wurden hier auch alle die Stadt betreffenden Urkunden (Gewährung von Privilegien und so weiter) verwahrt. Der Mann, der diese Ratskanzlei aufbaute, organisierte und über dreißig Jahre lang verwaltete, war Jordan von Boizenburg, Magister der

Rechte. Mit dem Erbe- und dem Schuldbuch schuf er eine Institution, wie sie kaum eine andere deutsche Stadt in dieser Zeit aufzuweisen hatte. Außerdem hatte Hamburg Jordan von Boizenburg ein neues Stadtrecht zu verdanken, genannt Ordeelbook (Urteilbuch), dessen Bestimmungen 1270 in Kraft traten. Erstmals in Deutschland wurde hier das Zivil-, Straf- und Prozeßrecht einer Stadt zusammengefaßt. Und noch eine – für Hamburg überaus charakteristische – Klausel enthielt das Ordeelbook: Ritter (Adlige) durften nicht in der Stadt wohnen oder dort Grundbesitz haben, Beamte und Lehnsmänner des Grafen von Holstein nicht in den Hamburger Rat gewählt werden.

Das Ordeelbook ist ein bedeutender Markstein in der Geschichte der Hamburger Verfassung. Mit ihm erkannte der Rat sich wie selbstverständlich auch die dem Grafen zustehende Gerichtsbarkeit zu, und es spricht für die Großzügigkeit des Landesherrn und für das gute Einvernehmen zwischen ihm und den Hamburger Bürgern, daß der Graf dieser Regelung 1292 auch de jure zustimmte.

Hamburg zählte etwa 5000 Einwohner, als am 5. August 1284 eine verheerende Brandkatastrophe die Stadt heimsuchte. Auch wenn die Überlieferung wohl übertrieben ist, nur ein einziges Haus habe das Feuer überdauert, so waren die Schäden doch verheerend. Noch die archäologischen Untersuchungen nach 1945 haben die schweren Brandschäden einwandfrei nachweisen können. Der sich immer mehr beschleunigende wirtschaftliche Aufstieg der Handelsstadt aber wurde von dieser Katastrophe nicht gebremst.

Der Wiederaufbau änderte das Gesicht der Stadt insofern, als nun die Ziegelbauweise sich immer mehr durchzusetzen begann. Bislang hatte man Ziegel nur für die Großbauten verwendet, die Kirchen, die Klöster (mit Ausnahme von Herwardeshude beziehungsweise Frauental), die Spitäler und die Stadtbefestigung. Und wieder wurde ein neuer Dom gebaut, 1248, jetzt als dreischiffige, gewölbte Basilika in Backstein. Für Privatleute aber war das Bauen mit Ziegeln einfach zu teuer; nur wenige Reiche konnten sich diesen Aufwand erlauben. So blieb für das Privathaus nach wie vor der Fachwerkbau charakteristisch, nur daß man die Gefache jetzt auch mit Ziegeln zu füllen begann und nicht mehr durchweg mit dem alten, lehmverputzten Flechtwerk. Die Ziegel wurden in Hamburg selbst hergestellt und gebrannt, wobei jede Kirche ihren eigenen Betrieb unterhielt. Zwei Ziegeleien wurden in dieser Zeit von der Stadt betrieben, die eine auf dem 1293 vom Rat erworbenen Borgesch in St. Georg, die andere vor dem Millerntor.

Trotz vielfältiger Veränderungen des Stadtbilds im Lauf der Jahrhunderte ist der Fachwerkbau für Hamburg immer charakteristisch geblieben, ja er hat noch in unserem Jahrhundert weitgehend das Aussehen der Stadt geprägt, bis zur Zerstörung im Zweiten Weltkrieg.

# Die Hansestadt

Der Hafen Hamburgs gegen Ende des 15. Jahrhunderts. Links der Kran, rechts die Zollbude, vor der bärtige Schiffer stehen. Rechts das bewaldete Eichholz, die spätere Neustadt. Miniatur aus dem Stadtrecht von 1497. Hamburg, Staatsarchiv

Zur Förderung, aber auch zur Sicherung des Handels hatte sich Hamburg schon im 13. Jahrhundert eng an die Nachbarstadt Lübeck angeschlossen. Diese war um 1050 von dem Wendenfürsten Gottschalk gegründet worden. Nach der Zerstörung dieses slawischen Alt-Lübeck erfolgte 1143 die Neugründung durch den Grafen Adolf II. von Schauenburg. Heinrich der Löwe erzwang von ihm 1158 die Abtretung der erneut niedergebrannten Stadt, ließ sie wiederaufbauen und begünstigte Lübeck mit zahlreichen Privilegien (zum Beispiel Zoll- und Abgabenfreiheit). Nach der Entmachtung Heinrichs des Löwen durch den Kaiser erhielt Lübeck 1226 den Status einer Freien Reichsstadt. Mit der zunehmenden Besiedlung des Ostseeraums wurde Lübeck sehr bald zur wichtigsten Handels- und Hafenstadt dieses Raums, während Hamburg zu Lübecks Nordseehafen wurde. Die Bürger der Hamburger Neustadt erhielten das lübische Stadtrecht, und um 1230 wurde das erste Freundschaftsbündnis zwischen den Hafenstädten besiegelt. Mit einem weiteren Vertrag (1241) beschlossen die Städte, die sie verbindende Straße gemeinsam zu sichern. Auch der nächste Vertrag von 1255 galt der gemeinsamen Sicherung ihrer Handelswege; wichtiger noch: Er vereinbarte eine gemeinsame Währung. Diese Währungseinheit hieß Hamburgisch-Lübische Mark, die Mark zu 16 Schillingen, der Schilling zu 12 Pfennigen.

Die Zeit war von großer Unsicherheit gekennzeichnet; See- und Landräuberei waren weit verbreitet, ein Menschenleben galt nicht viel und Eigentum schon gar nichts. Verständlich darum, daß die Stadt, die militärisch bedeutungslos war, alles tat, um ihre und der Bürger Sicherheit zu schützen, ganz davon abgesehen, daß jede noch so geringe Störung des Handels dem Wirtschaftsgefüge des Ganzen empfindlich schaden konnte.

Handelsverträge, die besonders auch ein juristisch so schwierig zu interpretierendes Problem wie das Bergen von Strandgut und das Eigentumsrecht daran umfaßten, schloß Hamburg auch mit den an die Elbe grenzenden Ländern Wursten und Hadeln, später auch mit Dithmarschen. Landesherr von Hadeln war der Herzog von Sachsen-Lauenburg. Von ihm erwirkte Hamburg die Erlaubnis, auf einer kleinen Watteninsel vor der Elbmündung einen Turm zu bauen, der für zweierlei Zwecke bestimmt war. Zum einen sollte er Seezeichen sein, zum anderen aber sollte die im Turm stationierte Besatzung Schiffen in Seenot helfen und Strandgut bergen und lagern. Denn gerade hier, nah am gefährlichen Scharhörn-Riff, kamen viele Schiffe zu Schaden. Dieser Turm auf einem Fundament von Granitblöcken und mit 2 Meter dicken Ziegelwänden wurde 1310 fertig und von einem Ratsherrn mit zehn Bewaffneten in Besitz genommen. Nige O hieß die Insel, das Bollwerk aber »dat nige wark« (das neue Werk), und von daher hat die Insel ihren heutigen Namen: Neuwerk. Um den Turm finanzieren zu können, mußten alle Hamburg passierenden Schiffe eine Abgabe auf ihre Güter entrichten, den sogenannten Werkzoll. Damals war der Turm auf Neuwerk noch zu einem Teil aus Holz; der jetzige Steinbau – Hamburgs ältestes Baumonument, das die Jahrhunderte überdauert hat – entstand gegen 1377. Ein zusätzlich neben dem Turm errichtetes Leuchtfeuer bekam die Insel erst 1648.

Auch im Binnenland tat Hamburg einen weiteren Schritt zu seiner Sicherung: Die Stadt erwarb zu Beginn des 14. Jahrhunderts vom Grafen von Holstein das Besitzrecht an der Alster, von der Quelle bis zur Mündung. Zu diesem Kauf bewogen mehrere Gründe. Zum ersten galt es, die gleichbleibende Wasserzufuhr für die Mühle auf dem Reesendamm zu gewährleisten. Zum zweiten durfte die Alsterschiffahrt keinerlei Störungen ausgesetzt sein, denn über die Alster bezog die Stadt ihren aus Segeberg kommenden Kalk, der für die rege Bautätigkeit in der Stadt ebenso lebenswichtig war wie das Bauholz. Und in den nächsten Jahrzehnten wurde gerade das noch wichtiger, denn um 1350 hatten die Hamburger alle umliegenden Wälder abgeholzt und mußten von nun an Bauholz importieren. Wie unerläßlich alle diese Sicherungsmaßnahmen waren, macht ein Blick auf Hamburgs Handelsvolumen deutlich, denn die Stadt war inzwischen zu einer der bedeutendsten Handelsstädte des Nordens aufgestiegen.

In Hamburg selbst wurden zuvörderst Textilien und Lederwaren hergestellt, aber auch Metalle verarbeitet, vom Kupferkessel bis zur Rüstung – die Bewaffnung jedes Bürgers galt als Pflicht. An der Spitze aller Hamburger Erzeugnisse und damit auch an der Spitze des Exports stand jedoch das damals vielgerühmte Hamburger Bier. Schon 1369 arbeiteten in Hamburg über 450 Brauereien mit einem Jahresausstoß von etwa 170 000 Tonnen. Der Gesamtexport dieses Jahres hatte einen Wert von 180 000 Hamburgischen Mark; davon entfielen allein 62 516 Mark auf den Bier-Export. Das Brauerviertel lag auf der Grimm- und der Cremon-Insel, und nicht zufällig hieß der am Hafen gelegene Platz der Neustadt Hopfenmarkt. Die Brauhäuser standen an den Fleeten, mit großen Lagerräumen für Gerste, Weizen, Hopfen und Malz. Diese wurden nach dem Anlanden im nahe gelegenen Hafen auf kleinere Frachtkähne umgepackt und über das weitverzweigte Fleetnetz unmittelbar vor die Brauhäuser gestakt. Die Fleetlage war aber auch schon darum unentbehrlich, weil man aus den Fleeten auch das Wasser zum Brauen schöpfte. Das Mittelalter war in Fragen der Hygiene durchaus lax. Im Wasser der Fleete wurde die Wäsche gewaschen, und in sie hinein entleerten sich zahlreiche Abtritte. Dem Hamburger Bier und seinem Ruf hat das aber nicht geschadet, im Gegenteil – es stand vor anderen Bieren im Ruf ganz besonderer Würzigkeit. Hamburger Bier wurde nicht nur gern in England, den Niederlanden und Flandern getrunken; die Schiffe trugen es sogar nach Portugal und Rußland. Im 15. Jahrhundert war die Anzahl der Brauereien auf über 500 gestiegen, bei etwa 10000 Einwohnern.

An zweiter Stelle des Exports standen Leinwand und Tuch aus dem Binnenland. Außer von ihrem Bier lebte die Stadt vornehmlich von den Einnahmen aus dem Transithandel. Die meisten Erzeugnisse aus dem Gebiet zwischen Elbe und Oder nahmen ihren Weg über Hamburg dank der günstigen Elbverbindung; von hier aus wurden die Waren dann auf seetüchtigen Schiffen weiterverschifft.

Beim Tuchhandel waren Hamburgs Im- und Export besonders eng verbunden, denn die Stadt bezog das Rohmaterial, das hier verarbeitet und dann wieder als Fertigprodukt exportiert wurde. Beim Export von Getreide – Hauptabnehmer waren die Niederlande, England und Skandinavien – erwies sich als unschätzbar das vom Kaiser verliehene Stapelrecht. Danach mußte alles in Hamburg eintreffende Getreide ausgeladen und dort im freien Verkauf angeboten werden. Umschlagplatz war das an der Reimersbrücke gebaute Kornhaus. Das nicht in Hamburg verkaufte Getreide wurde dann weiterverschifft.

Aus dem Osten – und das heißt von der Elbe bis zum Baltikum – ging über Hamburg der Export von Bienenwachs (für Kerzen als wichtigstes Beleuchtungsmittel) und Pelze (Rauchwaren). Aus Schonen kamen Heringe, die hier zum Zweck der Konservierung eingesalzen wurden. Dafür wurde wiederum eine enorme Menge an Salz gebraucht, das die Stadt von Lüneburg, Halle, Stendal und Salzwedel bezog, wobei Salz wiederum auch nach Rußland exportiert wurde. Und schließlich ging über Hamburg der Export von Holz (von der Oberelbe), Kupfer (aus dem Harz), Eisen (aus Schweden), Honig, Butter und Bernstein. Abgesehen von den Waren, die in Hamburg verarbeitet und wieder ausgeführt wurden wie Tuche und Heringe, waren Öl, Reis, Gewürze und Wein die wichtigsten Importgüter.

Bei so eng mit dem Ausland verknüpften Wirtschaftsbeziehungen lag ein Verbundsystem nahe, das den Handel koordinierte, seine Abwicklung erleichterte und ihm vor allem ein Maximum an Sicherheit bot.

Zusammenschlüsse von Kaufleuten zwecks gemeinsamen Handelns und dessen Sicherung gab es schon seit dem 11. Jahrhundert. Waren solche Vereinigungen aber bisher nur Interessengemeinschaften von Kaufleuten gewesen, so schlossen sich nun auch allmählich die Städte selbst zusammen, und so bildete sich im 13. Jahrhundert im Norden eine Hanse (Hanse = Gemeinschaft) zwischen den Städten Hamburg, Lübeck, Stralsund, Rostock, Wismar, Greifswald und Lüneburg. Die Hanse errichtete damals Kontore (Handelsniederlassungen) in Brügge,

Amsterdam, Staveren (Niederlande), Antwerpen, London, Bergen und Nowgorod.

Diese Hanse war seit dem 14. Jahrhundert in vier »Quartiere« (Regionen) eingeteilt: das wendische (es umfaßte die obengenannten Städte), das westfälische (mit Sitz in Dortmund, später Köln), das sächsische (Braunschweig) und das preußische (Danzig, Wisby). Zudem schlossen sich die Städte des Wendischen Quartiers 1377 im Wendischen Münzverein zusammen, der zur Vereinheitlichung ihrer Währung gegründet wurde.

Daß die Hanse auch eine entsprechende politische Macht darstellte, sollten die Dänen zu spüren bekommen. Ihr König, Waldemar IV. Atterdag, hatte 1361 das Zentrum des Preußischen Quartiers und die reichste Stadt der Hanse, Wisby auf Gotland, überfallen und ausgeplündert. Daraufhin beschlossen die Hansestädte Gegenmaßnahmen und rüsteten 1362 eine Flotte von 50 Kriegsschiffen aus (darunter zwei Hamburger Koggen), die Dänemark angriff, aber eine schwere Niederlage erlitt. Erst sechs Jahre später, 1368, wiederholte die Hanse ihren Revancheversuch, diesmal erfolgreich: Kopenhagen wurde stark zerstört, der dänische König mußte fliehen und zwei Jahre später auch Frieden schließen. Der Überfall auf Wisby kam ihn teuer zu stehen. Er mußte der Hanse die Herrschaft über den Sund zusprechen und die Handelsprivilegien der Hansestädte (zum Beispiel Steuerfreiheit und Zollermäßigung) bestätigen. Hamburg hatte sich bei diesem Feldzug wenig ehrenvoll benommen. Aus Ängstlichkeit wollte es die Stadt nicht wagen, Dänemark den Krieg zu erklären, und darüber waren die anderen Hansestädte – die ja auf absolute Solidarität angewiesen waren, um erfolgreich zu sein – so empört, daß Hamburg nur knapp der »Verhansung«, dem Ausschluß aus der Hanse, entging. Die Stadt beeilte sich, zum Zeichen ihres guten Willens wenigstens alle anteiligen Kriegskosten zu erstatten. Diese nicht ganz feine Schaukelpolitik und das Bemühen, drohender Unbill durch finanzielle Zuwendungen aus dem Wege zu gehen, sollte von nun an ein Grundprinzip Hamburger Politik bleiben – womit nicht gesagt ist, daß sich die Stadt nicht auch in Krisensituationen tatkräftig zu wehren gewußt hätte; aber die Waffen ließ man für gewöhnlich immer erst dann sprechen, wenn mit Geld nichts mehr auszurichten war. Bis zur Zeit Napoleons sollte sich dieses Prinzip bewähren.

Die Verstimmung zwischen den Hansestädten und Hamburg hielt nicht an, und die Hamburger beschränkten sich nun nicht allein darauf, ihren Handel innerhalb der Hanse auszubauen und zu erweitern, sondern waren auch bemüht, das eigene Territorium kräftig auszudehnen. Wie schon erwähnt, besaßen die Klöster und die Spitäler der Stadt reichen Grundbesitz; dazu kamen die außerhalb der Stadt gelegenen Ländereien des Domkapitels. Weiteres Land erwarb die Stadt entweder durch Kauf von den Grafen von Holstein und Stormarn, oder sie ließ es sich verpfänden. Auf diese Weise erweiterte sich Hamburg um Moorburg (1375); Hammerbrook, Horn, Billhorn und Boizenwerder (1383); Hamm (1387); Ochsenwerder, Moorwerder, Billwerder (1395); Finkenwerder, Altenwerder, Kattwiek und Griesenwerder (1396). Hinzu kamen ferner im 14. Jahrhundert Eimsbüttel, Langenhorn, Klein-Borstel, Fuhlsbüttel, Eilbek und Borgfelde. Im 15. Jahrhundert schließlich arrondierte sich die Stadt noch mit Wohldorf, Ohlstedt, Groß-Hansdorf, Beimoor, Schmalenbek, Hoisbüttel, Volksdorf und Farmsen, wo Hamburg um 1400 seine größte städtische Ziegelei errichtete.

Gemeinsam mit Lübeck setzte sich Hamburg 1375 in den Besitz der Ämter Trittau und Segeberg, mußte sie aber schon bald wieder aufgeben. Dauerhafter war den beiden Schwesterstädten indessen ein anderer Erfolg beschieden.

Der Herzog von Sachsen-Bergedorf-Mölln hatte 1370 Bergedorf an Lübeck verpfändet. Dieses Verpfänden von ganzen Ortschaften, Ämtern und Landstrichen, um damit Defizite abzudecken, war damals unter den Fürsten gang und gäbe. Der Nachfolger des Herzogs jedoch, Erich von Sachsen-Lauenburg-Ratzeburg, scherte sich wenig um diese Verpfändung, sondern besetzte Bergedorf 1401 kurzerhand und belästigte die beiden freundschaftlich verbundenen Hansestädte auch noch durch Straßenraub. Volle neunzehn Jahre sahen Hamburg und Lübeck dem zu; dann erklärten sie dem Herzog den Krieg, stürmten Bergedorf und noch zwei weitere Burgen des Herzogs, nämlich die Riepenburg auf Billwerder und die von Kuddewörde, die niedergebrannt wurde. Der völlig geschlagene Herzog mußte Bergedorf, die Riepenburg, die Vierlande, Geesthacht und den Zollenspieker an die beiden Hansestädte abtreten, die von nun an dieses Gebiet gemeinsam verwalteten, bis 1867, als Hamburg den Lübecker Anteil finanziell auslösen konnte. Damit hatte Hamburg schon zu Beginn des 15. Jahrhunderts eine territoriale Ausdehnung erreicht, die fast der von 1937 glich, als das Groß-Hamburg-Gesetz das Gebiet der alten Hansestadt neu gliederte. Es ist bezeichnend für Hamburg, daß es mit Ausnahme der kriegerischen Handlungen gegen Herzog Erich, die allerdings als Akt unerläßlicher Notwehr gelten dürfen, durchweg auf friedliche und honorige Weise zu seinem Landbesitz kam. Daß Gewalt nur in alleräußersten Fällen angewandt werden dürfe, hatten die schlauen Kaufleute an Alster und Elbe frühzeitig gelernt, freilich auch, daß man notfalls hart zuschlagen müsse. Und das geschah im Kampf gegen die Seeräuber.

## Der Kampf gegen die Seeräuber

Zu den wichtigen Gebietserwerbungen Hamburgs in dieser Zeit gehörten Schloß und Amt Ritzebüttel, heute ein Teil Cuxhavens. Ritzebüttel kam nicht auf friedliche Weise an die Hansestadt, sondern 1394 durch Kampf gegen die Familie von Lappe, und das hatte mit der Bekämpfung der Piraterie zu tun.

Zwar war die Seeräuberei so alt wie die Seefahrt selbst, aber Hamburgs Handel war durch die Kaperei bis zum Ende des 14. Jahrhunderts nicht ernsthaft bedroht gewesen. Schwerer wog das damals praktizierte Strandrecht, das der Seeräuberei bedenklich nahe kam. Danach hatten die Küstenbewohner das Recht, sich in den Besitz der Ladung gestrandeter Schiffe zu setzen, und es läßt sich leicht denken, daß man der Strandung unschwer auch nachhelfen konnte, etwa indem man Leuchtfeuer löschte oder sie bewußt falsch setzte. Die gutgemeinten Reformen des Strandrechts wirkten nur verschlimmernd. Wenn zum Beispiel bestimmt wurde, ein gestrandetes Schiff sei erst dann herrenloses Gut, wenn kein Besatzungsmitglied mehr am Leben wäre, so führte das dazu, daß Überlebende nun kurzerhand umgebracht wurden. Zwar hatten die Hamburger 1299 einen Vertrag mit dem Herzog von Sachsen-Lauenburg geschlossen – er war der Landesherr der friesischen Regionen Hadeln und Wursten –, wonach für die Bergung von gestrandeten Schiffen und von Schiffbrüchigen eine bestimmte Summe gezahlt werden sollte; aber es war klar, daß die abzuglose Bereicherung am Strand für die bettelarmen Friesen lukrativer war als buchstabengemäße Vertragstreue. Hinzu kam nun ein Anwachsen offener Seeräuberei, wobei den Piraten friesische Häfen als Zuflucht dienten; diese waren dazu oft in flachen Gewässern gelegen, wo ihnen die schweren Schiffe der Verfolger nichts anhaben konnten.

Gegen Ende des 14. Jahrhunderts wurden diese Zustände für den Handel Hamburgs existenzbedrohend. Und da das auf Schloß Ritzebüttel residierende Geschlecht derer von Lappe weder fähig noch willens war, die Hamburger Schiffahrt zu sichern, nahmen die Hansen das Schloß im Sturm und behielten es als Eigentum. Der Herzog von Sachsen-Lauenburg als rechtmäßiger Landesherr erhob keinen Einspruch. Damit hatte Hamburg neben der Insel Neuwerk nun einen zweiten festen Stützpunkt nahe der Elbmündung, mit dem sich der Seehandel besser beherrschen ließ. Aber die Probleme mit der Seeräuberei gingen jetzt erst richtig los, begünstigt durch den Krieg von 1389 bis 1397 zwischen Dänemarks Königin Margarete, seit 1388 Regentin Schwedens, und dem seit 1363 regierenden schwedischen König Albrecht, der auch Herzog von Mecklenburg war. Bei diesem Krieg wurden beide Seiten tatkräftig von autorisierten Kaperern unterstützt, die – auf schwedischer Seite – sogar von Angehörigen des mecklenburgischen Adels angeführt wurden. Diese Kaperer, deren Einsatz die Versorgung Stockholms mit Lebensmitteln (Viktualien) zu danken war, nannten sich Vitalien-

Schloß Ritzebüttel. Ausschnitt aus der Elbkarte von Melchior Lorichs, 1568. Hamburg, Staatsarchiv

brüder. Nach dem Sieg Dänemarks und dem Frieden von Kalmar (1397) verstand es Königin Margarete, sich etliche der Piratenkapitäne durch Belehnungen mit Staatsämtern gefügig zu machen, während der andere Teil leer ausging und sich nun ein neues Betätigungsfeld suchen mußte. Die Vitalienbrüder setzten sich in Wisby auf Gotland fest und organisierten von hier aus ihre Beutezüge, bis der Deutsche Ritterorden 1398 Wisby eroberte und der Herrschaft der Vitalienbrüder ein blutiges Ende bereitete. Nun verlegten die Vertriebenen ihre Räuberei ganz in den Bereich der Nordsee, und schon bald erhoben die Engländer Beschwerde bei den Hansestädten wegen zunehmender Kaperung ihrer Schiffe vor der Elbmündung in den Jahren 1394 bis 1399, wobei sie auch die Piratenhäuptlinge namentlich angaben: Gödeke Michels, auch Godeke Michael genannt, Klaus Scheld und Klaus Störtebeker (der Vorname ist unsicher). Diese Vitalienbrüder oder Likedeeler, wie sie sich jetzt nannten, da sie ihre Beute zu gleichen Teilen aufteilten, waren eine starke Truppe – ihre Anzahl wird auf 500 bis 1500 geschätzt –, deren Stützpunkte von Helgoland bis Emden reichten. Sie wurden von den Friesen zwar nicht offen unterstützt, aber stillschweigend geduldet.

Der 1399 in Lübeck tagende Hansetag, die regelmäßige Konferenz der wichtigsten Mitglieder, beschloß, endlich Maßnahmen zu ergreifen. Daraufhin schickte Hamburg 1400 eine eigene Kriegsflotte unter dem Befehl des Ratsherrn Nikolaus Schocke aus, die an der Emsmündung die Seeräuber schlug, sie allerdings nicht vernichten, ja nicht einmal Gefangene machen konnte. Kurze Zeit nach diesem Unternehmen lief Schockes Flotte erneut aus, stellte das Geschwader Störtebekers vor Helgoland, versenkte es und nahm den Piratenkapitän und 30 Vitalienbrüder gefangen. Störtebeker und seine Kumpane wurden Ende Oktober 1400 auf dem Grasbrook enthauptet. Ein Jahr später überwältigte der tüchtige Schocke auch den Verband des Gödeke Michels; auch Michels wurde – mit 73 seiner Piraten – auf dem Grasbrook enthauptet. Der Rat Hamburgs dankte Nikolaus Schocke mit einer Ehrengabe von 80 Silbermark. In den Kämpfen waren über 200 Seeräuber ums Leben gekommen, und die Friesen waren von der hansischen Schlagkraft so beeindruckt, daß sie nun sogar geflohene Piraten auslieferten. Dennoch waren die Vitalienbrüder damit nicht vernichtet. Als nach einiger Zeit die Friesen wieder dazu übergingen, Hamburgs Feinde zu unterstützen, schickte die Stadt eine Strafexpedition nach Emden. Befehligt wurde die aus 21 Schiffen bestehende Hamburger Flotte von Simon van Utrecht, einem Niederländer, der 1400 das Hamburger Bürgerrecht erworben und sich schon damals um die Stadt verdient gemacht hatte, weil er auf eigene Kosten zwei Schiffe bauen und ausrüsten ließ, um Störtebeker zu schlagen. Er wurde bald Mitglied des Hamburger Rats, später auch Bürgermeister und Stadtkämmerer und war häufig für die Stadt in diplomatischer Mission unterwegs. Als Militär bewährte sich der vielseitig begabte Mann ein weiteres Mal 1433 bei der Niederwerfung der Friesen und der Eroberung Emdens. Zwanzig Jahre lang blieb Emden im Besitz Hamburgs. Dann aber wurde dem Rat der Unterhalt dieser Neuerwerbung zu kostspielig, und er gab sie auf; schließlich hatte der Feldzug ja nicht der Annektion und der

Machterweiterung gedient, sondern der Zerschlagung der Seeräuberei. Das war aber nur insoweit gelungen, als sich die Vitalienbrüder nicht mehr auf das norddeutsche Küstengebiet stützen konnten. Sie wichen nun nach Norwegen aus.

Erst 1525, als man den Piraten und dänischen Admiral Klaus Kniphof gefangennehmen und in Hamburg hinrichten lassen konnte, wurde die Gefahr der Nordsee-Piraterie endgültig gebannt. Zu diesem Zeitpunkt übte Hamburg dank eines kaiserlichen Privilegs die Gerichtsbarkeit über die Unterelbe aus und bekam auch das Recht, die Schiffahrtslinie auf dem Fluß mit Tonnen und Baken zu kennzeichnen (1482). In dem Maße aber, in dem die Stadt ihrer auswärtigen Feinde Herr geworden war, begannen nun die Schwierigkeiten im Inneren zu wachsen. Nachdem der äußere Druck weggefallen war, der die Bürger zum Zusammenstehen gegen einen gemeinsamen Feind gezwungen hatte, verlangten die Hamburger jetzt mehr Freiheiten für sich, und das führte zu innerstädtischen Konflikten.

## Die Bürger verlangen Mitspracherecht

Um Hamburgs Wohlstand zu sichern und Konkurrenz abzuwehren, hatte man ein System ersonnen, das die Wirtschaft der Stadt stabilisieren sollte. So sorgte eine Bannmeile um die Stadt dafür, daß sich keine Handwerker vor den Toren niederlassen konnten; Handwerker waren gesetzlich verpflichtet, ihre Tätigkeit nur innerhalb der Stadtmauern auszuüben. Freilich durfte das nicht jeder – dafür sorgten die Bestimmungen der Zünfte, die in Hamburg Ämter genannt wurden. Aufnahme in das Amt – und damit das Recht, als Handwerksmeister seine Tätigkeit auszuüben – konnte nur finden, wer das Bürgerrecht besaß. Wer nämlich in Hamburg wohnte, war damit noch lange nicht Hamburger Bürger. Um das zu werden, mußte man den Bürgereid leisten und sich damit zu regelmäßiger Steuerzahlung und zum

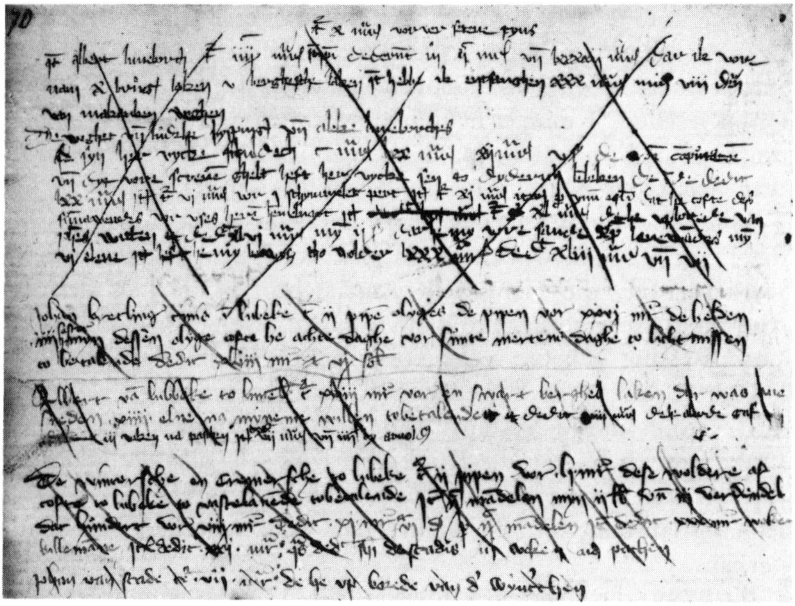

Eine Seite aus dem 1367 begonnenen Handlungsbuch des Vicko von Geldersen, dem ältesten erhaltenen Hamburger Kaufmannsbuch. Die durchgestrichenen Posten besagen, daß die eingegangenen Verpflichtungen erfüllt worden sind. Hamburg, Staatsarchiv

Wehrdienst für die Stadtverteidigung verpflichten. Und der Wehrdienst verlangte die militärische Ausrüstung (Pferd und Waffen), die der Bürger aus eigener Tasche bezahlen mußte. Da das bei der Eidesleistung zu entrichtende Bürgergeld und die Ausrüstungskosten bei weitem nicht von jedem aufgebracht werden konnten, unterschied man schon früh zwischen Bürgern und Nichtbürgern. Die Nichtbürger hatten zwar weniger Pflichten, aber auch weniger Rechte. Und dazu gehörte, daß nur ein Bürger in ein Amt aufgenommen werden konnte. Damit war eine starke soziale Barriere errichtet worden; aber das war nur die erste. Die zweite bestand darin, daß auch die Aufnahme in das Amt den Bewerber eine beträchtliche Summe kostete. Aufgenommen werden konnte er ferner nur dann, wenn er eine fest vorgeschriebene Ausbildung nachwies, die sechzehn Jahre dauerte. Die Lehrzeit währte sieben Jahre, dann erhielt der Lehrling den Status eines Gesellen, in dem er neun Jahre verblieb; während dieser Zeit durfte er nicht heiraten. Da die Zugehörigkeit zum Amt erblich war, hatte der Mittellose nur dann eine Chance, wenn er die Tochter oder die Witwe eines Amtsangehörigen heiratete, womit die Frage nach dem Vermögen sich von selbst regelte. Handwerksmeister, die nicht zum Amt gehörten, durften sich als sogenannte Freimeister nur dann in Hamburg niederlassen, wenn sie dazu eine – keineswegs kostenlose – Konzession des Rats bekamen; ihnen war die Lehrlingsausbildung untersagt.

Der Sinn dieses Systems liegt auf der Hand: Die im Amt Organisierten hielten die Konkurrenz niedrig und verhinderten einen freien Wettbewerb, betrieben gemeinsam den Einkauf von Rohstoffen und sorgten dafür, daß kein Mitglied im Elend verkam.

Nicht nur die Handwerksmeister hatten sich so organisiert. Die Kaufleute hielten es ebenso; schon im 13. Jahrhundert hatten sich die Gewürz-, die Seiden- und die Eisenhändler zu einem »Kramer-Amt« zusammengeschlossen, denn anders als die Fernhandelskaufleute waren sie Einzelhändler, damals Krämer genannt.

Handwerker und Krämer verkauften ihre Waren auf dem Wochenmarkt, wo die Bauern der Umgebung ebenfalls ihre Produkte feilhalten durften. Beim Einkauf hatten die Bürger grundsätzlich das Vorrecht gegenüber den nicht in der Stadt Wohnenden. Die Handwerker konnten aber auch ihre Waren in eigenen Verkaufshallen anbieten, die Bäcker beispielsweise in den – im Straßennamen noch erhaltenen – Brodschrangen; der Name wird 1328 erstmals erwähnt. Durch strenge Kontrollen hinderte das Amt die ihm nicht angehörenden Handwerker und Krämer daran, ihre Produkte öffentlich anzubieten. Über die Brutalität, mit der Nichtorganisierte verfolgt wurden – verharmlosend Böhnhasenjagd genannt –, wird später noch zu berichten sein. Als um die Mitte des 15. Jahrhunderts eine wirtschaftliche

Rezession eintrat, bewährte sich die Einrichtung des Amts für seine Mitglieder glänzend. Die Bäcker beschlossen zum Beispiel, nur noch 50 selbständige, im Amt organisierte Bäckereibetriebe zuzulassen. Die Anzahl der Böttchermeister, von denen es wegen des Bierexports in Hamburg besonders viele gab, ging von 200 im Jahr 1437 auf 150 im Jahr 1458 zurück.

Es ist verständlich, daß die Ämter auch ein politisches Mitspracherecht haben wollten und Verdrossenheit darüber aufkam, daß im Rat nur die vermögenden Großkaufleute saßen, auf Lebenszeit Ratsherren, die, ohne die Bürger zu fragen, aus ihrem Kreise sich selbst ergänzten und auch die Bürgermeister wählten, seit 1350 deren vier, die sich jährlich ablösten. Entscheidungen des Rats (Gesetze, Verordnungen) wurden den Hamburgern zweimal jährlich, am 22. Februar und am 21. Dezember, öffentlich von der sogenannten Laube des Rathauses aus verlesen; diese bis 1810 gültige Einrichtung hieß »Bursprake«, was soviel wie »Ansprache an die Bürger« bedeutete.

Der Unwille gegen den Rat regte sich erstmals 1375, als die Ämter eine fünfzigprozentige Reduzierung der Steuer forderten, was die Zunftkollegen in Braunschweig kurz zuvor bei ihrem Rat durchgesetzt hatten. Natürlich lehnte der Hamburger Rat die Forderung ab. Als die Unruhe unter den Handwerkern zunahm und eine Revolte nicht mehr auszuschließen war, reagierten die im Rathaus sitzenden Kaufleute sehr geschickt: Sie verpflichteten die Mitglieder jener Ämter, die ihnen nahestanden und von ihnen abhängig waren, zu einem Treueid und hatten damit gewonnen. Denn nur eine Solidarität aller Ämter gegenüber dem Rat wäre erfolgversprechend gewesen.

Aber der Rat hatte seine Macht dennoch überschätzt. Es begann 1410 wie eine Bagatelle. Ein Hamburger Bürger namens Hein Brand hatte dem Herzog Johann von Sachsen-Lauenburg Geld geliehen, mit dessen Rückzahlung sich der Herzog Zeit ließ. Eines Tages stellte Brand seinen Schuldner bei einem Besuch in Hamburg auf offener Straße deswegen zur Rede und wurde dabei ausfallend. Der beleidigte Herzog beschwerte sich daraufhin beim Rat, und der ließ Brand verhaften und in den Winserturm (beim

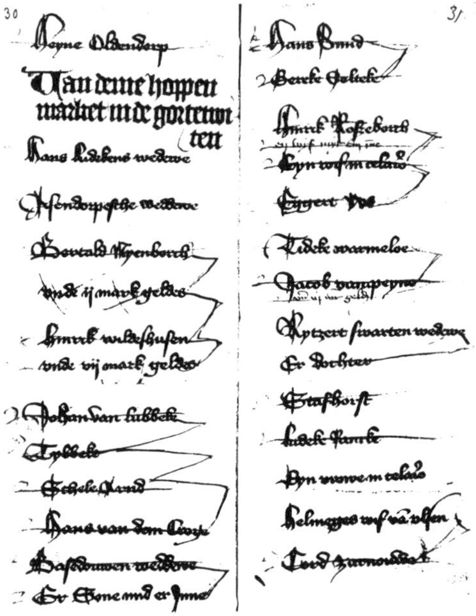

Die älteste erhaltene Steuerliste Hamburgs um 1442 mit den Namen der Steuerpflichtigen im Kirchspiel von St. Nikolai (»Schoßregister«). Die Durchstreichung bedeutet, daß die Steuer entrichtet wurde. Hamburg, Staatsarchiv

Meßberg) sperren. Da aber der Rat fünf Jahre zuvor beschlossen hatte, kein Bürger dürfe ohne ein ordentliches Gerichtsverfahren inhaftiert werden, war die Verhaftung Brands ein grober Rechtsbruch und wurde so auch von den Hamburgern empfunden. Eine Bürgerversammlung im St.-Maria-Magdalenen-Kloster führte zur Wahl von 60 Abgeordneten, die beim Rat die sofortige Freilassung Brands durchsetzten. Diesmal war mit einer Spaltung der Solidarität nicht zu rechnen, denn Hein Brand war ein vermögender Mann, der genügend Rückhalt bei der Kaufmannschaft besaß. Einmal konstituiert, verlangten die 60 gewählten Bürger – aus jedem der vier Kirchspiele kamen 15 Abgeordnete – vom Rat eine Reihe von Konzessionen, niedergelegt in einem zwanzig Artikel umfassenden »Rezeß« (vom lateinischen *recedere* = auseinandergehen), womit man das schriftliche Verhandlungsergebnis bezeichnete. Gleich der erste Artikel bestimmte, daß bei künftigen Streitfällen zwischen Rat und Bürgern öffentlich vor

Gericht oder Rat verhandelt werden müsse; der Rat (Artikel 19) habe außerdem die Verpflichtung, bei einer Anklage von außerhalb, wie im Fall Brand, seine Bürger nach außen hin »treulich« zu vertreten. Entscheide sich der Rat, Krieg zu führen, so müsse er vorher die Bürger dazu anhören (Artikel 6). Und schließlich (Artikel 7): Steuererhöhungen sollten nur in besonderer Notlage und nach Rücksprache mit den Bürgern statthaft sein.

Mit diesem ersten Rezeß von 1410 war den Bürgern so etwas wie ein demokratisches Mitspracherecht eingeräumt worden, wenn auch nicht für lange. Eine ähnliche Entwicklung wie in Hamburg hatte es zu dieser Zeit auch in anderen Hansestädten gegeben, vor allem in Lübeck, wo 1408 ein von den Bürgern gewählter neuer Rat den alten aus dem Amt jagte. Aber der kehrte 1416 wieder zurück und erzwang nun auch von Hamburg – mit Drohung der »Verhansung« – die Rücknahme des ersten Rezesses.

Zu erneuten Unruhen kam es 1458. In Lüneburg hatte der Rat 1446 verfügt, um der Verschuldung Herr zu werden, künftig auch die Prälaten und die geistlichen Genossenschaften zu besteuern, wenn sie Inhaber von Salzpfannen waren. Die Geistlichkeit protestierte; sie konnte dem Rat eine überaus hohe, von diesem nicht zu erklärende Verschuldung nachweisen, worauf die Bürgerschaft den Rat absetzte und einen neuen wählte. Bald aber entschied der Kaiser, der alte Rat sei wiedereinzusetzen, worauf der neue der Stadt verwiesen wurde und zum Teil Aufnahme in Hamburg fand. Die Hamburger Bürger stellten sich auf die Seite der Vertriebenen – die übrigens das Machtwort des Papstes und damit auch die Sympathie der Hamburger Geistlichkeit auf ihrer Seite hatten – und verlangten vom Rat Sanktionen gegen Lüneburg. Der Rat hingegen legte Wert auf ungestörte Handelsbeziehungen, zumal sich die wirtschaftliche Situation verschlechtert hatte; Lüneburg war als Salzlieferant unentbehrlich. Da die Auseinandersetzung tumultuöse Formen annahm, gewährte der Rat schließlich am 17. Oktober 1458 einen zweiten Rezeß, der den Frieden wiederherstellte, wenngleich es in Sachen Lüneburg keine Nachgiebigkeit von seiten des Rats gab. (Der sogenannte

Prälatenkrieg endete erst 1462 nach komplizierten Verhandlungen durch einen Vergleich.)

Der zweite Rezeß, mit 34 Artikeln weit umfangreicher als der erste, bestätigte im wesentlichen die Vereinbarungen von 1410. Der Artikel 12 aber verpflichtete den Rat nun ausdrücklich dazu, vor einer Kriegserklärung die Zustimmung der Bürger einzuholen. Im deutlichen Hinblick auf die Lüneburger Vorgänge bestimmte Artikel 33, daß künftig nur noch der Rat das Recht habe, eine Bürgerversammlung einzuberufen. Im übrigen befaßte sich dieser zweite Rezeß weit stärker mit wirtschaftlichen Bestimmungen als der erste, ein Zeichen, daß die Zeiten härter geworden waren.

Wirtschaftliche Gründe waren es auch, die 1483 zu einem Aufstand und zum dritten Rezeß führten. Der Anlaß: Die Verteuerung der Lebensmittel, die vor allem die ärmeren Schichten traf, hatte schon seit längerem zu wachsendem Unmut in der Bevölkerung geführt. Dem Rat wurde ein überhöhter Lebensmittel-Export vorgeworfen; es hieß, er halte die Güter nicht zur Versorgung der Stadt zurück, begünstige also die privaten Gewinne der Exporteure, statt die Bevölkerung zu angemessenen Preisen zu versorgen. Wortführer war der Bierbrauer Hinrich von Lohe, den der Rat daraufhin verhaften und einsperren ließ. Eine aufgebrachte Menge aber befreite Lohe, der nun begann, Anhänger um sich zu scharen. Die jetzt in der Stadt ausbrechenden Unruhen zogen sich über zwei Monate hin und führten zu Straßenkämpfen, ja sogar zu einer Gegenregierung in der Stadt unter dem Vorsitz Lohes. Dann aber siegte doch der Rat, weil er die Unterstützung der um ihren Besitz bangenden Bürger fand; er ließ vier der Rebellen hinrichten und verabschiedete gemeinsam mit den Bürgern einen dritten Rezeß. In dessen 69 Artikeln wurde unter anderem festgelegt, daß der unerlaubte Export von Getreide sowie das Aufkaufen von Korn von nun an verboten seien; Ochsen und Schweine durften künftig nur noch außerhalb der Stadt gekauft werden, wenn man sie in Hamburg auf den Markt zu bringen gedachte. Das bedeutendste politische Zugeständnis bestand darin, daß der Rat bei allen wichtigen politischen

Wilm Dedeke: Bildnis des Bürgermeisters Hermann Langenbeck, Schöpfer des 1497 neu geschaffenen Stadtrechts. Dieses um 1515 gemalte Bild ist das früheste überlieferte Porträt eines Hamburger Bürgermeisters. Öl auf Eichenholz. Sammlung Georg Schäfer, Schweinfurt

Anlässen aus jedem Kirchspiel 20 bis 25 »erbgesessene Bürger« einberufen und über die Verhandlungen informieren mußte. Auch sollten von nun an die Kirchgeschworenen (Juraten) eines jeden Kirchspiels das Recht haben, im Fall von Unruhen die Einberufung der erbgesessenen Bürger und der Werkmeister der

Ämter vom Rat zu verlangen. Unter einem erbgesessenen Bürger verstand man einen Bürger, der ein »Erbe« (Grundbesitz) innerhalb der Stadtumwallung besaß. Bis zum 15. Jahrhundert war ein Bürger auch zugleich Haus- und Grundbesitzer. Bei wachsender Bevölkerung und damit nicht mehr genug verfügbarem Boden innerhalb der engen Befestigung konnte nun nicht mehr jeder Bürger zugleich auch Grundbesitzer sein. Es gab nun den erbgesessenen Bürger, den Bürger und den Nichtbürger. Und nur die erbgesessenen Bürger wurden zur politischen Mitbestimmung vom Rat hinzugezogen unter dem Titel »Erbgesessene Bürgerschaft«, denn ein Grundbesitzer galt für zuverlässiger als der Nichtbesitzende; er hatte im Krisenfall mehr zu verlieren und galt damit auch eher als Stütze der herrschenden Ordnung, die eine Ordnung der Besitzenden war.

Sinn des dritten Rezesses war, von nun an weit stärker als bisher die Bürger an der Politik der Stadt zu beteiligen, was allerdings nur das Recht der Besitzenden sein konnte. Aber es war ein erster Schritt zu einer demokratischen Verfassung. Wer künftig Bürger Hamburgs werden wollte, hatte diesen Eid zu leisten:

»Ick lave und schwere tho GOTT dem Allmächtigen, dat ick düssem Rahde und düsser Stadt will truw und hold wesen, Eer Bestes söken unde Schaden affwenden, alse ick beste kan und mag, ock nenen Upsaet wedder düssem Rahde und düsser Stadt maken, mit Worden edder Wercken, und efft ick wat erfahre, dat wedder düssem Rahde und düsser Stadt were, dat ick dat getrüwlick will vormelden. Ick will ock myn Jährlickes Schott, imglikken Törkenstüer, Tholage, Tollen, Accise, Matten, und wat sünsten twischen Einem Ehrb. Rahde und der Erbgesetenen Börgerschop belevet und bewilliget werd, getrüw- und unwiegerlick by myner Wetenschop, entrichten und bethalen. Als my GOTT helpe und syn Hilliges Wort.« Auf hochdeutsch lautet der hier in der Fassung von 1603 wiedergegebene Eid also: »Ich gelobe und schwöre zu GOTT dem Allmächtigen, daß ich diesem Rat und dieser Stadt will treu und hold sein, ihr Bestes suchen und Schaden abwenden, so gut ich es kann und vermag, auch keinen Aufruhr gegen diesen Rat und diese Stadt machen, weder mit Worten noch Werken, und falls ich etwas erfahre, das gegen diesen Rat und diese Stadt wäre, dies getreulich vermelden will. Ich will auch mein jährliches Schoß, einschließlich Türkensteuer, Zulage, Zöllen, Akzise, Matten [unter Matten verstand man die Abgabe von einem Zwanzigstel des zum Mahlen gebrachten Getreides als Entlohnung für den Müller; Anmerkung des Verfassers], und was sonst zwischen einem Ehrbaren Rat und der Erbgesessenen Bürgerschaft ausgemacht und bewilligt wird, getreulich und unweigerlich nach meinem Wissen entrichten und bezahlen. So wahr mir GOTT helfe und sein Heiliges Wort.« In niederdeutscher Sprache blieb dieser Eid bis 1844 in Hamburg gültig; formell abgeschafft wurde er erst 1918.

Das Ordeelbook von 1270 wurde 1497 durch ein von Bürgermeister Hermann Langenbeck revidiertes Stadtrecht ersetzt, nachdem Rat und Bürgerschaft ihre Zustimmung gegeben hatten; völlig neu darin war das Schiffsrecht. Dieses Stadtrecht enthält den ersten juristischen Gesetzeskommentar Hamburgs. Das für den Rat auf Pergament geschriebene und farbig illuminierte Exemplar zählt zu den größten Schätzen des Hamburger Staatsarchivs und vermittelt in seinen Illuminationen ein genaues Abbild Hamburger Lebens gegen Ausgang des Mittelalters.

## Selbständig und neutral

Obwohl den Schauenburger Grafen 1386 das Herzogtum Schleswig als Erblehen zugesprochen worden war, versuchten die Dänen, diesen verlockenden Besitz wieder an sich zu ziehen. Darüber entbrannte ein Krieg, der von 1410 bis 1435 währte und der sich darum so in die Länge zog, weil die Hanse nicht gewillt war, das empfindliche politische Gleichgewicht durch Dänemark stören zu lassen, denn eine zu große Stärkung Dänemarks mußte Nachteile für die Hansestädte im Ost- und Nordseehandel nach

Sitzung des Niedergerichts im alten Rathaus an der Trostbrücke. Hier wurden die Urteile in erster Instanz gesprochen. Zwei Gerichtsdiener führen einen gefesselten Missetäter vor. Auf dem Tisch, an dem der Vogt, die Prätoren und der Schreiber sitzen, liegt aufgeschlagen das Stadtrecht. Links sieht man den Dom. Miniatur aus dem Stadtrecht von 1497. Hamburg, Staatsarchiv

sich ziehen. Zwar gelang es Dänemark, einige Landsiege gegen die Hansen zu gewinnen, aber die Seeherrschaft blieb doch bei diesen, und das entschied. Dänemark mußte nachgeben, und Graf Adolf VIII. blieb Herzog von Schleswig.

Dänemark hätte diesen aufwendigen und nachteiligen Krieg eigentlich gar nicht führen müssen, denn mit dem kinderlosen Grafen Adolf VIII. starb 1459 der letzte Schauenburger, und durch Wahl fiel das Land an seinen Neffen, König Christian I. von Dänemark. Schwierigkeiten gab es nicht; 1460 huldigten die Stände von Schleswig und Holstein dem dänischen König als Herzog von Schleswig und Grafen von Holstein, das 1474 zum Herzogtum erhoben wurde.

König Christian I. kam am 6. Januar 1461 nach Hamburg und begehrte die Huldigung, womit er Hamburg vor ein verzwicktes Problem stellte: Die Stadt wäre, leistete sie den Huldigungseid, nicht mehr als eine holsteinische Landstadt gewesen, und ebendas wollte die stolze Hafenstadt auf gar keinen Fall sein. Die Schauenburger hatten ihr Regiment mit lockerem Zügel geführt und sich wenig in die Hamburger Angelegenheiten eingemischt. Die Folge war, daß Hamburg und sein selbstbewußter Rat sich als eine eigenständige politische Kraft empfanden; eine mögliche Bevormundung durch den dänischen König erschien in der Hansestadt unerträglich.

Mit großem diplomatischem Geschick versicherte man den dänischen König der Loyalität, aber zu einem Huldigungseid, so ließ man den Monarchen wissen, wolle und könne man sich nicht verstehen, denn den hätten in all den Jahrhunderten auch die Schauenburger Grafen nie verlangt; folglich habe man ihn auch niemals geleistet. Wäre Christian aber bereit, alle Freiheiten und Privilegien der Stadt zu bestätigen, so wolle man ihn durchaus als den Herrn anerkennen. Diplomatisch war das ein äußerst geschicktes Taktieren, und Hamburg hatte Glück, daß sich der dänische König tatsächlich darauf einließ. Es blieb ihm allerdings auch kaum etwas anderes übrig, denn hätte Christian Gewalt angewandt, wäre die Hanse, die an einem Machtzuwachs Dänemarks nicht interessiert sein konnte, sofort militärisch aktiv geworden. Aber das Problem war damit nicht aus der Welt geschafft. Von nun an sollte es in dieser Frage immer wieder Schwierigkeiten mit Dänemark geben, bis hin zum offenen Krieg; erst der Gottorper Vergleich von 1768 schuf – dreihundert Jahre später – klare Verhältnisse.

Hamburg wollte um jeden Preis selbständig und neutral bleiben, um seinen Handel in allen Fährnissen ungestört zu wissen. Auch gegenüber dem Deutschen Reich begann nun eine Schaukelpolitik, die Bewunderung abnötigt; vom Standpunkt des Reichs aus könnte man sie freilich auch verwerflich finden, wollte man moralische Maßstäbe anlegen. Aber sowohl die Politik Dänemarks wie die des Reichs fragten weniger nach Moral, sondern richteten sich nur nach Erfolg und Nutzen, und entsprechend verhielt sich Hamburg. Im Grunde war dies eine ganz normale Sache; man kann sich nur wundern, wie oft in Geschichtsbüchern gelegentlich moralisiert wird.

Obwohl Hamburg erst 1510 von Kaiser Maximilian I. in den Rang einer Reichsstadt erhoben wurde – und damit nun unmittelbar dem Kaiser und niemandem sonst unterstand, was wichtig für das Verhältnis zu Dänemark war –, wurde Hamburg schon ab 1472 zu den Reichstagen eingeladen, nahm also faktisch bereits einen Status ein, der ihm von Rechts wegen noch gar nicht zukam. Die Stadt weigerte sich aber, auch die Leistungen einer Reichsstadt zu erbringen, ja sie weigerte sich sogar, das 1495 gegründete Reichskammergericht, die höchste richterliche Instanz des Deutschen Reichs, als für Hamburg zuständig anzuerkennen.

Auch gegenüber der Hanse, die allmählich an Macht und Einfluß verlor, verhielt sich Hamburg zwiespältig. Als etwa Lübeck, die Schwesterstadt, 1508 mit Dänemark Krieg führte, weigerte sich Hamburg rundheraus, Lübeck zu unterstützen, was eigentlich seine Pflicht gewesen wäre. Zur Begründung wurde angeführt, man wolle nicht gegen den eigenen Landesherrn Krieg führen. (Sonst war vom dänischen König als Landesherrn nicht die Rede.) Tatsache war, daß der Krieg zwischen Lübeck und Dänemark den Hamburgern sehr zupaß kam, und sie nutzten die günstige Gelegenheit, nun den Ost- und Nordseehandel an sich zu ziehen, mit Erfolg. Außerdem gründeten interessierte Kaufleute die Gesellschaft der Islandfahrer. Damit ließ sich künftig das Hansekontor Bergen umgehen, über das bisher der Islandhandel gelaufen war; Hamburg konnte diesen nun allein und direkt betreiben. Mehr noch: Mit dem 1517 ins Leben gerufenen Kaufmannsrat zeigte die Stadt deutlich, daß sie gewillt war, den Handel in eigener Regie zu betreiben, unbeschadet der hansischen Interessen und der hansischen Solidarität. Bei der zunehmenden Schwächung der Hanse aufgrund veränderter politischer und wirtschaftlicher Konstellationen – 1492 hatte Kolumbus Amerika entdeckt, der gravierendste Einschnitt in der Wirtschaftsgeschichte des Mittelalters – brauchte Hamburg in der Tat weder sonderlich viel Rücksicht zu nehmen noch Sanktionen zu fürchten.

In den beiden vorangegangenen Handelskriegen mit dem Herzogtum Burgund (1437–1441) und mit England (1468–1474) war das noch anders gewesen. Beide Kriege, in erster Linie Kaperkriege, endeten zugunsten der Hanse; England war durch einen Handelsboykott in die Knie gezwungen worden. Aber schon damals hatten sich Risse in der hansischen Einheit gezeigt: Köln verweigerte die Solidarität und suchte aus dem Krieg Profit für den eigenen Handel mit England zu ziehen. Damals konnten die empörten Hansestädte noch Köln »verhansen«, aber bezeichnenderweise nicht mehr für lange: Der Kaiser legte sich ins Mittel, und Köln wurde schon nach sechs Jahren Verhansung wieder in Gnaden in die Wirtschaftsgemeinschaft aufgenommen.

## So lebte man im Mittelalter

Um 1300 zählte Hamburg etwa 5000 Einwohner. Bis um 1350 hatte sich die Zahl verdoppelt. Aber dann erreichte in diesem Jahr die überall in Europa grassierende Pest die Stadt, und ungefähr

6000 Menschen starben. Um 1450 lebten bereits wieder rund 16 000 Menschen in Hamburg, aber drei Epidemien – zweimal die Pest, 1464 und 1484, und 1487 die Pocken – sorgten dafür, daß die Einwohnerzahl bis 1500 auf etwa 14 000 zurückging. Schwere Schäden richteten 1412 und 1470 zwei Sturmfluten an, und 1462 vernichtete eine Feuersbrunst etwa dreißig Häuser der Innenstadt.

Daß die Bevölkerung nicht stärker zurückging, verhinderte der stetige Zustrom von Einwanderern, hauptsächlich Friesen, Niederländern, Niedersachsen und Mecklenburgern. Im Jahr 1417 erschienen auch erstmals Zigeuner in Hamburg, gesichert durch einen kaiserlichen Schutzbrief. Sie wurden »auf Stadtkosten unterstützt«. Auch wenn die Bevölkerung nicht wuchs, so vergrößerte sich doch das Landgebiet der Stadt: 1440 wurden Wohldorf, Schmalenbek und Volksdorf, 1442 Groß-Hansdorf und Beimoor erworben.

Die Kirchen zeigten ein neues Gesicht. Der Neubau des Doms war 1248 begonnen worden, im selben Jahr, in dem man in Köln den Grundstein zum gotischen Dom legte. Es handelte sich um eine dreischiffige gewölbte Emporenbasilika in Backstein, die 1329 geweiht wurde; den Turm führte man in den Jahren 1432 bis 1434 auf und deckte ihn mit Bleiplatten. Der Turm der Petrikirche wurde 1342 errichtet (und genau fünfhundert Jahre später beim großen Brand zerstört). Die Jacobikirche war 1455 als dreischiffige Hallenkirche fertig geworden. Der Turm von St. Nikolai, mit 90 Metern der höchste der Stadt, wurde 1517 vollendet. Charakteristisch für das Stadtbild Hamburgs im ausgehenden Mittelalter aber waren nicht die Türme, sondern die vielen Dachreiter auf Kirchen und kirchlichen Gebäuden. Zu den heute verschwundenen Kirchen zählten die Kapelle des St.-Georg-Hospitals, die Gertrudenkapelle (erbaut 1391), die Kapelle des Heiligen-Geist-Hospitals und die Kapelle Maria tom Schare (errichtet 1372).

Jetzt wurden auch die Straßen und die Plätze befestigt. Nach der Steinstraße erhielt in der zweiten Hälfte des 13. Jahrhunderts die Steintwiete – ein in der alten Führung nicht mehr vorhandener Durchgang

Die von 1391 bis 1399 erbaute, 1842 abgebrannte St.-Gertruden-Kapelle. An ihren Standort erinnert heute nur noch die Straßenbezeichnung Gertrudenkirchhof. Lithographie von C. Wildhagen, um 1830

zwischen Deichstraße und Rödingsmarkt –, 1357 der Alte Fischmarkt, Hamburgs ältester Marktplatz, eine Pflasterung aus importierten Feldsteinen. Vermögende Bürger wurden ab der Mitte des 15. Jahrhunderts angehalten, in ihrem Testament eine kleine Summe zur Instandhaltung der Straßen zu stiften. Durchgänge zwischen Privatgrundstücken, Twieten genannt, bekamen ihre Namen nach den jeweiligen Grundbesitzern, so nach 1340 die Brandstwiete. Die Anlieger hatten die Brücken zu unterhalten, und nach den Anrainern hatten sie oft die Namen, etwa die Reimersbrücke. Die 1479/1480 erbaute Trostbrücke beim Rathaus bekam ihren Namen daher, daß über sie der Hinzurichtende zum Richtplatz geführt wurde. Die meisten dieser Brücken waren noch aus Holz – an dem heutigen Namen Holzbrücke ersichtlich –, nur wenige aus Stein.

Nach dem Brand von 1462 errichtete man immer häufiger steinerne Giebelhäuser; die Dächer wurden jetzt mehr mit Dachziegeln gedeckt und mit Schiefer, den man aus dem Rheinland bezog. Glasfenster gab es zwar in den Kirchen und im Rathaus – 1289 wird erstmals in den Hamburger Rechnungen ein Glaser erwähnt –, für die Bürgerhäuser aber wurde Glas, wie überall, nicht vor dem 15. Jahrhundert verwendet.

Unvorstellbar war der Schmutz in den Straßen. Zwar hatte schon um 1360 eine »Bursprake« verkündet: »Straten, bruggen und market schal men reyne und leddig holden«, aber das blieb Papier. Es gab keine Kanalisation, es gab keine Müllabfuhr. Alle Abfälle entleerte man auf die Straßen oder in die Fleete; außerdem tummelten sich die vielen Schweine in den Straßen. Noch 1383 war es jedem Bürger freigestellt, wie viele Schweine er auf seinem Besitz halten wollte. Später wurde die Menge auf acht festgesetzt, nur die Bäcker durften zwölf mästen. Diese Schweine wurden zwar von einem städtischen Hirten jeden Morgen um 6 Uhr bei ihrem Besitzer abgeholt, auf die städtische Weide getrieben und abends zurückgebracht, aber vom 29. September bis zum 6. Dezember blieben sie in der Stadt und in den Straßen. Für die Fleischversorgung waren die Tiere unentbehrlich; ab 1462 besoldete die Stadt einen Fleischbeschauer. Die Herstellung von

Mettwürsten ist seit der Mitte des 15. Jahrhunderts für Hamburg bezeugt. Zum Verzehr dienten fast noch mehr Schafe, Hammel und Lämmer, die aus Schleswig-Holstein, Hadeln und aus der Lüneburger Heide importiert wurden.

Ihren Bedarf an Obst und Gemüse deckten die Hamburger weitgehend selbst aus ihren Gärten vor den Toren der Stadt. Da das aber nicht ausreichte, sprangen die Bardowicker ein, die einen Grünhandel vor dem Rathaus an der Trostbrücke unterhielten, vor allem für Kohl, das Hauptnahrungsmittel im Mittelalter. Die »Grünhöker« boten Kohl, Zwiebeln, Steckrüben, Karotten, Bohnen, Erbsen und Rettiche an, dazu Gewürzkräuter wie Knoblauch, Meerrettich, Thymian, Salbei, Rosmarin, Dill, Ysop und Majoran. Die Vierlande traten als Gemüse-Exporteure im Mittelalter noch nicht in Erscheinung.

Eine wichtige Rolle spielten die Klöster. Neben der Krankenpflege und dem Anbau von Heilkräutern hatten sie mannigfaltige andere Aufgaben im sozialen Leben der Stadt, vor allem die Nonnenklöster. In ihnen wurden nämlich die unversorgten Töchter der Bürger untergebracht. Diese Versorgung hatte einen ganz praktischen Grund. Waren zu viele Kinder in einem bürgerlichen Haus, so ließen sich auf diese Weise Töchter versorgen, denn als Angehörige eines Klosters waren sie nicht erbberechtigt; Nonne zu werden hatte also damals nicht immer mit geistlicher Berufung zu tun. Der Bedarf an Nonnenklöstern war darum sehr groß, und da Herwardeshude dafür schon bald nicht mehr ausreichte, wurden die unversorgten Hamburger Töchter nach Reinbek, Uetersen sowie Alt- und Neukloster bei Buxtehude gebracht. Hier waren sie zwar zeitlebens aller materiellen Sorge enthoben, aber auch lebenslänglich gefangen. Es leuchtet ein, daß dieser Brauch der geistlichen Besinnlichkeit nicht unbedingt förderlich war; daß sich im späten Mittelalter die Klagen über die Unsittlichkeit der Nonnen häuften, hing sicherlich damit zusammen.

Die unversorgten Mädchen ins Kloster zu geben war indes nur dem besitzenden Bürgertum möglich. Problematisch war die Versorgung jener Frauen, die ledig blieben. Viele Berufe waren

Frauen versperrt. Frauen arbeiteten in Hamburg meist als Gastwirtinnen und als Bedienungspersonal, als Weberinnen und Spinnerinnen, im Kleinhandel und als Arbeiterinnen beim Haus- und Straßenbau, als Wasser- und Kohlenträgerinnen und als Straßenkehrerinnen. Das galt vor allem für die unteren Klassen. Die meisten Frauen verrichteten Hausarbeit, und dafür wurde damals weit mehr Personal gebraucht als heute. Und obwohl es keine gesetzliche Bestimmung gab, so verstand es sich doch von selbst, daß nicht zur Verwandtschaft gehörendes Dienstpersonal im Testament der Herrschaft so berücksichtigt wurde, daß sein Lebensabend gesichert war. Vor allem galt das für jene Mägde, die vom Hausherrn geschwängert wurden. Das Mittelalter verhielt sich gegenüber den »Spelkindern«, den unehelichen Kindern, sehr tolerant. Das uneheliche Kind der Magd wie das eheliche der Hausfrau wuchsen gemeinsam im selben Haushalt auf, und wenn auch das Spelkind keinen gesetzlichen Erbanspruch hatte – beanspruchen durfte es nur nach dem Tod seines Vaters einen Lebensunterhalt –, so wurden diese Kinder doch für gewöhnlich gut in den Testamenten bedacht. Auch führten sie den Familiennamen des Vaters und wurden in der Öffentlichkeit nirgends benachteiligt oder gar diffamiert.

Das änderte sich allerdings im 15. Jahrhundert. Allen Angehörigen eines Amtes, aber auch den Gesellen wurde nun untersagt, unverheiratet mit einer Frau zusammen zu leben. Uneheliche Kinder konnten nicht mehr Lehrlinge werden, was faktisch einem Berufsverbot gleichkam. Hatte ein Mädchen ein außereheliches Kind geboren, so galt sie als übel beleumundet und damit als für einen Handwerker nicht mehr heiratsfähig. Verstöße gegen diese Bestimmungen wurden mit dem Ausschluß aus dem Amt geahndet, was für einen Handwerksmeister die Vernichtung der Existenz bedeutete. Diese rigorosen Vorschriften hatten aber nur vordergründig mit Moral zu tun; hauptsächlich wollte man damit die Mitgliederzahl der Ämter niedrig halten.

Selbst in den öffentlichen Badestuben, im Mittelalter sonst eher ein Ort des Frohsinns, ging es in Hamburg züchtiger zu als anderswo. Die Badestuben, erstmals 1250 erwähnt, waren entweder städtischer Besitz oder gehörten vermögenden Bürgern, die sie selbst betrieben oder verpachteten. Der Brauch, sich täglich zu waschen, war im Mittelalter unbekannt; dafür nahm man sonnabends oder vor hohen Festtagen ein Bad. Eine 1395 erlassene Badeordnung untersagte ausdrücklich das gemeinsame Baden von Männern und Frauen, ein Brauch, der etwa in Süddeutschland nicht nur eine Selbstverständlichkeit war, sondern erst den eigentlichen Reiz des Badens ausmachte. Während aber in späteren Zeiten andernorts die Badestuben geschlossen wurden, wird ausgerechnet aus dem Hamburg des 17. Jahrhunderts berichtet, »daß weiber und männer in einem zimmer baden«, was der Berichterstatter, ein Besucher aus Schlesien, anstößig fand.

Sonst aber wurde das Baden nicht nur gern gesehen, sondern sogar gefördert. Schon im 14. Jahrhundert bekamen Handwerkergesellen zu ihrem Lohn ein zusätzliches Badegeld (Stavengeld), und den Armen wurde zur selben Zeit kostenloses Baden gewährt. Finanziert wurde diese recht soziale Einrichtung aus Stiftungen, die ausdrücklich zu diesem Zweck in den Testamenten Begüterter festgelegt waren. Man sprach dabei von »Seelbädern«, denn die also Gelabten, denen zum Bad auch noch kostenlos Bier und Brot gereicht wurden, sollten anschließend in der Kirche für das Seelenheil der verstorbenen Stifter beten. Aber neben diesem geistlichen hatten die Badeeinrichtungen auch noch einen höchst weltlichen Grund: Die Kreuzfahrer hatten von ihren Morgenlandfahrten den Aussatz (Lepra) nach Europa eingeschleppt. Dieser Krankheit glaubte man durch warme Bäder vorbeugen zu können; auch dem Schwitzbad (Sauna), in Hamburg seit dem 13. Jahrhundert gebräuchlich, wurde eine solche vorbeugende Heilkraft nachgesagt. Tatsächlich ging der Aussatz gegen Ende des Mittelalters zurück, wenn auch sicher nicht dank der Badegepflogenheiten. Dafür läßt sich aber seit 1498 die »grusame plage, de man de Franzosen nomet«, nämlich die Syphilis, in Hamburg nachweisen, die sich tatsächlich auch durch das Badewesen ausbreitete und für deren Heilung 1505 das Hiobshospital errichtet wurde. Die Angst vor der Ansteckung mit dieser damals unheilbaren Krankheit ließ immer mehr Menschen die Badestuben meiden; diese wurden aber auch aus einem anderen Grund seltener: Bei dem steigenden Bedarf an Bau- und Brennholz war Hamburgs Umland schier entforstet worden, und die Holzimporte wurden immer teurer. Als der Raubbau an den Wäldern auch die Hamburg benachbarten Landstriche erreichte, verbot der Herzog von Mecklenburg 1533 kategorisch, weiterhin Brennholz an Hamburg zu liefern.

Eine Straßenbeleuchtung war im Mittelalter unbekannt. Seit 1382 brannte in Hamburg eine Laterne am Rathaus. Holz-, Reimers- und Trostbrücke bekamen je eine mit Glasscheiben versehene Laterne erst in den Jahren 1476–1478; als Brennstoff verwendete man Tran. Der Bürger, der noch bei Dunkelheit unterwegs war, wurde durch das Gesetz verpflichtet, eine brennende Lampe bei sich zu tragen, die statt des noch verhältnismäßig seltenen Glases mit Scheiben aus Horn versehen war. Aber der Bürger war spätabends auch selten unterwegs. Für die Gastwirtschaften galt im Winter um 21 Uhr, im Sommer um 22 Uhr Polizeistunde. Die finsteren Straßen waren recht unsicher, zumal es eine eigentliche Polizei nicht gab; der Rat besoldete einige »Wochenwärter« und später auch »Herrendiener«, die nachts in geringer Anzahl durch die Straßen patrouillierten.

Wollte er wissen, was die Stunde geschlagen hatte, so sah der Hamburger nach der Turmuhr. Die erste bekam die Stadt 1382/1383 mit der Turmuhr der Nikolaikirche, lange nach Augsburg, Breslau und Straßburg. Der Privatmann benutzte Sonnen-, Sand- oder Wasseruhren. Diese waren – wie die Turmuhren – zwar reichlich ungenaue Zeitmesser, aber die Zeit spielte für den Menschen des Mittelalters noch keine Rolle. Man ging früh zu Bett, denn die Hausbeleuchtung – Kienspan, Talg- oder Tranlicht, Kerzen – war für die meisten Menschen nicht billig, und die Arbeit begann bei Tageslicht. Dieser natürliche Hell-Dunkel-Rhythmus bestimmte den Arbeitstag noch für viele Jahrhunderte. Stand- und Wanduhren hielten erst in der zweiten Hälfte des 16. Jahrhunderts Einzug in das Hamburger Bürgerhaus.

## Die Macht der Kirche

Nachdem Bremen und nicht mehr Hamburg Sitz des Erzbischofs geworden war, lag die geistliche Aufsicht über die Hamburger Kirche beim Domkapitel, dem seit 1336 das Recht zustand, als einziges Gremium alle Pfarrer in Hamburg zu berufen oder abzuberufen. Zudem besaß das Domkapitel mancherlei Rechte im Schul- und Gerichtswesen und verfügte über eine große wirtschaftliche Macht. Vom Hamburger Rat war das Domkapitel völlig unabhängig, und daraus resultierten zahlreiche Streitfälle. Der erste entzündete sich 1281, als die Gemeinde St. Nikolai eine eigene Kirchspielschule gründete. Dazu aber hätte es der Zustimmung durch den Scholastikus bedurft, den für das Schulwesen der Stadt zuständigen Domherrn. Zwar durfte die Schule schließlich bestehen bleiben; sie mußte sich aber der Aufsicht des Scholastikus unterstellen. Nur er hatte das Recht, die Lehrer einzusetzen.

Doch das war erst der Anfang. Die Domherren unterstanden nicht der städtischen Gerichtsbarkeit, sondern ihrer eigenen, und sie waren auch von allen Steuern befreit, zumal von der Schoß genannten Vermögenssteuer. Da aber durch Schenkungen und Vermächtnisse seitens frommer Bürger ihr Besitz mächtig wuchs, büßte die Stadt mit jedem Grundstück, das in den Besitz des Domkapitels überging, auch Steuern ein, für deren Ausfall natürlich die Bürger aufzukommen hatten. Der Grundbesitz des Doms lag nicht nur innerhalb der Stadtmauern, sondern erstreckte sich auch auf zahlreiche Höfe vor der Stadt; der Anteil an den Lüneburger Salinen wurde schon erwähnt.

Als die Differenzen zwischen Stadt und Domkapitel endlich 1335 der päpstlichen Kurie in Avignon vorgetragen wurden, war der Rechtsstreit schon von Gewalttätigkeiten überschattet. Hamburger Bürger, zum Teil von Mitgliedern des Rats angeführt, überfielen die Höfe der Domherren, die Kurien, in der Stadt; die außerhalb gelegenen Gehöfte und Kapitelsdörfer wurden geplündert und niedergebrannt. Das um seine Sicherheit fürchtende

Domkapitel wich nach Lübeck aus, und der Papst verhängte nun über die unbotmäßige Stadt das Interdikt. Damit waren alle Gottesdienste und alle geistlichen Handlungen in Hamburg untersagt, ausgenommen Taufe, Firmung, Bußsakrament und Abendmahl für Sterbende oder Schwerkranke. Diese Strafe wog für den gläubigen Menschen des Mittelalters schwerer, als wir uns heute überhaupt vorstellen können. Es spricht für die christliche Barmherzigkeit der mit dem Domkapitel verfeindeten Franziskaner des St.-Maria-Magdalenen-Klosters, daß sie sich nicht an das Interdikt hielten, sondern sich weiterhin um die geistliche Betreuung der Bürger kümmerten. Es brauchte fast zwanzig Jahre, bis schließlich 1355 eine Einigung zustande kam, die im wesentlichen die alten Rechte des Domkapitels bestätigte, der Stadt aber wenigstens partiell einige bisher verweigerte Grundsteuern zusicherte. Damit war der Friede vorerst wiederhergestellt und der päpstliche Bann gelöst. Viel hatte die Stadt nicht erreicht, konnte es auch nicht, weil sich auch Kaiser Karl IV. auf die Seite der Geistlichen gestellt hatte und damit Hamburg die Reichsacht drohte. Es war kein guter Friede, der da geschlossen worden war, auch wenn er zunächst ein Jahrhundert hielt.

Erneut verklagte das Domkapitel die Stadt 1472. Anlaß dazu war, daß drei Lehrer – unter ihnen ein Priester – Schulen errichtet hatten, in denen die Kinder im Schreiben und Lesen der deutschen Sprache unterwiesen wurden. Der Domscholastikus verwies auf sein Schulmonopol, und da der Rat sich vor die Beklagten stellte, ging der Prozeß wieder vor den Papst, der die Stadt abermals bannte. Diesmal indes nur für fünf Jahre – dann schloß man 1477 einen unguten Kompromiß: Die Stadt durfte zwar eine Schule für 40 Kinder einrichten, mußte sie aber der Aufsicht des Scholastikus unterstellen und sämtliche Prozeßkosten zahlen.

Und noch ein drittes Mal zog sich Hamburg den päpstlichen Bann zu, als man von 1499 bis 1503 erneut mit dem Domkapitel prozessierte. Der Kardinal Raymund wurde eigens nach Hamburg geschickt, um Frieden zu schließen, einen Frieden, der wieder die Domherren als Sieger sah.

Die Macht des Domkapitels lag nicht allein darin begründet,

daß sein Besitz exterritorial war und gleichsam einen Staat im Staate bildete. Geistliches und weltliches Leben durchdrangen einander außerordentlich stark, und dadurch, daß das Domkapitel seit 1336 die Pfarrer der anderen Kirchen einsetzte, konnte es auch außerhalb der eigentlichen Dom-Immunität jederzeit seinen Einfluß geltend machen und seine Interessen durchsetzen.

Für die Verwaltung der Kirchspiele kam jedoch nicht nur die Geistlichkeit auf; seit dem 13. Jahrhundert wurden auch Laien daran beteiligt. Jede Gemeinde wählte aus ihren Mitgliedern zwei Kirchgeschworene und zwei »Leichnamsgeschworene«. Dieses Viererkollegium hieß »die Beede«. Die beiden vereidigten Juraten verwalteten die Baukasse und kümmerten sich um alle die Baulichkeiten der Kirche betreffenden Angelegenheiten. Außerdem mußten sie zur Einsetzung eines Pfarrers gehört werden. Sie konnten auch die Ablösung eines Pfarrers verlangen; allerdings konnten sie diese nicht gegen den Willen der Kirchenverwaltung, an deren Spitze der Dompropst stand, durchsetzen. Die Leichnamsgeschworenen kümmerten sich zunächst um die Pflege des Abendmahlgeräts, mit dem die Hostie, der Leib Christi, gereicht wurde (»Leichnam« bedeutete damals der Menschenleib schlechthin); später wurde ihr Dienstbereich erweitert und ihnen die Sorge für die Ausstattung der Kirche übertragen. Verantwortlich war die Beede einem im jeweiligen Kirchspiel ansässigen Ratsherrn, dem Kirchspielsherrn, und einem Vertreter des Domkapitels.

Das Oberhaupt eines Kirchspiels war der Pfarrherr oder Pleban, den das Domkapitel berief. Er war für die Verwaltung verantwortlich. Ihm unterstellt war ein Vizepleban, zuständig für Gottesdienst, Seelsorge und das Spenden des Sakraments. Dazu aber reichte schon bald ein einziger Geistlicher nicht mehr aus. Die verschiedenen geistlichen Bruderschaften der Handwerker und der Kaufleute hatten für ihren jeweiligen Schutzheiligen eigene Altäre gestiftet; auch die Ämter unterhielten in den Kirchen eigene Kapellen. Reiche Bürger setzten in ihren Testamenten Geld für Seelenmessen ein oder spendeten für den Friedhof der Armen, den St.-Gertruden-Kirchhof. Um den daraus resul-

Die St.-Maria-Magdalenen-Kirche 1800. Die Kirche wurde 1806 abgerissen, das Kloster folgte 1837. Auf diesem Gelände erbaute Carl Ludwig Wimmel die 1841 vollendete neue Börse. Lithographie von Peter Suhr

tierenden geistlichen Aufgaben entsprechen zu können, beschäftigten die Kirchen Vikare und Kapläne; 1503 waren es in Hamburg deren 360. Mit der übrigen Geistlichkeit und den etwa hundert Mönchen und Nonnen in den Klöstern zählte die Stadt damals über 500 Angehörige geistlichen Standes bei einer Bevölkerung von etwa 14 000 Einwohnern.

Die Kirchen schufen die ersten Bibliotheken in Hamburg. Schon der erste, 845 von den Wikingern niedergebrannte Dom besaß eine eigene Bücherei. Um 1450 bewahrte die Dombibliothek etwa einhundert Bände Handschriften, was für die damalige Zeit viel war. Die zweite Bibliothek gründete 1400 St. Jacobi; es folgten St. Petri 1407, St. Katharinen 1439 und St. Nikolai 1472. Allerdings waren diese Büchersammlungen nicht öffentlich zugänglich, sondern nur für die Geistlichkeit der jeweiligen Kirche bestimmt. Sie enthielten überwiegend Werke theologischen Inhalts. An Größe und Bedeutung konnten sich diese Bibliotheken aber nicht mit der des Doms messen, dem nicht nur viele Bücher geschenkt oder hinterlassen wurden; die Domherren waren verpflichtet, beim Amtsantritt der Bibliothek eine Spende zu machen.

Eine Stadtbibliothek – die aber zunächst als Ratsbibliothek diente – bekam Hamburg 1479 dank der Initiative seines Bürgermeisters Hinrich Murmester, der dann 1481 seine Privatbibliothek der Neugründung vermachte, dazu die Mittel für einen Anbau an das Rathaus bei der Trostbrücke, wo die Bücher ihre erste Bleibe fanden. Zehn Jahre später wurden die ersten Bücher in Hamburg gedruckt.

## Reich an Kunst

Das 19. Jahrhundert hat dem Hamburger Kunstbesitz schwere Wunden geschlagen. An seinem Beginn steht die schändliche Zerstörung des Doms in den Jahren 1804 bis 1807, bei der nur wenige Kunstwerke überdauerten. Diesem Abbruch folgte die Niederlegung der Klosterkirchen St. Maria Magdalenen (1807) und St. Johannis (1829) sowie der Heiligen-Geist-Kirche (1832). Und schließlich vernichtete der Große Brand von 1842 St. Petri, St. Nikolai und die St.-Gertruden-Kapelle. Damit blieb von den mittelalterlichen Sakralbauten Hamburgs nichts erhalten. (St. Katharinen und St. Jacobi wurden im Zweiten Weltkrieg zerstört.) Die meisten Profanbauten gingen ebenfalls 1842 zugrunde.

Nicht minder schwer wiegt der Verlust wertvoller Malerei. In Köln konnten immerhin die Brüder Boisserée vieles retten, was noch bei der Säkularisierung 1803 an Kunstschätzen sinnlos verschleudert worden war. Zwar gab es auch in Hamburg nicht wenige Kunstfreunde. Doch die französische Besetzung,

Die St.-Johannis-Kirche 1828. Die Klosterkirche wurde 1829 abgebrochen, das Kloster von 1837 bis 1841. Lithographie von Peter Suhr

1806–1814, führte die Stadt fast in den völligen Ruin und zwang dadurch Hamburgs Sammler, ihre zum Teil beachtlichen Kollektionen zu Spottpreisen zu versteigern. Daß dennoch heute überragende Zeugnisse Hamburger Kunstschaffens aus dem späten Mittelalter erhalten geblieben sind, ist einigen glücklichen Zufällen zu danken, über die in einem späteren Kapitel zu berichten sein wird.

Der erste uns namentlich bekannte Hamburger Maler, von dem auch Werke erhalten blieben, ist Meister Bertram, der um 1345 vermutlich in Minden geboren wurde und ab 1367 urkundlich in Hamburg nachweisbar ist. Seine Kunst zeigt deutlich Einflüsse der damals in hoher Blüte stehenden böhmischen Male-

Die 1559 erbaute Heiligen-Geist-Kirche beim Rödingsmarkt, abgebrochen 1832. Lithographie von Peter Suhr, 1800

rei. Das könnte bedeuten, daß er in Böhmen gelernt hat, wo damals Kaiser Karl IV. in Prag einen wahren Musenhof hielt, an dem auch italienische Künstler arbeiteten. Andererseits gab es aber auch durch den gemeinsamen Handelsweg Elbe sehr enge wirtschaftliche Beziehungen zwischen Böhmen und Hamburg; Bertram könnte böhmische Malerei also auch in seiner Wahlheimat kennengelernt haben.

In den Urkunden wird Bertram erstmals 1372 als »Meister« bezeichnet. Damit war er Mitglied jenes Amts, in dem Maler (Bildschnitzer) und Glaser organisiert waren, und selbstverständlich oblagen den Malern Handwerkerarbeiten genauso wie künstlerische Aufträge; zwischen Handwerk und Kunst unterschied

Meister Bertram: *Adam und Eva bei der Arbeit*. Tafel aus dem Hochaltar von St. Petri (Grabower Altar), vollendet 1383. Hamburg, Kunsthalle

man damals noch nicht. Die Satzung des Amts machte es den Malern zur Pflicht, für ihre Bilder nur einwandfreies Eichen-, Birnbaum- oder Walnußbaumholz als Malgrund zu nehmen. Auftraggeber war stets die Kirche, oder es handelte sich um eine fromme Stiftung für die Kirche; eine Profanmalerei, etwa Porträts, gab es noch nicht.

Meister Bertram scheint sehr bald einiges Ansehen genossen zu haben, denn 1375 unternahm er im Auftrag der Stadt eine Reise nach Lübeck. Um 1379 begann er mit der Arbeit am Hochaltar für St. Petri, der 1383 vollendet wurde. Mit diesem Altar – er befindet sich heute in der Hamburger Kunsthalle – entstand nicht nur einer der in den Abmessungen größten Altäre des Mittelalters, sondern auch eine der bedeutendsten Schöpfungen norddeutscher Malerei, ja mittelalterlicher Malerei überhaupt.

Ein Passionsaltar Meister Bertrams, der sich heute in der Niedersächsischen Landesgalerie Hannover befindet, könnte identisch sein mit einem 1394 urkundlich belegten Altar, den die Bruderschaft der Flandernfahrer – die Gilde jener Kaufleute, die mit Flandern Handel trieben – für die Johanniskirche stiftete. Weitere Altäre aus der Werkstatt Meister Bertrams waren der Harvestehuder Altar (um 1385), der Buxtehuder Altar (um 1400) und der Londoner Altar (um 1410–1415).

Als 1387/1388 wieder die Pest in Hamburg wütete, gelobten viele der verschont gebliebenen Bürger, zum Dank für ihre Rettung eine Pilgerfahrt nach Rom zu unternehmen. Zu ihnen muß auch Meister Bertram gehört haben, denn er machte 1390 vor Antritt der Reise sein Testament, da er »hebbe willen to wanderne to Rome to troste miner zele«.

Ein zweites Testament setzte er 1410 auf. Da seine 1390 genannte Ehefrau Grete darin nicht erwähnt wird, muß sie damals schon gestorben gewesen sein; hingegen ist jetzt erstmals von einer minderjährigen Tochter Geseke die Rede. Im Unterschied zur Fassung von 1390 nennt sich Bertram nun »maler, borgher tho Hamborch«; er hatte nun also auch das Bürgerrecht erworben. Als Meister des Maleramts und Besitzer von zwei Grundstücken im Petrikirchspiel standen ihm die Rechte des erbgesessenen Bürgers zu; er gehörte mithin zu der wohlhabenden Minderheit in Hamburg.

Bertram starb 1414 oder 1415. Zur Zeit seines Todes arbeitete in Hamburg bereits jener Maler, der gleich Bertram zu den größten Schöpfern deutscher Malerei gehört: der Dominikanerfrater Francke. Er war um 1380 als Sohn eines Schusters in Hamburg auf die Welt gekommen und schon früh ins Kloster St. Johannis eingetreten.

Sein frühestes erhaltenes Werk ist vermutlich der heute im Kansallismuseo Helsinki aufbewahrte Barbara-Altar, der vor 1424 gemalt wurde und auf acht Bildern Szenen aus dem Leben der heiligen Barbara darstellt. Möglicherweise schmückte er eine

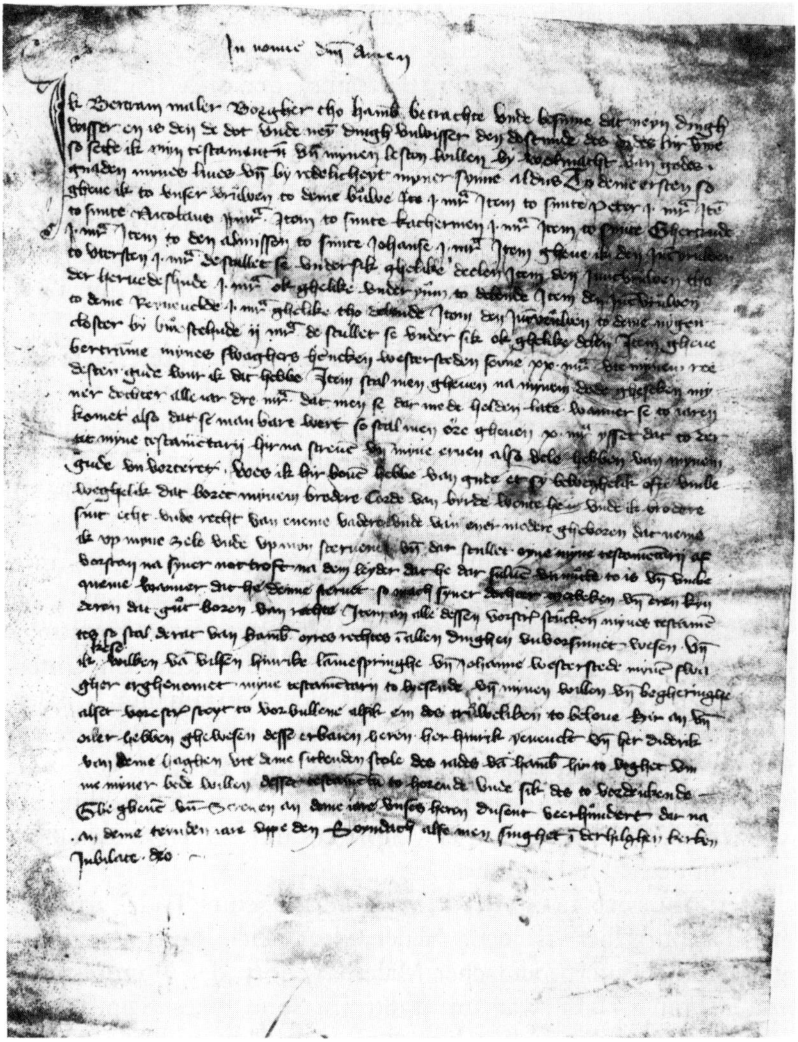

Das Testament des Meisters Bertram in der zweiten Fassung von 1410. Hamburg, Staatsarchiv

der zahlreichen Kapellen des Doms. Als Hauptwerk des Frater Francke gilt aber der Altar, den die Bruderschaft der Englandfahrer 1424 bei dem Maler bestellte.

»Diese Brüderschaften lassen sich als eine Art geistlicher Versicherungsgesellschaften bezeichnen. Der einzelne war wirtschaftlich zu schwach, durch eine hinreichende Zahl guter Werke und Messen das Heil seiner Seele in dieser und der andern Welt zu sichern. Deshalb pflegten die Berufsgenossen zu einer Vereinigung zusammenzutreten, die ihnen diese Last abnahm. Sie wählten ihren Schutzheiligen, erwarben das Recht, an einem Altar ihrer Kirche für das Seelenheil ihrer Angehörigen Messe lesen zu lassen, stifteten, wenn sie wohlhabend genug waren, ihren eigenen Altar und kauften oder bauten sich vielleicht gar eine eigene Kapelle. Neben dieser Sorge für das Messeopfer ging eine ständige Armenpflege her. Beides entsprang der Furcht vor dem Fegefeuer und der ewigen Verdammnis. Daß die Brüderschaften neben ihren geistlichen Zielen auch die weltlichen der Organisation ihres Arbeitsbetriebes verfolgten, darf dabei natürlich nicht übersehen werden« (Alfred Lichtwark).

Diese Bruderschaft der Englandfahrer – also der mit England Handel treibenden Hamburger Kaufleute – war vermutlich um 1380 gegründet worden und hatte sich den englischen »Nationalheiligen« Thomas von Canterbury zum Schutzpatron gewählt. (Von der Stiftung einer Vikarie zum Altar des heiligen Thomas von Canterbury in St. Georg wird 1415 berichtet.) Entsprechend zeigt Franckes Altar, der nur fragmentarisch erhalten geblieben ist, neben Darstellungen aus dem Marienleben auch Szenen aus der Geschichte des Thomas von Canterbury (Kunsthalle Hamburg).

Francke, über dessen Leben wir weit weniger wissen als über das Meister Bertrams, hat vielleicht – darauf deutet der stilistische Befund hin – in Burgund oder Geldern gelernt. (Seine Vorfahren väterlicherseits stammten aus Zutphen in Geldern.) Er gilt als der bedeutendste Repräsentant des sogenannten Weichen Stils in Norddeutschland. In dieser Zeit trennte sich die Malerei vom mittelalterlichen Kunstideal, wie es noch Meister Bertram verkörperte. Die Kunst in dieser Epoche wurde weicher, innerlicher, persönlicher, und sie begann sich allmählich vom traditionellen Goldgrund zu lösen; einige Tafeln des Thomas-Altars zeigen einen roten, mit goldenen Sternen besetzten Hintergrund.

Daß Franckes Thomas-Altar, der in einer Seitenkapelle der Johanniskirche seinen Platz fand, neben seinem hohen künstlerischen Rang auch als kulturhistorisches Dokument gelten darf, hat als erster Alfred Lichtwark bemerkt. Er schrieb:

»Er ist für uns die einzige Quelle, die uns darüber belehrt, welchen Grad der äußeren Kultur die Hamburger um 1424 erreicht hatten, und er schildert alle Stände. Die Könige auf der Anbetung zeigen die Tracht der Vornehmen, vielleicht von dem Künstler ein wenig ins Phantastische gerückt, im ganzen aber auf der Wirklichkeit ruhend. Der kniende Greis trägt einen ärmellosen pelzverbrämten Rock aus rotem Wollstoff, an den Seiten und hinten geschlitzt und mit einem tiefen spitzen Schlitz im Nacken. Der Jüngling schnürt den Rock mit Hängeärmeln und vielen Röhrenfalten durch einen Gürtel eng um die zusammengepreßte Taille. Das ist der sogenannte Tappert. Von den Schultern des dritten Königs fließt der blaue mit Hermelin besetzte Königsmantel, der über der rechten Schulter zusammengehalten wird. Der heilige Thomas auf der Flucht trägt den Rock ohne Gürtel und das Haupt durch die sogenannte Sendelbinde geschützt, seine Verfolger haben die damalige Bürgertracht angelegt. Die drei sichtbaren Ritter auf dem Martertod sind in Kopfbedeckung, Rüstung und Tracht wie mit Absicht gegeneinandergestellt. – Vornehme Gewänder tragen Pilatus und Kaiphas auf der Geißelung. Kaiphas ist mit seinem langen, ärmellosen Tappert, den ein sehr tief sitzender Gürtel (Duchsing) lose zusammenhält, mit den langen Locken, in denen ein schmaler schwarzgoldener Reif liegt, und dem langen Spitzbart als Jude charakterisiert. Pilatus trägt einen prächtigen Mantel, dessen unteren Teil er über die Knie gelegt hat, und auf dem Kopf einen Turban mit einer Art Schirm. Der Turban kennzeichnet ihn als Heiden. – Auf der Auferstehung ist bei den vielen Soldaten das kostümliche Detail überaus reich. Auf der Kreuzschleppung und der Geißelung geben die Schergen

Frater Francke: *Die Verhöhnung des heiligen Thomas von Canterbury.* Tafel vom Thomas-(Englandfahrer-)Altar, um 1424. Hamburg, Kunsthalle

eine Vorstellung von der Art, wie sich das niedere Volk damals in Hamburg kleidete.«

Um 1430 malte Francke dann noch einen Altar für die Katharinenkirche in Reval und zwei Tafeln für den Dom in Münster – sein Ruhm war längst über Hamburgs Mauern hinaus bekannt geworden. Die für Reval und Münster geschaffenen Bilder existieren nicht mehr; erhalten blieben nur noch zwei aus verschiedenen Schaffensperioden stammende Darstellungen von Christus als Schmerzensmann, die frühere heute in Leipzig, die spätere in der Hamburger Kunsthalle, von denen die letztgenannte Fassung für den Hamburger Dom geschaffen worden ist. Franckes Sterbedatum kennen wir nicht; nach 1430 verliert sich des Künstlers Spur.

Das 15. Jahrhundert hat Hamburg dann noch einen bedeutenden Maler beschert, dessen Rang freilich hinter jenem Bertrams und Franckes zurückbleibt: Hinrik Funhof. Er läßt sich ab 1475 in Hamburg nachweisen, wo er Gerburg Bornemann heiratete, die Witwe des Malers Hans Bornemann, dessen Werkstatt er somit übernehmen konnte. Funhof starb 1484/1485 in Hamburg, vielleicht ein Opfer der Pest, die wieder einmal die Hansestadt heimgesucht hatte. Sein Stiefsohn Hinrik Bornemann malte 1499 einen Lukas-Altar für den Dom, der sich heute in St. Jacobi befindet.

Funhof hat offenbar in den Niederlanden gelernt; möglicherweise war er ein Schüler des großen Dieric Bouts, der 1475 in Löwen starb. In Hamburg malte Funhof sowohl einen Altar für den Dom wie einen für St. Georg, die aber beide nicht erhalten sind. Von seinen Hamburger Arbeiten überdauerten die um 1480 für das St.-Maria-Magdalenen-Kloster gemalte *Maria im Ährenkleid* (Hamburger Kunsthalle) und eine um 1481 entstandene *Hochzeit zu Kana* (Privatbesitz). Sein letztes erhaltenes Werk steht in Lüneburg, wohin Funhof 1482 reiste; es ist der Hauptaltar der Johanniskirche mit Szenen aus dem Leben der heiligen Cäcilia, Johannes' des Täufers, Sankt Georgs und der heiligen Ursula.

Mit Hinrik Funhof endete die große Zeit der Hamburger Malerei. Das heißt nicht, daß es von nun an keine Kunst mehr in

Hinrik Funhof: *Maria im Ährenkleid*. Öl auf Holz, um 1480. Gemalt für das St.-Maria-Magdalenen-Kloster. Hamburg, Kunsthalle

Hamburg gegeben habe; aber sie hat nie wieder zwei Repräsentanten vom Rang eines Meisters Bertram oder eines Frater Francke gestellt, die so wie diese ein halbes Jahrhundert künstlerisch zu prägen vermochten.

Verglichen mit ihnen sind Maler wie Absolon Stumme, der 1486 die Witwe Funhofs heiratete und 1499 ein sechzehnteiliges Marienleben für den Dom schuf, oder Franz Timmermann, ein Schüler Lucas Cranachs und seit 1543 Meister des Maleramts, kaum von Bedeutung.

# Die Reformation und ihre Folgen

Johannes Bugenhagen (1485–1558). Kupferstich

Daß Hamburg im Jahr 1503 den Besuch des Kardinals Raymund bekam, der im Auftrag des Papstes den Streit zwischen der Stadt und dem Domkapitel beilegen sollte, darf in mehrfacher Hinsicht als ein deutliches Zeichen verstanden werden. Die Kirche fühlte sich offenbar nicht mehr ganz so mächtig und unangreifbar wie früher. Konnte sie vordem von einer klaren Position als selbstverständliche Siegerin ausgehen und war sie auch jetzt Siegerin geblieben, so empfand sie nun doch das Bedürfnis, anders als früher, dem Besiegten seine Unterlegenheit schmackhaft zu machen, sie wenigstens nicht als demütigend empfinden zu lassen. Noch einmal hatte zwar das Domkapitel obsiegt, aber Kardinal Raymund schien die Aufgabe zu haben, nicht als Triumphator, sondern als Mittler aufzutreten. Lauthals rühmte er die Qualität des Hamburger Biers. Und er rügte nachdrücklich die Sittenlosigkeit der Hamburger Kleriker. In ebender Stadt, die 1477 eine alte Frau auf dem Scheiterhaufen verbrannte, weil sie junge Frauen in Methoden der Empfängnisverhütung unterwiesen hatte, in ebender Stadt, die sich im Rezeß von 1483 in fünf Paragraphen um die »Unzucht« sorgte, nämlich »die geheimen wandelbaren Frauen betreffend«, entdeckte der päpstliche Legat überaus Ungehöriges, genannt »die Pfaffenweiber«. Dagegen, daß die zur Keuschheit verpflichteten Kleriker sich Geliebte nahmen, hatten die Bürger schon 1500 beim Domkapitel protestiert und verlangt, diese Frauen müßten sich nach den Bestimmungen des Rezesses von 1483 entsprechend kleiden. Wir wissen nicht, ob die Bürger sich damit durchsetzten, aber es ist bezeichnend, daß sie offenbar grundsätzlich nichts dawider fanden, daß die geistlichen Herren »Unzucht« trieben, obwohl ihnen die Kirche doch die sexuelle Abstinenz bindend vorschrieb. Aber das recht freizügige sexuelle Treiben der Geistlichen war gegen Ende des Mittelalters so selbstverständlich geworden, daß man dies wohl wie ein Gewohnheitsrecht akzeptierte.

Kardinal Raymund aber sah das anders, und sei es auch nur aus

Gründen diplomatischer Taktik. Er inspizierte nämlich die Hamburger Klöster und »gebot den Pfaffen bei Strafe des Bannes innerhalb Monatsfrist ihre Concubinen von sich zu lassen«.

Wahrscheinlich war dies ein Schachzug, der den Hamburgern ihre Niederlage versüßen sollte, kaum mehr. Denn was der Kardinal in den Klöstern entdeckte, konnte ihn eigentlich nicht überraschen: Es war damals das Übliche. Und was ihn offenbar in den Klöstern verdroß, sah er dem Privatleben der Domherren nach.

In Hamburg wurde diese Scheinheiligkeit aufmerksam registriert, nicht minder die Unterschleife, die sich die Geistlichkeit mit dem Gotteskasten leistete, wie man die Kollekte für die Armen nannte. So mußte die Kirche sich nicht wundern, daß, wie überall, Luthers 1517 öffentlich verkündete Thesen in Hamburg nicht nur lebhaft diskutiert wurden, sondern auch bald sehr konkrete Folgen zeitigten. Gewiß, die über Martin Luther 1521 im Wormser Edikt verhängte Reichsacht wurde selbstverständlich auch in Hamburg verkündet, aber die offizielle Ächtung konnte nicht verhindern, daß sich Luthers Lehre – die ja die Kirche reformieren, keineswegs aber spalten wollte – in ganz Hamburg ausbreitete und eifrig besprochen wurde. Die Folgen waren gewaltig.

Den in Luthers Geist an St. Katharinen wider den Ablaß predigenden Pastor Stemmel konnte der Rat noch absetzen. Gegen den in plattdeutscher Sprache predigenden Franziskaner Steffen Kempe vom St.-Maria-Magdalenen-Kloster war er schon machtlos. Kempe verkündete den Hamburgern Luthers Lehre und hatte damit den größten Zulauf.

Nun handelten die Bürger, und sie kümmerten sich wenig darum, daß der Rat orthodoxe Katholiken in die Stadt berufen hatte, um der Lutherschen Ketzerei Einhalt zu gebieten. In den vier Gemeinden der Hauptkirchen verlangten die Bürger 1526, der Hauptpastor müsse künftig von den Kirchgeschworenen und den erbgesessenen Bürgern gewählt werden; über seine Einsetzung sollte also künftig nicht mehr das Domkapitel befinden. Dabei ging es auch um die Kontrolle des Gotteskastens.

Den brachten die Gemeinden schon ein Jahr später endlich unter die gewünschte Aufsicht. Zugleich wurde die deutsche Sprache für den Gottesdienst als verbindlich erklärt, was sich aber zunächst nur auf die Taufe beschränkte. Nach lutherischer Lehre wurde jetzt das Abendmahl in zweifacher Gestalt ausgeteilt. Der Rat mußte sich nun entscheiden, ob er weiterhin der für Hamburg jetzt schon verlorenen katholischen Sache oder dem neuen Bekenntnis zustimmen wollte, und er entschied das weise durch eine auf den 28. April 1528 anberaumte Disputation, in der die Vertreter beider Lehren ihre Ansichten gegeneinander vertreten sollten; der Rat wollte sich dann den besseren Argumenten anschließen.

Die Wortführer der beiden disputierenden geistlichen Gruppen waren auf der lutherischen Seite der aus Rostock stammende Franziskaner Steffen Kempe, auf der katholischen der Domherr Barthold Moller, der übrigens einst in Rostock Kempes Lehrer gewesen war. Ihr Auditorium bildeten der Rat und die Juraten der vier Hauptkirchen als die gewählten Vertreter ihrer Gemeinden. Während sich die Gruppe um Moller auf das »Firmament der Wahrheit« berief, nämlich Institution und Autorität der einen christlich-katholischen Kirche, setzte Kempe, ganz wie Luther, einzig auf das in der Bibel niedergelegte Wort Gottes als alleinige Richtschnur eines Christen.

Einen vollen Tag lang dauerte die Disputation, dann mußte der Rat entscheiden. Denn Eile war geboten: Die Anhänger der alten Lehre, die ihre Positionen aufs äußerste gefährdet sahen, planten, so ging jedenfalls das Gerücht, einen Aufstand. Der Rat entschied sich zugunsten Kempes, also für die lutherische Lehre, und etwas anderes blieb ihm auch kaum übrig, wollte er nicht den Aufstand der lutherischen Bürgermehrheit provozieren. Blutvergießen sollte aber unter allen Umständen vermieden werden. Deswegen verzichtete der Rat auch auf harte Maßnahmen gegen die Altgläubigen; man beließ es dabei, fünf katholische Wortführer der Stadt zu verweisen.

Im Grunde besiegelten diese Disputation und der Ratsentscheid nur von Amts wegen die längst in Hamburg getroffene Parteinahme für Luther, die schon die im August 1527 eingeführte Gotteskastenordnung und die im März 1528 erfolgte Zuwahl von vier lutherischen Ratsherren eingeleitet hatten. »Die Hamburger begehren Gottes Wort«, hatte Luther schon 1522 festgestellt. Die Altgläubigen hatten sich ihre Niederlage im wesentlichen selbst bereitet. Die ständigen Schwierigkeiten mit dem Domkapitel als einem Staat im Staate waren ebenso unvergessen wie die Sittenlosigkeit des Klerus, und die neue Gotteskastenordnung war nicht nur darum eingeführt worden, um so etwas wie eine demokratische Gemeindeordnung zu schaffen, sondern auch in der Absicht, die korrekte Verwendung der Kollekten – eben des Gotteskasteninhalts – zu kontrollieren, denn der alten Geistlichkeit warf man schon lange den Mißbrauch der Gotteskastengelder vor.

Anstoß zur Neuordnung hatte eine 1526 in Wittenberg erschienene Schrift von Luthers Mitarbeiter Johannes Bugenhagen gegeben, gerichtet »an die ehrentrike stadt Hamborch«. Daran erinnerte man sich jetzt, als es darum ging, das gesamte Gemeinwesen im Geist des lutherischen Christentums zu reformieren. Nachdem man zunächst die geistlichen Hospitäler und die Klöster den jeweiligen Kirchspielen, in deren Einzugsbereich sie lagen, unterstellt hatte mit der Auflage, sich der Versorgung jener Nonnen und Mönche anzunehmen, die nicht im Dienst der katholischen Kirche bleiben wollten, bedurfte man nun fachmännischen Beistands. Der Rat bat den Kurfürsten von Sachsen, den in Braunschweig wirkenden Bugenhagen nach Hamburg zu beurlauben; Luther selbst unterstützte das Gesuch. Und nachdem Bugenhagen seine Arbeit in Braunschweig, das ebenfalls um eine neue Kirchenordnung bemüht war, abgeschlossen hatte, traf er am 9. Oktober 1528 in Begleitung des Herzogs von Lüneburg in Hamburg ein, wo er von einer Abordnung des Rats empfangen wurde. Am nächsten Morgen überreichten drei Bürgermeister dem Gast ein Ehrengeschenk, bestehend aus einem Ohm (152 Liter) Wein, zwei Tonnen (196 Liter) Bier und einem fetten Ochsen.

Der 1485 auf der pommerschen Insel Wollin geborene Bugenhagen hatte Luthers Weg seit dessen Thesen-Veröffentlichung verfolgt, zunächst mit Skepsis. Zum Anhänger Luthers war er geworden, als er sich an den Reformator selbst gewandt hatte und von ihm Antwort erhielt in Gestalt der Bugenhagen gewidmeten Schrift *Von der Freiheit eines Christenmenschen*. Daraufhin hatte Bugenhagen sein Amt als Rektor der Schule von Belbuck bei Stettin aufgegeben und war zu Luther nach Wittenberg gezogen.

Bugenhagen packte die ihm von Hamburg zugewiesene Aufgabe sofort nach seinem Eintreffen an; die von ihm ausgearbeitete Kirchenordnung (die eine Schulordnung einschloß), formuliert im pommerschen Niederdeutsch, wurde am 15. Mai 1529 vom Rat und von der Bürgerschaft einstimmig angenommen. Danach verließ Bugenhagen die Stadt, zum großen Bedauern der Hamburger, jedoch auf dringenden Wunsch Luthers, der den Mitarbeiter in Wittenberg brauchte.

Die neue Kirchenordnung schuf drei Verwaltungskollegien. Das erste bestand aus den jeweils drei ältesten Diakonen der vier Hauptkirchen, den 12 Oberalten, denen 4 Ratsherren zur Seite standen. Diese Oberalten gingen aus einem zweiten Kollegium von 48 Diakonen hervor (12 aus jedem Kirchspiel), denen die Aufsicht des Armen- oder Gotteskastens oblag, also die Verwaltung der Gemeindegelder. Wegen ihrer Anzahl hießen sie die Achtundvierziger. Das dritte Kollegium bildeten die Hundertvierundvierziger, die Vollversammlung von 12 Oberalten, 36 Diakonen und 96 Subdiakonen (24 aus jedem Kirchspiel). Diese drei Kollegien, deren Mitglieder Vertreter der Kirchspiele waren, stellten zugleich als »verordnete Bürger« eine Vertretung der Hamburger Bürgerschaft gegenüber dem Rat. Nur erbgesessene Bürger konnten in die Kollegien berufen werden. An der Spitze der Hamburger Geistlichkeit stand ein Superintendent, dessen Titel 1593 in »Senior« umgewandelt wurde. Hamburgs erster Superintendent, beauftragt, Bugenhagens Kirchenordnung in die Praxis umzusetzen, war dessen Schüler Johann Hoeck, mit latinisiertem Namen Aepinus. Er trat 1532 das neue Amt an.

Abgeschafft wurde die lateinische Messe; es blieben aber lateinische Katechismuslesungen und der Ambrosianische Lobgesang, *Te Deum laudamus*, bei Festgottesdiensten. Eingeführt wurden die deutsche Sprache und das Abendmahl in beiderlei Gestalt für die Laien. Abgeschafft wurden ferner die Verehrung Marias und der Heiligen und selbstverständlich die Autorität des Papstes. Aber wenn man auch die Marien- und die anderen Heiligenbilder aus den Kirchen entfernte, so wurde doch der künstlerische Schmuck der Gotteshäuser ansonsten nicht angetastet; einen Bildersturm wie in manchen anderen Städten hat es in Hamburg nicht gegeben. Ebenso blieb die musikalische Ausgestaltung des Gottesdienstes erhalten.

Auf Unterweisung in der Musik legte auch Bugenhagens Schulordnung großen Wert (»dat de kindere in musica lustich und wol geovet werden«). Im ehemaligen Johanniskloster entstand eine neue Lateinschule, das Johanneum, in dem außer in Latein, Griechisch und Hebräisch auch in Musik, Mathematik und Religion unterrichtet wurde. Die Schule bekam fünf Klassen mit sieben Lehrern. Die »Gelehrtenschule des Johanneums« nahm damit die bisherige Position der alten Lateinschule, der Domschule, ein. Diese blieb als Schule zwar bestehen, verlor aber ihren führenden Rang. Als dritte öffentliche Schule gab es dann noch die St.-Nikolai-Schule, von deren Schwierigkeiten mit dem Domkapitel schon die Rede war.

Aber auch die neue lutherische Kirche mochte nicht auf ihren Einfluß auf das Schulwesen verzichten. Der Rektor des Johanneums mußte vom Superintendenten dem Rat vorgeschlagen und von diesem dann gewählt werden. Zwar durfte dann der Rektor den Subrektor und den Kantor, den Musiklehrer, selbst ernennen; er mußte sich aber diese Wahl von der Schulaufsichtsbehörde bestätigen lassen. Diese wiederum wurde gebildet von vier Ratsherren, den vier ältesten Geistlichen der vier Kirchspiele und den zwölf Oberalten. Das Schulgeld richtete sich in einer Dreiklassengliederung nach dem Einkommen der Eltern. Damit auch mittellose, aber begabte Kinder die Schule besuchen konnten, wurden Freistellen eingerichtet, die nach den Vorschlägen der Gemeindepfarrer vergeben wurden.

Das neugeschaffene Kollegium der Hundertvierundvierziger

130.

### Van angedragen Gebrecken.

Ein E. Raht will ock na vorschrevener Andraginge der Gebrecken, eren Plichten unde Verwandnüssen na, datjenne to Wercke stellen, dat tho dem gemenen Besten un Wolvarth, ock Frede un Endracht gedien moge.

131.

### Van Tohope-Kumpst un Radtslege der Vorstender.

Worde demnach dorch dejennen, den de Overnheith thor Tydt bevolen, edder jemand anders binnen edder buten Rades, jennige Dadt edder schädlicke Versümniß vorhangen offte to Wercke gestellet, gegen Inholt der Stadt-Bock Recesse, unde bewilde Bursprake, ock gegen de Articul, belangende den Gades-Denst un to Behoff der Armen upgericht, edder jenige Averdadt, Mothwille, edder Beschweringe gegen unse Borger, baven Stadt-Bock, dat Gott vorbede un verhoden will, vorgenamen, so scholen de Vorstender der gemenen Kasten tor Tydt, so vacken des van Noden, by sick tom Handel vordern, de XXIIII. Borger uth ytwelicken Carspel, un avermals de Notturfft einen E. Raht andragen, deß Wandel begeren, dat na der Tydt sodans nicht mehr gebore, schege averst, dat jemand binnen edder buten Rades dar wrewelick inne befunden worde, un sick underneme, baven de Vermaninge nicht to beterende, unde dennoch synen Mothwillen gegen düsse Bewillunge unde süstes gegen de Burger un Inwaner düsser Stadt gebrucken wolde, so wacken und by so velen dat by denjennen, de dar binnen Rades syn, gefunden, unde derhalven beklaget werth, schall un scholen der Stadt und Herligkeit mit Rechte entsettet werden, und ein jeder allenthalven, he sy binnen edder buten Rades, na Gelegenheit der Dadt ungestraffet nicht bliven. Unde worde ock so-

Eine Seite aus der ersten Veröffentlichung des Langen Rezesses, 1529. Wie alle Gesetzestexte jener Zeit in Hamburg wurde auch dieser in niederdeutscher Sprache abgefaßt

machte sich – noch vor der offiziellen Verkündung der neuen Kirchenordnung – gemeinsam mit den 24 Mitgliedern des Rats an die Ausarbeitung einer neuen Verfassung, die am 12. Februar 1529 bekanntgegeben wurde und wegen der Vielzahl ihrer 132 Artikel den Namen Langer Rezeß bekam.

Das Wort Verfassung ist allerdings mißverständlich, interpretiert man es gemäß seiner modernen Bedeutung. Der Lange Rezeß war weniger ein Grundgesetz nach unserem Verständnis; seine 132 Artikel beschäftigten sich eigentlich mehr mit Fragen des Zivil- und Handelsrechts im heutigen Sinn.

In der Praxis blieb dem Rat – dessen 24 Mitglieder sich durch interne Wahl selbst ergänzten, was auch für das Kollegium der zwölf Oberalten galt – die richterliche und die vollziehende Gewalt. Neue Gesetze und Gesetzesänderungen bedurften der Zustimmung durch die »verordneten Bürger der vier Kirchspiele« (Artikel 50). Die Artikel der Rezesse von 1410, 1458 und 1483 blieben bestehen, sofern sie nicht durch den neuen Rezeß aufgehoben wurden (Artikel 60). Kriegserklärungen und daraus etwa resultierende Sondersteuern mußten mit den Kollegien beraten werden (Artikel 120). Alle Klagen und Beschwerden der Bürger waren dem Rat und den Kollegien vorzutragen; auch bei einer Verzögerung der Entscheidung war dem Bürger Selbsthilfe wie Zusammenrottung, Aufruhr oder Gewalttätigkeit untersagt (Artikel 132). Über die Einhaltung dieses Rezesses hatten die zwölf Oberalten zu wachen und Verstöße dem Rat zu melden.

Der Lange Rezeß war bis 1712 gültig und bewährte sich gut. Er bezeugte die enge Verknüpfung von weltlichem Regiment und der Kirche als der verläßlichen Sachwalterin einer von Gott eingesetzten Obrigkeit. Daß dieser Rezeß von den Interessen des besitzenden und damit einflußreichen Bürgertums ausging, war in jener Zeit nicht anders zu erwarten. Hinzu kam, daß sich Ratsherren und Oberalte fast durchweg aus der vermögenden Kaufmannsschicht rekrutierten; eine Interessenkollision war damit so gut wie ausgeschlossen. Diese Verbundenheit der staatstragenden Schichten hatte auch ihr Gutes, garantierte sie doch die Einigkeit bei außenpolitischer Bedrohung – von der innenpolitischen ganz zu schweigen – und ermöglichte rasches Handeln. Das sollte sich schon in Kürze erweisen.

Die Aufhebung der Klöster und deren Umwandlung in weltliche Stiftungen vollzog sich ohne nennenswerten Widerstand. Hartnäckig zeigten sich nur die Nonnen des Klosters Herwardeshude, denen man zwar früher besondere Sittenlosigkeit nachgesagt hatte, die aber nun am alten Glauben treulich festhielten und nicht weichen wollten. Der Rat handelte entschlossen: 1530 ließ er das ganze Kloster in einer Blitzaktion kurzerhand niederreißen und dessen riesige Besitzungen innerhalb und außerhalb der Stadtmauern beschlagnahmen. Die Nonnen selbst kamen dabei nicht zu Schaden; ihnen wurden, sofern sie ihrem Gelübde treu bleiben wollten, andere Behausungen zugewiesen.

Ernsthafter Widerstand erwuchs dem Rat aber vom katholischen Domkapitel, das nicht gewillt war, seine reichen Liegenschaften kampflos der Stadt zu überlassen. Die Domherren verklagten die Stadt Hamburg vor der höchsten Rechtsinstanz des Reichs, dem Reichskammergericht zu Speyer, und das entschied den Prozeß 1533 zugunsten des Domkapitels. Das Gericht verlangte zwar nicht die Restituierung des alten Glaubens, wohl aber die vollständige Wiedereinsetzung des Domkapitels in seine angestammten Rechte und die Rückgabe seiner konfiszierten Besitzungen, und das alles binnen 45 Tagen.

Hamburg war in einer schwierigen Lage. Das Urteil des Reichskammergerichts zu mißachten hätte offenen Widerstand gegen Kaiser und Reich bedeutet. So sann man auf einen Kompromiß: Das Domkapitel erhielt die beschlagnahmten Güter und die daraus resultierenden Einkünfte zurück, nicht aber seine frühere geistliche Machtposition, denn das hätte ja die gänzliche Aufhebung der Bugenhagenschen Ordnung bedeutet mit unabsehbaren innenpolitischen Folgen. Und da die Sache des Luthertums immer größere Teile des Reichs ergriffen hatte, was für Hamburg ein unerläßlicher politischer wie moralischer Beistand war, trat die Stadt 1536 dem Schmalkaldischen Bund bei, dem Zusammenschluß der evangelisch gewordenen Fürstentümer Sachsen, Hessen, Braunschweig-Lüneburg, Braunschweig-Grubenhagen, Anhalt, Mansfeld, Hannover, Württemberg und Pommern sowie der Städte Magdeburg, Bremen, Straßburg, Ulm, Konstanz, Reutlingen, Memmingen, Isny, Biberach, Lindau, Augsburg, Frankfurt und Kempten. Zweck dieses 1531 gegründeten Bundes, dem sich 1538 Dänemark und Brandenburg-Küstrin anschlossen, war der gemeinsame Schutz und die gemeinsame Verteidigung der evangelischen Lehre gegen die katholischen Stände und die kaiserliche Politik. Die Umstände waren dafür recht günstig, denn dem Kaiser waren durch die anhaltende Türkenbedrohung innenpolitisch die Hände gebunden.

Hamburg dachte keineswegs an Rebellion; es ging der Stadt einzig um die Bewahrung des evangelischen Glaubens. Als König Christian III. von Dänemark 1538 die Stadt besuchte – er hatte sich soeben in Braunschweig dem Schmalkaldischen Bund angeschlossen –, bot er sich als ehrlicher Makler in der »Pfaffensache« an, suchte also zwischen der Stadt und dem Domkapitel zu vermitteln; zugleich aber verlangte er die Huldigung. Der Rat teilte ihm daraufhin sehr höflich, aber entschieden mit, man werde ihn zwar, bei Garantie aller der Stadt gewährten Privilegien und Freiheiten, als Herzog von Holstein gern als den Schirmherrn der Stadt annehmen, könne ihm aber nicht huldigen, denn Hamburg sei eine reichsunmittelbare Stadt. Christian III. akzeptierte das, und Hamburg, das ihm einen prächtigen Empfang bereitete, hatte in ihm, einem eifrigen Lutheraner, einen guten Bundesgenossen.

Aber der Konflikt mit dem Kaiser wurde unausweichlich und entlud sich 1546 im Schmalkaldischen Krieg, in den auch Hamburg ein eigenes Militärkontingent unter Führung des Bürgermeisters Matthias Rheder schickte. Zwar siegte Kaiser Karl V. über die Protestanten, aber in Norddeutschland wurde am 23. Mai 1547 die Schlacht bei Drakenburg gegen das kaiserliche Heer glänzend gewonnen – unter kräftiger Beteiligung Hamburger Soldaten und Kanonen. Die unmittelbare militärische Bedrohung war damit zunächst gebannt. Dennoch mußte Hamburg schleunigst mit Karl V. Frieden machen. Auf Bitten Hamburgs vermittelte König Christian III., der sich aus dem Konflikt herausgehalten hatte, zwischen Hansestadt und Kaiser. Dessen Bedingungen waren hart: Hamburg mußte die für damalige Verhältnisse enorme Summe von 60 000 Gulden Strafe zahlen, und drei Mitglieder des Rats hatten in Nürnberg vor dem Kaiser Fußfall und Abbitte zu leisten. Zur Abkehr vom evangelischen Glauben aber war Hamburg nicht zu bewegen, ja an den Kaiser ging sogar schriftlich das mutige Bekenntnis: »Wir können uns nicht tödlich versündigen durch Ablassung von Gottes Wort.« Außerdem unterstützte Hamburg sogar noch offen das vom Kaiser in die Reichsacht erklärte und belagerte Magdeburg 1550 mit Geld und Proviant.

Mit dem Augsburger Religionsfrieden 1555 wurde der evangelische Status Hamburgs durch Reichsgesetz bestätigt. Der immer noch nicht endgültig ausgetragene Streit mit dem Domkapitel war damals fast schon in Vergessenheit geraten. Jetzt, da die geistlichen und damit auch die politischen Verhältnisse im Reich endlich geordnet schienen, fanden beide Parteien 1561 zu einem Vergleich: Das Domkapitel blieb zwar als selbständige geistliche Einheit erhalten und wurde nicht Hamburg unterstellt; es verzichtete aber auf seine geistlichen Rechte. Bald traten die Domherren auch ganz zum Luthertum über, bewahrten aber ihre Unabhängigkeit, was bis zur endgültigen Auflösung des Domkapitels, 1803, der Stadt noch manchen Ärger bereiten sollte.

## Des Deutschen Reichs größter Hafen

Das 16. Jahrhundert brachte für den Hamburger Handel die große Wende: den Aufstieg Hamburgs zur größten Hafenstadt des Deutschen Reichs. Aber der Weg dahin war mühevoll, und für einige Zeit sah es sogar so aus, als befinde sich Hamburg wirtschaftlich am Abgrund.

Drei Gruppen von Fernhandelskaufleuten hatten sich schon im

Mittelalter zu Gesellschaften zusammengeschlossen: die Flandernfahrer, die Englandfahrer und die Schonenfahrer. Von ihnen zählten die Flandernfahrer die meisten Mitglieder; 1376 waren es 84. Während Flandern- und Englandfahrer nach ihren Handelsbeziehungen zu Flandern beziehungsweise England benannt wurden, trugen die Schonenfahrer ihren Namen nach Schwedens Südprovinz, vor deren Küsten sie Heringe fingen; die Schonenfahrer betrieben ausschließlich Heringsfang und -handel. Zusammengeschlossen waren diese drei Gilden in einer Dachorganisation namens De mene Kopman (Der gemeine Kaufmann), die 1517 einen Ausschuß bildete, bestehend aus zwei Zollherren des Rats und sechs Älterleuten (aus jeder Gilde zwei Vertreter). Aus dem Menen Kopman sollte später die Commerzdeputation hervorgehen.

Außerhalb Hamburgs war dem Menen Kopman wenig Erfolg beschieden. Die auswärtigen Handelsinteressen vertrat die Hanse. Den Handel mit dem Norden wickelte die erst Anfang des 16. Jahrhunderts gegründete Gilde der Islandfahrer ab. Die Gründung von 1517, genannt Kopmans Olderlüden, war der erste Schritt Hamburgs, sich von der außenpolitisch schwächer werdenden Hanse zu lösen. Der zweite Schritt war der Ausbau des Islandhandels, der bisher über das Kontor von Bergen gelaufen war, den Hamburg aber nun selbständig zu betreiben gedachte.

Island, Teil des Königreichs Norwegen und später Dänemarks, war für Hamburg ein wichtiger Handelspartner. Island exportierte gesalzene und gedörrte Fische (Stockfisch, Dorsch, Kabeljau und mit Beginn des 17. Jahrhunderts auch Lachs). Der Fisch-Import hatte 1622 die für die damalige Zeit beträchtliche Größe von 378 Last (11 340 Zentner) erreicht. In Tonnen, deren Gewicht zwischen 300 und 490 Pfund lag, lieferte Island Schwefel, allerdings nur bis 1561; dann untersagte der dänische König jeglichen Schwefel-Export. Eine nicht zu unterschätzende Rolle spielten auch die für die Beizjagd ungemein gefragten Islandfalken, für die Preise von 6 bis 20 Reichstalern gezahlt wurden, je nachdem, ob es sich um einen gewöhnlichen Greifvogel handelte oder um die so hochbegehrten schneeweißen Islandfalken. Island lieferte überdies Eiderdaunen, Wolle, Lamm- und Schaffelle – 1622 wurden 1310 Schaffelle verschifft –, aus Wolle gefertigte Strümpfe, Socken, Handschuhe und Hosen, ferner Fuchsfelle, Talg (1622: 340 Zentner), Butter (1622: 590 Zentner), Ochsenhäute, Schaffleisch (1622: 1200 Zentner) und Ochsenfleisch (1622: 200 Zentner). Dafür bezog Island von Hamburg im Tauschhandel Korn oder Mehl, Zwieback, Malz, Bier, Zucker, Honig, Erbsen, Leinwand, Tuche, Holz, Teer, Pech und eiserne Kessel.

Der Handel lief zur beiderseitigen Zufriedenheit – und zum Ärger Englands, des schärfsten Konkurrenten Hamburgs im Islandhandel –, bis König Christian IV. von Dänemark ihn zugunsten seiner Städte Kopenhagen, Malmö und Helsingör verbot. Zwar wurde das Verbot zunächst nicht sehr strikt beachtet, wie gerade das für Hamburg besonders gute Jahr 1622 zeigt, aber der Islandhandel kam kurz darauf gänzlich zum Erliegen.

Gut hingegen war das Verhältnis Hamburgs zum benachbarten, befreundeten und weit einflußreicheren Lübeck. Die Travestadt war immer noch das Oberhaupt der Hanse und des Wendischen Quartiers; die England- und die Flandernfahrer beider Städte arbeiteten zusammen, und gemeinsame Aktionen gab es auch gegen die Seeräuber. Mit dem Seeräuberhelden Klaus Kniphof wurde Hamburg 1525 immerhin allein fertig, und daß sich die Stadt das Unternehmen 23 000 Pfund kosten ließ, zeigt nur, wie vermögend sie bereits war. Aber noch einmal arbeitete Hamburg eng mit Lübeck zusammen, als es galt, den Alster-Trave-Kanal zu bauen, der 1529 fertig wurde und 23 Schleusen zählte, dann aber doch wieder verfiel, denn die Zeiten waren härter geworden, und die Zusammenarbeit der beiden Schwesterstädte ließ zu wünschen übrig.

Denn anders als Lübeck versuchte Hamburg neue und eigene Wege zu gehen. Die blühende Zeit des Ostseehandels war vorbei, und als man das auch in Lübeck endlich begriffen hatte, war es zu spät. Lübeck hatte sich aber auch politisch weit übernommen. Innenpolitisch wurde die Reformation mit Blutvergießen durchgesetzt, außenpolitisch riskierte die Stadt, nur von Wismar, Rostock und Stralsund unterstützt, einen von 1534 bis 1536 währenden Krieg gegen Dänemark, der verlorenging. Hamburg, die Zeichen der neuen Zeit richtig deutend, hatte von vornherein auf Dänemark gesetzt und Lübeck die Gefolgschaft verweigert. Denn, so wußte man an der Alster, die Zeit der Hanse war vorbei; es mußte nun eine selbständige, modernen Erfordernissen entsprechende Handelspolitik gemacht werden. Seine Chance sah Hamburg nicht allein im direkten, kostensparenden Islandhandel, sondern weit mehr noch im florierenden Tuchgeschäft.

Gegen die Konkurrenz der Niederländer hatten sich hierin die Engländer an die Spitze gesetzt, wobei ihnen zugute kam, daß ihre wirtschaftlich erfahrene Regierung alles tat, den englischen Tuchexport durchzusetzen. Die Niederländer partizipierten an diesem Handel nur insofern, als der siegreiche Konkurrent ihnen das Aufbereiten und Färben der rohen Tuche überließ, und das auch nur, weil die Niederländer die Bedürfnisse der Mode besser erkannten und sich hierauf besser verstanden als die englischen Hersteller. Zentrum für Aufbereitung und Färben war Antwerpen, eine Zwischenstation, die den Verkauf der Fertigware in Hamburg natürlich verteuerte.

Die Hamburger Wandschneider (Leinwandschneider) hatten ein berechtigtes Interesse, im Tuchgeschäft konkurrenzfähig zu bleiben, und so holten sie sich die entsprechenden Handwerker aus Antwerpen nach Hamburg, bauten eine eigene Verarbeitung auf und wurden nun in der Herstellung dieser Fertigprodukte, die jetzt, ohne den lästigen Zwischenhandel, wesentlich preisgünstiger gehandelt werden konnten, fast konkurrenzlos. Mit den billigen Tuchen brachen sie nun in den Ostseehandel ein, zur machtlosen Empörung Lübecks, das sich 1532 über »de Hamborger und lakenboreder darsülvest« (die Hamburger und Tuchbereiter daselbst) beschwerte.

Aber Hamburg ließ es nicht beim Ausbau des Tuchhandels bewenden. Während sich Lübeck außenpolitisch und damit auch handelspolitisch ruinierte, nutzten die Hamburger die günstige Gelegenheit und empfahlen sich als krisenfeste Handelsstadt: Wein und Wolle aus dem Rheinland, Leinen aus Schlesien und Kupfer aus Ungarn gingen über den Hamburger Transit nach

Antwerpen, das für den Westhandel immer wichtiger wurde, ähnlich wie der Getreidehandel über Hamburg nach Amsterdam ging, denn Hamburg hatte es beizeiten verstanden, sich dem Getreidehandel Ostdeutschlands bis hin nach Rußland als günstigster Umschlagplatz zu empfehlen. Hatte der bei der Insel Neuwerk erhobene Zoll 1530 noch jährlich 2145 Pfund in Hamburgs Kassen gebracht, so waren es 1560 schon 6510 Pfund. Goldene Zeiten, möchte man meinen, und doch befand sich Hamburg in Wirklichkeit am Rand der Existenzbedrohung.

Denn so, wie sich Lübeck in einem sinnlosen Krieg wirtschaftlich ins Abseits manövrierte, geschah es den Hamburgern durch die Teilnahme am Schmalkaldischen Krieg. Trotz des Sieges bei Drakenburg war der Feldzug selbst verlorengegangen, und um ihn finanzieren zu können, hatte die Stadt sich hoch verschulden müssen. Ein Drittel seiner Einnahmen mußte Hamburg zur Tilgung der Schuldzinsen aufwenden; um 1550 konnte die Stadt schon nicht mehr die Zinsen in voller Höhe aufbringen, denn zu den Kriegskosten kam ja auch das vom Kaiser der Stadt auferlegte Bußgeld in Höhe von 60 000 Gulden. Der Konkurrenzkampf mit Engländern und Niederländern war härter geworden, und es war für Hamburg ein geringer Trost, daß in den Jahren 1540 bis 1580 allein 79 Prozent aller nach Antwerpen segelnden deutschen Schiffe die Hamburger Flagge führten und 76 Prozent der Ladung von Hamburger Schiffen gelöscht wurden. Gewiß sind das stolze Zahlen, aber sie zu erreichen war auch nicht so ungewöhnlich, denn sonderlich viel Konkurrenz auf deutschem Boden hatte Hamburg ja auch gar nicht.

Um Hamburg aus der Krise zu retten, bedurfte es des großzügigen Ausbaues des Hafens und der entscheidenden Herrschaft über die Wasserwege. Hamburgs Gegenwart und Zukunft waren unlösbar verbunden mit der freien Schiffahrt auf der Elbe und allen daraus resultierenden Rechten und Vorrechten. Die Stadt, anfangs nur nach Alster und Bille orientiert, war immer mehr der Elbe entgegengewachsen. Für den sich immer stärker entwikkelnden Fernhandel, der ja auch größere Schiffe benötigte, wurde der Elbhafen unentbehrlich, und um den begann sich nun im

16. Jahrhundert die Stadt verstärkt zu kümmern. Hamburg betrieb das Unternehmen so zügig wie zielstrebig. Mit dem Erwerb der Insel Neuwerk und des Amtes Ritzebüttel sowie dem zur Kennzeichnung der Fahrrinne dienenden Auslegen von Tonnen und Baken um die Mitte des 15. Jahrhunderts hatte es angefangen. Jetzt ging es darum, die Norderelbe an den Hafen heranzuführen.

Zunächst wurde 1548 die Düpe-Kommission gegründet, deren Aufgabe es war, für die ständige Ausbaggerung der Elbe zu sorgen, damit die erforderliche Tiefe des Flusses als Schiffahrtsweg gewährleistet war. Außerdem oblag der Kommission die Kennzeichnung des Wasserwegs durch Tonnen und Baken. Ihre Mitglieder trugen die – später zum Spottnamen verkommene – Amtsbezeichnung Fleetenkieker. Dann wurde 1550 der Grandeswerder durchstochen und 1568 der Spadenländer Busch. Immer mehr Wasser floß in die an Hamburg herangeführte Norderelbe, und der Neue Graben, mit dem 1604 der Grasbrook durchstoßen wurde, vollendete das Werk, den Fluß der Stadt zu nähern.

Verständlicherweise beschwerte sich die unmittelbare Nachbarschaft, ihr werde – buchstäblich – das Wasser abgegraben. Die Nachbarschaft – das war eine Nebenlinie der Herzöge von Braunschweig-Lüneburg, die seit 1527 in Harburg residierte. Herzog Otto von Harburg sprach 1550 öffentlich von »unserm freien Strom«, womit er die Süderelbe meinte. Es ging um Hamburgs Stapel- und Zollrecht, gegen das schließlich außer Harburg auch noch Lüneburg, Stade und Buxtehude vor dem Reichskammergericht Klage gegen Hamburg erhoben. Hamburgs Gegnern war es besonders um den Beweis zu tun, die Süderelbe sei ein eigener Strom, auf den Hamburgs Privilegien nicht anzuwenden seien. Und über die Süderelbe ließ sich damals der Hamburger Hafen umgehen.

Verhandelt wurde ab Ende 1567 in Lübeck, und dort warteten die Hamburger mit einer Überraschung auf: Sie präsentierten eine über zwölf Meter lange Karte der Elbe von Geesthacht bis zur Mündung, auf der nicht nur minuziös jedes Dorf und jede Windmühle abgemalt war, sondern auch sämtliche von Hamburg ausgelegten Flußmarkierungen. Dieses kartographische Kunstwerk, das bei aller sonstigen Exaktheit doch diskret einige topographische Korrekturen zugunsten Hamburgs hinsichtlich des Elbverlaufs vornahm, bewies, so der beim Reichskammergericht zugelassene Anwalt Hamburgs, »das nur ein Elbe sey und das solche Elbe oder Elbstrom durch etzliche Insuln in der Elb, an mehr orteren belegen, in etzliche arme oder strangen sive brachia ausgetheilet werde, welchere arme oder streng alle, keinen ausgenommen, widerumb zusammen kommen und in ein nander lauffen in die wilde Sehe und das offene Meer«.

Schöpfer der Elbkarte war ein Flensburger, Melchior Lorichs, der sich erst wenige Monate zuvor in Hamburg niedergelassen hatte. Der etwa vierzigjährige Lorichs war ein weitgereister Mann; er kannte die Niederlande und Italien, hatte mehr als drei Jahre in Konstantinopel zugebracht und danach in Wien gelebt, wo er vom Kaiser geadelt worden war. Lorichs war ein vielseitig begabtes Talent: gelernter Goldschmied, Architekt, Holzschneider und Kupferstecher, Kartograph und Maler, Poet und Verfasser von Länderbeschreibungen.

Wie der Rat ihn, der gerade nach Hamburg gekommen war, überhaupt als seinen besten kartographischen Anwalt entdeckte, wissen wir nicht; Lorichs durfte schon kurze Zeit nach seinem Eintreffen in Hamburg Mitglieder des Rats auf einer Besichtigungsfahrt nach Ritzebüttel begleiten.

Die »sonderlich herrliche mappa des augenscheins« zeigte »nicht nur das strittige Stromspaltungsgebiet, sondern die gesamte Niederelbe im Kartenbild [...]. Nur so konnten die vielen hamburgischen Tonnen und Baken dargestellt werden, die Hamburgs Fürsorge für den gesamten Strom bewiesen, mit der dann wieder die Stapelrechtsansprüche begründet wurden, und nur so ließ sich augenfällig dartun, daß die Elbe *ein* Strom sei« (Jürgen Bolland). Nach einem Zwischenurteil von 1569, das den Gegnern Hamburgs die Behinderung der Elbschiffahrt untersagte, erging das endgültige Urteil erst 1618. Danach wurde Hamburg zwar nicht das Stapelrecht für die Süderelbe zuerkannt, wohl aber sein Anspruch auf die Hoheitsrechte über die Niederelbe, wobei Norder- und Süderelbe künftig als *ein* Strom anzusehen sein sollten. Hamburg konnte das nur recht sein; das Stapelrecht – das schließlich ganz aufgegeben wurde – war nicht mehr wichtig, denn Stadt und Hafen entwickelten sich zu einem Handelszentrum solchen Ausmaßes, daß die Stadt als wichtiger und unentbehrlicher Warenumschlagplatz auf das mittelalterliche Privileg ohne Einbuße verzichten konnte.

Melchior Lorichs wurde für seine Karte reich honoriert; er bekam fast so viel wie das Jahresgehalt des höchstbezahlten Hamburger Ratssyndikus. Gern wäre er in Hamburg, für das er 1568 den Neubau des Schaartors entwarf, geblieben, aber der Rat verweigerte ihm die erbetene Anstellung, worauf Lorichs schließlich 1575 die Stadt verließ und Hofmaler in Kopenhagen wurde. Wann und wo er starb, ist unbekannt.

Zur selben Zeit, als Lorichs an der Elbkarte zeichnete, vollzog Hamburg einen handelspolitisch wichtigen Schritt: Es erlaubte der englischen Vereinigung der Merchant Adventurers (Wagemutige Kaufleute) die Niederlassung in Hamburg. Die Merchant Adventurers hatten ihren Sitz bisher in Antwerpen gehabt, wo sie sich um den Tuchhandel zwischen England und den Niederlanden kümmerten; mit der Besetzung der Niederlande durch Spanien wurde ihnen die Situation dort jedoch zu unsicher. Damit war zum erstenmal einer Vereinigung ausländischer Kaufleute dauernder Aufenthalt und Handel in Hamburg erlaubt. Mit dem Niederlassungsrecht bot ihnen die Stadt Zoll- und Handelsvergünstigungen, die selbst den Mitgliedern der Hanse verwehrt blieben. Aber die Hanse wurde für Hamburg auch immer unwichtiger, seit die Stadt das alte Oberhaupt Lübeck zu überflügeln begann und, dies vor allem, die Nationalisierung zunahm, das heißt, seit an die Stelle einzelner Städte und ihrer Kaufmannschaften Nationen wie England, die Niederlande und Frankreich traten.

Allerdings holte man sich mit den Merchant Adventurers die Konkurrenz ins eigene Haus. Sitz dieser englischen Enklave, zu der 1620 einschließlich des Personals 228 Menschen gehörten, war ein gotischer Backsteinbau in der Gröningerstraße, genannt

Das Englische Haus in der Gröningerstraße. Der 1478 für die Ratsfamilie von Zewen errichtete Backsteinbau, das schönste gotische Bürgerhaus Hamburgs, stand dort, wo heute die Neue Gröningerstraße verläuft. Das Haus wurde von der Stadt erworben und den Merchant Adventurers als Niederlassung für den englischen Tuchstapel überlassen. Von 1567 bis 1806 war es der Sitz des English Court und wurde 1819–1822 abgebrochen. Lithographie von Jeß Bundsen, 1819

English Court. Damit hatte der englische Tuchhandel auf dem Kontinent ein Monopol errichtet. Doch für Hamburg fiel dabei einiges ab; sonst hätte der Rat kaum das Grundstück an der Gröningerstraße gekauft und es den Engländern kostenlos überlassen. Die Zollabgaben der britischen Gäste flossen in die Stadtkasse; außerdem beschäftigten die Engländer Hamburger Schiffer und Kommissionäre, woran die Stadt ebenfalls gut verdiente. Hamburger Kaufleute lieferten ihnen Leinen und Wolle, Holz und Rheinwein. Nicht zu unterschätzen war aber auch, daß mit der Niederlassung der Merchant Adventurers der Friede mit Großbritannien gesichert und dauerhaft wurde. Und dafür erlaubte der Rat sogar, daß in der streng lutherischen Stadt die Engländer eine eigene Kapelle für ihren anglikanischen Gottesdienst unterhalten durften. Wie wichtig ein solches Detail damals war, das uns heute das belangloseste scheinen will, wird sich gleich noch zeigen.

Hanse und Kaiser waren über Hamburgs Verhalten entrüstet. Und da Hamburg daraus Konsequenzen zu erwarten hatte, wurde der Vertrag mit den Merchant Adventurers 1577 nicht erneuert. Mit Billigung des Rats blieben aber die Engländer – ohne Vertrag – noch weitere zehn Jahre; dann wurde die Pression durch den Kaiser so stark, daß sie ihren Sitz nach Stade verlegen mußten. Damit blieb aber für Hamburg die Konkurrenz bestehen, und es fehlte dazu an den lukrativen Steuereinnahmen. Daher erneuerten die Hamburger 1611 den Vertrag, und die Engländer kehrten zurück. Sie blieben bis 1806 an Elbe und Alster.

In finanzpolitischer Hinsicht vollzog sich 1563 eine wichtige Neuerung: Die Bürgerschaft setzte gegen den Rat durch, daß die Kämmerei der Stadt, also ihre Finanzverwaltung, nunmehr acht von den Bürgern gewählten Kämmereiverordneten unterstellt wurde. Dieses Gremium trug die Bezeichnung Achtmänner und gab sich 1860 den Titel Finanzdeputation. Fortan kontrollierte die Bürgerschaft die Finanzen der Stadt.

Hamburgs wachsender Handel führte 1558 zur Gründung der Börse nach Antwerpener Vorbild. Es war die erste Börse auf deutschem Boden. Dafür stellte der Rat unentgeltlich ein günstig im Stadtzentrum gelegenes Grundstück zur Verfügung, und zwar bei der Trostbrücke, wo sich Rathaus, Niedergericht und Großer Kran befanden. Die Börse war indes kein Gebäude, sondern ein etwa 400 Quadratmeter großer unbedeckter Platz mit Kopfsteinpflaster, umfriedet von einer niedrigen Mauer mit zwölf Pfeilern, auf denen zwölf aufrechtsitzende Löwen Wappen in den Klauen hielten: das Wappen der Börse, drei Hamburger Stadtwappen, die Wappen der Flandern-, England- und Schonenfahrer, der Brauer und der Schiffer sowie der Hansekontore Brügge, London und Bergen. Die einflußreichen Wandschneider, also die Tuchhändler, die meist aus England ungefärbte und unbearbeitete Tuche einführten und diese dann in Hamburg zurichten ließen, sie waren es vor allem, die diese Einrichtung gefördert hatten. In der Börse trafen sich einheimische wie fremde Kaufleute, hierher kamen Kommissionäre und Makler, hier wurden Versicherungen abgeschlossen. Es ist erstaunlich, daß eine solche Handelsgelegenheit nicht längst existierte.

Doch bald gedieh der bescheidene Börsenplatz unter freiem Himmel nicht mehr. So ließen in den Jahren 1577 bis 1583 die vermögenden Wandschneider von dem niederländischen Möbeltischler Jan Andresen aus Amsterdam ein erstes Börsengebäude errichten. Der Börsenversammlung stand jetzt eine etwa 650 Quadratmeter große Fläche zur Verfügung, eingeteilt in einen offenen und einen überdachten Raum. Daß die Wandschneider aus eigener Kraft ein Börsengebäude erbauen konnten, bezeugt ein wachsendes Vermögen. Zum einen hatten sie um 1530 Antwerpener Tuchscherer und Färber nach Hamburg geholt, zum anderen profitierten sie vom Geschäft mit den Merchant Adventurers, und schließlich waren es die eingewanderten Niederländer, die den eigentlichen Aufschwung brachten.

## Die Niederländer kommen

Niederländische Kolonisatoren hatten sich schon im frühen Mittelalter in den Marschen links der Elbe niedergelassen, einem Gebiet, das zum Erzbistum Bremen gehörte. Hier schufen sie ein Obstanbaugebiet, das noch heute das größte zusammenhängende in Deutschland ist: das Alte Land. Von den Nachfahren waren einige schon im 13. Jahrhundert nach Hamburg eingewandert, wo sie sich am Rödingsmarkt niedergelassen hatten. Antwerpener Tuchscherer und Färber waren 1530 nach Hamburg gekommen. Dann begann 1566 die »Hispanisierung« der Niederlande durch König Philipp II., auf dessen Geheiß Herzog Alba eine Militärdiktatur errichtete, die mit gnadenloser Härte die Gegenreformation betrieb. Die Niederländer antworteten darauf 1568 mit offenem Kampf, geführt von Wilhelm von Nassau-Oranien.

In Hamburg verfolgte man den Aufstand mit aller Anteilnahme für die Niederländer, und als im Frühjahr 1567 die ersten Flüchtlinge aus Antwerpen eintrafen, begegnete ihnen die Bevölkerung mit Sympathie und Hilfsbereitschaft. Das galt auch für die Hamburger Kaufmannschaft, die in den Fremden keine Konkurrenz sah, weil die meisten von ihnen auf Gebieten arbeiteten, die für Hamburg neu waren, ihre alten Handelsbeziehungen weiterpflegten, für ihre neue Heimat aber wertvolle Erfahrungen und Kenntnisse mitbrachten, von denen Hamburg nur profitieren konnte. Genauso sah es auch der Rat: Die neuen Zuwanderer, für ihre kaufmännische Tüchtigkeit und ihre Redlichkeit bestens bekannt, würden zweifellos den Steuersäckel bald kräftig füllen. Aber da erhob die lutherische Geistlichkeit Protest, denn die eingetroffenen Niederländer waren Kalvinisten – was in den Augen der orthodoxen Lutheraner fast noch schlimmer war, als katholisch zu sein – oder gar Mennoniten, die von den Hamburger Pastoren für Wiedertäufer, also gottlose Anarchisten, gehalten wurden, wohl weil die Mennoniten die Kindertaufe ablehnten; außerdem waren sie gegen den staatlichen Zwang in Glaubensfragen, wofür der Hamburger Geistlichkeit jegliches Verständnis fehlte.

Dem Rat war das peinlich. Ihn interessierte nur, wieviel zusätzliche Gelder von nun an in die ziemlich leeren Kassen fließen würden, Gelder, deren man dringend bedurfte. Der Glaube der Niederländer war ihm nicht so wichtig; aber das durfte er mit Rücksicht auf die eifernde und einflußreiche Geistlichkeit selbstverständlich nicht sagen. Die hatte nach fünf Jahren den Rat so weit gebracht, den Eingewanderten ein Ultimatum zu stellen, entweder zur evangelisch-lutherischen Kirche überzutreten oder die Stadt zu verlassen. Daraufhin schrieb Wilhelm von Nassau-Oranien, der wahrlich Wichtigeres zu tun hatte, aus seinem Feldlager einen Brief an den Rat, worin er um Rücksichtnahme für seine vertriebenen Landsleute bat. Der Fall wurde neu beraten; jetzt sollten die Niederländer Scheine abgeben, auf denen geschrieben stand, ob sie zum Luthertum übertreten wollten oder nicht. Die meisten erbaten sich auf diesen Scheinen Bedenkzeit, eine geradezu pfiffige Lösung; irgend jemand wird wohl den bedrängten Niederländern gesagt haben, nach einiger Zeit werde das Ganze ohnehin vergessen sein. Nur wenige der Einwanderer traten damals zum Luthertum über, denn man darf nicht vergessen, daß die meisten in Hamburg nur eine Zwischenstation sahen; sie wollten ja wieder in ihre alte Heimat zurück.

Danach sah es aber noch längst nicht aus, im Gegenteil. 1585, nach der zweiten Einnahme Antwerpens durch die Spanier, traf die zweite Flüchtlingswelle in Hamburg ein. In bewundernswerter Solidarität halfen die Niederländer einander, die Alteingewanderten den Neuzugewanderten, Mittellose und Bedürftige erfuhren alle Unterstützung durch die Wohlhabenden, die eine »Niederländische Armenkasse« gründeten. Vom erzwungenen Luthertum war nicht mehr die Rede, aber ein eigenes Gotteshaus wurde den Kalvinisten trotzdem nicht gestattet. In Stade war man toleranter; hier entstand 1588 eine reformierte Kirche, und wenn Stade auch für den sonntäglichen Kirchgang allzu entfernt lag, so wurden hier von den Hamburger Niederländern doch Hochzeiten und Taufen gefeiert. Schließlich hatte der in Altona regierende Graf Ernst von Schauenburg ein Einsehen; er erlaubte 1601 den Bau einer reformierten Kirche, und da Altona unmittelbar vor den Toren Hamburgs lag (»all tho nahe«, sagten darum die Hamburger), brauchten die Niederländer künftig nicht mehr auf den Gang zum Sonntagsgottesdienst zu verzichten.

Hamburgs Geistlichkeit war empört. Von den Kanzeln wurde nun dermaßen gegen die Kalvinisten gewettert, daß verhetzte Bürger tatsächlich niederländische Kirchgänger tätlich angriffen; aber das waren Einzelfälle. Der unter geistlichen Druck gesetzte Rat mußte dem Schauenburger Grafen seinen Protest übermitteln. Aber der verwies zu Recht darauf, daß der Augsburger Reichstag 1566 die Kalvinisten der Augsburger Konfession zugesprochen hatte (die hatte 1555 die Kalvinisten noch nicht in den geschlossenen Religionsfrieden einbezogen). Der Protest des Rats hatte freilich auch einen wirtschaftlichen Grund: Gestattete Altona die freie Religionsausübung, so bestand die Gefahr, daß die Niederländer Hamburg verließen und nach Altona gingen.

Ratsherr Rudolf Amsinck (1577–1636), Gemälde von David Kindt

Daß die »Westerschen«, wie man in Hamburg die Niederländer nannte, dies aber nicht taten, zeigt, daß sie sich in Hamburg durchaus wohl fühlten und die geistliche Bedrängnis nicht unerträglich war, denn aus Köln und Frankfurt am Main waren die Niederländer tatsächlich ihres Glaubens wegen vertrieben worden.

Was dem Rat jedoch mißfiel, war die Weigerung der Niederländer, lutherisch und Hamburger Bürger zu werden. Um aus dem quasi vertragslosen Verhältnis mit den Eingewanderten herauszukommen, schloß der Rat 1605 mit 130 niederländischen Familien einen Kontrakt. Er garantierte den Niederländern die bürgerlichen Rechte, aber nicht die politischen. Er erlaubte ihnen den Erwerb von Häusern und Grundbesitz, nicht aber den Handel von Gast zu Gast (also etwa mit den in Hamburg ansässigen

Engländern). Bei der Heirat eines Niederländers mit dem Kind eines Hamburger Bürgers mußte der Fremde selbst das Hamburger Bürgerrecht annehmen. Wenn unter diesem Kontrakt viele niederländische Namen fehlen, so deshalb, weil sie schon Hamburger Bürger und lutherisch geworden waren, wie etwa die Amsincks, von denen Rudolf Amsinck 1619 in den Rat gewählt wurde und von nun an die Interessen seiner Wahlheimat gegenüber der angestammten vertrat, den 1584 ausgerufenen Generalstaaten, wie sich die Niederlande nach ihrer Unabhängigkeitserklärung bezeichneten. Als Amsinck gewählt wurde, waren bereits von den 42 großen Handelshäusern der Stadt 32 niederländisch; das Niederländische war Geschäftssprache, und Hamburger Kaufleute führten ihre Bücher in niederländisch. Wie viele Niederländer damals in Hamburg lebten, ist nicht mehr festzustellen. Es mögen um die tausend gewesen sein, allerhöchstens bei zweitausend, was aber nicht sehr wahrscheinlich ist. Die meisten stammten aus Antwerpen, Flandern und Brabant. Hamburg zählte damals etwa 40 000 Einwohner und war damit die größte Stadt Deutschlands.

Die niederländischen Emigranten verhalfen ihrer neuen Heimat zu einem blühenden Tuchhandel, denn sie brachten Fertigungsmethoden mit, die an Elbe und Alster bislang unbekannt gewesen waren. Das hatte für die Niederländer den nicht zu unterschätzenden Vorteil, zum Teil den Hamburger Ämtern – den Zünften – und deren mittelalterlichem Muff zu entgehen und neue Ämter zu gründen, deren Ordnung (»Rolle«) sie nach kommerziell fortschrittlichen Gesichtspunkten organisierten. Keines der alten und etablierten Ämter konnte etwa den Sayenmachern dreinreden, die 1586 ihr eigenes Amt gegründet hatten, in dem sie ihre eigenen Vorstellungen von Lehrzeit und Meisterprüfung verwirklichten und die Anzahl der in einem Betrieb zu Beschäftigenden sowie die Anzahl der Webstühle je Unternehmen so festsetzten, wie sie das aus ihrer Heimat kannten.

Die Sayenmacher stellten Tuche aus langhaariger, nicht gewalkter Wolle her, die leichter als alle anderen damals gefertigten Tuche und äußerst begehrt waren.

Die Triepmacher produzierten einen samtartigen Stoff, Triep genannt, der zur Hälfte aus Seide, zur Hälfte aus Leinengarn bestand.

Die Caffamacher verwebten Seide und Wolle zu dem samtähnlichen Caffa. Zum Verdruß für Hamburgs Geistlichkeit waren die Caffamacher fast durchweg Mennoniten, die man aus wichtigen wirtschaftlichen Gründen auf gar keinen Fall entbehren konnte.

In der Samt- und Seidentuchweberei und in der Herstellung von Saye, Triep und Caffa waren die Niederländer nicht zu schlagen und in Hamburg sowieso konkurrenzlos, und da die damalige Mode die Verarbeitung dieser Stoffe zur Pflicht machte, floß viel Geld in die Stadt. Auch in der Posamentenmacherei, der Herstellung von seidenen Schnüren und Borten, waren die Niederländer tätig, aber Posamentierer hatte es auch schon vor ihrer Ankunft in Hamburg gegeben. Das galt auch für die Hutmacher, die über die niederländische, ihnen geschäftlich weit überlegene Konkurrenz nicht eben erfreut waren.

Ungeklärt ist, ob die Niederländer auch die Kunst der Zuckerraffination nach Hamburg brachten, von der die Zuckerbäcker lebten; es spricht aber einiges dafür. Da das Raffinieren von Zucker später zu einem der wichtigsten Wirtschaftsfaktoren der Stadt wurde, wird noch ausführlicher darauf zurückzukommen sein.

Daß die neuen, von den Niederländern mitgebrachten Gewerbe so florierten, lag nicht zum wenigsten auch daran, daß sie sich einigermaßen frei von den Zwängen und Beschränkungen der Hamburger Ämter zu entfalten vermochten. Ebendiese Zwänge führten auch zum Aufstieg Altonas, den sich Hamburg selbst zuzuschreiben hatte, denn viele Handwerker ließen sich in dem Nachbarort nieder, weil sie hier, den Hamburger Ämtern nicht unterstehend, unbehelligt arbeiten konnten. Diese gefährliche Konkurrenz »all tho nahe« hatte die Ämter schon 1548 alarmiert, als sie es beim Rat durchsetzten, allen Hamburgern zu verbieten, »in Altona oder Ottensen oder sonst an einem Ort zwei Meilen Wegs von der Stadt irgend ein Zeug arbeiten zu lassen«. Das konnte man zwar Hamburgern verbieten, aber wenn diese Altonaer wurden und hier arbeiteten und handelten, war der Hamburger Rat machtlos. Graf Ernst von Schauenburg hatte das erkannt und gestattete, daß sich auf einem bestimmten Areal Altonas, unmittelbar an der Grenze zu Hamburg, Handwerker aller Art niederlassen und frei arbeiten durften, Kalvinisten wie Mennoniten, ohne den Repressalien von Ämtern ausgesetzt zu sein. Beziehungsvoll bekam das Gelände den Namen Freiheit, später unterteilt in Große und Kleine Freiheit.

## Zuflucht für portugiesische Juden

Mit den niederländischen Emigranten kamen auch die Juden, die es bis dahin in Hamburg offenbar nicht gegeben hatte, was zeigt, daß die Stadt bis ins 16. Jahrhundert hinein wirtschaftlich noch zu unbedeutend war, als daß sie nennenswerte Geldgeschäfte zu tätigen brauchte. Denn das Geldgeschäft war damals zumeist nur den Juden erlaubt.

Im frühen Mittelalter hatten die vermögenden Klöster und Kirchen Geld gegen Zinsen verliehen. Aber dann untersagten das Dritte und das Vierte Laterankonzil (1179 beziehungsweise 1215) allen Christen den Geldverleih gegen Zins. Nur die italienischen Lombarden und die französischen Kawerschen (Cahorsiner, aus der Stadt Cahors) wußten das Verbot mit allerlei Tricks zu umgehen, und den Juden als Nichtchristen war das Kreditgeschäft ausdrücklich erlaubt, wobei ihnen aber der Zinssatz vorgeschrieben wurde. Deswegen berief man sie gern in die großen Städte. Die Juden betrieben den Darlehenshandel zunächst widerwillig, weil sie anders die ihnen auferlegten hohen Abgaben nicht hätten zahlen können. Auch ihre Rabbiner duldeten das Geldgeschäft ungern.

Die Juden, die um 1600 nach Hamburg kamen, stammten aus Spanien oder Portugal. Die spanischen Juden waren zuerst aus ihrer Heimat vertrieben worden und daraufhin nach Portugal gegangen. Als Spanien sich 1580 Portugal einverleibte, wanderten die spanischen und die portugiesischen Juden in die Niederlande aus. Auch dort bald von den Spaniern vertrieben, mußten sie sich eine neue Heimat suchen.

Der erste in Hamburg namentlich nachweisbare Jude war der Arzt Rodrigo de Castro, der um 1594 hier eintraf, ein sogenannter Marrane, das heißt ein Scheinchrist, denn viele Juden waren zum Schein Christen geworden, um der Verfolgung zu entgehen, hielten aber heimlich an ihrem alten Glauben fest. Die nicht unbedingt judenfreundlich eingestellte Hamburger Bürgerschaft äußerte denn auch 1603 Zweifel an der Echtheit des Glaubens und verlangte die Ausweisung der Juden, lebhaft unterstützt von der Kirche. Der Rat, der sich von den zugewanderten jüdischen Kaufleuten einigen Erfolg im Gewürzhandel und demgemäß hohe Steuereinnahmen versprach, taktierte vorsichtig: Er forderte bei den theologischen Fakultäten der Universitäten Jena und Frankfurt an der Oder Gutachten an, ob Juden in Hamburg zugelassen werden dürften. Die Frage wurde bejaht, allerdings mit der Einschränkung, man dürfe die Juden nicht etwa aus materiellen Gründen aufnehmen, sondern einzig zu dem Zweck, sie zum Christentum zu bekehren. Jena verlangte darüber hinaus, Juden dürften nicht im öffentlichen Dienst tätig sein. Der Rat war damit zufrieden, und seinem Hinweis auf die hohen Steuereinnahmen verschloß sich auch die kaufmännisch denkende Bürgerschaft nicht. Die Bekehrung der Juden war dem Rat gleichgültig; da mochte die Kirche zusehen.

Wie mit den Niederländern, so schloß der Rat auch mit den portugiesischen Juden 1612 einen Vertrag; die ersten deutschen Juden kamen zwar ebenfalls um 1600 in die Hansestadt, spielten aber noch keine Rolle. In dem Vertrag wurden den Juden religiöse Zusammenkünfte und die Beschneidung verboten. Sie sollten sich »friedlich und eingezogen« verhalten und keine christlichen Dienstboten beschäftigen; auch durften sie keinen Grundbesitz erwerben. Verwehrt wurde ihnen gleichfalls das Bürgerrecht. Die Aufenthaltserlaubnis konnte jederzeit widerrufen werden,

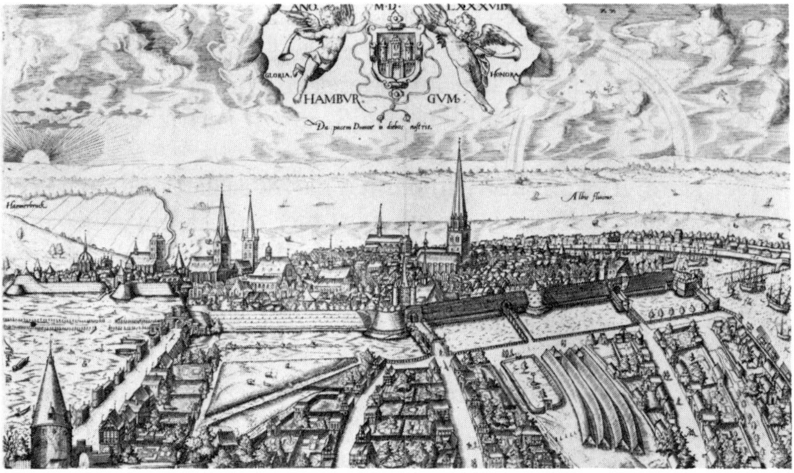


Hamburg 1587, vom Gartengelände der Neustadt aus gesehen. Der Turm links im Vordergrund ist der 1548 erbaute, 1728 abgebrochene »Isern Hinnerk« am Ende des noch nicht existierenden Jungfernstiegs. Die Stadtbefestigung in der Bildmitte ist der Alte Wall. Kupferstich von J. Greve

was aber nie geschah. Einen eigenen Friedhof gewährte ihnen das großzügige Altona. Schließlich hatten die Juden eine jährliche Abgabe an Hamburg zu leisten. Damals lebten etwa 125 Juden in der Stadt. In einem anderen Vertrag von 1623 wurde diese Abgabe verdoppelt; dafür wurde den Juden Rechtsschutz garantiert und auch die zeitweilige Benutzung des Schlachthauses. Eine eigene Betstube bekamen sie erst 1628 konzediert; außerdem amtierte seit 1611 ein Rabbiner.

Zwar durften die portugiesischen Juden nicht beliebig in der Stadt wohnen; sie brauchten aber auch keine Gettos zu beziehen. Vorzugsweise ließen sie sich am Alten Wall, am Mönkedamm, in der Herrlichkeit und am Rödingsmarkt nieder. Diese Juden, spezialisiert im Großhandel auf Zucker, Tabak, Kaffee, Kakao, Kattun und Gewürze, zumal Pfeffer, entwickelten sehr rasch ein florierendes Gewerbe. Sie hatten besonders gute Verbindungen zu den jungen Kolonien in Amerika und waren 1619 auch an der

Gründung einer Girobank beteiligt. Ihren Geldverleih betrieben sie zu vernünftigen Zinssätzen; jedenfalls ist nie über Wucherzinsen portugiesischer Juden Klage geführt worden. Wegen deren hoher Zinsen wußten sie sogar auf ihre deutschen Glaubensbrüder mäßigend einzuwirken.

Portugiesische Juden machten sich einen Namen als solide, geschäftstüchtige Makler, und besonders ihre Ärzte erfreuten sich eines guten Rufs und regen Zulaufs bei christlichen Patienten. Grundsätzlich untersagte zwar die Kirche ihren Gläubigen die Konsultation jüdischer Mediziner, aber man hielt sich nicht daran. Rodrigo de Castro, der an der Universität Salamanca studiert hatte, war in Hamburg eine solche Berühmtheit, daß er sich sogar ein Haus kaufen durfte. Von den 42 großen Hamburger Handelshäusern befanden sich 1619 zwei in der Hand portugiesischer Juden.

## Das neue Gesicht der Stadt

Noch vor dem Ausbruch des Schmalkaldischen Kriegs, also in Erwartung kritischer Zeiten, hatten die Hamburger ihre Stadtbefestigung kontrolliert und für unzureichend befunden. Zwar hatte man 1475 vor dem alten Stadtgraben noch einen weiteren ausgehoben und mit dem Aushub die Wälle verstärkt, aber seit 1475 hatten sich auch die Feuerwaffen verbessert; vor allem waren sie weitreichender geworden. Von 1530 bis 1558 wurde der gesamte Befestigungsgürtel um die Stadt erneuert, vor das alte wurde das neue Steintor gesetzt, und dort, wo heute der Neue Jungfernstieg liegt, entstand 1548 der Blaue Turm, auch Isern Hinnerk genannt, der jetzt um ein Außenbollwerk verstärkt wurde.

Ein doppeltes Palisadenzaunwerk wurde durch die Alster gezogen – an der Stelle der heutigen Lombardsbrücke – mit einem Durchlaß für die Schiffe am Alstertor. Der 1480 errichtete Alte

Das Steintor im Jahr 1600. Die beiden Türme, jeweils 13,8 Meter Durchmesser und 19,5 Meter hoch, wurden 1483 errichtet. Im Hintergrund sieht man ganz links den Turm des Doms und in der Mitte (von links) die Türme von St. Petri und St. Jacobi. Lithographie von Peter Suhr

Wall wurde aufgegeben und 1547 durch den Neuen Wall ersetzt. Nachdem der Alte Wall 1560 eingeebnet worden war, diente er einige Zeit als Müllplatz und bekam daher den Namen Dreckwall, der ihm noch lange blieb. Ein Teil des Grasbrooks wurde neu in den Befestigungsring miteinbezogen.

Das Bürgerhaus wurde nach wie vor als Fachwerkbau mit Ziegelfächern errichtet, bekam aber zur Straßenseite oft vorgeblendete Fronten aus Stein. Zur Vorbeugung gegen die Feuergefahr förderte der Rat sogar das nachträgliche Emporziehen steinerner Giebelfassaden, indem der Bauherr 1000 Ziegel und einen halben Zentner Kalk gratis und frei Haus zur Verfügung gestellt bekam. Damit bestätigte der Artikel 93 des Langen Rezesses einen Brauch des Mittelalters.

Das Rathaus an der Trostbrücke erhielt zweimal neue Anbauten, wobei der zweite von 1599 das Niedergericht aufnahm. Die Kirchen schmückten sich mit neuen Türmen: Der von St. Petri, im Aussehen ungefähr dem heutigen vergleichbar, wurde in den Jahren 1514 bis 1516 errichtet, St. Jacobi erhielt einen um zwei Geschosse erhöhten Turmunterbau und darauf ein Oktogon mit Helm (1587–1589), St. Katharinen bekam eine neue, mit Säulen geschmückte Westfront und einen erhöhten Turmunterbau mit Spitze (1596–1603), und schließlich erhielt St. Nikolai, dessen Turm 1587 durch Blitzschlag zerstört worden war, einen neuen, der 1593 vollendet war.

Die St.-Jacobi-Kirche an der Steinstraße 1675. Das Turmoktogon wurde von 1587 bis 1589 erbaut und mußte 1810 wegen Baufälligkeit abgetragen werden. Die Eingangskapelle, das »große Leichhaus«, wurde 1502 an das Kirchenschiff gebaut; rechts davon der 1649 errichtete Treppenturm zu den Emporen. Kupferstich von H. von Heusbergen nach einer Zeichnung von H. Volckmeier

# Die Armen werden zum Problem

Die Sorge für die Armen und die Bedürftigen, die Erwerbslosen und die Kranken, die Witwen und die Waisen oblag im Mittelalter der Kirche. Sie unterhielt in Hamburg mehrere Einrichtungen, mit denen sie dieser Aufgabe nachkam: das St.-Georg-Hospital, das Heiligen-Geist-Hospital, das »Sunte Ilsabenhus« (St.-Elisabethen-Haus) von 1428 und das 1505 von dem Hamburger Bürger Hans Treptow gestiftete Hiobshospital. Krankenpflege und soziale Dienste lagen ferner in den Händen der Beginen oder »Blagen Süstern«, der Blauen Schwestern.

Mit der Ablösung der katholischen Kirche durch die evangelisch-lutherische in Hamburg mußte diese nun die Aufgaben der alten Kirche übernehmen. Ein Teil der Bugenhagenschen Kirchenordnung war die 1527 erlassene Gotteskastenordnung. Danach mußte in jeder der vier Hauptkirchen ein Kasten aufgestellt werden, in den die Gläubigen ihre Spende für die Armen legten. Die Aufsicht über diese Almosen sowie deren Verwendung war Sache der Oberalten, die in der Folge noch einen fünften Gotteskasten gründeten. Er diente als Sammelstelle für alle aus frommen Stiftungen und Vermächtnissen eingehenden Gelder; hier wurden Eigentum und Vermögen der Spitäler, Gilden und Bruderschaften verwahrt, und aus ihm wurden die sozialen Einrichtungen finanziert. Um diesen Fonds noch kapitalkräftiger zu machen, stiftete der Rat 1000 Hamburgische Mark, nach damaligem Geldwert eine bedeutende Summe. Aus dem fünften Gotteskasten konnten auch zinslose Darlehen an Handwerker gegeben werden.

In der zweiten Hälfte des 16. Jahrhunderts begann man erstmals auch mietfreie Sozialwohnungen zu errichten, und zwar aus den Mitteln mildtätiger Stiftungen. So entstand 1556 am Schaartor ein »Seefahrer-Armenhaus«, 1582 wurden »Gotteswohnungen« an der Spitalerstraße errichtet, denen 1613 noch weitere zweihundert Wohnungen folgten. Ein Waisenhaus wurde 1604 eröffnet. Die finanzielle Basis schuf eine Schenkung des Hambur-

Das Winsertor im Jahr 1587. Links vom hohen Turm überspannt die Winserbrücke das Brauerstraßenfleet. Der eckige Turm neben der Brücke ist der Winserbaum, als Getreidespeicher auch »Roggenkiste« genannt; er diente lange Zeit als Gefängnis. Die Bastion ganz rechts ist die des späteren Deichtors. Lithographie von Peter Suhr

gers Joachim Biel; realisiert wurde der Bau von zwei eingewanderten Niederländern, Gilles de Greve und Simon von Petkum, die das noch fehlende restliche Geld unter den Bürgern sammelten. Und schließlich entstand 1606 das zunächst Pesthaus, dann Pesthof genannte erste allgemeine Krankenhaus der Stadt.

Wenn man bedenkt, daß Hamburg um 1500 etwa 14 000, um 1550 rund 20 000, um 1600 zwischen 36 000 und 40 000 Einwohner zählte, müßte man nach heutigem Sprachgebrauch sagen: Das soziale Netz war dicht geknüpft. Tatsächlich aber war es von denkbar größter Weitmaschigkeit.

Die Masse der Bevölkerung mußte unter entwürdigenden

Bedingungen leben. Untergebracht war sie in der dichtbebauten Stadt in Kellern und Buden, in die zum Teil nicht einmal Tageslicht fiel oder frische Luft gelangte. In den Niederungsgebieten der Stadt, wo beispielsweise die im Hafen Beschäftigten wohnten, kam es im Herbst und im Winter immer wieder zu Überschwemmungen, die die Behausungen unter Wasser setzten. War die Flut abgelaufen, so wurden die Keller sofort wieder bezogen, ohne austrocknen zu können. Der Arzt Johann Bökel, der einzige, der die unmenschlichen Lebensbedingungen in Hamburg damals beim Namen nannte, stellte 1597 fest: »Das meiste Sterben geschieht aus den Kellern.«

Zwar waren bis 1611 alle größeren Straßen mit einer Steinpflasterung versehen – darin war Hamburg allen anderen deutschen Städten weit voraus –, zwar wurden wegen der Überschwemmungen 1612 etliche Straßen höhergelegt, aber das änderte nichts an der Unsauberkeit der Straßen, für die es mehrere Gründe gab. Trotz aller Verbote des Rats wurden immer wieder Abfälle auf die Straßen gekippt und gefüllte Nachtgeschirre aus den Fenstern geleert. Die Verursacher solcher Unflätereien waren selten namhaft zu machen, es sei denn, es geschah – so am Pfingstfest 1699 – einem sonntäglich gekleideten Büttel der Stadt, daß ihm am Speersort eine Magd den Inhalt eines Nachtgeschirrs auf die Festtagskleidung goß und die also geschädigte Amtsperson unverzüglich zur Tat schreiten konnte. Johann Bökel kommentierte 1597 unnachsichtig: »Hier zu denn auch kömpt, daß in dieser guten Stadt die Häuser und wonung, sonderlich der Armen, auch die Gassen hin und wieder so unrein, unsauber und unflätig gehalten werden, daß ich es dafür halte, daß keine Stadt in Europa ist, in welcher es unflätiger möge gehalten werden.«

Dachrinnen und Regentonnen zum Auffangen des Wassers wurden zwar schon 1543 verlangt, waren aber in der Praxis selten, da niemand die Einhaltung der Vorschrift kontrollierte. Besonders übel verunreinigten die zahlreichen Schweine die Straßen. Die sollten zwar frühmorgens vom Gemeindehirten abgeholt und zur Weide geführt werden; doch daran hielt sich nicht jeder. So tummelte sich mancherlei Vieh auf den Straßen, wo

Das Spitalertor im Jahr 1600. Der Stadtgraben entspricht dem Verlauf des Glockengießerwalls; hinter den Palisaden rechts die Binnenalster. Der Hauptturm wurde 1497 erbaut. Lithographie von Peter Suhr

es ja Abfälle genug zu fressen gab. Diese Unsitte wurde 1559 unter Strafe gestellt. Da sich die Bürger auch darum nicht scherten, griff der Rat, der fünfzig Jahre lang untätig zugesehen hatte, plötzlich energisch durch: 1604 wurden 10, 1608 sogar 27 Schweine eingefangen und ohne Entschädigung für den Besitzer dem Heiligen-Geist-Hospital als Schlachtvieh übergeben. Auch das nutzte nichts; die Büttel des Rats hatten auch anderes zu tun, als täglich Schweine einzufangen. Angesichts solcher Unsitten verschlug es natürlich wenig, daß die Straßen im Auftrag der Stadt regelmäßig gereinigt wurden. Offenbar geschah dies jedoch in viel zu großen Zeitabständen, denn Johann Bökel führte auch Klage über die zahlreichen Misthaufen auf den Straßen. Er schreibt: »Daraus den so ein greulicher Gestank entstehet, daß, wer fürüber gehet, wol in eine Onmacht fallen möchte, geschweige nu was für eine abscheuliche Unfläterey und Garstigkeit in dieser guten Stadt geschicht, das jung und alt, so ganz unverschämt sich hin und wieder auf den Gassen nieder setzen, ihr gemach thun, und einer dem andern für seinen Thüren so gantz unflätig beschmeißt, das gute Leute und fürnehmlich Fremde, solche unfläterey anspeien und die Augen und Nasen für dem greulichen Gestanck und abscheulichen Anblick zuhalten müssen.«

Nicht minder übel war es um die Fleete bestellt, die damals in noch weit größerer Anzahl als heute die Stadt durchzogen. Schon zu Beginn des 15. Jahrhunderts hatte der Rat verboten, die Fleete als Mülldeponien zu mißbrauchen. Tatsächlich aber warf jeder Fleetanwohner seinen Unrat ins Wasser, und in Aberhunderten von Abtritten entleerten Anrainer »ihr gemach« hier hinein. Bei Niedrigwasser und im Sommer bei Trockenheit und Hitze verbreiteten die Fleete in der ganzen Stadt einen ekelhaften Gestank. Bei Flut konnte man nur hoffen, daß der Unrat fortgeschwemmt werde, denn dann schöpfte man aus den Fleeten Trinkwasser und Wasser zum Brauen des für seine ungemeine »Würzigkeit« weitberühmten Hamburger Biers.

Damit nicht genug. Neben den Fleeten gab es auch versumpfte Wasserzüge, die nicht nur nie durchgespült, sondern von den Fäkalien der sie umrahmenden Abtritte immer mehr in Morast verwandelt wurden. Diese die Luft vergiftenden Sümpfe trugen den freundlichen Namen Hasenmoore. Der Arzt Johann Bökel hatte dem Rat empfohlen, sie wegen ihrer Gesundheitsschädlichkeit zuschütten zu lassen, stieß aber auf taube Ohren. Noch um die Mitte des 19. Jahrhunderts gab es in Hamburg dreizehn Hasenmoore.

Kein Wunder, daß die Lebenserwartung damals bei 30 Jahren lag. Aber noch die Toten verpesteten die Luft. Sie bestattete man besonders gern in den Grüften unter den Kirchen, und da man immer wieder neue Leichen beizusetzen hatte, konnten die Steinplatten auch nicht fest und luftdicht verschlossen werden. Welche Gefahren aus diesem Brauch für die Gottesdienstbesucher erwuchsen – Kirchgang war schließlich obligatorisch, und die Gotteshäuser waren stets gefüllt –, brachte Johann Bökel zum Ausdruck, indem er Befürchtungen laut werden ließ, »weil die Lufft die Kirchen nicht durchwehet, besonders die Fenster stets zu bleiben unnd dannoch offtmals an den Todtengräbern faule Dämpffe und gifftige qualm herausgehen, so die Lufft inficiren«. Er mahnte wieder einmal umsonst; Hamburgs Kirchen blieben noch bis in den Anfang des 19. Jahrhunderts hinein buchstäblich berüchtigt wegen ihres widerlichen Leichengestanks.

Bökels Erkenntnis »Hamburg ist selten ohne böse Fieber« blieb nur allzu wahr, denn die Stadt wurde immer wieder von verheerenden Epidemien heimgesucht, und ebendeswegen hatte auch der Rat den Stadtphysikus Bökel um eine »Pestordnung« ersucht. Da man die Symptome verkannte, wurde zumeist als Pest bezeichnet, was da die Stadt an Seuchen überfiel, etwa 1521 und 1526 sowie 1529, als eine sogenannte Schweißsucht innerhalb von fünf Wochen über 2000 Menschen dahinraffte. Die Seuche von 1537 forderte im zweiten Halbjahr an die 3000 Opfer, 1564/1565 waren es innerhalb von fünfzehn Monaten 6213 Tote und 1565 zwischen 2000 und 3000 Todesopfer. Eine vielleicht mit der Grippe identische Krankheit namens »der spanische Pyp« suchte 1580 die Stadt heim, und 1597 kamen zum erstenmal die Pocken. Wie viele Menschen diesen Seuchen erlegen sind, wissen wir nicht. Die meisten Zahlen sind angesichts der Einwohnerzahl zu phantastisch, um ernst genommen werden zu können; die hier genannten haben wenigstens einige Wahrscheinlichkeit für sich.

Daß zwischen dem herrschenden Mangel an Hygiene und den Epidemien ein Zusammenhang bestehen müsse, wurde zwar erkannt oder doch wenigstens vermutet, aber es geschah nichts. Johann Bökel, der dem Rat 1597 seine »Pestordnung« überreichte, war ein einsamer Rufer in der Wüste. Dabei hätte die Stadt sich im doppelten Sinne viel erspart, wäre sie schon damals Bökels Anregungen entschlossen gefolgt.

Noch ärger als um alle physisch Kranken war es um die psychisch Erkrankten bestellt. Daß Hamburg für sie 1375 die erste deutsche Anstalt gründete, ist eher ein schändlicher Ruhm, denn die »Dorenkiste« nahe der Katharinenkirche war mehr eine Folterstätte denn ein Spital. Hier wurden die psychisch Kranken angekettet und mit Prügeln und Auspeitschungen traktiert. Von medizinischer Betreuung konnte nicht die Rede sein; allenfalls versuchte sich ein Geistlicher an ihnen mit einem Exorzismus, »denn der Satan hat sein sonderlich Spiel dabei gehabt«. Der »Besessene« war eben ein vom Teufel Besessener – das war in Hamburg so wie überall.

Die ärztliche Versorgung zu jener Zeit entsprach bei weitem nicht der Größe und Bedeutung Hamburgs. Selbstverständlich gab es hier wie in jeder anderen Stadt damals eine Fülle von Quacksalbern, Scharlatanen, Wunderheilern und Zahnbrechern sowie die Bader, die sich auch als Chirurgen betätigten. Aber studierte Ärzte? Deren zählte man zu Beginn des 17. Jahrhunderts ganze sechs. Die jüdisch-portugiesischen Ärzte, die eine besonders gründliche Ausbildung und gute Kenntnisse besaßen, mißfielen der Geistlichkeit. Ob denn der vielgenannte jüdische Arzt Rodrigo de Castro, immerhin Arzt des dänischen Königs und des hessischen Landgrafen, überhaupt Christen behandeln dürfe, wollte Hamburgs Geistlichkeit 1614 von der theologischen Fakultät der Universität Wittenberg wissen. In äußersten Notfällen ja, beschied diese.

Daneben gab es die Hebammen, die sich in langjähriger Praxis oft ärztliche Kenntnisse erworben hatten, zum Teil im Bereich der Naturheilkunde. Diese Frauen erzielten beachtliche Heilerfolge, aber eine von der Stadt bezahlte Hebamme wurde in Hamburg erst 1534 eingestellt, in Frankfurt am Main hingegen schon 1302. Da die Hebamme dem Neugeborenen das erste Bad bereitete, hieß sie in Hamburg Bademoder.

Der erste vom Rat besoldete Apotheker wird 1265 erwähnt; die erste Apothekenordnung wurde von der Stadt indes erst 1586 verabschiedet. Drei Apotheken gab es 1618 in Hamburg: eine am Neß, die zweite am Großen Burstah und die dritte am Speersort. Sechs ausgebildete Ärzte und drei Apotheken für etwa 40 000 Einwohner – und das zu einer Zeit, da das Elend in der Stadt wuchs.

Das Armenwesen sollte unter anderem die Aufgabe erfüllen, die vielen Bettler von der Straße zu bringen. Aber die Institutionen konnten ihren Obliegenheiten nur unzulänglich gerecht werden. Etwa 3500 Arme sollen 1538 in Hamburg gelebt haben, bei einer Bevölkerung von etwa 14 000–20 000 Einwohnern. Stadt und Hafen und der allmählich zunehmende Wohlstand machten Hamburg für Bettler, fahrendes Volk und die Opfer von Mißernten, Teuerungen und Hungersnöten zunehmend attraktiv. Schon 1604 wurde darüber Klage geführt, daß »der lose eingemengte Hauffe den rechten Armen das Brodt vor dem Maul abschneidet, und den Bürgern und Einwohnern allhier diese Ungelegenheit zustehet, daß sie nicht allein vom Morgen, bey währender ihrer Ruhe, vor ihren Häusern bis auf den Abend, wenn sie schlaffen gehen, dermassen ungescheuet überlauffen werden, daß sie dadurch an ihrem Schlaffe verhindert, sondern auch kein ehrlicher Mann, der etwas im Hause oder auf der Straßen mit andern zu reden, vor den Bettlern seine Rede ohne Verhinderung zu endigen gesichert ist«.

Die Stadt war unfähig, dem zu steuern. Sie konnte allenfalls einen Unterschied machen zwischen den »rechten Armen«, die ansässig waren, und deren von auswärts zuwandernder Konkurrenz. Um 1570 erhielten die Ortsarmen ein eigenes Bettlerzeichen, wenn sie bei den Oberalten den von zwei unbescholtenen Bürgern bezeugten Nachweis zu erbringen vermochten, daß sie sich nicht durch redliche Arbeit ernähren konnten. Mit diesem Bettlerzeichen durften sie »bei gutherzigen Christen eine Unterstützung erbitten«. Besser gestellt als die anderen waren sie damit kaum, denn auch die Auswärtigen sprachen »bei gutherzigen Christen« vor, nicht erfolglos, denn den Armen zu geben gebot der christliche Glaube.

War schon die Belästigung durch die Bettler tagsüber schlimm genug, so wurden die Zustände in der Nacht geradezu lebensbedrohend. Mord, Raub und Körperverletzung fielen allnächtlich vor. Für das ganze Stadtgebiet – die Tore wurden kurz nach Sonnenuntergang geschlossen – hatten 1580 lediglich elf von der Stadt besoldete Nachtwächter die Aufsicht. Schlupwächter nannte man sie zu Beginn des 17. Jahrhunderts, vermutlich deshalb, »weil sie auf die Schlupf-Winckel der Missethäter ein wachsames Auge haben müssen« (Michael Richey). Aber das hieß den Bock zum Gärtner machen. Die Schlupwächter, wegen ihrer Neigung zum Alkohol von der Bevölkerung nur Schluckwächter genannt, rekrutierten sich aus den untersten Schichten, genossen keinerlei Ansehen und standen in dem Ruf, mit dem Gesindel, vor dem sie schützen sollten, gemeinsame Sache zu machen. Deswegen nutzte es auch gar nichts, daß der Rat 1605 die Anweisung erließ, »alle nach 9 Uhr abends auf der Gasse betroffenen Personen, welche sich nicht sofort legitimieren könnten, zur Verhütung nächtlichen Mutwillens fest (zu) nehmen«. Fünf Jahre danach wurde im Rat Beschwerde laut, »es werde dermalen auf den Gassen soviel freventlicher Mutwillen und Gewalt verübet, daß schier ein ehrlicher Mann oder eine tugendsame Frau und Jungfer, wann sie von Hochzeiten, Gastereien oder anderen hochwichtigen Gewerben heimkehren, nicht sonder großer Leibesgefahr durchzukommen sich getrauen dürfen«. Erst jetzt, 1610, beschloß der Rat durchzugreifen. Er übertrug die nächtliche Aufsicht in der Stadt, die damals noch kaum Straßenbeleuchtung kannte, dem Militär. Von nun an patrouillierten 60 Soldaten in zwei Abteilungen wechselweise durch die Straßen, um die Sicherheit zu gewährleisten und bei ausbrechendem Feuer Alarm zu schlagen.

Daß es nicht nur die Schluckwächter verstanden, den eigenen Brand zu löschen, sondern daß sich auch die Bürger ganz allgemein auf ausgiebiges Pokulieren verstanden, fiel fremden Besuchern Hamburgs nachhaltig auf. So berichtete Sebastian Münster 1572, »daß auch Wunder zu sagen, wie sich dieses Volk mit dem Bier ausfüllt, daß auch höchlich gelobt und gepriesen wird derjenige, so am starcksten sauffen kann«. Höflicher lobt Michael Frank 1590 das »freundliche und güttliche Völklein« der Hamburger und deren gutes Aussehen, »zu welcher feinen sauberen Gestalt ihnen ihr gutes Bier soll sehr behülflich und dienstlich sein«. Der Engländer John Taylor indes mochte es nicht so sehen; er hielt die Hamburger durchweg für arge Trunkenbolde und kommentierte angewidert: »Das erste Wort, so eine Amme oder Mutter ihrem Kinde, wenn es Männlein sein, lehrt, ist ›Trunk‹ oder ›Bier‹, so daß die meisten von ihnen in Tonnen, Halbtonnen oder Vierteltonnen verwandelt werden, stets angefüllt mit Hamburger Bier.«

Zu Taylors satirischer Überspitzung ist ergänzend zu sagen, daß exzessives Trinken in damaliger Zeit allgemein üblich war. Hamburg tat sich nicht darin hervor; so wie hier war es auch in anderen deutschen Städten. Wenn Shakespeare im *Hamlet* damals die Neigung zum Trunk den Dänen vorwirft und sein Landsmann Taylor den Hamburgern, so waren das die seit eh und je beliebten Vorurteile gegenüber Fremden.

Eher belegt ist für Hamburg in jener Zeit eine gewisse Sittenstrenge, die man in einer Hafenstadt weit weniger vermuten sollte. Das Vorhandensein von Prostitution wird erstmals 1292 im Hamburger Stadtrecht erwähnt, aber erst für 1428 sind acht am Kattrepel gelegene Bordelle urkundlich bezeugt, 1450 ein weiteres am Steintor. Eigentümer und Nutznießer dieser Häuser war die Stadt selbst, die einen »Frauenmeister« besoldete – von 1467 bis 1479 verwalteten zwei Frauen dieses Amt –, der die Betriebe überwachte. Das war im Mittelalter nicht ungewöhnlich; galt ja auch der Besuch eines Bordells nicht für ehrenrührig, im Gegenteil: Einige deutsche Kaiser pflegten bei offiziellen Stadtbesuchen, nach Absolvierung des amtlichen Teils, mit ganzem Gefolge solche Etablissements aufzusuchen; die anfallenden Kosten trug die jeweilige Stadt als Gastgeberin des Reichsoberhaupts.

Die Insassinnen der Frauenhäuser, wie man sie damals nannte, waren auch keineswegs schutz- und ehrlos. In Wien sorgte ein Gesetz dafür, daß niemand sie ungestraft beleidigen durfte, in Ulm hatten sie das Recht, Waffen zu führen, und in Nürnberg bildeten sie eine eigene Zunft, die jährlich eine Bordellkönigin wählte, die nach erfolgter Wahl vom Magistrat vereidigt wurde.

Wie das in Hamburg gehalten wurde, wissen wir nicht, weil die meisten Dokumente 1842 beim Großen Brand vernichtet wurden. Eine gewisse Animosität gegen die leichten Mädchen begann sich um 1483 zu regen, als sich der Rezeß dieses Jahres mit ihnen beschäftigte. Artikel 41 bestimmte, die »wandelbaren Frauen« sollten künftig »nicht auf Kirchhöfen und in großen Straßen wohnen [...], die unsere Bürger und Bürgerinnen, Jungfrauen, Frauen und Männer, um zur Kirche zu gehen, passieren. Wer ihnen in diesen Straßen Häuser, Kammern, Blumenhöfe, Böden oder Keller vermietet, soll nach dem Ermessen des Rates gestraft werden.« Und Artikel 57 sah vor: »Den berüchtigten öffentlichen Mädchen soll man die Haube schicken, und sie sollen nicht wie andere Mädchen gehen.«

Damit wurde erstmals in der Stadt ein Sperrgebiet geschaffen; solche Restriktionen erfolgten um diese Zeit auch in Augsburg, Nürnberg und Lübeck. Unterschieden wurde aber bei den »wandelbaren Frauen« zwischen jenen, die in den städtischen Bordellen arbeiteten und besteuert wurden, und jenen, die sozusagen freiberuflich tätig waren und steuerfrei blieben. Dafür aber wurden diese nur geduldet und konnten jederzeit ausgewiesen werden. Die in den städtischen Häusern mußten eine Kleidung tragen, die sie kenntlich machte, nämlich die genannte Haube; auch waren ihnen Umhänge mit Kragen und jeglicher Schmuck verboten. Die nicht lizenzierten Mädchen konnten sich hingegen kleiden, wie sie wollten, und damit auch ihre Tätigkeit tarnen.

Die städtischen Bordelle Hamburgs waren nachts sowie an Sonn- und Feiertagen geschlossen. Im Gegensatz zu anderen Städten war in Hamburg den Ehemännern der Besuch verboten. Der Bordellwirt, der seine Einnahmen mit der Kämmerei abzurechnen hatte, erhielt nur einen Teil der Einkünfte seiner Mädchen. Gab es keine gesetzlichen Erben, so fiel die Hinterlassenschaft einer verstorbenen »Hübschlerin« an die Stadt, und aus den erhaltenen Akten geht hervor, daß die Mädchen sich durchaus einiges zurücklegen konnten. Auch wenn für Hamburg, anders als für Ulm und Frankfurt am Main, keine Hausordnungen von Bordellen überliefert sind, so ist doch bekannt, daß eine im Bordell vorgefallene Vergewaltigung in Hamburg strafrechtlich verfolgt wurde.

Die Zeugnisse, die wir über die Sittenlosigkeit in Hamburg um 1500 haben, beschränken sich auf die immerwährenden Klagen über das unmoralische Treiben der Geistlichen und die recht unklösterlichen Verhältnisse unter den Hamburger Nonnen. Die Zustände im Kloster Herwardeshude, von denen sich Kardinal Raymund 1503 hatte überzeugen können, müssen wenig geistlich gewesen sein; doch das wird vielleicht verständlicher, bedenkt man, daß ein großer Teil der dort untergebrachten Frauen gezwungen worden war, den Schleier zu nehmen.

Diesen Zuständen machte die Reformation ein Ende. Für Martin Luther verdienten Bordelle keine Nachsicht (»öffentlich wider Gottes Gesetz«), und dementsprechend verlangte sein Mitarbeiter Bugenhagen in Artikel 28 seiner Kirchenordnung die Schließung dieser Häuser. Der Rat folgte; um 1532 wurden Bordelle verboten. Dem Wunsch Bugenhagens konnte der Rat um so leichter entsprechen, als sich die Syphilis so vehement ausbreitete, daß um 1530 die Bordelle im ganzen Reich geschlossen wurden.

Selbstverständlich wurde damit die Prostitution nicht beseitigt; man suchte nur andere Formen dafür. Sie war jetzt nicht mehr staatlich, und sie mußte sich tarnen. Nach der Reformation machte sich in Hamburg eine unangenehme Prüderie breit. Das Amt der Barbiere bedrohte plötzlich jeden Gesellen mit einer Geldbuße oder gar dem Ausschluß aus dem Amt, der die Tochter oder die Magd des Meisters beschlief oder gar schwängerte, und den Schiffsbauern drohte ihre Organisation 1544 Ähnliches an, wenn ihnen sexuelle Beziehungen zu ihren Verlobten nachgewiesen werden konnten. Nicht einmal die bürgerliche Heirat mit einer einst »wandelbar« gewesenen Frau konnte einen Schlußstrich unter deren Vergangenheit setzen: Sie mußte ihre Haube, Abzeichen des einstigen Berufs, auch weiterhin tragen, und schließlich wurden solche Heiraten überhaupt verboten. Mehr noch: Den Mitgliedern eines Amts war sogar die Heirat mit einer »beschlafenen« Meisterstochter bei Ächtung verboten. Ehebruch wurde mit drei Jahren Stadtverweisung geahndet. Daß so manches Mitglied des ehrbaren Rats eine Geliebte hatte und aushielt, war öffentliches Geheimnis und Anlaß zum Ärgernis.

## Von Hexen und Zauberern

Der Hexenwahn, der in ganz Europa so viele Scheiterhaufen lodern ließ, hat in Hamburg kaum eine Rolle gespielt. Nicht daß man in Hamburg die Existenz von Hexen und Zauberern bestritten hätte; aber es fehlte an einer verhetzten Bevölkerung und an einem Rat, der eigene Schwierigkeiten durch Hexenbrände zu meistern gesucht hätte. Man könnte auch sagen: Die Stadt war viel zu sehr mit ihrer Aufwärtsentwicklung beschäftigt, als daß sie die Zeit gehabt hätte, sich intensiv um eine Hexenverfolgung zu kümmern. Aber dennoch sind auch in Hamburg Menschen diesem Wahn zum Opfer gefallen.

Die früheste Nachricht stammt von 1444. In diesem Jahr wurde eine Katharina Hauen als Hexe verbrannt. Was ihr vorgeworfen wurde, ist nicht bekannt, auch nicht die Umstände dieses Verfahrens. Das gilt auch für einen weiteren Fall, bei dem nicht einmal der Name der Verurteilten überliefert ist; es handelte sich um eine »Wahrsagerin«. Ein gewisser Doktor Viet wurde 1521 wegen Zauberei verbrannt und auch deswegen, weil er, als Frau verkleidet, Hebammendienste geleistet habe. Und da für die damalige Zeit Giftmord eng mit Zauberei zu tun hatte, mögen alle drei Opfer vielleicht sogar als Giftmischer hingerichtet worden sein; die wahnhafte Vorstellung, einem Teufelsbündnis auf der Spur zu sein, die ja das Wesen der Hexenprozesse ausmachte, ist in diesen Fällen nicht überliefert. Obwohl bei der Hexenverfolgung der Hostienfrevel, die Entwendung einer geweihten Hostie zu zauberischem Zweck, eine bedeutende Rolle spielte, wurde in einem solchen Fall aus dem Jahr 1482 wohl der Frevel der Angeklagten zum Verhängnis – sie hatte mit der Hostie ihren Kohl gedüngt, um bessere Erträge zu erzielen! –; von Hexenwesen war aber nicht die Rede.

Erst um die Mitte des 16. Jahrhunderts gab es in Hamburg Hexenprozesse. Der erste, von 1555, ist bezeichnenderweise auch der erste verbürgte Fall der Anwendung von Folter, die bis dahin in Hamburg nicht benutzt wurde. In diesem Prozeß wurden auf einen Schlag vierzehn Frauen unter der Anklage der Hexerei verhaftet, von denen zwei auf der Folter und vier auf dem Scheiterhaufen starben; aber acht wurden immerhin noch freigesprochen. Andernorts kannte man solche Freisprüche überhaupt nicht; das Opfer wurde in jedem Fall unter ausgeklügelt grauenhaften Torturen geständniswillig gemacht.

Das neue Stadtrecht von 1605 verpflichtete ausdrücklich zur Hinrichtung von Hexen. Es hieß darin: »Die Zauberer und Zauberinnen, die mit verbotenen Mitteln dem Menschen oder dem Vieh an Leib und Leben Schaden zufügen, oder auch, die aus bösem Vorsatz von Gott und seinem hl. Wort vergessentlich abtreten, und mit dem bösen Feinde sonderbare hochärgerliche Verbündnisse machen, werden, nach Gelegenheit ihrer beweislichen Verwirkung, mit Feuer oder mit dem Schwert am Leben

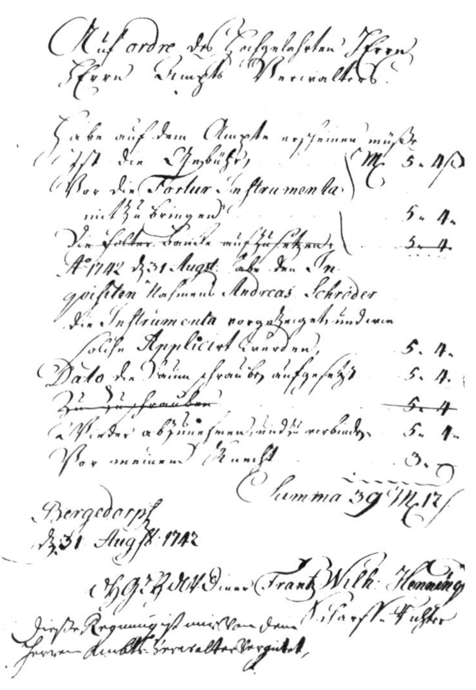

Rechnung des Scharfrichters Frantz Wilhelm Hennings vom 31. August 1742 für eine in Bergedorf vorgenommene Folterung über 39 Mark und 12 Schillinge. Einzelposten: »Vor die Tortur Instrumenta mitzubringen«; »A° 1742 d. 31. August: habe den Inquihrten Nahmens Andreas Schröder die Instrumenta Vorgezeiget und wie solche Applicirt werden«; »Dato die Daumschraube aufgesetzt«; »Wieder abzunehmen, und zu verbinden«. Hamburg, Staatsarchiv

gestraft.« Dem entspricht, daß von nun an Gotteslästerung als das oberste aller Verbrechen galt, während bis 1605 dieses Vergehen in Hamburg straffrei geblieben war. Zu einer Verschärfung der Verfolgung kam es aber nicht; im 17. Jahrhundert wurden noch zwei Frauen hingerichtet, beide 1642, von denen die eine aber wohl in erster Linie als Mörderin ihres Mannes gerädert wurde.

In den Jahren 1444 bis 1642 wurden in Hamburg nachweislich 30 Frauen und 7 Männer wegen Hexerei und Zauberkünsten hingerichtet (die Zahl liegt tatsächlich etwas höher, weil nicht alle Namen überliefert sind). Hält man dagegen die Massenhinrichtungen etwa in Würzburg, Bamberg oder im lippischen Lemgo – von 1653 bis 1681 wurden allein hier 128 Menschen getötet –, so zeigt sich, daß zwar auch Hamburg seinen Tribut an einen europäischen Massenwahn hat leisten müssen, sich aber vergleichsweise zurückgehalten hat.

Der letzte Hexenprozeß in Hamburg wurde 1676 gegen Margret Ahlers aus Bergedorf geführt. Volle 21 Monate saß diese Frau in Untersuchungshaft, zeitweise angekettet; dann wurde sie 1678 freigesprochen. Die Anwendung der Folter zur Erzwingung eines Geständnisses hatte man nicht einmal in Erwägung gezogen. Während das Berliner Kammergericht noch 1738 ein Mädchen wegen angeblichen Teufelsbündnisses zu lebenslanger Freiheitsstrafe verurteilte, wurden in Hamburg zu Beginn des 18. Jahrhunderts nicht einmal Selbstbezichtigungen dieser Art anders geahndet als mit einer leichten Strafe wegen groben Unfugs.

# Im 17. Jahrhundert

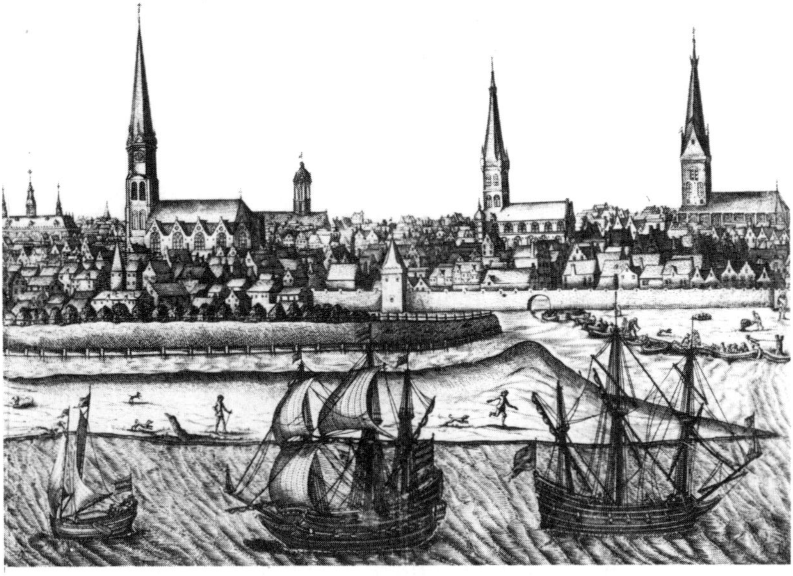

Hamburg von der Elbseite. Kupferstich von Peter Kaerius, 1619 (Ausschnitt)

Seit König Christian IV. von Dänemark 1588 den Thron bestiegen hatte, kühlte sich das Verhältnis zwischen Dänemark und Hamburg merklich ab. Dem König wurde die Stadt, die sich bisher immer so geschickt seinem Herrschaftsanspruch hatte entziehen können, zu mächtig und wirtschaftlich zu einflußreich. Ohnedies auf Gebietszuwachs seines Landes in Norddeutschland bedacht, wollte er die Stadt nicht länger als einen von holsteinisch-dänischen Landen umgebenen Fremdkörper hinnehmen. So ließ er 1603 seinen Besuch ankündigen, um die Erbhuldigung vornehmen zu lassen. Zum Glück für Hamburg untersagte Kaiser Rudolf II. der Stadt die Erbhuldigung, worauf sich der Rat nun dem König gegenüber berufen konnte. Man bot ihm wie bisher die »Annehmung« (der Schirmherrschaft) durch Handschlag an, worauf der König alle alten Privilegien und Freiheiten bestätigte und seinen Schutz versprach. Aber in Hamburg, wo man die feindselige Gesinnung Christians IV. gegenüber der Stadt kannte, war klar, daß diesem Versprechen nicht zu trauen sei; zwar konnte der König im Augenblick keine Gewalt anwenden, doch die Zeiten mochten sich ändern. Christian zeigte seine wahre Gesinnung schon ein Jahr später, als er Hamburgs traditionelle Zollfreiheit im Sund aufhob. Nach dem Verbot des Islandhandels war das nun ein weiteres Warnsignal.

Auch sonst sah es in politischer Hinsicht nicht gut aus. Die Gegensätze zwischen den protestantischen und den katholischen Fürsten im Reich, angeheizt durch die militante Gegenreformation und den brutalen Unterdrückungskrieg der Spanier in den Niederlanden, deuteten darauf hin, daß auch in Deutschland selbst die Zeit nicht mehr fern sein mochte, da es zum offenen Krieg kommen würde. In Hamburg machte man sich nicht die Illusion, daß ein kommender Krieg vielleicht die Stadt verschonen würde. Eher befürchtete man Schlimmeres: Wären erst dem Kaiser die Hände gebunden, würde der dänische König sich Hamburgs bemächtigen. Die Stadt war also entschlossen, sich nicht überraschen zu lassen, und da man wußte, daß den neuen Belagerungstechniken und den Reichweiten und Kalibern der neuen Geschütze die alte Befestigung nicht gewachsen sein würde, suchte man Rat und fand ihn bei dem Grafen Friedrich von Solms-Lich-Laubach, seit 1608 Feldhauptmann der Städte Hamburg, Lübeck, Bremen, Magdeburg, Braunschweig und Lüneburg. Der schickte dem Rat 1609 ein Gutachten über die bisherige unzulängliche Befestigung der Stadt und empfahl für eine grundlegende Verbesserung den niederländischen Artilleriehauptmann und Festungsspezialisten Johann van Valckenburgh. Die Hamburger hatten diese Empfehlung nicht zu bereuen, denn der am 1. Mai 1609 berufene Valckenburgh entwarf eine Verteidigungsanlage, die für Hamburg außerordentlich war und der Stadt einen dauerhaften Schutz garantieren sollte.

Und das war auch nötig und zugleich sehr dringlich geworden. Denn im selben Jahr, in dem Valckenburgh mit der Arbeit begann, 1616, gründete Christian IV. am rechten Ufer der Unterelbe Glückstadt, um den Handel von Hamburg abzuziehen und den Elbverkehr der Hamburger stören zu können. Die Stadt Hamburg selbst schien vor dem Zugriff des Dänenkönigs noch sicher, da das Reichskammergericht 1618 Hamburg zur Reichsstadt erklärte, ein Urteil, gegen das Christian IV. sofort Berufung einlegte. Außerdem nutzte der König die Gelegenheit, es den Hamburgern zu zeigen, zwei Jahre nach Ausbruch des Dreißigjährigen Kriegs: Er schickte Kriegsschiffe auf die Elbe, die Hamburger Schiffe anhielten und durchsuchten, sie in jeder Weise schikanierten und sogar auf sie schossen. Auf Beschwerden antwortete der König mit dem Hinweis, Hamburg sei seine Stadt und die Unterelbe sein Strom; geschossen habe man auf jene Schiffe, die seinen Admiral nicht durch Dippen der Flagge gebührend gegrüßt hätten. Im übrigen betrachte er die Hamburger als seine pflichtschuldigen Untertanen. Um zu demonstrieren, womit Hamburg notfalls zu rechnen habe, besetzten dänische Truppen Stade und Altona.

Darauf gab Hamburg nach. Im Steinburger Vertrag von 1621 verpflichtete sich die Stadt, bis zur endgültigen Klärung durch den Revisionsprozeß vor dem Reichskammergericht die Landeshoheit Christians IV. anzuerkennen, was einer – bis dahin vermiedenen – Huldigung fast gleichkam. Kein Wunder, daß sich der Dänenkönig gegenüber der vierköpfigen Delegation des Rats überaus leutselig gab, von der »guten Stadt Hamburg« sprach und sie seines Schutzes versicherte. Er kam sogar 1622 und 1624 in die Stadt, um sich persönlich vom guten Ausbau der neuen Befestigungsanlagen zu überzeugen, die ja in erster Linie vor ihm selbst schützen sollten.

Der Bau kam gut voran, war aber nur dadurch zu finanzieren, daß die Bürger mit hohen Sonderabgaben belastet wurden. Die Realisierung des Valckenburghschen Plans sah so aus: Angesichts der Enge in der Stadt und der wachsenden Bevölkerung mußte zusätzlicher Raum geschaffen werden, um neue Bewohner im Stadtbereich ansiedeln zu können. So wurde die neue Neustadt – im Gegensatz zu der bisher als Neustadt bezeichneten gräflichen Stadt – um St. Michaelis in den Befestigungsring einbezogen; sie war damals noch dünn besiedelt, bot aber dafür genügend Grundstücke für kommende Zeiten. Dies war eine klug vorausschauende Maßnahme, die sich bewährte. Überdies mußten alle jetzt noch außerhalb der alten Mauern liegenden Geesthöhen in den Befestigungsgürtel einbezogen werden, damit verhindert würde, daß ein Angreifer von diesen Höhen aus die Stadt mit Artilleriefeuer belegte.

Valckenburgh löste beide Probleme. Er nahm als imaginäres Zentrum die Nikolaikirche und schlug von da aus einen Kreis im Radius von fast 1200 Metern. Er umgab die Stadt mit gewaltigen, befahrbaren Erdwerken, die 6 bis 9 Meter über dem Straßenniveau lagen und aus denen im Abstand von etwa 300 Metern 21 Bastionen wie Stacheln heraussprangen, bestückt mit 167 Kanonen, die im Verteidigungsfall noch um 128 Geschütze aus den Zeughäusern verstärkt werden konnten. Zum Glück für die Stadt, die unter den ungeheuren Befestigungskosten ächzte, gab es infolge des zurückgehenden Braugewerbes genügend unbenutzte kupferne Braupfannen, die jetzt eingeschmolzen und zu Kanonen umgegossen werden konnten. Vor dem Zickzack des

Befestigungsrings wurde ein breiter und tiefer Graben ausgehoben, der mit Wasser gefüllt war.

Noch vor Abschluß der Befestigungsmaßnahmen wurden den Bastionen die Vornamen der damaligen Ratsherren verliehen. Von ihnen ist Ericus (nach Ratsherr Erich Soltow) bis heute unverändert als Straßenbezeichnung erhalten geblieben, desgleichen Johannes (Rodenborg) im Johannisbollwerk. Die Hälfte der alten Befestigungslinie ist auch heute noch leicht zu erkennen: Vom Hauptbahnhof (dessen Gleisanlagen im alten Wallgraben liegen) über den Glockengießerwall bis zur Kunsthalle (dort lag die Bastion Vincent), weiter über Lombardsbrücke, Esplanade, Gorch-Fock-Wall, Holstenwall (Bastion Henricus, dort, wo jetzt das Museum für Hamburgische Geschichte steht) bis zum Bismarck-Denkmal (Bastion Casparus) und zum mehr als 20 Meter über der Elbe aufragenden Stintfang (Bastion Albertus) ist der Verlauf klar ablesbar; Reste des alten Wallgrabens sind noch am Holstenwall zu erkennen.

Die neue Befestigung teilte nun auch eindeutig die Alsterfläche in Binnen- und Außenalster; am Rand des Damms lagen die Bastionen Vincent und Diedericus, in dessen Mitte die Bastion David. Nur ein 30 Meter großer Durchlaß verband die Binnen- mit der Außenalster, und über diesen Durchlaß führte eine hölzerne Brücke, die später den Namen Lombardsbrücke erhielt, weil nämlich 1651 in die Bastion Diedericus (Esplanade) ein Pfandhaus, genannt Lombard, gebaut wurde, das der Brücke den Namen gab. Drolligerweise wurde den Namen der 21 Bastionen manchmal ein »St.« (= Sankt) vorgesetzt, entsprechend den Namensheiligen der 21 Ratsherren, obwohl doch die Stadt seit nahezu hundert Jahren lutherisch war und damit jeglichen Heiligenkult abgeschafft hatte.

Mit seiner enormen neuen Fortifikation erwarb sich Hamburg den Ruhm, die bestbefestigte Stadt in ganz Deutschland zu sein, und galt fortan als schwer einnehmbar.

Hamburg hatte Glück, denn kaum war seine waffenstarrende Befestigung vollendet, da kam schon die Bewährungsprobe. Die kaiserlichen Feldherren Tilly und Wallenstein erschienen vor

Hamburg. Tilly hatte 1626 die Dänen bei Lutter am Barenberge vernichtend geschlagen; Stade, Buxtehude, Trittau, Pinneberg, Ottensen, Altona, Eppendorf und Fuhlsbüttel fielen in die Hand seiner plündernden und mordenden Truppen, und schließlich geriet ganz Schleswig-Holstein in die Hand der Kaiserlichen, die sogar bis Jütland vorstoßen konnten. Hamburg selbst zu erobern war unmöglich. Da die Stadt aber gemeinsam mit Lübeck das Sorgerecht für die Vierlande hatte, mußte sie zum Schutz der dort lebenden Bauern eine gewaltige Ablösesumme an die Kaiserlichen zahlen; diese zogen tatsächlich ab, ohne die Vierlande anzutasten.

Die geschützte Stadt profitierte vom Krieg, obwohl der eben erst geschlagene Dänenkönig – er war 1629 durch den Frieden von Lübeck aus dem Kampfgeschehen ausgeschieden – alles daransetzte, den Hamburgern den Profit zu verderben: Er schickte Kriegsschiffe in die Elbe, um Zoll von den Hamburger Schiffen zu erheben. In dieser Situation schlug Hamburg nun endlich militärisch zurück. Es schickte eine Flotte vor, die über Glückstadt eine Blockade verhängte und sich den dänischen Schiffen zur Schlacht stellte. Zwar siegten die Dänen, aber Hamburg hatte wie so oft Glück: König Gustav Adolf von Schweden landete 1630 in Pommern und versprach der Stadt seinen Schutz. Christian IV. mußte daraufhin zurückstecken. Aber es kam für ihn noch ärger: Der 1645 zwischen Dänemark und Schweden geschlossene Friede erzwang die Aufhebung des Zolls von Glückstadt und garantierte Hamburg die freie Fahrt auf der Elbe. Christian IV. schäumte: »Obwohl wir eher des Himmels Einsturz vermutet, als den verwegenen Triumph der hochmütigen Krämer, haben diese gewonnen durch einen mit Teufelslisten, übel anstehenden Machinationen und versteckter Herzenstücke erfochtenen Sieg.« Ein Schutz- und Trutzbündnis zwischen Hamburg, Bremen und den Niederlanden zur Sicherung der freien Schiffahrt auf Elbe, Weser und Nordsee wies dänische Machtgelüste energisch zurück und tilgte damit die ursprünglich Glückstadt zugedachte Aufgabe gänzlich.

Die Neutralität der Stadt und ihre gesicherte Lage bestimmten sie auch zum Ort der endlich einsetzenden Friedensbemühungen. Wenn auch der endgültige Friede, der den Dreißigjährigen Krieg beendete, erst 1648 in Münster und Osnabrück zustande kam, so hatten doch die Vorverhandlungen in Hamburg stattgefunden, zuerst 1636, dann 1641.

Und wiewohl das Umland schwer verwüstet worden war – die Zahlungen Hamburgs und Lübecks an die Kaiserlichen hatten die Ausplünderung der Vierlande durch die Schweden nicht verhindern können –, war Hamburg doch mehr als nur glimpflich durch den Krieg gekommen. Zum Beweis läßt sich heranziehen, daß die Vermögenssteuer von 1617 bis 1649 sich nahezu verdoppelte. Dabei hatte die Stadt durch dreierlei gewonnen: zum ersten durch die Befestigung, durch die Hamburg militärisch uneinnehmbar geworden war, zum zweiten durch eine klug steuernde Neutralitätspolitik und, dies vor allem, zum dritten durch den Umstand, daß alle am Krieg beteiligten Mächte letzten Endes auf Hamburg als einen internationalen Hafen mit ungestörten Handelsbeziehungen angewiesen waren.

Genau das aber verführte die Stadt zu einem gewissen Übermut, den sie sich nicht hätte leisten dürfen. Das durch den Krieg schwer ruinierte Dänemark – Christian IV. war 1648 gestorben – machte Hamburg 1650 ein unverhofft günstiges Angebot. Gegen Zahlung einer stattlichen, aber durchaus vertretbaren Summe erklärte sich Dänemark bereit, Hamburg als Freie Reichsstadt anzuerkennen und damit auf jegliche Hoheitsrechte gegenüber der Stadt zu verzichten. Der Rat erkannte die günstige Situation und wollte zustimmen, die Bürgerschaft hingegen widersetzte sich und traf damit eine verhängnisvolle Entscheidung. Nicht einmal das verlockende Angebot Dänemarks, Ottensen, Altona, die Grafschaft Pinneberg und die Elbinseln Hamburg zu verkaufen, wurde akzeptiert. Zum einen erschien der Bürgerschaft der Kaufpreis zu hoch, zum anderen wollte sie aber auch bewußt Macht gegenüber dem Rat demonstrieren. Den Schaden hatte letztlich die Stadt, wie sich noch bitter erweisen sollte.

Die verprellten Dänen reagierten prompt. Sie gaben Altona 1664 nicht nur das Stadtrecht, sondern statteten den Ort dazu noch mit zahlreichen gewichtigen Privilegien aus. Im Hinblick auf die völlig veralteten Verhältnisse der Hamburger Ämter und der Hamburger Geistlichkeit verlieh Dänemark der neuen Stadt Gewerbe- und Religionsfreiheit, Zollfreiheit gegenüber Dänemark und zollfreies Umschlag- und Stapelrecht. Ohne es eigentlich zu wollen, tat eine verständnislose Hamburger Politik alles, dem Konkurrenten aus hochmütiger Borniertheit alle Vorteile einzuräumen, die man selber doch recht wohlfeil hätte haben können, wäre man fähig gewesen, weitschauend in die Zukunft zu planen.

Durch den Westfälischen Frieden waren die Bistümer Verden und Bremen an Schweden gefallen, und da das Domkapitel eine Enklave des Erzbistums Bremen in Hamburg bildete, wurde es nun gleichfalls der schwedischen Krone unterstellt. Das bedeutete, daß Königin Christine von Schweden jetzt Oberhaupt des Hamburger Domkapitels war. Sie besuchte Hamburg aber erst im Februar 1667, nach ihrem Übertritt zum katholischen Glauben und nach ihrer Abdankung, blieb drei Monate, erwarb ein Haus am Krayenkamp und gab im Ballhaus an der Fuhlentwiete ein großes Essen, zu dem die Mitglieder des Rats, die Oberalten und die führenden Vertreter der Kaufmannschaft geladen wurden. Einen Monat nach der Abreise war sie wieder zurück: Schweden hatte ihrem katholischen geistlichen Gefolge die Einreise verweigert.

Sicher war es nicht sehr klug von der Exkönigin, in ihrem neuerworbenen Haus im Juli 1667 ein Fest zu Ehren des neugewählten Papstes Clemens IX. zu geben, denn sie befand sich in einer orthodox lutherischen Stadt; dennoch folgten Hamburgs Honoratioren ihrer Einladung. Als aber bei Dunkelheit an der Fassade zu Ehren des Papstes eine von 600 Lampen gebildete Inschrift »Es lebe Papst Clemens IX.« aufstrahlte, kam es zu einem Volksaufstand. Unter einem Steinhagel gingen die Fenster zu Bruch, die aufgebrachte und alkoholisierte Bevölkerung schritt zum Sturm. Daraufhin eröffnete die Dienerschaft der Schwedin das Feuer auf den tobenden Mob. Tote und Verwundete lagen auf dem Pflaster, während die nun buchstäblich aufs

Blut gereizte Menge versuchte, in das Haus einzudringen. Die einstige Königin konnte gerade noch durch einen Hintereingang zur schwedischen Botschaft am Speersort flüchten, und die Stadt mußte fünfzig Soldaten einsetzen, um den Aufruhr niederzuschlagen. Der Rat entschuldigte sich anderntags bei der Exmonarchin und ließ sie in ihr Haus zurückbegleiten; Christine ihrerseits stiftete eine größere Geldsumme für die Opfer, zog es aber dann vor, Hamburg zu verlassen und es nie wieder zu betreten.

Die Beziehungen Hamburgs zu Schweden litten dadurch keinen Schaden. Wegen der Rivalität zwischen Dänemark und Schweden setzte Hamburg nun immer stärker auf Stockholm als den neuen Verbündeten, der den Schutz vor dem aggressiven Dänemark garantierte. Doch als die Schweden 1675 in der Schlacht von Fehrbellin eine empfindliche Niederlage durch die Truppen des Kurfürsten Friedrich Wilhelm von Brandenburg hinnehmen mußten, sah König Christian V. von Dänemark eine günstige Gelegenheit, noch einmal, und jetzt risikofrei, gegen die verhaßte Stadt vorzugehen. Vier Jahre später zog er seine Truppen zusammen. Aber Hamburg war inzwischen zu sehr zu einem internationalen Wirtschaftszentrum geworden, als daß andere Staaten den dänischen Alleingang hätten dulden können. Auf drohende Intervention von Frankreich und dem Kurfürstentum Brandenburg mußte Dänemark seine Eroberungspläne begraben, oder besser: einstweilen zurückstellen.

Für Hamburg war das ein Signal, seine Verteidigungsbemühungen erheblich zu verstärken. Die Befestigungswerke im Osten der Stadt wurden erweitert und endlich auch die Vorstadt St. Georg miteinbezogen, im Westen wurde 1682 vor der Stadtumwallung ein Außenfort errichtet, das wegen seines Grundrisses den Namen Sternschanze erhielt. In dieser Zeit nun verschärften sich die innenpolitischen Unruhen in Hamburg dermaßen, daß ein Gegner geradezu verlockt wurde, die Schwäche der Stadt auszunutzen. Was war geschehen?

Wie so oft war das äußerlich Vorgefallene eine Bagatelle. Um sie zu verstehen, muß zunächst der in Hamburg so wichtige Begriff »Böhnhase« erklärt werden.

Sein Handwerk als selbständiger Meister durfte nur ausüben, wer Mitglied eines Amtes war, und die Ämter hatten schon im Mittelalter einiges getan, die Aufnahme in das Amt zu erschweren und Unbemittelten den Zugang fast völlig zu verschließen. Auf diese Weise wurde die Konkurrenz klein gehalten, zugleich aber eine illegale Konkurrenz herangezüchtet. Denn das Handwerk bildete ja weit mehr Personen aus, als später in das Amt aufgenommen werden konnten, und nicht jeder Handwerksgeselle mochte sein Leben lang abhängig Beschäftigter bleiben. Es blieb vielen Gesellen also nichts anderes übrig, als heimlich und illegal ihren Beruf als Selbständige auszuüben. An die Preisabsprache der Ämter nicht gebunden, arbeiteten sie auch erheblich preiswerter, so daß es ihnen nicht an Aufträgen mangelte. Den Ämtern aber war diese Billigkonkurrenz höchst unangenehm, und sie bliesen zur Böhnhasenjagd. Da die illegalen Handwerker oftmals auf Dachböden (»Böhn«) arbeiteten und die dort von den Meistern des Amts Aufgespürten dann vor ihren Verfolgern fliehen mußten wie die Hasen, prägte sich für die nicht zum Amt gehörenden Handwerker ganz allgemein die Bezeichnung Böhnhasen ein; sie wurde auch in den Urkunden und den Akten ganz selbstverständlich benutzt. Nur eine kleine Gruppe von Handwerkern stand zwischen dem Amt und den Böhnhasen; das waren die Freimeister. Bestand nämlich die Gefahr eines Markt- oder Monopolmißbrauchs, so konnte der Rat die Zulassung von Freimeistern verfügen. Gegen eine kleine Gebühr erhielt dann ein solcher Freimeister vom jeweiligen Amt das Recht, als Selbständiger legal zu arbeiten; allerdings durfte er keine Lehrlinge und Gesellen beschäftigen. Tat er das aber heimlich doch, so war er damit ein Böhnhase und durfte bejagt werden. Dieser Ausdruck ist weder zynisch noch lustig gemeint: Es ist das Vokabular jener Zeit und jener Ämter, die tatsächlich das Jagen als feststehenden Begriff in ihre Satzungen aufgenommen hatten und die dafür zuständigen Meister Jagemeister nannten.

Sowie einem Amt eine Böhnhasentätigkeit gemeldet wurde, forderte der Ältermann des Amts vom Bürgermeister einen Stadtdiener an und begab sich mit diesem und den für die Jagerei zuständigen vier Meistern – das Jagen war eine Pflicht, von der ein Amtsmitglied nur unter besonderen Bedingungen befreit werden konnte – zu dem Haus, in dem der Böhnhase arbeitete. Zwar sollte der Ort unter größter Heimlichkeit und Vorsicht angepirscht werden, damit der Missetäter möglichst in flagranti ertappt und vor allem festgenommen würde; aber die Böhnhasenjagd besaß für die Hamburger Bevölkerung einen hohen Unterhaltungswert, und ehe die fünf Jäger mit dem Stadtdiener zur Stelle waren, begleitete sie bereits eine ausgelassen johlende Menschenmenge, wodurch der Böhnhase zeitig vorgewarnt war. Die wilde Jagd des gehetzten Illegalen über Böden und Dächer fanden die Zuschauer so lustig wie spannend, und da die Masse auf seiten der Böhnhasen war, wurden die oft erfolglosen Jäger auch lautstark verhöhnt.

Was sich da den Anschein der Rechtmäßigkeit gab, war im Grunde Faustrecht, denn der ergriffene Böhnhase durfte nach Herzenslust mißhandelt werden, und wenn gar einer dabei zum Krüppel wurde oder sein Leben verlor, so wurde davon kein Aufhebens gemacht. Umgekehrt hatte jeder Hausbesitzer das Recht, den bei ihm wohnenden oder auch nur arbeitenden Böhnhasen mit Waffengewalt zu verteidigen, wenn die Jagemeister ohne Stadtdiener erschienen.

Geändert haben die Böhnhasenjagden aber nichts. Ein ertappter Böhnhase hatte eine Strafe zu zahlen und wurde verwarnt; danach nahm er seine verbotene Tätigkeit wieder auf. Die Stadt erlaubte schließlich die Böhnhasenarbeit für Armenhäuser, Hospitäler und Waisenhäuser. Die Zahl der illegal arbeitenden Handwerker nahm von Jahr zu Jahr zu, was gar nicht anders sein konnte, denn die Stadt versagte ihnen das Bürgerrecht, und ohne dieses konnte kein Handwerker Mitglied eines Amts werden.

Aus einem Rezeß von 1627 erfahren wir, daß am Kehrwieder an die 300 Schneider-Böhnhasen wohnten, »und haben ihre starcken Lucken mit eysernen Riegeln und Bolten verwahret, daß Sie nicht gejaget werden können; Ja, wenn gleich die Lucken eröffnet, hätten Sie doch ihre heimlichen Durchgänge, daß Sie wol über 4 und 5 Häuser entkommen können«. Diese Form von

Wehrsiedlung wurde 1664 aufgelöst, und die dort lebenden Schneider-Böhnhasen wurden der Stadt verwiesen.

Vermögende Bürger machten sich das Böhnhasenwesen geschickt zunutze: Viele Dinge des täglichen Bedarfs wurden im Hause selbst hergestellt. Also verdingten sich Böhnhasen als Diener und konnten so in der Obhut einer bürgerlichen Familie ihrem erlernten Handwerk nachgehen. Selbstverständlich blieb den Ämtern das nicht verborgen, und so versuchten die Jagemeister, auch in die Bürgerhäuser einzudringen, was ihnen das Gesetz aber untersagte. Der Nicht-Bürger genoß solchen Rechtsschutz nicht. Seine Wohnung durfte daher von den Jagemeistern ungestraft demoliert werden; es mußte nur der Stadtdiener zum Zeichen der Rechtmäßigkeit dabeisein.

Viele Böhnhasen zogen nach Altona, wo sie auf der »Freiheit« ihrem Gewerbe unbelästigt und von keinem Gesetz gehemmt nachgehen konnten. Oder sie ließen sich in Ottensen, Wandsbek und Bergedorf nieder. So unmittelbar vor Hamburgs Toren waren sie für die Ämter eine ärgerliche Konkurrenz und eine tägliche Herausforderung, da sie nicht von den Hamburgern bejagt werden durften. Man konnte ihnen aber auf andere Art beikommen. Da sie ja meist Hamburger Auftraggeber belieferten, mußten sie die Stadttore passieren, wo die Ämter Visitatoren (Kontrolleure) postiert hatten, die einem jährlich neu gewählten »Deputierten bei der Gassen-Visitation« unterstanden. Die in den Straßen aufmerksam patrouillierenden Visitatoren hatten das Recht, Böhnhasen-Waren – oder was im Verdacht stand, dergleichen zu sein – zu beschlagnahmen. Widersetzte sich der Böhnhase der Konfiszierung, dann durfte er notfalls auch so lange gewürgt werden, bis er seine Habe fahren ließ; Prügel verstanden sich von selbst. Um die Aufmerksamkeit der Visitatoren anzuspornen, wurden ihnen 25 Prozent des Werts der konfiszierten Artikel in Bargeld ausgezahlt, quasi als Prämie. Auch die Ehefrauen der Böhnhasen genossen keinerlei Schutz, geht doch aus einer Beschwerde hervor, »daß man ihre Frauen auf offener Straße und auf dem Markt gestoßen, an den Haaren gerauft und an unziemlichen Örtern betastet habe«.

Dabei gab es Mitglieder der Ämter, die zwar streng gegen die Böhnhasen in den eigenen Reihen vorgingen, aber Böhnhasen aus anderen Gewerben diskret für sich privat arbeiten ließen.

Das Böhnhasenwesen mußte hier etwas ausführlicher dargestellt werden, weil es nicht nur die entwürdigende soziale Situation sehr vieler Menschen in Hamburg beleuchtet, sondern jenen Vorfall verständlich macht, der für die Innenpolitik der Stadt so weitreichende Folgen hatte.

Im Herbst 1663 erfuhr das Amt der Leineweber, daß im Haus einer Bürgersfrau ein Böhnhase Garn schere. Daraufhin wurden acht Jagemeister losgeschickt, denen zwar der Böhnhase selbst entkam, die aber wenigstens das Garn beschlagnahmen konnten. Nun war die Auftraggeberin des Böhnhasen die Tochter eines Oberalten. Sie beschwerte sich beim Prätor (Gerichtsverwalter) der Stadt über die Konfiszierung, zumal kein Stadtdiener die Jagemeister begleitet hatte, die Aktion dementsprechend ungesetzlich gewesen war. Der Prätor verlangte daraufhin von den acht Meistern die Rückgabe des Garns, und als dies verweigert wurde, ließ er die acht Leinewebermeister verhaften und in den Gefängnisturm am Winserbaum bringen. Die Ämter waren darüber empört, setzten die Freilassung der Verhafteten beim Rat durch und verlangten eine öffentliche Entschuldigung des Prätors. Die bekamen sie zwar nicht, wohl aber das selbstkritische Eingeständnis, übereilt gehandelt zu haben; es solle nicht wieder vorkommen.

Der Konflikt zwischen Ämtern und Obrigkeit war keineswegs zufällig, und die Verhaftung der Leinewebermeister war nur der Anlaß zu einer grundsätzlichen Auseinandersetzung. Auch in den Ämtern selbst gärte es, denn die Meister stritten sich mit den Älterleuten, denen sie Machtmißbrauch und Übergriffe vorwarfen, und das nicht etwa nur auf internen Sitzungen, sondern in fleißig verbreiteten Streitschriften. Ähnlich gärte es auch in der Bevölkerung, die jetzt immer mehr gegen den Rat opponierte und nach der Leineweber-Affäre der Erbgesessenen Bürgerschaft drohte, man werde die Dinge selbst in die Hand nehmen, falls die Mitglieder der Erbgesessenen Bürgerschaft nicht handelten. Die-

Die Halle des alten Rathauses an der Trostbrücke 1800. Hier fanden die Sitzungen der Bürger-Konvente statt. Der Platz der Oberalten war unter dem Kronleuchter, deswegen »unter der Krone« genannt. Zum letztenmal traten hier Rat und Bürgerschaft in der Nacht vom 5. zum 6. Mai 1842 zusammen, als sich schon die Flammen des Großen Brandes dem Gebäude näherten. Lithographie von Chr. Fuchs

ser rebellische Geist hatte sich schon früher artikuliert und zu Reibereien geführt. Als im Sommer 1663 der Rat vier neue Mitglieder und einen neuen Bürgermeister gewählt hatte, erklärte die Erbgesessene Bürgerschaft die Wahl für ungültig, weil alle fünf Gewählten Verwandte von Ratsherren (Schwager und Schwiegersohn) waren. Auch ging das Gerücht, bei mancher Wahl sei mit Geld etwas nachgeholfen worden. Es kam darüber zu so stürmischen Auseinandersetzungen im Rathaus, daß einmal sogar ein Ratsherr einen Oberalten ohrfeigte.

Als es nun auch in der Bevölkerung zu rumoren begann, nutzte der Rat geschickt diese Unruhe, indem er den Mitgliedern der Erbgesessenen Bürgerschaft die drohende Gefahr eines Aufstands vor Augen führte und an sie appellierte, Rat und Erbgesessene Bürgerschaft müßten in dieser Zeit der Spannungen zusammenstehen und Sicherheit und Ordnung garantieren. Die Bürgerschaft, aus »Furcht vor dem Pöbel«, sah das ein, und man schloß einen Kompromiß: Die Wahl der fünf sollte gültig sein, sofern der Rat einen von der Bürgerschaft entworfenen Wahlrezeß annähme. Der Rat akzeptierte demnach das Mindestalter von dreißig Jahren für einen Ratskandidaten sowie das Verbot, enge Verwandte oder Verschwägerte in den Rat zu wählen; der entsprechende Grad wurde im Rezeß penibel festgelegt. Die zur Wahl Vorgeschlagenen mußten schwören, »nichts an Gaben erhalten zu haben oder nichts zu erwarten«. Bei jeder Vakanz waren drei Kandidaten aufzustellen, von denen dann einer ausgelost wurde. Die Zahl der stimmberechtigten Ratsmitglieder wurde auf vier Bürgermeister und zwanzig Ratsherren festgelegt, dazu die Syndici und die Sekretäre.

Der Friede zwischen Rat und Bürgerschaft war kurz; schon 1665 begannen die Zwistigkeiten erneut. Sie liefen auf die Kernfrage hinaus, wem der Rat Rechenschaft schulde. Nächst Gott dem Kaiser, war die Ansicht des Rats; der Erbgesessenen Bürgerschaft, meinte diese. In manchmal tumultuarischen Szenen beschimpften sich Ratsherren und Bürgerschaftsvertreter, und man sparte nicht mit Beleidigungen, Verdächtigungen und Bezichtigungen; selbst das Reichskammergericht als höchste Instanz des Deutschen Reichs wurde bemüht.

Der Konflikt zwischen Rat und Bürgerschaft hatte inzwischen solche Ausmaße angenommen, daß sich nun der Kaiser um die Hamburger Vorgänge kümmern mußte. Ein kaiserlicher Kommissar kam 1667 nach Hamburg, um die Parteien dazu zu bewegen, ihren Zwist gütlich beizulegen. Vergebens. Ja 1672 kam es auch noch zwischen der Erbgesessenen Bürgerschaft und den Oberalten wegen einer der Bürgerschaft nicht genehmen Wahl zum offenen Streit, der in einer Schlägerei im Rathaus gipfelte.

Nun schickte der Kaiser 1674 den Grafen Windischgrätz als kaiserlichen Kommissar nach Hamburg. Es war eine schlechte Wahl, denn der Graf trat überaus hochfahrend auf, fällte ohne richterliche Untersuchung selbstherrlich Urteile und nötigte der Stadt einen 71 Punkte umfassenden Rezeß auf, den die Erbgesessene Bürgerschaft nur widerstrebend ratifizierte, weil er ihr mit Drohungen des Grafen, aber ohne die Möglichkeit der freien Entscheidung diktiert worden sei.

Eine Stärkung erfuhr die Bürgerschaft indes dadurch, daß das Kirchspiel von St. Michaelis, 1678 in den Rang einer fünften Hauptkirche erhoben, 1685 den Kirchspielen der Altstadt gleichgestellt wurde und somit Abgeordnete in das Rathaus schicken durfte. Damit erhöhte sich die Anzahl der Oberalten auf fünfzehn, aus dem Kollegium der Achtundvierziger wurden die Sechziger und aus den Hundertvierundvierzigern die Hundertachtziger; die grundbesitzenden Bürger des St.-Michaelis-Kirchspiels konnten nun an den Konventen der Erbgesessenen Bürgerschaft teilnehmen.

Die Mission des Grafen Windischgrätz blieb ohne Erfolg; der Streit ging weiter, und Anlässe gab es genug. So beschuldigte die Bürgerschaft 1677 den Vorsitzenden der Oberalten, Nikolaus Krull, er habe 8689 Hamburgische Mark und 15 Schillinge der Kasse des ehemaligen St.-Maria-Magdalenen-Klosters entnommen, um damit eine Gesandtschaft an den Kaiser zu finanzieren,

Cordt Jastram (1634–1686). Kupferstich von P. von Müller

Jeronimo Snitger (1648–1686). Kupferstich von P. von Müller

und dabei außerdem die Abrechnung manipuliert. Gegen den Willen des Rats erzwang die Bürgerschaft Krulls Absetzung. Um die Vorwürfe zu untersuchen, kam 1684 eine vierköpfige kaiserliche Kommission in die Stadt, die sich bald heftigen Anfeindungen von seiten der Bürgerschaft ausgesetzt sah. In dieser Situation setzte sich der seit 1679 amtierende Bürgermeister Heinrich Meurer für Krull ein, mußte aber erleben, daß er wegen Verrats an der hamburgischen Sache und als Kollaborateur des Kaisers scharf attackiert wurde. Vor allem waren es zwei Mitglieder der Bürgerschaft, die Meurer angriffen: der Kaufmann Jeronimo Snitger und der Reeder Cordt Jastram, die beide an den Aktionen der Bürgerschaft gegen den Rat in den letzten Jahren tatkräftig Anteil genommen hatten. Snitger und Jastram setzten durch, daß Heinrich Meurer seines Amts enthoben und der Stadt verwiesen wurde. Nach Meurers Entfernung bestimmten sie nun die Richtlinien der Hamburger Politik. Als daraufhin der Kaiser ihre Auslieferung als »aller Bosheit sich kundigermaßen aufgeworfenen Instrumente« verlangte, ernannte die Bürgerschaft Snitger und Jastram zu Vorsitzenden eines außerordentlichen Ausschusses, der Dreißiger, deren Entscheidungen sogar der Rat sich unterwerfen mußte.

Noch mehr angeheizt wurde der Konflikt dadurch, daß der kaiserliche Gesandte Snitger und dessen Frau in Hamm entführen ließ. Die Nachricht gelangte aber rechtzeitig nach Hamburg; man befreite die Entführten, und ein Teil der Entführer wurde verhaftet. Der von den neuen Machthabern völlig abhängige Rat mußte nunmehr neun der Entführer hinrichten lassen und die in Hamburg lebenden Verwandten Meurers in Haft nehmen.

Meurer indes war nicht untätig geblieben. Er erbat und erhielt einen kaiserlichen Schutzbrief, der ihn in seine alten Rechte wiedereinsetzte. Dazu bedurfte es freilich der Macht, und die erhielt Meurer durch den Herzog Georg Wilhelm von Lüneburg-Celle, der sich anschickte, Meurers Wiedereinsetzung mit Waffengewalt durchzusetzen. Seine Truppen besetzten 1686 Moorburg, Bergedorf und die Vierlande und zeigten sich entschlossen, auch Hamburg selbst anzugreifen, nachdem sie die ihnen entgegengeschickten Soldaten Hamburgs geschlagen hatten.

Der Haß auf Meurer und auf die ihn stützende kaiserliche Gewalt veranlaßte Snitger und Jastram, sich der Hilfe durch Hamburgs Erzfeind Dänemark zu versichern. Sie fuhren nach Glückstadt, wo König Christian V. weilte, und erbaten dessen Unterstützung im Kampf gegen den Herzog von Lüneburg-Celle. Der König sagte zu, schickte 16 000 Soldaten vor die Tore Hamburgs, dazu schwere Artillerie und nannte nun seinen Preis: die langgewünschte Erbhuldigung, die Aufnahme einer dänischen Besatzung in die Stadt und 400 000 Reichstaler Entschädigung für die zu leistende brüderliche Hilfe.

Die Nachricht löste in Hamburg eine ungeheure Empörung aus und veranlaßte die Bürgerschaft zu blitzschnellen und einmütigen Entscheidungen. Snitger und Jastram wurden als Hochverräter verhaftet, den 2000 Soldaten des Herzogs von Lüneburg-

Celle öffnete man als hochwillkommenen Bundesgenossen die Tore, und den Dänen wurde der Kampf angesagt. Der nun einsetzende fast vierundzwanzigstündige pausenlose Feuerhagel der dänischen Batterien auf die Stadt und die außerhalb der Befestigung liegende Sternschanze richtete weniger Schaden an als befürchtet, und obendrein bezahlten die Dänen den anschließenden Sturm auf die Sternschanze mit über tausend Gefallenen, bei nur sehr geringfügigen Verlusten der Hamburger. Und da die Stadt schon frühzeitig beim Kurfürsten Friedrich Wilhelm von Brandenburg um Vermittlung nachgesucht hatte, ließ dieser die Dänen jetzt drohend wissen, seine Truppen würden zugunsten Hamburgs intervenieren, falls Dänemark seine Armee nicht von Hamburg abzöge; das geschah dann auch sehr schnell.

Heinrich Meurer kehrte nach Hamburg zurück, erfüllt vom Wunsch nach Rache und Vergeltung, und nun wurde Snitger und Jastram der Prozeß wegen Landesverrats gemacht. Gewiß war ihr Vorhaben, die Dänen um Hilfe zu bitten, ziemlich naiv, denn der geforderte Preis war abzusehen, aber vorsätzlich Landesverrat geplant zu haben, das konnte man ihnen schwerlich vorwerfen. Aber darum ging es eigentlich auch gar nicht, sondern Meurer wollte seine Rache. Das Verfahren, das er gegen seine einstigen Verfolger durchsetzte, war kein Prozeß, sondern sprach auch der damaligen Justiz hohn. Meurer wollte ein Schuldbekenntnis von Snitger und Jastram; sie verweigerten es, da sie sich keiner Schuld bewußt seien. Daraufhin ließ Meurer beide bestialisch foltern, Snitger mehr als zwei Stunden, Jastram über drei Stunden lang. Daumenschrauben, spanische Stiefel und gespickter Hase zermalmten ihnen die Knochen und zerfetzten ihnen die Körper, »daß ihnen ganze Stücke Fleisch vom Leibe abgemartert wurden«, wie ein Zeitgenosse berichtete. Jastram wurde sogar Wasser verweigert, und Snitger mußte gefüttert werden, weil er mit seinen zerquetschten Gliedern nicht einmal mehr das Essen zum Munde führen konnte. Aber trotz dieser grauenhaften Tortur bekannten sie keinerlei Schuld. Ohne die Anhörung von Zeugen, ohne Verteidiger wurden die beiden zerschundenen Männer zum Tode verurteilt und am 4. Oktober 1686 enthauptet. Ihre Leichen wurden gevierteilt, ihre abgeschlagenen Köpfe wie die von Seeräubern auf Stangen gesteckt. Ihr gesamtes Hab und Gut verfiel der Stadt. Das war die Quittung dafür, daß sie – so die Urteilsbegründung – »eine Zeit von Jahren her einen ehrbaren Rat dieser Stadt vielfältig verleumdet, gefährlich nachgestellt und zu unterdrücken getrachtet, sich wider denselben empört« hatten. Auch hätten sie »fremde Truppen auf dieser Stadt Grund und Boden berufen und solchergestalt dem Vaterlande einen unwiederbringlichen Schaden verursacht«.

Nichts spricht, wie gesagt, dafür, daß Snitger und Jastram zu ihrem eigenen Vorteil dänische Truppen nach Hamburg einlassen wollten; sie scheinen vielmehr selbst von der aggressiven dänischen Reaktion überrascht gewesen zu sein. Und was den ersten Punkt betraf: Mögen beide auch die tumultuösen Zustände in der Bürgerschaft kräftig angeheizt und selbst das Recht späterhin gebeugt haben – sie hatten es getan, um die Übermacht des Rats zu brechen, nicht aus persönlichem Machtstreben. Meurers grausame Folterjustiz war eine einzige Schande für Hamburg. Die innenpolitische Unruhe wurde damit auch keineswegs beseitigt. Im Gegenteil, sie wurde nur noch ärger als vorher.

## Kaufleute, Kriegsschiffe und Korsaren

Sosehr sich auch die starke Befestigung Hamburgs bewährt hatte, verdankte die Stadt ihren eigentlichen Schutz doch dem Umstand, daß sie ein so wichtiger Handelsplatz geworden war, daß ihn kein Staat dem anderen gönnen mochte. Das erklärt, warum beispielsweise Kurbrandenburg sofort intervenierte, wenn Dänemark die Hand nach Hamburg ausstreckte. Hier konnte ungestört der Handel abgewickelt werden, wovon die Stadt im Dreißigjährigen Krieg so überaus profitierte. Darum wirkte auch die Kaufmannschaft beständig auf den Rat ein, unbedingt für eine strikte Neutralitätspolitik zu sorgen. Das war nicht immer leicht, denn schließlich war Hamburg eine Stadt des Deutschen Reichs, und sie hatte vorsichtig zu lavieren zwischen der Loyalität gegenüber dem Kaiser einerseits und den eigenen Interessen andererseits gegenüber jenen Staaten, die im Konflikt mit dem Deutschen Reich lagen. Bei den Auseinandersetzungen zwischen Frankreich und dem Reich erwartete der Kaiser, daß Hamburg den Handel mit Frankreich abbreche und den französischen Gesandten ausweise, was für Hamburg verheerende Folgen gehabt hätte, da es keine deutsche Kriegsflotte gab, die den Hamburger Seehandel hätte schützen können. Und die französischen Kaperer waren zu Recht gefürchtet.

Wie leicht die Stadt in die Auseinandersetzungen zweier kriegführender Nationen hineingezogen werden konnte und wie ohnmächtig sie dann war, bewies ein Vorfall im August 1666. Damals führten die Niederlande und England Krieg, und vier niederländische Kriegsschiffe griffen auf der Elbe in der Höhe von Neumühlen einen Verband von zwölf nur schwach bewaffneten englischen Handelsschiffen an, zu dem auch ein Hamburger Schiff gehörte. Dieses und drei englische Schiffe wurden in Brand geschossen, drei weitere Engländer gekapert, und zwei flüchteten sich in den Schutz der Hamburger Küstenbatterien. Obwohl Hamburg mit diesem Vorfall nichts zu tun hatte, ja schließlich selbst Schaden gelitten hatte, schob England Hamburg die Verantwortung zu und bestand auf Wiedergutmachung. Vier Jahre dauerte der Rechtsstreit; dann gab Hamburg nach, weil England mit rücksichtslosen Repressalien drohte.

Und es waren keineswegs nur die Engländer, die sich mitten im Frieden gegenüber der Stadt wie Piraten betrugen. Auch niederländische, französische, ja schließlich gar brandenburgische Kaperer behandelten die Hamburger Schiffe wie Freiwild. Irgendeiner führte immer gerade Krieg gegen den anderen, und so wurden Hamburger Schiffe angehalten und nach kriegswichtigen Gütern durchsucht, die dem Gegner nützlich sein mochten. Was kriegswichtig war, lag im Ermessen der jeweiligen Kaperkapitäne, und den Schaden trug allemal Hamburg, das sich nicht wehren konnte.

Weit ärgere Verluste aber richteten die Barbaresken oder Korsaren an, wie man damals die türkischen und die algerischen Seeräuber nannte, deren Geschwader inzwischen bis in die Nordsee und in die Elbmündung vordrangen und besonders Hamburgs Spanienhandel bedrohten. Die Verluste der Stadt durch das Piratenunwesen waren beträchtlich; die Schutzlosigkeit der reichbeladenen Schiffe machte diese zu einer nur allzu verlockenden Beute. Weit über tausend Hamburger Seefahrer gerieten in türkische Sklaverei, aus der sie nur gegen hohes Lösegeld zu befreien waren. Hier mußten nun endlich energische Gegenmaßnahmen ergriffen werden, sollte der Handel nicht weiterhin unter ruinösen Bedingungen leiden.

Hamburg gründete 1623 sein Admiralitäts-Kollegium auf dringendes Begehren der Kaufmannschaft. Versucht hatte man das schon fünfzig Jahre vorher auf der Ebene einer Reichsadmiralität; diese war jedoch an der deutschen Kleinstaaterei gescheitert, am Desinteresse nur territorial denkender Duodezfürsten. Die jetzt ins Leben gerufene Hamburger Admiralität, bestehend aus vier Ratsherren und sechs Bürgerschaftsabgeordneten, hatte für die militärische Organisation zur Verteidigung der Schiffahrt zu sorgen, für das Hafen- und Lotsenwesen, die Kontrolle der Seezeichen auf der Elbe und für das gesamte Versicherungswesen. Aber erst 1662, als acht Hamburger Schiffe von algerischen Piraten gekapert worden waren, beschloß man endlich den längst überfälligen Bau von Kriegsschiffen, die künftig die Handelsflotte schützen sollten; da sie einen Konvoi aus mehreren Schiffen zu begleiten hatten, nannte man sie Konvoischiffe oder Convoyer.

Die beiden Fregatten, die 1668 und 1669 fertiggestellt waren, trugen die Namen »Leopoldus Primus« – nach Kaiser Leopold I. – und »Wapen von Hamburg«, jede bestückt mit 54 Kanonen und bemannt mit 100 Matrosen und 50 Seesoldaten. Diese beiden Fregatten waren die ersten Kriegsschiffe deutscher Nationalität. Zu dieser Zeit besaßen die Niederlande 91 Kriegsschiffe mit 4716 Kanonen und England 173 Orlogschiffe mit 6930 Geschützen.

Die Hamburger Konvoischiffe »Wapen von Hamburg« (links) und »Leopoldus Primus« (rechts). Kupferstich von Joachim Wichmann, 1688

Die zu begleitenden Konvois umfaßten 20 bis 50 Handelsschiffe. Das Oberkommando eines solchen Konvois hatte der Kapitän der begleitenden Fregatte inne; er führte den Titel eines Admirals. Der erste Kapitän der »Leopoldus Primus« war Matthias Dreyer. Nach seinem Tod, 1674, übernahm der einundfünfzigjährige Bernard Jacobsen Karpfanger dessen Amt und wurde Hamburgs größter Seeheld.

Karpfanger, Sohn eines hamburgischen, aus den Niederlanden zugewanderten Kapitäns, war in Hamburg geboren und hatte den Vater schon im jugendlichen Alter auf dessen Fahrten begleitet. Eine Zeitlang hatte er Dienst getan unter dem Kommando des berühmten niederländischen Admirals Michiel de Ruyter. In Hamburg stand Karpfanger in hohem Ansehen; er gehörte als Jurat zum Kirchenvorstand von St. Michaelis, war Mitglied der Admiralität, Vorstand der Bruderschaft der seefahrenden Schiffer und Mitglied der Commerzdeputation, kurz: ein Mann von Welt und Bildung.

Schon auf seiner ersten Reise, 1674 nach Cádiz, traf er auf drei türkische Piratenschiffe, die aber angesichts des Hamburger Convoyers entwichen, »weil der Kaiser Leopoldus ein gar zu ernsthaftes Gesicht machte«, wie Karpfanger schrieb; er ließ dabei offen, ob er seine 54 Kanonen meinte oder die überlebensgroße hölzerne Figur des Schiffsspiegels, die den Kaiser darstellte, ein Werk des in Hamburg lebenden Bildhauers Christian Precht. Die erste wirkliche Bewährung aber kam vier Jahre später, als Karpfanger mit einem Konvoi von 50 Grönlandfahrern zurückkehrte, Walfangschiffen, die mit 550 erlegten Walen unterwegs waren. In der Elbmündung wurde der Konvoi von fünf französischen Kaperern angegriffen. Karpfanger, der geschickt manövrierte, konnte in dem sich nun entwickelnden zwölfstündigen Seegefecht zwei Franzosen versenken, worauf die anderen sich zur Flucht wandten. Die »Leopoldus Primus« hatte nur zwei Tote und einen Verwundeten zu beklagen; das Schiff selbst war leicht beschädigt worden. Hamburg bereitete seinem Seehelden einen triumphalen Empfang, und der Rat überreichte dem Kapitän ein Geldgeschenk von 300 Reichstalern.

Seinen zweiten bedeutenden Erfolg konnte Karpfanger 1681 (?) feiern, als er eine von türkischen Piraten überfallene spanische Silberflotte befreite und dafür vom spanischen König Karl II. persönlich mit einer goldenen Ehrenkette ausgezeichnet wurde. Als es dann ein Jahr später zu Verstimmungen zwischen Spanien und Hamburg kam, konnte sich Karpfanger als Diplomat für seine Heimatstadt verwenden, ganz so, wie es die Admiralität von ihren »Convoy-Capitains« erwartete, denn ein solcher sollte nicht nur der spanischen Sprache mächtig, sondern auch »capabel sein, mit großen Herren umzugehen, auch seinem Stande gemäß sich überall zeigen zu können, damit die Stadt Ehre und Ruhm davon habe«. Wieder zurück, erhielt Karpfanger das Kommando der »Wapen von Hamburg«, denn die »Leopoldus Primus« war reparaturbedürftig, und der erste Kapitän der »Wapen von Hamburg«, Martin Holst, war wegen angeblicher Nachlässigkeiten seines Amts enthoben worden. Während die »Wapen von Hamburg« 1683 im Hafen von Cádiz lag, brach abends Feuer auf dem

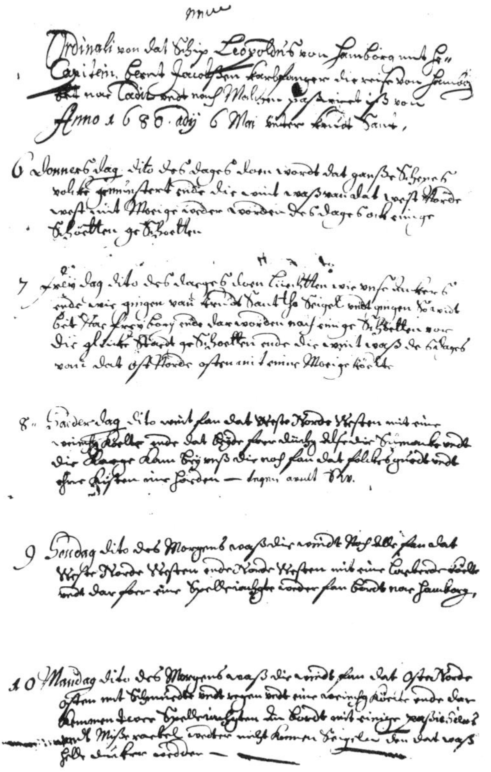

Eine Seite aus dem Schiffstagebuch der »Leopoldus Primus« von 1680. Hamburg, Staatsarchiv

Schiff aus. Auch als die Rettungsmaßnahmen schon aussichtslos geworden waren, weigerte sich der sechzigjährige Admiral entschieden, seine Fregatte zu verlassen. Das Feuer erreichte schließlich die Pulverkammer, und am 10. Oktober 1683 explodierte die »Wapen von Hamburg«. Von der 220 Mann starken Besatzung fanden 42 Matrosen, 22 Seesoldaten und Karpfanger selbst den Tod. König Karl II. ließ zu Karpfangers Gedächtnis ein Denkmal über dessen Grab auf einem – heute nicht mehr existierenden – Beerdigungsplatz in Puntales bei Cádiz errichten.

Zwar war 1687 eine neue »Wapen von Hamburg« fertiggestellt. Aber einen zweiten Karpfanger hat die Stadt nie mehr bekommen. Geblieben war das alte Problem: die Abwehr des immer dreister werdenden Barbareskentums. Nicht nur verlor Hamburg durch die Mittelmeerpiraten Schiffe und Güter; es war auch das Lösegeld aufzubringen, um die vielen in die Sklaverei verschleppten Seeleute freizubekommen. Bei der Befreiung der spanischen Silberflotte hatte Karpfanger sechzig türkische Piraten aus dem Wasser fischen lassen, nicht aus Menschlichkeit, sondern um sie gegen sechzig gefangene Hamburger Seeleute austauschen zu können. Das aber blieb eine Ausnahme; meistens bedurfte es des baren Geldes, und ein Gefangener kostete die stattliche Summe von 800 Reichstalern.

Zu diesem Zweck hatte Hamburg schon 1624 eine »Sklavenkasse« eingerichtet. Sie wurde finanziert aus Geldern der Admiralität, den Abgaben von Seeleuten und aus Kollektengeldern. Um die Kirchenbesucher zu Spenden anzuregen, wurden bei den Opferstöcken aus Holz geschnitzte gefangene Seeleute aufgestellt. Die Sklavenkasse, in der sich ein Seemann durch Abgaben versichern mußte, wollte er im Ernstfall ausgelöst werden, verwaltete die Admiralität, die 1698 einen »Sklavenvater« ernannte, ein Zeichen dafür, daß die Abwicklung der Auslösung inzwischen ein ausfüllender Beruf geworden war. Zwar versuchte die Stadt, auch über die diplomatischen Kanäle der Niederländer und der Engländer mit den Barbaresken zu einem Konsens zu kommen. Aber wie sollte Hamburg das gelingen, was den weit mächtigeren Staaten auch mit Waffengewalt nicht gelang?

Einfacher war es mit der Versicherung der Schiffe und ihrer Güter. Die Idee einer solchen Versicherung hatten gegen Ende des 16. Jahrhunderts die praktisch denkenden Niederländer mit nach Hamburg gebracht. Dabei ging es nicht allein um die finanzielle Sicherung für den Fall der Piraterie, sondern auch um die Schiffsverluste zur Winterszeit. Während vordem im November die Schiffahrt in die eisgefährdeten Gebiete eingestellt worden war, mochte man im letzten Viertel des 17. Jahrhunderts die Geschäfte nicht mehr für Monate ruhen lassen, sondern schickte nun die leichtgebauten hölzernen Schiffe auf oft risikoreiche Fahrt. Aber das Versicherungswesen entwickelte sich noch recht

Darstellung eines von den Mittelmeerpiraten in Ketten gelegten Seemanns mit bittender Gebärde. Solche Holzfiguren erinnerten in den Hamburger Kirchen die Gläubigen, für das Lösegeld zu spenden. Hamburg, Museum für Hamburgische Geschichte

zögernd. Nicht nur waren die Verluste für die Versicherung abschreckend; auch die Versicherten schreckten zurück, wenn ihnen, je nach Reiseroute und damit verbundener Gefährdung, Prämien von 5 bis 10 Prozent abverlangt wurden. Erst im 18. Jahrhundert begann sich das Assekuranzwesen auf breiter Basis zu entwickeln und für beide Seiten befriedigender zu werden.

Auch neue Handelsformen entwickelten sich erst gegen Ende des 17. Jahrhunderts. Das Kommissions- und Speditionsgeschäft galt damals als noch nicht recht seriös; man setzte immer noch auf den gewohnten »Properhandel«, den selbstbetriebenen Handel, den das Hamburger Stapelrecht begünstigte. Die schweren innenpolitischen Unruhen der letzten Jahre des Jahrhunderts schadeten auch dem Handel der Stadt nicht unbeträchtlich. Hamburg büßte an Zuverlässigkeit ein, sein Ruf als solide Handelsstadt ging zurück, Kaufleute wanderten ab, wovon wieder einmal das weit großzügigere Altona profitierte.

Hamburgs Hafen war damals noch klein. Er umfaßte nur das Gebiet, das von den Vorsetzen über den Kehrwieder bis einschließlich Grasbrook reichte. Die – trotz Düpe-Kommission – nur unzureichend ausgebaggerte Fahrrinne schuf immer wieder Probleme, vor allem im Bereich vor Altona; Schiffe mit größerem Tiefgang mußten bei Neumühlen gelöscht oder geleichtert werden. Und da die Schiffe gelegentlich auf Grund liefen, verfügte die Admiralität 1639 den Lotsenzwang für die Elbe. Weil die Gefährdung der Schiffe zur Konvoi-Bildung nötigte, ging auch die Schiffahrt zurück. Denn da nur zwei Convoyer zur Verfügung standen – ein drittes Kriegsschiff, die »Admiralität von Hamburg«, wurde erst 1691 in Dienst gestellt –, mußte man die Zusammenstellung eines Konvois frühzeitig anmelden und lange Wartezeiten in Kauf nehmen. Manche Schiffer konnten jetzt nur noch eine Reise im Jahr unternehmen.

Aber neue Handelswege kamen hinzu. So gab es ab etwa 1660 die regelmäßig betriebene Grönlandfahrt, bei der Flotten von 50 bis 60 Schiffen mit etwa 2000 Seeleuten zum Walfang zwischen Grönland und Spitzbergen ausliefen. Der Handel mit Spanien und Portugal war zurückgegangen, der mit Frankreich hingegen hatte wegen des Kriegs zwischen den Niederlanden und Frankreich zugenommen. Gestiegen war auch der Transithandel mit Leinwand aus Schlesien, mit Blei, Stahl und Messingdraht aus Sachsen, mit Holz und Getreide aus dem Kurfürstentum Brandenburg. An der Spitze des Hamburger Eigenexports stand immer noch das Bier. Genaue Zahlen liegen nicht vor; der Große Brand von 1842 hat alle Unterlagen vernichtet.

Was damals noch gänzlich fehlte, war der Kolonialhandel, denn diesen betrieben nur jene Länder, die selbst Kolonien besaßen. Hamburg konnte sich daran nur mittelbar beteiligen; eine direkte Beteiligung wurde erst wesentlich später möglich.

Als Vertretung aller zur See handelnden Hamburger Kaufleute wurde 1665 die Commerzdeputation gegründet. Aufgabe dieses siebenköpfigen Gremiums war es, über die kommerziellen Interessen Hamburgs zu wachen und Beeinträchtigungen dem Rat zu melden und mit ihm gemeinsam nach Abhilfe zu trachten. So bekam diese Vertretung auch Einfluß auf alle von der Stadt abgeschlossenen handelspolitischen Verträge. Dem Rat war dieses Drängen auf wirtschaftliche Mitbestimmung anfangs eher lästig und unerwünscht; allmählich aber entwickelte sich doch eine gute und für die Stadt förderliche Zusammenarbeit. Aus der Commerzdeputation wurde 1867 die Handelskammer.

## Rechte Arme, Uhlen, Feuerschauer

Gegen Ende des 17. Jahrhunderts lebten in Hamburg etwa 60 000 Menschen; das bedeutete einen Zuwachs von rund 20 000 Bewohnern in achtzig Jahren. Aus heutiger Sicht scheint diese Zahl gering, denn der Kinderreichtum jener Zeit war groß; zehn bis zwölf Kinder je Familie waren eher normal denn selten. Aber dem entsprach auch eine sehr hohe Kindersterblichkeit – in der Regel überlebten nur zwei Kinder einer Familie die ersten fünf Lebensjahre –, und die Lebenserwartung lag niedrig. Der Grund ist unter anderem in den verheerenden hygienischen Verhältnissen jener Zeit zu suchen, die schon beschrieben wurden. Zweimal zwischen 1620 und 1700 wurde Hamburg von einer schweren Seuche heimgesucht, die von den Chronisten mangels besserer Diagnostik stets als »Pest« bezeichnet wird. Die erste Epidemie (1628) forderte 4200, die zweite (1664) 4441 Tote. Wie in fast allen deutschen Städten überwog auch in Hamburg die Sterbeziffer bei weitem die Zahl der Geburten. Daß Hamburg seine Einwohnerzahl überhaupt steigern konnte, verdankte die Stadt der Zuwanderung von Niederländern und Portugiesen und noch mehr dem gewaltigen Zustrom während des Dreißigjährigen Kriegs, in dessen fürchterlichen Verwüstungen die Stadt an Elbe und Alster ein Bollwerk des Friedens und der sicheren Geborgenheit war. Vor allem aus Schleswig-Holstein, Lauenburg, den Elbmarschen und Braunschweig-Lüneburg kamen die Flüchtlinge, aus Gebieten, in denen der Krieg besonders wütete, und viele hatten nicht mehr als ihr Leben retten können. Und dieser Zustrom brachte auch eine Fülle von Problemen mit sich.

Das Zucht- und Spinnhaus am Alstertor, erbaut von 1666 bis 1674 (Dachreiter von 1675), abgebrannt am 7. Mai 1842. Lithographie von Peter Suhr, 1840

Das schlimmste war die ständige Zunahme des Bettlerwesens. An Sonn- und Feiertagen sammelten sich vor den Türen der Kirchen Gruppen von vierzig bis fünfzig Bettlern. Oft waren es kranke Menschen; bei einer im August 1677 vorgenommenen Razzia wurden auf sechs Lastwagen kranke Bettler in den Pesthof gebracht, das städtische Hospital am Heiligengeistfeld. Seit 1598 war in jedem Kirchspiel ein »Prachervogt« für die Überwachung der Bettler zuständig; er sorgte auch für deren Einweisung in das Werk- und Zuchthaus am Alstertor. Hier saßen nicht nur Strafgefangene ein, sondern hierhin schaffte man auch Bettler zur Zwangsarbeit. Neben diesem Gebäude errichtete die Stadt von 1666 bis 1674 das Spinnhaus. Hier hatten Diebe und Dirnen Zwangsarbeit zu ihrer moralischen Besserung zu leisten.

Übrigens trug die Stadt selbst zur Vermehrung der Bettler bei.

Die desolate innenpolitische Situation hatte dazu geführt, daß Hamburg seine angeworbenen Soldaten nicht mehr bezahlen konnte. Zugleich verfügten aber Rat und Bürgerschaft 1674, man solle diese städtischen Arbeitslosen nicht als »Höker, Krüger oder Böhnhasen« dulden; also blieb den Bedauernswerten mit ihren Familien nur die Bettelei. Dazu kam der ständige Zufluß von außerhalb. Tausenden von Menschen hatte der große Krieg die Habe und die berufliche Existenz genommen, Handwerkern wie Bauern, und niemand gab ihnen das Geld zur Neugründung. Tausende von Studenten, die ihr Studium nicht fortsetzen konnten, irrten durchs Land und suchten Beschäftigung. Daneben gab es auch eine Menge recht zwielichtiger Existenzen, die im Krieg nicht das erhoffte Glück gehabt hatten. Nach dem Frieden von 1648 kamen die vielen entlassenen und nun brotlos gewordenen Soldaten hinzu. Hamburg, die nächst Wien größte Stadt des Reichs, war für alle diese Menschen äußerst verlockend, weil Hafen und Handel ihnen Arbeitsmöglichkeiten zu versprechen schienen und sie eine almosenfreudige Bevölkerung vorzufinden hofften. Aber das war ein Trugschluß. Arbeitsplätze hatte die Stadt nicht anzubieten, und nur eine winzige Oberschicht war imstande, Almosen zu geben. Wie es in Hamburg aussah, zeigen die damaligen Zustände im städtischen Waisenhaus.

Das 1604 gegründete Waisenhaus hatte in den ersten zehn Jahren seines Bestehens jährlich für 150 Kinder zu sorgen; 1622 aber waren es schon über 300, 1664 über 700. Auch hier war die hygienische Betreuung katastrophal. Läuse, Ungeziefer aller Art, Grind und Krätze waren fast normal; 1625 starben im Waisenhaus 141 Kinder an »Pestilenz«, also etwa die Hälfte; auch Skorbut und venerische Krankheiten fanden hier ihre Opfer, und 1664 starben Waisenkinder auch an Lungentuberkulose. Das Waisenhaus verfügte nicht einmal über einen eigenen Arzt zur medizinischen Betreuung der mehr als 700 Kinder. Das Gebäude selbst war so verwahrlost, daß 1677 mehrere Räume einstürzten. Erst 1679, nachdem einige Privatleute größere Spenden aufgebracht hatten, bequemte sich der Rat zu einem Neubau, und in dem waren 1699 etwa 1000 Waisen untergebracht.

Das Waisenhaus, erbaut von 1679 bis 1681, abgebrochen 1801. Kupferstich von Peter Schenk, um 1700

Angesichts dieser unmenschlichen Zustände ist es nicht erstaunlich, daß die Anzahl der von ihren meist ledigen Müttern aus Verzweiflung und Furcht vor Armut und Schande umgebrachten Säuglinge beängstigend zunahm. Allein im Juli 1660 wurden zwölf ermordete Neugeborene gefunden; die Anzahl der heimlich beseitigten dürfte ein Vielfaches betragen haben. Die Geschichte der Armen Hamburgs, bis heute nicht geschrieben, sondern nur in Teilaspekten untersucht, ist ein Buch des Grauens, und wir werden noch detaillierter auf dieses Thema bei der Beschäftigung mit dem 18. Jahrhundert eingehen, weil für diesen späteren Zeitraum das Quellenmaterial weit genauer und ausführlicher ist. Der Rat, in dem sowieso nur die Reichen vertreten waren, machte es sich sehr bequem, indem er 1692 verkündete, der größere Teil der Bettler ernähre sich von Almosen nicht »so sehr aus Not als aus Faulheit«.

So hatte man im Hamburg des Mittelalters nicht gedacht. Klöster und Kirchen spendeten reichlich, um den Armen zu helfen. Von dem Zehnten, den die Kirche als Abgabe beanspruchte, wurde der vierte Teil den Armen gegeben, und an großherzigen Stiftungen und Schenkungen hatte es nie gemangelt. Sie brachten gemeinsam mit dem Vermögen der Kirche so viel Geld, daß Armut nie zu einem das Gemeinwesen belastenden Problem werden konnte. Noch Bugenhagens Kirchenordnung mahnte die Bürger zur Fürsorge gegenüber notleidenden Fremden, »die Gott selbst in ihrer Not uns zu versorgen zuweiset«. Und die Gotteskastenordnung von 1527 nannte als Ursachen der Armut Krankheit, Kinderreichtum und Erwerbslosigkeit. Erst im 17. Jahrhundert wurden Faulheit, Liederlichkeit, Trunksucht und schlechte Erziehung für die Armut verantwortlich gemacht; in pharisäerhafter Weise prangerte man sie jetzt als selbstverschuldet an. Als triftige Entschuldigungen ließ man lediglich Alter, Krankheit, Krieg, Wassers- und Feuersnot und Unglücksfälle gelten; die davon Betroffenen wurden die »rechten Armen« genannt.

Die 1622 erlassene Ordnung für das Hamburger Zuchthaus befand: »Zweierlei Personen gehören in das Haus, nämlich die Armen und Notdürftigen, die ihre Kost nicht verdienen können, weil sie keine Mittel noch Wege haben. Item auch etliche, die ihre Kost wohl verdienen können, aber wegen ihres faulen Fleisches und der guten Tage willen solches nicht thun, sondern gehen lieber betteln, nehmen etwas aus dem Gotteskasten oder sein noch Willens, etwas daraus zu nehmen. Auch befinden sich noch viele starke, faule, freche, geile, gottlose, mutwillige und ungehorsame, versoffene Trunkenbolde und Bierbalge sowohl Frauen als Mannspersonen, die in Untugend, Hurerei, Büberei und in allerlei Sünde und Schande erwachsen und sich täglich des Bettelns vor den Thüren und auf den Straßen befleißigen, dieselben gehören alle in dieses Haus. Ob zwar noch viel mehr Kranke,

Schwache, Gebrechliche, Notdürftige und hausarme Leute seien, die des Almosens wohl würdig, auch an ihnen wohl angewandt wären, so ist für dieselben St. Jürgen, der Heil. Geist, das Pockenhaus, das Gasthaus, die Gotteskasten, die Armenhäuser, die Gotteswohnungen hin und wieder, und für die armen unmündigen Kinder das Waisenhaus durch uns und unsere lieben Vorfahren wohlmeinendlich gestiftet und verordnet worden.«

In Anbetracht der unsozialen Verhältnisse in der Stadt und der daraus resultierenden Unsicherheit auf den Straßen beschloß der Rat 1671 die Aufstellung einer Polizeitruppe von fünfzig Nachtwachen, von der Bevölkerung Uhlen (Eulen) genannt, woraus sich später die Bezeichnung Udl für den Polizisten entwickelte. Sodann beschloß der Rat 1673, vierhundert Straßenlaternen aufzustellen. Bis dahin gab es nur eine Laterne am Rathaus (aufgestellt 1382), je eine Laterne auf der Holz- und der Reimersbrücke (1476), eine Laterne am Millerntor (1641) und eine am Schaartor (1643). Die Einrichtung der mit Tran gespeisten Lampen bewährte sich; sechs Jahre später waren es schon tausend auf zwei Meter hohe Holzpfähle gesetzte Lampen in Form einer auf die Spitze gestellten dreiseitigen Pyramide aus Glas.

Bei der enggedrängten Bebauung zumeist mit Fachwerkhäusern und dem Gebrauch von offenen Feuerstellen und offenem Licht konnte es gar nicht ausbleiben, daß von Zeit zu Zeit Brände die Stadt heimsuchten. So entstand 1606 durch das Kochen von Teer ein Feuer in der Kleinen Reichenstraße, das vom Schopenstehl zum Domkirchhof übergriff und zwölf Wohnhäuser und zwei Brauereien einäscherte; 1615 vernichtete ein Brand in der Knochenhauerstraße auf beiden Seiten 23 Häuser; 1672 wurden 34 Häuser auf dem Pickhuben ein Raub der Flammen, vier Menschen kamen dabei ums Leben; 1673 brannten 30 Häuser und 100 Wohnungen am Kattrepel nieder; 1676 vernichtete am Cremon ein Großfeuer 30 Häuser und die dort auf den Fleeten befindlichen Schiffe, dazu die Ratswaage und den neuen Kran am Mührenfleet; und schließlich verheerte 1684 der bis dahin schwerste Brand 214 Häuser im Bereich von Kehrwieder, Schiffbauerbrook und Holländischer Reihe.

In einem Zeitraum von 78 Jahren waren also in Hamburgs Altstadt wenigstens 345 Häuser durch Feuer zerstört worden; dabei sind die vielen Einzelbrände in der Stadt gar nicht eingerechnet. Da waren Gegenmaßnahmen dringend vonnöten. Durch Überlieferung erinnerte man sich, daß 1284 – also genau vierhundert Jahre vor der letzten schweren Brandkatastrophe – fast die ganze Stadt eingeäschert worden war. Im Hinblick auf die gefährlich enge Bebauung war man auf dem Gebiet der Feuerbekämpfung nicht müßig geblieben und hatte auch einen regen Erfahrungsaustausch mit anderen Städten gepflogen. Eine Feuerlöschordnung von 1626 bestimmte, daß die Häuser mit Braugerechtigkeit sechs lederne Eimer und zwei Handspritzen besitzen mußten; für die übrigen genügten zwei Eimer und eine Spritze. Zudem besaß jedes Kirchspiel hundert Ledereimer, eine fahrbare Spritze, Leitern und Einreißhaken. Im ganzen Stadtgebiet standen sieben Wasserwagen. Jedes Kirchspiel wählte zwei Bürger als »Feuerschauer«. Sie überwachten die Einhaltung der Vorschriften, die außer dem vorgeschriebenen Löschgerät auch die Anzahl der Schornsteine und der Backöfen sowie die Lagerung leicht brennbarer Güter betrafen.

Zuständig für das Löschwesen war die Bürgerwache; auch die Posten auf den Wällen hatten das Ausbrechen einer Feuersbrunst im Auge zu behalten. Kam es zum Brand, so gaben die Türmer auf den Kirchtürmen Alarm; mit Lärmratschen und Trommeln wurde jedermann benachrichtigt und die Richtung des Feuers durch Laternen, Fackeln und Fahnen gewiesen. Bei einem Großfeuer hatten sich der Bürgermeister, der Rat und die Kommandanten der Bürgerwache im Rathaus einzufinden, und alle Angehörigen der Bau- und Transportberufe mußten zum Löschen antreten; jeder von ihnen wußte von vornherein, an welchem Platz er welche Tätigkeit auszuüben hatte. Die Prätoren führten die Aufsicht; an der Brandstelle selbst gaben die Feuerschauer den Einsatzbefehl. Wer beim Löschen zu Schaden kam, hatte Anspruch auf städtischen Unterhalt.

Das Großfeuer am Cremon 1676 bewog den Rat, noch im selben Jahr eine »General-Feur-Cassa« zu gründen. Sie sollte die vielfältigen schon bestehenden Feuerkontrakte ersetzen, die seit 1591 existierten. In ihnen hatten sich Interessentengruppen – zum Beispiel 101 Brauhäuser – zur wechselseitigen Schadenerstattung zusammengeschlossen. Im Fall einer Zerstörung wurden aus dieser privaten Versicherung 1000 Reichstaler zum Wiederaufbau des abgebrannten Hauses gezahlt. Bis 1676 waren fünfzig solcher Feuerkontrakte geschlossen worden.

Die neue städtische Feuerversicherung wurde von einer Deputation geleitet, die sich aus zwei Ratsherren, zwei Oberalten, zwei Kämmereibürgern und zehn erbgesessenen Bürgern aus den fünf Kirchspielen zusammensetzte. Diese Versicherung war aber keine Pflichtversicherung. Als Aufnahmegebühr mußte je 1000 Mark Gebäudetetaxe 1 Mark gezahlt werden, als Jahresbetrag 4 Schillinge je 1000 Mark Taxwert.

Diese Hamburger Feuerkasse von 1676 ist die älteste ihrer Art und auch die älteste aller bis heute noch existierenden Versicherungen. Die in den Niederlanden 1672 konstruierte fahrbare Hebelpumpspritze mit Druckschläuchen wurde schon acht Jahre später in Hamburg eingeführt und bewährte sich erstmals bei der Bekämpfung des Großfeuers von 1684, dessen Ausmaß erst vom Großen Brand 1842 übertroffen wurde.

Nahezu machtlos war man indes gegenüber den verheerenden Sturmfluten, die im 17. Jahrhundert siebenmal die Stadt heimsuchten. Nach drei kleineren von 1610, 1612 und 1615 kam 1625 eine, »wie man sie seit Menschengedenken nicht gesehen«; sie durchbrach die Deiche und setzte die Innenstadt unter Wasser. Die Sturmflut vom 11. Oktober 1634 vernichtete einen Teil der Insel Nordstrand und kostete in Norddeutschland 6133 Menschen und 50 000 Stück Vieh das Leben. In Hamburg traten in der Nacht zum 12. Oktober alle Fleete über die Ufer, zwei Schiffe kenterten im Hafen, hundert Ochsen ertranken in Hammerbrook, aber Menschen kamen nicht zu Schaden. Im Januar 1648 setzte eine Sturmflut die Hamburger Innenstadt unter Wasser; eine weitere Sturmflut folgte im Februar desselben Jahres. Bei dieser riß ein Orkan den erst 1503 neu erbauten Katharinenkirchturm um und trieb erneut das Hochwasser in die Stadt. Binnen

Elias Galli: *Meßberg*. Gemälde, 1663. Hamburg, Museum für Hamburgische Geschichte

einer Stunde waren alle Keller und Straßen vollgelaufen. »Die Schiffe an den Kajen und in den Fleeten wurden vom Sturme und Hochwasser auf den Kajen und Kehrwieder gegen die Häuser gestoßen, daß Fenster und Wände einstürzten. Einige Schiffe wurden so in die engen Fleete hineingetrieben, daß man sie nur mit größter Mühe wieder herausbringen konnte. Es ward viel Kaufmannsgut verdorben, da Niemand die Zeit hatte, etwas zu retten, auch sich vor den stürzenden Dächern nicht zu bergen wußte, und verbreitete das Wasser einen so schlimmen Geruch, daß viele Leute davon krank wurden und starben. Der Sturm verwüstete übrigens einen guten Theil Norddeutschlands: er warf die Thürme in Moorfleth, Wedel, Glückstadt und die uralte Spitze zu Rameslohe herunter, in Holstein wurden viele Häuser umgeweht und die größten Bäume entwurzelt: man glaubte allgemein an ein Erdbeben und im Ganzen verloren in unserer Gegend 11 Kirchen ihre Turmzierden« (Johann Gustav Gallois).

Die Zerstörungen durch Feuer und Wasser wurden wettgemacht durch eine ausgedehnte Bautätigkeit, in der sich Hamburgs wachsender Wohlstand widerspiegelte und der vor allem dem barocken Zeitgeschmack Rechnung trug, auch wenn die Stadt insgesamt noch für zwei Jahrhunderte ihr mittelalterliches Gepräge beibehalten sollte. Dies geschah nach dem Dreißigjähri-

Johann Georg Stuhr: *Binnenhafen mit Baumhaus.* Gemälde, um 1690. Patriotische Gesellschaft, Hamburg. Das an der Ecke des Steinhöfts 1662 von Hans Hamelau erbaute Baumhaus gehörte zu den schönsten Bauten des alten Hamburg. Im ersten Stock befand sich ein Saal, der 200 Personen Platz bot und in dem häufig Konzerte gegeben wurden. Auf der oben umlaufenden Galerie konnte man sitzen und bei einer Tasse Kaffee das Hafenpanorama überblicken. Neben dem Eimbeckschen Haus und dem Schützenhaus durfte nur noch im Baumhaus importiertes Bier ausgeschenkt werden

Das Deichtor im Jahr 1700; links das äußere, in der Bildmitte das innere, 1673 erbaute Tor. Lithographie von Peter Suhr

gen Krieg, zu einer Zeit also, da alle anderen deutschen Städte eher verkümmerten oder stagnierten.

Für die wachsende Bevölkerung Hamburgs reichte das alte Rathaus nicht mehr aus. Nach einem Umbau von 1600 erhielt es 1649 einen Erweiterungsbau mit einer neuen, das Ganze verbindenden Fassade, deren Gestaltung die Stadt zu einer politischen Demonstration nutzte. Das über dem Portal angebrachte Wappen Holsteins verschwand; dafür schmückten die Front nun 21 steinerne Skulpturen deutscher Kaiser. Das war als trotzig-deutlicher Wink gegenüber Dänemark gedacht. Der dänische König, der Nachfolger der Schauenburger Grafen war, betrachtete Hamburg als eine Stadt Holsteins. Die Hamburger aber betonten ihre Selbständigkeit als Freie Reichsstadt gerade mit der Entfernung des Wappens.

Am Zeughausmarkt entstand 1661 ein Artilleriezeughaus, dem

1671 das von Hans Hamelau erbaute Kornhaus folgte. Hamelau hatte schon 1659 das neue Millerntor geschaffen, dem 1663 ein Turm aufgesetzt wurde. Hamelaus herausragender architektonischer Beitrag war jedoch das schöne Baumhaus am Hafen, das, 1662 vollendet, bis zu seinem Abbruch 1857/1858 für seine unvergleichliche Aussicht berühmt war; von seiner Galerie blickte man über den ganzen Hafen, von hier beobachtete man weit die Elbe hinab das Ein- und Auslaufen der Schiffe. Mit seinem Restaurant und seinem Festsaal war das Baumhaus bis zum Schluß einer der beliebtesten Treffpunkte der Hamburger. Hamelau war auch der Architekt des schon erwähnten Spinnhauses am Alstertor (1666–1674). Den in Hamburg seit dem Mittelalter Gemüse und besonders Zwiebeln anbietenden Frauen aus Bardowick wurde 1674 das Zippelhaus (Zwiebelhaus) errichtet; 1675 entstand der

Die St.-Nikolai-Kirche mit dem von Peter Marquard 1656/1657 erbauten Turm (121,7 m hoch) vor dem Brand von 1842. Lithographie von Peter Suhr

Bauhof am Deichtor, dessen imposantes Erscheinungsbild Besuchern besonders in Erinnerung blieb, und 1677 das erste Opernhaus am Gänsemarkt.

Auch die Kirchen schmückten sich. Peter Marquard aus Plauen verhalf 1656/1657 der Nikolaikirche zu einem neuen Turm, da der alte baufällig geworden war, und ersetzte den von St. Katharinen, den 1648 der Orkan zerstört hatte, durch einen neuen (1656–1658). Die um die Turmspitze gelegte Krone sei, so behauptete die Legende, aus dem Raubgold Störtebekers gegossen worden; tatsächlich aber bestand sie aus vergoldetem Kupfer, gestiftet von dem Ratsherrn Hermann Rentzel. Turm und Krone verbrannten 1943, wurden aber in der alten Gestalt wiedererrichtet, so daß St. Katharinen heute die einzige Hauptkirche Hamburgs ist, die noch ihr altes Aussehen zeigt.

Nachdem die Neustadt zum St.-Michaelis-Kirchspiel geworden war, mußte die dort bestehende Kapelle, die bis dahin der Gemeinde St. Nikolai unterstanden hatte, durch einen größeren Neubau ersetzt werden. Ihn errichtete der aus Altona stammende Christoph Corbinus gemeinsam mit Peter Marquard (1649–1661); der Turm war Marquards alleiniges Werk (1663–1669).

Zur Verschönerung des Stadtbilds wurde viel Grün in die Straßen gebracht. Nach der Bepflanzung des breiten Wallumgangs, der nun militärische Notwendigkeit mit bürgerlicher Promenadenlust verband, wurde 1652 die schnurgerade aus dem Steintor herausführende Große Allee mit zwei Reihen Bäumen zu jeder Seite angelegt. Und schließlich entstand 1665 Hamburgs berühmteste Straße, der Jungfernstieg. Er war hervorgegangen aus dem zur Stauung der Alster im 13. Jahrhundert angelegten Reesendamm, der jetzt erhöht, verbreitert, gepflastert und mit einer parallel zur Alster verlaufenden Lindenallee bepflanzt wurde. Damals, 1665, hieß die neue Straße, an deren Ende der Blaue Turm stand, allerdings noch nicht Jungfernstieg, sondern Palmaille, wie die heute noch diesen Namen tragende, 1638/1639 angelegte Straße in Altona.

Zu den schönsten Bürgerhäusern der Stadt zählte der 1619

errichtete Kaiserhof am Neß, der für lange Zeit Hamburgs vornehmstes Hotel sein sollte; bei seinem Abbruch 1873 wurde wenigstens die Fassade geborgen und in den Innenhof des Museums für Kunst und Gewerbe eingefügt, das einzig verbliebene Zeugnis bürgerlicher Bautätigkeit im Hamburg des 17. Jahrhunderts. Alle anderen Bürgerhäuser aus jener Zeit fielen der Abrißwut des 19. Jahrhunderts, dem Brand von 1842 und die letzten den Bomben von 1943 zum Opfer. Immerhin haben Zeichner und Photographen festgehalten, welch prachtvolle Barockbauten im 17. Jahrhundert Hamburg zierten, in der Großen und der Kleinen Reichenstraße, in der Katharinenstraße, am Alten und am Neuen Wandrahm und am Rödingsmarkt.

Die St.-Katharinen-Kirche mit ihrem von 1656 bis 1658 von Peter Marquard errichteten Turm (115 m hoch). Lithographie von Peter Suhr, 1841

# Von Tabak und Zucker, von Bier und Kaffee

Im späten Mittelalter genoß Hamburg den Ruf, das »Brauhaus der Hanse« zu sein. Das Bier wurde zum wichtigsten Exportartikel der Stadt, deren prächtigste Häuser Brauhäuser waren. Man zählte 1376 insgesamt 457 bierbrauende Bürger; bis 1517 war die Anzahl der Brauhäuser auf 531 gewachsen. Im 15. Jahrhundert produzierte Hamburg jährlich 250 000 Hektoliter Bier. Die um die Stadt verdienten Reformatoren Luther, Melanchthon und Bugenhagen glaubte Hamburg nicht besser ehren zu können, als ihnen 1541 vier Tonnen des einheimischen Biers zum Geschenk zu machen, und daß Philipp Melanchthon 1560 auf dem Sterbebett als letzte Wegzehrung eine aus Hamburger Bier bereitete Suppe verzehrte, hat das Brauereigewerbe der Stadt stets mit Stolz erfüllt.

Wie gut ihr Bier sei, wurde den Hamburgern 1575 in einem zu Erfurt erschienenen Buch über das Bierbrauen attestiert. Darin hieß es: »Das Hamburger Bier, erste Königin der Weizenbiere genannt, hat einen lieblichen, guten und angenehmen geschmack. Im Anfang süsse, aber hernach algemach gewinnet es einen weinlichen nachgeschmack. Ferner so hats an ihm viel substantz, reiche Nahrung und genugsam nutriment, und nimmt der Mensch davon an seinem Leibe wohl zu. Es gibt gute und gesunde Feuchtigkeit, macht gut geblüte, man kriegt auch davon eine schöne Farbe, denn man findet und sihet zu Hamburg teglich nicht allein gar schöne und feine Frawen und Jungfrawen von Farben, sondern auch gar hertzliche und wolgestalte feine junge Gesellen und Menner. Dieß Bier verleurt seine krafft balde, wann es alt wird. Der Stein wächst einem nicht leicht von diesem Biere, und eine sonderliche Gabe Gottes ist es, das einem von diesem Biere das heupt nicht wehe thut.« Daß das Hamburger Bier »seine krafft balde, wann es alt wird« verliert, dafür wird zwei Jahrhunderte später die Erklärung gegeben, »indem es aus dem Wasser gebraut wird, in das die Aborte laufen«.

Bis 1542 stieg die Anzahl der Brauereien auf 527 an. Gegen

Ende des 16. Jahrhunderts aber ging der Bierausstoß zurück. Das Hamburger Bier büßte an Qualität ein, weil man am teuer gewordenen Weizen sparte und dessen Anteil herabsetzte; außerdem hatte sich nun auch der Geschmack zugunsten von Wein und Branntwein verändert. Wenn der Rat zu Anfang des 17. Jahrhunderts Bier als Ehrengeschenk der Stadt lieferte, so nahm er nicht einheimisches, sondern Zerbster oder Einbecker Bier. Überhaupt standen dem Biertrinker in Hamburg inzwischen siebzehn importierte Biere zur Auswahl, darunter Porter und Ale aus England, die immer beliebter wurden.

Um 1650 war in Hamburg der Höhepunkt des Bierkonsums erreicht; nur profitierte davon nicht vornehmlich das eigene Braugewerbe. Die bis dahin so beliebte Biersuppe als unerläßliche Frühstückskost trat die dominierende Stellung an Kaffee und Tee ab. Ihre bis ins 16. Jahrhundert beherrschende wirtschaftliche Position haben Hamburgs Bierbrauer nie wieder erreicht; als Exportartikel spielte das Bier nun nicht mehr die Hauptrolle in der Handelsbilanz.

In dem auf Bier spezialisierten Eimbeckschen Haus – seinen Namen verdankte es dem Einbecker Bier – konnte man schon 1668 Kaffee trinken. Das erste Kaffeehaus wurde aber erst 1677 bei der Börse von einem Engländer gegründet, der auch Tee servierte. Die nächsten Kaffeehäuser entstanden beim Rathaus, in der Johannisstraße, an den Brodschrangen und am Neß, lagen also sehr dicht beieinander. Damals schrieb ein Chronist, daß »Thee und Coffee schencken so gemein geworden, daß particular Bürger, Gelehrte, jung und alt, männlichen und weiblichen Geschlechts, wer es nur bezahlen konnte, in- und außerhalb Hauses dieses getränke selber kochten und trancken deß Morgendes darin ein ander lustig zu, nötigten auch gute Freunde einer den andern auf ein thee oder Coffee des Morgens, und war das Ding sein Lebtag nicht gewest in Hamburg«.

Der Rat sah diese Entwicklung ungern, da sie zu Lasten des Brauereigewerbes ging – dem er jedoch selber durch das Verschenken von Importbier nicht gerade half –, und verlangte von den neuen vier Kaffeehausbesitzern Konzessionsgebühren von

150 bis 300 Hamburgischen Mark. Den Gastwirten war der Ausschank von Kaffee, Tee und Schokolade bei 80 Reichstalern Strafe verboten.

Wie der Kaffeegenuß, so breitete sich im 17. Jahrhundert auch der Tabakkonsum in Hamburg aus. Schon 1595 wurde das Rauchen bei der Morgensprache – so nannte man die geschäftlichen Zusammenkünfte der Ämter – des Tuchmacheramts ausdrücklich verboten. Die Geistlichkeit entrüstete sich darüber, daß man »den Mund zum Rauchfange Satans« mache, und als einer der ihren, Pastor Schuppius, als Raucher entdeckt wurde, schalt man ihn einen »Toback-Säuffer«. Natürlich fruchtete das nichts. Fünf Tabaksorten wurden bereits 1654 auf den Hamburger Markt gebracht, nachdem 1632 die ersten weißen niederländischen Tonpfeifen hier eingeführt worden waren, die später auch in Hamburg selbst hergestellt wurden. Während, vor und nach der Sonntagspredigt war den Gastwirten nicht erlaubt, das Rauchen in ihren Lokalen zu dulden. Anders als in Berlin, dessen Bürger sich das Recht zum Rauchen im Freien 1848 buchstäblich erkämpfen mußten, war der Tabakkonsum in Hamburg auf den Straßen gestattet, wenn auch nicht gern gesehen. Diese Duldung verdankten die Raucher in der Hansestadt wahrscheinlich den Seeleuten fremder Schiffe, die auch beim Landgang nicht auf den blauen Dunst verzichten mochten.

Waren Wein, Kaffee, Tee und Tabak auswärtige Produkte, welche die Hamburger Zahlungsbilanz zwar belasteten, der Stadt aber auch Steuern und dem Transithandel hohe Umsätze einbrachten, so wurde die Raffinade von Rohrzucker für Hamburg zu einem blühenden, viel Geld einbringenden Gewerbe.

Zucker war sehr teuer. Man kannte ihn schon im 14. Jahrhundert; wegen seines hohen Preises aber war er nur den Reichen erschwinglich. Allgemein süßte man mit Honig. (Das Verfahren zur Gewinnung von Zucker aus der Zuckerrübe wurde 1747 entdeckt; in größerem Umfang wurde Rübenzucker jedoch erst im 19. Jahrhundert hergestellt.) Hamburg begann vom 16. Jahrhundert an seinen Zuckerbedarf von Madeira, den Kanarischen Inseln und dem westindischen Saint Thomas zu importieren. Wie teuer damals Zucker war, zeigt ein Preisvergleich: Während man 1593 für ein Pfund Zucker 12 Schillinge zu bezahlen hatte, kostete ein Pfund Honig nur 2 Schillinge.

Von den Niederländern lernten die Hamburger zu Ende des 16. Jahrhunderts die Kunst des Zuckersiedens, des Zuckerbakkens, wie man damals sagte, und damit entstand ein Gewerbe, das nicht nur über achttausend Menschen in Hamburg Arbeit verschaffte, sondern das allmählich in seiner Bedeutung für den Export das Brauereigewerbe überflügelte. Das Zuckersieden war einträglich, bedeutete aber schwere Arbeit. Den Prozeß der Raffinade hat C. Amsinck 1886 sehr anschaulich beschrieben:

»Das Tagewerk der Zuckerbäcker fing sehr zeitig an. Morgens um halb zwei Uhr schon, noch im Dunkeln, mußte der jüngste Lehrbursche aus dem warmen Bett heraus, Licht anzünden, die Gesellen wecken und Feuer unter dem großen kupfernen ›Kleerpannen‹ (Klärpfannen) anmachen, in welchen [...] Rohzucker geschüttet und dann Kalkwasser und Ochsenblut hinzugegossen wurde. Das ganze dunkle Haus durchdrang ein seltsamer, süßlich brenzlicher Zuckergeruch, eine eigentümliche heiße, dumpfe Luft wehte darin und alles, was in der Siedearbeit im Gebrauch war, war klebrig von Zucker; Formen, Pfannen, Tücher, selbst die Taue der großen Winde, die nach dem Boden ging, Wände, Gerätschaften, alles klebte von Zucker und Sirup.

Nun fing die Arbeit der Gesellen in den Siedräumen an, wo die großen, tiefen Siedepfannen standen; der ›Meisterknecht‹ oder der ›Ollste‹ begann mit dem Rührholz das heißwerdende Gemisch von rohem Zucker, Kalkwasser und Blut umzurühren, und wenn die Masse kochend wurde (›die Kleerpann wart heet un will dörkamen‹ hieß es, wenn der Zucker Blasen warf und die Decke von Schaum und Schmutz durchbrach), so dämpfte der Meisterknecht das Feuer wieder mit nassen Kohlen, damit der Zucker nicht zu heftig aufbrodle. Inzwischen mußte der Lehrbursche den kupfernen ›Kleerketel‹, die zweite zur Verwendung kommende Kupferpfanne, nachsehen, ob sie auch spiegelblank und rein geputzt war, und wenn der Zucker zweimal ›aufgekommen‹ war, ließen die Gesellen mittelst einer Röhre den klaren heißen Zucker aus und in den ›Klärkessel‹ fließen. Was sich in der Pfanne ansetzte, wurde, wenn dieselbe abkühlte, in handbreiten und handlangen Stücken mit einem Messer abgestochen; das war der sogenannte Pfannenzucker, der, anfangs noch weich, bald erstarrte. Der Meisterknecht oder der Meister fing nun an, den Zucker im Klärkessel zu kochen, er schürte das Feuer heftiger, daß es im Schornstein sauste, und schäumte die heiße, brodelnde Masse fleißig mit der Schaumkelle ab, bis sie ganz rein und klar war – sie hatte dann etwa die Farbe des Rheinweins; dann trugen die andern Gesellen sie aus, und siebten sie durch mehrere weiße, weiche Wolltücher, die auf einem Rahmen mit Stramei oder auf Holzgittern lagen, in die dritte große Pfanne, die Kühlpfanne; Klärpfanne und Klärkessel wurden wieder gefüllt und das Kochen begann in ihnen von neuen. War der Zucker in der Kühlpfanne etwas abgekühlt, so wurde er mit Becken ausgeschöpft und in die schon in Reih und Glied, mit den Spitzen nach unten stehenden thönernen Zuckerhutformen gegossen, in welchen er mit hölzernen Stäben etwas umgerührt wurde und im Lauf einiger Stunden erstarrte. Wenn diese Arbeiten einige Male wiederholt waren, war gewöhnlich die Mittagszeit herangekommen.

Nach Mittag setzte man auf den Boden die ›Putten‹ zurecht, auf denen die Zuckerhutformen standen, und in die der unten abträufelnde Sirup sich sammeln sollte; und dann begann die schwere Arbeit des ›Brodenlangens‹, die Hinaufbeförderung der Zuckerhüte (›Broden‹) nach oben, auf den Boden, oft zwei oder drei Etagen hoch, (man warf sich die Formen voll Zucker einander zu), wo die Zuckerhüte in den Formen auf die vorerwähnten Putten gesetzt wurden. ›Wenn de Broden denn to Böhn sünt‹, heißt es in einer von einem alten Zuckerbäcker verfaßten Beschreibung, ›so wart sick wuschen (gewiß recht notwendig bei der allgemeinen Klebrigkeit!). De Jüngste (der Lehrbursche) mutt noch Platens waschen‹ (die weißen Schürzen der Zuckerbäcker-Gesellen und Lehrlinge; welche Schürzen natürlich stets von untadelhafter Reinheit und Weiße sein mußten). Um sieben Uhr aßen in einem gut althamburgischen Zuckerbäckerhause Meister und Gesellen zu Abend; dann war Feierabend und die Gesellen gingen zu Bett. Wer wollte ihnen verdenken, daß sie also mit den Hühnern schlafen gingen, wenn sie schon um halb zwei Uhr früh wieder zur Arbeit bereit sein mußten!

So ging es Tag für Tag, bis die ganze ›Parthie‹, welche der Meister eingekauft hatte, verarbeitet war.

Aber auf dem ›Böhn‹ stand der Zucker in den Formen und war mit einer Schicht von nassem Thon (›englischer Erde‹) bedeckt, dessen Feuchtigkeit, allmählich durchsickernd, den gelben Sirup mit herausnahm und aus der Spitze in den ›Putt‹ abfließen ließ; was in 10–12 Tagen geschah. Die dadurch weiß gewordenen Broden wurden aus den Formen geholt, die Gesellen entfernten den Thon, stülpten den Zuckerhut auf die flache Hand, – es gehörte keine geringe Kraft dazu, einen Zuckerhut auf flacher Hand mit ausgestrecktem Arm zu halten –, und wenn die Broden ein gutes Aussehen hatten, ganz weiß und vorläufig trocken genug erschienen, wurden sie in die Trockenstube (›de Stav‹) gebracht, und in Reih' und Glied auf Latten aufgesetzt. In diesem meistens dunklen Raum herrschte eine mehr als tropische Hitze (ca. 50°). Wenn sie in dieser Hitze etwa zehn Tage gestanden hatten, so ging der Meister in die Trockenstube, schlug einige Broden mit einem Messer durch, und untersuchte, ob sie innen trocken seien. Und waren sie trocken, und hatte ›de Herr‹ selber sich völlig davon überzeugt, daß das Fabrikat gut sei, so wurden Proben an die Makler und Händler ausgegeben [...].

Schließlich wurden die Broden in Stroh gewickelt, in Fässer verpackt und jeder Zuckerbäcker mußte ›sein absonderliches Markzeichen‹ und ein Hamburger Wappen, wie das Gesetz vorschrieb, auf die Fässer brennen lassen, zum Zeichen, daß es ›aufrichtiger, hiesiger Zucker‹ oder Sirup sei. Und war er dann verkauft, so kamen die Krahnzieher mit ihren kleinen zweiräderigen Karren, und fuhren die Ware fort.«

Die Zuckersiederei wurde in Unternehmen betrieben, die bis zu vierzig Knechte beschäftigten. Der aufkommende und stetig wachsende Gebrauch von Tee und Kaffee führte zu einer erhöhten Nachfrage nach Zucker. Neben den Niederlanden war Hamburg im Export raffinierten Zuckers geradezu führend in Europa:

Die Ausfuhr ging außer ins Binnenland vor allem in die Ostseeländer Schweden, Polen, Rußland und Kurland, und dem Hamburger Zucker rühmte man vor allem Festigkeit, Süße und Haltbarkeit nach.

Für die wirtschaftliche Entwicklung Hamburgs war die Zukkerraffinade und der Export des raffinierten Zuckers von außerordentlicher Bedeutung. Viele Kaufleute und Makler waren einzig im Zuckergeschäft tätig. Kranzieher, Quartiersleute und Ewerführer verdienten ihr Brot im Zuckerhandel. Die Reepschläger lieferten Tauwerk und Garn, die Küfer die Fässer, die Töpfer die Formen, die Kalkbrenner den Kalk, die Schlachter das Ochsenblut, die Kupferschmiede die Kessel und die Pfannen. Und schließlich wurde noch das Holz der Kisten, in denen der Rohzucker angeliefert worden war, von geschickten Tischlermeistern zu vielbegehrten Möbeln verarbeitet. Eine Fülle von Zulieferbetrieben partizipierte auf diese Weise am Geschäft und verhalf der Stadt zu beträchtlichen Umsätzen, zweihundert Jahre lang.

## Die Post ist da

Das Hamburger Postwesen im 17. Jahrhundert war von verwirrender Vielfalt. Fünfzehn Postverwaltungen teilten sich in den Dienst, die ständige Kommunikation aufrechtzuerhalten.

Lamoral von Taxis war 1615 zum Reichsgeneralpostmeister ernannt worden; diese Würde war erblich und garantierte den Aufstieg derer von Thurn und Taxis. Seither versuchte die kaiserliche Post ihr Monopol durchzusetzen, was aber auf den Widerstand der Reichsstände stieß, deren jeder eine eigene Post unterhielt. Auch Hamburg machte gegenüber dem Reich seine alten Privilegien geltend, willigte aber ein, die Strecken Hamburg–Köln und Hamburg–Frankfurt am Main der kaiserlichen Post zu überlassen; allerdings mußte deren Postverwalter den Hamburger Bürgereid leisten, womit er die Hamburger Interessen im Konfliktfall über die des Reichs zu stellen gehabt hätte. Am liebsten hätte die Stadt das gesamte von Hamburg ausgehende Postwesen einer eigenen Verwaltung unterstellt; doch das war bei der Kompliziertheit des in weit über dreihundert selbständige politische Territorien aufgeteilten Reichs nicht möglich. So gab es also in der Stadt Postvertretungen – und das heißt in jedem Einzelfall das Monopol – von, beispielsweise, Schweden, Dänemark, Brandenburg, Mecklenburg und Braunschweig-Lüneburg. Die Abneigung gegen die Postvertretungen verband Hamburg mit dem Kaiser, wenn diese Übereinstimmung auch auf entgegengesetzten Vorstellungen beruhte, weil jeder nur sein eigenes Monopol im Auge hatte. Jedenfalls blieb das Postwesen in Hamburg gut zweihundert Jahre lang vollkommen partikularistisch organisiert.

Die Verwaltung der Post unterstand nicht dem Rat, sondern den Börsenalten, wie man die schon erwähnten Kaufmannsälterleute im 17. Jahrhundert nannte. Regelmäßig fahrende Postwagen gab es damals nur auf den Strecken nach Bremen und Lübeck. Reitende Stadtboten hielten die Verbindung mit Lüneburg, Emden, Amsterdam, Antwerpen, Kopenhagen und, täglich, mit Lübeck. Diese Linien wurden von Hamburg verwaltet; das Kontor lag im Grimm. Die Thurn und Taxis, die nur reitende Boten beschäftigten, saßen am Speersort, in der Deichstraße befand sich das Kontor von Braunschweig-Lüneburg, in der Grünenstraße residierten die Schweden, und das königlich-dänische Posthaus lag am St.-Maria-Magdalenen-Friedhof. Zwischen Hamburg und Brandenburg gab es von 1649 an eine reitende Post; sie ging nach Berlin, Frankfurt an der Oder und Breslau.

Es war bezeichnend für den großen Einfluß der Niederländer, daß die Hamburger Geschäftspost weitgehend in niederländischer Sprache abgefaßt wurde; das galt auch für die im Handel verwendeten Formulare. Und da die Niederlande als das große Vorbild Hamburgs galten, nimmt es nicht wunder, daß neben dem jedermann selbstverständlichen Plattdeutschen das Niederländische zu Hamburgs zweiter Umgangssprache geworden war.

## Das schöne Meerfräulein und die Presse

Die erste Zeitung Hamburgs erschien 1618 titellos und wurde im Jahr darauf *Wöchentliche Zeitung auß mehrerley örther* benannt. Die ersten Zeitungen in Deutschland waren 1609 in Straßburg und Wolfenbüttel, 1615 in Frankfurt am Main und 1617 in Berlin herausgekommen. Hamburg, obwohl größter Umschlagplatz für Waren und Nachrichten aus aller Welt, trat also erst spät auf den Plan. Dafür aber entwickelte sich hier eine Presse, die schon bald führend in Deutschland wurde. Neben der *Wöchentlichen Zeitung*, die bis 1674 bestand, gab es die von 1630 bis 1669 existierende *Post-Zeitung*, den *Nordischen Mercurius* (nachweisbar seit 1665), den 1673 von Thomas von Wiering gegründeten *Relations-Courier*, der wie die vorhergehenden seinen Namen wechselte und von 1696 bis 1811 unter dem Titel *Hamburger Relations-Courier* erschien, das *Nieder-Elbische Journal* (seit 1686), den *Schnellfliegenden Postillion* (1691) und die *Historischen Remarques der neuesten Sachen in Europa* (1699).

Mit Zeitungen von heute sind diese Blätter nicht zu vergleichen. Keines von ihnen erschien täglich; die meisten kamen zweimal wöchentlich heraus. Oftmals hatten sie lediglich Buchgröße und einen Umfang von nur vier Seiten. Kurze Meldungen der Korrespondenten aus verschiedenen europäischen Staaten waren zu finden; der *Nordische Mercurius* brachte vor allem Nachrichten aus dem Bereich der Seefahrt und von 1667 an auch die ersten Wetterberichte, da sie, so das Blatt, »von einigen vornehmen Kaufleuten begehret worden«. Unter der Rubrik »Nieder-Elbe« erschienen Lokalnachrichten. Um die Zeitungslektüre zu erleichtern, versprach die Redaktion, dem Leser »einige neue Frantzosische Kriegs-Wörter zu erklähren«.

Leitartikel und Reportagen waren damals noch unbekannt; die ersten Kommentare finden sich um die Wende zum 18. Jahrhundert. Um 1700 bezeugt ein Zeitgenosse: »Und zwar so sind die Hamburger Gazetten wohl die vollkommensten gewesen / welches auch in einer so florierenten Handels-Stadt / die jhre Schiffe in alle Ecken der Welt gehen lässet / am leichtesten seyn können.« In dieser Zeit erschienen in Hamburg »die vielseitigsten, fortschrittlichsten und interessantesten Blätter« (Margot Lindemann) im deutschen Reichsgebiet.

Der *Relations-Courier* brachte als eine der ersten Zeitungen auch Bilder. Nächst dem *Nordischen Mercurius* enthielt auch dieses Blatt Lokalnachrichten (Rubrik »Elbstrom, Niederelbe«), zum erstenmal 1692. Wie auch heute noch in der Presse üblich, so druckte das Blatt 1684 während eines strengen Winters einen historischen Rückblick auf ähnliche Wetterunbilden früherer Zeiten.

In erster Linie enthielten die Zeitungen politische Meldungen und auch viel »Vermischtes«, neben allerhand kriminellen Vorkommnissen auch einmal die Nachricht »von einem schönen Meerfräulein, das sich hat sehen lassen; nach zwei Tagen hat sich ein Meermann von ungemeiner Stärke und Größe gesellet und lange Zeit mit dem gedachten Meerfräulein gespielt, bis man den Meermann mit sonderbarer List endlich gefangen, wogegen das Fräulein entwischet ist«.

In französischer Sprache erschien von 1694 bis 1696 monatlich das *Journal de Hambourg*, herausgegeben von Gabriel d'Artis. Diese Zeitschrift enthielt neben Nachrichten auch Buchbesprechungen, so die Rezension einer neuen Koran-Ausgabe.

Eines der ersten Bücher, deren Verfasser sich Gedanken über das Pressewesen machten, erschien 1697 in Hamburg unter dem Titel *Zeitungslust und Nutz Oder: derer sogenannten Novellen oder Zeitungen Wirckende Ergötzlichkeit, Anmuth, Nothwendigkeit und Frommen; Auch was bey deren Lesung zu lernen, zu beobachten und zu bedenken sei! Samt einem Vermehrten Anhang Bestehende in Erklärung derer in den Zeitungen vorkommenden fremden Wörter.* Sein Autor, der in thüringischen Hofdiensten stehende Lyriker, Dramatiker und Sprachforscher Caspar Stieler, hat in diesem Buch einige unverwelkte Erkenntnisse über die Presse niedergelegt; etwa die folgende: »Die Zeitungen sind der Grund, die Anweisung und die Richtschnur aller Klugheit, und wer die Zeitungen nicht achtet, der bleibet immer und ewig ein elender Prülker und Stümper in der Wissenschaft der Welt und ihrem Spielwerk.«

## Maler, Dichter, Wissenschaftler

Siebenundzwanzig Jahre nach dem Ende des Dreißigjährigen Krieges zog der Maler und Kunstschriftsteller Joachim von Sandrart diese Bilanz: »Die Königin Germania sahe ihre mit herrlichen Gemälden gezierte Paläste und Kirchen hin und wieder mit der Lohe auffliegen, und ihre Augen wurden von Rauch und Weinen dermaßen verdunkelt, daß ihr keine Begierde oder Kraft übrig bleiben konte, nach dieser Kunst zu sehen, von welcher nun schiene, daß sie in eine lange und ewige Nacht wolte schlaffen gehen.«

Sieht man einmal davon ab, daß das 17. Jahrhundert insgesamt die deutsche Malerei wenig befördert hat – es ist bezeichnend, daß zwei der größten deutschen Maler jener Zeit, nämlich Adam Elsheimer und Johann Liss, in Italien gestorben sind –, so wurde es nach dem Dreißigjährigen Krieg noch ärger, weil es an Auftraggebern mangelte, die Länder bettelarm geworden waren und eine eigentliche Kunsttradition sich nicht hatte entwickeln können, anders als in den Niederlanden, in deren kunstfroher Atmosphäre viele deutsche Maler ihr Handwerk gelernt haben. Das gilt besonders für die in Hamburg arbeitenden Künstler, da es hier zu den Niederlanden die bekannten traditionellen Beziehungen gab.

Hamburg hat sich, verglichen mit anderen deutschen Städten, seiner Kunstpflege im 17. Jahrhundert nicht zu schämen. Wäre diese Stadt wirklich so amusisch gewesen, wie immer wieder behauptet worden ist, dann hätten hier nicht so viele tüchtige Maler ihr Brot verdienen können. Dann könnte man auch nicht begreifen, warum vier niederländische Meister für einige Zeit nach Hamburg kamen, um hier zu arbeiten, nämlich Bonaventura Peeters, Philips Wouverman, Jacob Adriaensz Bellevois und Antonie Waterlo.

Drei der im 17. Jahrhundert in Hamburg wirkenden Maler waren Hamburger von Geburt: Otto Wagenfeldt, Jacob Matthias Weyer und Matthias Scheits. Andere haben für mehrere Jahre hier

Matthias Scheits: *Der Kesselflicker und seine Familie.* Gemälde. Hamburg, Kunsthalle

gearbeitet: Ottmar Elliger der Ältere, Georg Hinz, Johann Oswald Harms, Joachim Luhn und Hinrich Stravius.

Allerdings wurde es einem Maler nicht gerade leichtgemacht, in Hamburg tätig zu sein. Um das zu können, mußte er Mitglied des Maleramts werden, das keinen Unterschied zwischen Künstler und Handwerker machte. Der Dichter, der Wissenschaftler und der Musiker konnten sich frei und unbehelligt entfalten, und ihre Tätigkeit genoß öffentliches Ansehen; die gesellschaftliche Reputation eines Malers hingegen war nur die eines Handwerkermeisters. Als Kunst stand die Malerei weit hinter der Literatur und der Musik zurück.

Der mit Abstand bedeutendste Hamburger Maler des 17. Jahrhunderts war der um 1630 in Hamburg geborene Matthias Scheits. Er ging früh nach Haarlem, wo er bei Philips Wouverman lernte, der seinerseits 1638/1639 in Hamburg tätig gewesen war. Zurückgekehrt, erwarb Scheits 1651 das Hamburger Bürgerrecht. Bis zu seinem Tod, um 1700, hat er seine Vaterstadt nur noch einmal verlassen: 1669, als er erneut die Niederlande besuchte. Damals machte er dem greisen Jacob Jordaens in Antwerpen seine Aufwartung und besuchte wenige Wochen vor dessen Tod Rembrandt in Amsterdam. Die Bekanntschaft von Frans Hals hatte er schon während seiner Ausbildung bei Wouverman gemacht.

Scheits war bereits ein in Hamburg angesehener Künstler, als ihn der Auftrag des Lüneburger Verlegers Stern erreichte, dessen Bibelausgabe zu illustrieren. Die 153 Kupferstiche, die Scheits für das 1672 erschienene Werk schuf, machten ihn weithin bekannt; die Sternsche Edition blieb über hundert Jahre lang die populärste illustrierte Bibelausgabe in Norddeutschland.

In seinen Gemälden, Handzeichnungen und Radierungen erweist sich Scheits als ein genauer Beobachter der Hamburger Heimat und als ein beachtlicher Kolorist aus der Schule von Philips Wouverman und David Teniers. Bemerkenswert für die Qualität seiner Arbeit ist, daß manche seiner Bilder lange Zeit für Werke von Wouverman, Rembrandt, Velázquez oder Watteau gegolten haben, ehe der wahre Urheber ermittelt werden konnte. Die künstlerische Qualität der Genannten hat Scheits nicht erreicht, aber als einen der bedeutenden deutschen Maler des 17. Jahrhunderts darf man ihn wohl bezeichnen.

Zeitgenossen von Matthias Scheits waren die in Hamburg geborenen Maler Otto Wagenfeldt und Jacob Weyer. Wagenfeldt (um 1610–1671) erwarb 1639 das Bürgerrecht und wurde Meister des Maleramts. Er schuf unter anderem einen 26 Darstellungen umfassenden Bilderzyklus für die Empore von St. Jacobi (heute in der Hamburger Kunsthalle). Weyer (um 1620–1670), der wie Scheits bei Wouverman lernte, war Amtsmeister und hinterließ eine Fülle beachtlicher Handzeichnungen mit Motiven aus dem Volksleben.

Von den zwar nicht in Hamburg geborenen, aber in Hamburg wirkenden Künstlern sind die Stilleben-Maler Georg Hinz und Hinrich Stravius zu nennen. Hinz (1630–1688) erhielt 1668 das Bürgerrecht und war ab 1681 Amtsmeister. Der 1690 gestorbene

links:
Otto Wagenfeldt:
*Das Vogelnest.* Gemälde.
Hamburg, Kunsthalle

rechts:
Jacob Weyer: *Falkenbeize.*
Gemälde. Hamburg,
Kunsthalle

Stravius wurde gleichfalls 1681 Meister des Maleramts. Stilleben von Hinz und von Stravius, der sich besonders auf dem Gebiet des Jagdstillebens auszeichnete, bewahrt die Hamburger Kunsthalle.

Von 1666 bis 1670 arbeitete in Hamburg Ottmar Elliger der Ältere (1633–1679), ein Meister des Blumenbilds und des Stilllebens, der von Hamburg dann als Hofmaler des Großen Kurfürsten nach Berlin berufen wurde. Joachim Luhn (um 1640–1717) wurde 1673 Hamburger Bürger und Meister des Maleramts. Er war ein bedeutender Porträtmaler und schuf 1681 eine der schönsten und koloristisch duftigsten Ansichten von Hamburg (Jacobikirche). Luhn war der Schwiegersohn von Jacob Matthias Weyer und wurde 1689 vom Herzog von Braunschweig berufen, an der Ausstattung des herzoglichen Lustschlosses von Salzdahlum mit-

zuwirken, eine Arbeit, die Luhn bis 1692 beschäftigte und in die er sich mit Johann Oswald Harms teilte.

Harms war ein geborener Hamburger des Jahrgangs 1643, arbeitete aber nur von 1696 bis 1701 in seiner Vaterstadt, und zwar als ein von seiner Zeit hoch geschätzter Bühnenbildner. Er schuf für über 26 Inszenierungen der Hamburger Oper die Entwürfe und überwachte deren Ausführung, darunter die erste Chinoiserie der deutschen Kunstgeschichte für die 1696 vom Hamburger Opernhaus aufgeführte Oper *Der großmüthige Roland* von Agostino Steffani.

In der Skulptur ist Hamburg nicht so reichhaltig vertreten, dafür aber lebte hier – neben Christian Precht (seit 1663 Hamburger Bürger) – einer der größten Holzschnitzer Norddeutschlands: Ludwig Münstermann. Er wurde um 1560 geboren, kam aus

Bremen nach Hamburg und wurde hier 1599 Meister des Drechsleramts. Obwohl er in Bremen als Steinmetz gearbeitet hatte, widmete er sich von nun an überwiegend der Holzskulptur, in der er seinen eigenen Stil am reinsten verwirklichte. Obwohl er bis zu seinem Tod (1637 oder 1638) in Hamburg ansässig war, sind Werke von ihm hier nicht erhalten, denn er scheint überwiegend für die Kirchen des Oldenburger Landes gearbeitet zu haben, das damals vom Dreißigjährigen Krieg verschont geblieben war. So finden sich Plastiken von Münstermann in den Kirchen von Altenesch, Blexen, Eckwarden, Hohenkirchen, Holle, Rodenkirchen, Schwei, Tosseus und Varel, aber auch im Bremer Dom. Weitere Skulpturen besitzt das Oldenburger Landesmuseum und das Focke-Museum in Bremen. Münstermann ist einer der wenigen deutschen Bildhauer des Manierismus von bisweilen geradezu expressionistischer Ausdruckskraft. In seinen schmalen, überlängten, vergeistigt wirkenden Gestalten der Propheten und Apostel erscheint er als der Wegbereiter norddeutscher Holzschnitzkunst bis in unser Jahrhundert hinein.

Attraktiv war Hamburg nicht nur für bildende Künstler, von denen noch die wegen ihr Stadtansichten gerühmten Maler Elias Galli und Johann Georg Stuhr genannt seien. Die Stadt zog auch die Dichter an. Wenn hier als erster Philipp Nicolai (1556–1608) angeführt wird, so mag man mit Recht einwenden, daß er in seiner Eigenschaft als Theologe 1601 zum Hauptpastor an St. Katharinen berufen wurde, wo er bis zu seinem Tod 1608 wirkte. Dennoch darf auch er als Dichter gewürdigt werden, denn die evangelische Christenheit verdankt ihm zwei der schönsten Choräle ihres Gesangbuchs, die 1599 erschienenen *Wie schön leuchtet der Morgenstern* und *Wachet auf, ruft uns die Stimme*, wahre Kleinode der deutschen Barockpoesie um 1600.

Philipp Nicolais *Freudenspiegel zum ewigen Leben*, in dem diese beiden Choräle erstmals veröffentlicht wurden, lag bald nach seinem Erscheinen auch in niederländischer Übersetzung vor. In Hamburg wurde sein Verfasser aber unfreundlich empfangen; gegen seine Wahl erhob sich Polemik. Nicolai reagierte gelassen.

»Wenn unser Schicksal in den Händen gewisser Gegner läge«, meinte er, »würden sie uns lebendig verbrennen.« Nicolai waren nur sieben Jahre in Hamburg beschieden.

Mit Johann Rist betrat wieder ein Geistlicher die literarische Szene Hamburgs. Der 1607 in Ottensen geborene Rist war seit 1635 Pfarrer im holsteinischen Wedel, darf aber dennoch den Hamburger Dichtern zugerechnet werden, weil er zeitweilig in Hamburg wohnte und hier 1656 den »Elbschwanenorden« gründete, eine jener damals so zahlreich entstehenden Gesellschaften zur Pflege der deutschen Sprache in einer sprachverwilderten Epoche. Mit dem Elbschwanenorden gedachte Rist »diese alleredelste Sprache aus den finsteren Klüften der barbarischen Unwissenheit getreulich hervorzusuchen« – so die Formulierung in seiner Schrift *Rettung der edlen teutschen Hauptsprache* (1642). Rist hatte das Unternehmen bewußt als Konkurrenz zur »Teutsch gesinnten Genossenschaft« ins Leben gerufen, die Philipp von Zesen 1643 in Hamburg errichtet hatte, um den »Wunderschatz der hochdeutschen Sprache« zu pflegen.

Noch während des Dreißigjährigen Kriegs, 1645, fand Kaiser Ferdinand III. die Zeit, Johann Rist zum Dichter zu krönen und ihm als weitere Auszeichnung für sein literarisches Schaffen die Würde eines kaiserlichen Hofpfalzgrafen zu verleihen; 1653 wurde Rist geadelt. Seinen Zeitgenossen galt er als »princeps poetarum totius Germaniae« (Fürst aller deutschen Dichter), wovon der überaus eitle Rist auch selbst überzeugt war. Die Ehrungen, die ihm zuteil wurden, halfen das zu verwinden, was der Krieg ihm angetan hatte: die gänzliche Verwüstung seines Wedeler Besitzes und all seiner Habe; fast mittellos hatte der Dichter nach Hamburg fliehen müssen, wo er eine Stadtwohnung besaß. Heute sind seine Dramen – von denen unter anderem *Irenaromachia* (1630) und *Das Friede-wünschende Teutschland* (1647) in Hamburg uraufgeführt wurden – vergessen, desgleichen sein vielbändiges lyrisches Œuvre. Im Gedächtnis geblieben – und ins evangelische Kirchengesangbuch aufgenommen – sind zwei Choräle: *O Ewigkeit, du Donnerwort* und *Werde munter, mein Gemüte.* Johann Rist starb 1667 in Wedel.

Philipp Nicolai. Kupferstich von Melchior Haffner

Die ungehemmte Produktionslust des Wedeler Dichterpfarrers gab seinem Gegner Philipp von Zesen Anlaß zu einem spöttischen Anagramm auf den Namen Johann (Joannes) Rist: »Es rinnt ja so.« Der 1619 in Prirau bei Dessau geborene Zesen war ein weitgereister Mann, der viele Jahre lang zeitweilig in den Niederlanden, Paris oder London, dann wieder in Hamburg lebte. Erst 1683 ließ er sich ganz in Hamburg nieder, da ihm das geistige Klima dieser Stadt offenbar besonders zusagte. Was ihn mit Rist verband und zugleich verfeindete, waren seine Bemühungen um die Pflege der deutschen Sprache, die im 17. Jahrhundert, besonders durch den Dreißigjährigen Krieg, geradezu chaotisch verwildert und überfremdet war. Zesen ist der erste deutsche Berufsschriftsteller, das heißt, er lebte einzig von seiner Tätigkeit als Lyriker, Romancier und Übersetzer, was damals noch so ungewöhnlich war, daß man ihn deswegen als Bettler und Vagabunden schmähte. Philipp von Zesen, dem Kaiser Ferdinand III. auf dem Reichstag zu Regensburg 1653 das Adelsprädikat verliehen hatte, starb 1689 verarmt in Hamburg.

Pfarrer wie Nicolai und Rist war auch der 1610 in Gießen geborene Johann Balthasar Schuppius, der 1649 als Hauptpastor an St. Jacobi nach Hamburg berufen wurde. Er war ein wegen seiner volkstümlichen Beredsamkeit sehr beliebter Prediger, als Schriftsteller ein begabter Satiriker (*Corinna, die ehrbare Hure*, 1660) und ein geistlicher Lyriker von frommem Gemüt. Wie Rist und Zesen hat auch er sich für die Reinheit der deutschen Sprache eingesetzt. Er schrieb: »Und damit sie dich nicht auch dafür ansehen, als seist du gar ein Idiot in fremden Sprachen, so wirf nur stattlich die ausländischen Wörter untereinander; als *Monsieur*, als ein braver *Cavalier* thu mir doch die *Plaisir* und *visitir* mich auf meinem *logier*, ich will ihn mit *poculieren* nicht *importunieren*, sondern ihn *dimittiren*, sobald er mir wird *imperiren*.« Schuppius starb 1661 in Hamburg.

Mitglied von Zesens »Teutsch gesinnter Genossenschaft« wurde auch der 1624 in Altona geborene Jakob Schwieger, der seit 1645 in Hamburg lebte. Schwieger, von Johann Rist als »der ärgste Bärenhäuter, der auf zwei Beinen trete« gescholten, hatte Theologie studiert und einige Übersetzungen aus dem Niederländischen veröffentlicht. Er hielt sich nur von Zeit zu Zeit in Hamburg auf, dann lebte er wieder in Stade oder Glückstadt, und schließlich wurde er 1657 gar Soldat in der dänischen Armee und nahm teil am Feldzug in Polen. Am Hof von Schwarzburg-Rudolstadt tauchte er nach seinem Militärdienst 1665 auf; nach 1667 aber verliert sich seine Spur. Eine Sammlung Gedichte, 1656 in Hamburg unter dem Titel *Wandlungs Lust* gedruckt, enthält das erste Gedicht, das der Alster gewidmet wurde; tatsächlich galt es aber mehr einer Dame, »meiner Schäferin«, wie Schwieger es ausdrückte.

Mehr wissen wir über den 1620 in Regensburg geborenen Johann Georg Greflinger, der sich 1648 als Notar in Hamburg niederließ und hier den schon erwähnten *Nordischen Mercurius* gründete. Seine Geschäfte müssen glänzend verlaufen sein, denn Greflinger erwarb 1664 zunächst das Bürgerrecht und, im selben Jahr, ein Haus am Neumarkt. Als Johann Rist vom Kaiser mit dem Dichterlorbeer ausgezeichnet worden war, hatte er auch das

Recht erhalten, seinerseits andere Poeten zu krönen; Rists Wahl fiel auf Greflinger, der auch in den Elbschwanenorden aufgenommen wurde.

Sein Notariat und seine Tätigkeit als Zeitungsherausgeber ließen Greflinger dennoch Zeit zu reicher schriftstellerischer Produktion. Er veröffentlichte zahlreiche Gedichte und Epigramme, ja er wagte sich sogar als erster und einziger an eine Darstellung des Dreißigjährigen Kriegs in Versen (1657). Eine bedeutende Leistung war seine Übersetzung von Corneilles *Cid*, die aber in Deutschland unbeachtet blieb. Greflinger starb um 1677 in Hamburg.

Wie Schuppius stammte auch der 1648 in Marburg geborene Eberhard Werner Happel aus Hessen. Er hatte Mathematik und Medizin studiert. Wann er nach Hamburg kam, ist nicht bekannt. Happel, der gleich Zesen als freier Schriftsteller lebte, veröffentlichte vierzehn Romane, in denen sich die Erzählung mit einer Fülle gelehrten Wissens verbindet, geradezu enzyklopädisch angereichert, wie man es im Barock liebte. Happel starb 1690 in Hamburg.

Von großer Bedeutung für die Hamburger Oper wurde Christian Heinrich Postel, wie Happel Sohn eines Predigers. Postel wurde 1658 zu Freiburg im Land Hadeln geboren und kam 1675 nach Hamburg, als sein Vater zum Prediger an der Heiligen-Geist-Kirche berufen wurde. Dem Studium der Rechtswissenschaften in Leipzig und Rostock folgte eine ausgedehnte Reise in die Niederlande, nach England, Frankreich und Italien. Dann ließ sich Postel als Rechtsanwalt in Hamburg nieder. Eine zweite Reise führte ihn 1700 über die Schweiz nach Mailand, Rom und Venedig und von da über Wien, Prag, Dresden und Berlin nach Hamburg zurück. Viel Zeit blieb ihm nicht mehr; er starb schon 1705 an Lungentuberkulose in Hamburg. Für die Hamburger Oper schrieb der polyglotte Postel, der Englisch, Französisch, Italienisch, Spanisch, Portugiesisch, Lateinisch und Griechisch sprach und daher auch in fremdsprachigen Dramen wohlbewandert war, insgesamt 25 Opernlibretti, von denen die meisten Reinhard Keiser vertonte. Postels Libretti, auf die später noch

Telemann zurückgriff, waren wegen ihrer Bühnenwirksamkeit bei vielen zeitgenössischen Komponisten beliebt. Postum erschien 1724 sein unvollendet gebliebenes Epos *Der große Wittekind.* Als »aller niedersächsischen Poeten Großvater« hat der Hamburger Dichter und Journalist Christian Friedrich Weichmann damals Postel gerühmt, dessen Einfluß noch bei Klopstock nachzuweisen ist.

Bedeutsamer als die Poesie entfaltete sich die Wissenschaft im Hamburg des 17. Jahrhunderts. Der Rat hatte 1610 die Gründung eines Akademischen Gymnasiums beschlossen und mit dieser drei Jahre später eröffneten Schule eine Institution geschaffen, die zwischen der Gelehrtenschule und der – in Hamburg nicht existierenden – Universität stand. Das Gymnasium bot Vorlesungen in Mathematik, Physik, Botanik, Poetik, Rhetorik, Geschichte, Griechisch, Spanisch und in den orientalischen Sprachen, für die in Hamburg stets ein besonderes Interesse bestand. Als 1629 der Posten des Rektors neu zu besetzen war, berief der Rat Joachim Jungius.

Der 1587 in Lübeck geborene Jungius hatte an der Universität Padua zum Doktor der Medizin promoviert und bekam seine erste Professur an der Universität Gießen, von der er zur Universität Rostock überwechselte. Hier erreichte ihn die Berufung nach Hamburg zum Rektor und Lehrer für Logik, Physik und Metaphysik. Jungius übernahm sowohl das Rektorat des Johanneums wie das des Gymnasiums und führte als erstes eine gründliche Schulreform durch. Sein Prinzip lautete: »Keine Regel, keine Anweisung zulassen, die nicht gründlich aufs Neue erkundiget und in der Probe richtig erfunden sei, unangesehen viel oder alle so oder so halten. Es muß Gewißheit und Sicherheit da sein und keineswegs auf einige Autorität zu bauen.« Zugleich setzte er beim Rat eine bessere Besoldung der Lehrer durch.

Keine zehn Jahre war Jungius im Amt, da hatte der Gelehrte mit seiner Forderung, »keineswegs auf einige Autorität zu bauen«, die Hamburger Geistlichkeit gegen sich aufgebracht. Hamburgs evangelisch-lutherische Kirche, ein Hort fanatischer Intoleranz und unchristlicher Lieblosigkeit, ereiferte sich über

Joachim Jungius. Kupferstich

eine Selbstverständlichkeit. Jungius, auf einen gründlichen Unterricht im Griechischen bedacht, hatte es gewagt, diese Sprache weniger als sonst üblich am Beispiel des hellenistischen Griechisch des Neuen Testaments zu lehren, sondern in stärkerem Maße die griechischen – also heidnischen – Klassiker im Unterricht heranzuziehen; dabei reduzierte er die dem Studium des Neuen Testaments gewidmete Stundenanzahl. Da er außerdem zum besseren Verständnis des Lateinischen seine Schüler lateinische Komödien spielen ließ, brach auf Hamburgs Kanzeln ein Tobegeheul los. Die evangelischen Theologen, denen im 17. Jahrhundert das wütende Eifern oft wichtiger gewesen war als die Verkündigung von Gottes Wort und tätige christliche Nächstenliebe, verketzerten nun Jungius zum Atheisten. Es nutzte dem Beschuldigten nichts, daß er in öffentlichen Disputationen seinen Standpunkt zu begründen suchte. Die Hamburger Geistlichkeit holte Gutachten theologischer Fakultäten ein, die allesamt gegen Jungius entschieden. Daraufhin legte dieser 1640 das Rektorat des Johanneums nieder, behielt aber das des Gymnasiums, auf das die

Kirche weniger Einfluß hatte. Angewidert schrieb Jungius damals an den englischen Mathematiker Sir Charles Cavendish, einen Freund von Descartes: »Meine Freudigkeit wird nicht selten gedämpft durch die unglaubliche Erstarrung dieser Menschen, unter denen ich lebe, in Beziehung auf die Untersuchung der Wahrheit und noch häufiger durch ihre Verachtung der Philosophie. Die den Wissenschaften sich widmende Jugend nutzt ihr Talent in theologischen Streitigkeiten ab.«

Goethe, der im Alter eine Biographie *Leben und Verdienste des Doctor Joachim Jungius, Rektors zu Hamburg* plante, schrieb: »Der Mann war Mathematiker und Logiker von Haus aus, hatte sich aber mit freiem Sinn der lebendigen Natur ergeben und seiner Zeit vorschreitende Arbeiten geliefert. Bei dem mannigfachen Interesse, das er mir einflößte, kommt in Betracht, daß er ein Zeitgenosse Bacons von Verulam, Descartes' und Galileis gewesen, sich aber in seinen Studien und Lehrgang durchaus originell zu erhalten wußte.« Und Alexander von Humboldt fand, »an Gelehrsamkeit und philosophischem Geist« habe »den großen Jungius keiner seiner Zeitgenossen« übertroffen.

Jungius, der sich mit Fragen der Optik, der Akustik, der Botanik und der Anatomie ebenso beschäftigte, wie er sich Gedanken machte über die Verwendung der deutschen Sprache bei wissenschaftlichen Untersuchungen (Goethe: »Dieser Mann ist eine ganze Akademie!«), konnte einige bedeutende Wissenschaftler nach Hamburg verpflichten, so den Mathematiker Johann Adolph Tassius, den Historiker Peter Lambeck und den Orientalisten Ägidius Gutbier, der Bücher in syrischer Sprache auf einer eigenen Druckpresse herstellte.

Mit Jungius befreundet war der Stadtphysikus Paul Marquard Schlegel, der an der Universität Jena eine Professur für Chirurgie und Botanik innehatte, ehe ihn Hamburg berief. Schlegel richtete im St.-Maria-Magdalenen-Kloster ein »Theatrum anatomicum« ein und war der erste, der sich in Deutschland für William Harveys Lehre vom Blutkreislauf einsetzte.

Vorübergehend – von 1632 bis 1636 – lebte auch der bedeutende niederländische Staatsrechtler Hugo Grotius in Hamburg, gegen dessen freisinnige Ansichten (»atheistische Spötterei«) sich einiges Pastorengekeif erhob.

Für Hamburg wurden diese Wissenschaftler, die im Gegensatz zu den Geistlichen das Ansehen der Stadt weit über Deutschlands Grenzen hinaus mehrten, noch aus einem anderen Grund wichtig: Die meisten vermachten der Stadt ihre kostbaren Bibliotheken.

Johannes Bugenhagens Kirchenordnung von 1529 hatte ausdrücklich die Einrichtung einer nicht fern vom Johanneum gelegenen Bibliothek verlangt. Damit entsprach Bugenhagen einer Empfehlung Luthers, der jede Stadt aufgefordert hatte, eine öffentliche Bücherei aufzubauen. Die erste Johanneumsbibliothek, deren Bestand wir allerdings nicht kennen, setzte sich zusammen aus den Bibliotheken der aufgelösten Klöster und der Domschule.

Mit der Schulreform von 1610, die das vernachlässigte Johanneum wiederbeleben und das Akademische Gymnasium verwirklichen sollte, appellierte der Ratsherr Sebastian von Bergen an den Rat, Bürger und Ämter zu Geld- und Bücherspenden aufzurufen, um die Johanneumsbibliothek zu erweitern und attraktiver zu machen.

Unter Jungius wurde der Buchbestand zwischen Johanneum und Gymnasium aufgeteilt, wobei der Rat 1650 die Gymnasialbibliothek zu einer öffentlichen machte, zur Gemeinen Bibliothek, die ihren neuen Standort im ehemaligen St.-Johannis-Kloster fand. Mit Georg Schumacher, einem Mathematiker und Landmesser, wurde Hamburgs erster Bibliothekar berufen. Ein Jahr später erließ der Rat eine Bibliotheksordnung.

Daß Hamburg am Ende des 17. Jahrhunderts die größte und kostbarste öffentliche Bibliothek Deutschlands sein eigen nennen konnte, verdankte es hochherzigen Vermächtnissen. Den Anfang machte 1648 der Domherr und Jurist Friedrich Lindenbrog mit seiner Bücherei und seiner Handschriftensammlung. Ihm folgte 1649 der Mathematiker Johann Adolph Tassius, der seine Bücher und seine mathematischen Instrumente dem Rat gegen eine Leibrente übergab. Joachim Jungius hinterließ bei seinem Tod 1657 »meine Bibliothecam, alß einen mit fleiß von mir zusahmen

Juriaen Jacobsz (um 1625–1685): *Bildnis des Mathematikers Johann Adolph Tassius*. Gemälde, 1652. Hamburg, Kunsthalle. Jacobsz, ein gebürtiger Hamburger, lernte bei Frans Snyders in Antwerpen und war tätig unter anderem in Amsterdam sowie in Leeuwarden, wo er 1685 als Hofmaler des Statthalters von Friesland starb

gesambleten philosophischen Schatz« und alle seine Manuskripte. Im selben Jahr kam der Nachlaß des Arztes Paul Marquard Schlegel, bestehend aus Büchern, Handschriften, chirurgischen Instrumenten und anatomischen Präparaten, in den Besitz der Stadt. Thomas Selle, Komponist, Musikdirektor Hamburgs und Kantor am Johanneum, vermachte 1663 seine Bibliothek sowie die Handschriften von 282 seiner geistlichen Kompositionen. Und obwohl dem Hamburger Lucas Holstenius das Amt des Gymnasialrektors von seiner Vaterstadt verwehrt worden war, sprach er in seinem Testament 29 wertvolle Handschriften Hamburg zu, die 1677 Kardinal Barberini der Stadt übergab, denn Holstenius, zum katholischen Glauben übergetreten, war als Leiter der Vatikanischen Bibliothek gestorben. Die Bücher und die Handschriften des herzoglich-braunschweigischen Kanzlers Heinrich Langenbeck, der aus Hamburg stammte, kamen 1691 in den Besitz seiner Heimatstadt, und schließlich folgte 1704 die 4000 Bände zählende Bibliothek des Vincent Placcius, Professor am Akademischen Gymnasium.

Innerhalb von fünfzig Jahren verdreifachte sich durch diese Vermächtnisse der Bestand der Gemeinen Bibliothek und zählte am Ende des 17. Jahrhunderts 25 000 Bände. Wertvolle orientalische Handschriften schenkten in den Jahren 1652 bis 1685 die Theologen Wilhelm Alardus, Sigismund Schellhammer, Jonas Schrimpf und Anton Reiser. Angespornt von so viel Hochherzigkeit verfügte der Rat 1726, jeder neugewählte Ratsherr habe der Gemeinen Bibliothek ein Werk zum Geschenk zu machen. Dreißig Jahre vorher hatte der Rat auf Antrag des Bibliothekars Peter Surland beschlossen, »daß alle hiesigen Buchführer und Drucker von allen Büchern, Schriften und Avisen, so allhier gedruckt oder auch von Hiesigen verlegt werden, ein Exemplar auf diese Stadt Bibliothek geben sollen«.

Das Druck- und Verlagswesen in Hamburg entsprach allerdings bei weitem nicht dem ganz unvergleichlichen Reichtum von Hamburgs Gemeiner Bibliothek. Fast ein halbes Jahrhundert nach Städten wie Mainz, Köln, Straßburg und Basel wurde in Hamburg 1491 die erste Druckerei von den Brüdern Johannes und Thomas Borchardes gegründet. Ihr erstes Druckwerk war eine lateinische Predigtsammlung des Jacobus de Voragine, *Laudes beate Marie virginis* (1491).

Um 1522/1523 arbeitete eine anonyme »Ketzerpresse« in Hamburg. Sie druckte eine Übersetzung des Neuen Testaments und Schriften Luthers in niederdeutscher und niederländischer Sprache. Mit der Flugschrift *Nyge tydnynghe* (Neue Zeitung), die der Drucker Johannes Wickrath 1526 herausbrachte, erschien so etwas wie ein Zeitungsvorläufer; die Schrift enthielt aus anderen Quellen nachgedruckte politische Nachrichten. Bugenhagens in Hamburg entstandene Abhandlung *Wat me van dem Closterlevende holden schal* und die erste Ausgabe von Luthers Katechismus in niederdeutsch druckte 1529 Jürgen Richolff der Jüngere am Pferdemarkt.

Nur ein Jahr, 1536 bis 1537, arbeitete in Hamburg Franz Rhode. Von ihm ist überliefert, daß die Oberalten ihm eine Mietbeihilfe gewährten. Er druckte als erster Bücher in hochdeutsch und benutzte dazu als erster die Antiqua. Danach verließ er Hamburg und ging nach Danzig.

Erfolgreicher als Rhode waren Vater und Sohn Jochim Löw, die von 1548 bis 1589 eine Druckerei betrieben. Ihre Werkstatt bot ein breites Programm. Neben theologischen Schriften wie dem Neuen Testament, Luthers Katechismus, Predigten und anderem sowie Koch- und Kräuterbüchern druckten sie 1573 das für den Kaufmann wie den Juristen wichtige Gotländische Wasserrecht und schufen 1555 den ersten Notendruck Hamburgs: den vierstimmigen Satz des Chorals *Allein zu dir, Herr Jesu Christ.*

Erst gegen Ende des 16. Jahrhunderts sind Drucker und Verleger (Buchführer) nicht mehr eine Person. Die großen Verleger Hamburgs im 17. Jahrhundert heißen Michael Hering, der von 1607 bis 1633 mehr als 200 Titel herausgab, Georg Ludwig Frobenius, der es in den Jahren 1602 bis 1638 auf 185 Titel brachte, Tobias Gundermann mit 163 Büchern von 1634 bis 1650 und Zacharias Hertel, gestorben 1678, mit einem Verlagsprogramm von 235 Titeln, darunter auch Büchern von Johann Rist.

Daß in Hamburg nicht ganz zufällig orientalische Handschriften gesammelt wurden, scheint der Verleger Benjamin Schiller zu bezeugen, der 1694 die erste vollständig gedruckte Ausgabe des Korans in Europa auf den Markt brachte: *Al-Coranus sive Lex Islamitica Muhammedis*. Man ist versucht zu fragen, ob die schlechten Erfahrungen, die Hamburgs Schiffahrt mit den algerischen und den türkischen Piraten machte, vielleicht dazu führten, daß in der Hansestadt das Interesse am Islam so auffallend groß war. Bedeutende illustrierte Werke, etwa vom Rang der Vergil-Ausgabe, die Johannes Grüninger 1502 in Straßburg druckte, sind in Hamburg nicht erschienen; auch die schon erwähnte Bibel mit den Illustrationen von Matthias Scheits wurde in Lüneburg verlegt.

## »Die herrliche und wohlbestallte Musik«

Stand so Hamburg als Druck- und Verlagsort hinter anderen Städten des Reichs zurück, so setzte es sich in der Pflege der Musik unbestritten an die Spitze. Schon der Reichtum an prachtvollen Orgeln war ungewöhnlich. Eine der vollkommensten in Norddeutschland stand in St. Katharinen. Von Hans Stellwagen 1543 erbaut, war sie 1670 von dem Kopenhagener Johann Friedrich Besser völlig überholt worden, und statt der ursprünglichen 43 Stimmen hatte sie nun deren 58. An ihren vier Manualen saß in der zweiten Hälfte des 17. Jahrhunderts Johann Adam Reinken (1623–1722), einer der größten Organisten seiner Zeit. Arp Schnitger (1648–1719), der berühmteste Orgelbauer Norddeutschlands, baute für St. Nikolai ein einzigartiges Instrument mit 66 Stimmen, das 1686 vollendet wurde; auf ihm musizierte Vincent Lübeck (1654–1740). Für St. Jacobi schuf Schnitger, der seit 1682 das Hamburger Bürgerrecht besaß, jene noch heute erhaltene Orgel von 60 Registern, die 1693 vollendet wurde. Die Kommission, die damals Schnitgers Instrument zu begutachten

Johann Adam Reinken, Mitgründer der Hamburger Oper und Organist an St. Katharinen. Johann Sebastian Bach spielte 1720 zwei Stunden lang vor dem greisen Reinken auf der Orgel von St. Katharinen, deren »Schönheit und Verschiedenheit des Klanges dieser Rohrwerke« Bach »nicht genug rühmen« konnte

hatte, rühmte, der Orgelbauer habe sein Werk »mit sonderbahrem Fleiß, sorgfalt, und Curiosität getreu und redlich von sehr guten materialien verfertiget, also das wir nicht anders als Sein hierin wolverdientes Lob Ihme deßwegen beilegen können«. So groß war sein Ruf, daß Schnitger Orgeln auch in den Niederlanden, England, Portugal und Rußland baute. In ihrem Erscheinungsbild zeigen Schnitgers Orgeln den sogenannten Hamburger Prospekt, bei dem die Orgelfront gegliedert ist in einen Rundturm in der Mitte – manchmal auch zwei Pedal-Rundtürme an den Flanken – und zwei Spitztürme, verbunden durch Flachfelder. Vor Schnitger wirkte hundert Jahre lang in Norddeutschland die Hamburger Orgelbauerfamilie Scherer.

Als bedeutende Organisten waren in Hamburg neben den schon genannten auch Hieronymus, Jacob und Johann Prätorius sowie David und Heinrich Scheidemann tätig. Bis ins 18. Jahrhundert hinein war Hamburg so etwas wie eine Hochburg des Orgelspiels. Der große Heinrich Schütz brachte persönlich seinen

Schüler Matthias Weckmann von Dresden nach Hamburg, weil damals nirgendwo in Deutschland eine bessere Ausbildung im Orgelspiel denkbar war als in dieser Stadt.

Die Kirche sorgte alljährlich für eine Passionsmusik, eine Tradition seit dem Beginn des 17. Jahrhunderts.

Als erster hatte hier 1609 Erasmus Sartorius eine – nicht erhaltene – Passionsmusik in der St.-Gertruden-Kapelle aufgeführt. Für die darauffolgenden Jahre fehlen uns die Nachrichten, aber dann trat Thomas Selle auf den Plan mit je einer Johannes-Passion für 1641 und 1643. Die von 1643 war überaus reich instrumentiert: 2 Violinen, 2 Violen, 2 Blockflöten, 2 Lauten, 2 Pandoren, 2 Cornetti, 2 Trombonen, 2 Fagotte (oder Gamben). Die jährliche Aufführung einer Passionsmusik ist aber erst von 1676 an urkundlich gesichert; allerdings fehlen uns die Kompositionen. Die Hamburger Kirchenordnung legte die Aufführungen exakt fest: Am Sonntag Oculi hatte sie in St. Petri stattzufinden, die als die vornehmste der fünf Hauptkirchen galt; Judica war St. Katharinen an der Reihe; am Freitag vor Palmsonntag St. Jacobi; am Montag nach Palmsonntag St. Maria Magdalenen; am Dienstag St. Gertruden und Laetare St. Nikolai. Die Hamburger Geistlichkeit hatte aber beschlossen: Fiele Mariä Verkündigung auf einen Sonntag oder in die Karwoche, so müßten die Passions-Aufführungen bereits am Sonntag Reminiscere beginnen.

Die Passionsmusiken waren ein fester Bestandteil des Hamburger Musiklebens. Die hier genannte festtägliche Ordnung für ihre Aufführung wurde schon 1657 im ersten Konzertführer Hamburgs folgendermaßen vermerkt: »Eine sowohl den Einheimischen, als auch den hie ankommenden Ausländischen nütz und dienliche Anweisung, welche Zeit und was Ohrt, man allhier in dieser guten und weitberühmten Stadt Hamburg, die herrliche und wohlbestallte Musik, das ganze Jahr durch nach Hertzenswunsch vergnüglichen anhören kann.«

Nicht nur die Kirche, auch die Stadt selbst ließ sich die Musikpflege einiges kosten. So beschäftigte Hamburg im 17. Jahrhundert acht städtisch besoldete Ratsmusikanten, denen zwei Expectanten (Anwärter) beigesellt waren, die bei einem Todesfall nach-

Thomas Selle (1599–1663), 1641 zum Musikdirektor Hamburgs berufen. Kupferstich von J. Dircksen, 1653

rückten. Hinzu kamen fünfzehn Rollbrüder – sie hießen so, weil ihre Befugnisse und Aufgaben auf einer Rolle aufgezeichnet waren –, die wie die Expectanten den Ratsmusikanten unterstellt waren. Sie hatten dann einzuspringen, wenn einmal Not am Mann war, unbeschadet etwaiger anderer Verpflichtungen. Ihre Anzahl wurde 1610 festgesetzt; waren unter ihnen besonders begabte Musiker, so konnte der Rat die Anzahl auch erhöhen. Und dann gab es noch, seit 1691, die Grünrollmusikanten, Musiker, die nicht einer Zunft angehörten. Sie hatten vom Rat das Privileg, in den Vorstädten zum Tanz aufzuspielen und bei den Frühlings- und Sommerfesten der Schulen und des Waisenhauses mitzuwirken. Da sich diese Tätigkeit meist im Grünen abspielte, waren sie eben die Grünrollmusikanten. Diese Leute waren meistens Handwerker und betrieben die Musik als Nebentätigkeit. Und so, wie die Rollbrüder bei Ratsmusikanten aushilfsweise einspringen mußten, wurde ein gleiches von den Grünen als Aushilfe bei den Rollbrüdern verlangt.

Damit verfügte Hamburg zu Beginn des 17. Jahrhunderts über

25 organisierte Musiker, mehr als jede der anderen Freien Reichsstädte, in denen ja keine Hofkapellen existierten. Und so gut war der Ruf der Hamburger Musikanten, daß sie zuweilen auch auf Wunsch ausgeliehen wurden, so an den Hof zu Schwerin, so an den Hof in Kopenhagen. Vom Rat besoldet aber wurden nur die Ratsmusikanten und ihre Expectanten, denen die Turmbläser angeschlossen waren, die ihrerseits aber von den Kirchen bezahlt wurden. Die Rollbrüder und die Grünrollmusikanten verdienten ihr Geld durch Aufspielen bei Festlichkeiten aller Art, besonders Hochzeiten, bei denen die musikalische Ausgestaltung und die Bezahlung der Musiker durch ein Gesetz geregelt waren.

Als ganz selbstverständlich galt, daß Ratsmusikanten und Rollbrüder mehrere Streich- und Blasinstrumente beherrschten. Nur die Trompeter, seit je eine elitäre Zunft, durften die Türmer stellen, und ihnen war bei festlichen Anlässen in Hamburg ein besonderer Brauch vorbehalten. Galt es nämlich, ein ungewöhnliches Ereignis zu feiern, so mußte von den Türmen geblasen werden. So geschah es am 22. Oktober 1648 und am 15. September 1650 aus Anlaß der Verkündung des Westfälischen Friedens, als »von dem Dom und St. Jacobi Thurm und hernächst von Nikolai und Catharinen Thurm unter Trompeten- und Paukenschall vortrefflich geblasen« wurde; offenbar in reicher Besetzung, denn 1650 »ließen sich auf allen Thürmen Trompetten, Dulcianen, Bassaunen und Zinken hören«.

Die eigentliche Liebe der musikalischen Hamburger galt im 17. Jahrhundert dem Streicherklang, besonders dem Wohllaut eines Gamben-Ensembles. Das war gut britische Tradition, und da man sich in Hamburg England und dessen damals in Blüte stehendem Musikleben besonders verbunden wußte, ist es kein Zufall, daß gerade englische Meister ihre Werke in Hamburg veröffentlichten – durch Engländer. So druckte der längere Zeit in der Hansestadt lebende Engländer Thomas Simpson hier 1610 und 1621 Gambenmusik seines großen Landsmanns John Dowland. Und kein Hamburger fand etwas dabei, daß der britische Komponist William Brade von 1609 bis 1614 Direktor der Ratsmusikanten war.

Ein sogenanntes Hamburger Cithrinchen, gebaut 1685 von Joachim Tielke (1641–1719), einem der bedeutendsten deutschen Instrumentenbauer seiner Zeit (Vorder- und Rückseite, auf dem Resonanzboden Elfenbeinranken, in Ebenholz ausgelegt.) Hamburg, Museum für Kunst und Gewerbe. Dieses spezifisch hamburgische Instrument war in der zweiten Hälfte des 17. Jahrhunderts bei den Damen der Gesellschaft sehr beliebt.

Die Stadt verstand es, bedeutende Musiker an sich zu binden. So wirkte von 1621 bis 1665 Johann Paul Schop als Direktor der Ratsmusikanten in dieser Stadt, von dem zum Beispiel die noch heute bekannten Choralmelodien *Ermuntre dich, mein schwacher Geist; O Traurigkeit, o Herzeleid; Sollt ich meinem Gott nicht singen; Werde munter, mein Gemüte* stammen. Thomas Selle wurde 1641 zum Kantor am Johanneum und zum Musikdirektor der vier Hauptkirchen berufen. Er stammte aus Zörbig bei Bitterfeld, wo er am 23. März 1599 geboren worden war. Er ließ sich 1622 an der Universität Leipzig immatrikulieren und war dort möglicherweise auch Schüler des Thomaskantors Johann Hermann Schein. Aber der Aufenthalt in Leipzig war nur kurz, schon 1624 wurde Selle Lehrer in Heide (Holstein), dann von 1625 bis 1634 Rektor und Leiter der Kirchenmusik in Wesselburen und von 1634 bis 1641 Kantor in Itzehoe. In sein Hamburger Amt wurde er am 12. August 1641 eingeführt. Das Amt des Kantors (Musiklehrer) am Johanneum bedeutete zugleich auch die Verpflichtung, für die Musik in den Hauptkirchen zu sorgen, weswegen der offizielle Titel lautete: »Cantor Scholae Johannei et Chori Musici Hamburgensis Director«. Weit stärker als seine Vorgänger sorgte Selle für eine Vergrößerung des Vokal- und Instrumentalensembles. So ist das Choralkonzert »Nun lob, mein Seel, den Herren«, das er 1661 komponierte, für 20 Vokal- und Instrumentalstimmen zu vier Chören geschrieben.

Thomas Selle, in seinen Hamburger Jahren befreundet mit den hier wirkenden Dichtern Johann Rist und Georg Neumark (»Wer nur den lieben Gott läßt walten«) und den Musikern Johann Schop, Hermann Scheidemann und Matthias Weckmann, hat ein bedeutendes und umfangreiches Werk hinterlassen, das zum größten Teil erhalten geblieben ist. Seine ersten Kompositionen – »Concertatio Castalidum« und »Deliciae pastorum Arcadiae« – wurden schon 1624 in Hamburg gedruckt, dreistimmige Vokalsätze. Später folgten deutsche (weltliche) Lieder (»Allerhand lustige ... Liedlein«, Hamburg 1636), geistliche Konzerte (1635 und 1646), Motetten, Passionen, Widmungs- und Huldigungskompositionen, Begräbnis- und Hochzeitsmusiken. Allein 282 Kom-

Das erste, 1677 von dem damals hochrenommierten italienischen Theaterarchitekten Girolamo Sartorio erbaute Opernhaus am Gänsemarkt. Ausschnitt aus einer 1726 gezeichneten Stadtansicht von Paul Heineken

positionen vermachte er testamentarisch der Hamburger Stadtbibliothek (heute Staats- und Universitätsbibliothek), wo sie noch heute verwahrt werden. Thomas Selle starb am 2. Juli 1663 in Hamburg. Nach seinem Tod wurde Christoph Bernhard vom sächsischen Kurfürsten »ausgeliehen«; er wirkte von 1663 bis 1674 in Hamburg.

Eine bedeutsame Anregung erfuhr das Hamburger Musikleben durch Matthias Weckmann, der von 1655 bis 1674 als Organist an St. Jacobi wirkte. Er gründete 1660 das Collegium musicum, das sich jeden Donnerstag in einem Nebenraum des Doms versammelte – »etliche Studiosis, Kaufgesellen, Musikanten u. andere rühmliche Liebhaber dieser edlen Kunst« (so Johann Rist) – und regelmäßig öffentliche Konzerte veranstaltete. Mit dem Tod Weckmanns 1674 erlosch dieses Ensemble; erst Telemann sollte an diese Tradition wieder anknüpfen.

Dennoch fehlte es auch nach Weckmann nicht an musikalischer Bereicherung. So wirkte von 1675 bis 1682 Johann Theile in

Hamburg, mit dessen Oper *Adam und Eva* am 2. Januar 1678 das Hamburger Opernhaus eröffnet wurde.

Diese Oper – die erste bürgerliche in Deutschland – hatten drei Männer auf eigene Kosten erbauen lassen. Gerhard Schott, Rechtsanwalt und Ratsherr, war der eigentliche Initiator und erster Direktor bis 1693; der zweite war der Jurist Peter Lütkens und der dritte der schon erwähnte Johann Adam Reinken, Organist zu St. Katharinen. Da jedermann in Hamburg wußte, daß etwelcher Widerstand gegen Neues und Ungewohntes von der engstirnigen Geistlichkeit kam, wurden mit Bedacht zunächst vornehmlich religiöse Stoffe auf die Bühne gebracht, deren Libretti zuweilen auch Pfarrer zu Verfassern hatten. Unter denen tat sich besonders Heinrich Elmenhorst, Pastor an St. Katharinen, hervor (*Die wol und beständig liebende Michal; Charitine oder die göttlich Geliebte*). Daneben gab es indes auch weltliche, meist der Antike entlehnte Stoffe. In den ersten Jahren komponierten meist Johann Theile, Johann Wolfgang Franck und Nicolaus Adam Strungk für die Hamburger Oper, die aber selbstverständlich viele Werke des Auslands in ihren Spielplan aufnahm. 1697 ging die künstlerische Leitung des Hauses an Reinhard Keiser über, von dem noch die Rede sein wird.

Die Hamburger Oper war so erfolgreich, daß sie 1696 sogar dreizehn Gastspiele in Kiel geben konnte, während in Hamburg in dieser Zeit mit einer zweiten Besetzung weitergespielt wurde. Auch 1697 gab man wieder Gastspiele in Kiel, diesmal sogar vierzehn, hatte sich damit aber finanziell übernommen, so daß künftig auf Gastspiele verzichtet werden mußte. Denn die Oper war ein rein kommerziell betriebenes Unternehmen, das keinerlei Zuschüsse im Fall wirtschaftlicher Schwierigkeiten erwarten durfte. Und bis 1738, also immerhin sechzig Jahre lang, konnte sie als rentables Privatunternehmen von ihren verschiedenen Pächtern betrieben werden.

Während Hamburg sich auf so vielfältigen Gebieten kulturell entfaltete, wurden die innenpolitischen Wirren dermaßen heftig und chaotisch, daß sie die stolze Stadt hart an den Rand der Anarchie drängten.

# Im 18. Jahrhundert

Die Große St.-Michaelis-Kirche 1829. Lithographie von Peter Suhr

Nachdem Bürgermeister Heinrich Meurer seine Widersacher Snitger und Jastram 1686 aufs Schafott geschickt hatte, herrschte er mit fast diktatorischer Gewalt über Hamburg. Für einen Augenblick schien Ruhe eingekehrt zu sein. Aber sie erwies sich als trügerisch, als Meurer schon 1690 starb. Sofort brachen erneut Unruhen aus, die verschiedene Ursachen hatten.

Die Bürgerschaft, die während Meurers Amtsperiode zu politischer Bedeutungslosigkeit verurteilt gewesen war, machte jetzt wieder ihre Rechte geltend, wobei Handwerksmeister die Kaufleute immer mehr in den Hintergrund drängten.

Die ersten Unruhen brachte ein Pastorenstreit, bei dem Johann Heinrich Horb aus dem elsässischen Kolmar, nun Pastor an St. Nikolai, die Sache des lutherischen Pietismus vertrat, sein Widersacher Johann Friedrich Mayer, bislang Professor in Wittenberg, nun Pastor zu St. Jacobi, die lutherische Orthodoxie. Dieser Streit, der mit Brandreden und zahlreichen Pamphleten immer heftiger geschürt wurde, brauchte uns als das notorische Pfaffengezänk jener Zeit nicht zu interessieren, wäre die Stadt nicht hineingezogen worden. Der fanatische Mayer, dem sein Gegner Horb schon nicht mehr genügte, hetzte bald unverhohlen gegen die judenfreundliche Politik des Rats und mobilisierte das Geistliche Ministerium, und im Rathaus kam es zu schweren Schlägereien zwischen den Anhängern Horbs und den Parteigängern Mayers. Horb, der inzwischen schon auf offener Straße tätlich angegriffen worden war, verließ 1693 die Stadt, womit der Streit aber keineswegs beendet war. Im Jahr darauf kam es zu erneuten Prügeleien im Rathaus, die sich auf den Straßen fortsetzten; hierbei hatte der geifernde Mayer die Handwerker auf seiner Seite, indes der Rat, der sich seiner Ohnmacht immer mehr bewußt wurde, auf den milderen Horb setzte. Der geistliche Zwist hatte sich längst auf die politische Ebene verlagert. Die Erbgesessene Bürgerschaft erzwang mit einer Dauersitzung von dreißig Stunden, bei welcher der Rat mit Gewalt am Verlassen des Rathauses gehindert wurde, dessen Zustimmung, Horbs Familie der Stadt zu verweisen. Währenddem kam es vor dem Rathaus wiederum zu einer Straßenschlacht, bei der 36 Schwerverletzte auf dem Pflaster blieben, von denen 10 lebensgefährliche Wunden erlitten hatten.

Die Schwächung des Rats entsprach durchaus den Zielen der Bürgerschaft. Sie erzwang zum Beispiel 1698 die Aufnahme von zwei Ratsherren, die sie selbst gewählt hatte, in den Rat, obwohl nur der das Recht hatte, selbst seine Mitglieder zu wählen. Und als der Rat auf das Stapelrecht gegenüber dem Kurfürsten von Brandenburg verzichten wollte – was politisch weise gewesen wäre –, verweigerte die Bürgerschaft die Zustimmung. Ja sie ging noch einen Schritt weiter: Sie erzwang die Teilnahme an den Sitzungen auch für jene, die nicht erbgesessene, das heißt grundbesitzende Bürger waren, sondern nur das einfache Bürgerrecht besaßen. Faktisch lief das alles auf eine völlige Entmachtung des Rats und auf den Bruch der Verfassung hinaus.

Der eifernde Pastor Mayer hatte zwar die Stadt verlassen, weil er nach Greifswald berufen worden war. Aber er fand einen ihm ebenbürtigen Nachfolger in dem Hauptpastor Christian Krumbholtz von St. Petri, der seine Predigten zu massiven Angriffen gegen den Rat mißbrauchte und dafür sorgte, daß seine Anhänger immer mehr Gewicht im Rathaus bekamen. Und das zahlte sich aus. Die Bürgerschaft, inzwischen ganz unter dem Einfluß des demagogischen Posamentenmachers Balthasar Stielcke, setzte 1707 sogar die verfassungswidrige Absetzung von sieben Ratsherren und die unrechtmäßige Neuwahl und Vereidigung von vier neuen durch, die natürlich die Interessen der Gegenseite zu vertreten hatten. Schließlich aber hatte die von dem fanatischen Geistlichen aufgehetzte Bürgerschaft den Bogen endgültig überspannt, da sie durch ihre Obstruktionspolitik die Stadt dahin gebracht hatte, daß diese die – vom Reich an den Kurfürsten von Brandenburg abgetretenen – Reichssteuern nicht mehr bezahlen konnte, weil die Bürgerschaft die Vorschläge des Rats systematisch blockierte. Der Sold des Stadtmilitärs befand sich schon 1703 um siebzehn Monate im Rückstand.

Das Ausland hatte die Hamburger Anarchie seit langem mit wachsendem Widerwillen – oder, wie Dänemark, mit geheimer Freude – beobachtet, und der Kaiser hatte schon 1694 sehr ernst gemahnt. Darüber waren dreizehn für Hamburg chaotische Jahre ins Land gegangen, und nun entschloß sich das Reich, endlich mit Waffengewalt einzuschreiten. Die militärische Exekution wurde norddeutschen Fürsten übertragen, das Reich schickte den Grafen Hugo Damian von Schönborn als kaiserlichen Kommissar nach Hamburg.

Zwar drohten Dänemark, England und die Niederlande dem Reich, zwar versuchte die Stadt sogar einen schwachen Widerstand und ließ einige Schüsse abgeben. Aber das Offizierskorps des Stadtmilitärs verweigerte die Verteidigung, und angesichts der katastrophalen Verhältnisse im Inneren war ohnedies an keine ernsthafte Verteidigung nach außen zu denken; sicher wurde das Einrücken der Reichstruppen von vielen Hamburgern auch heimlich begrüßt.

Am 31. Mai 1708 öffnete die Stadt die Tore, und 5000 Soldaten aus schwedischen, preußischen, braunschweigischen und hannöverschen Kontingenten hielten mit ihrer Artillerie Einzug in Hamburg, wo sie bei den Bürgern einquartiert wurden. Sofort erging Haftbefehl gegen zehn der bürgerschaftlichen Wortführer, unter ihnen Pastor Krumbholtz und Balthasar Stielcke. Die von der Bürgerschaft widerrechtlich abgesetzten Ratsherren kehrten in ihre Ämter zurück, und den Verhafteten wurde im Namen des Kaisers der Prozeß gemacht. Krumbholtz und Stielcke wurden zu lebenslanger Haft verurteilt; fünf Angeklagte hatten sich der Verhaftung durch Flucht entziehen können. Die Sitzungen der Erbgesessenen Bürgerschaft wurden nun, da ihre Übermacht beschnitten worden war, oft so schlecht besucht, daß sie wegen Beschlußunfähigkeit mehrmals ausfallen mußten.

In dieser Situation schien es König Friedrich IV. von Dänemark günstig, sich den Hamburgern wieder in Erinnerung zu bringen. Er zog 1711 in der Grander Heide 28 000 Soldaten zu einer Machtdemonstration zusammen und ließ die Hamburger, die unter Anleitung der kaiserlichen Kommission an einem neuen

Rezeß arbeiteten, drohend wissen, er werde etwaige Veränderungen der alten Rezesse nicht dulden. Kurz, er wies indirekt darauf hin, daß er sich als der eigentliche Herrscher der Stadt betrachtete. Um seinen Worten Nachdruck zu verleihen, verlegte er einige Monate später 12 000 Soldaten nach Blankenese und Brokdorf und gab den Befehl, alle Hamburger Schiffe auf der Elbe aufzubringen, was auch sofort geschah. Den Beschwerden des Rats ließ der König antworten, gegen eine Zahlung von 300 000 Talern werde er Schiffe und Waren wieder freigeben. Schweden, das damals mit Dänemark um das Bistum Bremen kämpfte, warnte die Stadt vor dieser Zahlung, weil sie zur Finanzierung des Kriegs beitrage; sollte Hamburg den Dänen nachgeben, so würde Schweden nicht anstehen, seinerseits Hamburger Schiffe aufzubringen. Der Kaiser legte sich ins Mittel, das Herzogtum Braunschweig-Wolfenbüttel und das Königreich Preußen boten militärischen Beistand an. Hamburg verhandelte verzweifelt und verwies darauf, daß es im Fall eines Falles der dänischen Übermacht erliegen werde, ehe überhaupt auswärtige Truppen zu seiner Unterstützung erscheinen würden; dann würde der Schaden größer sein als die von Dänemark geforderte Summe. Dem Dänenkönig war es ernst: Unter der Vorgabe, wegen der in Hamburg wütenden Pest einen Sicherheitskordon um die Stadt ziehen zu müssen, besetzten dänische Truppen Billwerder, Bergedorf, Barmbek, Borstel, Hamm und Horn und setzten sich in den Vierlanden fest, wo sie wie in Feindesland hausten. Nachdem die Dänen dann auch noch Eppendorf, Eimsbüttel und Ochsenwerder okkupiert hatten und auf Hilfe von auswärts nicht mehr zu hoffen war, zahlte Hamburg im November 1712 schließlich 246 000 Taler an Dänemark; die in den besetzten Gebieten angerichteten Schäden waren in dieser Summe nicht enthalten.

Zugleich konnte die Stadt nun den seit langem verhandelten neuen Hauptrezeß verabschieden, der die innenpolitische Situation konsolidieren sollte. Nachdem die vom Kaiser eingesetzte Kommission diesen Rezeß gebilligt hatte, räumten die Besatzungstruppen die Stadt am 20. Dezember 1712.

Vier Jahre war an dem Hauptrezeß gearbeitet worden. Aber die eingehenden Beratungen hatten sich gelohnt, denn dieser Rezeß verhalf Hamburg zu einem dauerhaften innenpolitischen Fundament, das eine Wiederkehr der vergangenen chaotischen Zustände unmöglich machte.

Die neue Verfassung setzte fest, das »Kyrion« (Recht und Gewalt) liege in den Händen des Rats und der Erbgesessenen Bürgerschaft »in unzertrennlicher Gemeinschaft«. Der Rat bestand von nun an aus 32 Mitgliedern, die der Rat nach gehabtem Brauch selbst wählte: 4 Bürgermeister, 24 Ratsherren und 4 Syndici. Von diesen mußten 3 Bürgermeister und 11 Ratsherren ausgebildete (»graduierte«) Juristen sein, unter den übrigen sollten sich – ohne festgelegte Anzahl – mehrere Großkaufleute befinden. Dem Rat zur Seite stand die Erbgesessene Bürgerschaft mit den Kollegien der 15 Oberalten, der 45 Diakone und der 120 Bürger. Die Oberalten und die Diakone bildeten gemeinsam das Gremium der Sechziger und mit den Bürgern zusammen die Hundertachtziger.

Die erbgesessenen Bürger – nur sie besaßen politische Rechte – mußten schuldenfreien Grundbesitz innerhalb des Festungsgürtels nachweisen können, dazu ein frei verfügbares Vermögen von 1000 Reichstalern; das waren bei etwa 70 000 Einwohnern wenig mehr als vielleicht 300 Bürger. Sie hatten über die Einhaltung der Verfassung zu wachen und die vom Rat erlassenen Gesetze zu billigen oder abzulehnen, hatten aber nicht das Recht, selbst Gesetze einzubringen. Tatsächlich hat die Erbgesessene Bürgerschaft, der Konvent, dem Rat im 18. Jahrhundert keinerlei Schwierigkeiten mehr gemacht. Zwischenrufe und Diskussionen waren verpönt; sie stimmte dem zu, was ihr vom Rat vorgelegt wurde. Die Bürgerschaft durfte aber in etlichen Kollegien und Deputationen schöpferisch sein; allerdings lag auch hier die letzte Entscheidung beim Rat.

An den Sitzungen des Konvents konnten teilnehmen die Älterleute der Ämter, die Börsenalten, höhere Offiziere der Bürgerwache, die Kämmereiverordneten und die Abgeordneten der Commerz- und anderer Deputationen. Das bedeutete, daß die

Masse der Bevölkerung von der politischen Willensbildung von vornherein ausgeschlossen war. Aber das war damals in keinem deutschen Land anders. Diese Verfassung Hamburgs galt sogar allgemein als besonders freiheitlich, und unter den zeitbedingten Umständen war sie das auch wohl. Daß die Erbgesessene Bürgerschaft sich im Vergleich zu den früheren Jahren sehr friedlich und kooperativ verhielt, mag darauf zurückzuführen sein, daß die Erinnerung an die Jahre des anarchischen Treibens noch traumatisch nachwirkte. Vielleicht aber war der Konsens zwischen Rat und Konvent auch darum so groß, weil Hamburgs politische Vertreter jetzt alles daranzusetzen hatten, die politischen und wirtschaftlichen Schäden der vergangenen Jahrzehnte wiedergutzumachen.

Harmonie kehrte aber so schnell nicht ein, denn der Nordische Krieg führte vorübergehend zur Bedrohung Hamburgs durch die Schweden, die am 8./9. Januar 1713 das unter dänischer Oberhoheit stehende Altona niederbrannten, womit sie ungewollt allerdings auch Hamburg eine lästige Konkurrenz vom Halse schafften. Dennoch empfand man darüber in Hamburg keine Freude, und das nicht nur, weil viele Hamburger ihr Geld in Altona angelegt hatten. Sieht man von der Handelskonkurrenz ab, so war das Verhältnis zwischen den beiden Städten ausgezeichnet, und die Bevölkerung Hamburgs hat damals einiges getan, der in Not geratenen Nachbarstadt beizustehen. In dieser Zeit wütete in Hamburg aber auch der Schwarze Tod, die Pest; über sie wird in einem späteren Abschnitt zu berichten sein.

Ungemach gab es 1719 wieder mit dem Reich. Im streng lutherischen Hamburg war katholischer Gottesdienst nicht erlaubt. Nur in Altona konnten Hamburger Katholiken die Messe hören. Aber natürlich mußte man den Gesandtschaften katholischer Staaten eigene Kapellen auf dem Territorium ihrer diplomatischen Vertretungen zugestehen, und diese wurden auch von in Hamburg lebenden Katholiken besucht. Die kaiserliche Gesandtschaft nun ging 1719 einen Schritt weiter: Sie begann einen neuen und größeren Kapellenanbau zu errichten. Es war durchaus eine Demonstration des durch die Gegenreformation neu belebten Katholizismus, und so wurde es auch in Hamburg verstanden. Eine von der lutherischen Geistlichkeit wieder einmal aufgehetzte Menge stürmte die kaiserliche Gesandtschaft und zerstörte nicht nur die neue, noch im Bau befindliche Kapelle, sondern zugleich auch das ganze Gesandtschaftsgebäude. Der entstandene Schaden belief sich auf 130 000 Hamburgische Mark. Der Kaiser war über diesen Vorfall, den er als Majestätsbeleidigung dem ganzen Rat anlastete, äußerst empört. Eine Kommission, bestehend aus Bürgermeister Garlieb Sillem, dem Ratsherrn und Dichter Barthold Hinrich Brockes und zwei Oberalten, mußte im Frühjahr 1721 nach Wien reisen, um die vom Kaiser befohlene Buße zu tun: auf den Knien sich vor dem Reichsoberhaupt zu entschuldigen. Die Stadt mußte ein gewaltiges Bußgeld in Höhe von 200 000 Reichstalern zahlen und als neues Gesandtschaftsgebäude das Görzsche Palais am Neuen Wall (Haus Nr. 86) kaufen, was sie zusätzlich 120 000 Hamburgische Mark kostete.

Das Ende des Nordischen Kriegs 1719 war für Hamburg günstig. Die bisher schwedischen Bistümer Bremen und Verden gingen an das seit 1714 mit Großbritannien in Personalunion verbundene Kurfürstentum Hannover, dem damit auch die Domhoheit in Hamburg zufiel. Bremen und Verden waren so dem Zugriff Dänemarks entzogen, dessen Einfluß in Deutschland damit merklich zurückgedrängt. Aber Dänemark war nun auch wirtschaftlich nicht länger in der Lage, Großmachtpolitik zu betreiben. Um die Mitte der sechziger Jahre war es bei Hamburg dermaßen verschuldet, daß es nicht einmal in der Lage war, die Schuldzinsen zu zahlen. Aus dieser Situation, aber auch aus der vom dänischen Kanzler Graf Bernstorff dem Staatsrat vorgetragenen Erkenntnis, es sei endlich an der Zeit, den für Dänemark nur abträglichen ständigen Querelen mit Hamburg ein Ende zu machen, kam es 1768 zum Gottorper Vergleich. Mittler zwischen Dänemark und Hamburg war der Freiherr Heinrich Carl von Schimmelmann, den Kopenhagen zur Sanierung seiner zerrütteten Staatsfinanzen berufen hatte und der sich später als Förderer Wandsbeks einen guten Namen machte.

In dem Vergleich, der am 27. Mai 1768 in Schimmelmanns Hamburger Palais unterzeichnet wurde, verzichtete Hamburg auf die Rückzahlung der Dänemark 1762 geliehenen Summe von einer Million Talern und einer weiteren Million, die dem Herzogtum Holstein als Darlehen gegeben worden war. Ferner gab die Stadt die durch Verpfändungen gewonnenen Besitzungen Lohbrügge, Meiendorf, Sasel und Alsterdorf an das Herzogtum Holstein zurück.

Dafür erkannte Dänemark den Status Hamburgs als kaiserliche Freie Reichsstadt und Hamburgs völlige Unabhängigkeit von Holstein endgültig an; damit fand ein genau hundertfünfzig Jahre währender Rechtsstreit sein Ende. Sodann überließ Dänemark der Stadt den an der Steinstraße gelegenen Schauenburger Hof und den Mühlenhof samt dem Schauenburger Zollanteil. Außerdem wurden alle Elbinseln zwischen Billwerder und Finkenwerder an Hamburg abgetreten, desgleichen alle dänischen Enklaven auf Hamburger Landesgebiet. Dem Handel der Stadt mit Dänemark und Norwegen wurde die Meistbegünstigungsklausel zugebilligt.

Dieser Vertrag wurde am 10. November 1768 von beiden Seiten ratifiziert, und am 30. Mai 1769 bestätigte auch Kaiser Joseph II. den Vergleich. Damit konnte endlich die Ära gutnachbarlicher Beziehungen zwischen Hamburg und Dänemark beginnen. Sie ist seither niemals wieder ernsthaft gestört worden. Traurig für Hamburg war nur, daß man das mit dem Gottorper Vergleich Errungene schon 1650 und dazu weit günstiger hätte haben können. Aber damals hatte die Bürgerschaft aus Feindschaft zum Rat den Abschluß blockiert, während die zum Gottorper Vergleich führenden Verhandlungen von Rat und Bürgerschaft in konstruktiver Zusammenarbeit geführt worden waren, ein Zeichen für die gründlich veränderte innenpolitische Situation Hamburgs.

# Aus Mocca Kaffee, aus Baltimore Tobak

Die 1619 gegründete »Hamburger Bank«, die im Rathaus untergebracht war, hatte die Aufgabe, dem Handel endlich zu einem beständigen Währungsgefüge zu verhelfen und den Kaufleuten beim Geldtransfer wie im Kreditgeschäft beizustehen. Vorbild für Hamburg war dabei die 1609 gegründete Amsterdamer Bank.

Was dem Handel immer wieder zu schaffen machte, waren die starken Schwankungen im Münzwesen, bedingt durch Münzverschlechterungen. Papiergeld gab es noch nicht; der Wert einer Münze richtete sich nach ihrem Gehalt an Edelmetall. Wurde dieser Gehalt verdorben, indem »Kipper und Wipper« – so nannte man damals die Münzverschlechterer – minderwertiges Metall beigaben, so sank entsprechend der reale Münzwert. Der Rat hatte denn auch 1619 verfügt, Kipper und Wipper »seien criminell zu verfolgen«. Die Bürgerschaft hatte dem zugestimmt und verlangt: »Es soll beständig darauf gehalten werden, daß in und außerhalb Banco einerlei Geld sei.«

Dem entsprach die Bank, deren wöchentlich tagender Aufsichtsrat aus zwei Ratsherren – den beiden ältesten im Rat – und zwei von der Bürgerschaft gewählten erbgesessenen Bürgern bestand, indem sie eine neue Leitwährung schuf, die Mark banco. Diese war eine reine Verrechnungseinheit, gedeckt durch einen Fundus von Silberbarren, die von der Bank verwahrt wurden. Im Alltag wurde mit der Mark courant – das war das umlaufende, ausgeprägte Silbergeld – bezahlt; das Handelsgeschäft konnte von nun an aber bargeldlos und zeitsparend mit der Mark banco abgewickelt werden, wobei die Mark banco höher bewertet wurde als die Mark courant.

Die Hamburgische Mark hatte 16 Schillinge, der Schilling entsprach 12 Pfennigen. Neben der Hamburger Mark diente als Währung der Reichstaler. Er wurde 1630 mit 48 Schillingen bewertet, 1710 mit 58 Schillingen. Im 18. Jahrhundert entsprach 1 Mark banco 1 Mark, 3 Schillingen und 8 Pfennigen courant.

Der Metallgehalt lag im 18. Jahrhundert für die Mark banco bei 8,465 Gramm Feinsilber, für die Mark courant bei 6,878 Gramm; allerdings war der Metallgehalt der Mark banco ein nur auf dem Papier existierender Wert. Als Hamburg 1875, nach der Reichsgründung, sich der neuen Reichswährung anschloß, entsprach 1 Mark courant 1,20 Mark der neuen Währung, 1 Mark banco galt 1,50 Mark.

Wir wissen nicht, wer sich dieses Währungssystem erdacht hat, aber es muß ein wahrhaft genialer Kopf gewesen sein, denn mit der Mark banco wurde das Hamburger Geld zu einer der härtesten und wertbeständigsten Währungen, die sich besonders auch im Handel mit dem Ausland bewährte, denn der Handel wurde unabhängig von der laufenden Münzverschlechterung. Und die wurde auch keineswegs nur von den Kippern und Wippern betrieben, sondern in meist ärgerem Maße von den jeweiligen Landesherren.

Eine Besonderheit der Hamburger Bank war die Herstellung von Portugalesern. Das waren Schaumünzen, die zu besonderen Gelegenheiten geprägt wurden; heute werden Portugaleser als Auszeichnung an Bürger oder auswärtige Gäste vom Senat anstelle von Orden verliehen. Der Portugaleser wurde aus Gold geprägt und hatte einen Wert von 20 Reichstalern; ihren Namen hatte die Münze, weil Gewicht und Feingehalt dem alten portugiesischen Münzfuß entsprachen. Ist der Portugaleser heute nur noch eine Medaille, so konnte er damals auch gekauft und eingelöst werden.

Daß man sich Portugals Münze zum Vorbild wählte, war nicht zufällig. Mit Portugal, aber auch mit Spanien und den Niederlanden stand Hamburg im 17. Jahrhundert in engsten Handelsbeziehungen; der größte Anteil fiel dabei auf die Niederländer. Von den 1773 Schiffen, die 1647/1648 den Hamburger Hafen verließen, gingen mehr als die Hälfte in die Niederlande: 956. Die Niederlande, mit denen Hamburg 1616 und 1645 Bündnisverträge schloß, spielten eine wichtige Rolle im Gewürzhandel; von dort kamen vor allem Pfeffer und Ingwer nach Hamburg, daneben aber auch Tabak, Kaffee, Heringe und Austern. Dafür lieferte

Hamburg außer den in der Stadt selbst erzeugten Waren Getreide und Schiffsholz als Erzeugnisse des deutschen Binnenhandels, also Transitgüter. Im Handelsverkehr mit den Niederlanden war der über Hamburg laufende Zwischenhandel mit Rußland, Skandinavien und Finnland von besonderem Gewicht. Rußland lieferte Salpeter, aus Skandinavien und Finnland kamen Teer, Tran, Wachs, Holz, Felle, Häute und Juchten.

Erst in der zweiten Hälfte des 17. Jahrhunderts begann sich der Handel zwischen Hamburg und Frankreich zu entwickeln. Noch 1663 war er minimal; gegenüber 994 niederländischen Schiffen liefen nur 22 französische den Hamburger Hafen an. Zwei Jahre später wurde mit Frankreich der erste Handelsvertrag geschlossen; in ihm versprach Frankreich, Hamburgs Neutralität auch während eines Reichskriegs zu achten, woran sich allerdings Frankreichs Kaperer, wie schon geschildert, nicht unbedingt hielten. Dennoch wuchs der Handel mit Frankreich ständig. 1740 wurde Hamburg nur noch von 390 niederländischen Schiffen, dafür aber bereits von 183 französischen angelaufen. Und 1769 bezifferte man den Wert des gesamten über Hamburg umgeschlagenen französischen Exports auf die für die damalige Zeit gewaltige Summe von 25 Millionen Mark banco.

Allerdings hatte der Siebenjährige Krieg auch das Verhältnis zwischen Hamburg und Frankreich nicht ungetrübt gelassen. Das in Hamburg akkreditierte diplomatische Korps hatte feststellen müssen, daß während dieses Kriegs die Sympathien der Stadt – die als Reichsstadt dem Kaiser unterstand und dennoch auf Neutralität bedacht war – mehr auf seiten Preußens und England-Hannovers lagen; Proteste des Kaisers wie auch Rußlands und Frankreichs waren die Folge. Im Frühjahr 1760 kam es zum Eklat. Es begann damit, daß auf der Elbe ein Schiff in Richtung Hamburg unterwegs war, das eine für die Armee Hannovers bestimmte Geldsendung in Höhe von 200 000 Talern an Bord hatte, die eine Gruppe in Hamburg weilender Franzosen abzufangen gedachte. Die Hamburger Behörden erfuhren von dem geplanten Anschlag und vereitelten ihn, auf strikte Neutralität bedacht, indem sie die von den Franzosen zum Überfall angeheuerten Schiffe beschlagnahmten. Frankreich sah aber darin einen Bruch der Hamburger Neutralität, kündigte einseitig den Handelsvertrag von 1716 und verhängte zur Vergeltung ein Embargo über alle in französischen Häfen liegenden Schiffe Hamburgs, ohne dem Rat Zeit zu lassen, sein Verhalten zu erklären. Der wandte sich hilfesuchend an den Kaiser, Frankreichs Verbündeten. Aber der kaiserliche Gesandte in Hamburg teilte dem Rat kühl mit, »die Stadt habe nur eine verdiente Züchtigung empfangen; ja er drohte, seinen Einfluß dahin geltend machen zu wollen, daß die Begünstigungen, die Hamburg bisher in Frankreich genossen, fortan einer andern deutschen Stadt zuteil würden« (Adolf Wohlwill).

Eilends gab Hamburg Frankreich und dem Kaiser demütige Versicherungen ab; diese führten zu Ende des Jahres 1760 zwar zur Aufhebung des Embargos, nicht aber zur Wiedereinsetzung des Handelsvertrags oder zu dessen Erneuerung. Erst 1769 konnte ein neuer Vertrag mit Frankreich geschlossen werden; in ihm sicherte Hamburg in einem Geheimartikel die Zollermäßigung für Waren aus Frankreichs westindischen Kolonien zu. Bei einem Import von jährlich 25 Millionen Pfund Kaffee und 20 000 Fässern Zucker (das Faß zu 399 Litern) war das sicher ein gutes Geschäft. Mehr als ein Viertel aller französischen Kolonialwaren wurde damals über Hamburg abgesetzt und fast die Hälfte des gesamten französischen Kaffee-Exports. Auch die Ausfuhr französischer Weine nach Osteuropa ging vornehmlich über den Hamburger Hafen. Hamburg lieferte an die französischen Kolonien Leinen aus Westfalen und Schlesien.

Angesichts dieses Handelsvolumens war es verständlich, daß die Stadt 1727 den Transitzoll fast ganz aufhob. Er betraf jetzt nur noch wenige Waren; der Getreidestapel wurde 1748 völlig abgeschafft. Immer mehr Hamburger Reedereien engagierten sich im Transithandel; so wurde der russische Getreide-Export über Archangelsk nach Frankreich und England von Hamburger Reedern betrieben, die sich dabei merkwürdigerweise zunehmend fremden Schiffsraums bedienten. Um 1750 verfügte Hamburg nämlich nur noch über 100 eigene Schiffe.

Dänemark, das unter erpresserischen Bedingungen Hamburg 1759 und 1762 »Leih- und Freundschaftsverträge« abgenötigt hatte, zeigte sich am Vorabend des Gottorper Vergleichs milde gestimmt und erlaubte daher 1767 den Direkthandel mit seiner karibischen Kolonie Saint Thomas. Sonst aber blieb der unmittelbare Kolonialhandel Hamburg nach wie vor verschlossen.

Ein wichtiger Posten im Hamburger Eigenhandel war die Grönlandfahrt, das heißt der Walfang vor Spitzbergen. Der aus Walspeck gewonnene Tran – wichtig für die Beleuchtung – wurde auf dem Hamburger Berg (St. Pauli) in eigenen Tranbrennereien gewonnen. Waren es noch 1665 insgesamt 30 Walfangschiffe unter Hamburger Flagge gewesen, so erhöhte sich deren Anzahl bis 1675 auf 83 Schiffe. Niederländer und Dänen, die eigentlichen Konkurrenten beim Walfang, setzten aber alles daran, durch Gewalttätigkeiten und eine restriktive Politik den Hamburgern das Geschäft zu verderben. Dies gelang ihnen auch, denn 1796 liefen nur noch 19 Hamburger Schiffe zum Walfang aus.

Auch mit Preußen wurde das Verhältnis schwieriger. Persönlichkeiten wie der Große Kurfürst und die Könige Friedrich I. und Friedrich Wilhelm I. waren für Hamburg wichtige und einflußreiche Fürsprecher gewesen. Preußen hatte beispielsweise 1734 beim Reichstag die Hamburg befohlene Ausweisung des französischen Gesandten zu verhindern gewußt. Das günstige Verhältnis zu Preußen trübte sich jedoch, als König Friedrich II. mit seiner Aggressionspolitik gegen das Kaiserreich (Eroberung Schlesiens) erfolgreich war. Von nun an war die ganze Oder preußisch, und Friedrich bemühte sich jetzt, über das seit 1720 preußische Stettin und das 1743 gegründete Swinemünde einen Teil des bislang über Hamburg geführten Handels an sich zu ziehen, wozu auch 1747 Magdeburg das veraltete Stapelrecht eingeräumt wurde, das Hamburgs Elbhandel beeinträchtigte. Mit dem Auf- und Ausbau von Zuckersiedereien und Kattundruckereien in Preußen bekam diese Industrie in Hamburg eine spürbare Konkurrenz.

Den schwersten Schlag aber versetzte Preußen der Stadt, als

Friedrich II. wenige Monate nach Ende des Siebenjährigen Kriegs 1763 neue Münzen prägen ließ und damit das alte, auf sein Betreiben zur Kriegsfinanzierung weitgehend entwertete preußische Geld schlagartig außer Kurs setzte. Die wachsende Verschlechterung von Preußens Münze war schon früh in Hamburg registriert worden, und die Stadt hatte einigen Ärger mit Preußen bekommen, weil sie sich weigerte, dem preußischen Friedrichsdor einen festen Wechselkurs einzuräumen. Der plötzliche Währungsschnitt Preußens, das sich während des Siebenjährigen Kriegs im Ausland stark verschuldet hatte, führte nun dazu, daß in den Niederlanden mehrere Banken zusammenbrachen und 95 Hamburger Handelshäuser in den Bankrott mitrissen.

Hamburg zog daraus die Konsequenz, indem es 1765 seine erste Assekuranzkompanie gründete und nach neuen Märkten Ausschau hielt. Die Unabhängigkeitserklärung der Vereinigten Staaten von Amerika 1776 und deren Anerkennung als souveräner Staat 1783 wurden in Hamburg mit Sympathie verfolgt. Der neue Staat, dem Hamburg noch 1783 seine Glückwünsche übermittelte und ihm ausgedehnte Handelsbeziehungen vorschlug, wurde für die Stadt ein wichtiger Exporteur für Reis, Zucker, Kakao, Kaffee, Tabak und Baumwolle; Hamburg lieferte dafür Textilien aus Westfalen, Schlesien und Sachsen nach Nordamerika. Der Kaufmann Caspar Voght nahm für sich in Anspruch, »der erste Hamburger Kaufmann« zu sein, »der aus Mocca Kaffee, aus Baltimore Tobak, aus Surinam Kakao, aus Afrika Gummi holte«.

Trotz des damit erhöhten Handelsvolumens entwickelte sich Hamburgs Hafen nur langsam. Valckenburgh hatte beim Bau des Befestigungsgürtels den Niederhafen erweitert und in das Hafengebiet einbezogen. Die Hafenabsperrung war 1642 von der Höhe des Baumhauses bis zur Mitte der Vorsetzen vorgeschoben worden. Aber weiter reichte der Hafen nicht. Als 1768 infolge des gestiegenen Handelsvolumens neue Ankerplätze für die Schiffe geschaffen werden mußten, behalf man sich mit der Anlage von Duckdalben außerhalb des Niederbaums.

Mit einem Problem aber wurde der Hamburger Handel während des ganzen 18. Jahrhunderts nicht fertig: mit den Barbaresken. Seemächte wie die Niederlande, Großbritannien, Frankreich, Dänemark und Schweden hatten längst Verträge mit den Piraten, denen sie Geld oder Kriegsmaterial lieferten, damit ihre Schiffe verschont blieben. Dem politisch ohnmächtigen Hamburg war ein solcher Vertrag verwehrt. Nicht nur weigerten sich die Versicherungen, Hamburger Schiffe gegen die Barbaresken zu versichern; Spanien drohte sogar mit Repressalien, als sich die Hamburger mit dem Dei von Algier zu verständigen suchten, denn der verlangte Waffenlieferungen, die das mit den Seeräubern im Kampf liegende Spanien als feindseligen Akt betrachtete. Hamburg resignierte und stellte 1747 die Konvoifahrten, 1750 den gesamten Mittelmeerhandel ein, denn die Verluste standen in keinem vernünftigen Verhältnis mehr zum Gewinn. Aber Hamburg war auf den Mittelmeerhandel auch nicht mehr angewiesen, da der Handel mit Nordamerika in den Vordergrund trat.

## Zum letztenmal: der Schwarze Tod

Zu Beginn des 18. Jahrhunderts suchte ein letztes Mal die Pest Europa heim. Um 1700 wütete sie in Konstantinopel und im Bereich der unteren Donau, und 1704 hatte sie Polen erreicht. Von hier aus griff sie nordwärts nach Kurland und Livland, westwärts nach Preußen und Vorpommern über. Nichts schien sie aufhalten zu können, so daß der Rat ein Schreiben an seine Amtskollegen in Altona richtete, worin er vorschlug, gemeinsame Vorsorge gegen die Seuche zu treffen. Gegen die Beulenpest (Bubonenpest), den so gefürchteten Schwarzen Tod des Mittelalters, war die Medizin jener Zeit machtlos; man konnte sich also nur gegen sie schützen, indem man sich vor ihr isolierte. So beschloß der Rat 1709, niemand dürfe die Stadt betreten, der aus den infizierten Gebieten komme; strenge Kontrollen an den Toren sollten das Einschleppen der Seuche unmöglich machen.

Als 1710 die ersten Pesterkrankungen aus Schweden gemeldet wurden, berief der Rat ein Sanitätskollegium unter Vorsitz des Ratssyndikus Garlieb Sillem, das am 5. November strenge Sicherheitsvorschriften verfügte. Angeordnet wurde die tägliche Säuberung aller Märkte, Straßen und Gassen, und da zu deren Verunreinigung, wie schon berichtet, die vielen im Stadtbereich gehaltenen Schweine ganz besonders beitrugen, wurde befohlen, alle Schweine binnen 48 Stunden aus der Stadt zu bringen. Verboten wurde der Handel mit alter Kleidung, verlangt die strikte Paßkontrolle für jeden, der die Stadt verließ und in sie zurückkehrte. Dabei mußte der Paß von den Behörden des Orts, den der Reisende besuchte, gegengezeichnet werden mit dem Vermerk, daß der Ort pestfrei sei. Nicht nur jeder Handel mit den infizierten Gebieten war verboten, sondern auch der Briefverkehr mit ihnen. Die Bevölkerung wurde aufgerufen, sich für den bevorstehenden Winter mit einem Notvorrat von Mehl, Butter, Salz, Feuerholz und so weiter zu versorgen, eine Maßnahme, die zu treffen selbstverständlich nur den Begüterten möglich war.

Als 1711 die Pest von Schweden auf Dänemark übergegriffen hatte und sich in London und Amsterdam das Gerücht verbreitete, die Pest sei auch in Hamburg ausgebrochen, was aber von der Stadt verheimlicht werde, hatte der Rat größte Mühe, diese geschäftsschädigende Behauptung zu dementieren. Und wenn auch die auswärtigen Gesandten nachdrücklich ihren Heimatländern versicherten, es gebe nicht einen einzigen Pestkranken in Hamburg, so waren das Mißtrauen und die Furcht doch so groß, daß die Häfen von Málaga, Cádiz und Rouen alle Schiffe mit Hamburger Flagge abwiesen.

Von Kopenhagen aus wandte sich die Seuche nun südwärts und suchte 1712 Rendsburg, Itzehoe, Glückstadt und Stade heim. Fast sah es so aus, als wolle sie erst einen Kordon um Hamburg schließen, ehe sie zum Schlag gegen die Stadt ausholte.

Ende September 1712 war es dann soweit: Die ersten Pestfälle wurden dem Rat aus dem zu Hamburg gehörenden Dorf Langenhorn, vom Hamburger Berg (St. Pauli) und aus der Innenstadt gemeldet, wo Erkrankungen im Gerkenshof, einem Gang bei der Böhmkenstraße, festgestellt worden waren. Diese Gänge lagen in engbebauten Vierteln, die für Fahrzeuge unpassierbar waren; hier drängten sich die Armen in Quartieren, die so dicht und verwinkelt bebaut waren, daß kaum ein Sonnenstrahl in die Fenster dringen konnte.

Sofort befahl der Rat, den infizierten Gang, in dem 53 Menschen lebten, mit Brettern zu vernageln und unter militärische Bewachung zu stellen. Die eingeschlossenen Bewohner wurden auf Kosten der Stadt mit Lebensmitteln und Getränken versorgt, was viele der chronisch unterernährten Armen anzog, »welche sich wegen des guten Essens und Trinkens so die Versperrten bekamen, über die Dächer hineinpractisirt«. Von den 53 Bewohnern des Gerkenshofs waren zwei Monate später 18 gestorben, und die Isolierung hatte nichts genutzt, denn schon wurden weitere Erkrankungen aus den Vierteln um Caffamacherreihe, Spitalerstraße und Raboisen bekannt, auch dies durchweg Gängeviertel, in denen Hunger und Elend herrschten. Daß die Pest fast nie die Häuser der Reichen befiel, sondern ihre Opfer in den Armenvierteln fand, war den Ärzten jener Zeit längst aufgefallen. Übertragen wurde die Seuche durch die Stiche von Rattenflöhen, und die gab es in den Häusern der Bessergestellten nicht. Vor allem aber hatten die chronisch unterernährten, unter höchst ungesunden Bedingungen lebenden Menschen einer Infektion nicht genügend Abwehrkräfte entgegenzusetzen; auch dies war bekannt.

Die Bubonenpest war keine Krankheit, die mit dem Tod des Erkrankten enden mußte; Tausende von ihr Befallene haben sie überlebt. Für gewöhnlich dauerte sie drei bis sieben Tage; in hartnäckigen Fällen konnte sie auch zwei Wochen anhalten. Wer die ersten sieben Tage, an denen der Körper von hohem Fieber geschüttelt wurde, überlebte, durfte für gerettet gelten. Da es wirksame Gegenmittel nicht gab, konnte das Sanitätskollegium nur die Isolierung befallener Häuser und die Quarantäne der darin Wohnenden anordnen. Bei der großen Anzahl aber war es unmöglich, die Häuser zu kontrollieren, deren Bewohner sich den ihnen lästigen Quarantänebestimmungen entzogen, wo sie nur konnten. So breitete sich die Seuche immer weiter aus.

Die Winterkälte setzte den Armen, die sich Brennstoffe gar nicht leisten konnten, noch weiter zu; in den Vierteln der Notleidenden waren sogar Betten eine Seltenheit, und da sich nicht einmal jeder Stroh kaufen konnte, mußten viele auf dem blanken Fußboden schlafen.

Fünf Monate war die Seuche in der Stadt, als sie so plötzlich, wie sie aufgetreten war, wieder verschwand. Allerdings gab es auch weiterhin nicht präzise zu diagnostizierende Sterbefälle, bei denen es sich statt um Pest auch um Fleckfieber oder andere fiebrige Infektionen handeln konnte; die Ärzte waren sich da nicht sicher, ließen aber jeden gemeldeten Sterbefall genauestens kontrollieren. Von März bis Juli 1713 schien die Stadt aber pestfrei zu sein. Grund zum Jubel war das nicht, denn die Epidemie konnte jederzeit wieder ausbrechen, und zu dieser Sorge gesellte sich die politische. Die Dänen hatten, wie schon geschildert, die Stadt eng umzingelt und gaben vor, dies geschehe einzig darum, einer Ausbreitung der Pest vorzubeugen. Bürgermeister Lucas von Bostel warnte Rat und Erbgesessene Bürgerschaft vor Kleinmütigkeit mit den Worten: »Wir müssen dennoch, wie in keiner, also auch in dieser schweren Not nicht verzagen.«

Das Sanitätskollegium traf neue Maßnahmen. Es beschäftigte jetzt sechs Pestärzte, zwei Pestchirurgen und 120 Pflegerinnen, und es richtete vier Pestlazarette mit dreißig »Pflegeweibern« ein. Vierzig Pestträger brachten die Erkrankten in die Lazarette oder die Leichen auf den neugeschaffenen Pestkirchhof vor dem Dammtor. Die von Kranken und Toten geräumten Wohnungen wurden von vier »Liegern« zur Desinfektion geräuchert; auf unbefugtes Eindringen in die leeren Wohnungen stand die Todesstrafe. Zwei Pesthebammen betreuten erkrankte Schwangere und Gebärende, zwei Pestprediger spendeten geistlichen Zuspruch.

Die Vorsorge war berechtigt, denn im August kehrte die Pest mit Macht zurück. Wieder brach sie in den alten Seuchenzentren aus: in den Gängevierteln der Neustadt und des St.-Jacobi-Kirchspiels und in den Wohngebieten am Hafen. Innerhalb einer einzigen Woche starben 744 Erkrankte.

Die Lage der Stadt war verzweifelt. Schon vor Ausbruch der Epidemie wirtschaftlich geschwächt und den brutalen Erpressungen der Dänen hilflos ausgeliefert, bekam sie jetzt die gegen sie gerichteten Isolierungsmaßnahmen empfindlich zu spüren. Zu dem unermeßlichen Elend unter den Armen der Stadt, dem abzuhelfen der Rat schon vorher unfähig gewesen war, kam nun auch noch eine Massenarbeitslosigkeit, da infolge der Quarantäne der Handel empfindlich beeinträchtigt wurde. Von den etwa 70 000 Bewohnern Hamburgs waren im September 1713 mehr als die Hälfte, nämlich 40 000, erwerbslos. Die Hamburger Ärzteschaft erklärte sich daraufhin bereit, die medizinische Betreuung der Armen kostenlos zu übernehmen. Dennoch stellte der Rat zusätzlich sechs Armenärzte ein.

Jetzt, in der Stunde der Not, suchten die Feinde Hamburgs aus der Pest noch Profit zu ziehen. Die Dänen verhängten über die Stadt eine scharfe Kontrolle, die sogar den Postverkehr fast zum Erliegen brachte, und empfahlen allen Handeltreibenden, sich künftig nur noch Altonas statt Hamburgs zu bedienen. Die Hannoveraner boten ihre Häfen Harburg und Bremen an. Einzig Preußen zeigte noch Mitgefühl. Sein Gesandter bat den Rat, ihm mitzuteilen, mit welchen Warenlieferungen Preußen dem bedrängten Hamburg aushelfen könne; König Friedrich Wilhelm I. wolle, so der Gesandte, »daß der guten Stadt damit fördersamst an die Hand gegangen werde, maßen Sie mit derselben betrübten Zeiten ein solches Mitleid trage, als wenn dero eigenen Provinzen sothanes Unglück widerfahren wäre«. Natürlich war so viel Mitgefühl nicht ganz uneigennützig, denn der preußische Handel war auf Hamburg angewiesen; doch angesichts der skrupellosen, nicht einmal mehr kaschierten Expansionsgelüste von Dänemark und Hannover taten solche Worte der heimgesuchten Stadt wohl.

Am 9. Februar 1714 meldete der *Hamburger Relations-Courier* das Ende der Pest in der Stadt. Man wartete noch ein wenig zu, dann aber stand der 22. März ganz im Zeichen der Dankgottesdienste in allen Kirchen. Das Ende der Seuche feierte St. Petri mit einem an Trompeten und Pauken reichen Tedeum, um 16 Uhr läuteten alle Glocken, und 81 Kanonen auf den Wällen und die Geschütze der im Hafen liegenden Kriegsschiffe lösten eine dreimalige Freudensalve. Der Rat ließ eine Gedenkmedaille prägen.

Etwa 10 000 Menschen waren von September 1712 bis Februar 1714 an der Pest gestorben. Der wirtschaftliche Schaden war gewaltig, zumal sich erst im Sommer 1714 die Handelsverhältnisse zu normalisieren begannen; dabei hielt Preußen besonders lange an lästigen Restriktionen fest.

Noch einmal kehrte die Pest im Herbst 1715 für kurze Zeit zurück. Sie verschonte Hamburg, forderte jedoch Opfer unter der Bevölkerung von Altona und Wandsbek. Dann verschwand sie für immer aus Europa.

Der Rat, der schon am Ende des 16. Jahrhunderts die guten Empfehlungen seines Stadtphysikus Johann Bökel in den Wind geschlagen hatte, zog auch jetzt keine Konsequenzen aus der bitteren Erfahrung. Es bedurfte erst der genau hundertachtzig Jahre später ausbrechenden Cholera-Epidemie, ehe die Stadt bereit war, sich der unmenschlichen und entwürdigenden Elendsquartiere der Innenstadt anzunehmen.

## »Sieh an der schönen Gärten Zier ...«

Die innenpolitische Konsolidierung nach 1712 und der wachsende Handel hatten auch für das Stadtbild sichtbare Folgen, denn sie regten die Baulust an.

Den Anfang machte 1712 das Görzsche Palais am Neuen Wall, ein von Johann Nikolaus Kuhn im französischen Stil errichtetes Gebäude, das fast hundert Jahre lang der kaiserlichen Gesandtschaft zum Domizil diente und von dem heute nur noch die Fassade erhalten ist.

Die Verknüpfung von Altstadt und Neustadt begann 1729, als die Großen und die Hohen Bleichen angelegt wurden. Aber unter den repräsentativen Bauten blieb das Görzsche Palais zunächst ein Einzelfall, denn die Stadt hatte kein Geld zu aufwendigem Bauen; die wirtschaftliche Depression der Pestjahre wirkte noch lange nach.

Das wurde erst um die Mitte des 18. Jahrhunderts anders. Gerade hatte Johann Leonhard Prey von 1743 bis 1747 die neue Dreieinigkeitskirche in der Vorstadt St. Georg erbaut, da wurde 1750 die Michaeliskirche von einem Blitzschlag eingeäschert. Mit dem Wiederaufbau betraute man neben Prey Ernst Georg Sonnin, den Hamburgern bislang als Physiker und Optiker bekannt, denn als Baumeister hatte er bis dahin nur das Gebäude der Brauerei de Voß in Altona errichtet.

Beider Anteile am Neubau der Michaeliskirche sind für die ersten Jahre des Wiederaufbaues nicht klar voneinander zu trennen; das künstlerische Element wurde wohl mehr von Prey vertreten, während sich Sonnin durch immer wieder neue und kostensparende Erfindungen um die technische Seite des Neubaues verdient machte. Erst 1757, als Prey starb, ging die Bauleitung ganz auf Sonnin über. Nach elfjähriger Bauzeit konnte die Kirche 1762 mit einem Festgottesdienst und einer Festkantate Telemanns eingeweiht werden. Der Turm wurde erst 1776 begonnen und 1781 vollendet. Er ist ganz Sonnins Werk und in seiner Erscheinung ohne nachweisbares Vorbild. Unter der Bezeichnung »Michel« wurde er zum Wahrzeichen Hamburgs.

Als Architekt großer repäsentativer Gebäude hat Sonnin sonst nicht wirken können. Von 1750 bis 1780 hat er in Altona und Hamburg mehrere Wohnhäuser gebaut; außerdem nahm er zahlreiche Aufträge außerhalb Hamburgs wahr. Seine eigentliche Begabung war die eines ungemein vielseitigen, geradezu genialen Technikers. Er hat mit Methoden, die noch heute unser Staunen erregen, die windschief gewordenen, sich bedrohlich neigenden Türme von St. Nikolai (1759/1760), des Doms (1761–1765) und von St. Katharinen (1769/1770) ohne Abbruch wieder in die Gerade bringen können, bei Turmhöhen von 112 Metern

Ernst Georg Sonnin (1713 bis 1794). Kupferstich von Fr. Fleischmann

(St. Katharinen) und Schiefen bis zu drei Metern (Dom) eine waghalsige Aufgabe, die Sonnin aber so bewundernswert löste, daß spätere Nachbesserungen nicht erforderlich wurden.

Als Fachmann für Sanierungsfragen wurde Sonnin auch mit der Instandsetzung des ziemlich brüchigen Rathauses beauftragt. Das alte, im Kern aus dem 13. Jahrhundert stammende Gemäuer an der Trostbrücke war immer wieder durch Anbauten erweitert worden und bot insgesamt das Bild architektonischer Flickschusterei. Sonnin schrieb 1771, »daß gleichfalls das sogenannte neue Rath Haus nebst dem Nieder Gerichte nicht den Anstand haben, den sie haben müßten, wenn unser Rath Haus der Stadt Ehre machen sollte«.

Nachdem er den baufälligen Ratssaal schon 1760 an einem einzigen Wochenende hatte richten können – die Handwerker hatten, ehe man Sonnin hinzuzog, dafür sechs Wochen veranschlagt und das Vierfache der von Sonnin benötigten Kosten –, wurde er noch zweimal, 1770–1773 und 1788, für aufwendige Renovierungsarbeiten hinzugezogen, obwohl Sonnin den Rat wissen ließ: »Wäre es mein Eigenthum und ich hätte Geld genug vorräthig, so würde ich das ganze Rath Haus mit dem neuen Niedergerichte abtragen und zu meiner Ehre ein neues bauen, das wo nicht an Größe doch an Geschmack dem besten in der Welt gleich käme.«

Aber von einem Neubau, den auch eine vom Rat eingesetzte Kommission 1788 empfahl, wollte die Stadtregierung nichts wissen. Bedenkt man, daß die umfangreichen Erneuerungen in den Jahren 1760 bis 1788 die Kämmerei auf rund 70 000 gute Hamburgische Mark zu stehen kamen, so war die Sparsamkeit des Rats doch recht kostspielig.

Der vielseitige Sonnin hat sich außerdem große Verdienste im Mühlenbau erworben. Ihm war die Frischwasserversorgung des Pesthofs zu danken (1755–1759), ebenso der Ausbau des Herrengrabens zu einem schiffbaren Kanal bei gleichzeitigem Abbau des häßlichen Küterwalls (1758–1775), und wenn ihn nicht eine praktische Tätigkeit hinderte, machte er sich Gedanken über eine Entwässerung der Marschen (1791) oder die Eindeichung Hamburgs zum Schutz vor Hochwasser (1794). Dabei hatte er, der große Techniker und Praktiker, nur Theologie und Mathematik studiert und nie ein Handwerk gelernt. Der in Quitzow geborene Ernst Georg Sonnin starb 1794 in Hamburg, einundachtzig Jahre alt. Beigesetzt wurde er in der Gruft der Michaeliskirche. Nichts von seinen Bauten in Hamburg hat den großen Brand von 1842, die Abreißwut des 19. Jahrhunderts und die Bombardierungen des Zweiten Weltkriegs überdauert. Nicht einmal der Michel: Turm und Kirche brannten 1906 ab und wurden in der alten Gestalt wiederaufgebaut, das Kirchenschiff ein weiteres Mal nach seiner 1945 erfolgten Zerstörung.

Nach der Großen St.-Michaelis-Kirche – so der volle Name des

Das Rathaus an der Trostbrücke 1832, zehn Jahre vor seiner Zerstörung. Im Vordergrund, mit dem Portal, das sogenannte alte Rathaus; der Anbau mit dem Türmchen ist das neue Rathaus, in dessen Kellern die Silberbarren der Hamburger Bank untergebracht waren. Lithographie von Peter Suhr

Gotteshauses – entstand von 1754 bis 1757 die Kleine St.-Michaelis-Kirche. Abgerissen und neu erbaut wurden außerdem das Niedergericht (1751), das Theater am Gänsemarkt (1765), die Pesthofkirche vor dem Millerntor (1768), das Eimbecksche Haus (1769–1771); das Rathaus bekam 1772 eine neue Fassade, und neu errichtet wurde auch das Waisenhaus an der Admiralitätsstraße (1785).

Pesthofkirche, Eimbecksches Haus und Waisenhaus waren das Werk von Johann Kopp. Im Eimbeckschen Haus befand sich der Ratsweinkeller; im »Herrensaal« des Hauses fanden öffentliche Konzerte statt.

Wo der Platz und der Verkehr es erlaubten, wurden Bäume gepflanzt, so am Rödingsmarkt, und 1729 wurden, entsprechend

Das Eimbecksche Haus, von 1769 bis 1771 von Johann Kopp neu erbaut, 1842 abgebrannt. Hier hatten im Mittelalter Kaufleute aus Einbeck ihre Niederlassung, und hier wurde das Einbecker (Eimbecker) Bier ausgeschenkt. Die Bacchus-Plastik an der Freitreppe konnte 1842 gerettet werden; sie befindet sich heute im Eingang des Ratskellers. Lithographie von H. Jessen, um 1830

der Großen Allee vor dem Steintor, die zum Grindel und zum Rothenbaum führenden Chausseen als Alleen gestaltet. Die Elbchaussee zwischen Altona und Blankenese wurde von 1750 an mit Landhäusern bebaut. Sie lag zwar auf dänisch-holsteinischem Gebiet und kam erst 1937 zu Hamburg, aber ihre Anwohner waren zumeist begüterte Hamburger Kaufleute.

Wie viele deutsche Stadtbewohner litten auch die Hamburger darunter, im Sommer in der engen und stickigen, von hohen Wällen umschlossenen Stadt eingepfercht zu sein und Natur und frische Luft entbehren zu müssen. Schon im Mittelalter hatte es die Hamburger ins Freie gedrängt, hatten sie sich Gärten vor den Stadttoren angelegt.

Aber die Errichtung von Landhäusern, umgeben von großen

Gärten, begann so recht erst im 17. Jahrhundert. Die nach Hamburg eingewanderten Niederländer hatten den niederländisch-französischen Gartenstil an die Elbe mitgebracht. Dessen strenge Geometrie verlangte nach ebener Fläche, weiter Perspektive und Wasserreichtum, denn Gräben, Kanäle und Teiche waren für den Ziergarten des Barock unerläßlich. Das wasserreiche Marschland vor den Toren der Stadt bot dafür ideales Gelände. Das erklärt, warum sich so viele Landsitze in Hamm, Horn und Billwerder befunden haben. Das von 1779 bis 1785 erbaute »Glockenhaus« in Billwerder gehört zu den wenigen Landhäusern in dieser Gegend, die bis heute nahezu unversehrt überdauert haben; von den Gartenanlagen blieb keine erhalten.

Erst im 18. Jahrhundert begann die stärkere Besiedlung der Elbuferlandschaft, wenngleich man schon im frühen 17. Jahrhundert hier erste Landhäuser errichtet hatte. Daß dieses Gebiet attraktiv wurde für die Sommerresidenzen begüterter Hamburger, hatte gleichfalls mit dem Gartenstil zu tun. Denn nach der Mitte des 18. Jahrhunderts wandelte sich der Geschmack und wandte sich dem englischen Landschaftsgarten zu. Nun, da die kunstvoll gepflegte, fast unmerklich gelenkte Natur das Ideal eines neuen Naturempfindens geworden war, bedurfte es auch eines abwechslungsreichen Geländes, und ebendies bot die Elbuferlandschaft.

Die Gärten jenseits der Stadtumwallung dienten zunächst vornehmlich praktischem Zweck. Hier zogen die Bürger Obst, Gemüse und Würzkräuter. Erst gegen Ende des 16. Jahrhunderts traten die Vierlande als Gemüseproduzent für Hamburg in Erscheinung; bis dahin hatte sich die Stadt zu einem großen Teil selbst versorgt. Daneben gab es jedoch auch Blumengärten zur Augen- und Nasenfreude, in denen selbstverständlich auch die vielverwendeten Heilkräuter nicht fehlen durften. Und so sehr liebte man in Hamburg die Blumen, daß es im städtischen Etat einen eigenen Posten zur Finanzierung stets frischer Sträuße in den Amtsstuben von Rathaus, Kämmerei und Zoll gab. Erst um 1790 wurde dieser liebenswerte Brauch abgeschafft – man wollte sparen.

Das Angebot von Obst und Gemüse war im 18. Jahrhundert reicher geworden. Hatte man bisher Äpfel, Birnen, Kirschen, Wal- und Haselnüsse gezogen, so waren mit dem Beginn des neuen Jahrhunderts Himbeere und Erdbeere, Johannis- und Stachelbeere hinzugekommen, und wer es sich leisten konnte, legte sich ein »Pomeranzenhaus« zu, in dem Feigen, Granatäpfel, Pomeranzen, Apfelsinen, Zitronen, Pampelmusen und Ananas gediehen.

Spargel und Artischocke bereicherten die Hamburger Tafel seit etwa 1640. Die ersten Kartoffeln kamen, als Import aus den Niederlanden, zwischen 1730 und 1740 in die Stadt. In den Vierlanden wurden sie von 1746 an geerntet, in den Walddörfern seit 1765. Zum großangelegten Anbau kam es aber erst nach den Getreidemißernten von 1771 und 1772, als die Niederlande ihren Kartoffel-Export einstellten. Obwohl die Kartoffel bis dahin überwiegend ein Importartikel gewesen war, ernährte sie doch schon damals ganz besonders die minderbemittelten Bevölkerungsschichten, das ärmere Volk, »dessen vornehmstes Unterhaltungsmittel im Winter die Tartuffeln waren«.

Im 18. Jahrhundert herrschte in Hamburg eine wahre Leidenschaft für Blumen. Nicht nur, daß man mit ihnen die Amtsstuben schmückte; der Dichter und Ratsherr Barthold Hinrich Brockes wurde nicht müde, die vielfältige Blumenfülle seines Landsitzes vor dem Steintor detailliert in Gedichten zu beschreiben. Der seit 1721 in Hamburg wirkende Komponist Georg Philipp Telemann verlegte sich noch im Alter aufs Gärtnern und gestand einem Briefpartner »meine Unersättlichkeit in Hyacinthen und Tulpen, meinen Geiz nach Ranunkeln und besonders Anemonen und meine Begierde nach den mehresten Zwiebelgewächsen« (1742), was völlig den Geschmack der Zeit widerspiegelt. Von seinem Freund Georg Friedrich Händel in London ließ sich Telemann exotische Pflanzen schicken, wie man sie nur in London kaufen konnte. Dabei war auch das Hamburger Angebot nicht eben dürftig.

Seit dem 17. Jahrhundert blühten auch an Elbe und Alster die nun so überaus beliebten Nelken und Tulpen, ja 1730 konnte der

Garten und Landhaus des Dichters Barthold Hinrich Brockes vor dem Steintor (heute Besenbinderhof). Kupferstich von Christian Fritzsch, 1746

Hamburger Gartenfreund schon unter achtzig bis hundert verschiedenen Tulpensorten wählen; bei den Nelken zählte man fünfzig Sorten. Den Markt für den Gartenbedarf beherrschten in der ersten Hälfte des 18. Jahrhunderts zwei niederländische Kaufleute, die rechtzeitig die gewinnversprechende Marktlücke entdeckt hatten. Neben Tulpe und Nelke wurde die erst im 18. Jahrhundert nach Hamburg gekommene Hyazinthe eine der Lieblingsblumen dieser Stadt. Als erstmals 1724 auf einem Landsitz in Hamm »eine *Jucca gloriosa* in vortrefflicher Blüte mit 356 Glocken« zu sehen war, reisten die Blumenfreunde eigens nach Hamm, und das Ereignis wurde »in Kupfer gestochen, auch sauber getuscht oder in Öl gemalt, um das Wunder im Bilde für die Nachwelt festzuhalten« (Ernst Finder).

Schon 1663 hatte der Dichterpastor Johann Balthasar Schuppius festgestellt: »Hamburg ist ein irdisches Paradies, ein *compendium mundi*. Ich weiß mich nicht zu besinnen, daß ich eine Stadt in Deutschland gesehen habe, welche so viele schöne Lustgärten hat als Hamburg.«

Im 18. Jahrhundert war der Landhausgarten ein Schauplatz aufwendiger Gastereien und fröhlicher Geselligkeit. Wie ein solcher Garten in Horn gestaltet war, hat ein Besucher der Stadt 1745 so beschrieben: »Traten daselbst ab in des reichen Kaufmanns Herrn de Hartogs Garten, der an Schönheit, Pracht und Magnificenze alle Hamburgischen Gärten, auch sogar den kostbaren Garten des Herrn von Overbecken ganz übertrifft. Gewiß, wo ich jemals was rares in der Welt zu sehen bekommen, so habe ich es auf diesem Garten zu sehen bekommen. Ein sehr prächtig Palais, mit einer Zugbrücke, stund in dem selben mitten in einem sehr großen Karpfen-Teiche auf hohen steinern Pfeilern. Hiernächst fand sich daselbst eine ganz neu erbauete Grotte, deren Wände nicht allein mit köstlichen Perlen-Muscheln und Mineralien vortrefflich ausgezieret waren, sondern auch mit vielen springenden Fontainen prangeten, so bei der großen Sonnenhitze uns die ausnehmendste Erfrischung gaben. Das sich auf diesem Garten befindliche Orangerie-Haus sah mehr einer Kirche als einem Hause ähnlich und war mit Zitronen und Apfel de chine-Bäumen, nebst anderen raren Gewächsen aus Afrika und Amerika ganz angefüllet und ward um derentwillen täglich mit sechs Oefen gehitzet, damit die Früchte möchten reif werden. So waren auch sonsten noch in des Herrn de Hartogs Garten sehr viele herrliche Fontainen und Springbrunnen, welche der Inspector bei unserer Anwesenheit alle miteinander springen ließ, so daß wir nicht wußten, wo wir sollten zuerst unsere Augen hinschlagen. Und nächst bei diesem unvergleichlichen Garten war ein großer weitläufiger Thiergarten, worin Rehe, Hirsche und Hasen in großer Menge liefen, imgleichen ein prächtiges hohes Vogelhaus von dicken eisernen Stangen, worin viele asiatische, afrikanische und amerikanische Vögel zu sehen waren und welche des Winters in warmen Zimmern aufbehalten werden. Bei dem Eingange der Garten-Thüre lag ein angekleideter Affe an der Kette, der viele kurzweilige Possen machte. Der Inspector berichtete uns, daß dem Herrn de Hartog, dieses alles in gutem Stande zu erhalten, jährlich über 2000 Rthlr. koste; weil er aber mehr als eine Million reich, und dabei keine Kinder, so estimiere er solches nicht.«

Im Bild der Innenstadt hatte sich zweierlei verändert. Die Straßenbeleuchtung war wesentlich verbessert worden. Hatten 1678 immerhin schon 800 Laternen gebrannt, so war ihre Anzahl bis 1722 auf 1282 und bis 1787 auf 1473 gestiegen. Keine andere deutsche Stadt leistete sich eine solch aufwendige Beleuchtung. Um zu einer optimalen Straßenlaterne zu kommen, veranstaltete die Patriotische Gesellschaft 1792 sogar ein Preisausschreiben, nachdem sie sich zuvor Laternen aus London und Paris hatte schicken lassen.

Die zweite Veränderung betraf die Einführung von Straßennamen und Hausnummern 1788. Bis dahin richteten sich die Bezeichnungen der Straßen entweder nach den Berufen ihrer Anwohner (etwa Knochenhauer- oder Pelzerstraße), nach ihrer Beschaffenheit (Steinstraße, Holzbrücke) oder ihrem Zielort (Spitalerstraße). Oder sie hießen nach einem dort wohnenden Grundstücksbesitzer wie der Valentinskamp, an dem der Arzt Valentin Rußwurm einen Garten besaß, oder die Brandstwiete nach Brando von Bremen.

Die 1788 eingeführte offizielle Namengebung und Numerierung hing mit der Einrichtung der Allgemeinen Armenanstalt zusammen; man wollte das Auffinden der Bedürftigen erleichtern. Jedes Kirchspiel gab seinen Häusern Blechschilder in einer Farbe der verschiedenen Abzeichen der Bürgermilitärkompanien mit dem Anfangsbuchstaben der Kirche. St. Petri (P) rot, St. Nikolai (N) blau, St. Catharinen (C) gelb, St. Jacobi (J) weiß und St. Michaelis (M) grün. Auf diesen Schildern stand neben dem Buchstaben die Kompanienummer in römischen Ziffern; innerhalb der Kompanie wurde arabisch durchnumeriert.

Dieser Beschilderung war auch die erste genaue Zählung des städtischen Haus- und Wohnungsbestands 1788 zu danken; sie ergab 7904 Häuser, 1839 Wohnkeller, 9561 Sähle und 3878 Buden. Mit Bude und Sahl bezeichnete man Wohnbauten, die auf engstem Raum in den Hinterhöfen entstanden waren und ein Charakteristikum der Gängeviertel waren. Die im Erdgeschoß gelegenen zwei Wohnungen mit Stein- oder Lehmfußboden hießen Buden; der Sahl war ein mit Bretterfußboden versehener Wohnraum im Obergeschoß, erreichbar durch eine separate Außentreppe. In diesen Buden und Sählen, die Behelfswohnungen waren, hauste die ärmere Bevölkerung, ebenso in den Wohnkellern. Hamburg zählte damals etwas über 100 000 Einwohner.

Zwar blieb die Stadt im 18. Jahrhundert von schweren Feuersbrünsten verschont. Sie wurde aber heimgesucht von drei Flutkatastrophen 1717, 1756 und 1771.

Die Sturmflut vom ersten Weihnachtstag 1717, bei der binnen einer halben Stunde das Wasser frühmorgens plötzlich um zwei Meter stieg, vernichtete zwar Warenvorräte, ging aber glimpflich für die Stadt ab, weil einige Deichbrüche in der Umgebung das Wasser abfließen ließen. In dem Hamburg unterstehenden Amt Ritzebüttel kamen jedoch 306 Menschen und 2622 Stück Vieh ums Leben, und 127 Häuser wurden vernichtet.

Die Flut vom 7. Oktober 1756 zerstörte einen Deich bei Billwerder und überflutete dort das Land. Menschen kamen nicht zu Schaden.

Am schwersten aber traf die dritte Flut die Stadt, als in der Nacht vom 8. zum 9. Juli 1771 mehrere Deichbrüche Bergedorf, Billwerder, Hammerbrook und die ganzen Vierlande überschwemmten und die Ernte völlig vernichteten. Im Hafengebiet stieg das Wasser um mehr als dreieinhalb Meter. Erst am 6. September waren die Wassermengen gänzlich abgelaufen. Wohl waren keine Menschenleben zu beklagen; aber viel Vieh war ums Leben gekommen, und außer der Ernte waren zahlreiche Gebäude vernichtet worden. Der angerichtete Schaden wurde auf anderthalb Millionen Hamburgische Mark geschätzt. Eine Kollekte erbrachte zwar 27 340 Mark zugunsten der Betroffenen, aber die restlos verschuldete Stadt selbst konnte nicht helfen, zumal die Erbgesessene Bürgerschaft die vom Rat vorgeschlagene Erhöhung des Nachtwachengelds und der Gebühren für Straßenbeleuchtung und Müllabfuhr ablehnte. Einzig das Stadtmilitär durfte um achtzig Soldaten verringert werden.

## Literatur als edle Bemühung müßiger Stunden

Im Februar 1700 kam Christian Friedrich Hunold nach Hamburg. Der aus Wandersleben in Thüringen stammende junge Mann, der in Jena Rechtswissenschaften studiert hatte, war nach Hamburg gekommen, weil in seiner Heimat keine Anstellung für ihn zu finden war. In Hamburg bestritt er seinen Unterhalt zunächst aus Einkünften von gelegentlichen Vorlesungen am Akademischen Gymnasium; er war aber darauf aus, vornehmlich als selbständiger Schriftsteller zu leben. Noch im Jahr seiner Ankunft erschien in Hamburg sein erstes Buch, der Roman *Die verliebte und galante Welt*. Gewidmet war das Buch den Hamburger Frauen:

»Ihr Sternen unserer Zeit, ihr Preis und Kern der Schönen!
Ihr Rosen dieser Stadt, ihr Schmuck der ganzen Welt!
Die Himmel und Natur mit ihren Schätzen krönen
Und die die Erde selbst vor ihre Engel hält.«

Hunold, der mit diesem Roman eine vielversprechende Probe seines Talents abgelegt hatte – er schrieb unter dem Pseudonym Menantes, aber jeder wußte, wer sich dahinter verbarg –, war ein beliebter Mann, dessen Umgang man suchte und dessen Erfolg nichts im Weg zu stehen schien. Auch sein Gedichtband *Die Edle Bemühung müßiger Stunden in Galanten, verliebten, Sinn-, Schertz- und Satyrischen Gedichten* (1702) wurde gut angenommen und gut verkauft. Dergestalt angeregt, ließ Hunold noch im selben Jahr zwei weitere Bücher folgen: seinen zweiten Roman, *Die Liebenswürdige Adalie*, und einen umfangreichen Briefsteller, *Die allerneueste Art, höflich und galant zu Schreiben oder Auserlesene Briefe in allen vorfallenden, auch cürieusen Angelegenheiten nützlich zu gebrauchen. Nebst einem zulänglichen Titular- und Wörterbuch.* In einer Zeit, die Titel und höfliches Zeremoniell über alles liebte, war dies ein in der Tat äußerst nützliches Buch, das trotz seines Umfangs mehrere Auflagen erlebte.

Reinhard Keiser, stets um ein neues Opern-Libretto verlegen, animierte Hunold-Menantes, sich auch auf diesem Gebiet zu versuchen. Der vielseitige, gewandte Dichter griff die Anregung mit solchem Eifer auf, daß er 1704 gleich zwei Libretti schrieb und drucken ließ: *Salomon* und *Nebukadnezar.* Und weil ihm das offenbar keine Mühe bereitet hatte, ließ der emsige Dichter noch im selben Jahr den beiden Libretti drei weitere Bücher folgen.

Durch seine Operntexte war Hunold-Menantes auch mit dem Personal der Oper näher bekannt geworden, namentlich dem weiblichen, und was er da an prächtigem Klatsch erfuhr, hätte wohl so manche Schriftsteller zu poetischer Verarbeitung gereizt. Aber vielleicht wären sie dabei etwas delikater vorgegangen, denn Menantes, berauscht von Ruhm und Erfolg, ließ alle Vorsicht fahren und veröffentlichte 1705 seinen *Satyrischen Roman*, dessen pikante Enthüllungen über das Treiben der großen Hamburger Welt die Beschlagnahme aller noch im Hamburger Buchhandel befindlichen Exemplare nach sich zog. Ihr geheimes Liebesleben beschrieben zu finden hielten die Herrschenden Hamburgs bei aller Toleranz nun doch für einen Mißbrauch der künstlerischen Freiheit. Hunold-Menantes fand es daraufhin ratsam, die Stadt noch im selben Jahr zu verlassen. Er betrat Hamburg nie wieder und starb 1721 in Halle an der Saale. Seine Bücher sind vergessen; daß einige seiner Kantaten lebendig geblieben sind, haben sie einzig der Vertonung durch Johann Sebastian Bach zu verdanken.

Zu denen, die mit Hunold schon bald polemisierten, gehörte auch der 1661 in Elbing geborene Christian Wernicke, der in seiner Kindheit nach Hamburg gekommen war. Der gebildete Wernicke, des Lateinischen, Griechischen, Englischen und Französischen mächtig, war ein vielgereister Mann; drei Jahre lebte er in Paris, dann besuchte er die Niederlande und England. Ende 1698 kehrte er nach Hamburg zurück. Hervorgetan hat sich Wernicke, der von 1708 bis 1723 dänischer Gesandter in Paris war und 1725 in Kopenhagen starb, durch Epigramme und Gedichte, die er in den Jahren 1697 bis 1704 veröffentlichte und die noch Jahrzehnte nach seinem Tod die Wertschätzung Lessings und Herders fanden.

Mitbeteiligt am Streit mit Hunold war der 1678 in Hamburg geborene Barthold Feind, der sich nach dem Studium in Wittenberg und Halle in Hamburg als Rechtsanwalt niedergelassen hatte. Feind gab seit 1705 eine Wochenschrift, *Relationes Curiosae oder Denkwürdigkeiten der Welt*, heraus, die den damaligen Machthabern in Hamburg, Pastor Krumbholtz und Posamentenmacher Stielcke, dermaßen mißfiel, daß sie 1707 Schriften Barthold Feinds vom Henker öffentlich verbrennen ließen. Feind, der sich zu dieser Zeit auf einer Auslandsreise befand, protestierte in einer Broschüre gegen das Verfahren, in dem er nicht einmal angehört worden war. Das nutzte ihm jedoch nichts. Der Rat, der sich der Verbrennung erfolglos widersetzt hatte, wurde jetzt gar von der Erbgesessenen Bürgerschaft gezwungen, Feind aus Hamburg zu verbannen und *in effigie* an den Galgen hängen zu lassen. Erst die vom Kaiser eingesetzte Kommission rief Feind aus seinem Exil zu Stade zurück. Er wurde 1717 zum Vikar am Dom ernannt und starb 1721 in Hamburg. Wie Hunold hat auch Feind Operntexte geschrieben; in einer Broschüre mit dem Titel *Gedanken von der Opera* beklagte er allerdings auch den Verfall des Operngeschmacks. Er veröffentlichte außerdem 1708 einen Band *Deutsche Gedichte* und im folgenden Jahr als Übersetzung aus dem Niederländischen die *Ausbündige Satyre vom Lobe der Geldsucht.*

Hunold, Wernicke und Feind beschäftigen heute nur noch die Literaturwissenschaft. In dem hier gegebenen Zusammenhang wird an ihnen deutlich, welche Möglichkeiten der Literatur in Hamburg damals offenstanden und wie couragiert ein Hamburger Schriftsteller sich damals im Kampf gegen die Demagogenclique um Krumbholtz und Stielcke einsetzen konnte.

Weit wichtiger für die Literatur in Hamburg aber wurde in dieser Zeit ein Mann, der die in Deutschland seltene Begabung besaß, Dichter und Politiker in einer Person zu vereinigen: Barthold Hinrich Brockes.

Brockes (ausgesprochen: Brooks) wurde 1680 in Hamburg als Sohn eines Kaufmanns geboren, besuchte das Johanneum und studierte die Rechtswissenschaften an der Universität Halle. Wie siebzig Jahre später Goethe, so arbeitete auch Brockes nach dem Studium einige Monate beim Reichskammergericht in Wetzlar, promovierte nach ausgedehnten Reisen (Italien, Schweiz, Frankreich, Niederlande) an der Universität Leiden und kehrte nach Hamburg zurück. Der Tod des Vaters bescherte ihm ein so großes Erbe, daß er keinen Brotberuf auszuüben brauchte.

Als Brockes 1720 in den Rat seiner Vaterstadt berufen wurde, war er schon ein berühmter Mann, der seinen Zeitgenossen als Deutschlands größter Dichter galt. Eine 1712 von ihm verfaßte Passionsdichtung haben fast alle namhaften deutschen Komponisten jener Zeit in Musik gesetzt; Johann Sebastian Bach übernahm einige Texte daraus für seine Johannes-Passion.

Brockes war eine heitere, fromme Natur, ein rechtes Glückskind des Lebens. Er führte eine harmonische Ehe, aus der zwölf Kinder hervorgingen. Neben einem Haus in der Gröningerstraße (heute Ost-West-Straße) besaß er noch einen Landsitz vor dem Steintor, und zwar dort, wo heute der Besenbinderhof steht. Von hier ging damals der Blick über ein Gartengelände bis nach Horn, und der eigene Garten bot dem Poeten eine Fülle von Inspirationen für seine Naturgedichte, in denen so viele Blumen beschrie-

Barthold Hinrich Brockes.
Kupferstich

ben werden, daß die Hamburger ihrem beliebten Mitbürger zuweilen Blumen ins Haus schickten mit dem Bemerken, diese kenne er vielleicht noch nicht, denn man habe sie in seinen Gedichten nicht erwähnt gefunden. Daß Brockes den höfischen Pomp in der Dichtung seiner Zeit verschmähte, veranlaßte Herder später zu der hübschen Bemerkung: »Brockes wählte den Garten zu seinem Hofe.«

Brockes war ein überaus exakt formulierender Naturbeobachter, darin Goethe verwandt, und die Naturlyrik unseres Jahrhunderts ist von ihm nicht unbeeinflußt geblieben. Kein Dichter vor ihm hatte ein so sensibles Empfinden für Farb- und Klangwerte, etwa wenn er die »Schönheit der zur Abendzeit hinter einem Gebüsche hervorstrahlenden Sonne« – so der Titel des Gedichts – folgendermaßen beschreibt:

»Der angenehme Wald,
So sonst ein dunkler Aufenthalt
Der lichtscheu grün und falben Schatten,
Ist jetzo ganz
Mit einer hellen Glut, mit einem güldnen Glanz
Verwunderlich erfüllt. Es scheinen sich zu gatten
Der Glanz von Gold, Smaragd und von Rubin.
Man glaubt ein grünes Feu'r, wodurch die Lüfte glühn,
Bald einen güldnen Wald zu sehen.«

Oder wenn er in dem Gedicht *Der Schwan* lautmalerisch das Schilf dergestalt charakterisiert:

»In dem beschatteten Gebüsche
Hör ich vom scharfen Schilf ein lispelndes Gezische,
Und recht als wie ein flüsternd Schwätzen.
Ich seh die teils gerad- und teils gebogne Spitzen
Im Strahl der Sonne schimmernd blitzen [...]«

Alfred Lichtwark, in der zweiten Hälfte des 19. Jahrhunderts Direktor der Hamburger Kunsthalle, urteilte 1892 über Brockes: »Sein Auge empfand Farbe und Form mit einer Intensität, die man sonst nur bei Künstlern antrifft.«

Brockes, der in der Natur stets das Wirken Gottes sah, erkannte auch im Staubkorn noch die Offenbarung göttlicher Größe und Weisheit. Darum trägt sein lyrisches Werk, veröffentlicht von 1721 bis 1748 in neun starken Bänden, den Titel *Irdisches Vergnügen in Gott*. Händel hat einige dieser Gedichte als *Neun Deutsche Arien* vertont.

Für Brockes war Gott der Mittelpunkt seiner Verse, die »Seele der allgemeinen Welt«. Die Auffassung, daß Gott sich dem Menschen in der Schönheit und Vielfalt der Natur offenbare, nicht durch die Schrift, sondern durch die erkennende Vernunft des Menschen, war Brockes vertraut aus der *Schutzschrift für die vernünftigen Verehrer Gottes* seines Freundes Hermann Samuel Reimarus. Im Unterschied aber zu Reimarus, für den alle Materie tot war, empfand Brockes sie als von Gott beseelt.

Aber Brockes war nicht nur ein großer Lyriker und fleißiger Übersetzer, der Lateinisch, Französisch, Englisch, Italienisch, Spanisch und Niederländisch sprach; er vertrat auch Ideen, die für seine Zeit sehr ungewöhnlich waren. In der Zeitschrift *Der Patriot*, zu deren Herausgebern er gehörte, plädierte er 1724 für die wissenschaftliche Bildung und die Gründung einer Frauenakademie. Er verlangte, um der Frau die Bildung zu ermöglichen, müsse die ganze Familie der Hausfrau bei ihren »Beschwerlichkeiten« helfen; es sei nicht einzusehen, »daß sie sonst in der Küche liegen und hundert Sorgen haben muß«. Und selbstverständlich seien die Töchter – er selbst hatte fünf – »mit ebenso sorgfältiger Aufsicht zu erziehen als die Söhne«. Zwei Jahre später forderte er staatliche Fabriken zur Beschäftigung der Armen, die damals noch zu entwürdigender Zwangsarbeit in die Zucht- und Arbeitshäuser gesperrt wurden, wo sie den Strafgefangenen gleichgestellt waren. Man müsse, so Brockes, zwischen Arbeitswilligen und Arbeitsscheuen unterscheiden (was man im allgemeinen nicht tat), dürfe aber nicht »den Menschen als bloßen Sklaven der Arbeit« ansehen. Auch die Fürstenherrlichkeit jener Zeit mußte sich von dem Dichter Unerhörtes sagen lassen:

»[...] als wenn auf dieser Welt
Das Volk allein des Fürsten halber wäre,
Nicht aber, wie es sich doch in der Tat verhält,
Daß jeder Fürst der Untertanen wegen
Sein Amt empfangen hab'.«

Der Rat hat seinen Entschluß, Brockes zu wählen, nie zu bereuen brauchen. Nicht nur bewährte sich Brockes als Statthalter des zu Hamburg gehörenden Amtes Ritzebüttel (heute Cuxhaven, wo noch der Brockeswald an ihn erinnert), dem er von 1735 bis 1741 vorstand. Er vertrat seine Vaterstadt auch geschickt und erfolgreich in diplomatischer Mission in Wien, Kopenhagen, Braunschweig, Hannover und Berlin, wobei ihm sein hohes Ansehen als Dichter zugute kam. Als Brockes 1741 aus Ritzebüttel zurückkehrte, betraute ihn der Rat mit ehrenvollen Ämtern, so 1743 mit der Leitung des Scholarchats, der obersten Schulbehörde Hamburgs. Vom Reich war ihm schon 1730 der Titel eines Kaiserlichen Pfalzgrafen verliehen worden, der allerdings in der Praxis nicht eben viel bedeutete. Als Pfalzgraf (übrigens keine erbliche Würde) durfte er Notare ernennen, bürgerliche Wappen verleihen und uneheliche Kinder legitimieren.

Gestorben ist Barthold Hinrich Brockes nach dreitägiger Krankheit am 16. Januar 1747. Als Dichter hat er die Natur und ihren Reichtum für die deutsche Lyrik gleichsam entdeckt. Die Hamburger Bevölkerung hat den populären Mann, der auch Gedichte in niederdeutscher Sprache zu schreiben verstand, sehr geliebt und seinen Tod tief betrauert. Über tausend Menschen gaben am 23. Januar 1747 dem Sarg das letzte Geleit, als Brockes in der Nikolaikirche beigesetzt wurde. So wie Brockes ist nie wieder ein Dichter in Hamburg gefeiert worden.

Die Nachricht von seinem Tod kommentierte eine Hamburger Zeitung mit den Worten, Brockes habe »zur Ehre der Menschheit und zum Ruhme und zur Zierde seiner Vaterstadt« gelebt. Der Dichter Friedrich von Hagedorn, mit Brockes befreundet, rühmte ihn als »Hammoniens Mäcen«, und der Schweizer Schriftsteller Johann Jacob Bodmer reimte:

»So sag' ich: Brockes ist von göttlichem Geschlecht,
Die Menschheit mißt an ihm ihr allgemeines Recht.«

Zu Brockes' Freunden gehörte der ungemein vielseitig interessierte Michael Richey, 1678 in Hamburg geboren. Er hatte in Wittenberg studiert, war mehrere Jahre Rektor in Stade gewesen und kehrte 1713 nach Hamburg zurück, wo er 1717 zum Professor für Geschichte und griechische Sprache am Akademischen Gymnasium ernannt wurde. Er war ein umfassend gebildeter Mann und sprach neben Lateinisch, Griechisch, Englisch, Französisch und Italienisch auch Arabisch, Syrisch und Chaldäisch. Da er sich viel mit Numismatik beschäftigte und selbst eine große Münzensammlung besaß, beauftragte ihn der Rat gelegentlich mit dem Entwurf eines Portugalesers. Richey schrieb die erste Pressegeschichte Hamburgs, *Kurze Geschichte der Hamburgischen Journale* (1742), und ein Wörterbuch der Hamburger – genauer:

Dominicus van der Smissen: *Bildnis des Dichters Friedrich von Hagedorn.* Gemälde, 1741. Hamburg, Museum für Hamburgische Geschichte

niedersächsischen – Mundart, *Idioticon Hamburgiense* (1743). Sein eigentliches Schaffen aber bildete die Lyrik, Gelegenheitslyrik zumeist, die er nach der Devise schrieb:

»Ein schlechtes Wort aus treuem Herzen,
Ist besser als ein krauses Scherzen
Der ausstafierten Dichterkunst.«

Vierzig Jahre lang hat er seinen Freund Telemann mit Texten zu Kantaten und Oratorien versorgt; kein Anlaß, ob zur Hundertjahrfeier der Admiralität, ob zum »Jubelfest« einer goldenen Hochzeit, zu dem nicht »die sinnreiche und galante Feder unsers hochberühmten Hrn. Richey« den passenden Vers beisteuerte. Daß diese Poesie »der Ewigkeit höchst werth« sei, war seinen Zeitgenossen Gewißheit. An Popularität hat Richey seinem Freund Brockes kaum nachgestanden; er starb 1761.

Richey freundschaftlich verbunden war der um eine Generation jüngere Friedrich von Hagedorn, 1708 in Hamburg geboren. Nach dem Jurastudium in Jena kehrte er 1727 nach Hamburg zurück und ging dann als Sekretär des dänischen Gesandten nach London, wo er sich gründlich mit der englischen Literatur vertraut machte. Nach drei Jahren fand er 1733 eine Anstellung am Hamburger English Court, einen Posten, der seinen Lebensunterhalt sicherte und ihm viel freie Zeit für seine schriftstellerische Arbeit ließ. Hagedorn brachte in die erstarrte Lyrik seiner Zeit einen neuen Ton: Frische, Lebendigkeit, Geschmeidigkeit; er frönte einer Poesie des Genusses und heiterer Lebensbejahung. Nach dem frühen Tod, 1723, des Schlesiers Johann Christian Günther war er der unbestritten bedeutendste deutsche Lyriker seiner Generation, der Wegbereiter der deutschen Anakreontik. Er starb 1754, erst sechsundvierzig Jahre alt.

Vier Jahre zuvor hatte ein junger Dichter in einer Ode mit dem Titel *Der Zürchersee* bekundet, wie sehr seiner Generation Hagedorn zum Idol geworden war:

»Und wir Jünglinge sangen
Und empfanden wie Hagedorn [...]«

Es war Friedrich Gottlieb Klopstock, 1724 in Quedlinburg geboren. Klopstock, früh berühmt als Dichter des *Messias*, dessen erste drei Gesänge 1748 erschienen waren, lernte auf der Durchreise von Zürich nach Kopenhagen in Hamburg seine spätere Frau Meta Moller kennen und lieben. 1770 ließ er sich in Hamburg nieder, wo er bis zu seinem Tod 1803 verblieb. Klopstock, der hier 1773 seinen *Messias* vollendete, war ein Mann, der für die materielle Unabhängigkeit des Schriftstellers gekämpft hat wie nur wenige. Er plädierte für die Einrichtung einer Akademie, eines Nationaltheaters, einer Schauspielschule und einer Reichsdruckerei. Seine Appelle richtete er zwar an Kaiser Joseph II. in Wien, aber er tat das vom Hamburger Boden aus, seiner neuen Wahlheimat. Gern wird darauf hingewiesen, er sei der erste Schriftsteller gewesen, der allein von den Erträgen seiner Literatur gelebt habe. Aber das stimmt nicht. Lange vor ihm haben Zesen und Hunold in Hamburg als freie Schriftsteller gearbeitet, desgleichen Brockes, freilich als Inhaber eines großen Erbes. Und auch Klopstock hätte nicht existieren können ohne den großzügigen Jahressold des dänischen Königs, der ihm überhaupt erst die Existenzgrundlage schuf. Immerhin muß Hamburg eine geistige Atmosphäre geboten haben, die einen Dichter wie Klopstock anzog; die erste Vertonung des *Messias* entstand in Hamburg und wurde hier 1759 uraufgeführt; der Komponist war Georg Philipp Telemann.

Wenn es dennoch im 18. Jahrhundert einmal zu einem scharfen Konflikt zwischen der Hamburger Obrigkeit und einem Schriftsteller kam, so hatte das seine besonderen Ursachen.

Der 1717 als Sohn eines Hamburger Kaufmanns geborene Johann Matthias Dreyer hatte 1759 gemeinsam mit dem Advokaten Georg Schade die *Altonaische Staats- und Gelehrten Zeitung* herausgegeben, die jedoch schon sieben Monate nach ihrer Gründung von der dänischen Regierung verboten worden war, weil der französische Gesandte in Kopenhagen protestiert hatte: Einige in dem Blatt abgedruckte boshafte Verse hatten Frankreich in seiner Ehre gekränkt.

Dreyer verdiente seinen Unterhalt als diplomatischer Agent

Friedrich Gottlieb Klopstock. Zeichnung von unbekannter Hand. Hamburg, Staats- und Universitätsbibliothek

und Sekretär der Herzöge von Holstein-Gottorp in Hamburg und schrieb Gedichte in seinen Mußestunden. Die Vers-Invektiven der Altonaer Gazette, die sogar diplomatische Verwicklungen heraufbeschworen hatten, hatten Dreyer offenbar Appetit gemacht. Er verlegte sich nun zunehmend auf das Abfassen bissiger Gedichte und erkor sich besonders den Senior des Hamburger Geistlichen Ministeriums, Hauptpastor Johann Melchior Goeze, zur Zielscheibe. Goeze bot sich dafür geradezu an; auch wenn er unbestreitbar ein umfassend gebildeter Mann war, so hatten doch viele unter seiner eifernden Unduldsamkeit gegenüber Theater und Konzert zu leiden, von seiner fanatischen Rechthaberei in Glaubensfragen zu schweigen. Eines der Gedichte, die Dreyer gegen Goeze in Hamburg verbreitete, war *Der Hamburger Aaron 1760* überschrieben; darin hieß es:

»Da steht er! Seine fette Wange
Färbt keine Scham mehr rot;
Und Hamburg, abergläubisch bange,
Horcht fromm auf sein Gebot;
Verehrt mit knechtischem Entsetzen
Den von ihm selbst erhöhten Mann.
So schuf sich Juda seinen ›Goezen‹,
Ein goldnes Kalb, und betet's an!«

Goeze schwur Rache, und Dreyer machte sie ihm allzu leicht. Er veröffentlichte 1763 in Hamburg eine Gedichtsammlung mit dem Titel *Schöne Spielwerke beym Weine, Punsch, Bischof und Krambamboli*, die neben vielen Harmlosigkeiten auch einige geschmacklose, zum Teil zotige Zweizeiler über den christlichen Glauben enthielt. Sofort erkannte Goeze seine Chance und klagte beim Rat. Der zeigte zunächst wenig Neigung, sich hier einzumischen. Als Goeze ihm daraufhin unverhohlen mit kirchlichen Repressalien drohte, ließ der Rat Dreyers Buch bei den Buchhändlern beschlagnahmen. Von den 1000 Exemplaren der Erstauflage fanden sich nur noch 30. Auf Geheiß des Rats wurden diese vom Henker an der Trostbrücke verbrannt und Dreyer der Stadt verwiesen, als »Satans-Apostel« von den Kanzeln verdammt.

Dreyer durfte unter dem Schutz diplomatischer Immunität 1766 nach Hamburg zurückkehren. Das Geistliche Ministerium protestierte, wurde aber vom Rat unter Hinweis auf die delikate politische Situation abschlägig beschieden, und da Dreyer sich fortan größter Zurückhaltung befleißigte und schon 1768 starb, kehrte auch bald Ruhe ein. Der Fall wird hier deshalb ausführlicher beschrieben, weil er zeigt, welche Machtposition die Kirche damals in Hamburg einnahm und daß es nicht das Stadtregiment war, das sich um die Gängelung mißliebiger Autoren bemühte. Die Exekution von Dreyers Gedichtsammlung durch den Henker war schlimm, aber im Deutschland des 18. Jahrhunderts so ungewöhnlich nun auch wieder nicht.

Bedürfte es eines Beweises, daß Hamburg eine bücherliebende Stadt war, so genügt ein Blick auf sein Bibliothekswesen.

Am 26. Januar 1735 beschloß die Commerzdeputation die Gründung einer »Commerzien-Bibliothèque«: »Umb eine Kauffmanns Bibliothec zu colligiren, der Deputation Protocolla und Schrifften in Ordnung zu bringen, und zugleich dabey ein besonders Zimmer zu ihren engen Versammlungen anzulegen.«

Die Deputation ging dabei sofort zielstrebig ans Werk. Sie beschaffte aus den Niederlanden Land- und Seekarten, Hafenpläne und Reisebeschreibungen, aus London »die neuesten und nützlichsten von den Commercio und der Navigation handelnden Bücher«, und auf den Auktionen der Heimatstadt ersteigerte man Hamburgensien jedweder Art. Neben allem für Handel und Gewerbe Nützlichen wurden auch Werke aus dem Bereich der Geschichte, der Mathematik und der Naturwissenschaften angekauft und selbstverständlich auch die heimischen Zeitungen abonniert und archiviert. Die bibliothekarischen Nachlässe Hamburger Kaufleute wurden erworben, und manches bekam man auch geschenkt.

Auf diese Weise und durch zielstrebigen Ausbau wurde die Commerzbibliothek, untergebracht im ersten Stock der Neuen Waage, heute im Börsengebäude, nicht nur zu einer Spezialbücherei ersten Ranges; sie ist auch die älteste Fachbibliothek der Welt. Vergleichbare Büchereien entstanden in anderen Ländern

Hamburgs Stadtzentrum um 1735. Ganz links der Große Kran, daneben die Waage mit der Commerzbibliothek im ersten Stock, in der Mitte die Börse mit dem offenen Vorplatz. Die Straßenzeile rechts zeigt in der Mitte das Niedergericht (mit Balkon) und vorne rechts einen Teil des alten Rathauses an der Trostbrücke. Kupferstich von Christian Fritzsch

erst im 19. Jahrhundert. Ihr 1750 gedruckter erster Katalog ist einer der ältesten Bibliothekskataloge der Welt; er kommt gleich nach dem der Pariser Bibliothèque Nationale.

Auch der Bücherbestand der Commerzbibliothek war respektheischend. 1750 zählte man schon 1158 Bände, darunter den Mercator-Atlas von 1619 und das nur in einem einzigen gedruckten Exemplar erhaltene Wisbysche Wasserrecht (Lübeck 1575); hinzu kamen kostbare Handschriften und Karten. Im 18. Jahrhundert galt die Commerzbibliothek als eine der »Staatsmerkwürdigkeiten« Hamburgs.

Einen gewaltigen Zuwachs erfuhr die Stadtbibliothek, als Johann Christoph Wolf, 1712 als Professor für orientalische Sprachen ans Akademische Gymnasium berufen und ab 1716 Hauptpastor an St. Katharinen, seine Bibliothek samt Handschriftensammlung der Stadt vermachte, in deren Besitz sie bei seinem Tod 1739 überging. Wolf hatte eine Sammlung von mehr als 25 000 Bänden zusammengetragen, dazu Hunderte von unschätzbaren orientalischen und hebräischen Handschriften und eine Kollektion von über 40 000 Gelehrtenbriefen. Außerdem vermachte Wolf der Stadtbibliothek 66 000 Mark banco, dem Bibliothekar die Jahreszinsen von 1000 Reichstalern sowie 300 Mark jährlich für die in der Bibliothek arbeitenden Germanisten. Einzige Bedingung war, »daß sein jüngster Bruder sie (*Wolfs Bibliothek*) auf Lebenszeit behalten und überhaupt das Nähere darüber verfügen dürfe«.

Der Rat stimmte zu, und nachdem Johann Christian Wolf, der jüngere Bruder, versprochen hatte, seine eigene Sammlung gleichfalls der Stadt zu hinterlassen, konnte er sein Amt als Stadtbibliothekar antreten. Zwar war die Stadtbibliothek mit jährlich 80 Talern für Neuanschaffungen recht mager dotiert; aber Wolf betrieb eine kluge Ankaufspolitik – zum Teil finanzierte er die Anschaffungen sogar aus eigenen Mitteln – und erwarb zum Beispiel 1749 eine 1162 Manuskripte umfassende Sammlung, darunter kostbare mittelalterliche Kodizes.

Mit 50 000 Bänden war damit die Hamburger Stadtbibliothek zu einer der größten unter ihresgleichen in Deutschland geworden, und der Rat beschloß, dafür ein neues Gebäude zu errichten. Die Einweihung fand 1751 mit einer Festmusik Telemanns statt; die Institution hieß von nun an Öffentliche Stadtbibliothek und bekam zugleich eine neue Bibliotheksordnung.

Johann Christian Wolf starb 1770. So eigenwillig sein Umgang mit Büchern und Handschriften, aus denen er manchmal Seiten oder Schriftzüge herausschnitt, auch gewesen ist: Aufs Ganze gesehen hat er uneigennützig und überaus förderlich nur für diese Bibliothek gelebt und gearbeitet. An seinem Arbeitsplatz ereilte ihn auch ein tödlicher Schlaganfall. So mußte er nicht mehr erleben, daß die Stadt keinen Finger rührte, als 1784 die Bibliothek des Doms versteigert wurde, von der kein Kodex und kein

Buch in den Besitz der Öffentlichen Stadtbibliothek kam. Der letzte kostbare Zugewinn war die Schenkung der Bibelsammlung von Johann Melchior Goeze 1791 durch dessen Sohn.

## Das allgemeine Wirtshaus der Musen

Am 11. April 1765 konstituierte sich im Börsensaal die »Hamburgische Gesellschaft zur Beförderung der Manufacturen, Künste und Nützlichen Gewerbe«, schon bald nur Patriotische Gesellschaft genannt (unter »patriotisch« verstand man damals »gemeinnützig«). Zu ihren Gründungsmitgliedern gehörten der Theologe Hermann Samuel Reimarus und dessen Sohn, der Arzt Johann Albrecht Heinrich Reimarus, der Mathematiker Johann Georg Büsch und der Baumeister Ernst Georg Sonnin.

Hermann Samuel Reimarus (1694–1768) war nicht nur Theologe, sondern auch ein exzellenter Kenner der orientalischen Sprachen, eine in Hamburg damals nicht seltene Kombination. Er hatte eine Professur am Akademischen Gymnasium und wurde von Barthold Hinrich Brockes, mit dem er befreundet war, gerühmt als »eine wahre Zier wie des Gymnasiums, als unserer ganzen Stadt«. Mit Brockes verband ihn eine rationalistische Bibelkritik und die Abneigung gegen die in Hamburg herrschende lutherische Orthodoxie. Seine *Apologie oder Schutzschrift für die vernünftigen Verehrer Gottes*, die das Denken von Brockes nachhaltig beeinflußte, kursierte damals nur als Manuskript; es zu veröffentlichen wagte Reimarus nicht. Wie recht er daran tat, zeigte sich, als Lessing 1774 diese Schrift auszugsweise als *Fragmente eines Ungenannten* druckte und damit die fanatische Reaktion des Hauptpastors an St. Katharinen, Johann Melchior Goeze, provozierte. Daraus entstand dann der bekannte, sich über Jahre hinziehende Streit zwischen Lessing und Goeze, dessen Spuren noch in Lessings Drama *Nathan der Weise* (1779) sichtbar sind.

Hermann Samuel Reimarus. Kupferstich von Christian Fritzsch, 1751

Der Arzt Johann Albrecht Heinrich Reimarus (1729–1814), der Sohn des Theologen, gehörte mit seiner klugen Ehefrau Sophie und ganz besonders mit seiner hochgebildeten Schwester Elise Reimarus zu Lessings Hamburger Freundeskreis.

Johann Georg Büsch (1728–1800) war Professor der Mathematik am Akademischen Gymnasium, ein angesehener Mann, dem 1771 die Leitung der 1767 gegründeten Handelsakademie übertragen wurde. An diesem Institut wurde jungen Kaufleuten nicht nur Fachwissen, sondern auch Allgemeinbildung vermittelt; viele Absolventen der Akademie kamen von auswärts, unter ihnen Alexander von Humboldt und Barthold Georg Niebuhr.

Die Patriotische Gesellschaft wünschte das Gemeinwohl Hamburgs in privater Intitiative zu fördern, unabhängig von der Stadtverwaltung. »Aufmunterung und Belohnung des Fleißes und der Geschicklichkeit« war ihr Ziel, »Erhaltung und Verbesserung mancher Gewerbe und Quellen des Handels« sollten unterstützt werden, dazu »Witz und Kunst«, damit der »entarteten Zügellosigkeit der Sitten« entgegengewirkt werde. Da die städtischen Einrichtungen nach Ansicht der Gesellschaftsgründer nicht ausreichen konnten, »alle Bedürfnisse oder Vortheile einer Republik zu besorgen«, sollte die private Aktivität angeregt werden, »mit vereinten Rathschlägen und Kräften den Flor des gemeinen Wesens zu erhalten und zu befördern«.

Das bedeutete eine starke Mobilisierung des Bürgertums als einer eigenständigen Kraft, nicht ganz zufällig zwanzig Jahre vor Ausbruch der Französischen Revolution. »Eine freie Bürger-Vereinigung«, so hieß es, »ist dem Staat unendlich viel wichtiger und nutzbarer, als man gewöhnlich zu glauben geneigt ist.«

Die Patriotische Gesellschaft bemühte sich um die Betreuung der Armen, die Pflasterung und die Beleuchtung der Straßen, die Vervollkommnung der Feuerwehr, die Einführung des Blitzableiters, die Entwässerung der Marschen, um die Verbesserung des Hamburger Biers ebenso wie des Schulwesens. »Etwas wie ein

Johann Georg Büsch. Lithographie von A. Kaufmann

freiwilliges Kultusministerium, das zugleich die Funktionen eines Parlaments ausübt«, charakterisierte Alfred Lichtwark die Gesellschaft. Vierzig Jahre nach ihrer Gründung wurde die Patriotische Gesellschaft als »Mutter alles Guten, Edlen und Schönen, als Beförderin der Bürgertugend und des Bürgerwohls« gerühmt. Auch wenn man das nicht allzu wörtlich nehmen sollte: Die Patriotische Gesellschaft, die noch heute existiert, hat in der Tat für Hamburg segensreich gewirkt; wir werden darauf noch hinzuweisen haben. Sie gründete auch eine eigene Bibliothek, die 1789 bereits über einen Bestand von 1000 Büchern verfügte.

Die Patriotische Gesellschaft von 1765 war nicht der erste gesellschaftliche Zusammenschluß Hamburger Bürger. Schon 1643/1644 hatte sich mit dem Collegium medicum, gegründet von Joachim Jungius, ein Verein gebildet, dem zunächst nur die zwölf in Hamburg praktizierenden Ärzte angehörten; um 1700 zählte das Kollegium, das sich nun Societas medica nannte, hundert Mitglieder. Nach 1722 fehlen weitere Nachrichten.

Eine »Gesellschaft zur Verbreitung der mathematischen Wissenschaften in Hamburg« wurde 1690 gegründet, zunächst unter der Bezeichnung »Kunst-Rechnungs-Liebende Societät« mit sechs einheimischen und neun auswärtigen Mitgliedern. Im 18. Jahrhundert gehörten auch Büsch und Sonnin ihr an. Schließlich fanden auch Kaufleute Aufnahme in die Gesellschaft, da es ihr nun nicht mehr allein um »mathematisches Sinnenconfect« und »kabbalistische Löseschlüssel« ging, sondern mehr um die praktische Unterweisung für den Handelsalltag.

Nur drei Jahre lang existierte die 1715 gegründete »Teutsch übende Gesellschaft« mit ihren sechs Mitgliedern (unter ihnen Brockes und Richey), hervorgegangen aus der Tradition der barocken Sprachgesellschaften, von denen die Zesens und Rists schon erwähnt wurden.

Bei den engen Handelsbeziehungen zu England konnte es nicht ausbleiben, daß die zu Beginn des 18. Jahrhunderts in London entstandene Freimaurerei auch in Hamburg Interesse fand. Die erste Freimaurerloge in Deutschland wurde 1737 in Hamburg ins Leben gerufen; zu ihren Gründungsmitgliedern gehörte der angesehene Chirurg Peter Carpser. Dieser Loge trat schon im folgenden Jahr, als sie erst 31 Mitglieder (Brüder) zählte, Kronprinz Friedrich von Preußen bei, der spätere Friedrich II. Die Hamburger Loge, die sich seit 1740 »Absalom zu den drei Nesseln« nannte, unterstand der Londoner Großloge. Fünfzig Jahre später gab es neben dieser in Hamburg und Umgebung vier weitere Logen. In der zweiten Hälfte des 18. Jahrhunderts waren solche Orden und Geheimbünde außerordentlich beliebt (Illuminaten, Rosenkreuzer), und die von vielen Geheimnissen umgebene Freimaurerei mit ihren mannigfaltigen Ritualen übte eine große Anziehungskraft aus; der Nimbus des Geheimnisvollen trug freilich auch zu ihrer Verleumdung bis in unser Jahrhundert hinein nicht unerheblich bei. In Wahrheit aber war es ein Zusammenschluß von Männern, die sich zur Humanität, zu freiem Weltbürgertum und zur Gemeinnützigkeit bekannten, zur Brüderlichkeit im weitesten Sinn, ganz wie es den Idealen der Aufklärung entsprach. Ihre Mitglieder waren religiös, mußten sich aber nicht unbedingt zum Christentum bekennen, was auch die Aufnahme von Juden ermöglichte. Es gibt kaum eine Persönlichkeit im deutschen Geistesleben jener Zeit, die nicht einer Freimaurerloge angehört hätte.

Neben diesen größeren Gesellschaften gab es zahlreiche private Zirkel, etwa die von Klopstock und Büsch ins Leben gerufene »Lesegesellschaft« oder deren »Monatliche Mittagsgesellschaft«. Jeden Sonnabend fand sich im Haus des Arztes Peter Carpser in der Düsternstraße ein Kreis zusammen, dem auch Hagedorn angehörte, der seinerseits ein »Lesekränzchen« gegründet hatte.

Zu regelmäßigem geselligem Beisammensein traf man sich auch im Haus des Kaufmanns Georg Heinrich Sieveking oder in dem seines Kompagnons Caspar Voght, beides weitgereiste und welterfahrene Männer mit vielseitigen Interessen. Bei ihnen konnte man Klopstock, dem Schauspieler und Theaterdirektor Friedrich Ludwig Schröder und dem berühmten Arzt Unzer begegnen und selbstverständlich der Familie Reimarus, und das nicht nur, weil der Arzt Reimarus Sievekings Schwiegervater

Abendgesellschaft bei Baron Caspar von Voght in seinem Landhaus in Flottbek um 1820. Links in der Tür, die Kerze in der Hand, der Schriftsteller und Journalist Piter Poel; rechts von ihm, mit dem Rücken zum Betrachter, der Hausherr, vertieft in eine Partie Schach mit der Witwe seines Kompagnons Sieveking; rechts von ihr, auf sie zutretend, Sievekings Sohn, der Syndikus und spätere Zensor Karl Sieveking. Aquarell von unbekannter Hand. Hamburg, Altonaer Museum

war, sondern weil die Reimarus ganz wesentlich das geistige Leben in Hamburg bestimmten.

Berühmtheiten traf man vor allem im gastfreien Haus von Johann Georg Büsch, dem Direktor der Handelsakademie: die Dichter Klopstock, Matthias Claudius und Johann Heinrich Voß, die Brüder Stolberg und während seiner Hamburger Jahre auch Lessing, den freisinnigen, der Orthodoxie feindlichen Pastor Alberti, den Arzt Unzer. Ganz besonders fanden auswärtige Gelehrte, wenn sie Hamburg besuchten, im Hause Büsch gastliche Aufnahme. Hier wurde neue Literatur vorgelesen, musiziert und diskutiert, und den Abschluß des Abends bildete ein einfaches, bis in die späte Nacht sich hinziehendes Essen, »dessen vornehmste Würze die geistreiche Heiterkeit der Gäste bildete«, wie der Schriftsteller Piter Poel berichtete, der den *Altonaischen Merkur* herausgab und mit Sieveking und Voght befreundet war.

Bot das Haus Büschs den Gästen einen geräumigen festlichen Rahmen, mit kostbaren Bildern, Porzellanen und Vasen, so ging es im Haus des Arztes Reimarus an der Fuhlentwiete eher spartanisch zu. Viel mehr als einen vortrefflichen Tee hatten die Gäste an leiblichen Genüssen nicht zu erwarten; dafür war das geistige Angebot um so größer.

»Wenige Tage in der Woche vergingen, wo nicht ihr in so manchen gedruckten Briefen und Reisebeschreibungen gepriesener Teetisch der Sammelplatz fremder und einheimischer Gelehrter und wissbegieriger junger Leute wurde. Der Mann (*Dr. Reimarus*), welcher um diese Tageszeit kaum andere Besuche als bei gefährlichen (*gefährlich erkrankten*) Patienten machte, arbeitete dann in seinem anstoßenden kleinen Bibliothekzimmer, dessen Türen offen standen, so daß er an der Unterhaltung teilnehmen konnte. Der Ort dieser anspruchslosen aus wechselnden Gästen zusammengesetzten Vereinigung ist in Deutschland berühmter geworden, als manche Akademie.« So Piter Poel.

Die Inspiratorin dieser Tee-Abende war Sophie Reimarus, seit 1770 die zweite Frau des Arztes, die ihre Soireen mit dem Satz charakterisierte: »Hier kommt und geht, wer will, und denkt auch was er will, und sagt es ziemlich dreist, und niemand kümmert sich darum.«

Im Hause Reimarus traf man den Pädagogen Johann Bernhard Basedow, der bis 1771 am Altonaer Gymnasium tätig war, und seinen Schüler Joachim Heinrich Campe, dessen in Hamburg entstandene deutsche Bearbeitung von Daniel Defoes *Robinson Crusoe* diesem Buch zu seiner Popularität in Deutschland verhalf: als Kinderbuch, das es ursprünglich nicht war. Hierher kamen Johann Wilhelm Ludwig Gleim aus Halberstadt, Johann Caspar Lavater aus Zürich und Jens Immanuel Baggesen aus Kopenhagen. Und natürlich kam alles, was im Hamburger Geistesleben

Rang und Namen hatte. Lessing, der sich besonders mit Elise Reimarus, der Schwester des Arztes, befreundet hatte und in diesem Haus ein- und ausging, schrieb an Elise 1780 in wehmütigem Rückblick auf seine Hamburger Jahre, die ihm doch sonst wenig Glück beschert hatten: »Wer in dieser Gesellschaft hätte bleiben können! Wer aus dieser Gesellschaft nur einen einzigen hier hätte!«

Selbst der dänische Dichter Jens Immanuel Baggesen, der da meinte, die Handelsstadt – und als etwas anderes galt ihm Hamburg nicht – sei unfähig, große Seelen zu bilden, mußte einräumen: »Derselbe Geist, der die Liebhaber der Musen von dieser Stadt verscheucht, bringt sie auf eine gewisse Weise auch wieder zu ihr zurück. Der Handel hat, in Absicht auf Wissenschaften, eine gewisse Schwerkraft, die ebensosehr an sich zieht als von sich stößt. Hamburg ist, zufolge dieses Gesetzes der Bewegung, ein Platz, auf dem sich Europas Gelehrte begegnen; und sozusagen das allgemeine Wirtshaus der Musen geworden. Von dieser Seite angesehen, ist es vielleicht, nächst Rom und Paris, die interessanteste Stadt in Europa.«

Geradezu enthusiastisch aber schrieb der Lyriker Ludwig Hölty, einer der Gründer des »Göttinger Hains«, der im Herbst 1775 einige Wochen in Wandsbek und Hamburg verbracht hatte, rückschauend: »O wer nur einen Tag in dem schönen Hamburg wäre! Eya wären wir da!«

## Ein wenig Kunst

Im Vergleich zu dem reichen Geistesleben und der hohen Musikkultur fristete die bildende Kunst im Hamburg des 18. Jahrhunderts ein klägliches Dasein. Kein Bildhauer oder Bildschnitzer von Rang arbeitete hier, und die wenigen Maler konnten sich fast nur mit Porträt-Aufträgen ihr Geld verdienen. Das ist insofern erstaunlich, als es an kunstliebenden Kaufleuten nicht mangelte,

Balthasar Denner: *Die Kuchenfrau*. Gemälde, 1715. Hamburg, Kunsthalle. Denner, gebürtiger Hamburger, lebte nur vorübergehend in seiner Vaterstadt

von denen einige zum Teil recht kostbare Gemäldesammlungen besaßen; doch für die einheimischen zeitgenössischen Maler interessierten sie sich offenbar nicht.

In Hamburg wirkte damals der als Porträtist recht beliebte Balthasar Denner (1685–1749), dem wir die Bildnisse von Barthold Hinrich Brockes und dessen Kindern verdanken. Denners Schwager, Dominicus van der Smissen (1707–1760), schuf Porträts von Brockes und Hagedorn; von Anton Hickel (1745–1798) und Johann Heinrich Wilhelm Tischbein (1751–1829) besitzen wir Bildnisse Klopstocks. Tischbein, berühmt geworden durch sein Gemälde *Goethe in der Campagna*, arbeitete allerdings nur von 1766 bis 1771 in Hamburg, wo er bei seinem Onkel Johann Jacob Tischbein (1725–1791) und seinem Vetter Johann Dietrich Lilly (1705–1792) lernte. Johann Heinrich Tischbein der Ältere (1722–1789), ein Bruder Johann Jacobs, malte eine *Auferstehung Christi* als Altarbild der neuen Michaeliskirche.

Weit besser bestellt war es um das Kunsthandwerk. Seit 1600 war Hamburg im Goldschmiedehandwerk die führende Stadt in Norddeutschland. Der in Hamburg tätige Goldschmied Jacob Mores der Ältere (gestorben 1609) und sein Sohn Jacob Mores der Jüngere (gestorben 1649) hatten einen solchen Ruf, daß sie Aufträge vom dänischen König und von den Herzögen von Schleswig-Holstein und Braunschweig-Lüneburg erhielten. Für den Moskauer Kreml schuf Jacob Mores der Ältere drei Silberpokale.

Welche Bedeutung diesem Kunsthandwerk zukam, zeigt, daß um 1690 allein 48 Goldschmiedemeister in Hamburg arbeiteten, die vor allem für auswärtige Auftraggeber tätig waren. Paulus Schütte, der um 1650 nach Hamburg kam und hier 1713 starb, schuf zum Beispiel Kirchengeräte für den Bardowicker Dom, das Kloster Uetersen und für mehrere Kirchen Mecklenburgs. Das Museum für Kunst und Gewerbe und das Museum für Hamburgische Geschichte verwahren eindrucksvolle Zeugnisse dieses Hamburger Kunstfleißes. Daß dennoch in Hamburg selbst wenig erhalten geblieben ist, hat seine Gründe in der wirtschaftlichen Not während der französischen Okkupation von 1806 bis 1814,

Ein von Paulus Schütte um 1690 geschaffener silberner Deckelhumpen. Hamburg, Museum für Hamburgische Geschichte

als der größte Teil des Silbergeräts der Hamburger Bürgerkapitäne entweder verkauft oder eingeschmolzen wurde, und in den Zerstörungen beim Brand von 1842 und bei der Bombardierung der Stadt im Zweiten Weltkrieg.

Bei der Anfertigung von Möbeln errang Hamburg einen Ruf in der Herstellung großer zweitüriger, mit feinem Schnitzwerk geschmückter Schränke, die als »Hamburger Schapp« auch häufig exportiert wurden.

Nicht recht entwickeln konnte sich in Hamburg die Fayence-Produktion. Zwar gab es in den Jahren 1625 bis 1655 und um die Mitte des 18. Jahrhunderts mehrere einheimische Manufakturen – etwa die von Henning Detlef Hennings –, die im 17. Jahrhundert vornehmlich Krüge, im 18. Jahrhundert vor allem Ofenkacheln herstellten, und die auf Krüge, Fliesen und Ofenkacheln spezialisierte Manufaktur von Jürgen und Johann Hinrich Mewe in Altona (um 1765 bis 1804) mit sehr qualitätvollen

Arbeiten. Aber im Vergleich zu den berühmten deutschen Fayence-Herstellern dieser Zeit blieben sie fast bedeutungslos.

Unerheblich blieb auch die Fertigung von Porzellan im 18. Jahrhundert in Hamburg. Vermerkt werden soll aber, daß Heinrich Carl Schimmelmann zur Zeit des Siebenjährigen Kriegs von König Friedrich II. von Preußen das Recht erhielt, das von den Preußen beschlagnahmte Meißner Porzellan von Hamburg aus monopolistisch zu verkaufen. Dieser Handel legte den Grundstein zum mächtigen Vermögen Schimmelmanns, der als Finanzberater des dänischen Staats einen bedeutenden Anteil hatte am Zustandekommen des Gottorper Vergleichs von 1768 und am Aufblühen von Wandsbek.

## »Alles ist daselbst Sang und Klang«

Am 10. Juli 1721 wählte der Rat der Stadt Hamburg Georg Philipp Telemann zum städtischen Musikdirektor und Kantor am Johanneum. Zwei einflußreiche Hamburger dürften Telemann als Nachfolger des am 10. April desselben Jahres verstorbenen Kantors Joachim Gerstenbüttel empfohlen haben: der Ratsherr Barthold Hinrich Brockes und der Hauptpastor von St. Jacobi, Erdmann Neumeister. Beide spielten nicht nur im öffentlichen Leben Hamburgs eine bedeutende Rolle; sie waren mit Telemann auch als Textdichter für seine Musik verbunden.

Auch dem Hamburger Opernpublikum war Telemann bekannt, hatte man doch im Opernhaus am Gänsemarkt erst vor einem halben Jahr die komische Oper *Der geduldige Sokrates* uraufgeführt, und es scheint so, als sei Telemann sogar bei der Premiere am 28. Januar 1721 zugegen gewesen. Und als man drei Tage vor seiner Wahl Giuseppe Maria Orlandinis *Ulysses* gab, hatte Telemann zu dieser Aufführung, durchaus dem Brauch der Zeit entsprechend, deutsche Arien und Rezitative aus seiner Feder beigesteuert. Aber das allein hätte die Hamburger noch nicht

Georg Philipp Telemann. Aquatintablatt von Valentin Daniel Preisler nach einem verschollenen Gemälde von Ludwig Michael Schneider, 1750

bewogen, Telemann zu berufen. Der Grund war vielmehr darin zu suchen, daß der Komponist als der berühmteste deutsche Musiker galt, dessen Ruf längst über die Grenzen ins Ausland gedrungen war.

Telemann stammte aus Magdeburg. Er war dort am 14. März 1681 als Sohn eines Predigers zur Welt gekommen und hatte schon als Kind eine ungewöhnliche musikalische Begabung gezeigt. Schon während seines Jura-Studiums in Leipzig schrieb er Kantaten und Opern. Er gab die Jurisprudenz aber bald ganz auf und wurde 1704 Kapellmeister des Grafen Promnitz im schlesischen Sorau und vier Jahre später Konzertmeister am Hof von Eisenach. Nach weiteren vier Jahren folgte er 1712 einer Berufung nach Frankfurt am Main, wo er, wie in Eisenach, den Gottesdienst regelmäßig mit Kantaten versorgte und Festmusiken aller Art schrieb. Hier führte er den Brauch ein, daß jeder Besucher seiner Passionsmusiken ein gedrucktes Textheft kaufen mußte, was zusätzlich Honorar brachte und – um es gleich vorwegzunehmen – in Hamburg zusätzlichen Ärger. Denn in Hamburg glaubten die »Ratsdrucker« – jene Drucker, die für den Rat die amtlichen Verlautbarungen herstellten – das Druckmonopol auch für Telemanns Textbücher zu besitzen. In den sechsundvierzig Jahren seiner Hamburger Zeit mußte Telemann daher häufig mit den Unternehmern prozessieren; meistens ging der Rechtshandel für ihn günstig aus. Es war das erstemal, daß ein Musiker erfolgreich seinen Urheberrechtsanspruch vor Gericht verfocht.

Doch zurück ins Jahr 1721. Der vierzigjährige Telemann war ein in Deutschland wie im Ausland hoch angesehener Komponist, als ihn das Hamburger Angebot erreichte.

Die erste Begegnung mit Hamburg war keinesfalls Liebe auf den ersten Blick. Telemann mußte bald spüren, daß sein Salär nicht ausreichte, denn das Leben an Elbe und Alster war nicht billig und seine Ehefrau verschwenderisch. In Frankfurt hatte er auskömmlich leben können; er war mit den Jahren ein angesehener, gesellschaftlich gut etablierter Bürger geworden. In Hamburg aber mußte er sich erst einrichten und sich vor einem durchaus kritischen Publikum bewähren. Und in Hamburg saß auch jene Instanz, die als Kunstrichter in Sachen Musik Lob und Verdammnis über Deutschlands Komponisten in einer Fülle von regelmäßig erscheinenden Publikationen austeilte: Johann Mattheson.

Der wie Telemann 1681 geborene Mattheson gehörte zu jenen überaus vielseitigen Persönlichkeiten, an denen das 18. Jahrhundert so reich war. Zunächst machte er sich als Komponist einen Namen und schrieb acht Opern und neunundzwanzig Oratorien, deren Texte er zuweilen auch selbst dichtete. Als 1704 seine Oper *Cleopatra* in Hamburg uraufgeführt wurde, sang der Komponist nicht nur eine der Hauptrollen, sondern leitete auch die gesamte Premiere vom Cembalo aus, sofern er nicht gerade auf der Bühne zu agieren hatte. Damals saß ein neunzehnjähriger Geiger im Orchester, dessen außergewöhnliche Begabung Mattheson sofort aufgefallen war und den er darum persönlich förderte: Georg

Johann Mattheson. Kupferstich von Johann Jacob Haid, 1746

Friedrich Händel, mit dem Telemann seit jungen Jahren befreundet war. Händel leitete jene Partien, bei denen Mattheson auf der Bühne zu singen hatte, und als er nicht bereit war, diese Leitung nach Matthesons Rückkehr ins Orchester wieder abzugeben, kam es zu einer lautstarken Auseinandersetzung zwischen den beiden Männern, die schließlich vor die Tür auf den Gänsemarkt eilten, um ihren Streit mit der Waffe auszutragen. Zum Glück für die Musikgeschichte glitt ein Stoß Matthesons, der wahrscheinlich tödlich gewesen wäre, an einem Knopf seines Gegners ab, worauf sich die Duellanten wieder versöhnten. Beide haben diese Auseinandersetzung einander nicht nachgetragen, und Händel fand Matthesons Musik immerhin so interessant, daß er für seine Oper *Agrippina* (1709) sogar einen Chor Matthesons übernahm.

Matthesons Karriere als Opernkomponist, Dirigent und Bühnendarsteller endete schon 1705 durch ein sich verschlimmerndes

Gehörleiden. Der Vierundzwanzigjährige fand daraufhin eine Anstellung als Geheimsekretär des britischen Gesandten in Hamburg, Johann von Wich, da Mattheson mehrere Sprachen beherrschte und eine gewandte Feder führte. Als Wich 1714 starb, wurde Mattheson Legationsrat bei dem Sohn Cyrillo von Wich, dem er Musikunterricht gab. Für das bescheidene Jahresgehalt von 30 Reichstalern versah Mattheson außerdem noch von 1715 an den Posten des Musikdirektors am Hamburger Dom.

Telemann und Mattheson hatten schon während Telemanns Frankfurter Zeit miteinander korrespondiert und empfanden einige Sympathie füreinander, was allerdings den gestrengen Mattheson nicht daran hindern sollte, Telemanns Arbeiten gelegentlich scharfer Kritik zu unterziehen. Beider persönliche Annäherung vollzog sich vorsichtig, denn sie war eine Sache des Prestiges. Am 17. September 1721 gab Telemann in St. Katharinen seine erste Kirchenmusik.

Nächst seinen amtlichen Aufgaben – Musikunterricht im Johanneum und eine allsonntägliche Kantaten-Komposition für den Gottesdienst – ging Telemann als erstes daran, die in Hamburg abgestorbene Tradition des Collegium musicum zu erneuern. Er hatte darin Erfahrung, denn ein vornehmlich aus Studenten bestehendes Collegium musicum hatte er schon in seiner Leipziger Studentenzeit gegründet und erfolgreich geleitet (1729 übernahm Bach dessen Leitung), und auch in Frankfurt hatte er ein solches Ensemble ins Leben gerufen. Schon am 15. November 1721 begannen die nun regelmäßig veranstalteten »Winterkonzerte« des Hamburger Collegium musicum in Telemanns Kantorenwohnung; die Eintrittskarten kaufte man beim Komponisten persönlich.

Der Rat erwartete Telemanns Musik zu seinen jährlichen Petri- und Matthiä-Mahlzeiten. Auch die Jubiläen der Admiralität, der Oberalten, des Commerz-Collegiums, der Augsburger Konfession, des Westfälischen Friedens und so weiter konnten ohne Telemann nicht festlich begangen werden. Hinzu kamen weitere Anlässe wie Promotionen, Examensabschlüsse, Fürsten-Hochzeiten, Friedensschlüsse, Krönungen, Kaiserwahl, Sterbefälle oder gewonnene Schlachten – nahezu jeder Anlaß war recht, um Telemann mit einer Komposition zu beauftragen.

Allein mit diesem Pensum wäre bereits jeder andere Komponist restlos überfordert gewesen. Telemann aber scheint das eher noch zuwenig gewesen zu sein. Er komponierte auch ohne Auftrag noch eine Fülle von Orchester- und Kammermusik, erlernte ganz schnell die Kunst des Notenstechens und konnte die eigenen Werke im eigenen Verlag herausbringen. Dazu schrieb er musiktheoretische Abhandlungen, publizierte die Werke anderer Musiker, führte eine rege Korrespondenz und unterrichtete Schüler. Ja er übte zeitweise sogar noch die journalistische Tätigkeit eines Auslandskorrespondenten des Hofs zu Eisenach aus, eine Beschäftigung, die viel Arbeit und Unkosten verursachte, ihm aber wenig Geld einbrachte.

Um ein reges Konzertleben in Hamburg zu schaffen, konnten ihm die Konzerte des Collegium musicum in seiner engen Wohnung nicht genügen. Musikalische Aufführungen und geeignete Aufführungsstätten waren in Hamburg nicht rar, obwohl die Stadt nicht über einen eigenen Konzertsaal verfügte. Aber welche Stadt hatte den damals schon? Es bestand damals auch gar nicht der Bedarf danach. Im Baumhaus am Hafen gab es im ersten Stock einen Saal, in dem zweihundert Personen Platz hatten; im Drillhaus stand ein großer Saal zur Verfügung, in dem die meisten Konzerte Telemanns stattfanden. Ferner gab es für Konzerte das Krameramtshaus, den Hof von Holland an der Fuhlentwiete, den Kaiserhof am Neß und das schon erwähnte Eimbecksche Haus (Ecke Dornbusch/Kleine Johannisstraße); Telemann nutzte diese Häuser aber nur selten.

Und dann leitete Telemann noch die Oper. Der populärste Komponist dieses Hauses vor Telemanns Zeit war Reinhard Keiser, der die Hamburger Oper mit etwa achtzig Werken bediente. Der 1674 in Teuchern bei Weißenfels geborene Keiser hatte unter anderem 1707 eine Oper, *Carneval von Venedig*, auf die Bühne gebracht, die neben der deutschen und der italienischen Sprache sogar plattdeutsche Einlagen verwandte, was in Hamburg nicht selten war, war hier das Niederdeutsche doch

Umgangssprache. Keiser, der von 1703 bis 1707 sogar der Pächter des Opernhauses gewesen war und das Programm stark geprägt hatte, geriet nun durch Telemann ein wenig in den Hintergrund. Aber beide Komponisten schätzten einander und arbeiteten eng zusammen; so veranlaßte Telemann, daß Keiser seine 1706 komponierte Oper *Masaniello Furioso* 1727 überarbeitete, wozu Telemann einige deutsche Arien beisteuerte, ein damals durchaus übliches Verfahren.

Telemann hat in den Jahren seiner Operndirektion für ein gut gemischtes Programm gesorgt, in dem anspruchsvolle Werke und mehr dem Hamburger Unterhaltungsbedürfnis entgegenkommende Opern sich die Waage hielten, was nicht heißt, daß anspruchsvollere Opern erfolglos gewesen wären. Neben seinen eigenen Werken setzte er immer wieder die Opern Keisers und vor allem die seines Freundes Händel auf den Spielplan. Bis zur Auflösung der Oper 1738 – im Jahr darauf starb Keiser – sind während Telemanns Amtszeit 140 Händel-Aufführungen auf der Bühne am Gänsemarkt nachzuweisen. Von den vierzig Opern, die Händel schrieb, brachte Telemann elf auf die Bühne, von denen sich *Giulio Cesare* mit 36 Aufführungen in den Jahren 1725 bis 1737 als beliebtestes Stück erwies. Es werden aber wohl weit mehr Aufführungen gewesen sein, denn der überlieferte Spielplan enthält zwischen 1722 und 1738 große Lücken.

Telemann war mit seiner Hamburger Tätigkeit sehr zufrieden, wie ein Brief bezeugt, den er am 31. Juli 1723 an den Frankfurter Patrizier und Dichter Johann Friedrich Armand von Uffenbach schrieb. Nach einigen Sätzen über das Musikleben Frankfurts heißt es da: »Was inzwischen die Music dort Bergunter gehet, das klettert sie hier hinauf; und glaube ich nicht, daß irgendwo ein solcher Ort, als Hamburg, zu finden, der den Geist eines in dieser Wissenschaft Arbeitenden mehr aufmuntern kann. Hierzu trägt ein großes bey, daß, außer den anwesenden vielen Standes-Personen, auch die ersten Männer der Stadt, ja das ganze Rahts-Collegium, sich den öffentlichen Concerts nicht entziehen; item die vernünftigen Urtheile so vieler Kenner und kluger Leute geben Gelegenheit darzu; nicht weniger die Opera, welche itzo im höchsten Flor ist; und endlich der nervus rerum gerendarum, der hier bey den Liebhabern nicht fest angewachsen ist.«

Mit dem »nervus rerum gerendarum« – dem Nerv aller Dinge – war das Geld gemeint, das laut Telemann den Hamburgern für die Musik locker saß. Daß die Oper fünfzehn Jahre später dennoch einging, lag am veränderten Zeitgeschmack. Das Publikum gelüstete es mehr nach derberer Kost – Lessing sollte das noch schmerzhaft zu spüren bekommen – und hatte sich immer stärker gelichtet; da aber die Oper ein Privatunternehmen war, das Gewinne einspielen mußte, blieb die Schließung unvermeidbar.

In dem Maße, in dem Telemann sich öffentlicher Aufgaben entledigte und mehr Zeit und Freiheit für sein Schaffen fand, wurde er zunehmend kühner, ja man muß sagen: Jetzt erst begann er fast über sich hinauszuwachsen. Das beweisen die Spätwerke der 1750er Jahre.

Als Beispiel genannt sei hier die *Donner-Ode*, eine poetische Paraphrase des 8. und des 29. Psalms, deren Text der als dänischer Hofprediger wirkende Johann Andreas Cramer schrieb. Die Dichtung rühmt die Offenbarung Gottes in seiner Schöpfung und im Tosen des Gewitters (daher der Titel), wobei die Pauken fleißig eingesetzt werden, einmal sogar als eine Art donnernder Orgelpunkt unter dem Duett zweier Bässe.

Diese Komposition war Telemanns künstlerische Reaktion auf die größte europäische Naturkatastrophe des Jahrhunderts, welche die Menschen damals allenthalben nachhaltig bewegte: das Erdbeben von Lissabon. Am 1. November 1755 zerstörte ein Erdbeben zwei Drittel Lissabons; etwa 30 000 Menschen kamen dabei ums Leben. Erst am 29. November wurde die Katastrophe in Hamburg durch die Presse bekannt. Das erklärte auf einmal die seltsamen Vibrationen, die man am 1. November sowohl hier wie in Glückstadt und Rendsburg deutlich wahrgenommen hatte, ohne sie sich deuten zu können. Der Rat ordnete nach Bekanntwerden der Katastrophe sofort eine Sicherheitsüberprüfung sämtlicher Kirchen und Türme an und beriet über Hilfsmaßnahmen für Lissabon, zu dem man in guten Handelsbeziehungen stand.

Stadt und Kaufmannschaft bewilligten die für damalige Verhältnisse beträchtliche Summe von 150 000 Hamburgischen Mark, nachdem sich der portugiesische König bereit erklärt hatte, die Spende anzunehmen. Von diesem Geld wurden vier Schiffe mit Bauholz ausgerüstet, die wegen ungünstiger Witterung aber erst im April des folgenden Jahres in Lissabon eintrafen.

Der Januar 1761 brachte für Hamburgs Musikleben ein bemerkenswertes Ereignis: Ein neuer Konzertsaal »auf dem Kamp« (Valentinskamp) war erbaut worden und wurde am 14. dieses Monats eingeweiht. Die Presse wies besonders darauf hin, daß der Saal beheizbar sei; das galt also für ungewöhnlich. Neben dem neuen Konzertsaal blieb aber das Drillhaus weiterhin für musikalische Aufführungen in Gebrauch. Dort kostete der Eintritt 1 Mark; für den neuen Saal verlangte man 1 Mark und 8 Schillinge.

Die erste Telemann-Aufführung »in dem großen Concertsaale auf dem Kamp« fand im März statt, allerdings nur als eine Art von Beiprogramm: Man brachte einen Teil von Telemanns *Messias*; die Hauptaufführung galt Carl Heinrich Grauns Passions-Oratorium *Der Tod Jesu*. Aber schon zwei Tage darauf gab es ein ausschließlich Telemann gewidmetes Konzert, diesmal mit seiner Vertonung von Ramlers Dichtung *Der Tod Jesu*, der *Betrachtung der Neunten Stunde am Todes-Tage Jesu* und der ungemein beliebt gewordenen *Donner-Ode*. Ob Telemann selbst die Aufführung geleitet hat, ist nicht bekannt. Der inzwischen Achtzigjährige litt an Beinbeschwerden, die ihm das Gehen und das Stehen sauer werden ließen, auch wenn der Weg nicht weit war. Zwischen 1747 und 1757 hatte er seine dritte und letzte Wohnung bezogen; sie lag an den Hohen Bleichen. Von da bis zum neuen Konzertsaal waren es nur wenige Schritte. Zunächst hatte Telemann ja die Kantorenwohnung des Johanneums bewohnt; doch obwohl sie sich von Anfang an als für die große Familie zu klein erwiesen hatte, war er erst 1730 in eine größere Wohnung in der Neuen Straße gezogen, die sich heute allerdings nicht mehr identifizieren läßt, weil es damals zwei Straßen dieses Namens gab.

Georg Philipp Telemann starb am 25. Juni 1767. Zu seinem

Nachfolger wählte der Rat am 3. November 1767 Carl Philipp Emanuel Bach, Telemanns Patensohn, seit 1740 Hofcembalist König Friedrichs II. von Preußen. Bach war als zweiter Sohn Johann Sebastians 1714 in Weimar geboren. Eigentlich hatte er gar nicht Musiker werden wollen, sondern Jurist; er studierte Rechtswissenschaften an den Universitäten Leipzig und Frankfurt an der Oder. Nach Abschluß des Studiums ging er 1738 nach Berlin, wo er die Bekanntschaft des preußischen Kronprinzen machte und in dessen Dienste trat.

Bach, der bis zu seinem Tod am 14. Dezember 1788 als Kantor und Musikdirektor in und für Hamburg tätig war, hat Telemanns Wirken würdig fortgesetzt und den Ruf Hamburgs als einer bedeutenden Musikstadt nachhaltig befestigt. Enthusiastisch schrieb damals der schwäbische Dichter und Musiker Christian Friedrich Daniel Schubart über Hamburg: »Alles ist daselbst Sang und Klang, die größten Virtuosen treten da auf, und werden fürstlich belohnt; die Dilettanten erheben sich zur Meisterschaft. Die Theatralmusik zu Hamburg ist eine der trefflichsten in Deutschland; eben nicht stark besetzt, aber so richtig in der Ausführung, daß Concertmeister dahin reisen sollten, um zu lernen, wie man ein Orchester anführt. Da die ersten Producte der Welt daselbst aufgeführt werden, so ist leicht zu erachten, welch eine große Musikschule Hamburg für unser Vaterland geworden. [...] Ja ein berühmter Engländer behauptete erst kürzlich öffentlich, daß der allgemeine musikalische Geschmack zu Hamburg weit größer sey, als der in London.«

Carl Philipp Emanuel Bach, der als Cembalist (aber nicht etwa Hofkomponist) des preußischen Königs bei aller künstlerischen Freiheit doch stets den rückständigen Geschmack des Monarchen im Auge haben mußte, dürfte in Hamburg Schubarts enthusiastisches Urteil bestätigt gefunden haben. Nicht nur, daß ihn Hamburg herzlich empfing und das Publikum in seine Konzerte strömte: Man hat den Eindruck, als habe der Komponist erst in dieser Stadt sich wirklich ganz frei in seinem künstlerischen Schaffen entfalten können. Seine »Privatconcerte« in Büschs Handelsakademie in den Jahren 1770 bis 1780 waren fast immer ausverkauft, und erst in Hamburg schuf Bach jene großen Vokal- und Instrumentalwerke, die ihn auf der Höhe seiner Meisterschaft zeigen: »Die Israeliten in der Wüste« (1769), die sechs Streichersinfonien (1773), »Auferstehung und Himmelfahrt Jesu« (1774), die vier »Orchester-Sinfonien mit zwölf obligaten Stimmen« (1775/76), »Klopstocks Morgengesang am Schöpfungsfest« (1783), die drei »Quartette für Clavier, Flöte, Bratsche und Baß« (1788) oder das Konzert für Cembalo, Hammerklavier und Orchester (1788), das schon in der Wahl seiner Instrumente eine Komposition der musikalischen Zeitwende ist, an der Carl Philipp Emanuel Bach so bedeutenden Anteil hatte. Übrigens vergaß er nie, was er seinem Vater, dem großen Johann Sebastian, schuldete. In einer Zeit, da die uns so geläufige Pflege alter Musik nahezu unbekannt war (man studierte sie, führte sie aber nicht auf), setzte Carl Philipp Emanuel Bach 1786 das Credo aus seines Vaters H-Moll-Messe aufs Programm, »welches eines der vortrefflichsten musikalischen Stücke ist, die je gehört wurden«, wie die Presse damals bewundernd berichtete.

Während Bachs Amtszeit, allerdings nicht unter Bachs Leitung und auch nicht von ihm, sondern von dem englischen Komponisten Thomas Arne initiiert, fand in Hamburg die erste Aufführung von Händels *Messias* in Deutschland statt: am 15. April 1772. Arne wiederholte die Aufführung des Oratoriums einen Monat später, und Bach tat es ihm 1775 nach; weitere Aufführungen, veranstaltet von der Hamburger Freimaurerloge, gab es 1777 und 1778. Und selbstverständlich fanden auch wie zu Telemanns Zeit Konzerte gastierender Musiker statt.

Carl Philipp Emanuel Bach wurde nicht nur von seinen jüngeren Zeitgenossen Joseph Haydn und Wolfgang Amadeus Mozart bewundert; auch in den geselligen Kreisen Hamburgs war der umfassend gebildete und humorvolle Mann, der in Hamburg hohes Ansehen genoß, ein gerngesehener Gast, vor allem verkehrte er im Haus des Arztes Reimarus, wo er auch Lessing kennenlernte. »Seine Kompositionen sind Meisterstücke und werden vortrefflich bleiben, wenn der Wust von modernem Klingklang längst vergessen sein wird. Die Tonkunst verliert an

Andreas Stöttrup (1754–1811): *Carl Philipp Emanuel Bach* (Mitte) *im Gespräch mit Pastor Sturm* (rechts) *und dem Zeichner Andreas Stöttrup*. Bleistiftzeichnung, 1784. Hamburg, Kunsthalle

ihm eine ihrer größten Zierden, und der Name eines Carl Philipp Emanuel wird ihr auf immer heilig sein. Im Umgange war er ein aufgeweckter munterer Mann voll Witz und Laune, heiter und fröhlich in der Gesellschaft seiner Freunde, in deren Klagen über seinen Verlust sich auch die Tränen des Verfassers dieses Aufsatzes mischen, der das Glück hatte, mit der zärtlichsten Freundschaft des Wohlseligen beehrt zu werden.« So der Nachruf des »Hamburgischen Correspondenten«. Für zwei geplante Denkmäler, die indes nie realisiert wurden, entwarf Klopstock, der Freund des Komponisten, diese Inschrift: »Der tiefsinnige Harmonist / Vereinte die Neuheit mit der Schönheit. / War groß / In der vom Wort geleiteten, / Noch größer / In der kühnen sprachlosen Musik.«

## Die großen Schauspieler

Erst 1672 bekam Hamburg die erste stehende Bühne, gegründet von dem aus Hamburg stammenden Schauspieler und Theaterprinzipal Karl Andreas Paul. Das bedeutet aber nicht, daß die Bevölkerung bis dahin auf das Schauspiel hätte verzichten müssen.

Seit dem 15. Jahrhundert ist die Rede von Passions- und Fastnachtsspielen, die aber sehr wahrscheinlich schon viel früher aufgeführt wurden, und zwar von Laiendarstellern. Aufführungsort war vermutlich die Laube des Rathauses an der Trostbrücke. Hinzu kamen die zahlreichen Schüler-Aufführungen, die schon im frühen Mittelalter stattfanden, aber erst seit der Gründung des Johanneums aktenkundig sind. Die Bugenhagensche Kirchenordnung hatte gegen das »Comedien-Spelen« nichts einzuwenden; sie empfahl es sogar, aus pädagogischen Gründen. Die Aufführungen der Schüler waren öffentlich. Gespielt wurden Stücke in deutscher wie auch in lateinischer Sprache, und die Musik dazu lieferten die Kantoren des Johanneums. Die letzte öffentliche Schüler-Aufführung fand 1781 statt. Daneben wurden Theaterstücke auch in den Häusern reicher Kaufleute gespielt, im 17. Jahrhundert zum Beispiel Stücke von Johann Rist.

Seit dem Ende des 16. Jahrhunderts – aktenkundig seit 1590 – traten deutsche, englische und die von Rist besonders gelobten niederländischen Wanderschauspieler in Hamburg auf. Sie spielten mit einem Minimum an Requisiten auf den Märkten, unter freiem Himmel, und erfreuten sich bei den Hamburgern größter Beliebtheit. Die erste Aufführung von Shakespeares *Hamlet* auf deutschem Boden fand 1623 in Hamburg statt. Gespielt wurde zumeist auf dem Neumarkt oder im Hof von Holland von 16 bis 19 Uhr; die Wanderbühnen hatten eine Steuer zugunsten der Hamburger Armen zu entrichten.

Mit der 1678 eröffneten Oper wurde das Angebot an Theateraufführungen erheblich bereichert. Als die Oper 1738 schließen mußte, kam das Musiktheater in Hamburg dennoch nicht zum Erliegen, denn immer wieder gaben Theaterkompanien längerwährende Gastspiele, oft über Monate hin; meistens bestanden sie aus italienischen Opernvirtuosen.

Die Szene veränderte sich grundlegend, als 1765 das 1677 erbaute Opernhaus am Gänsemarkt abgerissen und durch das von David Fischer errichtete Schauspielhaus ersetzt wurde. Sein erster Direktor war Konrad Ernst Ackermann, 1712 in Schwerin geboren. Ackermann, viele Jahre lang Mitglied der Wanderbühne von Johann Friedrich Schönemann, eröffnete das neue Schauspielhaus am 31. Juli 1765 mit dem Vorspiel *Die Komödie in dem Tempel der Tugend* von Johann Friedrich Löwen (1727–1771), der Tragödie *Zelmire* von Dormont de Belloy (1727–1775) und dem Ballett *Die Kornernte*.

Aber Ackermann gebrach es an Glück, und so gab er schon 1767 die Direktion ab. Sein Nachfolger Johann Friedrich Löwen nannte das Haus nun Deutsches Nationaltheater und berief Gotthold Ephraim Lessing zum Dramaturgen. Der 22. April 1767 ist das Gründungsdatum nicht nur des Deutschen Nationaltheaters, sondern auch von Lessings *Hamburgischer Dramaturgie*. Diese Theaterzeitschrift sollte die zu spielenden Stücke vorstellen und

Das erste Opernhaus am Gänsemarkt wurde 1765 abgebrochen und durch diesen Neubau ersetzt, den der Theaterprinzipal Konrad Ernst Ackermann errichten ließ. Aquarell eines unbekannten Künstlers, 1827. Hamburg, Museum für Hamburgische Geschichte

zugleich »jeden Schritt begleiten, den die Kunst, sowohl des Dichters als des Schauspielers, hier tun wird«. Das war, wie Lessing ahnungsvoll erkannte, »keine Kleinigkeit«. In der Tat mußte er die *Hamburgische Dramaturgie* schon 1769 aufgeben, weil das Vorhaben gescheitert war. Die Hamburger wollten leichte Unterhaltung, nicht aber die ihnen von Löwen und Lessing zugedachte »Schaubühne als moralische Anstalt«.

Dennoch war das Werk nicht umsonst getan. Die aus 52 Einzelkritiken bestehende *Hamburgische Dramaturgie* wurde die erste deutsche Dramen-Lehre, und sie hat Lessings Namen mit dem Hamburgs auf immer verknüpft. Außerdem entstanden in Hamburg Lessings *Briefe antiquarischen Inhalts* (1768/1769) und *Wie die Alten den Tod gebildet* (1769).

Ein weiteres Mißgeschick widerfuhr Lessing, als er sich an der Buchhandlung und Druckerei von Johann Joachim Christoph Bode beteiligte. Infolge der scharfen Konkurrenz der Raubdrukker ging das Unternehmen in Konkurs. Um seine Schulden zu decken, mußte Lessing seine wertvolle Bibliothek versteigern lassen. 1770 verließ er Hamburg. Kurz vor seiner Abreise schrieb er: »Ich bin leider hier so tief eingenistet, daß ich mich gemächlich losmachen muß, wenn nicht hier und da ein Stück Haut mit sitzen bleiben soll.«

Wichtigstes Ereignis in Lessings Hamburger Zeit und einer der Höhepunkte Hamburger Theatergeschichte war die Uraufführung von Lessings Lustspiel *Minna von Barnhelm* am 30. September 1767 im Deutschen Nationaltheater. Vorangegangen war ein diplomatisches Tauziehen, denn der sehr aktuelle Stoff aus der jüngsten preußischen Geschichte hatte naturgemäß das Interesse des preußischen Gesandten erregt, mit dem es der Rat auf keinen Fall verderben wollte; erst nach einigen Einsprüchen von dort und erbötigen Rückziehern hier durfte das Stück endlich über die Bühne gehen. Die Rolle des Tellheim spielte Konrad Ekhof, geboren 1720 in Hamburg, einer der größten Schauspieler seiner Zeit; Goethe schätzte ihn sehr, weil er sich um die Sprecherziehung der Schauspieler verdient gemacht hatte. Ekhof, von dem Lessing in seiner *Hamburgischen Dramaturgie* schrieb, »man bedauert, nicht zugleich alle übrigen Rollen von ihm sehen zu können«, gilt bis heute als »Vater der deutschen Schauspielkunst« und genoß damals ein Ansehen, wie es bis dahin nie einem Schauspieler in Hamburg zuteil geworden war, obwohl er nur zwei Jahre lang in seiner Vaterstadt gewirkt hat. Er starb 1778 in Gotha.

Löwens Theater-Unternehmen wurde eine Pleite. Es war viel zu anspruchsvoll für seine Zeit und entbehrte jenes Klamauks und jener Unterhaltungsstücke, die man damals in Hamburg für unerläßlich hielt.

Konrad Ekhof. Kupferstich von Fr. Müller

Nach dem Zusammenbruch des Deutschen Nationaltheaters übernahm wieder Konrad Ernst Ackermann das Schauspielhaus, das er von 1768 bis zu seinem Tod im Jahr 1771 leitete; er starb an einer Verletzung, die er sich bei einer Aufführung zugezogen hatte.

Seine Nachfolge trat sein Stiefsohn Friedrich Ludwig Schröder an, der nach Ekhof wohl größte deutsche Schauspieler des 18. Jahrhunderts. Er hat dem Theater in drei Phasen vorgestanden: von 1771 bis 1780, von 1785 bis 1798 und von 1811 bis 1812.

Hamburgs Theatergeschichte weiß zu berichten, daß Schröder der erste Schauspieler war, der 1781 vom Publikum namentlich auf die Bühne gerufen wurde. Goethe, der 1791 seine Bekanntschaft machte, schrieb ihm ins Stammbuch:

»Viele sahen dich mit Wonne, dich wünschen so viele zu sehen;
Reise glücklich! Du bringst überall Freude mit hin.«

Friedrich Ludwig Schröder (1744–1816). Kupferstich von J. C. Maquinet

In der deutschen Theaterrepublik ist er, der sich um die Verbreitung Shakespeares auf der deutschen Bühne verdient gemacht hat, unvergessen geblieben. Lange nach seinem Tod charakterisierte ihn ein 1842 veröffentlichtes Theater-Lexikon folgendermaßen: »Als mimischer Künstler war Schröder für Deutschland, was Shakespeare als dramatischer Dichter für England war, der Heros einer Bühne, derselbe Riesengeist in den mannigfachsten Gestaltungen. Jede Menschennatur wußte er wie aus dem Spiegel vor die Phantasie, die Augen, die Ohren der Zuschauer hinzuzaubern. Mit nie versagender Schöpferkraft ließ er die Helden der fernsten Vorzeit aus ihren Gräbern hervorsteigen und vergegenwärtigte den Geist, den Charakter, die Sitten der weit entlegensten Völker. Er offenbarte die tiefsten Geheimnisse des inneren Menschen und schlug das verborgenste Blatt auf im Buche der Leidenschaften. Der darstellende Künstler verschwand, wenn er auftrat, der Mensch, der Held, dessen Namen er trug, stand vor der erstaunten Menge.«

Zur Zeit Ackermanns, Ekhofs und Schröders gab es in Hamburg ein beachtliches, niveauvolles Programm. Von Lessing wurden außer *Minna von Barnhelm* gespielt *Der Misogyn* (1768), *Die Juden* (1771) und *Emilia Galotti* (1772, zwei Monate nach der Braunschweiger Uraufführung und mit Schröder als Marinelli); *Nathan der Weise,* uraufgeführt 1783 in Berlin, wurde in Hamburg erst 1803 gegeben.

Von Goethe gab es *Clavigo* (1774; Schröder spielte den Carlos), *Götz von Berlichingen* (1774, fünf Monate nach der Berliner Uraufführung; Schröder spielte den Lerse und den Bruder Martin), *Stella* (1776; nach der Premiere untersagte der Rat weitere Aufführungen), *Erwin und Elmire* (1776), *Die Geschwister* (1790) und *Die Mitschuldigen* (1798).

Von Schiller inszenierte die Hamburger Bühne 1782 – nach Mannheim und Leipzig – *Die Räuber*, 1785 *Die Verschwörung des Fiesco zu Genua. Kabale und Liebe* wurde 1785 erstmals im Altonaer Schauspielhaus gegeben mit Schröder als Miller. Schillers *Don Carlos* erlebte am 29. August 1787 in Hamburg seine Uraufführung, bei der Schröder König Philipp II. gab; angesichts des großen Erfolgs suchte Schröder Schiller als Dramaturgen und Theaterdirektor zu gewinnen, erhielt aber eine Absage.

Das Schauspielhaus an der Palmaille zu Altona eröffnete am 10. März 1783 mit *Minna von Barnhelm.*

Der nächst Ekhof und Schröder damals landauf, landab am meisten bewunderte Schauspieler, August Wilhelm Iffland, gastierte im August/September 1785 mit acht Rollen, darunter der des Hamlet, in Hamburg; auch hier errang er, wie überall, gewaltigen Beifall.

# Schwierigkeiten mit der Presse

Zeitungen und Zeitschriften nahmen im 18. Jahrhundert in Hamburg an Anzahl und Qualität erheblich zu. An der Spitze stand die seit 1712 existierende *Schiffbecker Stats- und Gelehrte Zeitung des Holsteinischen unpartheyischen Correspondenten,* die sich ab 1731, nachdem der Verlag in Hamburg ansässig geworden war, *Stats- und Gelehrte Zeitung des Hamburgischen unpartheyischen Correspondenten* nannte. Sie war die größte und auflagenstärkste Zeitung in Deutschland und erschien viermal wöchentlich; um 1800 hatte sie die für jene Zeit ungewöhnlich hohe Auflage von 30 000 Exemplaren erreicht (die Londoner *Times* druckte damals eine Auflage von 8000 Exemplaren). Neben dem *Hamburgischen Correspondenten,* wie das Blatt abgekürzt genannt wurde, erschien der *Hamburger Relations-Courier* und ab 1767 die *Hamburgische Neue Zeitung.*

Neben diesen gab es eine Fülle zumeist kurzlebiger Blätter, oftmals auf hohem publizistischem Niveau. Von 1699 bis 1707 erschienen hier die *Historischen Remarquen der neuesten Sachen in Europa,* fortgesetzt 1707 von Barthold Feinds *Relationes Curiosae.* Von 1707 bis 1709 gab es die *Nova Litteraria Germaniae collecta,* in lateinischer Sprache. Und in der Nachahmung des britischen *Spectator* gab Johann Mattheson von 1713 bis 1714 die Zeitschrift *Der Vernünfftler* heraus.

Die bedeutendste Hamburger Zeitschrift in der ersten Hälfte des 18. Jahrhunderts war *Der Patriot,* der allerdings nur von 1724 bis 1726 erschien, herausgegeben von Barthold Hinrich Brockes und Michael Richey. Diese Zeitschrift, die wöchentlich in 6000 Exemplaren herauskam, war so angesehen, daß sie bis 1765 viermal als Buch nachgedruckt wurde und außerdem der ersten Patriotischen Gesellschaft von 1726 ihren Namen gab, den dann die schon erwähnte zweite, von 1765, übernahm.

Ferner erschienen seit 1724 die *Wöchentlichen Hamburger Frag- und Anzeigungsnachrichten,* ein Intelligenzblatt, worunter man früher eine Zeitung verstand, die nur amtliche Verlautbarungen und

Annoncen brachte. Von 1786 bis 1788 gab es das *Journal aller Journale*, dessen Material französischen und englischen Blättern entnommen war.

Als ausschließliches Wirtschaftsjournal verstanden sich die 1767 gegründeten *Hamburgischen Adress-Comtoir-Nachrichten*. Sie erschienen zweimal wöchentlich und enthielten vornehmlich Informationen über Handel, Schiffahrt und Börse. Hier lernte der 1740 im holsteinischen Reinfeld geborene Matthias Claudius sein Handwerk als Journalist, hier erschienen seine ersten literarischen Arbeiten. Außerdem veröffentlichte er in der im selben Verlag erscheinenden *Hamburgischen Neuen Zeitung*, in der auch Gleim, Klopstock und Lessing schrieben. Da aber Claudius' literarische Beiträge den Lesern und dem Verleger der *Hamburgischen Adress-Comtoir-Nachrichten* immer mehr mißfielen, verließ Claudius das Blatt, genauer: Ihm wurde gekündigt.

Eine neue Aufgabe wartete schon auf ihn. Graf Heinrich Carl von Schimmelmann, dank der Gnade des dänischen Königs Besitzer von Wandsbek, wollte eine neue Zeitung. Der dort erscheinende *Wandsbeckische Merkur* war ein auf Klatsch erpichtes Winkelblättchen, das durch eine würdigere Gazette ersetzt werden sollte. Schimmelmanns Wahl fiel auf Johann Joachim Christoph Bode als Herausgeber, und der bestellte Matthias Claudius 1770 zum Redakteur. Von 1771 an erschien das neue Blatt unter dem Namen *Der Wandsbecker Bothe* viermal wöchentlich. Äußerlich war es ohne Glanz, und es umfaßte nur magere vier Quartseiten auf Löschpapier; die Auflage von etwa 400 Exemplaren ist nie gewachsen. So konnte sich das Blatt nur bis 1775 halten; dann mußte es, längst unrentabel geworden, eingestellt werden. Aber Claudius ist das Wunder gelungen, daß unter seiner Federführung dieses Dorfblättchen zu einem der angesehensten Journale Deutschlands wurde. Hier schrieben neben anderen Klopstock, Lessing, Herder, Voß, Hölty, Gleim und Goethe. Vor allem aber gab Claudius selber dem *Bothen* seinen unverwechselbaren, stark von mündlicher Diktion geprägten Stil, den er schon in den *Hamburgischen Adress-Comtoir-Nachrichten* entwickelt und in dem er beispielsweise auch seine unnachahmliche Rezension von Les-

Friederike Leisching: *Bildnis Matthias Claudius'*. Gemälde. Hamburg, Museum für Hamburgische Geschichte

sings *Minna von Barnhelm* geschrieben hatte. Die Zeitung war längst erloschen, als ihr Titel zum Synonym für Matthias Claudius wurde, der als »Wandsbecker Bothe« seine für dieses Blatt geschriebenen Beiträge in Buchform sammelte.

In der zweiten Hälfte des 18. Jahrhunderts begannen auch die ersten Fachzeitschriften zu erscheinen, etwa die *Buchhändlerzeitung* (1778–1785), das *Politische Journal* (1781–1840), *Der Arzt* (1759–1764) von Johann August Unzer und *Der Patriotische Medicus* des Hamburger Arztes Anton Heins.

Die Vielfalt und zumeist auch die Liberalität der Hamburger Presse wurden in keiner anderen Stadt des Reichs, ausgenommen das holsteinisch-dänische Altona, auch nur annähernd erreicht. Aber dies brachte auch einigen Verdruß, denn während des Siebenjährigen Kriegs war es für die Hamburger Blätter äußerst schwierig, eine korrekte Berichterstattung zu bringen, an der nicht eine der kriegführenden Parteien Anstoß nahm.

Die ersten Jahre des Kriegs standen im Zeichen der preußischen Siege. Sie zu melden löste Verstimmung in Wien aus, zumal Hamburg als Reichsstadt dem Kaiser unterstand und somit antipreußisch hätte sein müssen. Eine Meldung über die preußische Niederlage bei Kolin verärgerte Berlin, und Preußen war ein wichtiger Handelspartner, mit dem man es nicht verderben wollte. Der kaiserliche Gesandte protestierte gegen die preußenfreundliche Einstellung des *Hamburgischen Correspondenten* und erzwang die Aufnahme eines antipreußischen Artikels. Daraufhin durfte die Post nach und in Preußen das Blatt nicht mehr befördern, und Berlin drohte der Stadt mit politischen Konsequenzen. Die Berichterstattung über die Schlacht von Zorndorf, in der die Russen von den Preußen geschlagen worden waren, rief heftige Ungnade in St. Petersburg hervor. Die Zarin drohte mit dem Verbot aller Hamburger Gazetten in Rußland und mit wirtschaftlichen Konsequenzen. Und so ging es sieben Jahre lang hin und her, und Hamburgs Stadtväter kamen weidlich ins Schwitzen. Denn was immer auch die Presse berichtete: Ohne zutiefst Beleidigte auf der einen oder der anderen Seite ging es nie ab. Das wäre nicht der Fall gewesen, hätten Hamburgs Zeitungen nicht eine weit über Deutschlands Grenzen hinaus meinungsbildende Kraft besessen. Es spricht für den Rat Hamburgs, daß er, obwohl es eine – allerdings äußerst großzügig gehandhabte – Zensur gab, sich strengster Unparteilichkeit befleißigte und kaum Druck auf die Zeitungen ausübte. Die Freiheit der Presse ist damals nie ernsthaft bedroht gewesen.

Wie beliebt diese Presse war, bezeugte 1760 Christian Ludwig von Griesheim. Er schrieb: »Hamburg und Altona allein geben so viel gedruckte und geschriebene politische und gelehrte Zeitungen aus als kaum ein großer deutscher Kreis mit seinen verschiedenen Staaten. Selbst die Tagelöhner stehen damit auf den Straßen und Brücken.«

## Vom Essen, Trinken und Rauchen

Im Mittelalter und weit darüber hinaus bestimmten die natürlichen Lichtverhältnisse den Tagesrhythmus. Man stand früh auf und ging auch früh zu Bett. Entsprechend wurde im Morgengrauen gefrühstückt, um 11 Uhr zu Mittag gegessen und um 18 Uhr das Abendbrot eingenommen. Im Kaufmannsalltag, seit dem 17. Jahrhundert bestimmt von Börsenterminen und Posteinund -ausgang, verschoben sich diese Zeiten. Das Mittagessen rückte auf 14 Uhr oder gar 14.30 Uhr, und das Abendessen wurde erst nach 20 Uhr aufgetragen. Tischtücher und Servietten benutzte man schon im 14. Jahrhundert; Eßbestecke hingegen setzten sich an der Hamburger Tafel erst nach 1700 allgemein durch. Über das Angebot an Lebensmitteln wurde schon berichtet.

Immer beliebter wurde der Kaffee; das Getränk wurde mit dem englisch-niederländischen Wort »Coffee« bezeichnet. Hatte man noch 1700 in ganz Hamburg sechs Kaffeehäuser gezählt, so waren es 1780 schon fünfzehn. Eine Zeitlang sah es so aus, als könne der Tee dem Kaffee den Rang ablaufen – »daß der Thee so beliebt ist, daß ohne diesen kein Hamburger leben kann«, bemerkte Griesheim 1760 –, aber nach 1760 setzte sich doch der Kaffee, von Ärzten als Gesundheitsgetränk empfohlen, entschieden durch. Die Kaufleute handelten mit beiden: 1747 gab es in Hamburg 246 Tee- und Kaffeehändler, 1777 waren es 267. Auch die öffentliche Geselligkeit wurde vom Kaffeekonsum geprägt; vergnügte sich das niedere Volk bei Bier und dem seit dem 17. Jahrhundert so beliebt gewordenen Branntwein in der Kneipe, so traf sich die Oberschicht »zur Gemüths-Ergetzung«, aber auch zum Geschäftsgespräch im Kaffeehaus. Die bevorzugten Zeiten waren morgens und nach Börsenschluß zwischen 12 und 14 Uhr. Hier wurden auch Billard, L'hombre und Whist gespielt und vor allem bei »einem Köpken Martiniquer« (Rum) eine »Pfeife Kanastertoback« geraucht. Als besondere Attraktion gab es in den Kaffeehäusern auch die jeweils neuesten deutschen, niederländischen, englischen und französischen Zeitungen, die der nicht begüterte Privatmann selten abonniert hatte, denn Zeitungen und Zeitschriften waren damals sehr teuer. Als weiterer Service standen jedem Gast unentgeltlich Papier, Feder und Tinte zur Verfügung.

Gern getrunken, auch wenn sie nicht die Popularität von Tee und Kaffee erreichte, wurde nach 1700 die Schokolade, zuerst aus Amerika, später aus Italien eingeführt. Der *Hamburgische Correspondent* empfahl 1771 dieses Getränk jenen, »die von dem Kaffee zu viel Aufwallung des Blutes und von dem Tee eine Erschlaffung der Gefäße erfahren«. Die Schokolade, zubereitet mit Zukker, Anis, Zimt, Nelken, Mais, Vanille und Muskat, galt dem Hamburger Arzt Stephan Blancard schon 1705 als ein besonderer Gesundheitstrank. Polemisch bemerkte er gegen seine Kollegen: »Die Chocolate ist eine Artzeney, die ich eine mit vor die beste halte, einen Menschen, wenn er etwa durch Krankheiten oder durch ungeschickte Arztneyen der promovirten Quacksalber und graduirten Idioten entkräftet ist, wiederum zu erquicken und zu rechte zu bringen.«

Aber was wäre die Geselligkeit ohne den Tabak gewesen! »In allen Lexici, in allen Wörterbüchern, find't man kein schöner Wort als der Toback«, pries ein Lied Telemanns das Rauchkraut. Geraucht wurde in Hamburg schon vor 1600. Die Dichter Hunold (Menantes) und Brockes rühmten den Tabak in ihren Versen, und rauchende Frauen waren um 1760 in allen Schichten Hamburgs anzutreffen. An Schnupftabak wurden in Hamburg bereits 1728 über fünfzig Sorten angeboten. Kautabak hingegen galt als das niedere Stimulans der Schiffer und Handwerker, auch wenn der Dichter und Hauptpastor an St. Jacobi Johann Balthasar Schuppius sich und seiner Frau gern einen kräftigen Priem gönnte.

Die Firma Schlottmann nahm 1788 als erste die Produktion von »Cigarros« auf, die sich aber erst nach 1800 in Hamburg durchsetzten. Das Zigarrenrauchen kam in Deutschland überhaupt erst von Hamburg aus in Mode.

## Selbst der Tod wird noch zum Fest

Zu den vornehmsten Festen in Hamburg gehörten die vom Rat der Stadt alljährlich veranstalteten Petri- und Matthiä-Mahlzeiten. Die Tradition dieser Festessen oder Convivien reichte weit ins Mittelalter zurück; genaues Material aber gibt es erst seit 1568. Getafelt wurde zweimal: am 21. Februar, dem Vorabend des Festes Petri Stuhlfeier, und am 24. Februar, dem Tag des heiligen Matthias, seit 1621 im Herrensaal des Eimbeckschen Hauses. Ließen es die Zeitläufe nicht zu, so wurden die beiden Festmähler abgesagt, so 1636 wegen des Kriegs, so 1713 und 1714 wegen der Pest.

Am Petri-Mahl nahm der Rat samt seinen Syndici und Sekretären teil; zum Matthiä-Mahl wurden auch Gäste geladen, nächst den in Hamburg akkreditierten Gesandten auch einige Würdenträger der Stadt und Mitglieder des Domkapitels. Auch Frauen nahmen am Matthiä-Mahl teil, allerdings in einem eigenen Raum; erst nach gehaltener Tafel wurde die Trennung aufgehoben und zum Tanz aufgespielt.

Bei diesen Convivien wurde, dem Brauch und dem physischen Fassungsvermögen jener Zeit entsprechend, im Übermaß geschmaust und pokuliert. So wurden 1715 für die Mahlzeiten 452 Pfund Ochsen- und 350 Pfund Kalbfleisch verarbeitet, dazu Spanferkel, Schafe, Hammel und Lämmer (von den letztgenannten 1712 deren 39). Im selben Jahr kam an Wild auf die Festtafel 4 Rehe, 9 Hasen, 2 Wildschweine und 1 Hirsch; an Geflügel 99 Küken, 6 Puten, 57 Kapaune, 66 Tauben, 70 Finken, 100 Lerchen, 40 Rebhühner; an Meeresgetier 200 Elritzen, 60 Dorsche, 36 Forellen, 6 Sandarten, mehrere Lachse, 900 Krebse und 4300 Austern. An Gemüsen reichte man im 18. Jahrhundert dazu Spinat, Blumenkohl, Spargel, Artischocken, Kartoffeln, Hopfen, Sauerampfer und Salat. Zum Dessert gab es Äpfel, Birnen, Apfelsinen, Pomeranzen, Limonen, Pflaumen, Feigen, Rosinen, Mandeln und Nüsse sowie Kuchen und Konfekt.

Tradition seit dem Mittelalter war die Schwanenpastete, zubereitet aus Alsterschwänen. Zwar hatte der Rat diese Tiere durch ein Gesetz 1664 ausdrücklich unter seinen Schutz gestellt und verkündet, »daß daher jeder, der die Alsterschwäne beleidige, als eine Art Majestätsbeleidiger zu erachten und ein solcher Verbrecher mit scharfer Strafe zu belegen sei«. Aber dieses Gesetz galt nicht für die Convivien im Februar, zu denen ein Jäger beauftragt wurde, mehrere Alsterschwäne zu schießen. Zwei der erlegten Schwäne wurden mit vergoldeten Federn als Augenweide (Schaugericht) auf die Tische gestellt; unter ihrem Gefieder war die aus dem Fleisch ihrer Artgenossen zubereitete Pastete angerichtet.

Der Fülle der Speisen entsprach der Aufwand an Getränken. Für 1612 ist der Konsum von 424 Flaschen Rheinwein und 8 Tonnen Bier bezeugt. Auch wenn man einbezieht, daß außer dem Rat und seinen Gästen an den beiden Tagen auch noch das gesamte Dienstpersonal und die aufspielenden Musiker bewirtet wurden und manche Schüsseln als eine Art Ehrengabe dem Rat nahestehenden, aber nicht geladenen Personen ins Haus geschickt wurden, so übersteigt doch der damalige Verzehr bei weitem unser Fassungsvermögen. Selbstverständlich durfte bei diesen Convivien die Musik nicht fehlen, die reich besetzt war. Im 18. Jahrhundert schufen Keiser und Telemann dazu große Festkantaten; es gab also nicht nur Tafel- und Tanzmusik.

Bei diesem Aufwand überrascht es nicht, daß der Rat 1724 für seine beiden Bankette – es sollten die letzten sein – mehr als 4300 Hamburgische Mark ausgeben mußte; das entsprach fast dem Jahresgehalt des Ersten Bürgermeisters. Ob es die ständig wachsenden Kosten waren oder was immer der Grund gewesen sein mag: Der Rat hat nach 1724 auf die Abhaltung dieser beiden kostspieligen Traditionsmahlzeiten verzichtet; erst nach dem Zweiten Weltkrieg wurde die jährliche Matthiä-Mahlzeit wieder eingeführt, deren Aufgebot an Speisen und Getränken allerdings weit hinter dem zurückbleibt, was damals allein schon als erster Gang (von dreien) angeboten wurde.

Neben den Festmählern des Rats gab es die alljährlich begangenen Feste (Högen) der Handwerker-Ämter, die freilich viel bescheidener ausfielen als die vom Rat veranstalteten Gelage. Von einer Höge der Reepschläger 1621 wissen wir, daß als erster Gang ein Schmorbraten, als zweiter Fischgerichte und als dritter Ochsenbraten gereicht wurden; zum Nachtisch gab es nur Butter und Käse. Immerhin verspeisten auch die 23 Meister des Jahres 1623 – für 1621 fehlen die Angaben – allein 137 Pfund Ochsenbraten. Dazu wurden 10 Tonnen Bier und 36 Flaschen Rheinwein getrunken, nach einem Trinkkommers, der aus dem Trinken oft mehr eine Strafe denn ein Vergnügen machte.

Die Bevölkerung feierte seit dem Mittelalter das jährliche Frühlingsfest mit Tanz und Spiel, das entweder am 1. Mai oder zu Pfingsten stattfand und Maihöge genannt wurde. Gefeiert

Neben der Domkirche befand sich die »große Halle«, im Volksmund »Schappendom« genannt, weil hier die Tischler ihre Möbel, besonders Schränke (»Hamburger Schapp«), zum Verkauf anboten. Zur Weihnachtszeit fand hier der »Dom« genannte Weihnachtsmarkt statt. Seit 1660 gab hier auch das Collegium musicum seine Konzerte. Der Kupferstich von F. A. Brückner entstand 1804, unmittelbar vor dem Abbruch des Doms

wurde dabei in der freien Natur vor der Stadt. Die Organisation der Maihöge oblag den verschiedenen Ämtern und Bruderschaften. Neben Tanz und allerlei Gesellschaftsspielen durfte auch das beliebte Vogelschießen nicht fehlen, veranstaltet von der Schützengilde auf einer Wiese am heutigen Mittelweg (gegenüber der Milchstraße).

Im Dezember besuchte man den Weihnachtsmarkt im und vor dem Dom, wo zahlreiche Händler ihre Buden aufgeschlagen hatten, in den Kreuzgängen, der Annenkapelle, ja sogar auf dem Domfriedhof. Angeboten wurde hier nahezu alles: Hausgeräte, Textilien, Schmuck, Gebäck, Gewürze, Bücher, Spielzeug, Bratwürste und Getränke. Der »Dom«, wie der Weihnachtsmarkt nach seinem Standort kurz genannt wurde, war schon im 14. Jahrhundert Sitte. Im 18. Jahrhundert wurde der Markt noch vergrößert, indem man die umliegenden Straßen – Burstah, Neß, Johannisstraße, Jungfernstieg und Neuen Wall – miteinbezog. 1804 wurde »der Dom« auf den Gänsemarkt verlegt, weil die Domkirche zum Abbruch bestimmt worden war, 1881 zum Holstenwall, 1893 auf das Heiligengeistfeld.

Bis um 1680 trug der Jungfernstieg, wie schon erwähnt, den Namen Palmaille, denn hier wurde, wie auch auf der Palmaille in Altona, ein damals sehr beliebtes Ballspiel gespielt; es kam aus Italien, hieß dort Pallamaglio und war eine Art Kricket. Außerdem wurde hier fleißig gekegelt. Das Kegeln auf den Wällen hatte der Rat 1672 ausdrücklich verboten, denn die mit Ulmen bepflanzten Wälle waren nächst der Verteidigung den Spaziergängern vorbehalten und als Rundgang um die Stadt sehr beliebt.

»Dieser Wall verdiente würcklich, daß man Bücher von ihm schreibe«, rühmte Barthold Hinrich Brockes, und einige Jahrzehnte später heißt es: »Die Spatzier-Gänge auf den Wällen um Hamburg sind ohne Zweifel einige der anmutigsten in Europa.«

Sonntagsausflüge in die Umgebung Hamburgs sind seit der Mitte des 17. Jahrhunderts bezeugt. Beliebt für Ausflüge war die Ländlichkeit der Dörfer Hamm, Billwerder, Eimsbüttel,

Sonntagsausflug im Stuhlwagen. Radierung von Christopher Suhr, 1801

Eppendorf, Poppenbüttel, Wellingsbüttel und Wandsbek mit ihren zahlreichen Gaststätten, und zur Erdbeerzeit ging es in die Vierlande. Aber Bergedorf, Curslack, Neuengamme oder den Zollenspieker in Kirchwerder konnte nur besuchen, wer entweder selbst einen Wagen besaß oder das Geld hatte, sich einen Stuhlwagen zu mieten, auf dem bis zu acht Personen Platz fanden.

Die Begüterten leisteten sich von April bis Oktober die Teilnahme an einem Wagenkorso, »um der Frühlings- und Sommerlust desto besser zu genießen«, genauer: um die Pracht ihrer Karossen und Kutschpferde und vor allem ihre Kleidung dem staunenden Volk so recht vorstellen zu können, »zum Mitgenuß hiesiger Bürger und Einwohner«.

Im Winter gab es entsprechend aufwendige Ausflüge im Prunkschlitten nach Hamm, Horn, Billwerder, Harburg, Flottbek und Blankenese oder über die zugefrorene Elbe, mit Schellen-

Wintervergnügen auf der zugefrorenen Elbe; im Hintergrund der »Michel«. Neben den Segelschiffen liegen die ersten Dampfschiffe (Raddampfer) im Hafen. Lithographie von Peter Suhr, 1833

geläut, Vorreitern und Musik. Seit der zweiten Hälfte des 17. Jahrhunderts vergnügte man sich auf der im Winter fast immer zugefrorenen Binnen- und Außenalster mit Schlittschuhlaufen, »die Winterlust, wenn man auf Schrittschuh rennt« (Brockes).

Für die vermögenden Bürger wurden mit dem Beginn des 18. Jahrhunderts die winterlichen Maskenbälle immer beliebter, wiewohl die Geistlichkeit nicht müde wurde, deren Sittenlosigkeit zu brandmarken.

Das niedere Volk mußte sich im Sommer mit Jahrmärkten und den Künsten von Gauklern und Seiltänzern bescheiden. Auch ergötzte man sich am Anblick exotischer Tiere; 1638 kam erstmals ein Elefant nach Hamburg, 1666 ein Löwe und ein Tiger, 1675 ein Strauß und 1744 ein Rhinozeros.

Allen zugänglich waren die seit der Mitte des 17. Jahrhunderts veranstalteten Feuerwerke, die von Booten auf der Binnenalster aus gezündet wurden. Anlaß dazu boten Staatsaktionen wie die Feier des Westfälischen Friedens oder eine Kaiserkrönung. Dazu ertönten Trompeten und Pauken und die Geschütze auf den Wällen. Ein Feuerwerk dauerte für gewöhnlich an die zwei Stunden.

Es gab allerdings auch recht unschöne Volksbelustigungen, so die bis weit ins 18. Jahrhundert hineinreichenden Tierhetzen auf dem Gebiet der heutigen Reeperbahn, bei denen man Tiere einander zerfleischen ließ, und die noch beliebteren öffentlichen Hinrichtungen in der Vorstadt St. Georg, im Bereich der heutigen Brennerstraße. Die Kinder bekamen dazu eigens schulfrei – wegen der angeblich abschreckenden Wirkung hielt man diese blutigen Demonstrationen für pädagogisch wertvoll –, und die Reichen fuhren in wahren Karossen-Konvois vor. Je grausamer die Todesart, desto stärker war der Zulauf; das Köpfen war nicht so beliebt wie das »Zwicken« des Delinquenten mit glühenden Zangen oder der qualvolle, langsame Tod durch das Rädern. Erst 1854 wurde die Öffentlichkeit der Hinrichtungen abgeschafft.

Ein öffentliches Spektakel besonderer Art waren die in Hamburg überaus aufwendig gestalteten Leichenbegängnisse. Hier unterschied man zunächst einmal zwischen Tag- und Abendleichen.

Die Tagleiche wurde getragen und hatte ein großes Trauergefolge; entsprechend dem gesellschaftlichen Rang des Toten konnten das 1000 bis 4000 Menschen sein, die dem Toten das letzte Geleit gaben, vom Trauerhaus durch die ganze Stadt bis zur Kirche als dem Bestattungsort, die vor dem Betreten feierlich umkreist wurde. Zur Tagleiche gehörte auch, daß die Schüler des Johanneums das Begräbnis mit ihrem Gesang begleiteten. Über den Trauerfall und den Termin der Beisetzung – sie erfolgte am fünften Tag nach Eintritt des Todes – unterrichtete ein an der Börse angehefteter »Leichenzettel« und informierten mündlich die Leichenbitter. Die Abwicklung der Zeremonie lag in den Händen des »Sorgemanns«, eines engen Verwandten oder Freundes des Verstorbenen, oftmals zu Lebzeiten von diesem selbst zu seiner Aufgabe bestellt. Eine überaus komplizierte Ordnung bestimmte aufs genaueste, wer beim Begräbniszeremoniell – und das begann in dem Augenblick, in dem der nun Betrauerte den letzten Atemzug getan – welche Aufgaben zu übernehmen hatte, wie seine Kleidung beschaffen sein mußte und was wer für welche Handreichungen an Gebühren und Trinkgeldern fordern durfte.

Bei den Abendleichen ging es einfacher zu. Hier wurde der Leichnam nicht getragen, sondern gefahren, es gab kein oder nur ein geringes Geleit, keinen Schülergesang. Weil nur wenige dem Sarg folgten, sparte die Familie des Toten auch erheblich am »Beckengeld«. Das war eine Kollekte für die Armen, die in das Kirchenbecken gelegt wurde; das Geld gab die Familie des Verstorbenen jedem einzelnen Trauergast in die Hand. So war also eine Abendleiche für die Angehörigen weitaus kostengünstiger. Aber das änderte sich, denn bei Beerdigungen war hanseatische Sparsamkeit nicht gefragt. Bei einer Abendleiche 1696 folgten dem Wagen mit dem Sarg achtzig zum Teil vierspännige Kutschen mit den Trauergästen, eskortiert von Fackelträgern. Da diese Abart eines Wagenkorsos rasch Gefallen fand, war es mit der schlichten Sparsamkeit der Abendleichen bald vorbei, obgleich der Rat dem aufkommenden Luxus mit Mandaten zu steuern suchte. Aber die bewirkten wenig, weil eine Beisetzung immer mehr zu einer Sache des Prestiges wurde.

Der städtische Marstall trug dem Rechnung, indem er drei Wagentypen anbot: den bedeckten Kammerwagen, den offenen Jungfernwagen (für unverheiratet gebliebene weibliche Tote) und die Chaisen für Kindsleichen. Ein ausgeklügeltes Reglement bestimmte, wann welche Anzahl von Pferden vorzuspannen sei, wann schwarze Decken verwendet werden und wann die Kutscher schwarze Trauermäntel tragen durften. Da der Jungfernwagen teurer war als der Kammerwagen, wurde er auch für männliche Leichen gern genommen, denn die Angehörigen des Toten wollten unbedingt demonstrieren, daß ihnen für den lieben Verblichenen nichts zu teuer war. Mehr als vier Kutschen, so ein

Reitendiener bei einer Beerdigung. Radierung von Christopher Suhr, 1801

Ratsmandat 1729, sollten einer Abendleiche nun nicht mehr folgen dürfen; für eine fünfte oder sechste setzte es ein Bußgeld von 20 beziehungsweise 40 Reichstalern. Glockengeläut war bei Abendleichen verboten. Ob Reitendiener den Kondukt geleiteten, war der Entscheidung der Hinterbliebenen anheimgestellt.

Die Reitendiener waren die Ehrengarde des Rats, 26 Mann stark. Sie trugen eine prächtige Uniform und bezogen ein gutes Salär. Da sie wenig zu tun, aber viel zu repräsentieren hatten, schmuck aussahen und ein hohes Sozialprestige genossen, war ihr Amt so begehrt, daß die frei werdende Stelle eines Reitendieners von der Kämmerei zugunsten des Stadtsäckels verkauft wurde. Bis zu 25 000 Mark courant wurden verlangt – und willig gezahlt. Die Reitendiener eskortierten den Bürgermeister ins Rathaus und begleiteten hohe Gäste der Stadt, sie stellten die Wachen im Rathaus und führten Aufsicht über das Protokoll, das sie genau beherrschten.

Die stets auf finanzielle Effizienz bedachte Kämmerei vermietete diese recht proper uniformierten Paradesoldaten zu besonderen Anlässen an die Bürger, was den ohnehin von Privilegien überhäuften Reitendienern auch noch zusätzliche – und recht hohe – Trinkgelder einbrachte. Als repräsentative Figuren heuerte man sie etwa zu einer Hochzeit an; schließlich verstanden sie sich ja auch auf das so eminent wichtige Protokoll, waren also nicht nur farbenprächtige Statisten. Und wer seine Abendleiche vierspännig gefahren haben wollte, mußte auch Reitendiener dazu mieten; das war Vorschrift.

Davon ausgenommen waren einzig die Ämter, wenn sie einen Amtsgenossen zu Grabe brachten. Die Teilnahme am Begräbnis eines Amtsbruders war Pflicht für alle dem Amt Angehörenden, auch das Tragen des Sargs, das Aufgabe der jüngsten Amtsbrüder war. Bei den Tagleichen, sofern der Verstorbene nicht einem Amt angehört hatte, trugen die Reitendiener den Sarg; dafür erhielt jeder 3 Mark und 12 Schillinge.

Die größte Absurdität aber war diese: Um der Beisetzung den äußersten Grad von Repräsentanz zu verleihen, konnte man sich sogar Akademiker, Ratsherren und Bürgermeister als Trauergefolge mieten, was schon seit dem Ende des 16. Jahrhunderts möglich war. Bürgermeister, Doktoren der Theologie, der Rechte und der Medizin, Hauptpastoren, Geistliche, Ratsherren, Lizentiaten und das Kollegium des Johanneums – in dieser Reihenfolge ging es hinter dem Leichenkondukt her, freilich nur bei entsprechender Bezahlung. Akademiker bekamen für gewöhnlich einen Reichstaler, Bürgermeister und Ratsherren etwas mehr. Das führte dazu, daß Ratssitzungen nicht stattfinden konnten, weil zu viele Mitglieder ihrem Nebenverdienst bei Beerdigungen nachgingen, ja daß man sogar das Rathaus bei wichtigen Sitzungen abschließen mußte, um Ratsherren an der einträglichen Teilnahme an Beisetzungen zu hindern.

Eine Bestattung in Hamburg war also immens teuer. Zu bezahlen waren unter anderem die Anfertigung des Sargs, dessen Auskleidung mit Stoff, das Leichengewand, die Einkleidung der Leiche, das Frisieren der Leiche, der unerläßliche Wein für die

Reitendiener, die Trauerkleidung für die Angehörigen, Drucksachen (zu denen auch das selbstverständliche Gedicht auf den Toten zählte), der Kurrendegesang, die Bewirtung der Sänger (für die zwölf Schüler drei Flaschen Weißwein und Zwieback), die Lohndiener, das Glockengeläut (zwei Stunden lang, aber nur bei Tagleichen; die Kirchen hatten nach ihrem Ansehen gestaffelte Tarife für das Geläut), das Glockenspiel, das Turmblasen, das Beckengeld, das jedem Trauergast von den Reitendienern ausgehändigt wurde, und schließlich entstanden nicht geringe Kosten für den Leichenschmaus. Mit den dabei anfallenden unzähligen Trinkgeldern, bereits fällig für das letzte Putzen der Sargbeschläge, kostete das bei einer Beerdigung im Jahr 1779, für die uns eine spezifizierte Aufstellung überliefert ist, insgesamt die gewaltige Summe von 2694 Hamburgischen Mark und 14 Schillingen. Das war mehr als das halbe Jahresgehalt des Ersten Bürgermeisters. Diese Kosten entstanden bei der Beisetzung einer im Kindbett gestorbenen Kaufmannsfrau. Starb ein ehemaliger Bürgermeister, so bestellte dessen Familie zu Telemanns Zeit noch bei dem Komponisten eine reichinstrumentierte Trauermusik, die von den Angehörigen zusätzlich zu honorieren war. Das genaue Honorar ist nicht bekannt, lag aber nicht unter 18 Mark; eher mochte es das Doppelte kosten. Telemann selbst bezifferte 1722 seine Einnahmen aus der musikalischen Gestaltung von Beerdigungen auf jährlich 349 Mark, eine wichtige Nebeneinnahme für einen Kantor, wie wir aus einem Brief Johann Sebastian Bachs aus Leipzig wissen. Bach beklagte sich einmal 1730, er habe 100 Reichstaler Einbuße hinnehmen müssen, weil wegen der »gesunden Lufft« weit weniger Menschen als sonst gestorben seien. Diese Sorge hatte Telemann im größeren Hamburg nicht, denn hier fielen mehr Bestattungen an als im kleineren Leipzig; so waren es im Jahr 1688 ungefähr 5000 bei einer Bevölkerung von etwa 60 000 Einwohnern.

Wie schon berichtet, wurden die Toten zumeist in den Kirchen beigesetzt, wenigstens die aus Ober- und Mittelschicht, was wegen des Verwesungsgestanks zu unerträglichen Verhältnissen führte. Die letzte Kirchenbestattung fand 1812 statt.

# Von 1789 bis 1814

Die Austreibung mittelloser Hamburger durch das
Millerntor am 25. Dezember 1813,
eskortiert von französischen Dragonern.
Lithographie von unbekannter Hand

Der Ausbruch der Französischen Revolution am 14. Juli 1789 löste unter den deutschen Intellektuellen eine geradezu stürmische Begeisterung aus. Daß die Masse der Bevölkerung, außer in den an Frankreich grenzenden Gebieten, zunächst eher teilnahmslos blieb, lag am Mangel an Information – nur die Gebildeten informierten sich durch die Presse – und an den Unterdrückungsmaßnahmen der Fürsten. In Hamburg fehlte es wohl mehr als anderswo an revolutionärem Zündstoff, da die Stadt relativ liberal regiert wurde und ihre Einwohner mehr Freiheit genossen, aber auch mehr Selbstbewußtsein besaßen, wie sich in den Handwerkerunruhen noch zeigen sollte.

Auch die führenden Vertreter der Hamburger Kaufmannschaft sympathisierten zunächst offen mit der Revolution. Am 14. Juli 1790, dem ersten Jahrestag des Sturms auf die Bastille, gaben Georg Heinrich Sieveking, Caspar Voght und ihr Freundeskreis in Sievekings Garten in Harvestehude sogar ein großes »Freiheitsfest« für achtzig Personen, bei dem aus Kanonen Salut geschossen wurde. In zahlreichen Toasts begrüßte man die Abschaffung der Despotie in Frankreich und äußerte die Hoffnung, die von Paris ausgehende Umwälzung werde auch auf Deutschland übergreifen. Klopstock und Sieveking selbst steuerten zu dem Freiheitsfest Gedichte bei. Diese nachdrückliche Demonstration erregte in ganz Deutschland verständlicherweise großes Aufsehen.

Schon bald erschienen die ersten französischen Flüchtlinge in Hamburg, Angehörige des nun verfolgten Adels. Doch 1792, als der Terror Robespierres auch die eigenen Parteigänger außer Landes trieb, traf ein zweiter Strom von Flüchtlingen ein, deren politisches Glaubensbekenntnis dem der ersten ziemlich entgegengesetzt war. Auf den Straßen und in den Lokalen kam es zu lebhaften Debatten unter den Vertriebenen, bisweilen sogar zu handgreiflichen Auseinandersetzungen. Hamburg und vor allem Altona nahmen die Flüchtlinge, deren es über 10 000 gewesen sein sollen, willig auf. Die meisten hatten ihr ganzes Vermögen verloren. Aber wie bei den Niederländern und den portugiesischen Juden im 16. Jahrhundert waren auch unter den Franzosen erfahrene Kaufleute, was dem Hamburger Handel zugute kam. Der Bevölkerung imponierte vor allem, daß die Flüchtlinge selbst die niedrigsten Arbeiten nicht scheuten, um ihren Lebensunterhalt zu bestreiten. Bei der Vertreibung der Hugenotten 1685 hatten diese Hamburg eher gemieden, weil die orthodoxe lutherische Geistlichkeit ihnen als Kalvinisten die freie Religionsausübung untersagte. Das war jetzt anders, denn Hamburg war auch in religiösen Dingen merklich duldsamer geworden und hatte das in dem 1785 erlassenen Toleranzedikt bekräftigt, wonach den Anhängern des evangelisch-reformierten (kalvinistischen) und des katholischen Glaubens die freie Ausübung ihrer Religion verbrieft war. Den Juden allerdings räumte man diese Freiheit nicht ein, und es fehlte auch nicht der Zusatz: »Den Bekennern der evangelisch-lutherischen Religion bleibt allein die öffentliche Religionsübung nebst allen Gerechtsamen der beherrschenden Kirche, besonders auch in civilibus, namentlich die Fähigkeit zu hiesigen Ehrenstellen, bürgerlichen Kollegiis, Officiis, Stadt-Diensten und was sonst dahin gerechnet werden kann, ausschließend vorbehalten.«

Hamburgs außenpolitische Situation war heikel. Der seit 1792 zwischen Frankreich auf der einen, Österreich und Preußen auf der anderen Seite herrschende Krieg, der anfangs den Franzosen gewaltige Erfolge einbrachte – so die Eroberung des linken Rheinufers –, war 1793 zum Reichskrieg erklärt worden und betraf damit auch Hamburg. Zwar konnte die Stadt durchsetzen, kein eigenes militärisches Kontingent aufstellen zu müssen, sondern diese Forderung durch Barzahlung abgelten zu dürfen, aber sie wurde gezwungen, den französischen Gesandten auszuweisen. Als die Franzosen 1795 die Niederlande eroberten, besetzten Truppen des mit Großbritannien in Personalunion verbundenen Hannover das Hamburg unterstehende Amt Ritzebüttel. Bis zum Abschluß des Friedens von Leoben 1797 erwuchs der Stadt Schwierigkeit über Schwierigkeit durch eine Neutralitätspolitik, die es mit keiner Seite verderben, sondern einzig den ungestörten

Handel sichern wollte, ungeachtet massiver Repressalien durch Frankreich und Großbritannien, unter denen Hamburg einiges auszustehen hatte.

Eine erneute Störung der Beziehung zu diesen Staaten ereignete sich 1798. Napper Tandy, der Führer eines mißglückten irischen Aufstands gegen die Briten, entkam mit dreien seiner Kameraden nach Hamburg. Der britische Gesandte erreichte die Verhaftung der Freiheitskämpfer und verlangte nun deren Auslieferung. Für diesen Fall, so drohte daraufhin der Gesandte Frankreichs, werde die Stadt wegen Verletzung von Neutralität und Völkerrecht mit französischen Gegenmaßnahmen zu rechnen haben. Nach monatelangen Verhandlungen spitzte sich die Situation dermaßen zu, daß Großbritannien und Rußland mit einer militärischen Intervention gegen Hamburg drohten; beide Mächte beschlagnahmten hamburgische Schiffe, und die Briten sperrten die Elbmündung. Nun lieferte Hamburg 1799 die Verhafteten an Großbritannien aus. Die französische Regierung unter Napoleon Bonaparte als Erstem Konsul war außer sich vor Zorn und erließ ein Handelsembargo. Das wurde zwar schon bald wieder aufgehoben, doch mußte die geplagte Stadt 1801 eine Zahlung von über 4 Millionen Livres an die Französische Republik leisten. Napoleons Groll aber blieb, und daß Hamburg 1800 den Besuch des britischen Admirals Nelson mit allen Ehren gefeiert hatte, war nicht eben diplomatisch gewesen.

Daß es um seine Selbständigkeit schlecht bestellt war, ersah Hamburg nicht allein aus der wechselseitigen Erpressung durch Frankreich und Großbritannien, sondern auch aus einer Demonstration seiner militärischen Ohnmacht. Hatten schon 1795 die Truppen Hannovers widerstandslos das Amt Ritzebüttel besetzen können, so folgten ihnen 1800 die Preußen – die Briten hatten ein preußisches Schiff als Prise nach Cuxhaven gebracht –, und 1801 erreichten die mit Frankreich verbündeten Dänen, was ihnen jahrhundertelang verwehrt geblieben war: Sie besetzten Hamburg, um Maßnahmen gegen Großbritannien durchzusetzen. Gewiß, sie blieben nur zwei Monate lang und betrugen sich mustergültig, aber das Gefühl tiefer Demütigung war den Ham-

Am 29. März 1801 morgens um 8 Uhr erschien ein dänisches Korps vor dem Millerntor und besetzte die Stadt. Anlaß war der Kampf Dänemarks gegen Großbritannien; durch die Okkupation des Unterelbe-Gebiets wollten die Dänen den britischen Handel treffen. Auf dieser Radierung von Andreas Stöttrup versuchen zwei Ratsherrn noch, mit dem dänischen Oberbefehlshaber, Prinz Karl von Hessen, zu verhandeln, bekommen aber von ihm zur Antwort nur die Uhr vorgehalten. In der Tat: Für ein trotziges Aufbegehren wie in früheren Jahren war die Zeit abgelaufen. Die dänische Besatzung verließ Hamburg zwei Monate später

burgern geblieben, und die kurze Okkupation kostete sie eine halbe Million Hamburgische Mark.

Nach kurzem Frieden zwischen Frankreich und Großbritannien begann der Krieg von neuem, und nun besetzten 1803 französische Truppen Ritzebüttel. Daraufhin verhängte Großbritannien eine Blockade über die Mündungen von Elbe und Weser. Sie zu brechen war Frankreichs Flotte außerstande. Statt dessen erpreßte Napoleon von Hamburg Unterhaltszahlungen für die französische Armee, die Hannover besetzt hatte, und demonstrierte den Hamburgern ihre Ohnmacht und ihre Beistandslosigkeit, indem er 1804 den britischen Gesandten Rumbold aus dessen Landhaus am Grindel entführen ließ. Daß Rumbold wieder freikam, hatte er einzig der energischen Intervention Preußens zu danken. Hamburg aber, bestrebt, allen Seiten seinen guten Willen zu zeigen, ließ 1804 alle Außenwerke seiner Befestigung niederlegen und seine kanonenbestückten Wälle durch den Bremer Gärtner Altmann in freundliche Promenaden verwandeln, um deutlich seine Friedensliebe zu bekunden. Aber das half ihm gar nichts.

Obwohl Hamburg als »Freie Hansestadt« souverän geworden war, nachdem Kaiser Franz II. im August 1806 der deutschen Kaiserkrone entsagt und damit das Heilige Römische Reich Deutscher Nation zu bestehen aufgehört hatte, kam es für die Stadt noch ärger. Am 14. Oktober 1806 schlugen Napoleon und sein Marschall Davout die preußische Armee vernichtend in der Schlacht von Jena und Auerstedt. In Hamburg wurden Spottlieder auf die Niederlage der Preußen gesungen. Aber der Spott sollte den Hanseaten rasch vergehen. Am 19. November 1806 besetzte Marschall Mortier auf Befehl Napoleons Hamburg mit 3000 Soldaten. Nun begann überhaupt erst die Leidenszeit der Stadt.

Widerstand gegen die sieggewohnte Armee Napoleons war von vornherein ausgeschlossen, und mit der Neutralitätspolitik war es nun endgültig vorbei. Zwei Tage nach der Einnahme verkündete Napoleon in Berlin die gegen Großbritannien verhängte Kontinentalsperre, die totale Blockade des Festlands. Jeglicher Handelsverkehr einschließlich des Briefwechsels zwischen Hamburg und Großbritannien wurde damit untersagt, alles britische Eigentum in der Stadt, so der English Court, und alle britischen Waren wurden beschlagnahmt. Sämtliche Gewinne aus dem Handel mit England mußten deklariert werden; auch sie verfielen restlos der Konfiszierung.

Für Hamburg hatte das wahrhaft verheerende Folgen. Wie zuletzt in den Pestjahren breitete sich wieder eine Massenarbeitslosigkeit aus. Außerdem sogen die maßlosen Geldforderungen der Franzosen das letzte Kapital aus Hamburg heraus. Ende 1810 wurde der gesamte norddeutsche Küstenbereich und mit ihm die

Städte Hamburg, Bremen und Lübeck dem französischen Kaiserreich einverleibt, mit allen Pflichten, aber ohne erleichternde Rechte. Italienische, niederländische und spanische Besatzungstruppen wurden in Hamburg stationiert und mußten von der Stadt und ihren Bürgern einquartiert und verpflegt werden. Der Zoll lag ganz in der Hand der Franzosen, die den lebhaften Schmuggel streng überwachten, aber nicht verhindern konnten, daß englische Agenten sich aufmerksam in der Stadt umsahen. Sie kamen von Helgoland, damals in britischem Besitz, wo sich die Zentrale der Engländer befand, von der aus Schmuggel und Agentenwesen organisiert wurden.

Wie erfolgreich, erwies sich im Sommer 1808. Seit dem 8. August 1807 war in Hamburg und seiner weiteren Umgebung das 15 000 Soldaten zählende spanische Armeekorps des Marqués Pedro Caro y Sureda de la Romana stationiert, denn die Spanier waren damals Napoleons Verbündete. Diese Truppe wurde auf Hamburg, Schleswig-Holstein, Fünen und Seeland verteilt; das Hauptquartier war jedoch Hamburg. Die Spanier waren in Hamburg schon bald relativ wohl gelitten, denn sie benahmen sich vorbildlich, brachten viel Gesang und Gitarrespiel in die Hansestadt und machten sowohl durch ihre Grandezza wie durch ihre ungemein farbenprächtigen Uniformen beinah vergessen, daß sie als Okkupanten gekommen waren. Als das spanische Korps am 5. März 1808 aus der Stadt abgezogen und ganz auf Fünen konzentriert wurde, bedauerten die Hamburger dies insofern, als die Spanier wegen ihres bescheidenen wie disziplinierten Verhaltens sich wohltuend von den anderen Besatzern abgehoben hatten. Nun brach am 2. Mai 1808 in Madrid der Aufstand gegen die Franzosen aus – die Alliierten waren zu Feinden geworden. Durch eine Postsperre sorgten die Franzosen dafür, daß die Truppen de la Romanas nichts von der Veränderung erfuhren. Aber ein britischer Agent, als Priester getarnt, informierte heimlich den Marqués und verabredete mit ihm eine wahrlich einmalige Entführung: Am 11. August 1808 erschien überraschend eine britische Flotte vor Fünen und nahm die Spanier an Bord; die völlig verblüfften Dänen konnten nur noch zwei spanische Regi-

Ein Offizier vom Regiment Princesa der spanischen Besatzungstruppen des Marqués de la Romana, die vom August 1807 bis zum März 1808 in Hamburg stationiert waren. Radierung von Christopher Suhr

menter gefangennehmen. Diese Entführung steht in der Militärgeschichte einzig da und war den Franzosen so unangenehm, daß keine Zeitung über den Vorfall berichten durfte; selbstredend wurde er in Hamburg trotzdem bekannt.

Die Eingliederung in das französische Kaiserreich brachte mit der Einführung des französischen Rechts und französischer Verwaltungsreformen für die Stadt zweifellos viel Positives; aber die negative Seite der Bilanz überwog. Wie in allen von Napoleon okkupierten deutschen Gebieten konnten die guten Reformen auch hier das System rücksichtsloser Ausplünderung nicht wettmachen. Obwohl Hamburg nun eine *bonne ville de l'Empire* genannt wurde, war es zollpolitisch keineswegs Frankreich gleichgestellt, sondern wurde weiterhin als Ausland behandelt. Obendrein durften die Hanseaten jetzt als französische Bürger zur Armee einberufen werden. Dafür wurde eigens das neue Infanterie-Regiment Nr. 127 geschaffen, in dem neben Hamburgern auch Bremer und Lübecker dienten. Zur Feuerprobe wurde dieses Regiment 1812 nach Rußland geschickt; die wenigsten haben diesen Feldzug überlebt.

Als Anfang Januar 1813 die Nachricht von der vernichtenden Niederlage der Grande Armée in Rußland auch nach Hamburg gelangte, wurde die Stimmung in der Stadt explosiv. Die französische Besatzungstruppe war bis auf etwa 500 Soldaten abgezogen worden. In ungeschmälerter Stärke verblieben waren hingegen die bei der Bevölkerung besonders verhaßten französischen Zollbeamten, die Douaniers. Sie überwachten die Einhaltung der von Napoleon verfügten Kontinentalsperre mit unnachsichtiger Strenge und Genauigkeit. Ertappte Schmuggler erhielten hohe Freiheitsstrafen; einmal wurden sogar zwei Bauern hingerichtet, die Tabak geschmuggelt hatten. Die britische Herrschaft über die Elbmündung und die Nähe des dänischen Altona begünstigten den Schleichhandel und erschwerten die Kontrollen. Vor allem aus Altona wurden verbotene Waren nach Hamburg gebracht, da es unmöglich war, den regen kleinen Grenzverkehr lückenlos zu kontrollieren; es ging dabei weniger um gewerbsmäßigen Schmuggel als um das natürliche Bestreben der Bevölkerung, sich mit den rar gewordenen Waren, vor allem Kaffee, zu versorgen.

Es bedurfte nur des sprichwörtlichen Funkens, um das Pulverfaß in die Luft zu sprengen. Und das geschah am Vormittag des 24. Februar 1813. Wieder waren zahlreiche Menschen von Altona nach Hamburg zurückgekehrt, die versteckte Waren mit sich führten. Diese Leute, infolge der veränderten politischen Verhältnisse jetzt kecker geworden, widersetzten sich den Kontrollen der Douaniers und beachteten deren Anordnungen nicht. In dieser Situation, die den französischen Zollbeamten den Verlust der Autorität demonstrierte, verloren die Franzosen die Nerven und schossen in die Menge. Es gab mehrere Tote. Das war das Signal zum Aufruhr. Einige Douaniers wurden von der wütenden Bevölkerung totgeschlagen oder in den Fleeten ertränkt, französische Einrichtungen demoliert, die napoleonischen Embleme her-

Über die von den Franzosen 1813 errichtete hölzerne Elbbrücke reiten Kürassiere und Gendarmen. Vorne rechts stehen zwei der in Hamburg besonders verhaßten französischen Douaniers (Zöllner). Lithographie von Peter Suhr

untergerissen, Träger französischer Kokarden mißhandelt und die Häuser der Franzosenfreunde verwüstet. Als der von den Franzosen eingesetzte Bürgermeister (Maire) Amandus Augustus Abendroth – ein tüchtiger Mann, der für Hamburg segensreich gewirkt hat – persönlich erschien, um den Aufruhr zu dämpfen, wurde er von Steinwürfen verletzt; nur die rasche Flucht rettete ihn vor der Lynchjustiz. Da der französische Stadtkommandant, General Saint-Cyr, mit seinen wenigen Soldaten nicht in der Lage war, den Aufstand niederzuschlagen, forderte er in Altona die Hilfe der mit Frankreich verbündeten Dänen an. Dänische Husaren besetzten daraufhin am frühen Nachmittag die Stadt. Ihr Einsatz war nur darum erfolgreich, weil die aufgebrachte Menge sie irrtümlich für ihre Verbündeten hielt. General Saint-Cyr nutzte den Überraschungseffekt, verhängte das Kriegsrecht über die Stadt und ließ Kanonen auffahren. Der Aufstand brach zusammen, weil die vermögenden Bürger so sehr um ihren Besitz fürchteten, daß sie das von Davout aufgelöste Bürgermilitär neu einberiefen. Zwar fanden sich nur 550 Mann ein, aber zusammen mit Franzosen und Dänen reichten sie aus zur Bildung von Patrouillen, welche die nächtlichen Straßen sichern konnten. Die übergroße Angst vor dem »Pöbel«, zu dem immerhin auch Teile der Handwerkerschaft zählten, machte das Bürgermilitär zwangsläufig zum Verbündeten der Franzosen. Am 3. März 1813, als längst Ruhe eingekehrt war, wurden sieben Männer als Rebellen erschossen, einer, ein Dieb, als »russischer Spion«, die anderen sechs als Aufwiegler: ein Arbeiter, ein Schiffer, ein Schlachter, ein Gastwirt, ein Geflügelhändler und ein Tischler.

Amandus Augustus Abendroth (1767–1842). Von 1810 bis 1813 war er der von der französischen Verwaltung eingesetzte »Maire« Hamburgs, von 1814 bis 1821 Amtmann in Ritzebüttel, wo er 1816 das Seebad Cuxhaven gründete. Er wurde 1831 zum Bürgermeister Hamburgs gewählt. Lithographie von Friedrich Carl Gröger, 1827

General Saint-Cyr verstärkte die Garnison auf 1200 Soldaten. So groß war deren Nervosität, daß sie zwei Hamburger, einen Kutscher und einen Tischler, auf offener Straße erschossen.

Doch am 12. März räumten die Franzosen plötzlich die Stadt, und am 18. März besetzte ein russisches Korps von 1500 Soldaten und mit zwei Kanonen unter Friedrich Karl von Tettenborn, einem gebürtigen Badener, Hamburg unter dem unbeschreiblichen Jubel der Bevölkerung. Ein Augenzeuge berichtete, »daß, wo man die Kommenden gewahrte, ihnen ein tausendstimmiges Willkomm entgegenschallte, ihnen aus den Fenstern, von Schornsteinen und entziegelten Dächern aller die Straßen und Gassen umgrenzenden Gebäude, von Bäumen und Befriedigungen Tücher, Bänder, Shawls, Kappen, Hüte, Tannenzweige entgegen, vor und hinter der Kriegerschar, die nur mühsam Raum zum Fortschreiten gewann, Zunft- und Innungsfahnen geschwenkt wurden; daß Stadtabgeordnete dem Obersten von Tettenborn, dessen Lob jeder Mund verkündigte, die Torschlüssel, festlich gekleidete Jungfrauen ihm eine blütenreiche Lorbeerkrone und ein Feiergedicht, ihm, ›dem Götterboten einer glücklicheren Zeit, die Huldigung aller in Hamburg schlagenden Menschenherzen zusichernd‹, übergaben; daß er, seine Offiziere und die ihnen folgenden Ansassen des Don und schwarzen Meeres mit Kränzen und Blumengewinden geschmückt, von Männern und Weibern, von Greisen und Kindern umdrängt, an- und aufgehalten wurden, ihnen liebkosen, die Hände schütteln, die Knie umarmen, ihren Luft erschnaufenden Pferden den Schweiß abtrocknen zu können; daß Mütter ihre Säuglinge den Küssen der wildfremden, krausbärtigen Männer entgegenreichten, Väter ihre halbwüchsigen Knaben ihnen in die Steigbügel, auf die Sättel hoben und sich herzlich freuten, wenn die Buben Stand und Sitz nicht wieder räumen wollten; daß ein nicht minutenlang unterbrochener Hurra-, Vivat- und Jubelchor, von Flinten- und Pistolenschüssen durchschmettert, die weitgestreckte Doppelreihe der Russen so gellend und tosend vom Tor bis zum Stadthause umstürmte, daß er zu fernen Bill- und Elbuferhöhen erschallte; daß, wo der Zug die in Fenstern und auf Altanen ausgestellten,

Der Einzug der Kosaken Tettenborns am 18. März 1813 um 15 Uhr. Das Bild zeigt den Jungfernstieg, im Hintergrund die Petrikirche. Aquatintablatt von Christopher Suhr

mit Siegespalmen gekrönten Büsten Alexanders [des russischen Zaren; Anmerkung des Verfassers] kriegerisch grüßte, die Volksmenge ihn den Erretter, den Erlöser, den Befreier Deutschlands und Hamburgs mit einem bis zur Anbetung gesteigerten Enthusiasmus pries; daß die Pferde dem Wagen, in welchem der Oberst von Tettenborn aus dem Schauspielhause fahren sollte, entspannt wurden und hamburgische Bürger sich nicht dadurch erniedrigt glaubten, selbst den Wagen zu ziehen; daß sie allen ihren neuverbrüderten Gästen, nach eines jeden Stand und Würde, Wunsch und Willen und über sein Begehren und Verlangen gütlich taten und ihrer pflegten, als wären sie jahrelang verschollen ihnen jetzt heimgekommen; daß vom Abend- bis zum Morgendämmer alle Häuser der Stadt und ihrer Vorstädte, selbst in den engsten

Gängen, von Kellergeschossen bis zu den Giebelfeldern hinauf, freiwillig und so erleuchtet waren, daß die Stadt, vom schwarzen Berge hinter Harburg angesehen, von einer gluthellstrahlenden Lichtglorie überflammt erschien – dies alles ist verzeichnet und ergibt schwarz auf weiß – die Außenlinien und Umrißzüge eines dem Urbilde ähnelnden Nachbildes.«

Gemeinsam mit den Hansestädten Bremen und Lübeck wurde nun eine »Hanseatische Legion« gegründet, ein Freiwilligenverband, der gegen die Franzosen ins Feld rücken sollte. Der Befehlshaber der russischen Truppen war der Held des Tages. Bald sollten sich indes die Schattenseiten von Tettenborns Charakter zeigen. In Wirklichkeit war er nämlich ein unangenehmes, eitles Großmaul, korrupt und militärisch ein Hanswurst. Er hatte die Stadt nur besetzen können, weil die Franzosen vorher abgezogen waren, und als sie sich nun anschickten, Hamburg zurückzuerobern, machte sich Tettenborn schleunigst davon. Ein angesehener Hamburger berichtete später, »kein noch so kostbares Hauptquartier französischer Generale sei der Stadt so teuer zu stehen gekommen als dieses russische« – und das wollte etwas heißen. Unverblümt verlangte Tettenborn »eine reelle Anerkennung seiner Verdienste um Hamburg« und ließ durch seinen Adjutanten wissen, »es sei mehr als sonderbar, es falle auf, daß man sich von seiten der Stadt bisher auf keine Weise gegen den General erkenntlich gezeigt habe«. Und ungeniert sagte der russische Oberst, der sich hier großzügig General nennen ließ, dem Rat, an welche Summe er gedacht hatte: 9000 Louisdors. Zwar hatte man in Hamburg bisher geglaubt, die Befreiung der Stadt sei eine militärisch notwendige und patriotische Tat gewesen und kein Korruptionsgeschäft. Aber was half es? Tettenborn wurden 5000 Louisdors als kleine Aufmerksamkeit Hamburgs überreicht.

Am 30. Mai besetzten französische Truppen unter General Vandamme Hamburg von neuem. Der Oberbefehl über die Stadt wurde dem fähigsten französischen Marschall übertragen: Louis Nicolas Davout.

Davout, der nach dem Februar-Aufstand und dem Verhalten Hamburgs während der Wochen unter Tettenborn keinerlei

Marschall Louis Nicolas Davout (1770–1823), Fürst von Eckmühl, Generalgouverneur der Hansestädte und 1813/1814 Kommandant Hamburgs. Federzeichnung von Christopher Suhr. Hamburg, Staatsarchiv

Rücksicht mehr zu nehmen brauchte, errichtete ein hartes Zwangsregiment. Bei all seiner Härte ist aber zu sagen, daß er ein integrer Mann war, der sich nirgends persönlich bereicherte und Grausamkeiten vermied. Seinen Dienst als Kommandant versah er mit unbeugsamer Strenge, einzig seine militärische Aufgabe vor Augen.

Davout war wie seinem Kaiser nicht an Massenhinrichtungen zur Vergeltung gelegen. Die von den Franzosen steckbrieflich Gesuchten waren längst außerhalb Hamburgs in Sicherheit. Napoleon erklärte kühl: »Ich ziehe vor, die Hamburger zahlen zu lassen; das ist die beste Art, Kaufleute zu bestrafen.«

Die der Stadt auferlegte Kontribution belief sich auf 48 Millionen Francs. Da das wirtschaftlich ruinierte Hamburg diese Summe nicht aufbringen konnte, ließ Davout die Silberbarren der Hamburger Bank im Wert von 7,5 Millionen Mark beschlagnahmen. Zugleich begann er die Stadt in eine uneinnehmbare Festung zu verwandeln. Dazu mußten die alten, 1804 zum Teil abgetragenen Fortifikationen wiederhergestellt werden, wozu man die Bevölkerung zwangsverpflichtete, auch Bauern aus der Umgebung. Um ein übersichtliches Schußfeld zu bekommen, das dem Feind eine unbemerkte Annäherung unmöglich machte, wurden in den Vororten die Häuser abgebrochen oder niedergebrannt und der Baumbestand abgeholzt. Alle Kirchen mit Ausnahme von St. Michaelis wurden Pferdeställe, alle Krankenhäuser mußten für kranke und verwundete Franzosen geräumt werden.

Dann befahl Davout der Bevölkerung, sich für sechs Monate mit Lebensmitteln zu verproviantieren. Wer diesen Proviant nicht besaß, sollte die Stadt bis zum 24. Dezember 1813 verlassen. Nur wenige folgten diesem Aufruf, und das sollte sich rächen.

Zur raschen Befestigung Hamburgs befahl Marschall Davout die Bevölkerung zur Zwangsarbeit auf den zum Teil schon geschleiften Wällen wie hier am Brooktor. Wer nicht selbst schanzen wollte, durfte einen Ersatzmann stellen; sonst mußte auch der vornehme Bürger, wie hier zu sehen, zur Schubkarre greifen. Lithographie von Peter Suhr

Die Niederbrennung des Pesthofs auf dem Heiligengeistfeld am 3. Januar 1814 durch französische Truppen. Die Zerstörung erfolgte, um freies Schußfeld vor der Stadtbefestigung zu bekommen. Lithographie von Jeß Bundsen

Die Häuser wurden auf ihre Bevorratung hin kontrolliert, und in der Nacht vom 24. zum 25. Dezember wurden mehrere Tausend Menschen, die nicht die erforderlichen Lebensmittel besaßen, aus ihren Häusern getrieben, die Nacht über in der Petrikirche festgehalten und am nächsten Morgen bei strenger Kälte aus der Stadt gewiesen. Altona nahm die Vertriebenen auf, von denen 1138 an Kälte und Unterernährung starben. Man hat diese Austreibung immer wieder als unmenschliche Brutalität Davouts beschrieben, dabei aber übersehen, daß sich Davout nach damaligem Kriegsrecht korrekt verhielt. Eine in einer belagerten Stadt verbliebene hungernde Bevölkerung wäre eine ernste Bedrohung der Verteidigung gewesen, und mit Sicherheit wären Seuchen ausgebrochen. Der Befehl war so rechtzeitig gegeben worden, daß er ohne Hast hätte befolgt werden können. Aber die Betroffenen hatten

Mit Ausnahme von St. Michaelis wurden alle Hamburger Kirchen und die Börse von den Franzosen im Winter 1813/1814 in Magazine und Pferdeställe verwandelt wie hier die Petrikirche; die Grüfte wurden zu Mistgruben (im Vordergrund Mitte). Lithographie von Peter Suhr

sich darauf verlassen, im Ernstfall werde es wohl so hart nicht gemeint sein; auch besaßen sie gar nicht die Mittel, sich für längere Zeit zu verproviantieren. Der Erfolg gab Davout recht, denn bis zum Ende der Belagerung Hamburgs kam es in der Stadt nicht zur Hungersnot. Das Elend der Vertriebenen, zumal in dem ungewöhnlich harten Winter 1813/1814, soll damit nicht verharmlost werden; aber man sollte gerechterweise feststellen, daß ein deutscher Festungskommandant sich nicht anders verhalten hätte.

Die rigorosen Verteidigungsmaßnahmen Davouts hatten die gewünschte Wirkung. Die Festung Hamburg band starke Kräfte der Alliierten; sie zu erobern war unmöglich. Erst die Abdankung Napoleons, die den Krieg beendete, erzwang von Davout die

Kapitulation. Am 30. Mai 1814 verließen die letzten französischen Besatzungstruppen die Stadt. Hamburgs Handel und das hamburgische Gemeinwesen waren so ruiniert wie nie zuvor. Hatten 1800 etwa 130 000 Menschen hier gelebt, so waren es 1814 nur noch 100 000, und obwohl nun die Geflohenen und die Vertriebenen zurückkehrten, zählte Hamburg 1820 erst 125 000 Einwohner. Sie lebten in einer schwer heimgesuchten Stadt, von der zunächst niemand wußte, ob sie sich von diesem Schlag noch einmal würde erholen können.

## Handel zwischen Boom und Embargo

Die achtziger Jahre des 18. Jahrhunderts brachten Hamburg einen außerordentlichen Handelsaufschwung. Ursache war der Nordamerikahandel. Denn seit Großbritannien 1783 im Versailler Frieden die Unabhängigkeit der Vereinigten Staaten von Amerika anerkannt hatte, stand der Nordamerikahandel, bislang britisches Monopol, allen Staaten offen. Hamburg, die Gunst der Stunde rechtzeitig erkennend, hatte schon weit früher den jungen amerikanischen Staat anerkannt und sich gründlich auf den neuen Markt vorbereitet; vor allem war es das Handelshaus Voght & Sieveking, das jetzt im Nordamerikahandel riesige Gewinne erzielte.

Die Besetzung der Niederlande durch die Franzosen 1795 brachte ein zweites Mal niederländische Kaufleute an die Elbe, wo ihre vielfältigen Beziehungen der Stadt zugute kamen. Der 1784 eröffnete Eiderkanal begünstigte Hamburgs Beziehungen zum europäischen Nordosten. Russisches Getreide, von dessen Lieferung Frankreich abhängig war, wurde über Hamburg für Frankreich umgeschlagen, und das enorme finanzielle Potential der Hamburger Kaufleute sicherte der Stadt ihren Ruf als wichtigster kontinentaler Bank- und Wechselplatz. Das Handelsvolumen des Hafens verdoppelte sich.

Der Hamburger Reeder Berend Roosen in seinem Kontor 1790; hinter dem Kopf des Kaufmanns die Briefablage, vor dem Fenster der Hafen. Ein Schiff liegt vor Anker, und eines ist im Bau; zweifellos gehören beide dem Reeder. Kupferstich von F. C. Löhr und F. C. G. Fritzsch

So viel Glück und Geld weckte natürlich andernorts Begehrlichkeit, vor allem in Frankreich, das wirtschaftlich durch die Auswirkungen der Revolution und durch den seit 1792 mit halb Europa geführten Krieg äußerst geschwächt war und nach neuen Geldquellen suchte. Der 1795 nach Hamburg beorderte französische Gesandte Karl Friedrich Reinhard, gebürtiger Schwabe und einer der klügsten und geschicktesten Männer im französischen Außenministerium, versuchte mit Überredung und Drohung Hamburg den französischen Zielen gefügig zu machen. Er lockte mit einer Wiederherstellung der alten Hanse – natürlich unter französischer Führung –, der im Frankreichhandel viele Vergünstigungen zukommen sollten; das Ziel war freilich, Hamburg, Bremen und Lübeck aus dem Reichsverband zu lösen, mit dem sich Frankreich im Kriegszustand befand. Unter Drohungen setzte Reinhard die Anerkennung der Batavischen Republik durch, wie die nun zum Satelliten Frankreichs gemachten Niederlande jetzt hießen, und er verlangte seine Akkreditierung als offizieller Gesandter der Französischen Republik in Hamburg.

Der Rat, eingeschüchtert durch dringliche Mahnungen aus Wien, lehnte nach vielen Debatten ab, worauf Frankreich, wie schon 1793, ein Embargo über alle Hamburger Schiffe verhängte.

Daraufhin schickte der Rat Georg Heinrich Sieveking nach Paris. Ihm gelang es, die Aufhebung des Embargos, die Neutralität Hamburgs und die Nichtakkreditierung Reinhards durchzusetzen; freilich mußte die Stadt dafür viel Geld an Frankreich zahlen, und das war ja auch von vornherein das Ziel der französischen Bestrebungen gewesen. Daß das finanziell zerrüttete Frankreich überhaupt nicht in der Lage gewesen wäre, einen Wirtschaftskrieg gegen Hamburg auf längere Zeit durchzustehen, ist eine andere Sache. Aber die Hamburger rechneten, daß die Zahlung an Frankreich für sie allemal billiger wäre als eine vorübergehende Störung der Wirtschaftsverbindungen. Dennoch gab Frankreich noch keine Ruhe. Auf dem Rastatter Friedenskongreß, der 1799 endlich zur Beendigung des Reichskriegs führte, machte sich Frankreich so demonstrativ zum Fürsprecher Hamburgs, daß dieses verdächtige Engagement Hamburg nur abträglich sein konnte. Frankreich, dessen Krieg mit Großbritannien weiterging, verlangte nun von der Stadt eine Beihilfe zu seinem Seekrieg in Höhe von 12 Millionen Livres, was Hamburg unter Berufung auf seine Neutralität ablehnte. Da jedoch das von Hamburg um Unterstützung gebetene Preußen keinen Schutz garantieren konnte – es war schon 1795 durch einen Separatfrieden aus dem Krieg ausgeschieden und hatte sich von dessen schweren wirtschaftlichen Schäden noch nicht erholt –, mußte Hamburg der französischen Erpressung nachgeben; allerdings konnte es die verlangte Summe auf die Hälfte reduzieren.

Das nach der schon geschilderten Auslieferung Napper Tandys von Frankreich über Hamburg verhängte Embargo traf die Stadt in einer wirtschaftlich üblen Situation. Daß man mit dem Krieg glänzende Geschäfte machen konnte, lag auf der Hand. Die Folge war, daß die Kaufleute gewaltige Warenmengen ankauften, für die sich erhebliche, immer weiter steigende Preise erzielen ließen. Dieser Spekulationsboom konnte naturgemäß nicht gutgehen, sobald sich die Zeiten verschlechterten. Das war der Fall, als ein

Karikatur auf »Hamburgs Neutralité«, das heißt auf die Versuche der Stadt, Frankreichs ständigen Erpressungsversuchen mit Geld zu begegnen

harter Winter für fünf Monate den Hamburger Hafen lahmlegte. Nun stiegen die Lagermieten für die gehorteten Waren rapide, die Preise fielen, und als dann im September 1799 das erste Handelshaus seinen Bankrott erklären mußte, riß es 54 weitere untereinander verbundene Firmen mit sich.

Der Hamburger Handel erholte sich in dieser schweren Wirtschaftslage erstaunlich rasch, und Frankreich gab sein Embargo bald auf, weil die französische Wirtschaft darauf drang. Aber mit Napoleon Bonaparte als Erstem Konsul stand seit November 1799 ein Mann an der Spitze Frankreichs, der auf Hamburg nicht gut zu sprechen war. Dennoch setzte sich Frankreich im Reichsdeputationshauptschluß von 1803 mit Erfolg dafür ein, daß Hamburgs Selbständigkeit als Reichsstadt und seine Neutralität in allen Reichskriegen verfassungsmäßig garantiert würden; gleiches galt für Nürnberg, Augsburg, Frankfurt am Main, Bremen und Lübeck. Natürlich gedachte Frankreich mit dieser Fürsprache die sechs Städte an sich zu binden.

Als dann 1803 erneut der Krieg zwischen Großbritannien und Frankreich ausbrach, verhängten die Briten wieder eine Seeblokkade, und Hamburg war gezwungen, seinen Handel über das holsteinische Tönning abzuwickeln. Das Ende wurde schon erzählt: Mit der Besetzung Hamburgs durch die Franzosen am 19. November 1806 wurde Hamburg das Opfer der beutegierigen Franzosen, und außerdem war es durch die britische Seeblokkade von jeglichem Seehandel abgeschnitten. Alle in Hamburg befindlichen britischen Waren wurden beschlagnahmt und auf dem Grasbrook öffentlich verbrannt, die Zuckersiedereien und die Kattunwebereien brachen völlig zusammen, und die Hafenarbeiter wurden brotlos wie alle, die vom Hamburger Export abhängig waren. Die vermögenden Kaufleute mußten ihre kostbaren Kunstsammlungen auf Auktionen verschleudern, um überhaupt bestehen zu können. Und der lebensgefährliche Schmuggel blühte, bei dem sich mancher Schwarzhändler ein Vermögen verdiente. Die auch im Binnenhandel mit Frankreich verhängten Zollrestriktionen vergrößerten nur noch das Elend. Ein Handelshaus nach dem anderen mußte Zahlungsunfähigkeit anmelden. Die Jahre 1789 bis 1814 sahen Hamburgs größten wirtschaftlichen Aufstieg, aber auch seine tiefste Erniedrigung.

## Eine Ordnung für die Armen

»Ich mag das Verhältnis unserer Armen zu der ganzen Zahl der Einwohner nicht ausdrücken«, bekannte 1786 Johann Georg Büsch. Und er zitiert einen Besucher Hamburgs, der ihm gesagt hatte: »Wie elend ist hier das Ansehen und der Aufzug des geringen Volkes! So ist es mir doch noch in keiner grossen Stadt vorgekommen!«

Der ungenannte Besucher hatte sicher recht: Die Hafenstadt

Hamburg zog zweifellos mehr Menschen an als jede andere in Deutschland, denn so mancher glaubte hier Arbeit zu finden oder sich durch Bettelei bei den begüterten Bürgern über Wasser halten zu können. Büsch: »Was kann ein Fremder von unserem Wohlstande denken, wenn er sich von einer solchen Menge lästiger Bettler angerannt sieht: wenn er nicht eine Minute stille stehen kann, um mit einem ihm begegnenden Bekannten zu reden, ohne von diesen Elenden gestört zu werden, dass er durchaus weiter gehen muss?«

Das Waisenhaus hatte 1709 eine Drehlade, Torno genannt, an seinem Eingang angebracht; auf sie konnte ein unerwünschtes Neugeborenes gelegt werden, das beim Ziehen der Glocke dann ins Innere gedreht wurde. Damit sollte die wachsende Anzahl von Kindesmorden eingedämmt werden. Ein Jahr später verzeichnete das Waisenhaus bereits 200 »Tornokinder«. Doch 1714 schaffte man den Torno wieder ab, weil die auf ihm deponierten Kinder zu zahlreich geworden waren. Daraufhin wurden Kinder in der Nähe des Waisenhauses ausgesetzt – und zwar nicht nur Neugeborene –, so daß das Waisenhaus 1731 schon über 1000 Kinder zu versorgen hatte.

Als 1726 das Armenproblem im Rat zur Sprache kam, schätzte man die einheimischen Armen, im Unterschied zu den von auswärts zugezogenen Bettlern, auf 2850 Menschen. Um im Zuchthaus Platz – auch Arbeitsplatz – für die Armen zu gewinnen, mußten 1725 und 1734 Bettler abgeschoben werden; der Andrang von Einheimischen, die freiwillig um Aufnahme baten, war zu groß geworden. Angesichts der strengen Zuchthausdisziplin ging freiwillig niemand ohne Not dorthin; dennoch mußten dort 1784 die Betten dreifach belegt werden. Daß die Betten doppelt belegt wurden, galt als normal; auch in den Kasernen jener Epoche schliefen die Soldaten selbstverständlich zu zweit in einem Bett. Das Zuchthaus hatte schon für das Jahr 1726 insgesamt 2500 Arme verzeichnet, die freiwillig um Aufnahme gebeten hatten. Um die Masse der Erwerbslosen zu beschäftigen, beriet sich der Rat 1725 mit dem Amt der Strumpfwirker. Dort schätzte man, anders als der Rat, die Anzahl der Arbeitslosen in

Hamburg auf 20 000. Der schwere Kälteeinbruch im Februar 1757 trieb allein in jenem Monat 1860 Menschen dazu, um Unterstützung im »Armencomptoir« des Werk- und Zuchthauses zu bitten. Im Winter 1788/1789 empfingen 7391 Menschen Unterstützungsgelder, allerdings nur jene, die weniger als 24 Schillinge in der Woche verdienten.

Über die fürchterlichen Wohnverhältnisse hat uns der Hamburger Arzt Johann Jakob Rambach unterrichtet. Er schrieb 1801: »Ärmere wohnen in Buden, Sählen und Kellern. Buden sind kleine Häuser von einem Stock oder auch das Erdgeschoss eines kleinen Hauses. Sie enthalten gewöhnlich nur eine kleine Diele und ein Zimmer und sind nur in kleinen Gässchen zu finden. Ein Sahl ist das obere Stockwerk solcher Häuser, wovon der Bewohner des unteren nicht das ganze Haus einnimmt, sondern wo neben der Hausthür noch eine andere angebracht ist, welche mittels einer eigenen Treppe zu den Sählen führt. Manche dieser Wohnungen sind zwar gut und geräumig, aber viele haben eine dunkele, halsbrechende Treppe, sind sehr leicht gebaut und Wind und Wetter sehr ausgesetzt, besonders die oberen, dicht unter dem Dache oder im Dache selbst angelegten. Dazu kommt, dass bei dem Mangel an Wohnungen mehrere arme Familien einen solchen Sahl bewohnen. Daher sind die Stuben im Winter oft voll von einem unausstehlichen Dunste, der die Fenster bei strengem Frost mit einer dicken, undurchsichtigen Eisrinde überzieht. Daher müssen manche auf dem Boden unter dem undichten Dache schlafen, das dem Sturm, dem Regen und dem Schnee mehr als einen Eingang verschafft. Die Keller haben ihren Eingang gleichfalls von der Strasse vermittelst einer eigenen Treppe, die gewöhnlich mit einem hölzernen Schauer- oder Regendach überwölbt ist. Diese für jeden, der nicht daran gewöhnt ist, höchst unbequemen Wohnungen haben meistens nur eine Flur und eine Stube. Jene ist mit Klinkern oder gar mit Feldsteinen gepflastert und erhält ihr Licht gewöhnlich durch die Thür, und beide sind manchmal wegen der durchgehenden Balken so niedrig, dass ein Mann von mittlerer Grösse nicht aufrecht darin stehen kann. Die Stube hat kleine Fenster nach der Strasse hinaus.

Schon an sich müssen die Keller feuchter sein als luftige Wohnungen, und manche sind es denn auch in einem so hohen Grade, dass die hölzernen Geräte ihrer Bewohner modern und ekelhafte Tropfen von den Wänden rinnen. Aber viele in den niedrigen Gegenden der Altstadt werden es noch mehr durch die Überschwemmungen, denen sie im Durchschnitt jährlich mehr als einmal ausgesetzt sind. Die aufgeschreckten Bewohner müssen dann, im Wasser watend, ihre Habseligkeiten retten. Sie flüchten sich damit auf Treppen und in Häuser, und man hat schon Beispiele gehabt, dass bei schleunig eingetretenen hohen Fluten Kinder vergessen und ertrunken sind. Nachher sind sie gezwungen, das Wasser mit Schaufeln auszubringen und ihre Wohnungen von dem zurückgebliebenen, oft sehr übelriechenden Schlamme zu säubern. Dem ungeachtet schlafen die meisten in der folgenden Nacht schon wieder in ihrem Keller.«

Johann Jakob Rambach, dessen Schrift die Verhältnisse in Hamburg eher beschönigt, hat uns auch eine eindrucksvolle Beschreibung der Gängeviertel hinterlassen. Darin heißt es: »Gänge sind enge Schlupfgässchen, in denen in der Regel nur ein oder gar kein Wagen fahren kann. Sie zeichnen sich durch die kläglichen Häuser, durch unerträglichen Schmutz und Gestank, durch elendes Pflaster und abenteuerliche Krümmung aus. Höfe sind die bebauten Hinterplätze mancher Häuser. Ihr Eingang ist gewöhnlich überbaut, dabei oft dunkel und so niedrig, dass man nicht anders als tief gebückt darin gehen kann und fast immer zugleich der Ausgang der mit Unreinigkeit mancher Art überfüllten Gosse. Auf dem Hinterplatze, der meistens keinen Ausgang hat, stehen gewöhnlich kleine Häuser mit Wohnungen jeder Art. Wir haben solcher Höfe mit 50–60 Wohnungen. In der Neustadt besteht ein Viereck von 5820 rheinl. Quadratruten, aus einem wahren Labyrinth von Gängen, deren jeder noch dazu eine Menge von Höfen hat. Es ist unglaublich, wie eng zusammengepresst hier die Menschen leben, und welch eine Anzahl auf diesem kleinen Bezirke hauset, der noch dazu hin und wieder Gärten enthält. Die Zahl sämtlicher Häuser in diesem Irrsaal beträgt über 600, von denen zwar einige recht gut und von ganz wohlhabenden Leuten bewohnt sind. Allein der bei weitem grösste Teil besteht aus elenden, baufälligen Häusern, die von oben bis unten mit Menschen angefüllt sind, sodass man die Zahl aller Bewohner dieses Fleckchens auf 9000 Menschen rechnen darf. Die natürliche Folge davon ist ein Augen und Nasen gleich beleidigender Schmutz: an einigen Orten findet man den Unrat haufenweise, und alle Vorsicht zu seiner Wegschaffung ist vergeblich. Zuweilen fällt indessen ein wohlthätiger Platzregen, der sich in diesen abhängigen Hohlwegen in einen wahren Giessbach verwandelt und durch seine Gewalt die Gässchen reinspült. Bei anhaltendem Froste sammelt sich des Unrates noch mehr, und man wandelt über eine höckerige, zwei Fuss dicke Masse von Eis, ohne deren schleunige Wegschaffung beim Tauwetter manche dieser Gänge gar nicht gangbar sein würden.«

Der Berliner Journalist Garlieb Merkel, der 1801 Hamburg besuchte – er war 1797 Sekretär des Grafen Schimmelmann gewesen –, war entsetzt. Er schrieb: »Hier schwelgt ein Mann, der vielleicht eine Million besitzt, in einem so weiten Gebäude, dass er es trotz seines überflüssigen grossen Hausstandes nicht ausfüllen kann, und in dem das Meublement eines einzelnen Zimmers viele tausend Mark kostet: neben ihm bewohnt ein anderer Bürger die Hausflur seines Hüttchens und hat jeden Stock desselben zu besonderen Wohnungen, Sähle nennt man sie, eingerichtet, die keine Gemeinschaft unter einander haben, und zu denen man unmittelbar von der Strasse zwei oder drei Stiegen hinaufklettern muss. Dort hat sich gar eine Kolonie freier Reichsbürger, die gerade nur nicht arm und elend genug sind, ins Armenhaus aufgenommen zu werden, in einer Reihe von Kellern eingenistet. Fast kein Strahl der Sonne gelangt zu ihnen, aber wohl bei anhaltendem Regen der Abfluss des überströmenden Gassenkotes: ja, in manchen Gegenden dringt sogar bei hoher Flut das Wasser der Elbe ein. Da ist die Dürftigkeit am Mittage bei einer frühen Lampe voll Rübenöls geschäftig, die Bissen Brot zu erwerben, nach denen ein halbes Dutzend Kinder hungern. Man versicherte mich, es gebe Menschen, die in dieser traurigen Unterwelt geboren und zuweilen in einer Reihe von Jahren nicht aus ihr emporgestiegen wären, die Sonne zu sehen. Von emsigen Hausmüttern, die für einen Haufen Kinder zu sorgen haben, von sitzenden Handwerkern, vorzüglich von chronischen Kranken, von denen diese Höhlen wimmeln, schien es mir wahrscheinlich und noch mehr als das, wenn ich die Beschaffenheit dieser Wohnungen des Elendes erwäge, die fast eine unterirdische Stadt bilden. Lange Gänge führen durch sie hin. In einer Stadtgegend steigt man eine zerbrochene Stiege in sie hinab und kommt in einer ganz anderen wieder herauf. Mich schauderte, wenn ich durch sie hinging und mir dachte, dass man ein ganzes Leben in diesen dumpfigen, kalten, ekelhaften Gräbern verbringen könnte.«

Rambach und Merkel veröffentlichten ihre Berichte dreizehn Jahre nach der Schaffung der ersten »Armenordnung« in Hamburg. Diese Armenordnung war das Werk des Kaufmanns Caspar Voght.

Voght, 1752 in Hamburg als Sohn eines Kaufmanns und Ratsherrn geboren, war als Zwanzigjähriger von seinem Vater auf eine dreijährige Bildungsreise durch Europa geschickt worden. Er besuchte die Niederlande, London, Paris, Cádiz, Madrid, die Schweiz, Mailand, Parma, Bologna, Rom, Neapel, Venedig, Bergamo, Wien, Dresden und Berlin, und auf dieser ausgedehnten Reise zeigte der verwöhnte Kaufmannssohn ein lebhaftes Interesse an den sozialen Verhältnissen in den von ihm besuchten Ländern und inspizierte Kranken- und Armenhäuser. Er erwarb 1785 ausgedehnten Grundbesitz in Klein-Flottbek und bereiste im Winter 1785/1786 Großbritannien, wo er Agrarreformen studierte, die er dann auf seinem Klein-Flottbeker Mustergut verwirklichte.

Mit der Armenanstalt, die er gemeinsam mit Johann Georg Büsch entwickelte, gedachte Voght den unmenschlichen Verhältnissen in Hamburg entgegenzuwirken, indem er erstmals den Versuch unternahm, am Beispiel von 3500 Familien den täglichen Bedarf dieser Menschen exakt zu ermitteln. Demnach brauchte ein Alleinstehender »an gesunden Tagen« täglich für Miete, Kleidung, Heizung, Licht, Nahrungsmitteln und Getränken im

Der Hamburger Kaufmann Caspar Voght (1752–1839), vom Kaiser 1801 in den Freiherrenstand erhoben. Lithographie von J. Faber

Winter 5 Schillinge und 9 Pfennige, im Sommer 4 Schillinge und 9 Pfennige, ein Ehepaar ohne Kinder im Winter 3 Schillinge und 4 Pfennige, im Sommer 3 Schillinge und 3 Pfennige. Tatsächlich aber vegetierte die Masse der Armen bei einem geringeren Tagessatz dahin. Wer es auf einen Wochenverdienst von 24 Schillingen brachte, hatte schon keinen Anspruch mehr auf Unterstützungsgeld.

Damals bekamen Maurer, Bauarbeiter und Gärtner einen Wochenlohn von 72 Schillingen, Kattundrucker 144 Schillinge, Tischlergesellen 138–174 Schillinge, Schneider 48–60 Schillinge, Spinner 12–30 Schillinge und Stricker nur 12–18 Schillinge. Das bedeutete, daß Spinner und Stricker sich auch bei längster Arbeitszeit von ihrer Arbeit nicht ernähren konnten und daß alle auf dem Bau Beschäftigten, bei denen man im Winter zwei Monate totalen Verdienstausfalls rechnen mußte – der Winter 1785/1786 brachte gar vier Monate ohne Erwerb –, sich nicht das Geld zurücklegen konnten, mit dem sie die saisonbedingte Arbeitslosigkeit hätten überbrücken können. Diese Menschen hatten nur dann ein dürftiges Auskommen, wenn die Ehefrauen und alle Kinder Geld dazuverdienten. Fleisch konnten sie sich auf gar keinen Fall leisten, und die Arbeitszeit betrug im Sommer 12, im Winter 10 Stunden.

Selbstverständlich berücksichtigen diese Zahlen nicht Krankheit, Invalidität, Berufsunfälle – für die es keinerlei Versicherungsschutz gab –, Seuchen, Katastrophen wie Überschwemmungen oder Feuer, Kriegsauswirkungen und Teuerungen. Sie alle aber waren in jener Epoche keineswegs Ausnahmen.

Infolge der katastrophalen Wohn- und Ernährungsverhältnisse litt die Mehrzahl des »gemeinen Volkes« – das Wort »gemein« hatte damals noch nicht die abschätzige Bedeutung von heute – unter Läusen, Krätze, Kopfgrind, Magen- und Verdauungsstörungen; in den feuchten Kellerbehausungen war die Gicht allgemein verbreitet. Die Menschen waren so geschwächt, daß sie als erste Opfer der Epidemien wurden. Bei strengem Winter – und die Winter waren damals weit kälter als heute – erfroren viele in ihren Behausungen, weil es ihnen an Feuerholz und Torf fehlte.

Die Zustände im Pesthof, dem städtischen Krankenhaus, waren grauenhaft. Wie es dort 1784 zuging, hat Rambach beschrieben. Die ärztliche Betreuung war miserabel, und statt einer vernünftigen Krankendiät gab es ein möglichst billiges Essen für alle. Rambach: »Das Amt eines Ökonomen und Wundarztes war in einer Person vereinigt, die es als eine einträgliche Pfründe betrachtete: die Zahl der Säle war viel geringer und die der darin angehäuften Betten viel grösser, die Kranken schliefen immer selbander in einem Bette, und wer nach zehn Uhr des Abends starb, blieb bis zum andern Morgen bei seinem Bettgenossen liegen; die Nachtstühle standen in den Krankensälen, und zur Reinigung der Luft geschah nichts; die Speisen waren noch schlechter als jetzt; die Apotheke war in dem kläglichsten Zustande; der Wundarzt verordnete innerliche Mittel, ohne den Arzt zu fragen und stellte diesem, der nur dreimal wöchentlich hinauskam, nicht einmal jeden Kranken vor; ein Kramladen, worin Kaffee, Branntewein etc. verkauft wurde, reizte die Unglücklichen zur Völlerei und zum Verkaufe ihrer notwendigsten Nahrungsmittel; sie hatten nicht einmal freie Wäsche; und endlich herrschte in dem ganzen Hause eine Gaunerei, die über alle Begriffe ging. Der Name Pesthof war ein Schrecken für alle Arme; und doch gab es damals viele so höchst Unglückliche, dass selbst dieses Elend noch eine Wohlthat für sie war.«

Jeder Krieg zog Hamburgs Handel in Mitleidenschaft, führte zu steigender Arbeitslosigkeit, weil Hafen und Warenumschlag davon berührt wurden, und brachte Teuerung mit sich. Mit jedem Krieg kamen auch Flüchtlinge in die Stadt, die in einer so einflußreichen Handelsmetropole am ehesten ein Auskommen zu finden glaubten.

Zwei Großfeuer vernichteten armer Leute Wohnungen und Habe. So brannten 1723 an der Fuhlentwiete 100 Wohnungen nieder, und 1795 verloren 74 Familien allen Besitz im Eichholz. Von 1788 bis 1793 gab es allein 35 Sturmfluten, bei denen die Kellerwohnungen voll Wasser liefen. Erst Johann Georg Büsch setzte durch, daß bei steigendem Wasserstand die Betroffenen durch Signalschüsse geweckt wurden, damit die Menschen wenigstens nicht mehr im Schlaf ertranken.

Aber die Armen mußten sich schon glücklich schätzen, wenigstens in diesen Kellerlöchern wohnen zu können, denn die Wohnungsnot stieg im letzten Viertel des 18. Jahrhunderts rapide. Der wachsende Handel brachte einen vermehrten Bedarf an Lagerräumen mit sich. Zu Hunderten wurden die Menschen vertrieben und obdachlos gemacht, weil man ihre Wohnungen zu Lagerhäusern umbaute. Damit kletterten auch die Mieten. Für eine kleine Wohnung, die außer der Küche meistens nur ein Zimmer enthielt (eine genaue Quadratmeterzahl kennen wir nicht), zahlte das »gemeine Volk« 1780 eine Jahresmiete von 4–8 Reichstalern (das waren 192–384 Schillinge); zwanzig Jahre später waren es schon 24 1/2 Reichstaler. Der Verlust einer Wohnung bedeutete fast immer auch die Aufgabe eines Gewerbeplatzes und von Kundschaft, und betroffen wurden davon auch selbständige Handwerker, was die Anzahl der Erwerbslosen vergrößerte.

Als nach dem Abschluß des Gottorper Vertrags 1768 die Stadt 500 ihrer Soldaten entließ – die damit auch die ihnen gewährte Mietbeihilfe verloren –, stieg die Anzahl der Wohnungslosen.

Weit schlimmer aber wirkte sich in den Jahren 1788 bis 1797 die Erhöhung der Einwohnerzahl um 28 000 Menschen aus, unter denen einige Tausend Flüchtlinge aus Frankreich und aus den von den Franzosen besetzten Gebieten waren.

Damit erhöhten sich zugleich die Preise, ja zum Teil verdoppelten sie sich von 1795 bis 1800. Im Jahr 1795 kostete das Pfund Butter 8 Schillinge, 1800 schon 13 Schillinge. Bezahlte man 1795 für ein Pfund Rindfleisch 3 Schillinge, so wurden 1800 schon 6 Schillinge verlangt. 1795 waren für ein Pfund Schmalz 7 Schillinge zu erlegen, 1800 bereits 12 Schillinge. Auch der Preis für Milch verdoppelte sich.

Die damals sehr verbreitete Ansicht, Erwerbslose oder ins Elend Geratene seien zumeist Arbeitsscheue und Asoziale, die ihre Not selbst verschuldet hätten, konnte Caspar Voght leicht widerlegen. Er ermittelte eine auffällig hohe Anzahl von Handwerkern, die zuvörderst durch die immensen Mietsteigerungen und durch die wachsende Materialverteuerung, aber auch durch die schon beschriebenen strengen Restriktionen der Ämter in Not geraten waren, so Schuster, Schneider, Tischler, Maurer, Schmiede, Schlosser, Küfer, Tapezierer, Gärtner und Friseure.

In einer 1795 in Edinburgh in englischer Sprache erschienenen Schrift hatte Caspar Voght formuliert: »Durch den Zusammenfluss vielfacher Umstände steht der Arbeitslohn mit den Bedürfnissen des Lebens in einem sehr ungünstigen Verhältnis für die Armen in den meisten europäischen Staaten. [...] Wer auch nur von solcher Arbeit lebt, die bloss körperliche Kräfte fordert, hat dennoch ein unstreitiges Recht, solch einen Lohn dafür zu erwarten, der ihn in Stand setzt, bequem zu leben. [...] Verschafft ihm sauere Arbeit nicht mehr als ein dürftiges Einkommen, wovon er nur mit genauer Not leben kann, nur wenig zu seiner Bequemlichkeit, noch weniger zur Erziehung seiner Kinder lässt und gar nichts, wozu er alsdann greifen könnte, wenn es ihm an Arbeit fehlt, wenn er krank und bettlägerig wird oder eine strenge Jahreszeit mehr Nahrung, mehr Kleidung und Feuerung zu einer Zeit verlangt, wo es gerade wenig zu arbeiten giebt: dann verkauft oder verpfändet er sein Bett, sein Handwerksgerät, seine ganze Habe, bis die Verzweiflung über seine Lage ihn um seine Mässigkeit, Ordnungsliebe, Fleiss und Sparsamkeit bringt. Dann verfällt er durch sein Elend in die Liebe zum Trunk und wird, in einem traurigen Kreislauf, durch die Gewöhnung ans Trinken auf immer elend. Müssiggang, Bettelei und das ganze Gefolge von Lastern, welches sie begleitet, zerstört seine Arbeitsamkeit vollends; und wenn dieser Zustand eine Zeit lang fortdauert, ist er für Ordnung und Regelmässigkeit unwiederbringlich verloren.«

Zweifellos war das richtig gesehen. Dennoch war Voghts Armenanstalt nur ein Ansatz, das unsägliche Elend zu beheben, weil vieles nicht richtig erkannt wurde. Zum Beispiel wurde darin die Kinderarbeit gefördert. Die Armenanstalt verlangte, daß Kinder im Alter von fünf bis zwölf Jahren sich bereits die Hälfte ihres Auskommens selbst verdienen müßten, die über Zwölfjährigen sogar ihren ganzen Unterhalt. So blieb außerdem die finanzielle Unterstützung der Bedürftigen Sache freiwilliger Spender, war also nicht Aufgabe der Staatskasse, obwohl Voght und Büsch dem Staat die Verantwortung übertrugen. Und schließlich wirkte sich die aus pädagogischen Gründen getroffene Vorschrift, die Armen unter dem Normallohn arbeiten zu lassen, im innerstädtischen Gefüge verheerend aus. Sicher war das gut gemeint, denn als billige Arbeitskräfte ließen sich die Armen leichter an Arbeitgeber vermitteln; aber die nutzten das Angebot, um die Löhne der bislang Beschäftigten drücken zu können.

Diese Maßnahme vom heutigen Standpunkt aus zu kritisieren fällt leicht. Zweifellos haben Voght und Büsch Großes gewollt und manches erreicht. Daß sie mit ihren Zielen einer besseren Jugenderziehung, einer wirksameren Krankenpflege, der Beschaffung von Arbeitsplätzen und der Einrichtung von Volksküchen letzten Endes aber doch scheiterten, lag zum einen daran, daß sie entgegen ihrer ursprünglichen Absicht eben doch nicht den Staat in die Pflicht nahmen, sondern die Lösung des Problems der allgemeinen Mildtätigkeit anheimstellten; zum anderen lag es aber auch daran, daß das damalige Wirtschaftssystem viel zu unbeweglich war, um soziale Reformen verwirklichen zu können. Egoistische Einzelinteressen waren stärker, und die Not wuchs noch mit der Wirtschaftskrise von 1799, wie die Schilderungen Rambachs belegen.

Nach der Ausweisung der fast gänzlich mitttellosen ärmsten Bevölkerungsschicht im Dezember 1813 konnte Marschall Davout zwar zu Recht verkünden: »Es gibt in Hamburg keine Armen mehr!« Aber die Armut war damit ja nicht abgeschafft. Nach 1814 kehrte sie wieder.

Caspar Voghts Hamburger Armenanstalt, die bei allen Mängeln doch eine große und weitsichtige soziale Tat war, erregte international Aufsehen. Der Wiener Hof berief Voght 1801, um sich von ihm ein Sozialprogramm für Österreich ausarbeiten zu lassen, wofür Voght mit dem Adelsprädikat ausgezeichnet wurde. Der Berliner Hof folgte im Winter 1802/1803, und Napoleon und Frankreichs Innenminister empfingen Voght mehrmals 1807 und veranlaßten die Übersetzung seiner Reformschriften ins Französische. Die soziale Situation in Hamburg aber blieb miserabel. Um 1800 wurden überdurchschnittlich viele Früh- und Totgeburten verzeichnet. Rechnete man in Hamburg auf ein Ehepaar zwei Kinder, so waren es in Frankfurt am Main deren fünf. Auf 903 Lebendgeburten kamen in Hamburg damals 1000 Sterbefälle in frühem Kindesalter.

Die sozialen Spannungen nahmen zu und entluden sich im Sommer 1791 im ersten großen Handwerkerstreik Deutschlands. Wie zumeist war der Anlaß eine Kleinigkeit. Ein Schlossergeselle hatte sich mit seinem Meister überworfen und war daraufhin vom Amt der Schlosser zu einer Geldstrafe verurteilt worden. Die Schlossergesellen, die vom Amt in dieser Sache nicht gehört worden waren, obwohl das Vorschrift war, traten daraufhin gemeinsam in den Ausstand. Das Amt reagierte scharf und verlangte die Wiederaufnahme der Arbeit, andernfalls die Ausweisung aus der Stadt verhängt würde. Damit nicht genug: Bei einer Ausweisung würde man auch den Wanderausweis der Betroffenen einbehalten. Ohne diesen Wanderausweis konnte kein Geselle auswärts Arbeit finden. Daraufhin erklärten sich die Gesellen der Schuster, Schneider, Maurer, Grobschmiede und

Demonstration der streikenden Handwerksgesellen am 23. und 24. August 1791

Zimmerleute mit den Schlossern solidarisch, traten in den Streik und appellierten an die Nichtorganisierten, die Böhnhasen, sich ihnen anzuschließen. Auch die Manufaktur- und die Fabrikarbeiter traten in den Ausstand. Ihnen schlossen sich dann die Bäcker- und die Faßbindergesellen an. Damit wurde die Versorgung Hamburgs ernsthaft in Frage gestellt, und die Bürger waren durch die lautstarken Demonstrationen von 7000 streikenden Handwerkern und Arbeitern aufs äußerste beunruhigt. Die Streikenden setzten beim Rat durch, daß drei verhaftete Gesellen freigelassen und die inzwischen ausgewiesenen Schlossergesellen zurückgerufen würden. Da aber damit der Aufruhr noch nicht eingedämmt worden war, befahl der Rat den Einsatz des Stadtmilitärs gegen die Handwerker, genauer: gegen die Gesellenherbergen. Dabei wurden drei Gesellen getötet und elf verwundet. Die Stadt mobilisierte ihre Bürgerwache von 55 Kompanien, die vier Tage lang die Straßen kontrollierte und damit zum gewaltsamen Ende des Streiks beitrug. Zwar bot man den aus der Stadt gewiesenen 68 Schlossergesellen die straffreie Rückkehr in die

Stadt an, aber als diese ablehnten, gab sich die Stadt scheinbar großzügig: Alle erhielten ihre Wanderausweise ausgehändigt und ein gnädiges Zehrgeld von 100 Reichstalern und 50 dänischen Dukaten ausgezahlt, das die 68 unter sich zu teilen hatten. Darauf verließen sie die Stadt endgültig. Die Gesellen aller anderen Ämter nahmen ihre Arbeit wieder auf.

Aufs Ganze gesehen waren also die Ämter in dem Ausstand, der eine Woche dauerte, Sieger geblieben. Aber ihre bislang so starre Ordnung und ihre Autorität waren schwer angeschlagen. Immer wieder kam es später zu Lohnforderungen der Gesellen, wenn auch nicht in diesem Ausmaß. Wohl blieb das Ämtergefüge noch über ein halbes Jahrhundert in Hamburg bestehen. Doch seine Macht wurde immer schwächer.

## Bürgerwache zur Bewachung der Bürger

Da im Verlauf dieser Darstellung wiederholt auf Hamburgs Militär und die Rolle des Bürgermilitärs (Bürgerwache) hingewiesen wurde, sei hier ein kurzer Überblick über die Wehrverfassung der Stadt eingeschaltet.

Eine ständige Söldnertruppe gab es in Hamburg erst etwa seit dem Beginn des 17. Jahrhunderts. Ihre Stärke schwankte in der ersten Hälfte des 17. Jahrhunderts erheblich. Zunächst waren es nur 50 bis 100 Berufssoldaten. 1617 begann man mit dem Ausbau einer Miliz, Garnison oder »Soldatesca«. Der Dreißigjährige Krieg und die mit ihm verbundene Bedrohung der Stadt beschleunigten den Aufbau der Truppe. Die Stadt schuf einen Kriegsrat, gebildet aus Abgeordneten des Rats und der Erbgesessenen Bürgerschaft. In ihm saßen der Generalissimus – das war der Bürgermeister als ranghöchster der Militärs – und fünf Colonell-Herren, die der Rat berief, sodann zwei Oberalte, zwei Kämmereibürger und acht Kommissare, die ihrerseits von der Erbgesessenen Bürgerschaft bestimmt wurden. Den acht Kommissaren war die Kontrolle der Garnison anvertraut. Von 1635 an durfte auch der Kommandant als stimmberechtigtes Mitglied an den Sitzungen des Kriegsrats teilnehmen.

Die Garnison der angeworbenen Berufssoldaten zählte 1638 genau 1489 Mann, für deren Unterhalt Hamburg monatlich 20 621 Hamburgische Mark ausgeben mußte. Die meisten Soldaten wohnten in Privatquartieren, einige auch in »Baracken«. Die Stärke dieses Kontingents (Regiments) war bis 1734 auf 1200 Soldaten (Infanteristen und Dragoner) zurückgegangen; die Kosten für ihren Unterhalt waren indes weit weniger gesunken. Ein Oberst brachte es 1762 auf ein Jahresgehalt von 4320 Mark, ein Gemeiner auf 75 Mark und 12 Schillinge. Alle Gemeinen, zumal jene mit Familie, konnten nur existieren, weil Nebener-

Parade des Hamburger Stadtmilitärs auf dem Großneumarkt 1800. Diese Truppe, uniformiert in den Hamburger Farben Weiß und Rot, bestand aus 84 Dragonern (im Vordergrund links), 90 Kanonieren und etwa 1 800 Grenadieren und Musketieren. Lithographie von Peter Suhr

werb für die Soldaten selbstverständlich war und auch erwartet wurde. Das Artillerie-Korps zählte 1737 insgesamt 315 Geschütze und 186 Kanoniere.

Für Verteidigungsmaßnahmen samt Befestigung und deren Instandhaltung gab Hamburg 1566 die für damalige Verhältnisse stattliche Summe von 173 257 Mark aus; 1800 hatte sich der Betrag auf 5853511 Mark erhöht.

Neben dieser stehenden Miliz gab es die fünf Regimenter der Bürgerwache – jedes Kirchspiel stellte eines –, denen jeweils ein Ratsherr als Oberst (Colonell-Herr) vorstand. Diese Bürgerwache zählte 1617 insgesamt 6978 wachpflichtige Bürger einschließlich der Geschützbedienung, die vielleicht aus Geworbenen bestand. Uniformen in den Stadtfarben Rot und Weiß kamen für die Bürgerwache erst im 18. Jahrhundert auf. Viel mehr als die 9769 Mann, die 1679 geschätzt wurden, werden uns für die Stärke der Bürgerwache nicht überliefert. Einberufen und dem Wachdienst zugeteilt werden konnte zwar jeder, aber nur wer den Bürgereid geleistet hatte, konnte vor 1746 auch Offizier werden. Es gab indes vielerlei Möglichkeiten, sich durch Geldzahlung vom Dienst befreien zu lassen. Zunächst einmal waren befreit alle Männer über 60 Jahre, Kranke und Gebrechliche; sie mußten aber eine Ablösesumme zahlen, was übrigens auch für die in Hamburg lebenden Ausländer galt. Dazu kamen viele Berufe, deren Vertreter gleichfalls vom aktiven Dienst befreit waren, zum Beispiel Apotheker, Schulmeister, Organisten und Alsterfischer. Die recht großzügig gehandhabte Praxis, durch Geldzahlungen die militärischen Pflichten abgelten zu können, ließ eine nennenswerte militärische Effizienz gar nicht erst aufkommen. Dodo von Inn- und Knyphausen, von 1616 bis 1621 Oberst des Stadtmilitärs, hatte schon damals über die frisch aufgestellte Bürgerwache grimmig bemerkt, »das man sich uff der bürger wacht nicht [...] verlassen (könne), so woll ihres unuffhörlichen sauffens, als anderer desordren halber«. Selbst in der Stunde der schwersten Bedrängnis Hamburgs, als 1686 die Eroberung der Stadt durch die Dänen drohte, mußte der Kommandant der Garnison dem Rat mitteilen, »daß alle Bürger Compagnien aufm Walle die

Die Bürgerwache verläßt morgens den Dammtorwall (links das 1624 erbaute Dammtor). Im Vordergrund links befördert ein Arbeiter auf einer Schubkarre das Bettzeug eines wachhabenden Offiziers. Lithographie von Peter Suhr, um 1800

gantze Nachte herdurch besoffen gewesen«. So operettenhaft das auch anmutet: Als es 1791 bei den Handwerkerunruhen und 1813 beim Aufstand gegen die Franzosen darum ging, bürgerlichen Besitz mitsamt den Privilegien vor dem »Pöbel« zu schützen, war die Bürgerwache so nüchtern wie energisch darauf bedacht, sozialen Veränderungen zu ihren Ungunsten mit der Waffe in der Hand zu begegnen und sich durchzusetzen.

Verfassungsrechtlich wurde die Hamburger Bürgerwache am 10. Dezember 1810 von Marschall Davout aufgelöst, nachdem Hamburg dem französischen Kaiserreich einverleibt worden war. Die Bürgerwache wurde dann nach dem endgültigen Abzug der Franzosen wieder neu aufgestellt und in Bürgermilitär umbenannt, bis Hamburg 1868 ganz auf eine eigene Wehrverfassung verzichtete und seine Soldaten von nun an Preußen unterstellte.

# Die französischen Emigranten kommen

Wie viele französische Emigranten von 1789 an nach Hamburg und Altona kamen, ist nicht bekannt. Es mögen etwa 10 000 gewesen sein, von denen die meisten nach dem Regierungsantritt Napoleons in ihre Heimat zurückkehrten. Für den Hamburger Alltag blieb die Anwesenheit so vieler Fremder nicht ohne Auswirkungen. Die meisten Emigranten hatten ihr Vermögen verloren und mußten sich oft mühsam eine neue Existenz aufbauen, und in der Mehrzahl taten sie das vorbildlich. Die französischen Aristokraten, an eigenen Broterwerb nicht gewöhnt, fanden sich erstaunlich schnell in die veränderte Situation. Gräfinnen verdienten sich ihr Geld mit Handarbeiten – eine arbeitete sogar als Wasserträgerin – oder Musikunterricht, ein General erstellte astrologische Gutachten, viele verdienten sich ihr Geld als Sprachlehrer, Tanz- oder Fechtmeister, gründeten Geschäfte für Modewaren und Parfümerien, so das Geschäft J. Marchal et Comp. am Valentinskamp.

Den größten Erfolg aber erzielten die Franzosen in der Gastronomie. Daß man in Hamburg exzellent speisen konnte, war schon vor 1789 bekannt. Aber die original französische Küche brachten erst die Emigranten mit. Bereits 1789 gründete der ehemalige Gärtner Jacques ein Restaurant in Nienstedten, das heute noch existierende »Jacob«. Zehn Jahre später folgte ihm César Claude Rainville, der ehemalige Adjutant des Generals Dumouriez, mit einem Lokal am Beginn der Elbchaussee in Ottensen, von dem Joachim Heinrich Campe schwärmte: »Alle Gastwirte in Europa sollten Wallfahrten zu diesem Rainville anstellen, um hier in der Wirklichkeit zu sehen, was in ihren eigenen Gasthöfen und Anstalten grösstenteils nur gewünscht zu werden pflegt.«

Nicht weit von Rainvilles Restaurant mit seinem vielgerühmten Elbblick lag der »Slavs Hof«, den seit 1798 Graf Milon de Mesne betrieb, nachdem er vorher in Hamburg das Hotel Potocki geleitet hatte. Ein Treffpunkt der Emigranten war, neben dem

Das beliebte Restaurant und Ausflugslokal von Rainville bei Altona am Anfang der Elbchaussee. Radierung von Jeß Bundsen, 1807

Alsterpavillon am Jungfernstieg, das Restaurant Parache am Gänsemarkt, und an den Großen Bleichen trafen sich die Feinschmekker bei Frecuron, wo beispielsweise Prinz Louis Ferdinand von Preußen seine Gäste bewirtete.

Louis Ferdinand, Prinz und preußischer Generalleutnant, hatte sich Ende Oktober 1799 heimlich von seinem in Hoya stationierten Regiment entfernt, um Hamburgs Annehmlichkeiten zu genießen. Daß diese Nachricht am Berliner Hof Entsetzen erregte, lag nicht an des Prinzen Entfernung vom Regiment – dazu war er berechtigt –, sondern daran, daß Hamburg damals als übles Jakobinernest verschrien war. Der Prinz hatte in Briefen an seine Schwester sehr freimütig wissen lassen, mit wem alles er in Hamburg und Altona den Winter zubrachte. In der Tat wurde Hamburg damals »zum Zentrum einer weitverzweigten, das ganze Reich durchziehenden französischen Spionageorganisation, in der Agenten leicht Informationen sammeln konnten. Als Leiter der Spionage fungierte »der erfahrene Geheimagent Parandier« (Walter Grab), und mit dem stand der Prinz in Verbindung. Louis Ferdinand wurde im Februar 1800 zwangsweise aus Hamburg geholt. Warum sein liberaler Umgang mit Republikanern das preußische Königshaus herausforderte, zeigt ein Blick auf das Vereins- und das Pressewesen im damaligen Hamburg.

## Eine geschlossene Gesellschaft

Führend war nach wie vor die Patriotische Gesellschaft, die 1796 schon 380 Mitglieder zählte, unter ihnen den größten Teil des Rats. Sie hatte 1767 eine Unterrichtsklasse für angehende Handwerker gegründet und 1768 eine Rettungsanstalt zur Hilfeleistung für Ertrinkende, die Prämien für Lebensretter zahlte. Der Patriotischen Gesellschaft gebührt auch der Ruhm, 1778 die erste Sparkasse und 1792 die erste Flußbadeanstalt Deutschlands gegründet zu haben. Auch unter der französischen Besatzung war die Patriotische Gesellschaft wohlgelitten: 1812 bewilligte ihr der französische Innenminister einen Zuschuß von 1000 Francs und beteiligte sie an der Ein- und Durchführung des französischen Dezimalsystems, das damals in Norddeutschland Gesetz wurde. Wesentlichen Anteil hatte die Patriotische Gesellschaft auch an der von Caspar Voght entworfenen Armenordnung.

Daneben aber gab es noch eine reiche Vielfalt von Vereinen. Seit 1761 bestand der Klub »Einigkeit«, ein die Geselligkeit pflegender Verein von über hundert Mitgliedern, von denen die meisten Kaufleute oder Juristen waren. Fremde hatten zu diesem Klub als Gäste Zutritt, Einheimische nicht.

Auch der 1789 gegründete »Club der Freundschaft« begrüßte Fremde als seine Gäste. Diese Vereinigung zählte etwa hundert Mitglieder, durchweg nur Kaufleute, mit dem Ziel, »einen weisen Genuß der Musse und Erholungsstunden junger Menschen« zu bewirken. Für Besucher Hamburgs waren diese Gesellschaften recht nützlich, ermöglichten sie ihnen doch, Verbindungen anzuknüpfen und sich damit in der Stadt auch heimisch zu fühlen.

Einen der berühmtesten Vereine gründete 1789 der Kaufmann Georg Ludwig Peitzner: die noch heute bestehende Gesellschaft »Harmonie«. Sie bezweckte »eine geschlossene Gesellschaft von Männern, die sich in ihren Mußestunden versammelten und durch freundschaftliche Unterhaltung und gegenseitige Austauschung ihrer Gedanken, durch Lektüre der Zeitungen und Journale, sowie durch ein erlaubtes Spiel, eine Erholung von ihren Geschäften zu verschaffen suchten«. Die »Harmonie« pflegte den »Genuß vernünftiger, geselliger Vergnügen, Erweiterung gemeinnütziger Kenntnisse [...] durch Lectüre und freundschaftliche Unterhaltung, wie auch Erholung und Zeitvertreib durch gesellschaftliche Spiele«. Die Gesellschaft veranstaltete auch Konzerte für ihre Mitglieder und richtete 1793 eine Armenkasse ein, bestimmt »zur Unterhaltung verarmter Mitglieder, ihrer Wittwen und Kinder; zur Erziehung und Ausstattung dürftiger Waysen von guter Hoffnung; zur Beyhülfe nützlicher und fleißiger Arbeiter, die aus Mangel an Unterstützung darben, und für verschämte Arme aus allen Ständen«.

Dem Geist der Zeit entsprechend waren alle diese Vereine reine Männergesellschaften, aber die »Harmonie« erlaubte wenigstens die Teilnahme der weiblichen Angehörigen an den Konzerten. In einem eigenen Lesezimmer lagen 48 deutsche, 9 französische und 3 englische Zeitungen und Zeitschriften aus; auch besaß die »Harmonie« eine kleine Bibliothek und eine Sammlung von Land-, See- und Kriegskarten. Zu ihren Mitgliedern gehörte auch Georg Heinrich Sieveking.

Der vielseitig interessierte, politisch aufgeschlossene Kaufmann Georg Heinrich Sieveking war zugleich der Präsident der im November 1792 gegründeten »Lesegesellschaft«, einer Vereinigung, deren Vorbild der Mainzer Jakobinerklub war. Die Hamburger »Lesegesellschaft« kam auf die Initiative des französischen Gesandten François Lehoc zustande, und die meisten ihrer etwa siebzig Mitglieder waren französische, republikanisch gesinnte Emigranten. Bemerkenswerterweise gehörten der »Lesegesellschaft« neben Sieveking noch zwei weitere Hamburger Großkaufleute an: Caspar Voght und Conrad Johann Matthiessen, die über rege Handelsverbindungen mit Frankreich verfügten. Doch schon Ende Dezember 1792 mußte Sieveking die »Lesegesellschaft« auflösen; der Druck des kaiserlichen und des preußischen Gesandten auf den Hamburger Rat war zu stark geworden – die Existenz einer frankophilen, demokratischen Vereinigung in Hamburg war ihnen unerträglich.

Republikanische Ideen vertrat auch die ebenfalls 1792 gegründete Freimaurerloge »Einigkeit und Toleranz«, der überwiegend Hamburger Kaufleute angehörten, aber auch der engagierte Demokrat und Publizist Friedrich Wilhelm von Schütz und der große Schauspieler und Theaterdirektor Friedrich Ludwig Schröder, seit 1787 Meister vom Stuhl der »Großen Loge von Niedersachsen«. Mitglied war vermutlich auch der Arzt Johann Christoph Unzer, in dem der kaiserliche Gesandte das Haupt der Jakobiner in Altona sah.

Dort gab es seit dem Herbst 1792 den »Jakobinerklub echter Republikaner zu Altona«, dessen zweiundzwanzig Mitglieder sich im Gasthaus von Christian Pflock trafen. Wie die Loge »Einigkeit und Toleranz«, so stellten auch die »Brüder der Freiheit und Gleichheit«, wie sich die Altonaer Jakobiner nannten, schon im Frühjahr 1793 ihr Vereinswesen ein. Der massive politische Druck und die Niederlagen der französischen Revolutionsarmee ließen es geraten erscheinen.

Nur ein Jahr lang existierte auch die »Philanthropische Gesellschaft«, die der Schwabe Georg Kerner, Privatsekretär des schon erwähnten Karl Friedrich Reinhard, im April 1797 in Hamburg gründete. Den 14. Juli 1797, den Jahrestag des Sturms auf die Bastille, feierte die Gesellschaft in Anwesenheit von über hundert republikanisch gesinnten französischen Emigranten in Harvestehude mit der Errichtung eines Freiheitsbaums. Aber schon im Herbst 1798 löste sich auch diese Gesellschaft, die nie mehr als ungefähr fünfundzwanzig Mitglieder hatte, auf; nicht so sehr, weil der Hamburger Rat Druck ausübte, sondern weil inzwischen das französische Direktorium allen jakobinisch angehauchten Republikanern mißtraute und ihnen darum auch im Ausland die moralische Unterstützung entzog.

## Verbotene Presse

Die jakobinische – besser vielleicht: demokratische – Aufklärungsarbeit blieb nicht auf die Vereine beschränkt. Sie versuchte auch über die Presse Einfluß zu nehmen. Führender Kopf war der seit 1787 in Altona lebende Friedrich Wilhelm von Schütz.

Schütz gründete im Juli 1792 den *Hamburger Merkur*, der nach seinem Verbot unter dem Titel *Niedersächsischer Merkur* mit dem Druckort Altona – tatsächlich wurde er an der Drehbahn in Hamburg gedruckt – weiter erschien. Zweck dieser Zeitschrift, so Schütz, sollte sein, »daß es in den Köpfen unserer Mitbürger vollends hell werde, in welchen es bereits zu dämmern angefangen«. Das Blatt propagierte offen die Ideen der Französischen Revolution, war aber so klug, Hamburger Verhältnisse keiner Kritik zu unterziehen. Das Verbot des *Hamburger Merkur*, von Schütz von vornherein eingeplant, zeitigte den gewünschten Erfolg: Der *Niedersächsische Merkur* wurde so eifrig gelesen, daß nicht nur einzelne Ausgaben nachgedruckt werden mußten, sondern die Erscheinungsweise von einer Ausgabe je Woche auf deren zwei gesteigert werden konnte.

Um vor Verhaftung sicher zu sein, ließ sich Schütz im November 1792 als Sekretär beim französischen Gesandten Lehoc anstellen. Aber das rettete seine Zeitschrift nicht. Auf massiven Druck Preußens mußte der Hamburger Rat im Dezember 1792 das Blatt verbieten, und als es dann unter dem Titel *Neuer Protheus* weiter erschien, wurde es auf Betreiben Preußens, unterstützt von Dänemark, im Februar erneut verboten. Nun kam die Fortsetzung unter der Bezeichnung *Neuer Protheus, als Manuskript für Freunde* heraus, aber nachdem Hamburg den französischen Gesandten ausgewiesen hatte, ereilte das gleiche Schicksal im April 1793 auch Schütz. Als *Neuer Niedersächsischer Merkur* wurde die Zeitschrift 1796 in Altona erneut gegründet, aber schon nach wenigen Monaten von Dänemark verboten. Ein weiteres demokratisches Journal, *Neues Archiv der Schwärmerei und Aufklärung*, brachte es nur auf vier Ausgaben.

Friedrich Freiherr von der Trenck, durch seine jahrelange Magdeburger Kerkerhaft in ganz Deutschland berühmt geworden, hatte sich gleichfalls in Altona niedergelassen, wo er leidenschaftlich die Ideen der Revolution verkündete. Hier gründete er im Juli 1792 *Trencks Monatsschrift für das Jahr 1792*, die zweimal wöchentlich erschien. Als der Druck der dänischen Regierung auf das Blatt immer stärker wurde, taufte Trenck sein Journal *Proserpina*; außerhalb Dänemarks wurde es sofort verboten, und im Februar 1793 verfügte auch Dänemark die Einstellung.

Die scharfe Überwachung und die Pressionen, denen die revolutionären Periodika unterworfen waren, konnten dennoch zahlreiche Neugründungen nicht sofort unterdrücken. Der Demokrat Heinrich Würzer, Sohn eines Hamburger Zuckerbäckers, hatte zunächst das prorevolutionäre *Archiv für literarische Kleinigkeiten* (1793/1794) in Hamburg herausgegeben und publizierte dann in Altona das *Historische Journal* (1794), das »den meisten Ratsherren Hamburgs gratis ins Haus geliefert und in Hamburg und Altona öffentlich feilgeboten« wurde (Walter Grab), bis wieder Österreich, Preußen und Großbritannien das Verbot beim Hamburger Rat und in Altona durchsetzten. Würzer ließ sich dadurch nicht entmutigen; 1795 setzte er seine Tätigkeit mit der Zeitschrift *Neue Hyperboreische Briefe* fort und 1796 mit dem Journal *Der patriotische Volksredner*, in dem Würzer bekannte: »Wir sind da, um die Fortschritte der künftigen Generationen zur Vervollkommnung vorzubereiten und zu erleichtern.«

Johann Friedrich Ernst Albrecht, gleich Schütz und Würzer einer der führenden norddeutschen Jakobiner, gab 1796 ein halbes Jahr lang die Wochenzeitschrift *Der Totenrichter* heraus, die, anders als die zuvor genannten Blätter, scharf die verheerenden sozialen Mißstände in Hamburg angriff, für die Albrecht die Hamburger Kaufmannschaft allein verantwortlich machte. Im Hinblick auf die Armenordnung schrieb er: »Freilich sorgt ihr dafür, daß eure Armen nicht leiden. Aber [...] auf jeden ernährten Armen fallen gewiß zehne, die ihr durch euren Kornhandel arm macht [...] wie kann man durchs Elend anderer glücklich werden? Wie können Tränen und Jammer Segen bringen?«

Weitere demokratische Blätter, die in Altona erschienen, waren *Die Geißel* (1797–1799), *Die Schildwache* (1797/1798) und das von dem Jakobiner Andreas Georg Friedrich Rebmann redigierte Journal *Das neue Graue Ungeheuer* (1798–1800).

Die Kurzlebigkeit der Blätter ist nicht identisch mit Erfolglosigkeit. Hätten sie nicht in die Breite gewirkt, so wären sie nicht dermaßen verfolgt und unterdrückt worden. Daß sie sich aber überhaupt eine Zeitlang halten konnten, beweist, wie liberal in Hamburg und Altona das Pressewesen gehandhabt wurde. Die Verbote erfolgten ja auch fast immer nur darum, weil die auswärtigen Mächte Druck ausübten und mit Sanktionen drohten.

Innerhalb der bürgerlichen Publizistik Hamburgs gab es eine wichtige Neugründung: die 1792 von dem ehemaligen preußischen Hauptmann Wilhelm von Archenholz herausgegebene Monatszeitschrift *Minerva*, die politische Fragen mit betonter Sachlichkeit kommentierte und analysierte. Sie soll schon 1809 die für jene Zeit ungewöhnlich hohe Auflage von 5000 Exemplaren erreicht haben. Zu ihren Mitarbeitern zählten Ernst Moritz Arndt, Carl von Clausewitz und Friedrich von Gentz.

Als weitere monatlich erscheinende Zeitschrift kam von 1801 bis 1807 *Hamburg und Altona* auf den Markt, ein Journal, das sich nur mit lokalen und kulturellen Fragen beschäftigte, in dem aber auch ein so engagierter Demokrat wie Heinrich Würzer Aufsätze publizieren konnte.

Nachdem Hamburg 1810 dem französischen Kaiserreich einverleibt worden war, bekamen seine Zeitungen französische Titel. Der *Hamburgische Correspondent* hieß nun *Journal officiel du Département des Bouches de l'Elbe*, die *Hamburger Nachrichten* firmierten künftig als *Affiches, Annonces et Avis divers de Hambourg.*

Ein unpolitisches Journal versuchte 1810 der Hamburger Buchhändler Friedrich Perthes unter dem Titel *Vaterländisches Museum* herauszugeben. Er konnte mit Matthias Claudius, Friedrich de la Motte-Fouqué, Jean Paul, Friedrich Schlegel und den Grafen Stolberg bedeutende Mitarbeiter gewinnen, mußte aber schon ein Jahr später das Blatt einstellen. Die Jahre der Not und der Okkupation waren einer Zeitschrift nicht günstig, die sich die »Wiederbringung und Verbreitung des inneren Friedens« und die »Bewahrung deutsch-eigenthümlicher Art und Wissenschaft und Kunst« zum Ziel gesetzt hatte.

## Deutschlands größte jüdische Gemeinde

Die ersten Juden, die sich in Hamburg niederließen, waren gegen Ende des 16. Jahrhunderts Portugiesen (sephardische Juden) gewesen. Um 1600 zogen auch deutsche Juden nach Hamburg; 1649 lebten hier etwa fünfzehn Familien. Hamburgs Geistlichkeit und den Oberalten mißfiel das. Von den Kanzeln wurde unverblümt dazu aufgerufen, das »Ungeziefer« aus der Stadt zu jagen, worauf Juden auf offener Straße mit dem Messer bedroht wurden. Die Aufnahme von Juden, so Pastor Gesenius von St. Katharinen, sei »ketzerischer Unfug«. Der Widerstand des Rats nutzte nichts – die von der Geistlichkeit unterstützte Erbgesessene Bürgerschaft setzte sich durch. 1649 wurden die deutschen Juden – nicht die für das Wirtschaftsleben unentbehrlich gewordenen portugiesischen! – aus der Stadt getrieben. Sie fanden in Altona Aufnahme.

Dort genossen sie seit 1641 durch Schutzbriefe des dänischen Königs die Untertanenrechte – wie schon zu Ende des 16. Jahrhunderts unter den Grafen von Holstein-Schauenburg –, seit 1671 auch in Wandsbek. Freilich nicht umsonst: Für den Schutzbrief hatten die beiden Gemeinden in Altona und in Wandsbek jährlich jeweils 9000 Mark courant zu zahlen, und eine ähnliche Summe mußten die Juden außerdem bei jedem Thronwechsel dem dänischen König als »Don gratuit« überreichen. Die Tolerierung der Juden zahlte sich für den dänischen König also aus; zudem entzog er auf diese Weise auch der Hamburger Konkurrenz wichtige Händler.

Nach der Vertreibung durften die ehemals hamburgischen Juden nur dann Hamburg betreten, wenn sie einen gültigen Paß besaßen. Der galt vier Wochen lang und mußte beim jeweils präsidierenden Bürgermeister mit einem Dukaten bezahlt werden. Bei Torschluß hatten alle deutschen Juden die Stadt zu verlassen. Als jedoch im Winter 1657 die Schweden auf Altona rückten, flohen 36 deutsch-jüdische Familien nach Hamburg, wo sie Aufnahme fanden und vorerst nicht behelligt wurden. Zwar pochte die Erbgesessene Bürgerschaft 1674 erneut auf Vertreibung; sie setzte sich diesmal aber nicht durch.

Den portugiesischen Juden hatte man schon bis um 1650 drei Betstuben konzediert, die am Alten Wall, in der Herrlichkeit und am Mönkedamm lagen. Den deutschen Juden gewährte man dieses Recht erst 1697. Dafür mußten sie aber eine hohe Schoß-Abgabe leisten, eine Vermögenssteuer, die der Hamburger Bürger nach eigener Vermögenseinschätzung zu entrichten hatte; den Juden blieb indes das Bürgerrecht verwehrt. Über die Höhe dieser Abgabe haben die steuerlich besonders hart belasteten Juden ein Jahrhundert lang immer wieder unterhandeln müssen. Schließlich zahlten sie 1725 als Gemeinde jährlich 7000 Mark; 1777 wurde der Satz auf 4500 Mark banco ermäßigt, 1801 aber wieder auf 8000 Mark erhöht.

Die deutschen Juden, von den Ämtern kategorisch ausgeschlossen, durften sich nur als Pfandleiher, Geldwechsler, Tabakverarbeiter und Edelsteinhändler betätigen; auch das Klöppeln von Gold- und Silberspitzen wurde ihnen zugestanden. Gerieten sie in den Verdacht, Handwerksarbeit zu verrichten, so wurden sie von den Ämtern sofort als Böhnhasen »bejagt«.

Das änderte sich 1710, als die kaiserliche Kommisson unter Graf Hugo Damian von Schönborn eine neue Judengesetzgebung erließ. Wucher und öffentlicher Gottesdienst wurden den Juden untersagt; dafür versprach aber der Rat den Juden jeglichen Schutz, stellte sie den übrigen Einwohnern gleich und verbot die Böhnhasenjagd auf Juden. Auch wurde ihnen 1711 ein eigener Friedhof vor dem Dammtor zugewiesen; sonst begruben sie ihre Toten in Ottensen oder auf dem Friedhof der jüdischen Gemeinde Altona an der Königstraße. Auch ihre Kranken durften nicht in Hamburg medizinisch betreut werden. Die jüdische Gemeinde Altona erbaute 1763 neben dem Friedhof ein Krankenhaus, zu dessen Kosten die jüdische Gemeinde Hamburgs 15 Prozent und zusätzliches Kostgeld beisteuerte. Die Wandsbeker Judengemeinde unterhielt ein eigenes Krankenhaus vor dem Millerntor, also sehr weit von ihrem Dorf entfernt.

Grundbesitz und Freizügigkeit innerhalb der Stadt waren den deutschen Juden nicht gestattet. Zwar hat es nie ein Getto in Hamburg gegeben; es wurden ihnen aber bestimmte Straßen zugewiesen: Alter Wall, Großneumarkt, Hütten, Kohlhöfen, Mönkedamm, Neuer Steinweg, Peterstraße, Zeughausmarkt. Grundsätzlich verboten war den Juden das Wohnen auf Kloster- und Kirchengrund, desgleichen in St. Pauli (Hamburger Berg), weil sie dort möglicherweise bedroht werden konnten, denn der Hafen lag nahe, und das Schiffervolk war alles andere als judenfreundlich, wie sich im August 1730 zeigen sollte.

Am Abend des 24. August 1730 war es plötzlich zu Ausschreitungen gegen Juden in der Neustadt gekommen. Der Anlaß war banal. Da sollten Juden eine betrunkene Frau, eine Christin, verspottet haben; ein anderer Jude hatte einen christlichen Straßenjungen verprügelt, dessen Milchkrug dabei zerbrach, worauf der – entsprechend präparierte – Junge später behauptete, die Juden hätten ihn schlachten wollen, was das alte Vorurteil neu belebte, Juden begingen Ritualmorde an Christenkindern. Zudem hatten Matrosen in Hafenkneipen geäußert, die Juden seien »die Schinder der Hamburger Schiffer und Verräther an die Algiers«. In Tat und Wahrheit hatten gerade Juden mit den Algeriern über die Auslösung gefangener Hamburger Seeleute verhandelt. Die Hamburger Geistlichkeit, schon lange auf ein »judenfreies Hamburg« bedacht, nutzte die Gunst der Stunde und hetzte von den Kanzeln ganz unverhohlen zum Judenpogrom, vor allem der Kantatendichter und Hauptpastor an St. Jacobi Erdmann Neumeister. Das blieb nicht wirkungslos.

Am 25. August rottete sich eine mehr als tausendköpfige Menschenmenge auf dem Großneumarkt zusammen, warf den Juden die Fensterscheiben ein und versuchte, die Häuser zu plündern. Als daraufhin die Dragoner des Stadtmilitärs die Menge aufzulösen und die Juden zu schützen trachteten, wurden sie gleichfalls vom Mob mit Steinen beworfen. Der Rat befahl den Einsatz der Infanterie und einiger Kompanien Bürgermilitär. Erst am 27. August, einem Sonntag, legte sich der Aufruhr, denn die Schiffskapitäne hatten die Matrosen, die eigentlichen Anstifter der Ausschreitungen, an Bord befohlen.

Die Tumulte verliefen glimpflich. Kein Jude war verletzt oder gar getötet worden, aber viele hatten sich nach Altona gerettet oder hielten sich bei christlichen Freunden versteckt. Besonders übel verhielt sich in dieser Situation die Bürgerwache. Deren Offiziere, unterstützt von den Offizieren des Stadtmilitärs, behaupteten nicht nur, man habe sie aus den Judenhäusern mit Steinen beworfen – die spätere Untersuchung zeigte die Haltlosigkeit dieser Behauptung –, sondern nutzten auch die Lage zu Übergriffen. Ein jüdischer Lehrer, am Sabbatmorgen (26. August) unterwegs zur Andacht, wurde von einem Posten der Bürgerwache mißhandelt; ein jüdisches Dienstmädchen wurde auf offener Straße nackt ausgezogen und verhöhnt.

Der Rat verfügte schon am 26. August die Aufnahme der gerichtlichen Untersuchung. Die Beschwerden der Christen waren grotesk: Eine Frau sei von zwei jüdischen Kindern in der Peterstraße belästigt worden, einem Handwerksmeister hätten Judenkinder auf dem Alten Wall Pflaumenkerne in die Perücke geworfen. Unverblümt aber ließen die Oberalten die Katze aus dem Sack: Die Juden hätten »durch ihr ungescheutes und täglich zunehmendes Hausiren« den Handel, zumal das »hülflos gelassene Kramer-Ampt gäntzlich« ruiniert, und »wo dieser Gewinnsüchtigen Leute Muhtwill nicht eingeschräncket« werde, stehe künftig noch Ärgeres zu befürchten. Überdies hätten die Juden die »Anzahl ihrer Synagogen und Schulen ungescheut und eigenmächtig vermehret«.

Sprach aus dem ersten Argument noch schlichte Konkurrenzangst, so offenbarte das zweite den Einfluß der Hamburger Geistlichkeit. Der Rat erteilte den demagogischen Pastoren einen scharfen Verweis wegen ihrer Hetzpredigten und verhängte über die verhafteten Rädelsführer des Aufruhrs Geld- und Freiheitsstrafen. Danach kehrte für lange Zeit Ruhe ein.

Insgesamt besserte sich die Situation. Unter der deutsch-jüdischen Gemeinde Hamburgs, streng separiert von der portugiesisch-jüdischen, die nichts auszustehen hatte und sich zu ihren deutschen Glaubensbrüdern distanziert verhielt, befanden sich 1764 immerhin schon fünf Bankiers, fünf Juweliere, zwei Tabakfabrikanten, vier Weinhändler und vier Ärzte. Die weitaus meisten deutschen Juden handelten mit Viehfutter, Hülsenfrüchten, Bier, Holz und Torf, Kurzwaren aller Art, Perücken, Papier, Tinte, Siegellack, Strümpfen, Garn, Wolle, Spielzeug, Altkleidern und Leder, wobei es gelegentlich der Zustimmung der Ämter bedurfte. Ihre Synagogen lagen in Hinterhöfen verborgen; eine erbaute Ernst Georg Sonnin 1788 in der Elbstraße.

Um 1800 lebten in Hamburg etwa 6300 deutsche und 130 portugiesische Juden – die größte jüdische Gemeinde Deutschlands. Das beweist, daß trotz mancher kleinlicher Schikane Juden nirgends so frei leben konnten wie gerade in Hamburg. Der seit 1671 bestehende Bund der jüdischen Gemeinden Hamburg, Altona und Wandsbek wurde 1812 durch französisches Dekret aufgelöst. Fortan gab es in Hamburg eine eigene »Israelitische Gemeinde«.

In dem geschilderten Zeitraum von 1649 bis 1800 wurden zwei Juden in Hamburg ermordet: Im Juli 1687 wurde ein jüdischer Geldwechsler umgebracht. Der Rat setzte daraufhin eine hohe Belohnung für die Ergreifung des Täters aus. Durch einen glücklichen Zufall wurde dieser schon wenige Tage später gefaßt, und er gestand, drei Jahre zuvor einen weiteren Juden ermordet zu haben. Der Mörder war ein angesehener Gastwirt; er wurde zum Tod verurteilt und gerädert.

Die von Ernst Georg Sonnin erbaute Synagoge in der Elbstraße (heute Neanderstraße), photographiert von Georg Koppmann 1901, abgerissen 1906

Umgekehrt wurde einmal ein Mitglied der deutsch-jüdischen Gemeinde des Mordes überführt: Die geistesgestörte Debora Traub hatte 1793 ihre Schwiegermutter und ihre Schwägerin vergiftet. Sie wurde enthauptet. Zwar zog dieser Fall etliche Publikationen nach sich; das Verhältnis zwischen Juden und Christen in Hamburg aber hat er nicht belastet.

## Militärisches Zeremoniell für einen Dichter

Wer sich in Hamburg um 1800 literarisch informieren wollte, fand dazu ausreichend Gelegenheit. In dem 1781 gegründeten Verlag von Benjamin Gottlob Hoffmann erschienen die Schriften von Johann Georg Büsch und eine *Neuere Geschichte der See- und Land-Reisen* (1789–1808). Der 1789 gegründete Verlag des Buchhändlers Herold, aus dem später der Verlag Hammerich & Lesser hervorging, publizierte die Werke Shakespeares und Klopstocks. Die erste Sortimentsbuchhandlung Hamburgs gründete 1796 Friedrich Perthes, der im *Hamburgischen Correspondenten* annoncierte: »Ich mache hierdurch bekannt, daß ich hier eine neue Buchhandlung errichtet und nunmehr eröffnet habe. Auf meinem Lager befinden sich die besten älteren und neueren in Deutschland herausgekommenen Bücher, und ich darf versprechen, jedes Buch, das überhaupt noch irgendwo zu bekommen ist, verschaffen zu können. Einen Teil meines Sortiments habe ich einbinden lassen, um so den Wünschen des lesenden Publikums noch geschwinder zu entsprechen, die Kenntnis von dem, was man kauft, zu erleichtern und den Bedürfnissen der hier durchreisenden Ausländer mehr entgegenzukommen. [...] Aufmerksamkeit, Pünktlichkeit und Gefälligkeit mache ich mir in jeder Hinsicht zur Pflicht.«

Der *Hamburgische Correspondent* veröffentlichte nicht nur solche und ähnliche literarische Annoncen, sondern brachte auch Buchbesprechungen. Das läßt, trotz der überregionalen Verbreitung der Zeitung, auch auf einiges literarisches Interesse der Hamburger schließen. Als 1805 der Tübinger Verleger Johann Friedrich von Cotta die Gesamtausgabe der Werke des kurz zuvor verstorbenen Johann Gottfried Herder zur Subskription anbot, fand er die meisten Subskribenten in Hamburg, weit mehr als in Wien und Berlin; allein die Buchhandlung Perthes hatte von der dreißigbändigen Ausgabe 37 Exemplare gezeichnet. Cottas Goethe-Ausgabe in 13 Bänden fand in Hamburg 221 Subskribenten; es folgten Berlin mit 70 und Leipzig mit 51 Beziehern.

Drei französische Schriftsteller wählten Hamburg als Zuflucht ihrer Emigration: Antoine de Rivarol, der von 1795 bis 1800 in Hamm wohnte, Pierre Augustin Caron de Beaumarchais, der von 1792 bis 1794 in Hamburg lebte, und die vielgelesene Unterhaltungsautorin Stéphanie Félicité de Genlis, die ebenfalls eine Zeitlang Quartier in Hamburg bezog, wo ihre Tochter verheiratet war.

Als Friedrich Gottlieb Klopstock am 14. März 1803 in Hamburg starb, wurde ihm am 22. März ein Begräbnis zuteil, wie es mit solchem Gepränge nie mehr einem deutschen Dichter widerfahren ist. Vom Trauerhaus in der Hamburger Königstraße – es stand auf dem Grundstück Nr. 36, der heutigen Poststraße – bewegte sich ein riesiger, mehrere Tausend Menschen zählender Kondukt zum Friedhof in Ottensen. Mit militärischem Zeremoniell wurde ein Dichter zu Grabe getragen, der sich solchen Pomp gewiß verbeten hätte. Klopstock hatte sich 1789 enthusiastisch zur Französischen Revolution bekannt, war dann aber, enttäuscht vom Schreckensregime Robespierres, von ihr abgerückt. Darüber herrschte im Lager der Konservativen Genugtuung, aber man übersah dort, daß Klopstock dennoch nie den republikanischen Idealen abgeschworen hatte. Das ihm 1792 von der Pariser Nationalversammlung verliehene französische Bürgerrecht hat er, trotz heftigen Drängens der Freunde, nie zurückgegeben. Denn nicht er hatte die Ideale der Revolution verraten, sondern die in Paris wütenden »Hochverräter der Menschheit«, wie er sie nannte. Klopstock hat, wie kein anderer in seiner Zeit, für die Unabhängigkeit des selbständigen Schriftstellers gekämpft; er hat

Die Beisetzung Friedrich Gottlieb Klopstocks am 22. März 1803 war das größte Leichenbegängnis, das je einem deutschen Dichter zuteil wurde. Der Kondukt ging vom Sterbehaus beim Neuen Wall aus; dem Sarg folgten der gesamte Rat, das Hamburger diplomatische Korps, das Geistliche Ministerium und zahlreiche Verehrer des Dichters. An der Grenze zu Altona empfing der Oberpräsident den Sarg. Jetzt übernahmen dänische Husaren die Spitze des Trauerzugs, gefolgt von acht »Marschällen« mit schwarzumflorten Stäben und Zweispitzen und drei weißgekleideten Ehrenjungfrauen. Längs des Zuges stand eine dänische Ehrenwache. Der Kondukt, der um 10 Uhr vom Trauerhaus aufgebrochen war, erreichte um 12 Uhr den Friedhof von Ottensen, wo eine dänische Militärkapelle Trauermusik spielte. Auf dem Kupferstich von J. P. Freidhof ist der Augenblick festgehalten, als der Arzt Johann Christoph Unzer (vorne rechts) ein von ihm verfaßtes Gedicht auf Klopstock auf den Sarg legt, während die Ehrenjungfrauen Rosen, Myrten und Lorbeerblätter streuen. Die Männer mit dem Mühlsteinkragen sind Hamburger Reitendiener, die den Sarg trugen. Auf dem Sarg liegen der aufgeschlagene *Messias* des Dichters und ein Lorbeerkranz

das deutsche Gedicht von formaler Bevormundung befreit, ihm den freien Rhythmus geschenkt und damit einen nicht hoch genug einzuschätzenden Beitrag zur Entwicklung der deutschen Lyrik geleistet, der er eine bislang ungekannte Musikalität verlieh. Daß er im Alter künstlerisch erstarrte und zwar gelobt, doch kaum noch gelesen wurde, wie Lessings vielzitiertes Epigramm beklagte, ist eine andere Sache. Von den neunundsiebzig Jahren seines Lebens hat er die letzten dreiunddreißig in Hamburg zugebracht, bewundert, geehrt, gefeiert. Er war der erste deutsche Schriftsteller, der für sich das selbstverständliche Recht politischer Meinungsäußerung beanspruchte. Aber das wurde ihm sowenig gedankt wie seinen Kollegen nach ihm. Daß er gleichsam als Staatsdichter zu Grabe getragen wurde, war ein groteskes Mißverständnis, beweist aber, daß die angeblich so banausische Handelsstadt sehr wohl die überragende Bedeutung des Verstorbenen für die deutsche Literatur begriffen hatte. Daß auch sie dennoch Klopstocks eigentliches Wollen und seine politischen Intentionen nicht verstand, sollte man seiner letzten Wahlheimat nicht verübeln.

## Also spielen wir Theater

Zu den wichtigsten Persönlichkeiten in der Geschichte des Hamburger Theaters gehört der schon in einem früheren Kapitel gewürdigte Friedrich Ludwig Schröder. Trotz seiner großen Beliebtheit hatte er unter der Konkurrenz zu leiden, die ihm ab 1794 aus der im alten Konzertsaal am Valentinskamp gastierenden französischen Hofschauspieler-Gesellschaft erwuchs. Ein Jahr später wurde auch eine britische Bühne am Großneumarkt eröffnet; sie mußte aber schon nach acht Monaten aufgeben, da sie der französischen Konkurrenz nicht gewachsen war. Zwar wurde das französische Theater nur von jenen Hamburgern besucht, die des Französischen mächtig waren, aber angesichts der vielen Emigranten war ein volles Haus stets garantiert. Schröder, auf ein anspruchsvolles künstlerisches Niveau bedacht, mußte notgedrungen Konzessionen an das Publikum machen, das vom Theater vornehmlich leichte Kost erwartete. Die Stücke von August von Kotzebue und August Wilhelm Iffland, die an allen deutschen Bühnen dominierten (auch an Goethes Theater in Weimar), beherrschten den Spielplan; die Schauspiele von Shakespeare, Molière, Lessing und Schiller wurden nur selten gegeben. Kein Theater durfte damals auf Subventionen rechnen, und Rentabilität war nur möglich, wenn man gebührend Rücksicht auf das Unterhaltungsbedürfnis des Publikums nahm. Von Lessing zum Beispiel wurden in den Jahren 1796 bis 1800 nur einmal *Emilia Galotti* und nur einmal *Minna von Barnhelm* gegeben. Das Publikum sah viel lieber Heinrich Zschokkes reißerisches Trauerspiel *Abällino der große Bandit*, das seit seiner Premiere 1795 ein Lieblingsstück deutscher Bühnen war. Schröder, dem die Arbeit vergällt war, verpachtete das Theater, trat im März 1798 ein letztes Mal als Schauspieler auf die Bühne, gab am 31. Juli desselben Jahres das Theater auf und zog sich auf seinen Landsitz nach Rellingen zurück.

Das Theater am Gänsemarkt hatte es von da an noch schwerer. Die Hamburger trauerten Schröder nach und maßen seine Nachfolger an der Persönlichkeit des großen Alten. Es gab Schwierigkeiten mit der Presse und allerlei Ärger mit dem Publikum. Unter diesen Umständen war es erstaunlich, daß Schillers *Maria Stuart*, in Hamburg erstmals am 16. Oktober 1801 aufgeführt, ein mächtiger Erfolg wurde, ja geradezu ein Kassenschlager. Schillers *Jungfrau von Orleans* (Hamburger Erstaufführung am 11. Dezember 1801) und Schillers *Braut von Messina* (6. Mai 1803), Lessings *Nathan der Weise* (erstmals am 2. Dezember 1803 in Hamburg gegeben) und Schillers *Wilhelm Tell* (25. September 1804) erreichten den Rekord von *Maria Stuart* nicht. *Nathan der Weise* indes fand zum Erstaunen der Kritiker – an den Erfolg des Stücks hatte nicht einmal die Theaterdirektion geglaubt – für kurze Zeit sogar einen gewissen Zulauf. Schillers *Wallensteins Lager* erlebte seine Hamburger Premiere am 20. September 1805,

*Die Piccolomini* folgten am 27. September und *Wallensteins Tod* am 22. Oktober desselben Jahres.

Im Herbst 1805 gastierte der als Autor wie als Schauspieler außerordentlich beliebte Iffland ein weiteres Mal in Hamburg. Wiederum erntete er die Bewunderung der Hamburger, die sich längst vom französischen Theater abgewandt hatten. Da mit der Machtübernahme Napoleons fast alle französischen Emigranten in ihre Heimat zurückgekehrt waren, verlor auch das französische Theater seine Anziehungskraft. Immerhin hielt es sich aber und fand von 1806 bis 1814, in den Jahren der Okkupation, ein neues Publikum; doch schließlich mußte es seinen Betrieb einstellen. Noch einmal, von 1811 bis 1812, fand sich der große Schröder bereit, die Leitung des Theaters am Gänsemarkt zu übernehmen. Aber seine Zeit war vorbei. Er starb 1816. In die Geschichte des Theaters ist er eingegangen als einer der größten Shakespeare-Darsteller. Der ihn bewundernde Goethe hat ihn als Theaterdirektor Serlo in *Wilhelm Meisters Lehrjahren* porträtiert. Und höchste Anerkennung verdient Schröders soziale Tat, 1793 die »Pensionsanstalt des Hamburgischen deutschen Theaters« gegründet zu haben, die alte Schauspieler vor dem Elend bewahrte.

Der Hamburger Rat – oder dessen Zensor – hat nur selten das Theater gegängelt. Der französischen Bühne war grundsätzlich untersagt, royalistische Stücke aufzuführen, und während der Jahre der französischen Besatzung durfte Lessings *Minna von Barnhelm* nur unter Streichung der brillanten Riccaut-Szene aufgeführt werden. Bei dem Erfolgsstück *Die Schwestern von Prag* von Wenzel Müller, in dem ein Schneider auftrat, hatte sich entrüstet das Amt der Schneider ins Mittel gelegt und erfolgreich beim Rat interveniert: Statt eines Schneiders mußte ein Scherenschleifer die Bühne betreten, denn die Interessen dieses Berufsstands wurden von keinem Amt vertreten.

# Liebhaber-Concerte und Konzert-Liebhaber

Carl Philipp Emanuel Bach war am 14. Dezember 1788 gestorben. So bedeutend er als Komponist und Pianist gewesen war, hatte er doch weder die Popularität noch die Machtfülle seines Vorgängers Telemann besessen. Das lag aber auch daran, daß insgesamt das Interesse der Hamburger an der Kirchenmusik zurückging und sich immer mehr der nichtgeistlichen Musik zuwandte. Das war den Oberalten nicht verborgen geblieben, und sie drängten nun, nach Bachs Tod, darauf, die Kirchenmusik ganz abzuschaffen. Die Anzahl der Kirchenmusiken, so argumentierten sie, sei viel zu hoch und entsprechend zu teuer; auch mangle es für die zahlreichen Konzerte an einer ausreichenden Schar qualifizierter Musiker. Diese Argumentation war nicht unbegründet. Bei dem abnehmenden Interesse an der Kirchenmusik waren die jährlich über zweihundert geistlichen Konzerte allerdings zuviel, und bei der schlechten Bezahlung der Musiker, worüber schon Telemann gegen Ende seines Lebens oft geklagt hatte, ließen sich bedeutendere Kräfte längst nicht mehr gewinnen. Der Rat sah das nicht so. Er und die bürgerlichen Kollegien stritten sich lange Zeit um das Für und Wider der Kirchenmusik bei eingeholten Gutachten, und schließlich einigte man sich auf diesen Kompromiß: Die Zahl der Kirchenmusiken wurde auf dreißig im Jahr reduziert, das Kantorengehalt auf Telemanns Anfangssalär von 1200 Mark herabgesetzt. Das war zwar reichlich schäbig, aber immer noch besser als die völlige Abschaffung der Kirchenmusik.

Am 1. Oktober 1789 wurde Christian Friedrich Gottlieb Schwencke, geboren 1767 in Wachenhausen im Harz, zu Bachs Nachfolger gewählt. Der als Pianist hochbegabte Schwencke war schon als Vierzehnjähriger Bach in Hamburg aufgefallen und von ihm gefördert worden. Schwencke, der eine Zeitlang in Berlin und Hannover gewirkt hatte und einen Ruf als tüchtiger Orgelspieler besaß, studierte in Leipzig und Halle Mathematik und Philologie, und als seine Berufung bekannt wurde, kommentierte der *Hamburgische Correspondent*, daß die Wahl »der patriotischen Einsicht des Collegii wahre Ehre macht, und die unsern Kennern und Freunden der Musik desto angenehmer sein muß, da sie einen jungen Mann von 25 Jahren getroffen, der von der Natur mit den größten Talenten zu seiner Kunst begabt worden, die er durch Fleiß und Studium schon so ausgebildet hat, daß er mit den berühmtesten Meistern der Tonkunst wetteifern, und der Nachfolger Ph. E. Bach's sein kann, ohne erröthen zu dürfen«.

Schwencke ist es in Hamburg recht sauer geworden. Das schrieb schon 1792 die in Speyer erscheinende *Musikalische Correspondenz*, die darauf aufmerksam machte, daß für die Kirchenmusik in Hamburg nicht mehr als zwei gute Bassisten zur Verfügung stünden. Weiter hieß es in dem Blatt: »Schon der selige Bach klagte sehr darüber, daß er nichts großes aufführen könnte, und alles gute für diese zwei Stimmen geben müsse, weil die 2 Chorknaben selten über zwey oder drei Jahre ihre gute Discantstimmte behielten und es denn in verschiedenen Jahren wieder daran fehlte. Die Tenor- und Altsänger sind gute brave Leute, aber ohne gefällige Stimme. Hier nimmt man so vorlieb, weil bei aller Toleranz doch keine weibliche Stimme unter diesen Männern gestellet werden darf. Der Herr Musikdirector Schwencke, ein junger feuriger Mann, hat schon herrliche Kirchensachen geliefert, aber der Zwang, darin er stehet, unterdrückt das gute, was mehr bessere Stimmen bald hervorbringen würden. Diese geistlichen Musiken stehen ganz unter dem Kirchen-Collegio, das zu getheilt, zu unkundig im Musikfache, und zu ohnmächtig ist, bessere Einrichtungen hierin zu treffen.«

Als Schwencke 1822 starb, wurde sein Posten nicht wieder besetzt.

So trostlos es um die Kirchenmusik in Hamburg stand, so sehr blühte das Konzertleben; wer in dieser Stadt gute Musik hören wollte, fand ein vielfältiges Angebot.

Die Konzerte der Gesellschaft »Harmonie«, sechs jährlich, wurden schon erwähnt; sie waren den Mitgliedern vorbehalten und sonst nur den sich in Hamburg aufhaltenden Fremden.

Seit 1770 (oder 1771) gab es die »Westphal'schen Liebhaber-

Concerte«, die im Winter stattfanden, und zwar im Konzertsaal am Valentinskamp; sie begannen um 18 Uhr, dauerten meistens zwei Stunden und waren öffentlich. Hier konnte man zum Beispiel Händels *Alexanderfest* und *Messias* hören, Grauns *Der Tod Jesu*, Telemanns *Komm wieder, Herr* (die Festkantate zur Einweihung der St.-Michaelis-Kirche 1762), Haydns *Stabat mater*, außerdem Instrumentalmusik von Johann Christian Bach, Joseph Haydn und Wolfgang Amadeus Mozart. Diese Konzerte bestanden bis zum Tod des Veranstalters Westphal 1797.

Ebenfalls im Saal am Valentinskamp gab es die Subskriptionskonzerte, bei denen Oratorien von Telemann und Carl Philipp Emanuel Bach sowie Symphonien und Streichquartette von Joseph Haydn aufgeführt wurden.

Da sonnabends keine Schauspiele gegeben werden durften, veranstaltete das Theater an diesem Tag seine Musikalischen Akademien. Hier fand am 28. Februar 1801 die Hamburger Erstaufführung von Haydns *Schöpfung* statt, bei der das Orchester mit 52 Instrumentalisten, der Chor mit 30 Sängern besetzt war. Am 13. März 1802 wurden Haydns *Jahreszeiten*, am 25. April 1809 Mozarts Requiem erstmals aufgeführt. Daneben wurden dem Hamburger Publikum Kompositionen von Christoph Willibald Gluck und weitere Werke von Mozart geboten. Bemerkenswerterweise stand 1808 auch ein *Gloria* des fast vergessenen Johann Sebastian Bach auf dem Programm.

Von den zahlreichen Virtuosen, die in Hamburg auftraten, seien nur genannt Carl Stamitz, der bedeutende Cellist Bernhard Heinrich Romberg sowie die Pianisten Jan Ladislaus Dussek und Johann Nepomuk Hummel. Mit einem eigenen Klavierkonzert, Klaviervariationen und einem Terzett aus seiner Oper *Peter Schmoll* gastierte 1802 Carl Maria von Weber. Kurzfristig wohnte auch Anton Reicha in Hamburg.

Im Spielplan der Oper, die im Schauspielhaus am Gänsemarkt Gastrecht hatte, setzte Friedrich Ludwig Schröder ein bedeutendes Mozart-Programm durch: *Die Entführung aus dem Serail* (1787), *Don Giovanni* (1789), *Figaros Hochzeit* (1791), *Die Zauberflöte* (1793), *Così fan tutte* (1796), *Der Schauspieldirektor* (1797). Der eigentliche Renner – mit 35 Aufführungen und einer Einnahme von 22 000 Mark – war allerdings Paul Wranitzkys Oper *Oberon*.

Schröders schon erwähnte soziale Pioniertat, die Gründung einer Pensionskasse für die Mitglieder des Theaters, ist ohne Schröders Engagement für die Musik nicht zu denken. Der Reinerlös der im Theater veranstalteten Musikalischen Akademien bildete den Fonds dieser Sozialversicherung, deren Gründung Schröder am 9. März 1793 auf Handzetteln mit der Überschrift »An das Publikum« so bekanntgab: »Der verdienstvolle und gesittete Schauspieler kann bei der itzigen Verfassung des Theaters nur eine Ursache haben, Hamburg mit einem andern Orte zu vertauschen: Brodsorge im Alter, wogegen er bei einigen Theatern gesichert ist. Ich halte es für meine Pflicht, auch jedes hiesige Mitglied nach Möglichkeit gegen diese Sorge zu sichern (wenn es sich nicht durch eine üble Aufführung dieser Aussicht beraubt). Ich widme daher in diesem Jahre, die zwei mir bewilligten Konzerte am heutigen und 23. März zur Gründung dieser Anstalt. Der Unterstützung meines guten Publikums gewiß, werde ich das doppelte Vergnügen abhaben – wohlzuthun und den Geschmack an edler Musik allgemeiner zu machen.«

## Malerei nach der Farbenkugel

Kurz nach 1800 veröffentlichte der Domherr Friedrich Johann Lorenz Meyer seine *Skizzen zu einem Gemälde von Hamburg*. Nach einem kritischen Vergleich zwischen dem Athen und dem Rom der Antike einerseits und dem Paris und dem London der Moderne andererseits kam er zu der bitteren Feststellung: »Das, was dort geschah und hier geschieht, kann Deutschland seinen Künstlern nicht leisten; aber viel besser könnten wir doch auch daran sein, wenn Geschmack und guter Wille die Fürsten und Reichen leiteten. In Hamburg ging es von jeher nicht besser als anderswo in Deutschland. Sehr unrepublikanisch behandelte unsere Republik die Kunst.«

Welche Künstler arbeiteten in der Zeit von 1789 bis 1814 in Hamburg? Außer den schon genannten Angehörigen der Familie Tischbein war es eine Versammlung von Kleinmeistern, etwa Gerdt Hardorff dem Älteren und Heinrich Joachim Herterich; für nur kurze Zeit wirkte hier der emigrierte französische Porträtmaler Jean Laurent Mosnier, ehe er in seine Heimat zurückkehrte.

Nur einen großen Maler hatte Hamburg damals aufzuweisen: Philipp Otto Runge, aus Wolgast gebürtig, der 1795 nach Hamburg gekommen war, weil der Achtzehnjährige nach dem Willen der Eltern bei seinem älteren Bruder Daniel, der eine Kommissions- und Speditionshandlung betrieb, eine Lehre absolvieren sollte.

Hier traf der junge Runge auf den geistig anregenden Freundeskreis des älteren Bruders, zu dem die Buchhändler Friedrich Perthes und Johann Heinrich Besser gehörten, die genannten Maler Hardorff und Herterich, der Dichter Matthias Claudius und die Kaufleute Friedrich August Hülsenbeck, Johann Friedrich Wülffing und Johann Michael Speckter. Man darf sagen, daß sich durch diesen Kreis Runge überhaupt erst seine eigentliche Bildung erwarb.

Der Freundeskreis erkannte die bislang verborgen gebliebene künstlerische Begabung Runges. Die beiden Maler gaben ihm Unterricht, und von 1799 bis 1801 besuchte Runge die Kopenhagener Kunstakademie; erst 1804, nach einem Zwischenaufenthalt in Dresden, kehrte er nach Hamburg zurück.

In den sechs Jahren, die ihm noch blieben, entstanden hier seine Ossian-Illustrationen, seine Porträts und Selbstbildnisse und die ersten beiden Gemälde zum geplanten Tageszeiten-Zyklus. Hier entstand auch die in der 1810 publizierten Schrift *Die Farbenkugel* entwickelte Farbenlehre des jungen Malers, der wenige Monate nach Erscheinen, erst dreiunddreißig Jahre alt, an Lungentuberkulose starb.

Runge starb nicht als »Frühvollendeter«. Wohl war ihm noch Zeit gegeben, seine ungewöhnliche Begabung zu bekunden; er

Philipp Otto Runge (1777–1810): *Die Hülsenbeckschen Kinder.* Öl auf Leinwand, 1805. Hamburg, Kunsthalle. Runge malte dieses Porträt der Kinder des Hamburger Kaufmanns Friedrich August Hülsenbeck auf Hülsenbecks Landsitz in Eimsbüttel; am Horizont sind die Hamburger Kirchtürme zu erkennen

wirkt aber in der technischen Bewältigung seiner künstlerischen Aufgabe zuweilen unbeholfen. Jedoch das geistige Konzept einer neuen, auf Religiosität sich gründenden Kunst konnte er in vielen seiner Briefe großartig entwickeln, und darin lieferte er den bedeutendsten Beitrag zu einer Kunsttheorie der deutschen Romantik. Seinen Zeitgenossen, so auch Goethe und Brentano, mit denen er korrespondierte, ist das nicht verborgen geblieben.

Daß Runge überhaupt in Hamburg arbeiten konnte, verdankte er der verständnisvollen, uneigennützigen Förderung durch seinen Bruder Daniel. Von gelegentlichen Porträtaufträgen abgesehen, hätte er als Künstler sonst in Hamburg kaum reüssieren können. Das lag an den widrigen Zeitumständen, denn die französische Okkupation ab 1806 lähmte das Wirtschaftsleben dermaßen, daß bald niemand mehr imstande war, den jungen Maler mit Aufträgen zu versorgen; nicht einmal die Altarbilder für Greifswald (*Ruhe auf der Flucht*, 1805) und für eine Uferkapelle auf Rügen (*Petrus auf dem Meer*, 1806/1807) konnten vollendet werden.

Der Künstler habe »unter dem Fehlen einer kunstfreundlichen aufreizenden und spannungsreichen Konkurrenz-Atmosphäre in Hamburg gelitten«, urteilte einer seiner Biographen (Jens Christian Jensen). Das ist zweifellos richtig. Aber woher sollte auch diese Atmosphäre in einer Stadt kommen, die seit 1806 nur noch ums Überleben zu kämpfen hatte?

Dennoch bleibt festzuhalten, daß selbst bei friedlichen und wirtschaftlich gesicherten Zeitläuften die Situation für Künstler in Hamburg nicht viel anders gewesen wäre. Die Kaufmannsstadt war zuvörderst an Musik und Theater interessiert; die Malerei, von der Skulptur ganz zu schweigen, hat hier nach Meister Bertram und Frater Francke zumeist nur einen sehr bescheidenen Platz eingenommen. Warum die Hamburger finanziell großzügig waren, wenn es um Konzert, Oper und Theater ging, aber eher knauserig bei allen anderen Künsten, ist bislang nie untersucht und schlüssig gedeutet worden, obwohl da eine bis in unsere Zeit hineinreichende Tradition bemerkbar ist. Wir werden auf das merkwürdig gebrochene Verhältnis dieser Stadt zu den Künsten noch zurückkommen müssen.

# Abbruch statt Bauen

Der 1802/1803 in Regensburg ergangene Reichsdeputationshauptschluß, verfügt von der durch den Reichstag eingesetzten außerordentlichen Reichsfriedensdeputation, hatte die Aufgabe, die von der Abtretung der linksrheinischen Gebiete an Frankreich betroffenen deutschen Fürsten zu entschädigen. Diese Entschädigungen kamen durch die Aufhebung der geistlichen Fürstentümer und die Säkularisation des Kirchenguts zustande und betrafen auch Hamburg, da zu den Bestimmungen die Auflösung der Domkapitel in den Reichsstädten gehörte. Am 1. Dezember 1802 trat der Kurfürst von Hannover die Hoheitsrechte über den Hamburger Dom an die Stadt ab, und die beschloß daraufhin den Abbruch des gesamten Domkomplexes.

Daß »eines der größten und bedeutendsten mittelalterlichen Baudenkmale in Norddeutschland« (Kai Mathieu) kaltherzig der Spitzhacke preisgegeben wurde, scheint damals die Menschen kaum berührt zu haben, obwohl doch gerade in jener Zeit die junge deutsche Romantik die Kunst des Mittelalters wiederentdeckt hatte. Die Bevölkerung Hamburgs und die Presse standen der Vernichtung gleichgültig gegenüber; einzig der Domherr Friedrich Johann Lorenz Meyer und der Baurat Johann August Arens hatten gegenüber der »Domheimfallskommission« für eine teilweise Erhaltung des Bauwerks plädiert, ohne Erfolg.

»Am Vorabend des Abbruchs stand die Domkirche als fünfschiffige Halle von vier Jochen mit flach geschlossenem quadratischem Chor und dreijochigem Querschiff im Osten sowie mit einem Einturm im Westen, der mit dem im Norden angrenzenden Schappendom und den im Süden bis an die Höhe der Turmfront reichenden Seitenschiffen einen breitgelagerten gleichgerichteten Westabschluß bildete. Ein nördlicher und ein östlicher Kreuzgangflügel schlossen zusammen mit der Kirche und dem Schappendom einen rechteckigen Friedhof ein. An den östlichen Flügel schloß stumpfwinklig das Lektorium, die alte Schulstube an. Der gesamte, aber unvollständige Komplex des

Der Dom; links die Häuser des Fischmarkts. Modell. Hamburg, Museum für Hamburgische Geschichte

Domstiftes war mit Wohnhäusern, Schauern und Händlerbuden aufgefüllt, die anstelle ehemaliger Kapitelsgebäude errichtet oder an die verbliebenen Gebäude angebaut worden waren. Alles verfiel dem Abbruch, der, eingeschlossen die organisatorischen Vorbereitungen, in den Jahren 1804 bis 1807 durchgeführt worden ist« (Kai Mathieu).

Wenn etwas zum Ruf Hamburgs als einer Stadt banausischer Pfeffersäcke beigetragen hat, so war es die Zerstörung des Doms; allerdings artikulierte sich dieser Protest ziemlich spät. Man darf aber gerechterweise auch nicht verschweigen, daß die Stadt für ihr Vorgehen durchaus diskutable Gründe vorzubringen hatte.

Baulich befand sich die weitläufige Domanlage schon in der zweiten Hälfte des 18. Jahrhunderts in einem erbarmungswürdi-

Der Dom 1800. In der Mitte der Turm von St. Petri, rechts der Turm von St. Jacobi. Lithographie von Peter Suhr

gen Zustand. Der Dom galt damals als äußerst baufällig, doch das Domkapitel besaß nicht die Mittel, eine gründliche Renovierung zu finanzieren. Dieser Zustand hatte sich bis 1802 noch erheblich verschlimmert, und bei einer Erhaltung wären auf die Stadt immense Erneuerungs- und Unterhaltskosten zugekommen. Was hätte man überhaupt mit dem Dom machen sollen? Für die seelsorgerische Betreuung reichten die angrenzenden Kirchspiele völlig aus (der Dom lag genau gegenüber von St. Petri). Vor allem aber hätte ein neu zu schaffendes Domkirchspiel den politischen Einfluß der anderen Kirchspiele eingeschränkt.

Maßgeblich für die Abbruch-Entscheidung aber war, daß der Rat in Anbetracht der instabilen politischen Verhältnisse der Dauerhaftigkeit des Reichsdeputationshauptschlusses nicht traute. Hier bot sich nun endlich die günstige Gelegenheit, der verhaßten Exterritorialität des Doms ein Ende zu machen. War kein Dom mehr da, so würde künftig, bei veränderter politischer Lage, kein Kurfürst von Hannover mehr Ansprüche auf ein Areal in der Hamburger Innenstadt erheben können. Immerhin hatte die Stadt jahrhundertelang mit dem Domkapitel und seinem besonderen Status Ärger genug gehabt.

Und schließlich besaß jene Zeit auch noch kein Interesse an Denkmalpflege; die Erhaltung historischer Bausubstanz als eines Werts an sich war unbekannt. Wie immer auch wir Nachfahren die Zerstörung des Doms verurteilen mögen: Dem Wiederaufbau nach 1945 sind in Deutschland mehr historische Bauten zum Opfer gefallen als den Bomben des Zweiten Weltkriegs; die Sünden, die in der Wiederaufbauphase an architektonischen Werten inner- und außerhalb Hamburgs begangen wurden, sind alles in allem schlimmer als das, was man dem Dom angetan hat, zumal das Empfinden für historische Bausubstanz nach 1945 weit stärker entwickelt war.

Das eigentlich Barbarische des Domabbruchs liegt nicht so sehr in der Zerstörung der Architektur als in der brutalen Vernichtung der Kunstschätze im Inneren. Zwar verteilte man Altäre und einzelne Skulpturen auf die anderen Kirchen, so daß sie der Zerstörung entgingen, zertrümmerte aber den kostbaren steinernen Lettner und die Grabdenkmäler. Eine auf 1487 datierte, mit einem Madonnenbildnis geschmückte Glocke erwarb die Kirche in Altengamme. Die Ausplünderung der Kölner Kirchen, bei der mittelalterliche Kunstwerke verschleudert oder vernichtet worden sind, fällt in genau diese Jahre. In Köln konnten die Brüder Boisserée vieles retten und in ihre Sammlung einbringen; in Hamburg gab es solche kunstsinnigen Männer nicht.

Ende Oktober 1807 wurden die letzten Reste des Doms beseitigt. Die Steine, soweit nicht mit Gewinn verkauft, wurden zur Befestigung der Elbdeiche von Ochsenwerder und Spadenland verwendet.

Und da man mit dem Abreißen so gut im Zug war, wurde 1807 auch die Franziskanerkirche St. Maria Magdalenen (an der Stelle der heutigen Börse) der Spitzhacke geopfert. Durch 620 Jahre hindurch war sie ein ehrwürdiger Sakralbau Hamburgs gewesen.

Die Stadt hatte sich sonst von 1789 bis 1814 wenig verändert. Der Pesthof vor dem Millerntor war 1797 durch einen Anbau erweitert worden und hieß nun Krankenhof. Er wurde 1813 von den Franzosen niedergebrannt. Als Anbau an das Zuchthaus gab es seit 1796 eine städtische Entbindungsanstalt. Mit durchschnittlich 84 Entbindungen im Jahr war sie nicht sonderlich frequentiert; aber die Geburtenrate ging allgemein zurück. Seit 1804 gab es eine neue Börsenhalle bei der Nikolaikirche mit einem Versammlungssaal (12 x 24 Meter), Billard- und Lesezimmer samt Bibliothek im Erdgeschoß und Konferenzräumen im Obergeschoß.

An der Drehbahn war 1800 ein Logenhaus für die fünf vereinigten Freimaurerlogen geschaffen worden, und am Dammtorwall entstand in den Jahren 1795 bis 1804 ein Freimaurer-Krankenhaus mit 60 Betten. Ebenfalls an der Drehbahn wurde 1804 der Apollo-Saal gebaut, ein Restaurant mit einem großen Festsaal (14 x 23 Meter), der für musikalische Darbietungen zur Verfügung stand.

Kritische Zeitgenossen beurteilten die Hamburger Architektur nicht eben günstig. So lesen wir 1810: »Keine unter den großen deutschen Städten ist in Hinsicht auf guten Geschmack in Bauten so weit zurück als Hamburg. Wenigstens gilt dies von dem größten Theil der Stadt, die doch in Hinsicht der Volksmenge den dritten Rang unter den Städten des weiten Deutschland einnimmt. Die öffentlichen Gebäude tragen vielfach den alten gothischen, mehrere noch einen halbgothischen, halb modernen Stil. Unter den neuen, die schön und für einen erhabenen Endzweck erbaut sind, zeichnet sich die große St. Michaeliskirche und das neue Waisenhaus vor anderen aus. [...] Das Kornhaus, die Zeughäuser, die Münze, das Spinnhaus, die Spitäler gehören der äußeren Bauart nach unter die sehr mittelmäßigen, nur unter den Armenhäusern ragt das Schulhaus der Allgemeinen Armen-Anstalt auffällig hervor.«

Auch die Privathäuser fanden vor diesem Kritiker, dem Hamburger Arzt und Stadthistoriker Jonas Ludwig von Heß, wenig Gnade. Er schreibt: »Von ebenso gemischter Bauform wie die öffentlichen sind auch die Privathäuser. Zeit, veränderter Geschmack und die Verschiedenheit der Nutzung haben wir so wundersam durcheinandergeworfen. Die der verzehrenden Zeit und den häufigen Feuersbrünsten entrissenen Häuser der ersten großen Kaufleute der Stadt, in deren manchem der Grund künftiger Wohlhabenheit gelegt ward, sind zu ganz anderen Absichten erbaut, als sie jetzt erfüllen. Weite Waarenräume, bequeme Brauplätze, hohe Kornböden, trockene Keller, geräumige und kühle Dielen zu haben, war der Hauptzweck derer, die sie aufführen ließen. Für Gemächlichkeit, faules Wohlleben und schnelle Verfallbarkeit nach dem Modegeschmack zu sorgen, war weder des Bauherrn noch des Baumeisters Sache. Sie sind zwar nur von Ziegelsteinen aufgebaut, die aber so fest gebrannt und mit so bindendem Kalk verbunden wurden, daß die Mauern felsenartig geworden sind.«

Die günstige Wirtschaftslage um 1800 belebte die Baukonjunktur und trieb die Mieten in die Höhe, bewirkte aber auch eine nachlässige Bauausführung – 1799 brach ein Mietshaus zusammen, was vier Tote und dreißig Verletzte forderte – und wiederholte Streiks der Bauarbeiter, die einerseits von den enormen Mieterhöhungen betroffen waren, andererseits an den beträchtlichen Gewinnen ihrer Meister nicht teilhatten. Der Bedarf an Bauholz war so groß, daß in der Presse die Einführung der Steinkohlenfeuerung diskutiert wurde, damit mehr Bauholz zur Verfügung stehe. In Schlesien, so schrieb eine Zeitung 1799, habe man im Vorjahr durch den Verbrauch von 950 000 Berliner Scheffel Steinkohlen (etwa 3800 Tonnen) insgesamt 160 000 Klafter Holz (etwa 576 000 Kubikmeter) eingespart.

Die Patriotische Gesellschaft setzte 1796 eine grundlegende Erneuerung des Jungfernstiegs durch. Durch Aufschüttung wurde die Promenade um acht Meter verbreitert, ein Eisengeländer gesetzt, und zweihundert Linden wurden in drei Reihen gepflanzt. Für die Beleuchtung sorgten vierzig neue Laternen.

Neben der schon erwähnten Alsterbadeanstalt von 1792 – sie war nur Wohlhabenden zugänglich, denn ein Bad kostete 6 Schillinge – wurde 1802 auf den Großen Bleichen eine Warmbade-Anstalt gegründet, in der Dampf-, Schwefel-, Mineral-, Seewasser- und medizinische Bäder aller Art genommen werden konnten; der Preis lag bei 2–3 Mark courant je Bad, so daß die Masse der Bevölkerung ausgeschlossen blieb.

Die teilweise Schleifung der Festungsanlagen war 1805 abgeschlossen. Die Stadt ließ sich das Ende ihrer Festungszeit, also das Abtragen der Wälle, 360 000 Mark courant kosten. Um diese Summe aufbringen zu können, wurden die bislang zur Verteidigung eingesetzten Bronzekanonen eingeschmolzen und ihr Metall für 240 000 Mark courant verkauft. Damals schrieb die Presse begeistert: »Jetzt sind alle Hindernisse hinweggeräumt, die Brustwehren sind abgetragen, die Werke mit Wegen eingefaßt und die Bastionen zum Theil in Wiesen mit Baumgruppen, zum Theil in englische Partien verwandelt. Diese letzteren sind sehr geschmackvoll angelegt, mit schlängelnden Wegen, Einfassungen von Rasen, mit in- und ausländischen Sträuchern und Gewächsen aller Art besetzt, auch sogar mit einzelnen Blumenstücken geziert. Alles dies wird in einigen Jahren, bei mehrerem Heranwachsen, einen üppig blühenden Anblick gewähren. Man stößt auf kleine Labyrinthe, auf Hügel, auf Strecken, die bis an die Stadtgraben hinanreichen, wird durch sich allmählich krümmende Gänge geleitet und trifft dann auf überraschende Aussichten und auf kleine, entzückende Ruheplätzchen. Ähnlich sind auch überall auf den Wegen selbst Bänke verstreut, und man hat die Standpunkte, wo eine vorzüglich schöne Aussicht ist, auf das beste zu benutzen gewußt. An den anhängigen Flächen des Walles, die sich zum Stadtgraben hinabziehen und ehemals die Faussebraye bildeten, nun aber terrassenartig geformt sind, sieht man Kartoffelpflanzungen, die einen nicht unbedeutenden Bezirk einnehmen, wenn man die Größe des Umfanges berechnet. Der Ertrag derselben kann wahrlich in den jetzigen drückenden Zeiten für Hamburg nicht unbeträchtlich sein.«

Die anmutige Verquickung von öffentlichem Park mit städti-

Die Lombardsbrücke mit der Windmühle 1796. Das Bild zeigt rechts die Binnenalster und die Front des heutigen Ballindamms; ganz rechts im Hintergrund die Kuppel der St.-Gertruden-Kapelle. Aquatinta von Friedrich Wilhelm Skerl

schem Kartoffelacker demonstriert so recht den praktischen Sinn der Hamburger. Natürlich konnte niemand ahnen, daß man schon acht Jahre später gezwungen sein würde, auf französischen Befehl und bei Zwangsarbeit die geschleiften Wallanlagen zu erneuern.

Davon unberührt wuchs die Bebauung der Elbchaussee. Hier entstanden als Sommersitze reicher Hamburger etwa das Landhaus Lawaetz (Elbchaussee 101; von Christian Friedrich Hansen 1796–1798 erbaut), das Landhaus Sieveking (Elbchaussee 75), das Landhaus Böhl (Elbchaussee 190; Hansen 1797/1798), das Landhaus Thornton (Elbchaussee 215/228; Hansen 1795/1796), das Landhaus Caspar Voghts in Klein-Flottbek (1794 von Johann August Arens errichtet), das Baursche Elbschlößchen (Elbchaussee 372; Hansen 1804–1806), das Hirschparkhaus von Johann Cesar Godeffroy (Hansen 1789–1792), das Weiße Haus von Peter Godeffroy (Elbchaussee 347; Hansen 1790/1791), das Landhaus John Blacker (heute Goßlerhaus; Hansen 1794/1795) und andere.

Viele dieser Häuser existieren noch in ihrer alten Gestalt, zum Teil von ihren Eigentümern liebevoll restauriert und weitgehend noch in Privatbesitz. Dies wäre der Erwähnung nicht wert, stellte es nicht eine Hamburger Besonderheit dar. Denn anders als in allen deutschen Großstädten blieb der Reichtum an alten herrschaftlichen Landhäusern in Hamburg großenteils erhalten. Das hatte mehrere Gründe. Da ist zunächst die Tatsache, daß die Elbchaussee bis 1865 unter dänischer Oberhoheit, dann – bis 1937 – preußisch war; in dieser Zeit konnte sich Hamburg nicht in Richtung Elbchaussee, also nach Altona und Blankenese hin, ausdehnen. Sodann ging der Siedlungstrend ohnehin nicht in diese Richtung. Schließlich aber rettete die traditionsbewußte Grundeinstellung der begüterten Hamburger Familien die in große Parks eingebetteten Landhäuser, die ja nur Sommersitze waren, vor der Vernichtung. Wohl wurden einige der ausgedehnten Parks parzelliert; die Häuser selbst aber tastete man seltener an. Mit der Elbchaussee, die kurz vor 1800 ihr Gesicht bekam, hat sich die Hamburger Kaufmannschaft bis heute ein Areal bewahrt, in dem sich heitere Festlichkeit, intime Repräsentanz, bauliche Tradition und Gartenkultur harmonisch die Waage halten.

# Von 1814 bis 1848

Die Bergstraße mit der Petrikirche 1837; links die Schaufenster der Wiener Kunst- und Musikalienhandlung. Lithographie von Peter Suhr

Am 31. Mai 1814 morgens um 5 Uhr verließen die letzten französischen Soldaten Hamburg; noch am selben Tag hielt die Hanseatische Legion ihren jubelnd begrüßten Einzug. In ihr dienten 3788 Freiwillige aus Hamburg, Bremen und Lübeck. Zusätzlich war noch eine Bürgergarde gegründet worden, zu deren Dienst alle Hamburger zwischen 18 und 45 Jahren verpflichtet waren. Beide Gründungen beruhten nicht auf freier Entscheidung von Senat und Bürgerschaft, sondern erfolgten auf russischen Befehl. Obwohl 175 junge Hamburger in der Hanseatischen Legion ihr Leben gelassen hatten, war der Dank der Vaterstadt beschämend. Der Hamburger Dachdeckermeister David Christian Mettlerkamp, der eine führende Rolle in der Bürgergarde und in der Legion gespielt und sein ganzes Privatvermögen für die Soldaten geopfert oder mit seinem Geld für die reguläre Besoldung gebürgt hatte, bekam von Hamburg lange nichts erstattet. Erst nach vielen Jahren bequemte man sich zu einer kleinen Aufwandsentschädigung. Die Mitglieder der Hanseatischen Legion mußten sich von den Kaufleuten verspotten lassen und erhielten keine Anstellung. Beamte, die während der Besatzungszeit manchen von den Franzosen verlangten Dienst hatten tun müssen, wurden als Franzosenfreunde beschimpft. Es dauerte noch längere Zeit, bis die »gemeinen Gesinnungen«, über die der Buchhändler Friedrich Perthes klagte, jener in Hamburg damals herrschende Ungeist aus Denunziantentum, Egoismus, Raffgier und Verrohung aller Sitten, zurückgingen.

Der Niedergang der Sitten zeigte sich auch sehr lebhaft in drei schweren Tumulten. Als 1819 in fast ganz Deutschland der wachsende Antisemitismus sich bis zur Pogromstimmung erhitzte und ein fanatisierter Mob mit dem Ruf »Hep! Hep! Jude verreck!« den Juden die Fensterscheiben einwarf und sie mißhandelte, kam es auch Ende August in Hamburg zu einem »Judentumult«, der aber recht glimpflich verlief, weil Stadtmilitär und Bürgergarde rechtzeitig zur Stelle waren.

Die Ereignisse der mit Spannung verfolgten Pariser Juli-Revolution von 1830 schufen auch in Hamburg ein revolutionäres Klima. Grund genug war vorhanden. Eine im Alten verharrende Gesetzgebung und Verwaltung sowie moderne Wirtschaftsformen führten zu immer stärkeren Spannungen. Der Mittelstand und der Kleinhandel fühlten sich von den Großkaufleuten übervorteilt und benachteiligt; Korruption und Vetternwirtschaft der Herrschenden waren unübersehbar geworden. Die Erhöhung des Einfuhrzolls (Akzise) auf Weizen, Fleisch und Milch traf die Nichtbegüterten hart. Und schließlich war 1829 ein Ausschuß berufen worden, der sich mit der antiquierten Struktur der Ämter befassen sollte, was die privilegierten Handwerksmeister in Harnisch brachte. »In allen öffentlichen Lokalen ward die Marseillaise verlangt und gespielt, auch sind nie die Zeitungen wieder mit solcher Hast verschlungen worden, wie damals« (Johann Gustav Gallois). Sündenbock aber waren die Juden, die man als bevorzugte Konkurrenz des Mittelstands ansah. Und da es besonders die jungen reichen Juden waren, die in den beiden Pavillons am Jungfernstieg schon morgens dem Müßiggang frönten und sich das Singen der Marseillaise verbaten, zündete dort der Funke. Am 31. August wurden die Juden (»und alles was ihnen ähnlich sah«) aus den Kaffeehäusern am Jungfernstieg hinausgeworfen mit dem Ruf: »Juden raus! Hep! Hep! Nieder mit den Juden!« Am folgenden Abend wurden den Juden wieder unter Hep-Hep-Rufen die Fensterscheiben eingeworfen. Die sofort aufgebotene, in der Bevölkerung sehr unbeliebte Polizei griff ein und wurde nun zum eigentlichen Ziel der aufgebrachten Menge. Daraufhin kamen die nicht minder unbeliebten Ulanen des Stadtmilitärs der Polizei zu Hilfe, ritten in die Menge und schlugen mit dem Säbel drein. Die empörten Massen rächten sich und zertrümmerten am übernächsten Tag die Fenster des Stadthauses; auf dem Jungfernstieg wurden die Ulanen mit Steinen beworfen, und als die Reiter wieder mit dem Säbel zuschlugen, wurden einige von ihren Pferden gerissen und schwer mißhandelt. Die Juden waren längst vergessen; jetzt richtete sich die Empörung nur noch gegen das Stadtregiment und seine ungerechte Steuerpolitik. Die schwersten Unruhen gab es dann am 5. September in St. Pauli, wo die Bürgergarde nicht nur mit Steinen beworfen wurde. Als auch Pistolenschüsse auf sie abgegeben wurden, schoß sie gezielt zurück; sechs Menschen starben, fünf wurden schwer verwundet. Damit brach der sechstägige Aufstand zusammen.

Der dritte Tumult ereignete sich am 30. Juli 1835, als es in der Alsterhalle am Jungfernstieg wegen einer Belanglosigkeit zu einer regelrechten Saalschlacht zwischen Christen und Juden kam. Zurück blieben eine verwüstete Alsterhalle und einige Verwundete. »Am folgenden Abend wurden mehrfach aus den Localen die Juden vertrieben, und eine Pöbelrotte stürmte pfeifend und brüllend in die Neustadt und warf dort in 23 Judenhäusern die Fenster ein. Doch gelang es der aufgebotenen Militär- und Bürgerwehrmacht durch Patrouilliren fernere Excesse zu verhindern und an 14 Rädelsführer zu verhaften« (Johann Gustav Gallois).

Dem Hamburger Rat waren diese Vorfälle äußerst peinlich, denn sie schadeten dem Ruf einer ruhigen und soliden Handelsstadt, und entsprechend wurde auch auf die Presse und die auswärtigen diplomatischen Vertretungen eingewirkt. Die Wiedereröffnung der Alsterhalle wurde mit einer Kundgebung verbunden, auf der ein Redner die Juden als »eine Classe Mitbürger« bezeichnete und vor weiteren Tätlichkeiten warnte, weil »es weder klug noch politisch richtig seyn würde, einer solchen Idee Raum zu geben, zumal da die Israeliten wegen ihrer ausgedehnten Geld- und Handlungsgeschäfte hier und in allen größeren Handelsplätzen so eng mit uns verzweigt und verbunden sind, daß von deren Daseyn und Existenz oft unsere eigene abhängig ist«.

Doch zurück in das Jahr 1814. Der Schaden, der Hamburg in den Jahren der Okkupation entstanden war, belief sich, soweit er sich in Geld beziffern ließ, auf die für die damalige Zeit gewaltige Summe von 221 Millionen Francs; davon entfielen nicht ganz 14 Millionen auf die Beschlagnahme der Hamburger Bank. Das besiegte Frankreich erstattete 1816 der Bank 10 Millionen Francs; als Entschädigung für die betroffenen Bürger erhielt die Stadt 52 Millionen Francs.

Am ärgsten gelitten hatten jene Gebiete außerhalb der Stadtbe-

Karikatur auf den Judentumult vom 30. Juli 1835

festigung, die niedergebrannt worden waren, damit die französische Verteidigung freies Schußfeld erhielt: Hamm, St. Pauli, Hamburger Berg, Schulterblatt, Pöseldorf, Grindel, vor dem Dammtor und am Rothenbaum, Teile von St. Georg. Damals schrieb ein Hamburger: »Nirgends war ein Dach geblieben; schwarze Mauern vergegenwärtigten jene Schreckensnächte, wo der Horizont den Winter hindurch von Flammen gerötet war. Keines Baumes, noch der Gärten war geschont worden; niedriges Gesträuch und Unkraut wucherten spärlich auf den Trümmern. Aus den losen Steinen hatten verarmte Familien hier und da zwischen den Ruinen sich eine kleine Schutzwehr gegen das Wetter erbaut. Die Lustgärten und Prachtsäle, wo viele Kinder um die wohlhabenden Besitzer geschwärmt, wo ich mit Freunden lustig geschmaust hatte, ja auch die Stellen, wo sie gestanden, waren nicht wieder zu finden. Die durch reichen Baumwuchs abgestuften und dem Auge vergrößerten Räume lagen in kahler Nähe und Kleinheit da.«

Der Wiederaufbau nahm Jahre in Anspruch, desgleichen die

endgültige Schleifung der Stadtbefestigung, mit der 1820 begonnen wurde. Die Umwallung ließ man zunächst bestehen, trug aber die Bastionen ab, ausgenommen die Bastion Albertus am Stintfang wegen ihrer schönen Lage als Aussichtspunkt. Gänzlich verschwanden zum Beispiel die Bastionen Petrus und Diedericus; an ihrer Stelle entstand die mit Baumreihen bepflanzte Esplanade. Das Lombardhaus wurde 1827 abgerissen, der Botanische Garten angelegt, und mit den abgetragenen Erdmassen wurden die tiefergelegenen Gebiete zum Hafen hin und der Grasbrook aufgeschüttet. Durch Aufschüttung entstand um diese Zeit auch der Neue Jungfernstieg.

Großzügig ausgebaut wurden die Ausfallstraßen nach Wandsbek, Eppendorf, Groß-Borstel, Langenhorn (und von hier bis nach Segeberg), Horn, Hamm, Bergedorf, Lokstedt und Niendorf (über Hoheluft), Barmbek (und von hier weiter nach Bergstedt und Wohldorf). Für die Kosten hatten die Anwohner und die Straßenbenutzer aufzukommen. Die dafür zu zahlende Maut war an eigens errichteten Schlagbäumen zu bezahlen, deren Existenz bis heute in den Straßennamen erhalten geblieben ist: Hammer Baum, Rotherbaum, Eppendorfer Baum. Die von den Franzosen errichtete hölzerne Elbbrücke nach Harburg wurde abgebrochen.

Nicht beseitigt aber wurde die schon damals anachronistische Torsperre der Stadt. Sie sollte dem verarmten Hamburg den Stadtzoll erhalten und die eifersüchtig über ihre Privilegien wachenden Ämter vor dem unbefugten Import auswärtiger Handwerkerprodukte bewahren.

Das entsprach dem sich nun allenthalben breitmachenden Geist der Restauration, ganz und gar nicht aber den Erfordernissen einer modernen Handelsstadt. Man sollte meinen, die Befreiung von der ausbeuterischen Fremdherrschaft hätte ein grundsätzliches Umdenken bewirken müssen, zumal ja nicht alles an den französischen Einrichtungen schlecht war. Im Gegenteil – hier boten sich durchaus Modelle für die Zukunft an.

Aber von Umdenken war wenig die Rede. Alles sollte möglichst wieder so werden, wie man es 1712 beschworen hatte.

Reformen gab es nur im einzelnen. Die neugegründete Schiff-fahrt- und Hafen-Deputation löste die alte Admiralität ab. Neu war die einheitliche Polizeiverwaltung nach französischem Vorbild; ihr stand ab 1820 der frühere »Maire« Abendroth vor, den man zunächst als »Kollaborateur« ins Exil getrieben hatte. Neu waren auch ein Gesundheitsrat und die Baudeputation. Bei diesen Reformen wurden eine Vielzahl einzelner Gremien zu übergeordneten zusammengezogen. Für die Vorstädte St. Georg und St. Pauli sowie für alle außerhalb der Stadtbefestigung liegenden ländlichen Besitzungen Hamburgs errichtete man 1830 die Landherrenschaften, in deren Einflußbereich nun auch die letzten kirchlichen Besitzungen säkularisiert (verstaatlicht) wurden.

Das waren zwar vernünftige Reformen, aber sie blieben Stückwerk, solange es nicht möglich war, das überalterte, dem Geist des 18. Jahrhunderts verpflichtete Stadtregiment selbst gänzlich neu zu organisieren und der Bevölkerung ein einigermaßen demokratisches Mitspracherecht einzuräumen. Um überhaupt erste Versuche in dieser Richtung zu unternehmen, bedurfte es der fürchterlichen Brandkatastrophe, die 1842 die Stadt heimsuchte.

## Der Große Brand

Die durch die französische Okkupation schwer geprüfte Stadt hatte sich gerade einigermaßen erholt, als 1824 eine Pocken-Epidemie Hamburg heimsuchte, die zahlreiche Opfer forderte. Nicht genug damit, betrafen im November und im Dezember desselben Jahres mehrere schwere Sturmfluten Hamburg und Umgebung. Deiche brachen, Schiffe gingen unter, und im Dezember kam der ganze Hafenbetrieb für lange Zeit zum Erliegen, weil bei unausgesetztem schwerem Sturm kein Schiff auslaufen konnte. Diese Sturmfluten erneuerten sich im darauffolgenden Februar. Im Hafen richtete das über die Ufer getretene

Wasser schwere Zerstörungen an; in Kirchwerder, Moorburg, Ritzebüttel und auf Neuwerk brachen fast alle Deiche. Als das Wasser ablief, kamen im Marschland Seuchen auf, die viele Tote forderten.

Sechs Jahre später erschien die Cholera, die »asiatische« genannt. Wie bei der Pest zu Beginn des 18. Jahrhunderts sah man die Seuche langsam herankommen und versuchte, sich rechtzeitig zu schützen. Von Rußland aus erreichte die Cholera im Mai 1831 Polen und bewegte sich auf Preußen zu. Großbritannien, Cuxhaven und Lübeck verhängten die Quarantäne über alle aus der Ostsee kommenden Schiffe; dieser Maßnahme schloß sich Hamburg im Juni an. Im Juli untersagte der Rat den Handel mit Norwegen und den Ostseeanrainern, und da die Epidemie in Rußland, Polen, Ungarn und Preußen immer schlimmere Ausmaße annahm, durften auch die Binnenschiffe von Oder, Spree und Havel im August nicht mehr Hamburg anlaufen. Der Rat errichtete eine »Gesundheits-Specialcommission«, führte »Gesundheitspässe« für die Seeleute ein und ließ vorsorglich zwei Cholera-Lazarette aufbauen. Nachdem die Krankheit auch in Wien ausgebrochen war, wurden Reisende von dort nicht mehr in die Stadt gelassen.

Doch wie bei der Pest 1712, so erwiesen sich auch diesmal alle Maßnahmen als nichtig: Am 7. Oktober 1831 erkrankten in der Nikolaistraße die ersten Hamburger an der Cholera. Daraufhin riegelte dänisches Militär die Grenzübergänge bei Lokstedt, Teufelsbrück, Eimsbüttel, Fuhlsbüttel, Wandsbek und Schiffbek ab. Die Cholera verlief in Hamburg relativ glimpflich; bis zum Februar 1832, als die Seuche erlosch, waren 910 Menschen erkrankt, von denen 482 starben.

Die Ursache der Cholera war damals noch nicht bekannt. »Trunkfällige, Bettler, Kornmesser und Träger, Steinkohlenträger, Everführer und andere am Wasser arbeitende Leute wurden am ehesten befallen und die Straßen am meisten heimgesucht«, schrieb dreißig Jahre später Johann Gustav Gallois, ohne sich weitere Gedanken zu machen. Daß die unbeschreiblichen hygienischen und sozialen Verhältnisse die Cholera begünstigten, darüber wurde nicht nachgedacht; dabei hatten, wie berichtet, Hamburger Ärzte schon früh einen Zusammenhang erkannt. Am 12. Februar 1832 wurde in allen Kirchen das Ende der Cholera mit Dankgottesdiensten gefeiert. Vernünftige Maßnahmen, einer Wiederholung der Seuche vorzubeugen, wurden gar nicht erst erwogen; weder 1848, als eine erneute Cholera-Epidemie 1537, noch 1859, als die Seuche 1300 Tote forderte – durchweg in den Vierteln der Armen –, zog man Vorkehrungen in Betracht. Die furchtbare Quittung für diese Nachlässigkeit bekam die Stadt 1892.

Weit schlimmer aber als Sturmfluten und Epidemien war die Brandkatastrophe von 1842. Auch sie traf die Stadt nicht ganz unverschuldet.

Am 5. Mai 1842 morgens um 1 Uhr erscholl der Ruf des Nachtwächters: »Füer! Füer in de Diekstraat!« Dazu wurden die Knarren geschwungen, von den Türmen das Feuersignal geblasen, die Feuerglocken geläutet, Richtlaternen aufgesteckt und auf den Wällen Alarmschüsse gelöst – ganz wie es das Reglement vorschrieb. In der Deichstraße – das heute an dieser Stelle stehende Haus trägt die Hausnummer 42 – war aus unbekannter Ursache ein Feuer ausgebrochen, das sehr rasch auf die angrenzenden Speicher übergriff, die mit leichtentzündlichen Materialien wie Arrak, Schellack und Gummi gefüllt waren. Die Spritzenwagen waren schon kurz nach 1 Uhr am Brandort. Obwohl alles Gerät sofort eingesetzt wurde – 34 Land- und 11 Schiffsspritzen mit insgesamt 1150 Feuerwehrleuten –, hatte das Feuer schon vier Stunden später das sieben Meter breite Deichstraßenfleet überquert und die Steintwiete erreicht.

Daß dem Feuer, begünstigt durch anhaltende Trockenheit und ständig die Flammen anblasenden Wind, mit Löschwasser allein nicht würde beizukommen sein, hatte der leitende Spritzenmeister Adolph Repsold schnell erkannt. Unter Berufung auf die Erfahrungen, die kurz zuvor bei einem Großfeuer in New York gewonnen worden waren, machte er daher um halb 5 Uhr den Vorschlag, durch die Sprengung mehrerer Häuserzeilen eine Schneise zu legen, die für die Flammen nicht zu überspringen wäre. Das Material für solche Sprengungen lag schon bereit; man hätte unverzüglich damit beginnen können. Aber der Rat fürchtete sich vor den Regreßansprüchen der von der Sprengung Betroffenen und verwarf Repsolds Vorschlag, obwohl der Wind das Feuer vom Hafengebiet zur Innenstadt in breiter Flammenwand vorantrieb. Als schließlich auch dem Rat die Erkenntnis dämmerte, daß Repsolds Vorschlag die einzig richtige Maßnahme sei, gab er gegen halb 12 Uhr die Erlaubnis. Aber die Sprengungen nutzten jetzt nicht mehr viel, weil nun schon ganze Straßenzüge in Flammen standen und der Brand die gesprengten Schneisen mühelos überwand. Am Mittag erreichte das Feuer den Hopfenmarkt und bedrohte nun die Nikolaikirche. Aber niemand dachte daran, die wertvollen Kunstschätze zu bergen, ja es wurde in St. Nikolai mittags sogar noch gepredigt, als könne nichts geschehen. Um 16 Uhr erfaßte das Feuer den Turm, und zwei Stunden später war die schöne, ehrwürdige Nikolaikirche nur noch ein rauchender Schutthaufen mit all ihren Kunstschätzen und der kostbaren Orgel. Einzig ein paar Altargeräte konnten im letzten Augenblick gerettet werden.

Die Lage war verzweifelt. Die seit morgens 1 Uhr eingesetzten Feuerwehrleute waren völlig erschöpft; einige hatten auch nicht der Versuchung widerstehen können, in den reichhaltigen Weinkellern den eigenen Brand zu löschen. Zu den damals in Hamburg ausgestreuten Legenden gehörte auch, auslaufende Spirituosen hätten die Fleete in Brand gesetzt und die darin befindlichen Wasserlöschfahrzeuge bedroht. Aber das war eine jener Schauermären, wie sie Katastrophen mit sich bringen. Selbst Tonnen ausgelaufenen Alkohols hätten das Fleetwasser nicht brennbar machen können.

Das vorrückende Feuer und die unter den Explosionen der Sprengladungen zusammenstürzenden Häuser hatten die Bevölkerung in eine solche Panik versetzt, daß viele kopflos ihre Wohnungen im Stich ließen, statt durch eigene Anstrengung ein Übergreifen der Flammen zu verhindern oder es wenigstens zu versuchen. In einigen Fällen war diese Selbsthilfe durchaus erfolgreich. Die Katharinenstraße und der Grimm wurden allein

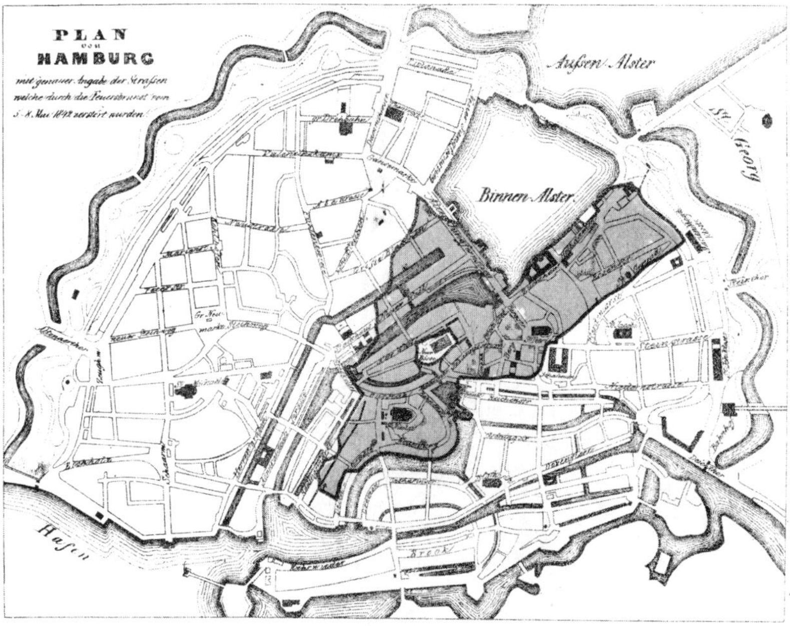


von ihren Bewohnern gerettet, die keinen Funken außer Kontrolle geraten ließen; ihr mutiger Kampf rettete das ganze Katharinenkirchspiel mit seiner Kirche und seinen vollen Speichern. Auch die Bewohner des renommierten Kaiserhofs am Neß verhinderten das Übergreifen des Feuers ohne Hilfe der Feuerwehr.

Am 6. Mai wurde morgens um halb 3 Uhr das Rathaus an der Trostbrücke mit 800 Pfund Schwarzpulver in die Luft gejagt. Zuvor war es gelungen, das meiste Aktenmaterial auf achtzehn großen Wagen in Sicherheit zu bringen, darunter die Hypothekenbücher der Stadt und die Papiere der Kämmerei. Alles zu bergen war unmöglich, und so sind auch wertvolle Akten des Stadtarchivs damals zugrunde gegangen. Aber das Opfer war umsonst – das Feuer ließ sich nicht aufhalten.

Die brennende Petrikirche am 7. Mai 1842, vom Fischmarkt aus gesehen. Lithographie von Otto Speckter

Dies gelang aber am 6. Mai morgens um 7 Uhr mit der Sprengung von sieben Häusern am Graskeller. Hier blieb der Brand stehen. Dafür trieb der Wind jetzt das Feuer in den Neuen Wall; die Flammen übersprangen also auch das breiteste Fleet der Stadt (siehe Karte vorige Seite).

Das Chaos auf den Straßen war beispiellos. Gegenüber dem Ausmaß der Brandkatastrophe, den bescheidenen Mitteln der Feuerbekämpfung und dem starken Südwind, der das Feuer in breiter Front vor sich hertrieb, war die Hamburger Feuerwehr nach pausenlosem Einsatz am Ende ihrer Kräfte. An ein organisiertes Vorgehen war bei diesem Durcheinander nicht zu denken. Mit dem 1837 errichteten optischen Telegraphen hatte man die

Nachbarschaft um Hilfe gebeten, und immer mehr Löschtrupps rückten an, zunächst die von Altona, Blankenese und Wedel, etwas später die von Lübeck, Kiel, Lauenburg, Lüneburg, Stade, Harburg, Wandsbek und anderen Orten. Beim Sprengen und Zerschießen der Häuser wurde das Hamburger Militär von preußischer und hannöverscher Artillerie unterstützt.

Die Straßen waren voll von Obdachlosen, die ihr bißchen gerettete Habe aus der Stadt zu bringen suchten, vor allem aber voll von Gesindel, das jetzt die günstige Gelegenheit zum Plündern nutzte und dabei auch Gewalttätigkeiten nicht scheute. Ganze Banden drangen in die Häuser ein oder deckten ungehindert Dächer ab; Obdachlosen wurde ihr geretteter Besitz auf der Straße gestohlen. Vor allem aber lockten die Vorräte an Wein und Spirituosen in den Kellern, und viele Betrunkene kamen in den Flammen oder in den zusammenstürzenden Häusern ums Leben.

Konnten auch Teile von Pelzer-, Schmiede- und Bäckerstraße vor dem Feuer bewahrt bleiben, so ließ sich nicht verhindern, daß Dornbusch, Knochenhauerstraße, Kleine und Große Johannisstraße, der Rödingsmarkt, der Alte Wall, das Gebäude der Patriotischen Gesellschaft mit seiner Bibliothek und das Eimbecksche Haus eingeäschert wurden. An der Binnenalster erreichte das Feuer das geräumte Zuchthaus. Um die Petrikirche zu schützen, wurden Häuser in der Bergstraße gesprengt.

Bei der allgemeinen Verwirrung und im Bemühen, das Inventar der erst im Jahr zuvor erbauten neuen Börse mit ihrer kostbaren Commerzbibliothek zu bergen, wurde zehn Männern, zumeist Kaufleuten, der Rückzug abgeschnitten, denn das Feuer rückte von mehreren Seiten auf die Börse vor. Die Rettung dieses Gebäudes bedeutete zugleich auch die Rettung des eigenen Lebens. In glühender Hitze, ohne Löschgerät und nur mit dem wenigen Wasser versehen, das sich im Haus vorfand, gelang es dieser kleinen, aber unverzagten Gruppe tatsächlich, die Börse und sich selbst zu retten.

Am 7. Mai brannte auch die Petrikirche. Zu Hunderten hatten Löschmannschaften und freiwillige Helfer versucht, das seit dem

Am Jungfernstieg, nahe der Einmündung des Neuen Jungfernstiegs, wird am 7. Mai 1842 das Bankhaus von Salomon Heine gesprengt, um ein Überspringen des Feuers zu verhindern. Lithographie von Peter Suhr

Nachmittag des Vortags vom Feuer eingekreiste Gotteshaus zu retten. Die engen Häuserzeilen um die Kirche wurden gesprengt, aber ihr Schutt behinderte auch den Zugang. Um 10 Uhr am Morgen des 7. Mai stürzte die brennende Kirche zusammen.

Die Ausschreitungen des Plündérergesindels hatten jetzt solche Ausmaße angenommen, daß Teile der Bürgergarde abkommandiert werden mußten, um mit Waffengewalt gegen den Mob vorzugehen. Schaulustige wurden an die Spritzen gezwungen. Der Pferdemarkt (heute Gerhart-Hauptmann-Platz) und die Ferdinandstraße brannten nieder. In Flammen stand auch der Jungfernstieg, auf dem in der ungeheuren Hitze die Linden verkohlten. Und es verbrannte auch die 1391 erbaute St.-Gertruden-Kapelle. Wenigstens gelang es, die gefährdete Jacobikirche zu retten, in der geborgenes Mobiliar untergestellt war. Das Mobiliar allerdings wurde von einem tobenden Pöbel kurz und klein geschlagen, wie es jetzt überhaupt mehr ums Vernichten und Demolieren als ums Plündern ging; die Zerstörungswut übertraf die Beutegier.

Am Morgen des 8. Mai zwischen 7 und 8 Uhr erlosch das letzte Feuer an jener Stelle, die seither die Bezeichnung »Brandsende« trägt. Das alte Hamburg war fast vernichtet (siehe Karte auf Seite 397). Hätte der Wind nicht gedreht, wäre auch die Vorstadt St. Georg erfaßt worden.

Nahezu 70 000 Menschen – die Stadt zählte damals etwa 160 000 Einwohner – waren vor dem Feuer geflohen; von ihnen hatten 20 000 ihr ganzes Hab und Gut verloren. Wer nicht Aufnahme bei Freunden und Verwandten fand, mußte mit Notquartieren vorliebnehmen oder im Freien kampieren. Bei der Evakuierung bewährte sich erstmals die zwischen Hamburg und Bergedorf verkehrende Eisenbahn, die eigentlich am 7. Mai festlich hatte eröffnet werden sollen.

Bei der Katastrophe waren 51 Menschen ums Leben gekommen und 120 verletzt worden; 1100 Wohnhäuser, 102 Speicher, dazu über 3000 Sähle, Buden und Keller, sieben Kirchen, zwei Synagogen und zahlreiche öffentliche Gebäude waren zerstört. Der materielle Schaden belief sich auf 135 Millionen Mark. Davon wurde aber nur ein kleiner Teil von den Versicherungen – deutsche, englische und eine französische – gedeckt, denn die Hauptlast der Einzelposten traf mit 18 Millionen Mark die Hamburger Brand-Versicherungsassociation, die diese Summe nicht aufbringen konnte und liquidieren mußte.

Der Hamburger Brand erregte im In- und Ausland großes Aufsehen; überall wurde zu Spenden für die heimgesuchte Stadt aufgerufen. Gelder kamen aus Europa, Afrika, Asien und Amerika. Mit 151 800 Mark stiftete Zar Nikolaus I. von Rußland die größte Summe, die ein Fürst aus seiner Privatschatulle gab; König Louis Philippe von Frankreich ließ es bei 15 000 Mark bewenden. Insgesamt erhielt die Stadt 6 929 100 Mark an Spendengeldern.

Unvergessen sei aber auch die unmittelbare Hilfe aus den umliegenden Gebieten. So hatte Lübeck seine gesamte Feuerwehr

Blick auf Jungfernstieg und Binnenalster vom Dach der Börse nach dem Großen Brand 1842; im Hintergrund rechts die 1868 abgebrochene Mühle auf der Lombardsbrücke. Diese von dem Hamburger Photographen Carl Ferdinand Stelzner aufgenommene Daguerreotypie gilt als die älteste erhaltene Reportagephotographie. Hamburg, Museum für Hamburgische Geschichte

nach Hamburg geschickt; weitere Löschmannschaften aus der Umgebung waren gefolgt. Dadurch war es möglich, die aufs äußerste belasteten Feuerwehrleute regelmäßig auszuwechseln. Preußen schickte Artillerie und siebzig Pioniere, die nicht nur bei den Sprengungen mitwirkten, sondern auch noch für die Aufräumungsarbeiten eingesetzt werden durften.

Die skandalösen Ausschreitungen während der Brandtage hätten sich noch viel verheerender ausgewirkt, hätten nicht Preußen ein ganzes Infanteriebataillon, Bremen 265 Infanteristen und Lübeck seine Stadtdragoner zur Verfügung gestellt.

Da ein Viertel aller Bäckereien und 94 Gastwirtschaften und Hotels vernichtet worden waren, schuf die Versorgung der Bevölkerung, vor allem die der Obdachlosen, ernste Probleme. Zwei Wochen lang stiftete die Stadt Altona täglich 1000 Portionen warmer Suppe; aus Preußen kamen sofort 20 000 Brote und 2000 Wolldecken.

Die Aufräumungsarbeiten bereiteten einige Mühe, denn in manchen zusammengestürzten Speichern war das Feuer immer noch nicht erloschen. Bis in den Oktober hinein mußte immer wieder nachgelöscht werden; dann erst konnten die letzten Brandwachen abgezogen werden. Die Trümmerbeseitigung kostete 464 000 Mark, die von den Grundstückseigentümern bezahlt werden mußten. Für die Räumung der Fleete, die an vielen Stellen wegen der Schuttmassen unpassierbar geworden waren, mußte die Stadt 127 200 Mark aufwenden. Der hier ausgeräumte Brandschutt wurde unter anderem zur Aufschüttung des Alsterdamms (heute Ballindamm) verwendet.

Für die Obdachlosen wurden zunächst Zelte vor dem Steintor und dem Dammtor aufgeschlagen, dann aber sehr zügig Notwohnungen gebaut, die bereits Ende Juli fertig waren. Sie standen auf der Esplanade, auf dem Glockengießerwall, am Jungfernstieg, auf dem Großen Johannisplatz (heute Rathausmarkt), in Hammerbrook, vor dem Steintor und vor dem Dammtor. In 46 »Arbeitsschauern« und 56 Buden konnten Gewerbebetriebe arbeiten. Alle diese Behelfsunterkünfte wurden zu niedrigen Sätzen von der Stadt vermietet. Die meisten Notwohnungen wurden im Fachwerkbau errichtet und waren auf eine Erhaltungsdauer von drei Jahren angelegt; einige wenige wurden massiv gemauert, mit Steinen aus den Ruinen. Manche Notwohnungen standen noch fünfzig Jahre später.

Günstig für die Betroffenen war es, daß der Sommer 1842 außergewöhnlich warm und trocken war. Genau dies hatte allerdings auch die Brandkatastrophe befördert. Doch sosehr auch die

Unmittelbar nach dem Brand wurden Behelfswohnungen für die Obdachlosen errichtet, vorzugsweise auf größeren Plätzen und den breiteren Straßen. Hier eine solche Siedlung an der Börse, in Richtung St. Michaelis gesehen. Lithographie von H. Jessen

Dürre und der ständig umschlagende Wind immensen Schaden verursacht hatten: Die Schuld lag zuvörderst bei der Stadt selbst.

Daß die übermäßig dichte Bebauung mit ihren viel zu engen Straßen – der Alte Wall hatte eine Breite von 6 bis 7 Metern, die Adolphsbrücke sogar nur von 3 Metern –, ihren Hinterhöfen und Gängen, ihren Fachwerkhäusern und Buden die Ausbreitung des Feuers begünstigte und den Einsatz von Löschgerät behinderte, wußte man aus früheren Bränden. Adolph Repsolds in der Morgenfrühe des 5. Mai gemachter Vorschlag, durch Sprengungen ganzer Straßenzüge eine Schneise zu legen, die das Überspringen des Feuers unmöglich gemacht hätte, war deswegen der einzig richtige. Als der Rat mit siebenstündiger Verspätung einwilligte, war es zu spät.

Aber selbst jetzt noch, als das Feuer ein Ausmaß angenommen hatte, »das wahrscheinlich nicht einmal mehr mit den heute verfügbaren Mitteln sicher zu begrenzen gewesen wäre« (Hans Brunswig, 1978), hätte der Rat mit einer halbwegs vernünftigen Organisation einiges Unheil zu verhüten vermocht. Doch es gab keine Leitstelle, die den Einsatz der nach und nach von auswärts eintreffenden Spritzenmannschaften mit dem der eigenen koordiniert hätte, und genausowenig gab es eine Zentrale, die den Plünderungs- und Verwüstungsorgien krimineller Rotten steuern konnte. Als man sich schließlich dazu aufraffte, den immer dreister werdenden Mob mit Waffengewalt zu bekämpfen, geschah dies nur vereinzelt und planlos. Ganz unbehelligt konnten sich die Banditen auf dem Gänsemarkt ihr Raubgut teilen; allem Anschein nach wurden nicht einmal Verhaftungen vorgenommen. Die Bürgergarde, die sich gut benahm, war allein gelassen und gleichfalls ohne zentrale Lenkung; auch für das aus dem Ausland zur Hilfe eilende Militär gab es keine das Ganze überschauende Einsatzleitung.

Zu viele Sonderinteressen und Kompetenzrangeleien behinderten sich, zu wenige wirkliche Experten saßen im Rat, in den Deputationen und Kollegien; Hamburgs Stadtregiment bot ein Bild beschämender Hilflosigkeit. Geradezu unverantwortlich aber war, daß nach der Katastrophe zwar der Wiederaufbau rasch und großzügig betrieben wurde, in der Organisation sich aber nur wenig änderte, ganz so, als sei eine weitere Katastrophe nicht mehr zu befürchten. Während im Großherzogtum Baden schon 1846 die freiwilligen Feuerwehren gegründet wurden und Berlin 1852 die erste deutsche Berufsfeuerwehr aufstellte, beharrte Hamburg auf seinem spätmittelalterlichen, organisatorisch und technisch unzulänglichen Löschwesen, weil sonst die Pfründen einzelner Ratsmitglieder in Gefahr gewesen wären. Erst 1872, dreißig Jahre später, entschloß man sich in Hamburg zur Gründung einer Berufsfeuerwehr.

Daß auch die politische Verfassung der Stadt jetzt grundlegend erneuert werden müsse, war damals vielen Hamburgern klar. Eine von mehreren Bürgern im Juni 1842 verfaßte Eingabe machte den Rat darauf aufmerksam, wurde aber ungnädig als »vorlaut« und »jakobinischer Kram« beschieden. Die Zeiten seien nicht dazu geeignet, befand der Rat. Er konnte sich das leisten, denn die Hamburger waren vorerst gänzlich vom Wiederaufbau beansprucht.

## Aufstieg aus Schutt und Asche

Noch ehe der Große Brand von 1842 den größten Teil der Altstadt vernichtete, waren die Hamburger darangegangen, sich mit der Spitzhacke den Weg zur modernen Handelsstadt zu bahnen. Nach dem Dom und der St.-Maria-Magdalenen-Kirche fiel 1819 das Englische Haus in der Gröningerstraße, ein schöner spätgotischer Ziegelbau von 1478, der traditionsreiche Sitz des English Court bis 1806. Zehn Jahre später wurde die Ende des 14. Jahrhunderts errichtete Johanniskirche abgebrochen, 1830 der 1483 errichtete Turm des Steintors. Die Heiliggeistkirche verschwand 1832, ein Jahr später das um 1530 erbaute Schützenhaus. Das Kloster St. Maria Magdalenen kam 1837/1838 an die Reihe, und in den Jahren 1837 bis 1841 wurde auch das St.-Johannis-Kloster rücksichtslos niedergelegt.

Angesichts dieser Zerstörungslust muß man feststellen, daß der Große Brand den begonnenen Abriß außerordentlich begünstigte. Vieles, was in Schutt und Asche sank, hätte auch in Zukunft keine Chance zum Überleben gehabt, wie noch darzustellen sein wird. Beklagt hat das damals offenbar niemand. Wenn Ähnliches nicht von anderen Städten bezeugt ist (ausgenommen Berlin), so hatte das nichts mit einem andernorts ausgeprägten Gefühl für Denkmalschutz zu tun, sondern einzig mit mangelnder wirtschaftlicher Prosperität.

Daß man beim Wiederaufbau der Stadt nach 1842 entschlossen war, nicht mehr den alten Grundriß zu berücksichtigen, war in Anbetracht der Verwüstung zweifellos eine gute Entscheidung;

bemerkenswert aber bleibt, daß, entgegen der Empfehlung der »Technischen Kommission« unter Führung des englischen Ingenieurs William Lindley, die Hamburger die alten Straßennamen zumeist bewahrt sehen wollten, was auch geschah. Zur Numerierung der Häuser wurde 1843 das noch heute gültige System eingeführt, wonach die Gebäude nicht durchnumeriert wurden; jeweils nach rechter oder linker Straßenseite wurden gerade oder ungerade Hausnummern benutzt.

Modernisiert wurde auch die Straßenbeleuchtung. Um 1800 gab es in Hamburg etwa 1500 Straßenlaternen, weit mehr als in jeder anderen deutschen Stadt; sie wurden bis 1845 mit Öl oder Tran gespeist. Das Gas – »dat engelsche Steenkohlenlicht«, wie man in Hamburg sagte – installierte als erster der Kaufmann J. G. Heise 1817 in seinem Haus in der Gröningerstraße. Ihm folgte 1823 der Gastwirt Peter Ahrens, der mit Gas seinen Tanzsalon in der Neustädter Straße illuminierte und darum »Peter Gas« genannt wurde. Erst zwanzig Jahre später beschloß auch die Stadtverwaltung die Einführung der Gasbeleuchtung für die Straßen. Realisiert wurde die Beleuchtung vom Oktober 1845 an, und wieder war es der tüchtige William Lindley, der die Pläne dafür entwarf. Auf dem Grasbrook wurde 1845 das erste Hamburger Gaswerk errichtet, das Steinkohlengas erzeugte. Die Umstellung auf Gas hatte einen wirtschaftlichen Grund: Das Öl und die Bedienung der Öllaternen waren zu teuer geworden, kosteten sie doch die Stadt jährlich 258 000 Mark. Mit der neuen Gasbeleuchtung konnten die Jahreskosten auf 180 000 Mark gesenkt werden.

Die Straßen, die an vielen Stellen aufgeschüttet und verbreitert werden mußten, wurden mit einer neuen Steinpflasterung versehen, die 953 500 Mark kostete; außerdem erhielten sie erstmals Bürgersteige. Die hölzernen Brücken, zum Teil verbrannt, wurden in Stein neu errichtet und auf Straßenbreite gebracht. Dabei waren zwölf Brücken völlig neu zu erbauen, Trost- und Graskellerbrücke zu reparieren und zu verbreitern. Streckenweise verbreiterte man auch die Fleete; einschließlich der Uferbefestigung kostete das die Stadt insgesamt 2 643 250 Mark.

Die Kosten des Wiederaufbaues verschärften die ohnehin schon schlechte Finanzlage der Stadt. Beim Abzug der Franzosen hatte die Staatsverschuldung 60 Millionen Mark betragen; um diese Summe tilgen zu können, war die Grundsteuer eingeführt worden, die endlich die Besitzenden stärker zur Kasse bat als bisher. Dennoch belief sich die Verschuldung 1842, ehe der Brand ausbrach, noch immer auf 37 Millionen Mark. Unter dem Eindruck der verheerenden Feuersbrunst bildeten Rat und Bürgerschaft eine Deputation mit weitreichenden Befugnissen, um die Organisation in eine Hand zu legen. Man bewilligte eine Anleihe von 48 Millionen Mark zur Bezahlung des Feuerkassenschadens und beschloß, das abgebrannte Gebiet nicht wieder in der ursprünglichen Gestalt zu bebauen. Das bedeutete eine Veränderung der alten Grundstücksgrenzen. Baugenehmigungen konnten nur von der Deputation erteilt werden. Beschlossen wurde ferner eine außerordentliche Feuerkassenzulage von 4 Prozent, eine Erhöhung der Grundsteuer für St. Georg um 25 Prozent, für St. Pauli um 50 Prozent. Das heikelste war das Enteignungsgesetz, ohne dessen Einführung ein veränderter Wiederaufbau nicht möglich gewesen wäre. Von der Enteignung waren 309 700 Quadratmeter in günstigster Lage betroffen. Es spricht für das Verantwortungsbewußtsein der Grundeigentümer – und nur diese saßen ja in Rat und Bürgerschaft –, daß selbst die von der Enteignung Betroffenen der Gesetzesvorlage ohne Abstriche zustimmten. Es war das erste Enteignungsgesetz, das sich eine deutsche Stadt gab.

Mit der Planung des Wiederaufbaues beauftragte der Rat den schon erwähnten William Lindley, der die gerade fertig gewordene Eisenbahnverbindung Hamburg–Bergedorf errichtet und sich auch bei der Brandbekämpfung Verdienste erworben hatte. Lindleys Plan sah vor, gute Straßenverbindungen zur Börse zu schaffen und in deren Nähe Verwaltungsämter, Gerichte und Post zu konzentrieren. Ausgebaut werden sollte der Weg nach Altona, und eine Hauptverkehrsstraße sollte endlich die Vorstadt St. Georg mit der Innenstadt verknüpfen. Nachdem Lindleys »Technische Kommission«, der auch der Architekt Alexis de

Das Innere der 1943 durch Bomben zerstörten Nikolaikirche

Chateauneuf angehörte, ihre Pläne vorgelegt hatte, berief der Rat noch den renommierten Dresdener Architekten Gottfried Semper, der mit etlichen Gegenvorschlägen aufwartete, die zum Teil auch berücksichtigt wurden. Die Straßen wurden verbreitert, und man erließ eine Reihe von bau- und feuerpolizeilichen Vorschriften, mit denen man Konsequenzen aus der Brandkatastrophe zog. Lindley entwarf außerdem ein großzügiges Sielsystem, an das im Lauf der Jahre die ganze Stadt angeschlossen werden sollte; mit ihm konnten sämtliche Abwässer der Stadt in die Elbe geführt und der ständigen Verunreinigung der Fleete ein Ende gesetzt werden. In Rothenburgsort wurde eine »Stadtwasserkunst« errichtet, die von 1848 an Hamburg mit gefiltertem Elbwasser versorgte, so daß damit auch die unhygienische Wasserentnahme aus den Fleeten entfiel.

Als bedeutendstes Bauwerk der Innenstadt entstand von 1846 bis 1882 die neugotische Nikolaikirche, erbaut von dem namhaften englischen Kirchenarchitekten Gilbert Scott, der bei der Ausschreibung zum Wiederaufbau den ersten Preis bekommen hatte. Während der langen Bauzeit wurden englische Fachkräfte zur Überwachung der Arbeit eingesetzt. Keine hundert Jahre später vernichteten britische Bomben den wertvollsten neugotischen Sakralbau Hamburgs.

## »Hamburg hat Kolonien erhalten!«

Nach dem Ende der französischen Okkupation war es die Hauptsorge Hamburgs, die durch Napoleons Festlandsblockade, die Kontinentalsperre, ruinierte Wirtschaft wiederzubeleben. Ein wichtiger Schritt dazu war der Beitritt der Stadt zu dem 1815 in Wien konstituierten Deutschen Bund, in dem 35 souveräne Fürsten und vier Freie Städte organisiert waren. Hamburg erhielt damit wieder den 1806 gewonnenen und verlorenen Status eines souveränen Staats und nannte sich ab 1819 »Freie und Hansestadt

Hamburg«. Mit dem Beitritt zum Deutschen Bund mußte zwar die Jahrhunderte hindurch betriebene Neutralitätspolitik der Stadt aufgegeben werden; dafür aber kam der Wirtschaft die vom Deutschen Bund proklamierte Freiheit der Binnenschiffahrt zugute. Allerdings mit Einschränkungen, denn zwei der Stadt lästige Elbzölle blieben noch lange bestehen: der Stader und der Wittenberger Zoll. Auch sonst behinderte ein Übermaß an Binnenzöllen ganz allgemein den Handel in Deutschland. Aber das war in den Jahren der Reorganisation eher noch eine geringere Sorge.

Schwerer wog, daß Hamburg jetzt kaum über eigenen Schiffsraum verfügte und es an Kapital fehlte, die alten Handelsbeziehungen wiederaufzubauen. Auch waren viele große Handelshäuser zusammengebrochen. Hier sprang nun Großbritannien ein, das schon von 1806 bis 1814, die Gunst der Stunde nutzend, die alten Hamburger Absatzmärkte an sich gebracht hatte. Überall in Hamburg wurden Filialen britischer Firmen eingerichtet, und der kapitallose Hamburger Kaufmann sah sich bald ins Kommissions- und Speditionsgeschäft für die Engländer gedrängt.

Da kam der Stadt eine politische Entwicklung zu Hilfe, welche die wirtschaftliche Situation grundlegend änderte: Die süd- und die mittelamerikanischen Kolonien Portugals und Spaniens erkämpften sich von 1810 bis 1825 ihre Unabhängigkeit und öffneten ihre Häfen dem europäischen Handel. Welche Chancen hier dem Kaufmann geboten wurden, hatte Hamburg sofort erkannt. Als Brasilien 1822 seine volle Souveränität erlangte, rief der Präses der Commerzdeputation begeistert: »Alle die seit Jahrhunderten uns verschlossen, fast verborgen gewesenen Länder und Weltteile sind uns offen geworden, und wir können auch sagen: Hamburg hat Kolonien erhalten!«

Die Beziehungen zu Brasilien, das sich seinen selbständigen Status schon während der napoleonischen Ära errungen hatte, spielten in der Tat eine wichtige Rolle. Hatten 1814 nur zwei brasilianische Schiffe Hamburg angelaufen, so waren es 1820 schon 56 geworden. Zwar war auf dem brasilianischen Markt für den Hamburger Export zunächst noch nicht viel zu gewinnen, um so mehr aber für den Import, denn Großbritannien, darauf bedacht, die eigenen Kolonien wirtschaftlich zu sichern, untersagte die Einfuhr von brasilianischem Kaffee und brasilianischem Zucker, die nun – über Hamburg – nach Deutschland exportiert wurden. Auf diese Weise konnte auch für kurze Zeit noch einmal die zwischen 1806 und 1814 völlig zusammengebrochene Zuckersiederei der Stadt neu belebt werden. Außerdem lieferte Brasilien, mit dem Hamburg, gemeinsam mit Bremen, 1827 einen »Freundschafts-, Handels- und Schiffahrtsvertrag« geschlossen hatte, Tabak, Kakao, Kautschuk und Baumwolle. In der Folge schloß Hamburg auch mit Argentinien, Uruguay, Venezuela, Chile, Bolivien, Peru, Ekuador, Kolumbien und Mexiko ähnliche Handelsverträge oder erhielt die Meistbegünstigungsklausel eingeräumt. Über Hamburg gingen nach Süd- und Mittelamerika unter anderem Glas, Porzellan, Keramik, Textilien, Papier, Eisenwaren und Maschinen, und 1846 unterhielt die Stadt bereits 162 Konsulate in diesen Ländern.

Wie günstig sich der Handel entwickelte, mögen einige Zahlen belegen. Von 1815 bis 1819 belief sich der Wert der über Hamburg eingeführten zollpflichtigen Waren auf 72 341 752 Mark banco. Diese Summe war 1847 auf 114 129 520 Mark banco gestiegen. Weit krasser aber war die Differenz beim Export: Betrug der Wert der zollpflichtigen Ausfuhrwaren in den Jahren 1815 bis 1819 noch 39 673 062 Mark banco (also beträchtlich weniger als der Wert der Importe), so war er 1847 auf 199 868 080 Mark banco emporgeschnellt und hatte den Import weit überflügelt.

Auch der Handel mit den USA bahnte sich wieder an. Im selben Jahr wie mit Brasilien (1827) wurde auch mit den Vereinigten Staaten ein Handelsabkommen unterzeichnet. Das hatte zur Folge, daß sich das Volumen des Nordamerikahandels schon in den Jahren 1830 bis 1840 verfünffachte. Die Schwester- und Konkurrenzstadt Bremen, die bis dahin im Handel mit den USA in Führung lag, wurde jetzt entscheidend zurückgedrängt. Als in den 1840er Jahren die Anzahl der in die USA auswandernden Deutschen sprunghaft stieg, ging die Emigrationswelle zunächst über Bremen, weil dort schon eine regelmäßige Schiffsverbindung zu den USA bestand. Dieser Erfolg ließ die Hamburger nicht ruhen. Auf Initiative des Reeders August Bolten schlossen sich 33 Hamburger Kaufleute zusammen und gründeten 1847 die Hamburg-Amerikanische Packetfahrt-Actien-Gesellschaft (HAPAG). Zwar gab es schon Dampfschiffe – das erste, ein britisches, war 1816 in Hamburg vor Anker gegangen –, aber die HAPAG traute deren Technik noch nicht und zog es vor, drei Segelschiffe in Dienst zu nehmen, von denen jedes 220 Passagiere in 42 Tagen von Hamburg nach New York befördern konnte. Erst 1856 wurden auf dieser Route erstmals Dampfschiffe eingesetzt. Das galt aber nur für den Überseeverkehr der HAPAG. Eine regelmäßige Dampfschiffverbindung hatte schon 1825 zwischen Hamburg und Großbritannien existiert; die erste Hamburger Dampfschiff-Reederei gründete allerdings erst 1840 Robert M. Sloman.

Der Mittelmeerhandel, der für Hamburg bislang wegen der Piratengefahr kaum ergiebig gewesen war, belebte sich, als Frankreich 1830 durch die Eroberung Algiers den Seeräubern endgültig die sicheren Stützpunkte entzog, war aber zunächst nicht sehr bedeutend, da die Konkurrenz der schon lange dort etablierten Großmächte noch zu stark war. Auch der Ostasienhandel gewann für Hamburg erst an Bedeutung, nachdem 1842 China unter dem Druck Großbritanniens und der USA seine Häfen hatte öffnen müssen. In den Jahren 1816 bis 1825 wurde Hamburg nur von 46 Schiffen aus Ostasien angelaufen.

Mit Westafrika, genauer: mit der britischen Kolonie Sierra Leone, gab es ab 1832 einen regelmäßigen Schiffsverkehr. Von hier wurden Elfenbein, Gold, Pfeffer, Reis, Palmöl, Farbhölzer und Ebenholz eingeführt. Mit Ostafrika, sprich: Sansibar, nahm Hamburg den Handel 1844 auf. »Wo Handel ist«, hieß es 1848, »dahin hat auch der Hamburger seinen Fuß zu setzen gewußt.«

Hamburgs Schiffsvolumen war zunächst noch bescheiden. Hatten die Hamburger Reedereien 1799 noch über 280 Schiffe verfügt, so sank deren Anzahl bis 1822 auf 88, konnte sich aber bis 1850 verdreifachen. Überwiegend war man zunächst auf britischen Schiffsraum angewiesen. Von allen den Hamburger Hafen anlaufenden Schiffen fuhren 1835 nur etwa 14 Prozent unter Hamburger Flagge. Erst nach 1850 trat hier der entscheidende Umschwung ein.

Um dem wachsenden Schiffsverkehr gerecht zu werden, hatte man den Turm auf der Insel Neuwerk 1816 mit einem ständigen Leuchtfeuer versehen und zugleich das erste Feuerschiff in die Elbmündung verlegt. Zur Vertiefung der Fahrrinne wurde 1834 der erste Dampfbagger eingesetzt. Die Hafenanlagen in Hamburg konnten um 1840 durch den Sandtorhafen erweitert werden.

Der Freihandel – das heißt der von Zöllen und anderen staatlichen Eingriffen nicht behinderte Handel zwischen den Staaten –, wie er ab 1846 von Großbritannien propagiert wurde, fand auch in Hamburg fast einhellige Zustimmung. Mit solchem Wirtschaftsliberalismus aber stand die Stadt, die das »weltbürgerliche Element des Handels« vertrat, im Gegensatz zum 1834 gegründeten Deutschen Zollverein. Die in ihm zusammengeschlossenen, wirtschaftlich noch recht schwachen Staaten, die auf Schutzzölle zugunsten ihrer unterentwickelten Industrie nicht verzichten zu können glaubten, beschwerten sich über den Separatismus von Bremen, Lübeck und ganz besonders Hamburg. Vor allem legten sich wieder einmal die Dänen quer, die als Herren von Holstein und Lauenburg auch im Deutschen Bund vertreten waren. Dänemark hob den jahrhundertelang freien Transit zwischen Hamburg und Lübeck 1838 auf und verhinderte den geplanten Bau der Eisenbahnlinie Hamburg–Lübeck. Erst 1844 ließ Dänemark den Bau der von Kiel ausgehenden Eisenbahn zu, erlaubte aber als Zielpunkt nur das von Dänemark verwaltete Altona. Im selben Jahr wurde auch die Bahnverbindung Hamburg–Berlin eröffnet, nachdem sich Hamburg hatte bereit finden müssen, den Verkehr nach Altona besonders zu begünstigen. Hannover schloß sich dem Beispiel Dänemarks an. Die 1847 eröffnete Eisenbahnlinie Hannover–Harburg durfte nicht nach Hamburg als Zielort ausgebaut werden, sondern endete im hannöverschen Harburg. Wer von dort weiter nach Hamburg wollte, mußte mit der Fähre die Elbe überqueren; eine Elbbrücke existierte immer noch nicht.

Carl Julius Milde (1803–1875): *Pastor Johann Wilhelm Rautenberg und Familie.* Aquarell, 1833. Hamburg, Kunsthalle

Etwas besser war es um den Nahverkehr bestellt. 1839 wurde die erste regelmäßig verkehrende Pferdeomnibus-Verbindung nach Altona und – 1842 – nach Wandsbek und Oldesloe installiert. Beide Linien betrieb die Hamburger Firma Basson & Co. (später in Bassonsche Omnibus-Aktien-Gesellschaft umbenannt). Dagegen hatte Dänemark keine Einwände.

# Schule ist Privatsache

Die Franzosenzeit und die ihr folgenden Jahre, in denen der Wiederaufbau Hamburgs und die Reorganisation des Handels ganz im Mittelpunkt standen, hatten die bedrückenden sozialen Verhältnisse in der Stadt in den Hintergrund gedrängt. Der erste, der jetzt aktiv die Verhältnisse zu verbessern trachtete, war Johann Wilhelm Rautenberg (1791–1865), der seit 1820 als Pastor an der Dreieinigkeitskirche in St. Georg wirkte. Ihm war vor allem die Verwahrlosung der Jugend aufgefallen. Um ihr entgegenzuwirken, gründete er 1825 eine Sonntagsschule, in der freiwillige Mitarbeiter Rautenbergs unentgeltlich die Kinder in Lesen, Schreiben und Religion unterrichteten. Auch sollten sich die Lehrer um die häuslichen Verhältnisse ihrer Schüler kümmern. Um diese soziale Betreuung stärker zu organisieren, gründete Rautenberg 1832 den Männlichen Besuchsverein, der die

Johann Heinrich Wichern. Lithographie von Otto Speckter, 1850

Heinrich Christian Meyer,
genannt »Stockmeyer«

Aufgabe hatte, durch ständige Besuche in den Armenvierteln sich selbst ein Bild von der Misere zu machen und ihr wenigstens beratend zu steuern.

Zu Rautenbergs Helfern gehörte Johann Heinrich Wichern (1808–1881), der ebenfalls in Rautenbergs Sonntagsschule Unterricht erteilte und im Besuchsverein tätig war. Er drang darauf, ein »Rettungsheim« für Kinder aus sozial gefährdeten, sittlich verwahrlosten Familien zu schaffen, und konnte für diesen Plan den Ratsherrn Martin Hudtwalcker und den Syndikus Karl Sieveking gewinnen. Diese beiden plädierten gemeinsam mit Wichern 1833 in der Börse vor der Hamburger Kaufmannschaft für dieses Projekt und erhielten daraufhin von den Kaufleuten die erbetenen Gelder. Sieveking selbst stiftete ein Grundstück in Horn, auf dem eine Reetdachkate stand, genannt Rauhes Haus; daraus erwuchs später die »Wichern-Stiftung«. In einer dort 1844 gegründeten »Brüder-Anstalt« wurde das Personal ausgebildet und wurden

Prediger für die Auswanderer und die Gefängnisfürsorge geschult. Der 1848 von Wichern gegründete Hamburger Verein für Innere Mission, eine segensreiche Einrichtung, sollte nach dem Willen seines Gründers die Sozialarbeit der evangelisch-lutherischen Kirche beleben und unterstützen.

Neben Rautenberg und Wichern machte sich auch Amalie Sieveking (1794–1859) um die soziale Fürsorge verdient, als sie 1832 den Weiblichen Verein für Armen- und Krankenpflege gründete und für Alte und Arme 1840 ein Pflegeheim ins Leben rief, dem ein Hospital für die kranken Kinder der Armen angeschlossen war.

Durch ein für seine Zeit ungewöhnliches Sozialmodell wurde der Kaufmann Heinrich Christian Meyer (1797–1848) bekannt, der als Hersteller von Spazierstöcken den Beinamen »Stockmeyer« trug. Meyer, der schon als Achtzehnjähriger einen eigenen Betrieb gründete und nach und nach zweihundert Arbeiter beschäftigte, schuf 1828 für diese eine private Unterstützungskasse. In einer Zeit, da eine Sozial- und eine Krankenversicherung völlig unbekannt waren, sorgte er in seinem Betrieb für einen Sozialfonds, der kranke und arbeitsunfähige Arbeiter finanziell unterstützte, bei Todesfällen die Hinterbliebenen versorgte und zinslose Darlehen gewährte. Sogar eine Arbeitermitverwaltung führte Meyer ein, indem er aus der Arbeiterschaft jährlich sechs Vertreter von der Belegschaft wählen ließ, wobei jeder Arbeiter wählbar war. Bedürftigen Arbeitern wurde ein Urlaub zugestanden – in einer Zeit, in der ein Urlaubsanspruch völlig unbekannt war. Selbst um die Gründung eines betriebseigenen Gesangvereins sorgte sich Meyer; zu dessen Leitung berief er einen Lehrer, den er bezahlte.

Eine Schulpflicht bestand damals in Hamburg noch nicht. Neben den Privatschulen für die Kinder der Wohlhabenden existierten (seit 1623) in Hamburg einige Armenschulen, deren Besuch unentgeltlich war. Seit 1815 gab es einen »Schulkonvent«, der sich um die Gründung neuer Armenschulen bemühte; daneben wirkten noch die Kirchen-, die Vereins- und die Stiftungsschulen. Eine allgemeine Staatsschule war unbekannt. Für die Ausbildung der Lehrer sorgten seit 1805 die von Johann Curio gegründete Gesellschaft der Freunde des Vaterländischen Schul- und Erziehungswesens und der seit 1825 bestehende Schulwissenschaftliche Bildungsverein.

Das bedeutet, daß in der ersten Hälfte des 19. Jahrhunderts das gesamte Hamburger Schul- und Bildungswesen eine Sache von Privatleuten und der Kirche war, aufgesplittert in vielfältige Organisationsformen. Ein übergreifendes Gesamtkonzept existierte nirgends. Für die Kinder der Besitzenden war die schulische Ausbildung kein Problem. Für die Armen indes hing es mehr oder weniger vom Zufall ab, ob sie eine bescheidene oder überhaupt keine Schulausbildung erfuhren. Erst 1870 wurde das gesamte Schulwesen in die Hand des Staats gelegt, 1871 die »Allgemeine Volksschule« geschaffen und die Schulpflicht eingeführt.

Otto Speckter: *Julius Oldach und Erwin Speckter beim Zeichnen.* Bleistiftzeichnung, 1825. Hamburg, Kunsthalle

## Maler und das Junge Deutschland

Der allmählich wieder wachsende Wohlstand in Hamburg kam auch den Hamburger Künstlern zugute, wenngleich es für große und bedeutende Aufträge an Mäzenen mangelte. Immerhin arbeiteten in der ersten Hälfte des 19. Jahrhunderts eine ganze Reihe begabter Maler und Graphiker in der Stadt.

Nachdem 1805 der Münchener Aloys Senefelder die Technik der Lithographie erfunden hatte und die Kunst des Steindrucks in kürzester Zeit überaus populär geworden war, entschloß sich 1818 der Hamburger Kaufmann und Kunstsammler Johann Michael Speckter (1764–1845), am Valentinskamp die erste Steindruckerei Norddeutschlands zu gründen. Die künstlerische Leitung übertrug er dem Maler Heinrich Joachim Herterich (1772–1852), der, wie erwähnt, schon Runge unterrichtet hatte. Die Ausbildung von Speckters Söhnen Erwin (1806–1835) und Otto (1807–1871) oblag Gerdt Hardorff dem Älteren (1769–1864), der gleichfalls Runge gefördert hatte. Otto Speckter, in seiner Begabung Ludwig Richter verwandt, wurde ein bedeutender Illustrator; unter anderem schuf er die sehr populär gewordenen Lithographien zu den Tierfabeln von Wilhelm Hey (1834). Ihm verdanken wir auch eindrucksvolle Darstellungen des Großen Brandes.

Das Erscheinungsbild des alten Hamburg, vor 1842, hielten die Brüder Suhr fest, deren bedeutendster Christopher Suhr (1771–1842) war, assistiert von seinen jüngeren Brüdern Cornelius und Peter. Peter Suhr gründete auch eine Steindruckerei. Christopher Suhr verdanken wir Panorama-Ansichten Hamburgs, Straßenbilder und den Zyklus der 120 kolorierten Radierungen *Der Ausruf in Hamburg* (1808), der die Vielzahl der in Hamburg zu sehenden Trachten bewahrt hat. In einem weiteren Werk stellte Suhr auf 158 Seiten die Uniformen aller in Hamburg von 1806 bis 1815 stationiert gewesenen fremden Truppen dar. Er war der vielseitigste Bildchronist des alten, 1842 abgebrannten Hamburg.

Erwin Speckter: *Die Familie Speckter mit Heinrich Joachim Herterich am Kaffeetisch.* Bleistiftzeichnung, 1828. Hamburg, Kunsthalle

Als Porträtmaler waren Friedrich Carl Gröger (1766–1838) und Detlef Siegfried Bendixen (1784–1864) gefragt. Bis zu seiner Übersiedlung nach England (1832) unterhielt Bendixen eine Art privater Kunstakademie, in der junge Leute im Zeichnen unterwiesen wurden; Gröger hatte besondere Erfolge als Porträt-Lithograph zu verzeichnen.

Der ausgehenden Romantik standen zum Teil nahe Carl Julius Milde (1803–1875), Günther Gensler (1803–1884), Julius Oldach (1804–1830), Christian Morgenstern (1805–1867), Friedrich Wasmann (1805–1886), Adolph Vollmer (1806–1878), Victor Emil Janssen (1807–1845), Friedrich Nerly (1807–1878), Jakob Gensler (1808–1845) und Martin Gensler (1811–1884). Morgenstern und Wasmann sind allerdings nicht sehr lange in Hamburg geblieben.

Auch wenn keiner eine Begabung ersten Ranges genannt wer-

Friedrich Carl Gröger: *Bildnis Lina Grögers, der Pflegetochter des Künstlers.* Öl auf Leinwand, 1815. Hamburg, Kunsthalle

Friedrich Wasmann: *Bildnis Minna Wasmanns, der Schwester des Künstlers.* Öl auf Leinwand, 1822. Hamburg, Kunsthalle. Durch das geöffnete Fenster sieht man den Turm von St. Petri

den darf, so sind doch die meisten nicht aus der Geschichte der deutschen Biedermeier-Malerei wegzudenken. Sie bezeugen, daß Hamburg sehr wohl ein Ort sein konnte, in dem künstlerische Begabung sich zu entfalten vermochte. Und es ist kaum zufällig, daß 1822 eine Gruppe von Bürgern den Hamburger Kunstverein gründete – einer der frühesten deutschen Kunstvereine überhaupt, älter als der in Berlin –, dessen Sammlung von Gemälden und Graphiken den Grundstock zum Besitz der späteren Kunsthalle legte.

Auch den Schriftstellern war das geistige Klima der Stadt günstig, und dies war vor allem das Verdienst des Verlegers Julius Campe.

Der 1792 in Deensen bei Holzminden geborene Campe, ein Neffe des zeitweilig auch in Hamburg lebenden Joachim Heinrich Campe, war gelernter Buchhändler und 1823 nach Hamburg gekommen, wo er die Buchhandlung seines Bruders August übernahm: die Firma Hoffmann und Campe, Neue Burg 22. Damit wurde er Inhaber der renommiertesten Hamburger Buchhandlung, die, 1634 von Zacharias Hertel gegründet, seit 1810 unter dem Namen Hoffmann und Campe firmierte, ihr Gründungsjahr aber mit 1781 angab, dem Jahr, in dem Benjamin Gottlob Hoffmann, der Schwiegervater August Campes, das Hamburger Bürgerrecht erworben hatte. Der Verlag, der sich samt Sortiment ab 1845 in der Schauenburgerstraße 59 befand, wurde so etwas wie das geistige Zentrum des Jungen Deutschland.

Unter dieser Bezeichnung – in den Briefen der Schriftsteller Gutzkow und Laube 1834 erstmals »La jeune Allemagne« genannt – verstand sich eine Gruppe junger deutscher Autoren, die, inspiriert von der Pariser Julirevolution von 1830, durch ihr literarisches Schaffen politischen Einfluß nehmen wollten: Ludwig Börne, Karl Gutzkow, Heinrich Heine, Heinrich Laube, Theodor Mundt und Ludolf Wienbarg, die zeitweilig auch als Journalisten arbeiteten. »Jetzt gilt es die höchsten Interessen des Lebens selbst, die Revolution tritt in die Literatur!« – so hatte sich Heinrich Heine geäußert.

Damit war dem herrschenden reaktionären, jede freiheitliche Regung brutal knebelnden politischen System unverhüllt der Kampf angesagt. Preußen, das als erster Staat 1835 die Werke Gutzkows, Heines, Laubes, Mundts und Wienbargs verboten hatte, setzte gemeinsam mit Österreich noch im selben Jahr im Frankfurter Bundestag die Unterdrückung dieser Autoren als »antichristlich, gotteslästerlich und alle Sitte, Scham und Ehrbarkeit mit Füßen tretend« auch in allen Staaten des Deutschen Bundes durch.

In dieser Situation hatte Julius Campe den außerordentlichen Mut, Verleger dieser »engagierten Literatur« (der Begriff wurde damals geboren) zu werden. Seit 1826 war er der Verleger Heinrich Heines – als erstes Buch Heines edierte Campe die *Reisebilder* –, und außer 22 Büchern Heines erschienen in seinem Verlag 18 Werke von Wienbarg, 14 von Börne und 10 von Gutzkow. Mit einem Buch von Georg Weerth und fünf von

Hoffmann von Fallersleben nahm Campe Werke von zwei weiteren politisch engagierten Schriftstellern in sein Verlagsprogramm auf. Die beiden wurden zwar nicht unmittelbar zum Jungen Deutschland gerechnet, waren aber den Herrschenden nicht minder mißliebig. Preußen reagierte darauf 1841 mit einem Verbot aller unter dem Signum Hoffmann und Campe verlegten Literatur als »staatsgefährlich«.

Daß Campe aber diese Bücher überhaupt veröffentlichen konnte, lag an der in Hamburg sehr nachsichtig geübten Zensur. Die im Frankfurter Bundestag 1819 einstimmig bestätigten Karlsbader Beschlüsse, mit der die geistige Knebelung, genannt »Demagogenverfolgung«, zum Gesetz geworden war, war zwar ein Gesetz des Deutschen Bundes, setzte aber das Hamburger Landesrecht nicht außer Kraft. Hamburgs daraufhin neu organisierte Zensur beschränkte sich vornehmlich auf die Presse und leistete sich weitgehende Nachsicht gegenüber der Buchproduktion. Für Campe war es ein Glück, daß er ein besonders gutes Verhältnis zu dem Vorsitzenden der Hamburger Zensurkommission, dem schon erwähnten Karl Sieveking, unterhielt, der über wichtige literarische Manuskripte persönlich und zugunsten Campes entschied und die Verfügungen der ihm unterstellten Kommission außer Kraft setzen konnte und dies auch tat.

Campes wichtigster Autor, der 1798 in Düsseldorf geborene Heinrich Heine, hielt sich von 1815 bis 1831 in Hamburg auf, allerdings mit wiederholten längeren Unterbrechungen, bedingt durch Studium und Reisen. Von 1816 an lernte er in der Firma seines Onkels Salomon Heine. 1818 eröffnete er die Hamburger Filiale des väterlichen Betriebs unter der Firmierung Harry Heine & Comp.; sie mußte aber schon ein Jahr später liquidiert werden. Nach dem Studium in Bonn und Göttingen und der Promotion hatte Heine für kurze Zeit an eine Niederlassung als Rechtsanwalt in Hamburg gedacht; doch daraus wurde nichts. Am 1. Mai 1831 verließ der Dichter Hamburg und ließ sich in Paris nieder. Von dort aus hat er Hamburg noch zweimal, 1843 und 1844, für einige Wochen besucht. Die Forschung hat präzise ausgerechnet, daß

Heine alles in allem sieben Jahre und zehn Monate »im Hamburger Raum« (Joseph A. Kruse) – denn einige Wochen wohnte Heine in Wandsbek – zugebracht hat. Der Dichter, zeitlebens abhängig von seinen sehr begüterten Hamburger Verwandten, ist der Stadt, die er als »schöne Wiege meiner Leiden« beschrieb, in verständlicher Haßliebe immer verbunden geblieben.

Auch andere Autoren des Jungen Deutschland haben zeitweilig in Hamburg gelebt, das ihnen nach den Bundesbeschlüssen offen Asyl anbot. Theodor Mundt wohnte 1835 und 1837 hier, wurde aber nicht Autor Campes, sondern wählte den Altonaer Verleger Hammerich. Karl Gutzkow ließ sich, nach einem Aufenthalt 1834, 1837 in Hamburg nieder und blieb bis 1842. Einzig Ludolf Wienbarg hielt es für längere Zeit, 1835–1848, in Altona und in Hamburg, wo er von 1842 bis 1846 die Redaktion der *Hamburger literarischen und kritischen Blätter* leitete. Mit seinen Angriffen auf die niederdeutsche Sprache – das »Platt« war damals immerhin noch die Umgangssprache aller Schichten in Hamburg – handelte er sich allerdings die Abneigung der Hamburger ein.

Nicht zum Jungen Deutschland zählte der Lyriker und Dramatiker Friedrich Hebbel, der zunächst 1835 und dann von 1839 bis 1842 in Hamburg lebte, gefördert von der Schriftstellerin Amalie Schoppe, die in ihrer Zeitschrift *Neue Pariser Modeblätter* Hebbels Gedichte druckte. Während seines Hamburger Aufenthalts entstand die Tragödie *Judith* (1841) und sein erster Gedichtband (1842). Campe nahm neun Werke des Dichters, der dann nach Wien übersiedelte, in seinen Verlag.

Neben Campe war es der schon genannte Friedrich Perthes, der sich große Verdienste um den deutschen Buchhandel erwarb. Er wurde zum Pionier des deutschen Sortimentsbuchhandels, als er 1816 dem Frankfurter Bundestag die Denkschrift *Der deutsche Buchhandel als Bedingung des Daseins einer deutschen Literatur* vorlegte. Er selbst zog 1822 von Hamburg nach Gotha; seine Buchhandlung wurde von seinem Schwager Wilhelm Besser übernommen und nannte sich nach dessen Tod, als Bessers Schwiegersohn in die Firma eintrat, Perthes, Besser & Mauke.

Als ein Kuriosum Hamburger Literatur sei schließlich noch

Friedrich Perthes (1772 bis 1843)

Georg Nikolaus Bärmann (1785–1850) erwähnt, der mit über 300 Büchern als Bearbeiter, Übersetzer, Autor und Kritiker eine in der deutschen Literatur nicht eben häufige Massenfabrikation auf den Markt warf. Erhalten blieb sein Name zum einen deshalb, weil er mit einigen geringschätzigen Zeilen 1827 Heines *Buch der Lieder* kritisierte, zum anderen aber aus lokalpatriotischen Gründen: Bärmann ließ am 29. September 1828 ein »vaterstädtisches Schauspiel in drei Akten mit dazu gehörendem Prolog« uraufführen, betitelt *Bürgertreue*, das ein zeitgenössischer Kritiker »unbeschreiblich schofel und dumm« fand. Es war ein Festspiel zum dreihundertsten Jahrestag der Einführung der Reformation in Hamburg und wäre nicht der Erwähnung wert, hätte es nicht mit einer Hymne, vertont von Albert Gottlieb Methfessel, geendet, die dem Publikum »stürmischen Beifall« entlockte: *Stadt Hamburg in* [heutige Fassung: *an*] *der Elbe Auen*. Dieses Lied wurde – und ist noch heute – Hamburgs »Nationalhymne«, wobei die ursprünglichen sieben Strophen auf vier textlich stark veränderte Strophen reduziert wurden mit dem Refrain »Heil über dir, Hammonia«.

Seine eigentliche Premiere aber hatte das Lied schon am 19. April 1828 in der Hamburger Liedertafel gehabt, einem der ersten bürgerlichen Gesangvereine in Deutschland überhaupt, gegründet 1823 von Albert Gottlieb Methfessel. Methfessel, 1785 in Thüringen geboren, war seit 1822 Musikdirektor in Hamburg. Populär wurde er mit Liedkompositionen wie *Hinaus in die Ferne, Stimmt an mit hellem, hohem Klang* und *Der Gott, der Eisen wachsen ließ*. Er ging 1832 nach Braunschweig.

Erwähnt sei, daß das am 26. August 1841 auf Helgoland von August Heinrich Hoffmann von Fallersleben gedichtete *Deutschland, Deutschland über alles*, noch im Herbst desselben Jahres bei Hoffmann und Campe publiziert, zum erstenmal, kurz nach der Veröffentlichung, in Hamburg vor Streits Hotel am Jungfernstieg öffentlich gesungen wurde. Seine dritte Strophe ist heute die Nationalhymne der Bundesrepublik Deutschland.

Nicht annähernd so bedeutend wie das literarische Leben Hamburgs vollzog sich das musikalische. Hier blieb alles im traditionellen Gleis, wenn auch das musikalische Angebot von beachtlichem Umfang war. Für die musikalische Praxis hatten sich drei Vereinigungen konstituiert: die 1819 gegründete Singakademie mit 71 Mitgliedern, die Philharmonische Gesellschaft von 1828 und der 1843 ins Leben gerufene Cäcilien-Verein.

Die Singakademie pflegte besonders das Werk Händels (*Alexanderfest, Judas Makkabäus, Israel in Ägypten, Samson, Jephta*), führte aber auch Grauns *Der Tod Jesu*, Mozarts Requiem und im Winter 1831/1832 erstmals, allerdings unvollständig, Bachs Matthäus-Passion auf. An zeitgenössischer Musik gab es einzig 1838 Mendelssohn Bartholdys Oratorium *Paulus*.

Die Philharmonische Gesellschaft, Hamburgs erstes aus Berufsmusikern gebildetes Orchester, brachte 1829 Werke des bislang in Hamburg wenig gespielten Beethoven (4., 5., 6. und 7. Symphonie, *Egmont*-Ouvertüre), Mozarts (Symphonie Es-dur, KV 543) sowie Kompositionen von Louis Spohr, Gioacchino Rossini und Luigi Cherubini zur Aufführung. Zwar wurde von da an das Werk Beethovens programmbeherrschend (die 9. Symphonie erlebte ihre Hamburger Premiere 1836, also zwölf Jahre nach ihrer Uraufführung; die Klavierkonzerte fehlten indes völlig), doch war das Angebot an zeitgenössischer Musik äußerst dürftig. Von Rossini und Cherubini gab es nur einige Opern-Ouvertüren zu hören, desgleichen von Carl Maria von Weber (*Oberon*-Ouvertüre erstmals 1832). Louis Spohr war gut vertreten, aber von Felix Mendelssohn Bartholdy, 1809 in Hamburg geboren, wurde außer drei Ouvertüren erst 1842 eine Symphonie (die 2., *Lobgesang*) aufgeführt. Von Robert Schumann erklang einzig 1842 die 1. Symphonie. Völlig vernachlässigt wurde das Werk von Franz Schubert, von dem der Programmzettel erstmals 1841 eine Symphonie verzeichnete.

Der Cäcilien-Verein, der bis 1847 nur einmal jährlich konzertierte, brachte unter anderem Vokalwerke von Beethoven, Mendelssohn-Bartholdy und Schumann zu Gehör.

Für die Freunde der Kammermusik gab es seit 1829 regelmäßig Streichquartett-Abende. Aber auch hier blieb es beim Bewährten: Haydn, Mozart und Beethoven. Bei Beethoven traute man sich über die Quartette op. 18 und op. 59 lange nicht hinaus; erst nach 1846 wagte man sich zaghaft an das Spätwerk, und das Quartett a-moll op. 132 (1825) erlebte seine Hamburger Premiere erst 1850. Da war es geradezu kühn, Robert Schumanns Streichquartette A-dur und a-moll (op. 41) schon 1847, fünf Jahre nach ihrer Entstehung, in Hamburg aufzuführen. Auch hier blieb das Schaffen Franz Schuberts unberücksichtigt.

Berühmte Virtuosen und international anerkannte Komponisten durften auch in Hamburg ausverkaufte Säle erwarten. 1810 und 1811 gastierte der Geiger und Komponist Louis Spohr, 1816 der Geiger Ignaz Schuppanzigh, 1818 der Pianist und Komponist Johann Nepomuk Hummel, 1825 (mit fünf Konzerten) der Pianist Ignaz Moscheles, 1830 die Sängerin Henriette Sontag (mit vier Konzerten) und der italienische Violinvirtuose Niccolò Paganini (mit drei Konzerten), 1835 die Pianistin Clara Wieck (mit Werken von Pixis und Chopin), 1836 der Wiener Walzerkönig Johann Strauß (Vater), 1840 der Klaviervirtuose und Komponist

Die Dammtorstraße mit dem 1827 vollendeten neuen Stadttheater (Opernhaus) von Carl Ludwig Wimmel. Lithographie von Peter Suhr, 1829

Franz Liszt (mit vier Konzerten), 1843 der Komponist Hector Berlioz und 1845 die »schwedische Nachtigall« Jenny Lind. Als Franz Liszt erfuhr, daß für die Hamburger Orchestermusiker nicht einmal eine Pensionskasse bestand, stiftete er spontan die Einnahme eines Konzerts (2296 Mark und 13 Schillinge) »zur Gründung eines Pensionsfonds für das Orchester des Hamburger Stadt-Theaters«, was für Hamburg überaus peinlich war. Dafür dankte das Publikum Liszt mit »einem Tusch und Jubelgeschrei«.

Das Verbot, am Karfreitag Konzerte zu geben, hob der Rat erstmals 1843 auf; im Theater am Gänsemarkt gab es Rossinis *Stabat mater* und Beethovens *Christus am Ölberg*. Zwei große, mehrtägige Musik-Feste erlebte Hamburg 1823 und 1841 (mit Franz Liszt); Bewegung in das erstarrte Konzertprogramm, das zeitgenössischer Musik tunlichst aus dem Wege ging, brachten sie nicht.

Beweglicher war die Oper. Zwar erlebte Beethovens *Fidelio* erst 1816 seine Hamburger Premiere, aber Webers *Freischütz* kam schon wenige Monate nach der Berliner Uraufführung hier auf die Bühne. Ein neues Opernhaus wurde von 1825 bis 1827 von Carl Ludwig Wimmel, dem Architekten der Börse, erbaut; es bot 2800 Personen Platz. Insgesamt stand die Oper der zeitgenössischen Musik aufgeschlossener gegenüber als das Konzert-Programm. Von 1821 bis 1848 waren fast alle neuen Opern im Repertoire, Werke von Adam, Auber, Bellini, Donizetti, Kreutzer, Lortzing, Marschner, Meyerbeer, Rossini und Spohr. Richard Wagners *Rienzi* erlebte seine Hamburger Premiere 1844 unter der Leitung des Komponisten, und 1845 kam mit *Nabucco* die erste Oper Giuseppe Verdis auf den Hamburger Spielplan. Nur eine einzige Uraufführung eines belangvollen Werks hatte die Hamburger Oper zu verzeichnen: *Alessandro Stradella* von Friedrich von Flotow (1844).

# Von 1848 bis 1870

Gemeinsame Sitzung von Rat (rechts) und Bürgerschaft 1834.
In der Mitte sitzen die vier Bürgermeister. Lithographie
von Jakob Milde

Wie reformbedürftig die politische Verfassung Hamburgs war, hatte 1842 der Große Brand deutlich gemacht, der so recht die Ohnmacht des Rats und der Erbgesessenen Bürgerschaft offenbart hatte. Wie berichtet, fehlte es in der Folge auch nicht an Reformvorschlägen; doch der Rat blockte sie erfolgreich ab, und das Problem blieb auf dem Tisch. In der Bevölkerung wuchs der Wunsch nach politischer Mündigkeit, und die sich in kurzer Zeit konstituierenden Vereine beförderten nachdrücklich die politische Willensbildung des Hamburgers: Bürgerverein von St. Pauli (1843), Verein zur Hebung des Gewerbestands (1845), Bildungsgesellschaft für Arbeiter zu Hamburg (1845), Gesellschaft für politische und soziale Interessen der Juden (1845), Verein Hamburger Juristen (1846), Verein der Nicht-Grundeigentümer (1846) und Bürgerverein vor dem Dammtor (1846). Obwohl ursprünglich zu nichtpolitischen Zwecken ins Leben gerufen, wurden diese Vereine dennoch bald zur Plattform jener, die mit den bestehenden politischen Verhältnissen unzufrieden waren. Der Rat stellte sich taub – allerdings nicht mehr für lange.

Die Reaktion der Bevölkerung auf die französische Februar-Revolution 1848 zündete, wie überall in Deutschland, auch in Hamburg und signalisierte dem Rat und der Erbgesessenen Bürgerschaft, daß eine grundlegende Verfassungsreform nicht länger zu umgehen sein würde. Dabei hielten sich die äußeren Unruhen in Hamburg noch in Grenzen. Am 9. Juni 1848 stürmte eine große Volksmenge, der die Akzise und die immer noch verfügte Torsperre verhaßt waren, das Steintor, überwältigte dessen Besatzung und setzte das Tor in Brand. Das herbeigerufene Bürgermilitär konnte den Brand und die aufgebrachte Stimmung ohne Blutvergießen dämpfen. Die eigentliche Auseinandersetzung zwischen den reaktionären und den liberalen Kräften fand auf politischer Ebene statt.

Zunächst einmal hatten Rat und Erbgesessene Bürgerschaft am 13. März 1848 eine zwanzigköpfige Deputation eingesetzt, die über Reformen beraten sollte. Bezeichnenderweise saßen außer fünf vom Rat entsandten Mitgliedern nur erbgesessene Bürger in der Deputation, obwohl diese alle Bürger hätte repräsentieren sollen. Nach dem vom Deutschen Bundestag in Frankfurt erlassenen Wahlgesetz sollten alle volljährigen und selbständigen männlichen Staatsangehörigen – an die weiblichen war gar nicht erst gedacht worden – wahlberechtigt sein. Nach diesem Gesetz wählte Hamburg im April des Jahres 1848 drei liberale Abgeordnete in die Frankfurter Nationalversammlung: die Kaufleute Edgar Daniel Roß und Ernst Merck sowie den Juristen Moritz Heckscher.

Für Hamburg selbst versprach der Rat nun im August allgemeine Wahlen, von denen aber viele, etwa Unterstützungsempfänger, Häftlinge und selbstverständlich die Frauen, ausgeschlossen bleiben sollten. Dabei wurden unter den etwa 190 000 Ein-

Das brennende Steintor am 9. Juni 1848. Tuschzeichnung von Peter Suhr. Hamburg, Staatsarchiv

wohnern 38 000 Wahlberechtigte ermittelt, die in der Zeit vom 5. Oktober bis zum 4. Dezember 1848 ihre Stimme abgeben sollten. Die Wahlbeteiligung erreichte aber nur 50 Prozent. Zustande kam eine verfassunggebende Versammlung, eine Konstituante, deren Verfassungsentwurf einen auf neun Mitglieder reduzierten, auf sechs Jahre gewählten Rat, die Abschaffung der Erbgesessenen Bürgerschaft und dafür eine künftige Bürgerschaft von 300 Abgeordneten vorsah. Diese am 11. Juli 1849 verabschiedete »Verfassung des Freistaates Hamburg« wurde aber nicht verwirklicht. Das erzwangen Rat und Erbgesessene Bürgerschaft, die Unterstützung Preußens im Rücken.

Preußen hatte, um die vom revolutionären Geist inspirierte Frankfurter Nationalversammlung auszuschalten, mit Hannover und Sachsen ein »Drei-Königs-Bündnis« abgeschlossen, dem weitere deutsche Staaten beitreten sollten, um so einen neuen Bundesstaat zu bilden, der den preußischen Interessen besser entgegenkam als das Reichsprojekt des Frankfurter Parlaments. Hamburg, das gezwungen war, die Stationierung preußischer Truppen während des Kriegs gegen Dänemark 1849 hinzunehmen, beugte sich dem Druck und trat dem Drei-Königs-Bündnis bei, womit es auch dessen Erfurter Unionsverfassung akzeptierte.

In das Erfurter Parlament schickte die Stadt zwei Abgeordnete: Edmund Schwartze und den bedeutenden jüdischen Publizisten und Juristen Gabriel Riesser.

Zwar ging das Bemühen um die von der Konstituante entworfene Verfassung weiter. Doch wie schwierig die Situation war, zeigt, daß fast 17 000 besitzende Bürger Hamburgs in einer Unterschriftensammlung diese Verfassung als »zu radikal« verwarfen, wobei ihnen durch Preußen und Österreich Unterstützung zuteil wurde: Beide Staaten zwangen Hamburg 1852 zur Revision. Nach vielem Hin und Her und endlosen Debatten kam schließlich doch eine neue Verfassung zustande, die am 28. September 1860 in Kraft trat.

An der Spitze stand der Senat, wie sich der Rat von nun an nannte. »Der Senat besteht aus achtzehn Mitgliedern, nämlich aus neun, welche die Rechts- oder Cameralwissenschaften studiert haben, und aus neun sonstigen Mitgliedern, von welchen Letzteren wenigstens sieben dem Kaufmannstande angehören müssen« (Artikel 7). Die Senatoren wurden von der Bürgerschaft gewählt, waren nicht abwählbar und blieben auf Lebenszeit im Amt.

Die Bürgerschaft bestand aus 192 Abgeordneten. Von diesen waren 84 einkommensteuerzahlende Bürger nicht unter 25 Jahren, 48 grundbesitzende Bürger – der Wert des Grundbesitzes mußte jeweils mindestens 3000 Mark betragen – und 60 »Abgeordnete der Gerichte, der Deputationen und Collegien, welche verfassungsgemäß den wichtigern Zweigen der Verwaltung vorstehen« (Artikel 30) und von diesen auch gewählt wurden. Die Mitglieder der Bürgerschaft wurden für sechs Jahre gewählt; nach drei Jahren hatte die Hälfte der 192 Abgeordneten auszuscheiden, konnte aber wiedergewählt werden. Die Sitzungen der Bürgerschaft waren öffentlich, sofern nicht geheime Sitzung vom Senat oder von mindestens zehn Abgeordneten verlangt wurde. Ein aus zwanzig Abgeordneten der Bürgerschaft gebildeter Bürger-Ausschuß sorgte für die Einhaltung der Verfassung und der Gesetze; er konnte die außerordentliche Einberufung der Bürgerschaft vom Senat verlangen. Gewählte Mitglieder von Senat und Bürgerschaft waren verpflichtet, die Wahl anzunehmen.

Gegenüber den bisherigen politischen Verhältnissen war diese Verfassung von 1860 ein großer Fortschritt. Sie beseitigte die bürgerlichen Kollegien und damit auch die unselige Verquickung von Staat und Kirche, sie gewährte mehr Bürgern als bisher politische Rechte, und sie machte auch der Diskriminierung von Katholiken und Juden ein Ende. »Volle Glaubens- und Gewissensfreiheit wird gewährleistet. Durch das religiöse Bekenntnis wird der Genuß der bürgerlichen und staatsbürgerlichen Rechte weder bedingt noch beschränkt« (Artikel 110). Allerdings blieb die evangelisch-lutherische Kirche Staatskirche. Alle anderen Religionsgemeinschaften unterstanden der Staatsaufsicht.

Die Nachteile dieser Verfassung liegen auf der Hand. Die »niederen Bevölkerungsschichten« waren von der politischen Willensbildung ausgeschlossen. Von den 192 Abgeordneten der

Bürgerschaft waren 50 Prozent Kaufleute, 31 Prozent Juristen, Ärzte, Apotheker und Lehrer und die restlichen 19 Prozent Kleinhändler und Handwerksmeister. Die Mehrheit der Hamburger Bevölkerung, also Arbeiter, Handwerksgesellen, Handlungsgehilfen, Dienstpersonal und so weiter, war überhaupt nicht repräsentiert und durfte auch nicht wählen, denn Voraussetzung für das Wahlrecht war das Bürgerrecht, und das besaßen nur die Selbständigen und die Grundeigentümer sowie jene, die bei Zahlung von 25 Mark courant – für Arbeiter war diese Summe fast ein Vermögen – das Bürgerrecht erwerben konnten; allerdings durften auch diese nur dann Abgeordnete der Bürgerschaft wählen, wenn sie einkommensteuerpflichtig waren.

Die Verfassung von 1860 schaffte auch etliche Relikte mittelalterlichen Gepräges aus der Welt. Die Torsperre verschwand, die Gewerbefreiheit wurde 1865 eingeführt, und damit hörten endlich auch die Ämter und die Bruderschaften der Handwerker auf zu existieren. Nicht beseitigt aber wurde die beschämende Situation der politisch entmündigten Hamburger Arbeiterschaft, die sich aber jetzt als neue politisch-soziale Kraft bemerkbar zu machen begann.

## Die Arbeiterbewegung formiert sich

Die wachsende Wirtschaft Hamburgs zog naturgemäß immer mehr Arbeitsuchende in die Stadt, vor allem Handwerkergesellen. Mit welch rigorosen Methoden die Hamburger Handwerksämter sich gegen einen Konkurrenzdruck abzusichern suchten, ist bereits beschrieben worden. Die Situation verschärfte sich in der ersten Hälfte des 19. Jahrhunderts, weil die ausgebeuteten, unterdrückten und bevormundeten Gesellen immer weniger bereit waren, sich dem herrschenden Zwang zu fügen. Seit den Unruhen von 1791 war der Geist der Aufsässigkeit lebendig, reagierten aber auch die Arbeitgeber mit zunehmenden Repressalien, wobei sie des Schutzes durch staatliche Reglementierung sicher sein durften.

Ein Handwerkergeselle, der arbeitsuchend nach Hamburg kam, unterlag strikter polizeilicher Meldepflicht. Sein mitgeführtes Arbeitsbuch wies ihn an, sich bei dem für ihn zuständigen Meister einschreiben zu lassen und ein Privatquartier bei Strafe zu vermeiden. Unkonzessioniertes Beherbergen eines fremden Gesellen zog auch für den Vermieter eine hohe Strafe nach sich. Die Gesellen selbst wurden sofort der Stadt verwiesen; kehrten sie dennoch zurück, hatten sie mit Zuchthausstrafen zu rechnen. Dies war noch 1855 der Brauch.

Strikt verboten waren den Gesellen Versammlungen. Der Rat hatte verfügt: »Den Gesellen eines Handwerks ist es fortan unter-

Arbeitsbescheinigung für den Bäckergesellen Johann Peter Gottlieb Stamer, ausgestellt vom Hamburger Bäckeramt am 29. Oktober 1832. Nur bei Vorlage eines solchen Papiers, das ausdrücklich das Wohlverhalten bescheinigt, konnte ein Handwerksgeselle anderwärts Arbeit finden. Hamburg, Staatsarchiv

Stadt Hamburg.

Da Vorzeiger dieses ... gebürtig ... Hamburg unsers löblichen Handwerks Gesell, bey unserm Amts-Bruder ... Jahr ... Wochen in Arbeit gestanden, und sich währender Zeit treu und wohl verhalten, so habe vorgedachtem ... diesen Schein ertheilen wollen, dahin zielend, daß er anderwärtig hinwieder in Arbeit gehen, doch aber keineswegs, kraft dieses Scheins, zum Amts-Bruder, wenn es auch in denen kleinen und Land-Städten wäre, auf- und angenommen werden könne und möge. Zu mehrer Beglaubigung dessen habe dieses mit unserm Amts-Siegel bestärket. So geschehen Hamburg den ... Anno 1832

Herrmann ...

Geschworner und vorjetzo Wort habender Altermann des Löbl. Weiß- und Fast-Bäcker-Amtes hieselbst.

sagt, ohne besondere Genehmigung des Amtspatrons und ohne die Gegenwart der Ladenmeister Versammlungen zum Zweck der Beratungen über ihre Angelegenheiten abzuhalten. Ohne jene Genehmigung dürfen sie einander weder auf die Herberge fordern, noch überhaupt zu irgend einem Zweck in ihrem Gesamtnamen handeln.« Sinn dieses Verbots war, eine wie immer geartete Organisation der Gesellen zu verhindern und sie in unbedingter, jederzeit kontrollierbarer Abhängigkeit der Meister zu halten. Man sieht: Der Schock von 1791 wirkte noch nach.

Wer nach Hamburg einwanderte, mußte binnen acht Tagen Arbeit nachweisen können, sonst hatte er die Stadt zu verlassen. Dabei wurde Töpfern nur ein einziger Tag eingeräumt; Kupferschmieden und Klempnern gewährte man zwei. Die Gesellen hatten fast keinerlei Kündigungsschutz; Drechsler durften von einem Tag zum anderen entlassen werden, Maurer, Schneider und Tischler zum Wochenschluß, einzig die Maler zum Quartalsende. Die Möglichkeit für den Gesellen, selbst einmal Amtsmeister zu werden, war 1850 genauso gering wie vierhundert Jahre zuvor.

Ehe sich die Arbeitnehmer überhaupt organisieren konnten, hatten die Arbeitgeber schon vorgesorgt. Die Zuckerfabrikanten gründeten 1820, die Druckereibesitzer 1825 Prinzipalvereine (Prinzipal = Arbeitgeber), die dafür sorgten, daß die berechtigten Forderungen der Arbeitnehmer geschlossen abgeblockt wurden.

Die Ernährung der arbeitenden Klasse war miserabel. Es gab Brot, Kartoffeln und manchmal auch etwas Milch, fast nie Gemüse, Obst oder gar Fleisch und Fisch. Die Grundnahrungsmittel waren schon teuer genug. Bei ziemlich gleichbleibenden Löhnen stieg der Preis für etwa 25 Kilogramm Kartoffeln von 19 Silbergroschen 1837 auf 64 Silbergroschen 1847. Kartoffeln waren »bei den gegenwärtigen Preisen nicht mehr das Hauptnahrungsmittel des geringen Manns«. Zahlte man noch 1837 für ein Pfund Weizenbrot 1 Silbergroschen und 6 Pfennige, so war der Preis 1846 auf 2 Silbergroschen und 1 Pfennig angestiegen.

Für eine fünfköpfige Arbeiterfamilie berechnete man damals in Hamburg als Jahresausgaben: 60 Taler für Brot, 15 1/3 Taler für

Küche und Schlafzimmer in einem Raum: Arbeiterwohnung im Rademachergang, photographiert 1896

Kartoffeln, 30 Taler für Miete, 7–9 1/2 Taler für Heizung und Licht, 15–20 Taler für Kleidung, 37 1/2 Taler für sonstige Nahrungsmittel, 3 1/2 Taler für Reparaturen, Krankenkasse und sonstiges – insgesamt 175 5/6 Taler. Demgegenüber belief sich der Jahresverdienst eines Hamburger Arbeiters, tägliche Arbeit vorausgesetzt, was aber längst nicht immer der Fall war, auf 120 bis 160 Taler. Der Nebenverdienst der Ehefrau als Putz- oder Waschfrau erreichte 20 Taler im Jahr. Die einem Arbeiterehepaar höchstens mögliche Verdienstsumme lag also bei 180 Talern jährlich, und auch diese Summe war nur bei sehr günstigen Konjunkturbedingungen erreichbar. Kinder mußten selbstverständlich von früh an dazuverdienen, und wer es konnte, vermietete freie Bettstellen an »Schlafburschen«, die für die Nacht 9 Pfennige zu zahlen hatten. Dabei ist zu sagen, daß schon der Besitz eines Bettes geradezu Luxus war, denn in vielen Arbeiterfamilien gab es weder Bett noch Tisch, weder Stuhl noch Schrank; man mußte zufrieden sein, ein Dach über dem Kopf zu haben. Die herrschende Schicht bezeichnete diese Armut entweder als »gottgegeben« oder sprach von Arbeitsscheu. Aber die Armenpfleger, die diese Verhältnisse untersuchten, wußten es anders: Von 131 Familien mit 195 Erwachsenen und 177 Kindern bezeichneten im Jahr 1833 die Armenpfleger 17 Erwachsene als »Spieler, Trinker und liederlich« und 50 als Bettler, dagegen 128 als »reinlich, rechtlich und arbeitsam«.

Als Existenzminimum galten 102 Silbergroschen wöchentlich. Dies unterschritten zum Beispiel Büchsenmacher, Handschuhmacher, Kammacher, Müller, Weber, Wollsortierer, Arbeiter aller Art, Färber, Gärtner, Instrumentenmacher, Korkenschneider, Maurer, Nagelschmiede, Reepschläger, Schneider, Schuhmacher, Seifensieder, Stuhlmacher, Schriftgießer, Strohhutpresser, Segelmacher und Tischler in ihren Mindestlöhnen. Daß Frauen bei gleicher Arbeit weit niedriger entlohnt wurden, verstand sich von selbst. Wenn es eine Putzfrau bei härtester Arbeit in der Woche neben der ihr zugestandenen Kost auf 12 Silbergroschen brachte – dafür konnte sie 1847 nicht einmal 5 Kilogramm Kartoffeln kaufen –, hatte sie den höchstmöglichen Satz erreicht.

Fleisch, Butter, Getreide und Kartoffeln hätten damals weit billiger sein können, wären sie nicht von der Stadt mit der Akzise belegt worden. Die Reichen spürten das nicht. Die feineren Genüsse waren akzisefrei, und wohnte man im Sommer auf dem Land, blieb man von der Akzise sowieso verschont. Es ist also nur zu verständlich, daß sich die Unruhen vom 9. Juni 1848 so vehement gegen die Akzise richteten, die gerade die Nahrungsmittel der ärmeren Schichten verteuerte.

Von einem Acht-Stunden-Tag konnte man nicht einmal träumen. Die Schuster arbeiteten von 6 Uhr früh bis 22 Uhr, die Schneider von 7 bis 21 Uhr, die Schlosser von 5 bis 19 Uhr, die Schmiede von 4 bis 18 Uhr, die Zimmerleute von 5 bis 20 Uhr. Für Tabak- und Zigarrenarbeiter war der Zwölf-Stunden-Tag selbstverständlich, und das nicht etwa nur an den sechs Werktagen. Beim Handwerk war die Sonntagsarbeit fast normal. »Es gibt in den verschiedenen Gewerben Meister«, urteilte ein Zeitgenosse, »die nur solche Gesellen in Arbeit nehmen, welche sich von vornherein zur Sonntagsarbeit anheischig machen.«

Die Wohnverhältnisse waren deprimierend. Die meisten Arbeiter und Handwerker lebten zusammengedrängt in den Gängevierteln der Neustadt. Ein Zeitgenosse berichtete 1833: »Je mehr Platz man nämlich brauchte, je mehr Menschen sich dort ansiedelten, desto häufiger wurden auf den Höfen hinter den Häusern wieder Reihen von Buden und hinter diesen wieder Reihen von Buden erbaut, zu welchen ein Zugang entweder durch Freilassen eines schmalen Raumes auf dem vordersten Grundstücke oder gar nur durch einen halb unterirdischen, unter dem ersten Hause durchführenden Gang gewonnen wurde.« In den Häusern, über deren mangelnden Schutz vor Kälte schon berichtet wurde, lebten bis zu 25 Familien; oft mußten in den Sählen zehn Familien, getrennt nur durch dünne Bretterwände, vegetieren. Der Brand von 1842 vernichtete zwar einen großen Teil dieser Elendsquartiere, doch stiegen nach dem Wiederaufbau auch die Mieten; die niedrigsten lagen bei 24 Talern jährlich.

Versuchten verarmte Familien, sich durch Bettelei am Leben zu erhalten, so drohte ihnen die Polizei mit Zuchthausstrafen bei Dunkelarrest und Wasser und Brot. Selbst Kinder, von ihren Eltern auf die Straße geschickt, sollten »körperlich scharf gestraft und den Umständen nach mit kürzerer oder längerer Gefängnisstrafe belegt werden, auch wenn die Eltern ihnen Anhaltung zum Betteln gegeben«. Zugleich ermahnte das Armenkollegium seine Armenpfleger, »auf die Klage arbeitsfähiger Armen über Mangel an Gelegenheit zum Erwerb nicht zu viel Gewicht zu legen«.

Daß die Masse der verelendeten Arbeiter dennoch eine Organi-

Im Hamburger Gängeviertel: Hof 22 an der Niedernstraße

sationsform fand, lag in der Existenz des Kranken- und Sterbekassenwesens der Handwerkergesellen begründet, das die Stadt und die Ämter nicht anzutasten wagten. Bis 1860 gab es deren 127; in den 1870er Jahren stieg ihre Anzahl auf 249. Außerdem bildeten die Gesellen der verschiedenen Ämter überregionale Vereine, die das jeweilige Handwerksamt in einer Stadt bei Verstößen von seiten der Meister für »beschimpft« erklären konnten, und das hieß, daß kein Geselle mehr bei ihnen um Arbeit nachsuchte. Nur Strafgelder konnten ein Amt oder einen Handwerksbetrieb von diesem Verdikt befreien – die erste Waffe im beginnenden Arbeitskampf.

Zu Anfang des Jahres 1845 konstituierte sich die Bildungsgesellschaft für Arbeiter zu Hamburg. Sie hielt ihre erste Mitgliederversammlung in einem provisorischen Vereinslokal Große Bleichen 48 ab. Zu den Mitgliedern gehörten nicht nur Arbeiter und Handwerker, sondern auch Künstler und Wissenschaftler. Die treibende Kraft dieses Vereins, der mit 92 Mitgliedern begann, war der Tischler Joachim Friedrich Martens, der während seiner Wanderschaft als Geselle weit herumgekommen war und zeitweilig in Solothurn, Paris und London gelebt hatte, ehe er 1844, nach neunzehn Jahren Auslandsaufenthalt, nach Hamburg zurückkehrte. Martens hatte während seiner im Ausland verbrachten Jahre die Bekanntschaft revolutionärer Emigrantenkreise gemacht und dabei auch die damals noch jungen kommunistischen Ideen kennengelernt, Grund genug für die Hamburger Polizei, die Bildungsgesellschaft aufmerksam zu überwachen und nach Gründen für deren Verbot zu forschen. Dem entging aber die Gesellschaft durch einen sehr geschickten Schachzug: Sie assoziierte sich nach langen Verhandlungen 1846 mit der renommierten Patriotischen Gesellschaft, von der sie finanziell ausreichend unterstützt wurde, nannte sich nun Bildungsverein und durfte sich unter dem Schutz der hochangesehenen Patriotischen Gesellschaft sicher fühlen und bekanntgeben: »Wir halten es für ein bedeutendes Zeichen der Zeit, wenn, wie hier geschehen, der Staat es ist, der sich auf Erfordern sogleich bereit zeigt, Gelder für Zwecke zu bewilligen, die den Arbeiter von den Schlacken seiner geistigen Unfreiheit zu befreien und ihn in einen denkenden Menschen zu verwandeln bestimmt sind.«

Der Bildungsverein florierte. Er besaß ein Vereinslokal in der ABC-Straße und zählte im März 1848 schon 600 Mitglieder. Neben Arbeitern und Handwerkern – unter ihnen allein 281 Tischler und 55 Schneider – gehörten ihm auch Buchhändler und Apotheker an, außerdem die proletarischen Schriftsteller Benno Heitmann und Johann Wilhelm Christern. Auf dem dritten Stiftungsfest des Vereins rief Martens aus: »Brecht ruhig die Himmelbrücken ab und gründet euch ein Erdenbürgertum, wo ihr euch den Himmel schon hier schaffen und dem Vaterland als tüchtige Bürger nützen könnt, und laßt uns auf der einmal betretenen Bahn nicht stille stehen, sondern immer mutig vorwärts streben.« Und ein anderer Festredner forderte bündig: »Das heiligste Recht, die Selbsterhaltung muß man dem Menschen wiedergeben, und deshalb: Organisation der Arbeit und nieder mit dem Kapital.«

Das waren nicht beliebige Festredner-Phrasen. Ihnen folgten Taten. Die Arbeitslosigkeit, die schon erwähnte wachsende Verteuerung der Lebensmittel und die verzweifelte soziale Situation der Arbeiter verlangten nach politischer Organisation. »Nur in der Assoziation liegt die Garantie zur wirklichen Verbesserung der Lage des Arbeiterstandes«, hieß es in einem Aufruf der Hamburger Zigarrenarbeiter. In kurzer Zeit wurden Arbeiterberufsvereine gegründet, die ein übergeordnetes »Zentralkommitee der Arbeiter« bildeten und ihre Delegierten zum ersten Arbeiterkongreß im April 1848 schickten. Der verlangte die Einführung des Zehn-Stunden-Tags, Festsetzung der Lohnhöhe, Verbot der Kinderarbeit, allgemeines und gleiches Wahlrecht, Verbot aller gegen die Arbeiter gerichteten Ausnahmegesetze und Gründung einer Darlehenskasse für bedürftige Mitglieder.

Den massiven Ausweisungsdrohungen der Hamburger Polizei zum Trotz setzten die Bäckergesellen durch einen Streik einige ihrer Forderungen durch: Arbeitszeit nicht länger als täglich 14 Stunden, Kündigungsfrist für beide Seiten 14 Tage, Mindestwochenlohn 3 Mark und 6 Schillinge. Sieben Wochen lang streikten 1848 die Buchdrucker. Auch die Speicher- und die Zigarrenarbeiter begannen sich zu organisieren. Ihre dringenden Appelle an Rat und Kaufmannschaft um unverzügliche Hilfe (»Viele haben seit 4 bis 6 Wochen ihrem Körper keine warme Nahrung bieten können; es gibt Familien unter ihnen, die wöchentlich mit 2 bis 3 Mark Kurant alle notwendigen Lebensbedürfnisse für Mann, Weib und Kinder bestreiten; für sie ist Gefahr im Verzuge«) blieben ungehört. Jetzt, 1848/1849, begannen sich die Arbeiter in »Gewerkvereinen« zu organisieren und Unterstützungskassen zu gründen. Im Bestreben, den Arbeitern Lebensmittel preisgünstig zu verkaufen, entstanden 1851 zwei Konsumvereine.

Immer häufiger wurden die Streiks. Von 1849 bis 1860 traten Ewerführertagelöhner, Tischler, Maurer, Schiffszimmerleute und Speicherarbeiter wiederholt in den Ausstand, konnten aber nur eine geringe Lohnerhöhung durchsetzen.

## Der zweitgrößte Hafen Europas

Der wirtschaftliche Aufwärtstrend setzte sich ungebrochen fort. Ab 1851 gab es eine regelmäßige, von den Firmen Godeffroy und Woermann betriebene Schiffsverbindung nach Australien. Godeffroy gründete 1856 auch eine Handelsniederlassung auf Samoa mit eigenen Agenturen auf den benachbarten Inselgruppen. Der von den Firmen Hertz und O'Swald geführte Ostafrikahandel wurde weiter ausgebaut, während das Haus Woermann in Westafrika (Guinea) Faktoreien zum Handelsumschlag und eigene Plantagen anlegte, die Kaffee, Kakao, Tabak und Gummi lieferten.

Der Inlandshandel belebte sich durch das Drei-Königs-Bündnis. Die Elbzölle wurden 1851 gesenkt, auch die Hamburger Zölle ermäßigt, und das deutsche Eisenbahnnetz wurde immer stärker erweitert, was den rascheren Warentransport begünstigte.

Dadurch erhöhte sich auch der über Hamburg laufende Im- und Export beträchtlich: In nur vier Jahren, von 1846 bis 1850, verdoppelte er sich, und 1856 liefen erstmals mehr als 500 Schiffe den Hamburger Hafen an, davon mehr als ein Viertel Dampfschiffe.

Eingeführt wurden überwiegend Rohstoffe wie Kaffee, Tee, Reis, Tabak, Baumwolle, Indigo, Farbhölzer, Häute, Tran, Wein, Rosinen, Heringe, Eisen, Steinkohle, Twist, Wolle, Getreide, Rohrzucker, Kleesaat und Zink. Der Export bestand vornehmlich in Industrieprodukten. Hamburg führte an eigenen Erzeugnissen aus: Zucker – er wurde jetzt in zwei Fabriken aus Zuckerrüben gewonnen –, Räucherfleisch, Spirituosen, Schiffsbrot, Zigarren, Möbel, Wagen, Maschinen, Chemikalien, Garne, Furniere, Kupferwaren, Textilien, Leder, Produkte aus Horn, Pferdehaare, Haartuch, Öle, Musikinstrumente, Parfümerien sowie Eisen- und Stahlwaren für insgesamt mehr als 30 Millionen Mark banco jährlich. Dabei stand der Zucker mit 5,5 Millionen Mark banco an der Spitze. Um 1850 war Hamburg im Warenumschlag die führende Handelsstadt auf dem europäischen Kontinent und, nach London, die zweitgrößte Hafenstadt Europas. Nachdem man 1814 fast völlig neu hatte beginnen müssen, war dies ein geradezu phantastischer Aufstieg.

Entsprechend wuchs auch der Schiffsbestand der Hamburger Reedereien, die zum Teil in der Hand der Überseekaufleute (Kaufmannsreedereien) lagen. Verfügten die Hamburger Kaufleute und Reeder 1848 über 257 Schiffe, so war dieser Bestand 1859 auf 483 gestiegen, darunter 17 Dampfschiffe, die den Verkehr mit Großbritannien, den USA und Brasilien versahen; seit 1856 gab es eine regelmäßige Dampfschiffverbindung mit New York. Aber nicht nur die Anzahl der Schiffe, sondern auch deren durchschnittliche Tonnage hatte zugenommen. Konnte die Hamburger Flotte 1848 erst 35 845 Commerz-Lasten befördern (1 Commerz-Last = rund 287 Bruttoregistertonnen), so waren es 1859 schon 93 430 Commerz-Lasten. Die Ladekapazität war also weit stärker gewachsen als die Anzahl der Schiffe.

Von diesen steigenden Frachtkapazitäten profitierte auch das

Geschäft mit den Auswanderern. Von 1865 bis 1866 stieg die Anzahl der auf Hamburger Schiffen in die USA transportierten Auswanderer von 11 264 auf 14 335 Personen. Die Verhältnisse auf diesen Auswandererschiffen waren katastrophal. 1865 starben während der Überfahrt 128 Menschen; 1866 waren es 387. Eine New Yorker Untersuchungskommission schrieb damals: »Es scheint, daß persönliche Rücksichten die Hamburger Behörden an einer tatkräftigen Aufsicht über die Auswandererschiffe hindern. Solche Fälle vermehren den üblen Ruf der Hamburger Linie.« Die Zustände auf diesen Schiffen ähnelten denen auf den berüchtigten Sklaventransportern. »In einer wahren Hölle waren 150 Personen 70 Tage lang eingepfercht«, heißt es in dem amerikanischen Bericht. »Der Schmutz von dem oberen Raum floß herunter in den Menschenstall, in dem es kein Tier lange ausgehalten hätte. Für die gesamte Zahl der 544 Auswanderer gab es nur vier Aborte und die waren im traurigsten Zustande; die armen Leute bekamen ungenügend und schlecht zu essen und nur eine halbe Pinte Wasser täglich zu trinken. Der Zwieback war zum Teil verschimmelt, die Butter war ranzig. Einmal in der Woche mußten die Leute mit Hering statt Fleisch vorlieb nehmen. Sie wurden grob und schlecht behandelt, und auf die Kranken nahm man nicht mehr Rücksicht als auf die Gesunden. Wollte ein Kranker Bier oder Wein haben, so ließ ihn der Kapitän dafür den dreifachen Preis zahlen. Es war nicht einmal ein Arzt an Bord, und die mitgenommenen Arzneien waren schon nach 14 Tagen erschöpft. Es war also kein Wunder, daß ein Fünftel der Auswanderer an Typhus zugrunde ging.«

Es waren durchweg Schiffe der Reederei Sloman, auf denen die beschriebenen Verhältnisse herrschten und mit denen der Inhaber ein Millionenvermögen verdiente. Als Sloman wegen dieser skandalösen Umstände, die damals die Presse in ganz Europa beschäftigten, vor Gericht kam, erkannte das Hamburger Obergericht auf eine Strafe von ganzen 100 Talern, und das auch nur deshalb, weil Sloman gesetzeswidrig auf den Auswandererschiffen Ballen ungereinigter Haare befördern ließ. Vor Gericht erklärte der Reeder ungerührt, er habe zwar von dieser Vorschrift nichts gewußt, hätte aber die Ladung trotz des Verbots genehmigt. Hätte er nicht dieses offene Bekenntnis zum Rechtsbruch abgelegt, wäre er zweifellos straffrei ausgegangen; die deutsche Presse war darüber mit Recht empört.

Der 1853 zwischen der Türkei, Großbritannien, Frankreich und Savoyen auf der einen und Rußland auf der anderen Seite ausgebrochene Krieg, der sogenannte Krimkrieg, begünstigte zunächst den Handel ganz ungemein. Rohstoffe und Lebensmittel verteuerten sich erheblich und regten zu weltweiten Spekulationsgeschäften an. Die Kaufmannschaft setzte auf eine lange Dauer des Kriegs und legte entsprechend große Warenvorräte an. Als es dann aber wider Erwarten 1856 zum Frieden kam, war die Wirtschaftskrise da, denn die Preise stürzten – und mit ihnen die Geldinstitute, die sich durch regen Wechselverkehr zu sehr exponiert hatten.

Das Desaster begann in den USA, wo von August bis Oktober 1857 plötzlich 150 Banken ihre Zahlungen einstellen mußten. Sofort fielen die Kurse der amerikanischen Eisenbahnaktien. Binnen kurzem waren es 1400 Banken, die fallierten. Der Rückschlag auf Europa folgte alsbald, denn fast die Hälfte der amerikanischen Wertpapiere war in britischer Hand, und auch Hamburger Handelshäuser hatten große Summen in amerikanischen Papieren angelegt. Die Zusammenbrüche in Großbritannien, mit dem Hamburg wirtschaftlich eng verbunden war, betrafen unmittelbar auch die Stadt, und da der Skandinavienhandel weitgehend mit Hamburger Krediten betrieben wurde, waren die Folgen verheerend.

Der Wirtschaftshistoriker Adolph Wagner hat 1862 die besondere Situation Hamburgs so beschrieben: »Im Großen und Ganzen hat es [gemeint ist Hamburg; Anmerkung des Verfassers] mit seinen Mehrforderungen in Deutschland, Nordosteuropa und überseeischen Ländern seine Mehrschulden an England und das sonstige Europa zu bezahlen. Mithin sind seine Gläubiger vornehmlich die reichen und handelsmächtigen Briten, seine Schuldner zum großen Theile die armen, creditbedürftigen, weiter entfernten, offenbar in jeder Hinsicht viel weniger Sicherheit und

Garantie bietenden Bewohner der nordosteuropäischen und vieler transatlantischer Staaten, bekanntlich besonders Süd- und Westamerikas. Der Hamburger Platz bildet hierdurch den Kreuzungspunct von Forderungs- und Schuldverhältnissen sehr verschiedener Art und Güte.«

Von den Hamburger Geldinstituten und Handelshäusern verschiedener Größenordnung brachen 150 Firmen zusammen. Der Gesamtverlust belief sich auf 200 Millionen Reichstaler. Die großen Bankhäuser – Merck, Godeffroy, Baur, Donner, Behrenberg, Goßler, Heine und Warburg – hielten nur durch, weil der Senat mit Staatsmitteln einsprang, um den totalen Zusammenbruch zu verhindern. Doch woher jetzt Darlehen nehmen bei Verpflichtungen von 340 Millionen Mark banco? Preußen, das vom Senat um eine Drei-Millionen-Taler-Anleihe gebeten wurde, lehnte brüsk ab und schickte sogar einen Brief, in dem der »tief verschuldeten« Hamburger Kaufmannschaft ein vernünftiges Geschäftsgebaren anempfohlen wurde. Kooperativer verhielt sich Österreich; dessen Regierung gab der Stadt den gewünschten Kredit in Form von Silberbarren bei einer Verzinsung von 6 Prozent. Die Barren wurden mit der Eisenbahn – bei freiem Geleit durch die Staaten des preußisch-deutschen Zollvereins – nach Hamburg geschickt. Dank dieses rasch verfügbaren Darlehens stabilisierte sich die Hamburger Wirtschaft so gut, daß die Silberbarren samt Zinsen schon sechs Monate später nach Österreich zurückgehen konnten. Außerdem gewährte Österreich ein weiteres Darlehen in Höhe von 5 Millionen Mark banco, das bereits nach zwei Monaten zurückgezahlt wurde.

Wie die Wirtschaftskrise von 1799 konnte auch die Krise von 1857 in erstaunlich kurzer Zeit bewältigt werden. Doch die Zeche zahlten wieder einmal die Kleinen: die kapitalschwachen Geldinstitute, die nicht mit Staatsmitteln gestützt wurden, und die Arbeiterschaft, die im Zeichen der Wirtschaftskrise noch mehr gedrückt werden konnte.

Nachdem 1861 die mittelalterliche Torsperre gefallen und der Ausbau des Eisenbahnnetzes zügig ins Werk gesetzt worden war, veränderten sich auch die Hamburger Post- und Verkehrsverhältnisse. Nach dem Sieg Preußens über Österreich 1866 wurde der Deutsche Bund aufgelöst. An seine Stelle trat noch im selben Jahr der von Bismarck, dem preußischen Kanzler, gegründete Norddeutsche Bund, ein 22 Länder nördlich der Mainlinie umfassender Bundesstaat unter preußischer Führung, dem auch Hamburg 1867 beitrat. Damit gab die Stadt ihr eigenes Postwesen am 1. Januar 1868 zugunsten der Postverwaltung des Norddeutschen Bundes auf. Dessen Oberpostamt, dem Berliner Generalpostamt unterstellt, bezog seinen Sitz im Hamburger Stadtposthaus. Einzig die schwedische Post blieb bis 1869 in Hamburg bestehen. Übrigens wurde der erste öffentliche Briefkasten in Hamburg 1864 aufgestellt.

Nah- und Fernverkehr wurden relativ spät ausgebaut, sosehr die Hamburger Wirtschaft auch darauf drängte; aber sie vermochte nichts gegen die engstirnigen Sonderinteressen der die Stadt umgebenden Staaten. Dänemark, das den jahrhundertealten freien Transit von Hamburg nach Lübeck 1838 aufgehoben hatte und nun hohe Zölle vom Transithandel erhob, ließ erst 1843 den Ausbau der Straße Hamburg–Lübeck zu. Wenigstens widersetzte sich Dänemark nicht der Einrichtung einer Omnibuslinie nach Altona und nach Wandsbek 1839; die Wandsbeker Linie wurde dann ab 1866, nachdem Wandsbek preußisch geworden war, von einer auf Schienen laufenden Pferdebahn betrieben, die alle zwölf Minuten fuhr.

Wer von Altona nach Blankenese wollte, konnte erst gegen Ende der 1840er Jahre ein öffentliches Verkehrsmittel benutzen: einen vierspännigen, wegen seiner weißen Lackierung »Dame blanche« genannten Omnibus, der einmal täglich, außer sonntags, zwischen Blankenese und Hamburg verkehrte und auch die Post beförderte. Unterhalten wurde dieses Gefährt von Privatleuten, die an dieser Strecke wohnten und den Pferdeomnibus unentgeltlich benutzen durften. Sonst konnte man, sofern man nicht selber Pferd und Wagen besaß, Blankenese seit 1828 mit dem Dampfschiff erreichen. Diese Linie verkehrte von 1840 an von den in diesem Jahr fertiggestellten St.-Pauli-Landungsbrücken.

Einen ärgerlichen Engpaß bildete die Verbindung nach Harburg. Zwar hatte 1813 Marschall Davout eine hölzerne Elbbrücke errichten lassen, aber die war schon 1817 wegen Baufälligkeit abgebrochen worden, und eine neue wurde nicht gebaut, da das zum Königreich Hannover gehörende Harburg an dieser Verbindung keinerlei Interesse zeigte. Eine Wagenfähre über die Norderelbe gab es erst ab 1851; 1859 wurde daraus eine Dampffähre. Eine über Wilhelmsburg führende Straße samt Omnibusverbindung kam erst 1853 zustande.

Eine Omnibuslinie nach Barmbek wurde 1841 eröffnet. Der begüterte Hamburger, der nicht selbst einen eigenen Wagen besaß, konnte sich von 1824 an für den innerstädtischen Verkehr eine Droschke nehmen. Sieht man von der Wandsbeker Pferdebahn sowie von Dampfschiff und Eisenbahn ab, so waren diese Verkehrsmittel nicht viel anders als Jahrhunderte zuvor: von Pferden gezogene Wagen verschiedener Größe, mit denen man sowohl Menschen wie auch Güter beförderte. Eine innerstädtische Eisenbahnverbindung gab es, ab 1867, nur zwischen den seit 1865 preußischen Ortschaften Altona und Blankenese.

Erst nachdem Schleswig-Holstein preußisch geworden war, kam 1865 eine Eisenbahnlinie zwischen Hamburg und Lübeck zustande. Vorher gab es nur, seit 1842, die Eisenbahn nach Bergedorf, die 1844 bis Berlin verlängert wurde.

Die Commerzdeputation wurde 1867 in Handelskammer umbenannt. Sie war die offizielle Vertretung von Hamburgs Handel, Industrie und Schiffahrt, und sie betreute die wertvolle Commerzbibliothek. Im selben Jahr wurde auf dem Stintfang die – 1943 zerstörte – Deutsche Seewarte errichtet, und zwar auf Betreiben der Bremer und der Hamburger Handelskammer; sie sollte die Schiffahrt durch meteorologische (Wetterdienst, Sturmwarnungen), hydrologische (Gezeitentafeln) und nautische Forschungen (Seekarten, Kompaßregulierung) wissenschaftlich unterstützen.

# Am Vorabend der Reichsgründung

Im Januar 1848 verkündete König Friedrich VII. von Dänemark eine Gesamtverfassung für Dänemark, Schleswig und Holstein, die der begrenzten Autonomie Schleswigs und Holsteins ein Ende machen sollte, und traf Maßnahmen, diese juristische Annexion auch militärisch durchzusetzen. Daraufhin sagten sich die Herzogtümer von Dänemark los, bildeten eine provisorische Regierung in Kiel und baten den Deutschen Bund um Hilfe. Als nun Ende März dänische Truppen einmarschierten, kam Preußen als Mitglied des Deutschen Bundes den Schleswig-Holsteinern zu Hilfe und besetzte im April Altona und Schleswig, unterstützt von norddeutschen Freiwilligenverbänden. Zweifellos hätte Preußen den Krieg zu seinen Gunsten entschieden, hätten nicht die Interessen Österreichs und Rußlands Preußen zum Rückzug gezwungen. Damals, 1849, waren vorübergehend preußische Truppen in Hamburg stationiert, und die Dänen hatten eine Blockade über die Elbe verhängt. Unter dem Druck der Großmächte mußte Preußen 1850 der Niederwerfung des holsteinischen Aufstands durch Truppen des Deutschen Bundes zustimmen. Preußen vergaß diese Demütigung nicht.

Vierzehn Jahre später hatte sich die politische Lage wesentlich geändert. Auf die endgültige Annexion Schleswig-Holsteins hatte Dänemark 1850 verzichten müssen. Jetzt aber, 1864, versuchte König Friedrich VII. eine andere Taktik, indem er die Einverleibung Schleswigs in den dänischen Staat verfügte. Damit verstieß er jedoch gegen die 1460 verbriefte Unteilbarkeit von Schleswig und Holstein (»up ewig ungedeelt«). Bismarck brachte eine preußisch-österreichische Koalition zustande, deren Truppen Dänemark empfindlich schlugen und zur Kapitulation zwangen. Zwar nicht unmittelbar, aber in der Folge fiel Schleswig-Holstein an Preußen. In Hamburg sah man die schwere Niederlage des dänischen Erbfeinds mit Freude. Der Friedensschluß verwandelte die Nachbarstädte Altona und Wandsbek 1865 in preußisches Territorium, und Preußen machte den Hamburgern – aus durchaus eigennützigen Gründen – weit weniger Schwierigkeiten als Dänemark.

So leicht Hamburg die Parteinahme 1849 und 1864 zugunsten Preußens gemacht worden war, so schwierig wurde die politische Position der Stadt 1866, als es zum Krieg zwischen Preußen und Österreich kam und Preußen von Hamburg eine klare Entscheidung verlangte. Die Sympathien der Stadt lagen bei Österreich, denn unvergessen war, daß Österreich 1857 ohne Zögern mit Krediten dem finanziell schwer bedrängten Hamburg beigestanden hatte, indes sich Preußen brüsk versagte. Den politisch Weitblickenden aber war klar, daß eine Überlebenschance für die Stadt nur im Bündnis mit Preußen liegen konnte, das durch Bismarck unverhüllt hatte drohen lassen: »Wir würden nur ungern Hamburg in der Reihe unserer Gegner sehen und darnach unsere Maßregeln ergreifen müssen.« Auf die Peitsche folgte das Zuckerbrot. Bismarck weiter: »Wir würden alsdann nicht nur die Selbständigkeit derselben [der Stadt Hamburg; Anmerkung des Verfassers] nicht antasten, sondern auch in der Ausbildung der commerziellen Zeitverhältnisse die Möglichkeit finden, die Interessen der Seestädte und des Binnenlandes durch Freihäfen und ähnliche Einrichtungen auszugleichen.« Es war das Verdienst der Senatoren Carl Friedrich Petersen und Johannes Versmann, daß Hamburg sich Preußen anschloß und so seine Unabhängigkeit rettete.

## In Hamburg wird gestreikt

Mit der Gründung des Allgemeinen Deutschen Arbeitervereins (ADAV) 1863 in Leipzig hatte die Arbeiterbewegung einen großen Schritt voran getan, nämlich den Übergang von einer Bewegung hin zur politischen Partei, mit der die Zersplitterung in zahllose Gruppierungen und Zielsetzungen beseitigt werden sollte. Dem Vorstand des ADAV, dem zunächst Ferdinand Lassalle bis zu seinem frühen Tod 1864 präsidierte, gehörten zwei Hamburger und ein Harburger an: der Schlosser Jacob Audorf der Jüngere und August Perl, Verleger der seit 1860 erscheinenden Wochenzeitschrift *Der Nordstern*, Sprachrohr des Arbeiterbildungsvereins; Harburg wurde vertreten durch den Tischler Theodor York. Die Gründung des ADAV verhinderte auch in Hamburg die sich seit 1862 abzeichnende Aufsplitterung der Arbeiterbewegung in sich untereinander bekämpfende Gruppen.

Emigrierte deutsche Handwerkergesellen hatten in Paris den Bund der Geächteten gegründet, der sich später Bund der Gerechten nannte. Ihm gehörte der Schneidergeselle Wilhelm Weitling an, dessen revolutionäre kommunistische Schriften – in denen er unter anderem die Abschaffung des Geldes und die unentgeltliche Versorgung durch die Gesellschaft forderte – großen Widerhall fanden und viel diskutiert wurden. Weitling gründete 1848 in Hamburg den Befreiungsbund, der den Bund der Gerechten ablöste. Weitling selbst war nur kurz in Hamburg, denn schon nach einer Woche wurde er ausgewiesen; aber er konnte seine Hamburger Anhänger mit den kommunistischen Ideen vertraut machen. Schon im Jahr zuvor hatten Friedrich Engels und Karl Marx, die dem Bund der Gerechten beigetreten waren, gemeinsam mit den beiden Hamburgern Schapper und Moll in London die Statuten für einen internationalen »Bund der Kommunisten« entworfen und auch nach Hamburg geschickt, um sie dort zur Diskussion zu stellen. Marx waren die Hamburger Verhältnisse bekannt, denn er hatte sich 1845 und 1849 hier aufgehalten. *Die Preußische Militärfrage und die deutsche Arbeiterpartei* von Friedrich Engels wurde 1865 in Hamburg bei Otto Meißner verlegt, der 1867 auch *Das Kapital* von Karl Marx herausbrachte.

Hatte Lassalle eher auf ein nationales und evolutionäres Konzept gesetzt, weil er sich die Beseitigung der Klassengegensätze durch ein allgemeines Wahlrecht versprach, so wollte die marxistische Opposition die internationale Verbundenheit der Arbeiterklasse und den ökonomischen Kampf. So kam es 1869 zum Bruch, als August Bebel, Wilhelm Liebknecht, Theodor York und August Geib den ADAV verließen und in Eisenach die Sozialdemokratische Arbeiterpartei gründeten.

Das Jahr 1865 brachte die erste große Streikbewegung in Deutschland. Ausgelöst wurde sie durch einen Ausstand der Leipziger Buchdrucker. Er demonstrierte das erwachte Selbstbewußtsein der Arbeiter, zeigte aber zugleich, daß ein Streik ohne eine ausreichende finanzielle Absicherung nicht durchzuhalten war. Um ihre Solidarität mit den Leipziger Kollegen zu bezeugen, schickten die Hamburg-Altonaer Buchdrucker 708 Taler nach Leipzig.

In Hamburg war man besser gerüstet. Hier hatte man schon zu Anfang der 1860er Jahre begonnen, eine Allgemeine Arbeiterunterstützungskasse aufzubauen. Zu diesem Zweck schlossen sich die einzelnen Hamburger Gewerke mit den entsprechenden in Altona zusammen, und 1865 zählte die Kasse bereits insgesamt 2500 Mitglieder mit einem Kassenbestand von 1228 Mark. Bedürftige Arbeiter hatten Anspruch auf eine wöchentliche Unterstützung von 8 Mark.

Im Hamburger Raum begann der Streik 1865 in Geesthacht, das damals – und bis 1937 – zu Hamburg gehörte. Hier legten die vereinigten Korbmacher die Arbeit nieder, weil ihnen der Lohn gekürzt werden sollte. Ohne die Hilfe der Unterstützungskasse, zu der auch die Hamburger Schiffszimmerer Geld spendeten, hätten die Korbmacher nicht durchhalten können. So aber setzten sich die Streikenden durch und konnten mit den Fabrikanten einen neuen Lohntarif zu ihren Gunsten abschließen.

Kurz darauf traten die Hamburger Reepschläger in den Ausstand; sie kämpften für die Verkürzung ihres Zwölf-Stunden-Tags um eine Stunde. Ihnen folgten die Hamburger Korbmacher, die eine Lohnerhöhung und die Verkürzung der Arbeitszeit um eine Stunde forderten, und im März die Eisenschiffbauer der Godeffroyschen Werft am Reiherstieg, die in der Arbeitszeitverkürzung den Schiffszimmerern gleichgestellt werden wollten. Die Polizei reagierte auf die Ausstände mit Verhaftungen. Einige Arbeiter wurden der Stadt verwiesen, andere erhielten Freiheitsstrafen von zwei bis vier Wochen. Das Urteil gründete sich auf die Behauptung, den Streiks liege »ein förmliches Komplott« zugrunde. In abenteuerlicher Sophistik wurde konstatiert, das Gewerbegesetz sichere Arbeitnehmern und Arbeitgebern die volle Freiheit bei der Regelung des Lohns zu, und diese Freiheit sei durch die unter den Arbeitern und mit der Unterstützungskasse getroffenen Vereinbarungen beeinträchtigt worden. Bitter kommentierte damals die neugegründete Zeitschrift *Der Social-Demokrat*, in der Engels, Herwegh, Liebknecht und Marx schrieben, die Ausweisung von zwei Vorstandsmitgliedern der Unterstützungskasse mit den Worten: »Allah ist groß und Godeffroy ist Senator. Das sind die Freiheiten der Republik Hamburg.« Am Ende dieses Streiks verblieben der Unterstützungskasse noch 256 Mark und 15 Schillinge. Da begann die zweite Streikwelle.

In Hamburg traten zunächst die Schiffstagelöhner in den Ausstand, sodann in Altona die Malergesellen, die Schiffszimmerer, die Maurer und die Tischler, danach in Hamburg die Schuhmacher, denen sich die von Altona anschlossen, und die Schneider. Sie alle verlangten eine Verkürzung der Arbeitszeit – immer noch gab es Sonntagsarbeit – und eine Lohnerhöhung um 25 Prozent. Dieser Prozentsatz war eine nur scheinbar hohe Forderung, denn die gezahlten Wochenlöhne lagen beim Existenzminimum von 9 bis 10 Mark. Auf einer Versammlung der streikenden Schneider sagte ein Redner: »Während der paar Wochen, in welchen die Arbeit überhäuft, kann man den Gehilfen von vier Uhr morgens bis zwölf Uhr nachts in der Werkstatt treffen, die er endlich alt, gebrochen, häufig erblindet als Bettler verläßt.« Nach fast dreiwöchigem Streik gaben die Arbeitgeber nach und willigten in die Forderungen ein. Die Hamburger Behörden reagierten wiederum mit Ausweisungen. Die Hamburger Schneider aber hätten nicht drei Wochen durchstehen können, wären ihnen nicht von den Kollegen aus Lübeck, Magdeburg, Berlin und Frankfurt am Main Geldspenden zugeflossen.

Der Schneider-Streik war noch nicht beendet, da schlossen sich die Tischler, die Stuhl- und die Instrumentenmacher an; sie unterstrichen ihre Forderungen mit Demonstrationszügen, an denen sich über 3000 Arbeiter beteiligten. Daraufhin streikten auch die Bauarbeiter, die Bautischler, die Zimmerer, die Eisenbahnarbeiter und die Segelmacher – mit Erfolg.

Ermutigt vom Kampf der Arbeiter, begannen sich nun auch die Angestellten zu organisieren, die Schreiber der Rechtsanwälte, die Verkäufer im Einzelhandel. Die letztgenannten drängten auf geregelte Ladenschlußzeiten; sie wollten künftig nicht länger als bis 21 Uhr und sonntags nur bis 12 Uhr mittags arbeiten. Eine Versammlung der Dienstmädchen sprach erstmals über den Unfallschutz am Arbeitsplatz; ohne entsprechende Sicherheitsvorkehrungen sollten in höheren Stockwerken keine Fenster mehr gereinigt werden. Eine Zeitschrift kommentierte damals: »Es ist kaum wahrscheinlich, daß die Dienstmädchen es bei einer so vernünftigen Forderung bewenden lassen.«

Nach dem Ende dieser Streiks, welche die ersten sieben Monate des Jahres 1865 beherrschten, zählte die Allgemeine Arbeiterunterstützungskasse, die auf 5000 Mitglieder angewachsen war, noch ganze 120 Mark als Reserve. Immerhin waren die Streikziele fast durchweg erreicht, nämlich endlich Minimallöhne festzusetzen, die unmenschlich lange Arbeitszeit zu verkürzen und die Akkordarbeit zu reduzieren. Für viele andere Städte wurde der Hamburger Arbeitskampf, vor allem aber die Organisation der Unterstützungskasse zum Modell. Der ADAV forderte von nun an die Einführung des Zehn-Stunden-Tags.

Aber das neugewonnene Selbstbewußtsein erhielt einen schweren Stoß, als nach dem Krieg von 1866 Deutschland eine industrielle Krise erlebte, die eine Massenarbeitslosigkeit bisher kaum gekannten Ausmaßes nach sich zog. Zusätzlich erschwert wurde die Situation durch mehrere Mißernten und ungewöhnlich strenge Winter. Als die Fabrikanten daraufhin Lohnkürzungen verfügten, traten in Hamburg und Altona 230 Haartuchweber in den Ausstand. Doch diesmal siegten die Arbeitgeber, die sich untereinander verpflichtet hatten, bei 500 Talern Strafe nicht nachzugeben. Nach sieben Wochen brach der Streik zusammen.

Allmählich setzte sich unter den Arbeitern die Erkenntnis durch, daß nur ein zentraler Zusammenschluß weiterführen könne. Die Zigarrenarbeiter, die Buchdrucker und die Schneider machten 1868 damit den Anfang. Es war die Geburt der Gewerkschaften, die sich zunächst noch »Arbeiterschaften« nannten. In Hamburg entstanden als erste Ende 1868 die Arbeiterschaften der Holzarbeiter, der Metallarbeiter und der Maler; in der zuletzt genannten waren auch Photographen und Retuscheure organisiert.

Im März und im April 1869 kam es in Hamburg wiederholt zu Arbeitsniederlegungen. Sie erreichten ihren Höhepunkt am 23. Juli, als 500 Arbeiter der Wagenfabrik Lauenstein in den Ausstand traten. Anlaß war die Kürzung des Akkordlohns um 15 Prozent mit der Begründung, das Geschäft sei rückläufig, und wegen zu starker Konkurrenz müßten die Wagen billiger angeboten werden; dies aber sei nur durch eine Reduzierung der Löhne zu erreichen. Die Arbeiter argumentierten, daß selbst der höchstmögliche Akkordlohn wöchentlich nicht 18 Mark übersteige; zumeist liege er bei 9 bis 12 Mark. Habe man die Arbeiter in den Jahren hoher Gewinne nicht beteiligt, so wollten sie jetzt auch nicht das Risiko tragen. Als ihre Vertreter die Geschäftsleitung darauf hinwiesen, daß es bei verheirateten Arbeitern aufgrund der zu niedrigen Löhne nicht selten sei, »daß deren Frauen in den letzten Tagen der Woche den Kindern nur trockenes Brot vorsetzen könnten«, bekamen sie die zynische Antwort, der Arbeiter brauche »auf seinem Brot nicht Wurst und Speck«. Im übrigen würde man eher Arbeitskräfte von auswärts holen als nachgeben. Als daraufhin das Streikkomitee die Redaktion des *Social-Demokraten* telegraphisch von dieser Mitteilung verständigen und vor dem Zuzug auswärtiger Arbeiter warnen lassen wollte, verweigerte die Post die Beförderung der Telegramme »wegen Unzulässigkeit des Inhaltes«. Dennoch gelang es, 126 von auswärts angereiste Arbeiter wieder zur Abreise zu bewegen.

Der Streik hatte inzwischen auf den ganzen Betrieb übergegriffen. 1306 Beschäftigte – von 1400 – waren jetzt im Ausstand; die wenigen Arbeitswilligen wurden von ihren streikenden Kollegen nicht behindert. Unterstützungsgelder spendeten die Schmiede, die Zigarrenarbeiter und die Schiffszimmerer, und auf der Straße wurde für die Streikenden gesammelt – mit Erfolg, denn die Öffentlichkeit stand dem Ausstand positiv gegenüber.

Am 7. September stürmten nach einer Demonstration über 500 Arbeiter die Fabrik und zerstörten die Maschinen; anschließend verwüsteten sie das Haus eines Gastwirts, der ausländische Streikbrecher vermittelte. Eine weitere Menge stürmte das Zweigwerk in Rothenburgsort und demolierte auch das Haus des Direktors gründlich. Er selbst konnte gerade noch rechtzeitig entkommen. Als er dabei zu Fall kam und ein Schmied ihm aufhelfen wollte, wurde er von dem Direktor erschossen. Ehe die Polizei Nachricht von den Vorfällen erhielt, war das Zerstörungswerk bereits vollendet.

Zu schweren Zusammenstößen zwischen Arbeitern und Polizei, die zahlreiche Verletzte forderten, kam es indes zwei Tage später in St. Georg, als der erschossene Schmied, Vater von sechs Kindern, von 3000 Arbeitern zu Grabe getragen wurde. Gegen den, der ihn getötet hatte, erhob das Streikkomitee Anklage wegen Totschlags; doch das Gericht erkannte auf Freispruch wegen Notwehr.

Daß die Hamburger Arbeiterschaft diesen Streik durchhalten konnte und auch nach acht Wochen noch den geradezu demütigenden Kompromißvorschlag der Geschäftsleitung erbittert ablehnte, war nur möglich, weil Arbeiter aus ganz Deutschland unter größten Opfern den Hamburger Kollegen 13 500 Mark gespendet hatten.

Am 21. September hatten die Streikenden gesiegt: Die Firma bewilligte den alten Akkordsatz und verkürzte die Arbeitszeit um eine Stunde (was ursprünglich nicht einmal verlangt worden war). Die Arbeiter hatten aber noch weit mehr erreicht: Der Direktor wurde entlassen, desgleichen alle während des Streiks eingestellten Streikbrecher. Es war ein glänzender, aber unter schweren finanziellen Belastungen und einem Todesopfer erlangter Sieg der Hamburger Arbeiter gegen ihre Ausbeuter. Die Wagenfabrik Lauenstein ging 1870 in Konkurs; sie hatte den durch den Streik verursachten Ausfall nicht mehr verkraften können.

»Die deutschen Arbeiter«, so hatte ein Hamburger Delegierter 1868 in seiner Eröffnungsansprache auf dem Berliner Arbeiterkongreß gesagt, »können geradezu die deutsche Industrie ruinieren, wenn sie wollen, und sie haben kein Interesse daran, sie zu halten, solange ihnen diese den erbärmlichsten Lohn zukommen läßt.« Als der Streik bei Lauenstein begann, ging es nicht um Lohnerhöhung und Arbeitszeitverkürzung – obwohl beides nur allzu berechtigt gewesen wäre –, sondern einzig um die Abwendung einer unerträglichen Lohnkürzung. Zu Beginn des Streiks hatte die Geschäftsleitung noch erklärt, ihre wirtschaftlichen Schwierigkeiten rührten daher, daß das Hauptabsatzgebiet, Rußland, verlorengegangen sei. Aber nach einigen Wochen mußten die Herren zugeben, daß ihnen in Wahrheit aus Rußland ein Auftrag in Höhe von 14 Millionen Silberrubeln vorlag – und den konnten sie nun nicht erfüllen. Man hätte also der ursprünglichen Forderung, die Kürzung rückgängig zu machen, leicht entsprechen können, wenn man gewollt hätte. Um noch einmal den Hamburger Delegierten zu zitieren: »Die Arbeiter können, wenn sie fest organisiert sind, die deutsche Industrie konkurrenzunfähig machen, und wenn die Herren Kapitalisten das nicht wollen, so mögen sie höhere Arbeitslöhne zahlen.« Hamburg lieferte für diese Sätze seines Delegierten den praktischen Beweis.

Verdrossen schrieb die *Kölnische Zeitung* 1870: »Sehr bedauerlich ist, daß gerade in Hamburg die sozialdemokratischen Aufhetzereien und Wühlereien einheimisch geworden sind; denn wenn irgendwo in Deutschland Arbeiterversammlungen abgehalten wurden, findet man meistens berichtet, daß Arbeiter aus Hamburg zu denen gehören, die am lautesten deklamieren.«

## Die Juden werden gleichberechtigt

Als Hamburg Ende 1810 dem französischen Kaiserreich einverleibt wurde, galt nun auch hier die französische Gesetzgebung, die den Juden die völlige Gleichberechtigung garantierte. Kein Wunder, daß die Hamburger Juden, gleich ihren Glaubensgenossen anderswo, eifrige Befürworter der Napoleonischen Sache waren. Doch die Ernüchterung kam sehr schnell. Nicht nur, daß die Geschäfte der jüdischen Kaufleute unter der französischen Handelspolitik ebenso litten wie die der nichtjüdischen; im Dezember 1813 verhängte Marschall Davout ganz gesetzwidrig über die jüdische Gemeinde Hamburgs eine hohe Sonderkontribution, die von den Juden aber nicht gezahlt wurde. Über die Befreiung Hamburgs von der französischen Okkupation empfanden die Juden daher aufrichtige Freude.

Sie freuten sich indes zu früh. Weder war der Rat bereit, die Wiederherstellung der von den Franzosen aufgelösten jüdischen Dreigemeinde – bestehend aus den Gemeinden in Hamburg, Altona und Wandsbek – zuzulassen, noch wollte er die von Napoleon verfügte Gleichberechtigung weiterhin garantieren. Es sollte alles wieder so werden, wie es vor 1806 gewesen war. Damit wurden die Juden erneut zu Einwohnern zweiter Klasse. In einer von einem auswärtigen Besucher Hamburgs geschriebenen Publikation konnte man 1835 lesen: »Die Juden haben in Hamburg ein Asyl gefunden; man konnte sie nicht wohl ausweisen. Hamburg hatte den reichen Banquier Heine und so viele andere reiche Juden, und da ist man gnädig gewesen, und Juden dürfen in Hamburg wohnen und handeln. Zur Advocatur werden sie nicht gelassen, in Zünfte und dergleichen Institute erhalten sie keinen Zutritt, und an eine Vereinigung Hamburgs mit Israel im Geiste und in der Wahrheit ist fürs Erste nicht zu denken. Ein ›Jud‹ ist noch bis auf den heutigen Tag Schimpfwort in Hamburg.«

Ein Jahr später berichtete die *Allgemeine Zeitung des Judenthums* aus Hamburg: »Der Judenhaß, oder viel mehr die Judenverachtung, streift hier wirklich an's Unglaubliche, und wenn christliche Familien sich auch nicht ganz von dem Verkehr mit reichen Juden losmachen können, so wird es doch stets den Anschein haben, als ob man sich zu diesen herablasse. [...] Befragt man die Christen nach der Ursache dieses unnatürlichen Hassens, so erhält man zur Antwort: ›Sie sind arrogant, unverschämt und wucherisch, meinen es überdies mit keinem Christen ehrlich.‹ [...] Ja, ist der Mittelstandsmann nicht arrogant, wenn er mit Stolz die hier so oft vorkommende Redensart ›Ich bin Hamburger Bürger!‹ hören läßt, und sich deshalb Ungerechtigkeiten und Unterdrückungen gegen solche Personen erlaubt, die nicht wie er Bürger des kleinen Staates sind?«

Ebendies war den Juden verwehrt. Sie konnten nicht das Bürgerrecht erwerben. Wie man in Hamburg über die Juden dachte, offenbarte ein 1818 erschienenes Buch des Hamburger Juristen und Theologen Johann Ludolf Holst. Er warf darin den Juden »merkantilischen Gemeingeist« vor, beklagte die Tolerierung der Juden und behauptete, die Ruinierung des Hamburger Handwerks durch den englischen Handel sei einzig den Juden anzulasten. Das waren zwar völlig unsinnige Vorwürfe, aber sie paßten genau in die antisemitisch aufgeheizte Atmosphäre jener Jahre. Damals lebten in Hamburg 6299 deutsche und 130 portugiesische Juden, etwa 6 Prozent der Gesamtbevölkerung. Über die verschiedenen »Judentumulte« jener Jahre wurde bereits berichtet.

Um ihre Rechte durchzusetzen, verfaßten die Juden 1834 zwei Eingaben an den Rat, in denen die »bürgerliche Gleichstellung der hiesigen Bekenner des mosaischen Glaubens mit den christlichen Confessionsverwandten unserer Stadt« gefordert wurde. Urheber der zweiten Eingabe war das 1833 gegründete »Comité für die Verbesserung der bürgerlichen Verhältnisse der Hamburger Israeliten«, zu dessen neunköpfigem Vorstand Salomon Heine und Gabriel Riesser gehörten; Riesser hatte diese Eingabe verfaßt.

Salomon Heine, der in Hamburg geradezu populäre Bankier, konnte fast vergessen lassen, daß es einen ausgeprägten Antisemitismus in Hamburg gab, wie umgekehrt die Hamburger dazu neigten, das Judentum des »Hamburger Rothschild«, wie man ihn nannte, fast zu vergessen. Der 1767 in Hannover geborene Heine war als Siebzehnjähriger mit nur 16 Groschen Barschaft nach Hamburg gekommen und hatte in wenigen Jahren ein Bankhaus aufgebaut, dem selbst die Wirtschaftskrise von 1799 nichts anhaben konnte. Sein Unternehmen überstand auch erfolgreich die Zeit der französischen Besatzung. Beim Großen Brand 1842 gab Heine selbst sein Haus am Jungfernstieg zur Sprengung frei, verzichtete auf die ihm zustehende Versicherungssumme, die er der städtischen Feuerkasse stiftete, und machte bekannt, daß er von jedem in Not geratenen Kaufmann Wechsel in Höhe bis zu 15 000 Mark banco annehme. Mit dieser großzügigen Geste trug er entscheidend zur raschen Wiederbelebung des schwer getroffenen Handels bei. Als Salomon Heine, der auch das Israelitische Krankenhaus in St. Pauli stiftete, 1844 in Hamburg starb, hatte der gläubige Jude in seinem Testament nicht nur alle Arbeiter und Angestellten seines Unternehmens bedacht, sondern auch 8000 Mark courant zum Wiederaufbau von zwei Kirchen gespendet. Der Journalist Friedrich Saß schrieb 1842: »Unter den Kaufleuten Hamburgs [...] muß vor Allen der edle Salomon Heine erwähnt werden, ein Mann, dessen Verdienste um Hamburg und Hamburgs Bürger sich fast täglich mehren. [...] Es ist edel, das Vaterland retten vor Feindesgewalt, aber nicht weniger edel und großartig ist es, wenn die ersten Kaufleute Hamburgs sich in patriotischer Uneigennützlichkeit dazu vereinen, den Credit ihrer Kaufmannschaft aufrecht zu erhalten.«

Die Patriotische Gesellschaft ernannte Salomon Heine 1843 zu ihrem Ehrenmitglied, obwohl die Gesellschaft bis dahin Juden die Aufnahme verweigert hatte. Heines Großherzigkeit hat zweifellos mitgeholfen, den Hamburger Juden ihre Situation zu erleichtern. So durfte 1837 zum erstenmal ein Jude die Vormundschaft für ein christliches Kind übernehmen, von 1841 an konnten sich Juden auch in St. Pauli niederlassen, und ein 1842 gegründeter Jugendverein ließ erstmals auch jüdische Jugendliche als Mitglieder zu.

Wirkte der Kaufmann Salomon Heine mehr durch das Beispiel seiner hochherzigen Persönlichkeit, so war der eigentliche Kämpfer für die Gleichberechtigung der Juden der 1806 in Hamburg geborene Gabriel Riesser. Er hatte Jura studiert und mußte erleben, wie sehr sein Judentum ihm den beruflichen Aufstieg erschwerte. Weder erlaubte ihm Hamburg die Niederlassung als Rechtsanwalt, noch gaben ihm die Universitäten Heidelberg und Jena eine Professur. In einer Rede zur Lage des Judentums in Deutschland vor dem Frankfurter Parlament sagte Riesser den später häufig zitierten Satz: »Ich nehme das Recht in Anspruch, vor Ihnen aufzutreten im Namen einer seit Jahrtausenden unterdrückten Classe, der ich angehöre durch Geburt, und der ich [...] ferner angehöre durch das Princip der Ehre, das es mich hat verschmähen lassen, durch einen Religionswechsel schnöde versagte Rechte zu erwerben.«

Zu den ersten gewählten Vertretern Hamburgs in der Frankfurter Nationalversammlung gehörte, wie erwähnt, der Jurist Moritz Heckscher, ein getaufter Jude, der Kaufmann Edgar Daniel Roß und der Kaufmann Ernst Merck, der die Juden als »Krebsschaden Hamburgs« bezeichnete.

Die entscheidende Hilfe im Kampf um die Gleichberechtigung aber kam den Juden von ganz anderer Seite. Bei den Wahlen zur Konstituante im Herbst 1848, bei der auch Juden wahlberechtigt waren, bemühten sich die beiden rivalisierenden Blöcke, das Liberale Wahlkomitee und der Patriotische Verein, um die Stimmen der jüdischen Wähler mit der Zusage, ihre volle Gleichberechtigung durchzusetzen. Dazu kam es dann auch am 23. Februar 1849, nachdem das Frankfurter Parlament schon Ende 1848 die Gleichberechtigung verkündet hatte. Bei den Wahlen zur Hamburger Konstituante wurden vierzehn Juden gewählt, unter ihnen so profilierte Politiker wie der Jurist Isaac Wolffson und der Schulleiter Anton Rée. In der Folge konnten Juden auch in Positionen aufrücken, die ihnen bislang verwehrt gewesen waren. Der seit 1823 in Hamburg ansässige jüdische Reeder August Sanders wurde 1854 als erster Jude in die Commerzdeputation gewählt; der jüdische Chefredakteur der Zeitschrift

*Reform*, Samson Hartwig Hertz, wurde 1857 Repräsentant des St.-Michaelis-Kirchspiels in der Besprechungskommission von Senat und Bürgerschaft für die Staatsdiskontkasse.

Von der Gleichberechtigung bis zur endgültigen sozialen Integration der Juden vergingen noch einige Jahre. Zunächst bekamen jüdische Handwerker 1849 das Recht, Mitglieder der Ämter zu werden, und 1851 erlaubte der Senat die Mischehe. (Die Zivilehe wurde erst 1861 obligatorisch; die Eheschließung nahm bis dahin die Kirche vor, die aber die Heirat zwischen Juden und Christen untersagte.) In die im November 1859 eingesetzte Bürgerschaft zogen neun jüdische Abgeordnete ein, unter ihnen Gabriel Riesser, Isaac Wolffson und Anton Rée. Die im März 1860 erlassene neue Verfassung garantierte den Juden endgültig die Gleichberechtigung.

Erst 1864, ein Jahr nach Riessers Tod, wurde das Familien-, Testaments- und Erbschaftsrecht der Juden verkündet, womit das bislang für die Juden geltende mosaische Recht aufgehoben wurde. Die beiden jüdischen Gemeinden, die portugiesische und die deutsche, bekamen den Status von »freiwilligen Zusammenschlüssen zum Zweck der Religionsausübung«, und die Sozialfürsorge für bedürftige Juden oblag künftig dem Staat. Damit war die Integration der Juden in das Gemeinwesen Hamburg endgültig vollzogen.

# Von 1870 bis 1897

Das 1885 abgebrochene Hiobshospital an der Spitalerstraße

Mit dem Beitritt zum Norddeutschen Bund 1867 gab Hamburg auch die Militärhoheit an Preußen ab. Das Bürgermilitär wurde aufgelöst und Hamburg zur Garnison von zwei Bataillonen des preußischen Infanterieregiments Nr. 76 bestimmt. Von den Hecks der Hamburger Schiffe wehte nicht mehr die Stadtflagge mit der weißen dreitürmigen Burg auf rotem Feld, sondern die neue Nationalflagge Schwarz-Weiß-Rot (Schwarz und Weiß waren die Farben Preußens, Weiß und Rot die der Hansestädte). Hamburgs diplomatische Vertretung im Ausland ging an Preußen über; gemeinsam mit Bremen und Lübeck behielt Hamburg eine eigene Vertretung nur in Berlin. Die Gesandtschaften der auswärtigen Mächte in Hamburg wurden aufgelöst.

Nach der Gründung des Deutschen Reichs 1871 in Versailles mußte Hamburg noch im selben Jahr das Strafrecht des Reichs übernehmen und 1876 auch die neue Reichswährung einführen: 1 Reichsmark zu 100 Pfennigen. Die alte Hamburger Bank war von nun an der Deutschen Reichsbank in Berlin unterstellt und die Hamburger Mark banco mit 1,50 Reichsmark gleichgesetzt.

Nach dem Erlaß der Reichsjustizgesetze 1876/1877 und der Einführung der Amts- und der Landgerichte wurde die 1860 in Kraft getretene Hamburger Verfassung 1879 reformiert. Nach dieser Reform saßen in der Bürgerschaft nur noch 160 – statt bisher 192 – Abgeordnete, von denen die Hälfte von den Bürgern in direkter und geheimer Wahl, 40 von den Grundeigentümern und 40 »von denjenigen Bürgern erwählt werden, welche Richter, Handelsrichter, Mitglieder der Vormundschaftsbehörde, bürgerliche Mitglieder der Verwaltungsbehörden, der Handels- und Gewerbekammer sind oder gewesen sind« (Artikel 30); es handelte sich hier um die sogenannten Notablen.

Auch wenn damit das Mitspracherecht der Bürger ein wenig erweitert wurde, so blieb doch die Masse der Hamburger Bevölkerung nach wie vor von der politischen Willensbildung ausgeschlossen, nämlich die Arbeiter, die Handwerkergesellen und die

Dienstboten, die den Erwerb des Bürgerrechts nicht bezahlen konnten. Damit trat der absurde Fall ein, daß nach dem Reichswahlgesetz zwar alle männlichen Staatsangehörigen Hamburgs vom 25. Lebensjahr an die Hamburger Reichstagsabgeordneten in drei Wahlkreisen wählen konnten, nicht aber die politischen Vertreter in ihrer eigenen Stadt. In Zahlen ausgedrückt: Von den 454 000 Einwohnern Hamburgs im Jahr 1880 durften zwar 103 000 ihre Stimme zur Reichstagswahl abgeben, aber nur 22 000 an der Wahl der Bürgerschaft teilnehmen. Zehn Jahre später klafften diese Zahlen noch weiter auseinander: Von den 623 000 Einwohnern waren 138 000 Reichstagswähler, aber nur 23 000 Bürgerschaftswähler.

Das Problem, das nach der Reichsgründung an Schärfe zugenommen hatte und dringend eine Entscheidung verlangte, war die Frage nach der Zolleinheit des jungen Deutschen Reichs. Die drei Hansestädte Hamburg, Bremen und Lübeck waren dem 1834 gegründeten Deutschen Zollverein, der die wirtschaftliche Einheit Deutschland befördern und die Zollasten abbauen sollte, nicht beigetreten und besaßen den Status von Freihäfen. Lübeck schloß sich 1868 dem Zollverein an, Hamburg und Bremen aber lehnten weiterhin ab. Artikel 34 der Reichsverfassung bestimmte: »Die Hansestädte Bremen und Hamburg mit einem dem Zweck entsprechenden Bezirke ihres oder des umliegenden Gebietes bleiben als Freihäfen außerhalb der gemeinschaftlichen Zollgrenze, bis sie ihren Einschluß in dieselbe beantragen.« Dazu aber waren beide Städte wenig geneigt. Nachdem nun aber das Deutsche Reich vom Freihandelsprinzip zum Schutzzoll übergegangen war, drängte Bismarck auf die Zolleinheit des gesamten Deutschen Reichs. Zwar ließ die Reichsverfassung Zwangsmaßnahmen nicht zu; es gab jedoch Möglichkeiten, Druck auszuüben. So beantragte Bismarck die Einbeziehung der Niederelbe, von Hamburg bis zur Mündung, und der seit 1865 preußischen Städte Altona und Wandsbek in das Zollvereinsgebiet. Obwohl der Widerstand in Hamburg groß war und Bürgermeister Gustav Heinrich Kirchenpauer nicht einmal verhandeln wollte, war doch klar, daß die Stadt auf die Dauer nicht bei ihrer starren Ablehnung würde verbleiben können. Auch Kirchenpauer sah das ein. Er trat im April 1880 zurück. Sein Amt übernahm Johannes Versmann, der schon 1866 mit Bismarck um den Eintritt Hamburgs in das Bündnis gegen Österreich gerungen hatte.

Versmann handelte binnen eines Jahres eine Lösung aus, der Senat und Bürgerschaft im Mai 1881 zustimmten. Es war ein Kompromiß, der den Interessen beider Seiten gerecht wurde: Der Grasbrook und die südlich von Hamburg gelegenen Elbinseln wurden in ein Freihafengebiet einbezogen, das als Zollausland galt; auf dem Areal konnten Werften, Warenlager und Unternehmen der Veredlungsindustrie errichtet werden, deren Produkte zollfrei blieben. Zu den für diese Umrüstung entstehenden Kosten in Höhe von 106 Millionen Reichsmark zahlte das Deutsche Reich einen Zuschuß von 40 Millionen Mark. Die völlige Veränderung dieses Gebiets, aus dem 24 000 Bewohner ausgesiedelt werden mußten, wird an späterer Stelle beschrieben.

Hier nur soviel: Das heftig umkämpfte Projekt, das tief in das historische Bild Hamburgs und nicht minder tief in das soziale Leben der Stadt eingriff, wurde allen Widerständen zum Trotz in einem Zeitraum von nur sieben Jahren verwirklicht. Am 15. Oktober 1888 trat Hamburg dem Deutschen Zollverein bei, und am 29. Oktober desselben Jahres legte Kaiser Wilhelm II. in pompöser Zeremonie den Schlußstein zum Freihafen.

Dieses Bild prächtiger Eintracht zwischen dem offiziellen Hamburg und dem vom Kaiser vertretenen Deutschen Reich wurde allerdings getrübt durch die wachsenden Erfolge der Sozialdemokraten in der Hansestadt, die sich trotz mannigfacher Diffamierungen stetig fortentwickelten. Hamburg war in drei Reichstagswahlkreise eingeteilt. Der erste umschloß die Altstadt, der zweite die Neustadt und St. Pauli, der dritte die Außenbezirke und das Landgebiet. Den zweiten Wahlkreis gewann die SPD 1880, den ersten 1883 mit August Bebel, Mitbegründer der Partei und deren Vorsitzender, und den dritten eroberten sich die Sozialdemokraten 1890 mit 58,7 Prozent der abgegebenen Stimmen. Dennoch saß nicht ein einziger sozialdemokratischer Abgeordneter in der Hamburger Bürgerschaft, denn jene, die ihre

Speicher Alter Wandrahm 11, photographiert 1883, kurz vor dem Abbruch

Stimme der SPD gaben, besaßen in Hamburg kein Wahlrecht, weil sie zwar Einwohner, nicht aber Bürger waren. Drei Hamburger Sozialdemokraten vertraten die Stadt im Reichstag; von der politischen Verantwortung im eigenen Stadtregiment blieb die SPD indes ausgeschlossen.

Fünfzig Jahre nach dem Großen Brand suchte eine schwere Cholera-Epidemie Hamburg heim. Der Verlauf dieser Seuche wird noch ausführlicher zu schildern sein. Hier sei nur gesagt, daß die Sozialdemokraten durchaus zu Recht der bestehenden Hamburger Verfassung die Mitschuld an der verheerenden Epidemie zuwiesen. In einem Flugblatt verkündeten sie: »Wir wollen nicht nur dulden, wollen nicht durch die Schuld der Handvoll ›Bürger‹ der grausigen Seuche zum Opfer fallen, wollen nicht nur Steuern und Zölle zahlen und im übrigen das ›Maul halten‹, wollen selbst mitsprechen, wollen selbst unsere Vertreter in die gesetzgebenden Körperschaften wählen. Und wenn die jetzigen Vertreter leichtsinnig mit Leben und Gesundheit der Bevölkerung va banque spielen, dann fort mit ihnen! Für einen den Verhältnissen fern stehenden Menschen muß es fast unverständlich erscheinen, daß man in einer Republik am Ende des 19. Jahrhunderts sich das allereinfachste Recht eines jeden Staatsbürgers, seine Vertreter selbst zu wählen, erst mit 30 Mark erkaufen muß.«

Aber auch jetzt noch weigerte sich die Bürgerschaft, ihre 160 Abgeordneten in allgemeiner Wahl nominieren zu lassen. Man einigte sich 1896 darauf, die Gebührenzahlung für den Erwerb des Bürgerrechts abzuschaffen. Wählen sollte jedoch nur der, der fünf Jahre hintereinander ein Jahreseinkommen von 1200 Mark versteuert hatte, und das schloß einen großen Teil der Arbeiterschaft von vornherein aus.

Es bedurfte noch einiger Jahre, bis sich auch hier ein Wandel anbahnte. Aber es war nicht das einzige innerstädtische Problem, das die Hamburger und ihre Regierung beschäftigte. Am 20. November 1896 begann der große Streik der Hafenarbeiter, der das Wirtschafts- und Sozialgefüge der Stadt schwer erschütterte.

# Neunundsiebzig Tage Arbeitskampf

In den Jahren 1871 bis 1875 betrug der Wert der über Hamburg eingeführten Waren 1 670 430 Reichsmark, der Wert der über Hamburg ausgeführten Waren 1 331 740 Reichsmark. Diese beträchtlichen Summen belegen den wirtschaftlichen Aufschwung des Deutschen Reichs nach dem gewonnenen Krieg von 1870/1871. Die Reparationsgelder, die von Frankreich an Deutschland zu zahlen waren, begünstigten den Aufschwung und führten zu einem Boom an geschäftlichen Neugründungen; daher werden die Jahre 1871 bis 1873 »die Gründerjahre« genannt.

Hamburgs wirtschaftliche Stellung war so stabil, daß selbst die Wirtschaftskrise von 1873 in der Stadt kaum Auswirkungen zeigte. 1870 war der letzte Elbzoll, der von Wittenberge, endlich aufgehoben worden, und die Hamburger Kaufmannschaft setzte verstärkt auf den weiteren Ausbau des Überseehandels. Elf Unternehmen gründeten 1871 die Hamburg-Südamerikanische Dampfschiffahrts-Gesellschaft, abgekürzt Hamburg-Süd, die vor allem die regelmäßige Schiffsverbindung nach Brasilien, Argentinien und Uruguay betrieb. Die sogenannte Woermann-Linie, gegründet 1884 von Adolph Woermann, der zeitweilig auch Abgeordneter Hamburgs im Deutschen Reichstag war, beherrschte den Verkehr mit Westafrika. Die 1890 aufgebaute Deutsche Ostafrika-Linie unterhielt die Handelsbeziehungen mit Ostafrika. Die deutschen Kolonialgründungen Togo (1884), Kamerun (1885), Deutsch-Ostafrika (1899) und Samoa (1899) wurden dadurch begünstigt, daß an diesen Plätzen schon seit längerem Hamburger Unternehmen ihre Kontore und Plantagen unterhielten. Für den Ostseehandel war es eine bedeutende Erleichterung, als 1895 der Nord-Ostsee-Kanal eröffnet werden konnte.

Die Hamburger Flotte, die 1866 über 517 Segel- und 22 Dampfschiffe verfügt hatte (Gesamtvolumen: 187 847 Registertonnen), war zwar bis 1871 auf 399 Segel- und 36 Dampfschiffe (mit insgesamt 176 963 RT) zurückgegangen, hatte aber bis 1895 mit 286 Segel- und 349 Dampfschiffen (mit 849 327 RT) eine mächtige Ausdehnung erfahren.

Hatte es in Hamburg bisher nur die im 18. Jahrhundert gegründete Reiherstieg-Werft gegeben, so kam 1877 die Gründung der Werft von Blohm & Voß hinzu, deren Schwimmdocks und Maschinenfabriken es nun erlaubten, den Eigenbedarf ganz in Hamburg selbst herstellen zu lassen, während bis dahin alle größeren Aufträge und Reparaturen mangels eigener Kapazitäten an britische Werften abgegeben werden mußten.

Überhaupt wurde die eigene Industrie jetzt stärker ausgebaut, begünstigt durch den Zollanschluß an das Reich, das heißt durch den Freihafen, der es ermöglichte, daß die hier arbeitenden Betriebe die benötigten Rohstoffe zollfrei einführen und die daraus erzeugten Halbfertig- und Fertigprodukte wieder zollfrei ausführen konnten. Damit bekam Hamburg eine Industrie von bisher nicht gekannter Größe. Sie umfaßte nahezu alle Produkte. Aus den Materialien des innerdeutschen Marktes entstanden Möbel, Klaviere, Glas, Schmuck, medizinische und physikalische Instrumente und Chemikalien; an importierten Rohstoffen wurden Leder, Jute, Wolle, Fette, Reis, Tabakwaren, Kaffee und Kakao, Farbstoffe, Salpeter, Gummi und Asbest verarbeitet. Verbrauchsgüter wie Bier, Likör, Margarine, Fischkonserven, Zucker, Seife, Keks, Konfektion und Kunstgewerbe aller Art wurden ebenso produziert wie die verschiedensten Verpackungsmaterialien und in besonderem Maß auch der ganze Schiffsbedarf wie Segel, Taue, Farben, nautische Instrumente bis hin zu Schiffsmotoren, Ketten und Ankern.

Wie schon in den vergangenen Jahren, so hielt auch jetzt der Ausbau der Eisenbahnverbindungen immer noch nicht Schritt mit der wirtschaftlichen Aufwärtsentwicklung. Die Bahnverbindung nach Cuxhaven – das bis 1937 zu Hamburg gehörte – kam erst 1881 zustande, und mit dem Bau einer Eisenbahnbrücke über die Elbe konnte Hamburg endlich 1872 an die Linie Hannover–Harburg angeschlossen werden. Eine Elbbrücke für Wagen und Fußgänger entstand aber erst 1887, und die erste Straßenbrücke über die Süderelbe wurde sogar erst 1899 fertig. Die Bahnlinien endeten in Hamburg in vier Kopfbahnhöfen; bis zur Fertigstellung eines Zentral- oder Hauptbahnhofs sollten noch etliche Jahre vergehen. Den Personenverkehr im Hafen versah ab 1888 die Hafen-Dampfschiffahrts-AG (HADAG), und zwar vorwiegend von den St.-Pauli-Landungsbrücken aus, die 1870 und 1893 vergrößert wurden.

Besser bestellt war es um den innerstädtischen Verkehr. Ausgebaut wurde zuvörderst das Netz der Pferdebahnen. Wie schon erwähnt, war als erste die Verbindung Hamburg–Wandsbek 1866 zustande gekommen, die ein Jahr später um die Linie Hamburg–Barmbek erweitert wurde. Die dritte, Hamburg–Eimsbüttel, wurde 1868 eröffnet. Zusätzlich verkehrte von 1878 an auf der Strecke Hamburg–Wandsbek ein kleiner Dampfzug, bestehend aus der Lokomotive und ein bis zwei Wagen; der Betrieb wurde aber 1897 eingestellt. Von 1878 an fuhr auch nach Altona eine Pferdebahn. Die Anzahl der mit den Pferdebahnen beförderten Fahrgäste stieg von 16 Millionen 1880 auf 49,8 Millionen 1889.

Nachdem Werner von Siemens 1881 erstmals eine durch Elektrizität betriebene Bahn in Berlin vorgestellt hatte, war klar, daß hier eine ganz neue Möglichkeit für Nahverkehrsmittel geboten war. Schon 1885 liefen die ersten von Akkumulatoren betriebenen Straßenbahnwagen auf der Strecke nach Barmbek. Doch sie bewährten sich nicht; man mußte sich für das Oberleitungssystem entscheiden. Die erste elektrische Beleuchtung in Hamburg wurde 1882 in den Sitzungssälen von Senat und Bürgerschaft und als Straßenbeleuchtung am Rathausmarkt und am Adolphsplatz installiert. Aber erst 1894 erfolgte die Gründung der Hamburger Electricitäts Werke (HEW) und nahm auch die erste elektrisch angetriebene Straßenbahn ihre Fahrten auf: Eimsbüttel–Pferdemarkt, Veddel–Schlump und eine »Ringbahn um die innere Stadt«. Die Strecke Rathausmarkt–Wandsbek wurde 1897 elektrifiziert, und da verfügte »die Elektrische« schon über 400 Wagen.

Der Ausbau der modernen Verkehrsmittel – Eisenbahn, Pferdebahn und elektrische Straßenbahn – kam der Hamburger Wirtschaft zugute. Die nach Jahrhunderten zählende Zeit des Gütertransports in Pferdewagen ging zu Ende. Das läßt sich in zwei Zahlen anschaulich verdeutlichen: 1838 passierten 16 948 ein- und ausfahrende Frachtwagen die Hamburger Stadttore; 1854 waren es nur noch 2424.

Das Jahr 1881 brachte der Wirtschaft eine neue wichtige Erfindung, die für den Alltag heute längst selbstverständlich ist: In Hamburg wurde das erste städtische Telephonnetz mit 206 Teilnehmern installiert. Und 1894 klapperte in einem Hamburger Büro erstmals eine Schreibmaschine.

Die französischen Reparationsgelder, die Deutschlands Wirtschaft zu einem so enormen Aufstieg verhalfen, brachten aber auch den Nachteil mit sich, daß sich Lebensmittel und Mieten erheblich verteuerten. Und das traf die Arbeiter am stärksten. In Hamburg kam es 1871 wiederholt zu Streiks, mit wechselndem Erfolg. Nicht immer ging es nur um einen gerechten Lohn für die unterbezahlten Menschen. Als 1874 in Hamburg die Bäckergesellen streikten, forderten sie nicht allein die Verkürzung der Nachtarbeit und eine Erhöhung des Wochenlohns um 2 Mark, sondern bestanden auch darauf, künftig von den Meistern mit Sie angeredet zu werden und bei Tisch Messer und Gabel zu bekommen. Wo immer es ging, suchte die Hamburger Polizei Arbeiterversammlungen zu verbieten oder unter fadenscheinigen Gründen als staatsfeindlich aufzulösen. Schon ein Vortrag über Christentum und christlich-soziale Bewegung wurde verboten, und als einmal ein Redner sich zum Atheismus bekannte, hatte das die sofortige Schließung der Versammlung zur Folge.

Das »Gesetz gegen die gemeingefährlichen Bestrebungen der Sozialdemokratie«, das Bismarck 1878 im Reichstag durchsetzte, führte zum Verbot aller Gewerkschafts- und Unterstützungskassen, sozialdemokratischer Zeitungen und Zeitschriften. Im Reich wurden etwa 15 000 Personen zu Gefängnis- und Zuchthausstrafen verurteilt; 900 Personen wurden des Landes verwiesen. Unter preußischem Druck mußte der Hamburger Senat den »Kleinen Belagerungszustand« über die Stadt verhängen. Im Sinne von Bismarcks Absichten haben die »Sozialistengesetze«, die bis 1890 in Kraft blieben, kaum etwas bewirkt; hingegen schufen sie

Hafenwirtschaft Vorsetzen 4

Verbitterung und Haß unter den Arbeitern und verstärkten den Prozeß der Solidarisierung.

Mit der Fertigstellung des Freihafens 1888 war dessen Areal nur noch Gewerbe- und Industriegebiet. Alle in diesem Raum befindlichen Wohnungen wurden abgerissen; 24 000 Menschen, überwiegend Arbeiter und deren Familien, mußten sich eine neue Unterkunft suchen. Da aber die an das Freihafengebiet angrenzenden Bezirke längst besiedelt waren, wurden die Hafenarbeiter in die Randgebiete verdrängt, nach Winterhude, Barmbek, Horn, Hammerbrook, Billwerder, Rothenburgsort, Veddel. Hier lagen die Mieten aber höher, und von hier aus waren auch die Wege zum Hafen weiter. Eine bis anderthalb Stunden brauchte man zu Fuß dorthin – und das galt für die meisten. Öffentliche Verkehrsmittel waren zu teuer, Fahrräder besaßen nur wenige, und wenn, dann konnten sie diese wegen des schlechten Straßenpflasters kaum benutzen.

Noch ärger war, daß es keinerlei geregelte Arbeit, auch keinen Anspruch auf Beschäftigung gab. Die Arbeiter erschienen morgens zwischen 3 und 4 Uhr im Hafen, wo sie sich Arbeit suchen mußten. Die Arbeitsvermittlung geschah in Kneipen, deren Wirte mit den Arbeitgebern zusammenarbeiteten. Wer viel konsumierte, der wurde auch weiterempfohlen, und da auch die Löhne hier ausbezahlt wurden, zog der Wirt die Zechschulden gleich ab. Nur für die Kaiarbeiter existierte ein staatlicher Arbeitsnachweis; aber Arbeit gab es nur nach Bedarf. Abgemusterte Seeleute mußten in Absteigen am Hafen Quartier nehmen. Auch sie waren von den Wirten abhängig, und wer die größte Zeche machte, wurde am ehesten weitervermittelt; dabei hatten die Seeleute mindestens 10 Prozent einer Monatsheuer als Vermittlungsprovision zu entrichten.

Bei häufig pausenloser Arbeit – bis zu 14 Stunden und noch länger – konnte es ein Hafenarbeiter auf 1500 Mark Jahresverdienst bringen. Meistens kam er aber nur auf 800 bis 900 Mark, weil es oft ganze Tage ohne Arbeit, also auch ohne Lohn gab. Selbst die Hafenfähren mußte der Arbeiter aus eigener Tasche bezahlen; verspätete sich eine Fähre, bekam er wegen Unpünktlichkeit keine Arbeit und hatte den Fahrpreis umsonst bezahlt. Bei steigenden Lebensmittelpreisen und Mieten blieben die Arbeitslöhne konstant, was bedeutete, daß das Realeinkommen von Jahr zu Jahr niedriger wurde. Gewerkschaftlich organisiert waren im November 1896 nur 4300 Arbeiter; aber sie waren unter sich zerstritten und besaßen keinen Streikfonds von einer Größe, die einen längeren Ausstand erlaubt hätte.

Die soeben in Großbritannien gegründete International Federation of Ship, Dock and Riverside Workers wandte sich 1896 an ihre Kollegen in Hamburg, um sie für eine übernationale Organisation zu gewinnen, denn ihr Zusammengehen mit den Hafenarbeitern von Rotterdam hatte dort bereits zu einem erfolgreichen Ausstand geführt. Als der britische Gewerkschaftsführer Tom Mann in Hamburg eintraf, um für den Anschluß zu werben, wurde er sofort von der Polizei verhaftet und abgeschoben. Daraufhin traten die Hafenarbeiter, deren Verbitterung über die ausbeuterischen Arbeitsbedingungen ohnehin beträchtlich war, am 20. November 1896 in den Streik.

Die Lage schien nicht ungünstig, denn das Schiffsaufkommen war gerade jetzt erheblich gestiegen, Arbeitskräfte wurden also dringend gebraucht, und um Ausstände zu vermeiden, hatten sich die Arbeitgeber, nach kurzen Streiks, gelegentlich entgegenkommend verhalten. Am 21. November streikten die Schauerleute, und als ihre Forderungen abgelehnt wurden, schlossen sich die übrigen Arbeiter in den nächsten Tagen an. Am 4. Dezember befanden sich 11 709 Arbeiter im Ausstand. An einen normalen Hafenbetrieb war nicht mehr zu denken.

Das Hamburger Gewerkschaftskartell und die SPD, beide vom Streik überrascht, solidarisierten sich sofort und erkannten den Streik als berechtigt an, und da keine Streikgelder verfügbar waren, riefen die deutschen Gewerkschaften und das SPD-Organ *Hamburger Echo* zu Spenden auf. Die »fliegenden Händler« des Hafengebiets verkauften keine Getränke mehr an Streikbrecher, kleine Ladenbesitzer unterstützten die Streikenden. Von Hamburg aus umdirigierte Handelsschiffe wurden auch in Stettin und Wismar nicht mehr gelöscht; in Bremen, Harburg und Aalborg kam es zu Solidaritätsstreiks. Die britischen Hafenarbeiter versprachen ihre Unterstützung und schickten 30 000 Mark (andererseits aber kamen aus Großbritannien schon am 25. November die ersten Streikbrecher). Solidarität versprachen auch die Niederländer, doch schon nach einigen Tagen erlahmte ihr Interesse.

Dafür solidarisierten sich jetzt die Arbeitgeber und unterstützten einander finanziell. Die eigentlichen Forderungen der Arbeiter interessierten sie wenig – sie wollten den Machtkampf. Die Hamburger Polizei, sonst eifrig bestrebt, die Sache der Unternehmer zu der ihren zu machen, verhielt sich diesmal zwiespältig.

Zwar kontrollierte sie sofort den Hafen, wies aber 1000 italienische Streikbrecher ab und wollte von einem Einsatz von Marine-Einheiten nichts wissen. Der Chef der Polizei, Senator Gerhard Hachmann, sowie der Präsident der Bürgerschaft und der Vorsitzende des Gewerbegerichts plädierten für die Einsetzung einer Schiedskommission, stießen damit aber auf den Widerstand der Arbeitgeber, die Konzessionen befürchteten, die »für alle Folgezeit den internationalen Aufreizungen unserer Arbeiter [...] Tür und Tor« öffnen würden; der Hamburger Hafen würde dann »zum Tummelplatz internationaler Streiks«.

Als nun die Arbeiter erkannten, daß es der Unternehmerseite nur noch um die brutale Niederschlagung ihrer berechtigten Forderungen ging, proklamierten sie den Generalstreik. Jetzt schlossen sich auch die staatlichen Kaiarbeiter, die Kaihilfsarbeiter sowie die Werft- und die Fabrikarbeiter vom 4. bis zum 7. Dezember nacheinander dem Ausstand an. Am 21. Dezember befanden sich 16 458 Arbeiter im Streik.

Breite Schichten der Hamburger Bevölkerung unterstützten den Ausstand mit Sympathie und Geld; die Versammlungen der Arbeiter, auf denen sie der Öffentlichkeit ihre Gründe darlegten, verliefen ohne Zwischenfälle, so daß sogar die Polizei von »musterhaft« sprach.

Anfang Dezember beschäftigte sich auch der Deutsche Reichstag mit dem Hamburger Hafenarbeiterstreik. Die im Parlament vertretene Industrie argumentierte mit geschönten Lohnstatistiken, indem sie die nur von einer kleinen Minderheit erzielten Spitzenlöhne für Durchschnittslöhne ausgab, nannte ein Schiedsgericht »Mumpitz« und rühmte den Arbeitgebern »zielbewußtes, opferwilliges Verhalten den angreifenden Arbeitern gegenüber« nach. Daraufhin schlug sich die Reichsregierung auf die Seite der Arbeitgeber.

Zur selben Zeit hatten die Unternehmen bereits 2000 Arbeitswillige von auswärts angeworben und, obwohl das vom Gesetz verboten war, auf Schiffen und in Schuppen im Freihafengelände untergebracht, wo die Streikbrecher unentgeltlich Wohnung und Verpflegung erhielten und damit viel besser gestellt waren als die

Streikenden. Aber die Streikbrecher waren ungelernte Kräfte, die für ihre Tätigkeit wesentlich länger brauchten als die erfahrenen Hamburger Arbeiter und außerdem auch etlichen Schaden anrichteten. Trotz ihres Einsatzes wuchs die wirtschaftliche Einbuße bei den Arbeitgebern erheblich. Aber darum ging es den Unternehmern schon längst nicht mehr. Hermann Blohm, der Mitgründer von Blohm & Voss, erklärte, »die Arbeitgeber repräsentierten das konservative, staatserhaltende Element, die gegenüberstehende Partei sei die Sozialdemokratie. Es gelte, dieser einen vernichtenden Schlag beizubringen. Hierbei könnten die Arbeitgeber die Unterstützung des Senats erwarten und verlangen.« Die zur Vermittlung bestellte Senatskommission erkannte nun, »daß die Arbeitgeber jeglicher Einwirkung im Sinne einer gütlichen Beilegung des Streiks sich schlechthin ablehnend gegenüberstellten«.

Die Arbeitgeber setzten sich durch. Streikende durften weder das Freihafengelände betreten noch in Gruppen zusammenstehen – vor allem nicht mit Arbeitswilligen –, Haussammlungen zugunsten der Streikenden wurden verboten. Dennoch wurde weiter gesammelt, dennoch unterstützten Bäcker und Fleischer die Arbeiter mit unentgeltlichen Lebensmitteln.

Am 16. Dezember bat die Streikleitung den Senat um Vermittlung. Zwar waren noch ausreichende finanzielle Mittel vorhanden, und weitere trafen ständig ein. Doch der Frost vergrößerte jetzt die allgemeine Arbeitslosigkeit, so daß bald mehr Arbeitswillige zur Verfügung stehen würden; außerdem wurden durch vermehrte Arbeitslosigkeit die Unterstützungskassen stärker beansprucht. Die Arbeitgeberseite lehnte indes entschieden ab; »ein Nachgeben werde als unverzeihliche Schwäche und Kurzsichtigkeit ausgelegt werden«, ließ sie verlauten.

Der Senat stellte sich nun auf die Seite der Arbeitgeber und veröffentlichte eine Erklärung, worin die Schuld am Streik einseitig den Arbeitern zugeschoben wurde. Er kündigte aber eine wohlwollende Prüfung an und bot »gemeinschaftliche Verhandlungen mit Arbeitgebern und Arbeitnehmern« an, um »etwa sich ergebende Mißstände« zu beseitigen.

Obwohl die Streikleitung beschloß, der Aufforderung des Senats nachzukommen, weil sie eine gewalttätige, nicht mehr kontrollierbare Eskalation des Ausstands befürchtete und die sich nun doch abzeichnende Leere der Streikkasse erkannte, widersetzten sich die Arbeiter mit überwältigender Mehrheit.

Im Januar 1897 war, bei scharfem Frost, der Elbwasserstand so niedrig, daß der Schiffsverkehr stark zurückging und entsprechend weniger Arbeitskräfte im Hafen gebraucht wurden; zugleich aber herrschte bereits ein Überangebot an Arbeitswilligen. Dennoch drängten jetzt die Reeder und die Exportkaufleute auf eine Beendigung des Streiks, von dem sie materiell schwer betroffen waren, und signalisierten Kompromißbereitschaft. Wieder empfahl die Streikleitung Entgegenkommen, und wieder lehnten die Arbeiter ab, willigten aber grundsätzlich in Verhandlungen ein.

Zum Ende des Streiks führte eine für die Sache der Arbeiter zwar gutgemeinte, in ihren Auswirkungen aber schädliche Geste: Neun Wissenschaftler und Politiker, unter ihnen der Liberale Friedrich Naumann, wandten sich in einem Aufruf an die deutsche Bevölkerung, das Anliegen der Hamburger Arbeiter mit Geldspenden zu unterstützen, um ihnen die »bedingungslose Unterwerfung« zu ersparen. »Ein derartiger Sieg des Unterwerfungsprinzips«, hieß es in dem Aufruf, »würde eine bedauerliche Verschärfung für alle in Zukunft auftauchenden Streitigkeiten zwischen Arbeitgebern und Arbeitnehmern bedeuten.« Darüber waren die Arbeitgeber so empört, daß sie alle Verhandlungen abbrachen. Und da sich das Wetter nicht änderte, infolge des anhaltenden Frosts aber immer mehr Flußschiffer arbeitslos wurden und auch in anderen Betrieben Arbeiter entlassen wurden, die jetzt die Unterstützungskassen zusätzlich belasteten, brach der Streik am 6. Februar 1897 zusammen.

Die siegreichen Arbeitgeber gaben alle Schuld »der internationalen Sozialdemokratie«, der sie unterstellten, der ganze Streik sei einzig »eine Machtfrage und keine Frage über Lohn- und Arbeitsbedingungen gewesen«; man müsse daher die Arbeitnehmer »vor dem Terrorismus der Sozialdemokratie schützen«. Unmißver-

**Jungens holt fast!!**

**Wo wie tohoop hebbt stohn,**
**Hett uns noch Nüms wat dohn.**

**Keen Hobenarbeiter drof eher an de Arbeit gohn, bett all de Forderungen von sämmtliche Hobenarbeiters bewilligt sünd.**

**De streikenden Hobenarbeiters un Seelüüd.**

Hamburger Buchdruckerei und Verlagsanstalt Auer & Co. in Hamburg.

Plakat während des Hafenarbeiterstreiks 1896/1897

ständlich war das Fazit der Unternehmer: »Hätten die Hamburger Arbeitgeber [...] irgendwelche Schwäche gezeigt und dadurch den sozialdemokratischen Angreifern zu einem Siege verholfen, so wäre dies nicht nur für Hamburgs Handel und Schiffahrt, sondern für das ganze deutsche Erwerbsleben von den verhängnisvollsten Folgen begleitet gewesen. Hier galt es also, festzustehen und geschlossen die bürgerliche Ordnung, auf der das Wohl und Wehe all' unserer Mitbürger beruht, zu verteidigen.«

Wer allerdings den wahren »Terrorismus« praktizierte, wurde alsbald deutlich. Über 500 Arbeiter wurden vor Gericht gestellt und zu Freiheits- und Geldstrafen verurteilt. Nur 10 Prozent der Arbeiter wurden wieder eingestellt, hatten jedoch erhebliche

Lohnkürzungen hinzunehmen. Die Schauerleute mußten sich schriftlich zu friedlicher Zusammenarbeit mit den Streikbrechern verpflichten; sonst erhielten sie keine Arbeitserlaubnis.

Dennoch war nicht alles umsonst gewesen. Eine Senatskommission untersuchte die Arbeitsbedingungen und die Löhne; dabei wurden auch Arbeiter und Gewerkschaftsführer gehört, was ihre Anerkennung als Arbeitervertreter bedeutete. Der Senat verfügte die Einsetzung eines Hafeninspektors; an die Stelle der korrupten Kneipenwirte traten Lohnbüros, und für die Seeleute gab es eine eigene, von den Hamburger Reedern eingerichtete Heuerstelle. Schließlich wurden auch Lohnerhöhungen bewilligt. Die ersten Tarifverträge wurden 1898 für Schauerleute, Schiffsmaler, Schiffsreiniger und Kesselreiniger abgeschlossen.

Hatten die Arbeitgeber gehofft, ihr Sieg würde den Gewerkschaften einen vernichtenden Schlag versetzen, so trat das Gegenteil ein. Die Gewerkschaften erlebten einen Mitgliederzustrom wie nie zuvor; Ende 1897 waren über 6700 Männer im Hafenarbeiterverband organisiert, unter ihnen die Schauerleute, die ihren eigenen Verband unter dem Eindruck der Streikniederlage in den größeren Verband einbrachten und damit zu dessen Stärkung beitrugen. Dennoch blieben die Löhne auch weiterhin hinter den steigenden Lebenshaltungskosten zurück, und der Neun-Stunden-Tag sollte erst 1912 verwirklicht werden.

## Woher kommen die Hamburger?

In der zweiten Hälfte des 19. Jahrhunderts war die Einwohnerzahl Hamburgs erheblich gewachsen. Von 175 000 im Jahr 1851 stieg sie auf 200 000 im Jahr 1861, hatte 1872 die 300 000 erreicht, 1890 die 500 000, und 1899 lebten 700 000 Menschen in Hamburg. Bei diesen Zahlen ist aber zu beachten, daß damals die Städte Altona, Harburg und Wandsbek noch nicht zu Hamburg gehörten. Ein Geburtenüberschuß ist erst nach 1814 zu verzeichnen; von 1792 bis 1812 etwa starben alljährlich 4000 Menschen mehr, als geboren wurden. Daß die Einwohnerzahl Hamburgs mit dem Beginn des 16. Jahrhunderts dennoch stieg, zunächst zwar noch sehr langsam, aber dennoch konstant, lag an der steten Zuwanderung. Wie Heinrich Reincke nachgewiesen hat, »war in Hamburg etwa die Hälfte der Bewohner fremdbürtig. Dabei gelten als ortsbürtig etwa auch schon die Kinder eines Vaters aus Dresden und einer Mutter aus Leipzig, die in Hamburg nur deshalb zur Welt gekommen sind, weil der Vater etwa als Postbeamter bald nach der Hochzeit nach Hamburg versetzt worden ist.« Aus dem Umstand, daß die Zuwanderung meistens im berufstätigen Alter erfolgte, schloß Reincke: »Der tätige, im Berufsleben stehende Hamburger ist in seiner überwiegenden Mehrzahl nicht aus Hamburg, sondern ein Zugewanderter.«

Bis zur Mitte des 19. Jahrhunderts ging die Wanderungsbewegung von Westen nach Osten; von den nach Hamburg Einwandernden kamen die meisten aus nordwestdeutschem Gebiet, überwiegend aus dem linkselbischen Niedersachsen. Erst dann verlief die Wanderungsbewegung in entgegengesetzter Richtung, also von Osten nach Westen; diese Entwicklung betraf übrigens nicht nur Hamburg, sondern galt für das ganze Deutsche Reich. Nun erhielt Hamburgs Bevölkerung Zuwachs aus Holstein, von 1850 an, und aus Mecklenburg, ab 1868; mit dem Zollanschluß stieg ab 1888 auch die Anzahl der nun hinzukommenden Ostdeutschen.

## Schulbesuch wird zur Pflicht

Mit der Verfassung von 1860 wurden Kirche und Staat stärker voneinander getrennt, wenn auch nicht gänzlich. Die traditionsreichen Kollegien der Oberalten und der Sechziger, die seit 1860 nicht mehr Bestandteil der politischen Verwaltung der Stadt waren, aber noch in den Kirchspielen fortdauerten, wurden dort

1870 aufgelöst. Die evangelisch-lutherische Kirche Hamburgs wurde nunmehr von einer Synode und einem Kirchenrat geleitet, an deren Spitze der Senior stand (erst 1933 wurde er Landesbischof genannt). Dem Senat oblag das Patronat über die Kirche (bis 1921); er bestätigte die Einsetzung der Pastoren, der Senatspräsident war zugleich Präses der Synode, und an jeder Kirche wirkte als Kirchspielherr ein Senator.

Das Schulwesen wurde ganz der Kirche entzogen, 1865 eine Oberschulbehörde gegründet und 1870 die allgemeine Schulpflicht eingeführt, die den Schulbesuch für alle Kinder im Alter von 6 bis 14 Jahren obligatorisch machte. Von 1877 bis zum Jahrhundertende wurden 33 Volksschulen erbaut. 1875 wurde der Wohltätige Schulverein gegründet, der bis 1914 allein mit privaten Mitteln die bedürftigen Kinder der sozial benachteiligten Schichten betreute und für Kleidung, Nahrung und Erholungsmöglichkeiten sorgte. Als höhere Schule gab es bis 1834 einzig das Johanneum, das in diesem Jahr um das »Realgymnasium des Johanneums« – so seine Bezeichnung seit 1878 – erweitert wurde. Die erste »höhere Bürgerschule« – ohne Lateinunterricht – entstand 1873 (die höheren Bürgerschulen hießen ab 1892 Realschulen), und 1881 wurde das Wilhelm-Gymnasium gegründet. Die erste höhere Mädchenschule wurde 1872 mit den »Unterrichtsanstalten des Klosters St. Johannis« eingerichtet; zur praktischen Ausbildung von Mädchen gab es von 1867 an die Gewerbeschule für Mädchen, die erste in Deutschland überhaupt. Und nur in Hamburg existierte damals eine Form von Lehrermitverwaltung in der sogenannten Schulsynode. Sie setzte sich zusammen aus den Direktoren der staatlichen und der privaten Schulen und den Lehrern der Staatsschulen; ihre Versammlung entsandte Delegierte in die Oberschulbehörde.

Im Sozialwesen engagierten sich, neben der schon früher erwähnten Amalie Sieveking, besonders Charlotte Paulsen, die 1849 den »Frauenverein zur Unterstützung der Armenpflege« gründete, und Emilie Wüstenfeld, die 1866 die »Schule des Paulsenstifts« ins Leben rief, die von den Kindern der Armen – vor der Einführung der Schulpflicht – besucht wurde.

Als ein Institut für verwahrloste Kinder gründete Pastor Heinrich Matthias Sengelmann 1850 das St.-Nikolai-Stift, das 1860 nach Alsterdorf verlegt wurde. Hier entstand 1863 das »Asyl für schwach- und blödsinnige Kinder« und 1871 ein Heim für chronisch erkrankte Kinder. Aus diesen Einrichtungen gingen die Alsterdorfer Anstalten hervor. Zur Ausbildung von Diakonissen gründete Elise Averdieck die Anstalt Bethesda.

Zu Zwangsarbeit Verurteilte, aber auch Arbeitsuchende hatte man seit 1622 im Werk- und Zuchthaus am Alstertor untergebracht. Erst 1814 wurde das Zuchthaus vom Werk- und Armenhaus getrennt; das Gebäude brannte 1842 ab. Das Werk- und Armenhaus wurde 1853 als Siechenhaus in die Oberaltenallee verlegt; das Zuchthaus bekam 1865 einen Neubau in Fuhlsbüttel, der noch heute als Strafanstalt dient. Bis 1863 wurden diese Institutionen als Stiftungen unterhalten; dann gingen sie in die Hand des Staates über.

## Museen und Musik

Sein erstes Museum bekam Hamburg 1868 mit der Kunsthalle. Der 1822 gegründete Hamburger Kunstverein hatte 1850 seine Sammlung von Gemälden und Graphiken der Stadt vermacht mit der Maßgabe, für die Kollektion ein Museum zu errichten. Dieses Museum wurde die 1868 eröffnete Kunsthalle am Glockengießerwall (auf dem Gelände der einstigen Bastion Vincent); deren Bau wurde aber nicht von der Stadt, sondern von privaten Spendern finanziert. Konnten andere deutsche Städte, etwa Berlin, München und Dresden, ihre Gemäldegalerien auf den Fundus der reichen fürstlichen Sammlungen gründen, so mußte das republikanische Hamburg aus dem Nichts heraus beginnen. Das Sammeln von Kunst war hier stets eine Angelegenheit begüterter Kaufleute gewesen; die Stadt selbst besaß nur eine kleine Gemäldegalerie im Rathaus, die sie 1789 ohne erkennbaren Grund

Leopold Graf Kalckreuth (1855–1928): *Bildnis Alfred Lichtwarks.* Öl auf Leinwand, 1912. Hamburg, Kunsthalle

versteigern ließ. Aber auch auf die Kostbarkeiten in Hamburger Privatsammlungen konnte die Kunsthalle kaum zurückgreifen, da die Besitzer sie während der französischen Okkupation fast alle zu Schleuderpreisen verkauft hatten, um überleben zu können.

Hamburg traf eine geradezu ideale Wahl, als es 1886 Alfred Lichtwark zum Direktor der Kunsthalle berief. Lichtwark, 1852 als Bauernsohn in Reitbrook in den Vierlanden geboren, war nach einigen Jahren Tätigkeit als Volksschullehrer in Hamburg zum Studium nach Leipzig gegangen und Praktikant am Berliner Kunstgewerbemuseum geworden, ehe er nach Hamburg berufen wurde. In geduldiger Arbeit legte er den Grundstock zu der Kunsthallen-Sammlung. Er entdeckte Meister Bertrams und Frater Franckes Werke, die im Verlauf der Jahrhunderte sorglos zerstreut worden waren. Bertrams Altar für die Petrikirche hatte deren Gemeinde 1731 der Kirche zu Grabow in Mecklenburg geschenkt, weil man 1722 einen neuen Hauptaltar erworben hatte, der dem Zeitgeschmack mehr entsprach. Den zum Teil schon im 16. Jahrhundert übermalten Altar konnte Lichtwark in

Grabow als den verlorenen Hauptaltar von St. Petri und als Werk Meister Bertrams identifizieren und 1903 für Hamburg zurückerwerben. Die neun erhaltenen Bilder vom Englandfahrer-Altar Frater Franckes aus der 1829 abgebrochenen Johanniskirche entdeckte Lichtwark im Großherzoglichen Museum Schwerin, erkannte sie als Gemälde Franckes und konnte die Tafeln nach langwierigen Verhandlungen für Hamburg kaufen.

Neben diesen Kostbarkeiten mittelalterlicher Malerei, zu denen sich in diesen Jahren noch weitere gesellten, sammelte Lichtwark fast vollzählig das malerische und graphische Werk Philipp Otto Runges; er trug auch das Werk vieler Hamburger Maler zusammen und kaufte die Bilder der damals noch geringgeschätzten deutschen Romantiker. Wie kein anderer Kunsthistoriker seiner Zeit entfaltete er eine rege Tätigkeit als Museumspädagoge und bemühte sich, vor allem junge Menschen mit Kunst vertraut zu machen. Er regte das künstlerische Schaffen gerade auch von Dilettanten an, zum Beispiel der hochtalentierten Ebba Tesdorpf, deren Zeichnungen das alte, zum Abriß verurteilte Hamburg festhielten. Auch veranstaltete er Kunsterziehungstage für Hamburger Lehrer und gründete 1893 die Gesellschaft hamburgischer Kunstfreunde. Dabei beschränkte sich sein Wirken als Museumsdirektor keineswegs auf das Sammeln älterer Meister. Er gab Anregungen zu einer Hamburger Malerschule der Gegenwart, insbesondere aber holte er große zeitgenössische Maler an die Elbe, denen er Porträtaufträge in Hamburg vermittelte oder die er zu Landschaftsbildern anregte: Max Liebermann, Lovis Corinth, Max Slevogt, Leopold Graf Kalckreuth. Und aus Paris ließ er Pierre Bonnard und Édouard Vuillard kommen. Auf diese Weise schuf er der Kunsthalle einen Bestand, der die Mal-Tradition vom Mittelalter bis in die Gegenwart nahezu bruchlos dokumentierte. Sein Engagement für zeitgenössische Kunst brachte Lichtwark verständlicherweise auch Anfeindungen von konservativer Seite ein. In Anspielung auf den anmaßenden Kaiser Wilhelm II. schrieb Lichtwark in einem Brief: »Ich habe es nicht mit einem Kaiser zu thun, hier herrscht eine Heerde von Kaisern, und sie alle sehen nur das rothe Tuch des Modernismus, das mir

Arthur Illies (1870–1952): *Das Alstertal vor Wellingsbüttel.* Radierung, 1900. Illies, der bedeutendste Vertreter des Hamburger Jugendstils, ist vor allem als Graphiker hervorgetreten. Er gehörte zu jenen Künstlern, die Lichtwark besonders förderte

aus der Tasche hängt.« Über das Bildnis, das Max Liebermann 1891 von dem greisen Bürgermeister Carl Friedrich Petersen gemalt hatte, war der Dargestellte außer sich. Erst nach zehn Jahren durfte es in der Kunsthalle öffentlich gezeigt werden. Obwohl Lichtwark wußte, wie wenig ihm sein Eintreten für die Moderne gedankt wurde (»Jedes neue Bild kostet mich einen abfallenden Gönner«), ließ er sich doch nicht beirren. Als er 1914 starb, war er in Hamburg eine hochangesehene Persönlichkeit. Seinem Sarg folgten der Bürgermeister und der ganze Senat.

Auch das Museum für Kunst und Gewerbe verdankte seinen Auf- und Ausbau einem genialen Mann, der wie Lichtwark prägend wirkte: Justus Brinckmann, 1843 in Hamburg geboren. Gleich Lichtwark besaß Brinckmann einen starken pädagogischen Impetus, gleich Lichtwark wollte auch er zur ästhetischen Erziehung beitragen. Mit tätiger Hilfe der Patriotischen Gesellschaft wurde zum Museum für Kunst und Gewerbe 1868 der Grundstock gelegt; 1877 übernahm der Staat die Sammlung und brachte sie in einem Schulgebäude am Steintorplatz unter. Neben dem einheimischen Kunstgewerbe sammelte Brinckmann japanische Kunst und entdeckte als einer der ersten den internationalen Rang des Jugendstils. Wenn heute das Museum für Kunst und Gewerbe die größte und kostbarste Jugendstilsammlung der Welt besitzt, so ist das dem weitsichtigen Engagement Brinckmanns zu danken. Zum fünfundzwanzigjährigen Bestehen des Museums für Kunst und Gewerbe schrieb Lichtwark, der mit Brinckmann befreundet war: »Es wirkt nicht wie ein Durchschnittsmuseum, in dem der Besucher zwischen Zweifelhaftem, Gutem und Bestem den Unterschied zu finden hat, sondern wie eine ganz feine, reingestimmte Privatsammlung. [...] Und in der Ausbildung seiner Sammlung hat er [gemeint ist Justus Brinckmann; Anmerkung des Verfassers] sich allseitig entfaltet, wie ein Baum, um den die ganze Sonne zieht, auf freiem Felde. Bei jeder einzelnen Erwerbung künstlerisch und wissenschaftlich auf den Grund gehend, hat er sich ein Fachwissen von einem Umfang, einer Sicherheit und Intensität erworben, die ihm erlauben, es auf jedem einzelnen Gebiet mit den Spezialisten aufzunehmen. [...]

Max Liebermann (1847–1935): *Bürgermeister Carl Friedrich Petersen.* Öl auf Leinwand, 1891. Hamburg, Kunsthalle. Petersen, von 1855 an Senator, war 1876 und 1892 Erster Bürgermeister; über Liebermanns Porträt waren der Dargestellte und seine Familie so empört, daß das Bild bis 1902 in der Kunsthalle nicht ausgestellt werden durfte

Es wird vielleicht niemand wieder auf seinem Gebiet so viel lernen wie er, denn niemand dürfte wieder in die Lage kommen, Stück für Stück ein großes Museum zu schaffen, wobei für den einzelnen Gegenstand, der in die Sammlung eingereiht wird, Dutzende von Angeboten kritisch geprüft werden müssen. Das Material, das durch Brinckmanns Hände gegangen ist, entzieht sich der Schätzung.«

Kein Maler, kein Graphiker, kein Bildhauer von überdurchschnittlichem Rang hat damals in Hamburg gearbeitet. Die großen Künstler jener Zeit lebten zumeist in Berlin und München. Mit Brinckmann, der 1915 starb, und Lichtwark hat Hamburg aber in einer Zeit, da die Stadt allgemein als banausisch geschmäht wurde, zwei der größten Museumsdirektoren berufen und halten können, die damals in Deutschland zu finden waren. Im übrigen bemißt sich das Kulturverständnis einer Stadt nicht allein danach, wie viele Künstler in ihr gearbeitet haben. Außerdem hätten auch diese beiden Männer nicht so wirken können, wie sie es getan haben, wären sie nicht ständig unterstützt worden von einer spendenwilligen Kaufmannschaft, die ihre kulturelle Verpflichtung sehr wohl begriffen hatte, auch wenn es ihr selbst an Kennern und Sammlern mangelte.

Der Theologe und Pädagoge Johann Anton Fahrenkrüger brachte das Vorurteil gegen Hamburg 1811 auf diese Formel: »Man sah Gelehrsamkeit, Wissenschaften und Künste über die Achsel an, wenn sie nicht laut wurden, sich nicht in den Dienst des Gewöhnlichen schmiegen wollten. Die Freude des Gelehrten an seiner Wissenschaft als solcher, abgesehen von den daraus entspringenden baren Vorteilen, begreift der Hamburger nicht. Den Übungen im Denken, bloß zur Erweiterung des Geistes und zur Berichtigung allgemeiner Ideen, kann er seinen Beifall nicht geben. Er schenkt ihn nur den Bemühungen, die ihm, seiner Vaterstadt, den Gewerben Nutzen gewähren. [...] Den Wert der Menschen und Dinge stempelt der Kaufmann. Dies ist der Hamburger in vollkommenem Grade.«

Das ist zum Teil wohl richtig, in dieser Pauschalität aber dennoch falsch. Denn wäre es so gewesen, dann hätten weder Brinckmann noch Lichtwark in Hamburg Fuß fassen können, wäre ihnen die Unterstützung versagt geblieben, die beiden zuteil geworden ist. Das Urteil von Fahrenkrüger ist bis in unsere Tage hinein immer wieder erneuert worden. Hingegen ist die Meinung des dem Kreis des Jungen Deutschland nahestehenden Eduard Beurmann eher überhört worden, der 1836 über Hamburg schrieb: »Jeder Künstler – es sei in welchem Fache es wolle – wird sich daselbst heimisch fühlen. Mit warmer, weltbürgerlicher

Leopold Graf Kalckreuth: *Bildnis Justus Brinckmanns.* Öl auf Leinwand, 1901. Hamburg, Kunsthalle

Hingebung feiert ihn der Hamburger, mit eben so vielem Enthusiasmus wie mit Einsicht. Beispiele würden hier überflüssig seyn; die Sache ist notorisch.«

Das Musikleben in Hamburg nahm nach 1850 an programmatischer Qualität zu. Hatte das Werk Johann Sebastian Bachs in der ersten Hälfte des Jahrhunderts noch eine untergeordnete Rolle gespielt, so änderte sich das, als 1855 die Hamburger Bach-Gesellschaft gegründet wurde. Zwar war das Angebot an Motetten und Kantaten noch bescheiden, und diese Kompositionen scheinen auch nicht so recht den Geschmack des Hamburger Publikums gefunden zu haben; erfolgreicher aber waren die Erstaufführungen des Weihnachtsoratoriums (1. Teil 1857, 2. Teil 1859), der Matthäus-Passion (erste vollständige Aufführung 1862) und der H-Moll-Messe (1868), wenngleich es im Gegensatz zum Publikum der Hamburger Musikkritik an rechtem Verständnis mangelte.

Auch das Werk Robert Schumanns begann sich nach 1850 allmählich durchzusetzen; die erste in Hamburg aufgeführte Komposition Schumanns war 1842 die 1. Symphonie gewesen. Allerdings wurden die vier Symphonien und auch das Klavierkonzert nie so recht populär; dafür aber wurden die Ouvertüren um so fleißiger dargeboten, und das Oratorium *Das Paradies und die Peri* kam nach der Hamburger Erstaufführung von 1865 auf das Programm eines dreitägigen Musikfestes 1866. Werke Schumanns gab es auch beim 3. Deutschen Sängerbundfest in Hamburg (nach Dresden und München), zu dem sich 52 Chöre mit 7000 Sängern in der Festhalle auf der Moorweide versammelten. Ein weiteres Musikfest fand 1884 statt mit 180 Instrumentalisten und 1567 Sängern; auf dem Programm stand neben Händels *Messias* und Mendelssohn Bartholdys 114. Psalm als einziges zeitgenössisches Werk die Alt-Rhapsodie op. 53 von Brahms, komponiert 1869, in Hamburg erstmals 1871 aufgeführt.

Johannes Brahms und Hamburg – eine von spannungsgeladenen Legenden erfüllte Geschichte. Zur Welt kam Johannes Brahms 1833 im Gängeviertel der Neustadt (Speckstraße); der Vater war Hornist der Bürgergarde und Kontrabaßspieler im Alsterpavillon. Mit sieben Jahren erhielt Johannes Brahms Klavierunterricht bei Otto Cossel, der die überdurchschnittliche Begabung seines Schülers sofort erkannte, aber später klagte: »Es ist schade um ihn; er könnte ein so guter Klavierspieler sein, aber er will das ewige Komponieren nicht lassen.« Auch Eduard Marxsen, damals Hamburgs bedeutendster Klavierpädagoge, bei dem Brahms mit zwölf Jahren Unterricht in Theorie und Komposition bekam, erkannte das ungewöhnliche Talent und unterwies den Knaben sogar gratis; Brahms dankte es ihm 1882 mit der Widmung seines 2. Klavierkonzerts.

Überhaupt fehlte es dem jungen Brahms nicht an Aufmerksamkeit und Wohlwollen. Die Lokalpresse äußerte sich recht beifällig über den »kleinen Virtuosen«, als Brahms 1847 in einem Konzert des Hamburger Geigers Birgfeld erstmals öffentlich auftrat; ein Jahr später gab Brahms schon sein erstes Konzert. Und verrissen ihn auch die Leipziger bei der Uraufführung seines

1. Klavierkonzerts 1859 – das Hamburger Publikum ließ die Wiederholung zwei Monate später zum großen Erfolg für den jungen Komponisten werden, der jetzt in der Hansestadt einen kleinen Frauenchor leitete und gerngesehener Gast in Hamburger Bürgerhäusern geworden war.

Ihm jedoch eine feste Anstellung zu geben, dazu waren die musikalisch einflußreichen Kreise Hamburgs nicht bereit, und so war auch schon die Zeit bis August 1863, als Brahms die Vaterstadt für immer verließ und nach Wien ging – dort war ihm die Leitung der Singakademie übertragen worden –, immer wieder durch längere Abwesenheit von Hamburg unterbrochen.

Viele seiner frühen Werke komponierte Brahms in Hamburg, so die drei Klaviersonaten, die Balladen op. 10, die Klavier-Variationen op. 9, 21, 23 und 24, die Klavierquartette op. 25 und 26. Das Streichsextett op. 18 erlebte in Hamburg seine erfolgreiche Uraufführung und mußte zweimal wiederholt werden.

Brahms hatte gehofft, die 1863 vakant werdende Stelle des Dirigenten der (privaten, nicht städtischen) Philharmonischen Gesellschaft in Hamburg zu bekommen. Aber die Wahl fiel auf den sehr beliebten und als Dirigenten bewährten Sänger Julius Stockhausen, und als dieser schon 1867 sein Amt niederlegte, wurde der inzwischen in Wien lebende Brahms ein weiteres Mal übergangen; Nachfolger Stockhausens wurde Julius von Bernuth.

Verhielt sich nun Hamburg undankbar gegenüber seinem genialen Sohn? Brahms und seine Freunde haben es später so gesehen und ausgesprochen, und die Nachwelt hat es ihnen geglaubt. Aber seit den eingehenden Forschungen Kurt Hofmanns wissen wir es anders: Brahms, als Dirigent zeitlebens glücklos, hatte nie erkennen lassen, daß ihm der Sinn nach diesem Posten stand, der übrigens das Amt des Dirigenten mit dem des Direktors verband, und das hierfür erforderliche Organisationstalent lag Brahms noch weit weniger. Und da er selber mehrfach schriftlich und mündlich seine Abneigung bekundet hatte, kam auch bei der zweiten Ausschreibung 1867 niemand auf die Idee, Brahms zu berufen, zumal der nun in Wien lebte und schon 1864 die Leitung der Wiener Singakademie niedergelegt hatte, dies war nicht sein Fach.

Der Wunsch von Brahms, auf den Direktions- und Dirigentenposten der Philharmonischen Gesellschaft berufen zu werden, konnte also in Hamburg überhaupt nicht bekannt sein, und die Gesellschaft konnte sich als privater Verein auch nicht auf Experimente mit einem jungen Musiker einlassen, dessen überragendes Talent als Komponist gerade in Hamburg stets anerkannt worden war. Brahms und seine Freunde aber zeigten sich nun zu aller Überraschung tief gekränkt und redeten von Undank. »Die Kränkung Johannes' wird die Kunstgeschichte nicht vergessen!« zürnte der Geiger Joseph Joachim, den die Hamburger gleichfalls sehr schätzten. So wurde die Legende vom großen Johannes Brahms, den seine banausische Vaterstadt schnöde mißachtete, geboren.

Aber Hamburg verhielt sich nicht undankbar. Die Stadt verlieh Brahms 1889 die Ehrenbürgerwürde, worauf Brahms an Bürgermeister Carl Petersen telegraphierte, die Ehrung sei »das Schönste, was mir von Menschen kommen kann«. Musikalisch dankte er mit den *Fest- und Gedenksprüchen* op. 109, deren Uraufführung in Hamburg im September 1889 er selbst beiwohnte, aber nicht dirigierte, wenngleich er mit dem Dirigenten die Tempi besprach. Das *Hamburger Fremdenblatt* befand: »Die Brahms-Begeisterung ist von Jahr zu Jahr eine noch allgemeinere geworden, besonders aber in seinem ihn und sein Wirken liebenden Hamburg, wo kaum noch ein Konzert gegeben wird, dessen Programm den Namen Brahms nicht enthält. Nach Beendigung des wohlgelungenen Vortrags wurde der Tonsetzer stürmisch gerufen.«

Brahms starb 1897 in Wien. Am Tag seiner Beisetzung – am 6. April – ordnete der Hamburger Senat die Beflaggung der Stadt und aller im Hafen liegenden Schiffe auf halbmast an.

Nachdem 1909 in der Musikhalle ein marmornes Brahms-Denkmal von Max Klinger aufgestellt worden war, wurde 1959 ein Brahms-Archiv in der Staatsbibliothek eingerichtet, 1969 eine Brahms-Gesellschaft gegründet und 1971 eine Brahms-Gedenkstätte in der Peterstraße eröffnet.

So gern man auch in Hamburg die Werke von Brahms aufführte, so schloß das die Begeisterung für das Schaffen Richard Wagners nicht aus, der damals allgemein als Brahms-Antipode empfunden wurde. Die Hamburger Erstaufführung der Oper *Rienzi* unter Wagners Leitung hatte bereits 1844 stattgefunden. Die Opern *Tannhäuser* (in Hamburg erstmals 1853) und *Die Meistersinger von Nürnberg* (Hamburger Erstaufführung 1870) wurden äußerst günstig aufgenommen, und als der Komponist selber 1873 in Hamburg zwei Orchesterkonzerte gab, fanden sie vor ausverkauftem Haus statt.

Auch Hans von Bülow, der sich zunächst als Pianist und sehr viel später auch als gefeierter Dirigent einen Namen machte, traf in Hamburg auf ein aufgeschlossenes Publikum. Er war hier zum erstenmal 1854 aufgetreten und hatte in vielen Konzerten versucht, den Hörern zunächst das Klavierwerk des späten Beethoven und dann die Klaviermusik Chopins und Liszts nahezubringen. Bülow, der 1886 erstmals ein Werk von Richard Strauss in Hamburg aufführte, nahm hier 1894 endgültig seinen Wohnsitz.

An Engagement für die Musik mangelte es in der Stadt nicht. 1856 konstituierte sich der Hamburger Musik-Verein (der aber nur bis 1863 bestand), 1867 der Hamburger Tonkünstler-Verein, 1876 die Eimsbütteler Musikgesellschaft und 1895 der Verein Hamburgischer Musikfreunde. Den Chorgesang pflegten die Euthymia (gegründet 1851) und der Gesang-Verein von 1867. Die Musikhochschule wurde 1873 als »Conservatorium für Musik« gegründet, das 1890 schon 294 Studierende und 21 Dozenten zählte.

Eine wichtige Rolle im Musikleben der Stadt kam der Oper zu, nach wie vor ein Privatunternehmen, dessen Direktion 1874 Bernhard Pollini übernahm. Damals waren Stadttheater und Oper noch im selben Haus unter einheitlicher Leitung; die Bühne wurde von beiden abwechselnd genutzt. Das Stadttheater hatte einen Neubau bekommen, der, ein Werk Karl Friedrich Schinkels und Carl Ludwig Wimmels, 1827 eröffnet worden war; ein Umbau mit neuer, pompöser Fassade war 1874 abgeschlossen. Das Haus bot 1700 Plätze.

Pollini schien zunächst ein Glücksfall für Hamburg zu sein. Er beschäftigte nur allererste Solisten und holte sich erstklassige Gäste. Der Aktiengesellschaft, die das Haus führte, zahlte er jährlich 36 000 Mark und 2,5 Prozent der Bruttoeinnahmen. Im Programm gab es vier Abende für die Oper, zwei für das Schauspiel und einen für das Ballett oder die Operette. Die Stadt, die bisher alle Subventionen strikt verweigert hatte, erklärte sich bereit, Gas und Wasser gratis zu liefern und jährlich 15 000 Mark in die beiden Pensionsfonds für Schauspieler und für Musiker einzuzahlen. Die fast ein halbes Jahrhundert lang unverändert gebliebenen Eintrittspreise wurden zum Teil verdreifacht, was dem Haus in den ersten drei Jahren unter Pollinis Leitung Mehreinnahmen von 882 000 Mark einbrachte. Sieht man davon ab, daß Gas und Wasser unentgeltlich geliefert wurden, so konnte sich das Stadttheater durchaus selbst tragen. Nach Pollinis Konzept wurden Orchestermitglieder und Chorsänger miserabel bezahlt – mit monatlich 100 bis 150 Mark –, die Gesangssolisten aber mit monatlich 4500 Mark für jene Zeit wahrhaft fürstlich entlohnt. Pollini, der 1876 auch die Direktion des Altonaer Stadttheaters und die des 1843 gegründeten Thalia-Theaters übernahm, setzte beim Senat sogar noch eine jährliche Subvention von 30 000 Mark für das Stadttheater durch.

In Pollinis Amtszeit, 1874 bis 1897, gab es 175 Neuinszenierungen im Opernprogramm, darunter 51 Uraufführungen belangloser Komponisten. Mit Ausnahme der deutschen Erstaufführung von Puccinis *Manon Lescaut* 1893 in Anwesenheit des Komponisten konnte Pollini nicht eine einzige wirklich bedeutende Uraufführung für Hamburg sichern. Von zeitgenössischen Komponisten standen die Opern Wagners mit rund 1000 Aufführungen zur Zeit Pollinis an der Spitze. Zweifellos war Pollini ein tüchtiger Geschäftsmann. Als künstlerischer Leiter der Oper aber war er ungeeignet. Das zeigte sich besonders 1891, als er Gustav Mahler als Dirigenten engagierte. Der fand ein völlig unterbezahltes und darum auch mit schwachen Kräften besetztes Orchester vor, aus dem wenig herauszuholen war. Eine diesbezügliche Eingabe Mahlers an den Senat blieb ohne Erfolg. Als Mahlers eigene Kompositionen in Hamburg nur auf Unverständnis stießen, war das für Pollini ein Grund, sich von seinem Dirigenten zu distanzieren. Nach sechs Jahren hatte Mahler genug. 1897 ging er nach Wien, kurz bevor Pollini starb. Mochte auch das Stadttheater in geschäftlicher Hinsicht im Lot sein, so war sein künstlerisches Niveau, trotz glanzvoller Inszenierungen Mahlers von Opern Mozarts, Beethovens, Wagners, Verdis, Smetanas und Tschaikowskys, meistens doch recht provinziell. Über Bernhard Pollini urteilte Diedrich Diederichsen: »Er war beides: der souveräne Impresario, der die Puppen tanzen ließ, und der schnieke, ordengeschmückte Banause; eine zeittypische Erscheinung, die im wilhelminischen Deutschland gewiß auch anderswo ihren Weg gemacht hätte, in der Hansestadt aber besonders günstige Voraussetzungen antraf für das Unisono von merkantiler und künstlerischer Großmannssucht.«

## Deutschlands zeitungsreichste Stadt

Hamburgs renommierteste Zeitung, der *Hamburgische Correspondent*, überlebte ihre Glanzzeit, das 18. Jahrhundert, zwar noch recht lange, vermochte jedoch ihren alten Rang als meistgelesene Zeitung Europas und wichtigstes Handelsblatt nicht mehr wiederzugewinnen. Andere Journale stellten ihr Erscheinen ein, weil ihr Typus nicht mehr in die veränderte Zeit paßte, so 1824 die 1767 gegründeten *Hamburgischen Adress-Comtoir-Nachrichten*, die mit der im gleichen Jahr gegründeten *Hamburgischen Neuen Zeitung* vereinigt wurden, bis auch diese 1846 eingestellt werden mußte. Die hochangesehene, 1792 gegründete Zeitschrift *Minerva* war schon 1811 von der französischen Besatzungsmacht verboten worden und konnte nach 1814 nicht wiederbelebt werden. Dafür aber gab es so zahlreiche Neugründungen, daß der Journalist und Schriftsteller Moritz Saphir 1828 Hamburg als Deutschlands »zeitungsreichste Stadt« bezeichnen konnte. Hamburg leistete sich sogar eine in englischer Sprache geschriebene Zeitung, *The Hamburg Reporter*, die von 1828 bis 1834 jeweils montags, dienstags und freitags erschien.

Alle Zeitungen und Zeitschriften aufzuzählen, die im 19. Jahrhundert in Hamburg erschienen, ist unmöglich; viele waren belanglos, viele vor allem auch sehr kurzlebig. Insgesamt zählte man von 1814 bis 1900 in Hamburg 193 Blätter. Es sollen hier wenigstens einige genannt werden, die für diese Zeit als charakteristisch gelten dürfen.

Neben den nach wie vor bestehenden *Hamburger Nachrichten*, die 1849 aus den 1792 gegründeten *Wöchentlichen Gemeinnützigen Nachrichten von und für Hamburg* hervorgegangen waren und 1851 als erste deutsche Zeitung das Feuilleton eingeführt hatten, wurde ein Blatt immer bedeutender, das 1817 unter dem Titel *Der Beobachter an der Alster* gegründet worden war und sich von Nr. 27 an *Hamburger Beobachter* nannte. Es kam einmal wöchentlich heraus, sonnabends um 19 Uhr. Sein Verleger, Friedrich Wilhelm Christian Menck, Sohn eines Arbeiters aus Ratzeburg, gründete 1828 die täglich, auch sonn- und feiertags, erscheinende *Liste der angekommenen Fremden in Hamburg*, die 1852 mit dem *Beobachter* vereint wurde unter dem Titel *Morgenzeitung*. Als Abendbeilage der *Morgenzeitung* gab es das *Hamburger Fremdenblatt*, und diesen Titel bekam die Zeitung endgültig 1864, nachdem *Morgenzeitung* und *Fremdenblatt* zusammengelegt worden waren. Die Zeitung erschien täglich, auch sonntags, am Abend. Das *Hamburger Fremdenblatt*, von konservativem, regierungsfreundlichem Zuschnitt, wurde zur auflagenstärksten Zeitung Hamburgs und gehörte zu den meistgelesenen Blättern in Deutschland, da es dank eines Netzes internationaler Korrespondenten besonders viele Nachrichten aus aller Welt bringen konnte.

Gern gelesen wurde in Hamburg auch die 1805 gegründete *Börsen-Halle*, die von 1819 an täglich erschien. 1825 wurde sie um die *Literarischen Blätter der Börsen-Halle* erweitert, die sich 1842 *Hamburger literarische und kritische Blätter* nannten. Dieses Literatur-Supplement, zu dessen Redakteuren Ludolf Wienbarg und Christian Friedrich Wurm, beide Vertreter des Jungen Deutschland, gehörten, wurde 1859 eingestellt. Wurm, der von 1828 bis 1830 auch *The Hamburg Reporter* redigiert hatte, übernahm 1830 auch die *Kritischen Blätter der Börsen-Halle*, in denen die *Literarischen Blätter der Börsen-Halle* von 1825 aufgingen.

Die 1825 gegründeten *Gemeinnützigen Unterhaltungsblätter* nannten sich von 1826 an *Der Freischütz*. Zunächst erschien das Blatt wöchentlich, dann dreimal in der Woche und ab 1868 täglich. Diese im Gegensatz zum *Hamburger Fremdenblatt* wesentlich kritischere Zeitung mit antipreußischer Tendenz wurde 1878 dem *Fremdenblatt* einverleibt.

Nur fünf Jahre lang, von 1843 bis 1848, erschien *Der Tagwächter an der Elbe*, ein Organ der Demokraten, sozusagen die Presse-Opposition der Hamburger Regierung.

Als erstes satirisches Blatt kam 1847 *Mephistopheles* auf den Markt, das Wilhelm Marr herausgab und das auch lithographierte Karikaturen enthielt. Schon nach fünf Monaten wurde es vom Rat verboten und Wilhelm Marr zu einer Geldstrafe und vier Wochen Haft verurteilt. Dennoch konnte Marr 1848 eine Neugründung im Verlag Hoffmann und Campe durchsetzen. 1852 mußte das Blatt dann sein Erscheinen einstellen.

Marr wurde daraufhin Mitarbeiter der 1848 gegründeten Zeitschrift *Die Reform*. Dieses demokratisch gesinnte Blatt kritisierte scharf die Politik Bismarcks. Zu seinen Redakteuren gehörten die damals vielgelesenen Autoren Julius Stettenheim, Schöpfer des humoristischen Kriegsberichterstatters Wippchen, und Julius Stinde (*Die Familie Buchholz*). *Die Reform* wurde 1892 eingestellt.

Weit kurzlebiger war *Der Grobian*, der nur ein Jahr lang erschien und dann 1850, unter dem Namen *Der Opponent*, einging, da seine dem Titel entsprechende harsche Polemik nicht genug Zustimmung bei den Lesern fand.

Als ein humoristisch-satirisches Journal, illustriert mit Holzschnitten, brachte Julius Stettenheim 1862 das Blatt *Die Wespen* auf den Markt, das vor allem die preußische Politik und hier namentlich Bismarck kritisierte. Es ging schon 1867 ein, wurde aber von Stettenheim 1868 in Berlin unter dem Titel *Berliner Wespen* fortgeführt.

Sein allzu großer Freimut trug dem sozialdemokratisch orientierten *Hamburg-Altonaer Volksblatt*, gegründet 1875, schon 1878 das Verbot ein (Druck und Verlag von J. H. W. Dietz). Diese Zeitung hatte es bis zu ihrem Verbot auf 17 000 Abonnenten bringen können. Zum eigentlichen Organ der Hamburger Sozialdemokratie aber wurde das ab 1887 bei Auer & Co. erscheinende *Hamburger Echo*, hervorgegangen aus der sozialdemokratischen *Bürger-Zeitung* (gegründet 1881) und zwei weiteren, aufgrund der Sozialistengesetze verbotenen Blättern.

Die *Bürger-Zeitung*, das Blatt der sozialistischen Arbeiterschaft mit 12 000 Abonnenten, war von Polizeisenator Gerhard Hachmann verboten worden, weil in einem ihrer Artikel vor Gewaltmaßnahmen zur Durchsetzung politischer Ziele ausdrücklich gewarnt worden war; nur mit unblutigen und friedlichen Mitteln könne das Erstrebte durchgesetzt werden. Mit der absurden Begründung, in dem Beitrag werde zur Gewalt (!) aufgerufen, wurde die *Bürger-Zeitung* verboten und ihr Chefredakteur Johannes Wedde ausgewiesen. Wes Geistes Kind dieser Senator Hachmann war, dokumentiert sein Ausspruch: »Was kümmert mich das Gesetz? Ich bin das Gesetz, ich die verkörperte Polizeigewalt!« Vorgeladene sozialdemokratische Redakteure beschied er brüllend, sie sollten ihren Genossen sagen, wenn diese so fortmachten, werde er mit Kolben dreinschlagen lassen.

Die Hachmannsche Pressepolitik und die Umgangsformen des Senators kamen sogar im Deutschen Reichstag zur Sprache. Daraufhin erklärten der *Hamburgische Correspondent* und die *Hamburger Nachrichten* die im Reichstag geschilderten Vorgänge für eine Entstellung, mußten aber rasch schweigen, da sich in der übrigen Presse Augen- und Ohrenzeugen meldeten, die Hachmanns maßlose Ausfälle bestätigen konnten. Nach diesem Senator, der 1904 starb, benannte die Stadt Hamburg den Platz vor dem Hauptbahnhof Hachmannplatz.

Das *Hamburger Echo* tarnte sich zunächst mit einer an Ironie kaum zu überbietenden Erklärung in eigener Sache. Darin hieß es: »Das Blatt stellt sich die schwierige, aber lohnende Aufgabe, ein ganz neutrales, politisch vollständig unabhängiges und farbloses Tageblatt zu sein, um durch die strenge Objektivität seiner Haltung beruhigend und mildernd auf die vom Hader der Parteien wild erregten Gemüter zu wirken. Wie der Name schon sagt, soll das neue Blatt gar kein Raisonnement enthalten, sondern nur wiederholen, was den Markt füllt. Unser Ideal ist erreicht, wenn wir auf diese Weise ein Blatt herstellen, das der Schwarze, der Blaue, der Rote mit demselben Wohlgefallen und dem gleichen Vorteil lesen kann.«

In Kürze gewann die Zeitung 15 000 Abonnenten. Ihr Feuilleton war der Arbeiterbildung gewidmet; Dichtung und Künste sollten nicht länger das Privileg der Besitzenden bleiben.

Auf die Hamburger Zensur wurde schon im Zusammenhang mit dem Jungen Deutschland und dem Verleger Julius Campe eingegangen. Der erwähnte Syndikus Karl Sieveking, der die Hamburger Zensurkommission leitete, tat alles, um die Zensurbestimmungen des Deutschen Bundes, denen Hamburg unterworfen war, zu mildern. Vor dem Präsidium der Bundesversammlung sagte er 1831: »Die Zensur wirkt nachteiliger auf die Freunde gesetzlicher Ordnung als auf die Sophisten der Aufwiegelung. Nur in Ländern, in welchen die Bevölkerung einem glücklichen Stande der Unschuld (oh, welche Ironie!) weniger entwachsen ist und die Ordnung daher des begeisterten Schutzes der freien Rede entbehren kann, wie in Rußland oder Österreich, kann man mit Recht besorgen, durch die Freiheit der Presse sich bisher unbekannten Gefahren auszusetzen. Die Anwendung der Erfahrung dieser Länder auf Deutschland scheint mir indes durch den Erfolg keineswegs gerechtfertigt! [...] Freiheit der Presse, das heißt deren gesetzliche Beschränkung ohne Zensur [...] ist der allgemeine Wunsch aller deutschen Landschaften!«

Es ist verständlich, daß Sieveking außerhalb Hamburgs scharfer Kritik unterzogen wurde. Erbost heißt es 1846 in einem Brief an den österreichischen Staatskanzler Fürst Metternich, den Initiator aller Unterdrückung, die mit den Karlsbader Beschlüssen 1819 einsetzte, über Karl Sieveking, er sei »der kläglichste aller Politiker«. Weiter steht da zu lesen: »Sein Steckenpferd ist der Liberalismus des Tags, Preß-Freiheit, Fortschritt, Entwicklung der staatlichen Verhältnisse, Verbesserung der Lage der unteren Gesellschaftsschichten und ihre Veredelung, und alles dies verbrämt mit einer religiösen Zutat, die es schwer ist zu begreifen, weil sie – wie alles im Geiste des Herrn Sieveking – sonst unklar und wirrer Art ist.« Auch Bismarck hat wiederholt beim Hamburger Senat gegen die ihm gegenüber kritisch eingestellten Blätter *Der Freischütz, Die Reform* und *Die Wespen* protestiert, beließ es aber dabei.

Nicht nur Karl Sieveking, gestorben 1847, empfand die Zensur als »unritterlich«. Der liberale Ratsherr Martin Hudtwalcker verlangte 1831 die Aufhebung der Zensur und die Einführung eines Pressegesetzes, vermochte aber nicht die Mehrheit des Senats für sich zu gewinnen. Erst mit dem auch für Hamburg gültigen Reichspressegesetz von 1874 wurde die Zeitungszensur endgültig aufgehoben.

## Von Beherbergern und Verschicksfrauen

Um 1532 waren auf Betreiben Bugenhagens alle Bordelle in Hamburg verboten und bald darauf von den Ämtern strenge Sittlichkeitsnormen aufgestellt worden. Damit aber änderte sich nur eines: Die Prostitution ging in den Untergrund. Um 1590 häuften sich die Klagen über »gemeine und öffentliche lose wyver«, und es wurde beanstandet, »dass leichtfertige Personen, die in dieser Stadt bei frommen Leuten als Mägde und Ammen dienen, sich zur Unzucht vorsätzlich begeben«.

Die Beschwerden über die allgemeine Sittenlosigkeit in Hamburg nahmen im 17. Jahrhundert beträchtlich zu. Will man den selbsternannten Moralwächtern glauben, so war damals »Hurerei« an der Tagesordnung. Und diese Klagen beschränkten sich keineswegs auf die gewerbsmäßige Prostitution, sondern galten der allgemeinen Sittenlosigkeit der Stadt. Daß sich einflußreiche Persönlichkeiten Konkubinen hielten, ist vielfach bezeugt.

Klage wurde aber nicht minder geführt über die »Unzucht« reicher Ehefrauen und Witwen und ihrer Töchter. Diese Beschwerden zielten aber nicht nur auf die offenbar sexuell recht emanzipierten Frauen der Oberschicht, sondern betrafen auch den Mittelstand. Über das freizügige Treiben der Hamburgerinnen kursierten zahlreiche derbe Gedichte, so dieses:

»Ihr seyd ja werth mehr als Bucephalus
des Alexanders Pferd
Das liess zwar einen nur
nur seinen Herrn aufsitzen
Ihr aber könnt fürwar noch viel berittnen nützen.«

Zentren der gewerbsmäßigen Prostitution, die infolge der Wirren des Dreißigjährigen Kriegs und des Zustroms zahlreicher Fremder nach Hamburg erheblich anstieg, waren das St.-Michaelis-Kirchspiel, der Hamburger Berg und das von 1612 bis 1630 entstandene Gängeviertel der Neustadt, von dem ein großer Teil die Bezeichnung »Ehebrechergang« bekam. Der von 1649 an in Hamburg als Hauptpastor wirkende Theologe und Schriftsteller Johann Balthasar Schuppius wurde nicht müde, die Sittenlosigkeit Hamburgs in liebevoll ausgemalten Szenen einem entrüsteten Publikum vorzustellen. Zwar waren Bordelle verboten; die Stadt erlaubte aber manchem Bier- und Weinausschank die Beschäftigung von Animierdamen, die sich den Kunden gegenüber recht willig zeigten. Grund für die Sondergenehmigungen war der Mammon, denn die Damen förderten den Getränkekonsum, und das bedeutete für den Stadtsäckel einen Zuwachs an Akzise-Einnahmen. »O ein schöner Gewinn!« entrüstete sich Schuppius.

Bekannt war schon im 17. Jahrhundert, daß in diesen Lokalen zahlungskräftigen Gästen Betäubungsmittel in die Getränke geschüttet wurden, damit sie leichter auszurauben wären. Bekannt war ebenfalls, daß sich, mangels Kontrolle, die venerischen Krankheiten ausbreiteten. Sperrgebiete im heutigen Sinn gab es nicht; vor dem Ratsweinkeller und auf dem Jungfernstieg gab es ein reiches Angebot leichter Mädchen. Verhaftete man von

Zeit zu Zeit auch einmal Dirnen, so untersuchte man sie bei der Gelegenheit auch ärztlich; infizierte Frauen wurden in das Hiobshospital eingewiesen. Die öffentlichen Badestuben, die von Männern und Frauen gemeinsam frequentiert wurden, dienten nicht allein der Reinlichkeit. Auch das war allgemein geläufig, aber die Stadt griff nicht ein, denn das hätte zur Verminderung der Abgaben geführt. Nicht minder offenkundig war die eigentliche Erwerbsquelle des 1783 gegründeten Gasthofs »Der König von England« in der Neustadt.

Als 1622 das Werk- und Zuchthaus eingerichtet wurde, hatte es nicht nur den Zweck, Strafgefangene zu verwahren; hier wurden auch aufgegriffene Prostituierte eingesperrt. Um sie »nützlicher Tätigkeit« zuzuführen, wurde ihm 1669 ein Spinnhaus angegliedert, wo man die inhaftierten Dirnen mit Spinnen, Wollkratzen und Weben beschäftigte. Bei geringster Aufsässigkeit setzte es Schläge, Nahrungsentzug und bis zu sechs Wochen Dunkelarrest in Zellen, die im Winter nicht geheizt wurden. Von der Mitte des 18. Jahrhunderts an konnten diese Frauen auch in die USA oder nach Bombay deportiert werden, auf Wunsch dort ansässiger Kolonisatoren.

Überhaupt schlug das Strafrecht gnadenlos zu. Wurde eine Frau der gewerbsmäßigen Prostitution überführt, so kam sie an den Pranger, wurde ausgepeitscht – wobei sie, nur mit einer Lederhose bekleidet, öffentlich 54 Stockschläge erhielt –, oft auch gebrandmarkt und aus der Stadt gewiesen. Kam sie dennoch zurück beziehungsweise vorzeitig – die Stadtverweisung wurde 1767 auf zehn Jahre begrenzt –, so konnte ihr ein Ohr abgeschnitten werden. Eine christliche Prostituierte, die mit Juden verkehrte, wurde noch schärfer angefaßt. 1667 wurden zwei Christenmädchen verhaftet, die sich mit vier Juden, einem Vater und seinen drei Söhnen, vergnügt hatten. Der einen schnitt man ein Ohr ab, die andere wurde gebrandmarkt.

Im 18. Jahrhundert war man ein wenig nachsichtiger. Eine Hure, die jetzt zum erstenmal verhaftet wurde, bekam acht bis vierzehn Tage Haft in der »Roggenkiste« (so hieß ein Turm am Meßberg) bei Wasser und Brot. Im Wiederholungsfall lautete das

Urteil auf mehrere Wochen Haft, Auspeitschung, Pranger und Stadtverweisung auf zehn Jahre. Auch die Brandmarkung kam im 18. Jahrhundert gelegentlich noch vor; diese Strafe wurde auch bei Kuppelei verfügt. Über besonders renitente Dirnen konnten Freiheitsstrafen von 15 bis 20 Jahren verhängt werden, die im Spinnhaus abzusitzen waren.

Der italienische Graf Galeazzo Gualdo Priorato, der sich 1663 in Hamburg aufhielt, beobachtete, daß der bedürftige Hamburger mit Vorliebe nach Altona ging, »da man die Frauenzimmer dort nicht so strenge unter Aufsicht hält«. Was der Graf offenbar nicht wußte: Zentren der Kuppelei waren auch Hamburger Kirchen. Hier wurden nicht nur Mädchen, sondern auch Abtreibungen vermittelt. Die Kuppelmütter auf frischer Tat zu ertappen gelang selten; 1680 wurde eine gerädert, weil sie zwei Neugeborene ermordet und zahlreiche Abtreibungen vorgenommen hatte.

Überhaupt war der Mord an Neugeborenen erschreckend verbreitet. Von den 134 in den Jahren 1700 bis 1748 in Hamburg Hingerichteten starben allein 32 wegen Kindesmords auf dem Schafott. Im ganzen 17. Jahrhundert waren von den 168 Hingerichteten 28 wegen Kindesmords verurteilt worden. Dabei muß angesichts der vielen ermordeten Neugeborenen, die man auf den Straßen fand, die Dunkelziffer noch weit höher gewesen sein.

Aus dem Jahr 1698 gibt es einen Bericht, in dem es von den Bordellen heißt: »[...] so finden sie [...] jetzo in der Stadt Hamburg so wenig Raum, daß sie vielmehr auf obrigkeitliche Verordnungen allenthalben zerstört werden, wo etwan einige heimlich einschleichen wollen. Dahero dann auch die Nachbarn, wenn sie darüber Klage führen, zu Vertreibungen der Hurenwirthe gar leichte Hülfe erlangen.« Offenbar haben aber die Nachbarn wenig Klage geführt, denn Berichte über die Aufhebung von Bordellen sind selten. So wurde 1755 eines an der Steinstraße entdeckt und aufgehoben, und 1771 flogen sogenannte Bettlerherbergen am Gänsemarkt und am Zeughausmarkt auf, weil dort bordellähnliche Zustände nachgewiesen worden waren.

Ein ganz besonderes Etablissement aber war vor Hamburger

Zugriff sicher. Da hatte im 18. Jahrhundert ein katholischer Priester namens Reichwald einige Zeit unter den Gläubigen der Stadt für mildtätige Zwecke gesammelt. Mit diesem Geld gründete er aber ein Gartenrestaurant in dem weit vor den Toren Hamburgs gelegenen Dorf Eidelstedt, wo junge Hamburger nicht nur gut essen und trinken und dem Glücksspiel frönen konnten, sondern wo ihnen auch anderweitige Zerstreuung angeboten wurde in Gestalt der uns als recht hübsch charakterisierten Töchter des Priesters und von deren Freundinnen, die hier in Schäferkleidung lustwandelten, zu einschlägigen Dienstleistungen bei guter Bezahlung allzeit willig.

Seit Menschengedenken wird nichts so gern bejammert wie der Verfall der Sitten. Daher tut jeder Chronist gut daran, solchen Klagen mit geschärftem Mißtrauen zu begegnen. Aber die moralische Verwilderung im 17. Jahrhundert, während und nach der langen Kriegszeit, ist hinreichend belegt, und Hamburg war darin nicht ärger als andere deutsche Städte. Im 18. Jahrhundert begegnen wir, jedenfalls in Hamburg, solchen Beschwerden weit seltener. Doch zu Ende dieses Jahrhunderts setzte ein Lamento ein, als sei ganz Hamburg ein einziges Bordell unvorstellbaren Ausmaßes. Nun läßt sich der Niedergang der Sitten selten in Zahlen fassen; aber es mag zu denken geben, wenn man erfährt, daß von 1701 bis 1715 auf 16 eheliche Geburten in Hamburg eine uneheliche kam, sich dieses Verhältnis von 1800 bis 1811 jedoch drastisch verschoben hatte, nämlich auf 7 zu 1. Dabei ist zu berücksichtigen, daß die Geburt eines unehelichen Kindes damals als tief unmoralisch und verwerflich angesehen wurde. Der schon zitierte Berliner Journalist Garlieb Merkel gibt in seinem Bericht über den Weihnachtsmarkt im Dom um 1800 blumig zu verstehen, daß in den unbeleuchteten Partien des Doms auch anderes getrieben wurde als nur weihnachtlicher Handel. Die Feier der Johannisnacht im Wandsbeker Gehölz, ein beliebtes sommerliches Volksfest, muß geradezu orgiastische Formen angenommen haben, will man den Zeitgenossen glauben. Pornographie in Schrift und Bild waren um 1800 in Hamburg in höchstem Schwange.

Ein Zeitgenosse bemerkte damals sarkastisch: »Drei Dinge werden in Hamburg vermisst: Redlichkeit auf der Börse, Treue bei den Weibern und ein Herr im Hause. Drei Dinge machen eine Frau: Romane lesen, spielen und ein Hausfreund. Drei Dinge scheinen einem Komptoirbedienten notwendig: ein paar Reitpferde, eine Hure und ein Koppel Hunde. Drei Dinge sind altmodisch: eine wackere Hausmutter, ein dauerhaftes Haus und ein Kleinmädchen ohne Liebeshändel. Drei Götzen verehrt das christliche Hamburg: den Plutus als Hausgötzen, den Bacchus, dessen Zeichen man überall sieht und die Vesta, welcher zu Ehren in allen Küchen ein ewiges Feuer unterhalten wird. Drei Dinge sind einer Dame notwendig: ein Schosshund, ein Papagei und ein Hausfreund. Drei Dinge verderben die Mägde: der Hochmut der Frau, die Freigebigkeit des Hausfreundes und die Liebelei des Herrn. Drei Dinge sind der Gegenstand des Gespräches unter Herren: Hunde und Pferde, Huren und meerschaumene Pfeifenköpfe. Drei Dinge trifft man oft: schändliche Gemälde und Kupferstiche, schändliche Schriften und Kupplerinnen.«

Die Anzahl der um 1802 in Hamburg tätigen Prostituierten wurde, bei einer Bevölkerung von etwa 130 000 Menschen, auf 1300 taxiert. Schuld am Überhandnehmen der Prostitution sollten natürlich die französischen Emigranten sein, besonders der Adel. Der Hamburger Arzt Johann Jakob Rambach befestigte das Vorurteil von den »höfischen Lüstlingen«, und allzu viele taten es ihm nach. Daß Emigranten und natürlich auch den Juden nachgesagt wurde, in besonderem Maß die Hamburger Sitten zu verderben, war der übliche Fremdenhaß, der es erlaubte, alle Schuld einer Minderheit zuzuschieben. Immerhin waren Franzosen und Juden oftmals unangenehme Handelskonkurrenten. Daß die französischen Emigranten, gerade auch die adligen, sich indes nicht scheuten, selbst niedrige Arbeit zu verrichten, wurde bereits erwähnt. Die meisten lebten in bescheidenen Verhältnissen und wären kaum in der Lage gewesen, in Hamburgs Nobelbordellen für eine einmalige Dienstleistung einschließlich der Getränke bis zu 6 Reichstaler zu bezahlen – das war nämlich der Tarif der Spitzenklasse. Nein, eine gewisse Laxheit der Moral, nach den

Kriterien jener Zeit, war in den Jahren 1792 bis 1806 ganz allgemein in Deutschland zu beobachten, besonders in Berlin. In Hamburg – anders als in der Emigrantenhochburg Koblenz kurz nach der Revolution – waren es gewiß nicht die Emigranten, die das Preiskarussell in Bewegung setzten.

Aus welchen sozialen Schichten stammten die Prostituierten? Eine Untersuchung aus der Zeit um 1800 zeigt, daß die meisten von ihnen Dienstmädchen, »verunglückte« Kammerzofen oder Bauernmädchen aus Niedersachsen waren. Als Motiv zur Prostitution wurde meistens die Möglichkeit genannt, schnell viel Geld zu verdienen; andere Mädchen hatten sich aus häuslichem Elend in die Prostitution geflüchtet, und wieder andere waren Opfer des blühenden Mädchenhandels. Die Form, ins Geschäft zu kommen, war insofern anders als heute, als es keinerlei Sperrbezirke gab und sich die Dirnen der oberen Preisklasse unter das Konzert- und Theaterpublikum mischten, wo sie ebenso ihre Kundschaft fanden wie auf den von ihnen stark frequentierten Maskenbällen oder anderen Tanzvergnügen. 1802 arbeiteten in den unteren Preisklassen 76 Mädchen in 56 Bordellen, und zwar im Bereich von ABC-Straße, Valentinskamp, Drehbahn, Dammtorwall und Hütten. Das ambulante Gunstgewerbe war tagsüber auf dem Jungfernstieg, abends im Bereich von Großneumarkt und Kohlhöfen tätig. »Es ist kaum möglich, sich hier vor den Zudringlichkeiten der öffentlichen Mädchen zu retten, die einem in großen Scharen entgegenströmen«, klagte ein zeitgenössischer Schriftsteller. Die meisten, vorwiegend von Seeleuten aufgesuchten Bordelle befanden sich in St. Pauli (Hamburger Berg); in so renommierten Lokalen Ottensens wie »Rainville« oder »Slavs Hof« verkehrten die Mädchen der höchsten Preiskategorie.

Es fehlte nicht an Klagen über die Polizei, die dieses Treiben offenbar stillschweigend duldete, ja man warf ihr unverhüllt vor, infolge Bestechung ein Auge zuzudrücken, sei es durch das Geld der Bordellwirte, sei es durch die Gunst der Mädchen.

Erst unter dem Druck der französischen Besatzungsmacht schritt der Hamburger Rat zur Tat. Der von den Franzosen eingesetzte Bürgermeister Abendroth erließ 1807 eine detaillierte

Verordnung über die Prostitution. Sie bezweckte sowohl die Kasernierung wie die Gesundheitsüberwachung, aber auch den Schutz der Mädchen vor Ausbeutung. Allgemeines Aufsehen und auch Spott erregte damals in Deutschland der Paragraph 13 der Verordnung, der bestimmte, daß alle Bordellwirte von nun an monatlich 2 Mark je Mädchen in eine Kasse zu zahlen hätten, aus deren Fonds die zur Untersuchung der Mädchen bestimmten Ärzte zu bezahlen seien. Die französische Militärverwaltung erließ eine weitere Bordell-Verordnung 1811. Verfügte die Verordnung von 1807 die regelmäßige ärztliche Untersuchung der Mädchen im Abstand von vierzehn Tagen, so verkürzte die von 1811 den Zeitraum auf acht Tage. Mit der Verordnung von 1807 war der »gewerbsmäßigen Unzucht« die Anerkennung des Staates zuteil geworden. Die Obrigkeit hatte ihren jahrhundertelangen Kampf gegen Bordelle und überhaupt gegen Prostitution aufgegeben. Das nächste einschlägige Gesetz wurde 1834 erlassen und blieb bis 1876 in Kraft.

Um 1860 waren in Hamburg ungefähr 750 Dirnen registriert, 200 von ihnen in St. Pauli. Sollte diese Zahl tatsächlich stimmen, dann würde das bedeuten, daß 1802 auf die 130 000 Einwohner 1300 Dirnen kamen, auf die etwa 200 000 Einwohner des Jahres 1860 nur noch 750. Dabei dürfte die Dunkelziffer 1802 eher höher gewesen sein als 1860. Noch immer gab es kein Sperrgebiet, noch immer konzentrierte sich das Gewerbe außerhalb St. Paulis auf das Gebiet von Dammtorwall, Dragonerstall und Drehbahn.

Erst 1876 wurden in Hamburg alle Bordellbetriebe verboten, genauer: Bordell- und Schankkonzession wurden voneinander getrennt, Bordelle offiziell aufgehoben. Aber man ließ sich ein Hintertürchen offen: Die Wirte, genannt »Beherberger«, durften an Prostituierte vermieten, allerdings nur mit Erlaubnis der Sittenpolizei, die entsprechende Quartiere zuließ und alle dort wohnenden Mädchen registrierte und kontrollierte. Die »Verschicksfrauen« aber, die nicht nur Wohnungen an Prostituierte vermittelten, sondern auch Mädchenhandel für die Bordelle betrieben, durften bei Erlegung einer polizeilichen »Taxe« weiterhin ungestört ihrem Gewerbe nachgehen. Die neuen Senatsvorschriften von 1876 besserten zwar hier und da im Detail, befreiten aber keineswegs die Prostituierten von ihren gnadenlosen Ausbeutern, den Beherbergern und den Verschicksfrauen, sondern machten sie nur noch abhängiger. Vielleicht hätte der Senat diese Verordnung von sich aus auch nicht erlassen; er mußte es aber, weil mit der Zugehörigkeit zum Reich 1876 auch das Strafgesetzbuch des Reichs in Hamburg Gültigkeit erlangte, und dessen Paragraph 180 setzte das Hamburger Gesetz von 1834 außer Kraft.

## Hamburg schmaust und trinkt

Von den alten Hamburger Festbräuchen verschwanden drei im 19. Jahrhundert: das Johannisfest, das Waisengrün und das Schlachtfest.

Das Johannisfest am 24. Juni (Mittsommer) wurde in Hamburg seit dem 14. Jahrhundert gefeiert. Dabei wurde auf den Straßen getanzt, woran sich auch der ganze Rat beteiligte, und abends der Tag mit einer großen Tafelei beschlossen. Das Tanzen in der Stadt wird nach 1559 nicht mehr erwähnt. Der offizielle Feiertag wurde mit einem Ausflug ins Grüne verknüpft, in die Vierlande etwa, den Sachsenwald oder auch nach Poppenbüttel; eifrig besucht wurden die Tanzlokale in Eimsbüttel, Ottensen und Langenfelde. Im Eimsbütteler und im Wandsbeker Gehölz suchten am Vorabend Frauen das »Johannisblut«, eine magischen Praktiken dienende Pflanze. Daß es dabei zu zügellosem Treiben gekommen sein soll, wurde erwähnt. Als Ende 1837 der Rat beschloß, die allzu vielen Feiertage zu reduzieren, wurden die dritten Feiertage von Ostern, Pfingsten und Weihnachten, Dreikönige (6. Januar), Mariä Reinigung (2. Februar), Mariä Verkündigung (25. März), Mariä Heimsuchung (2. Juli), Michaelis (29. September) und auch der Johannistag als offizielle Feiertage abgeschafft.

Das Waisengrün feierte man seit 1633; im 18. Jahrhundert

Der Umzug des Waisengrüns. Radierung von Christopher Suhr, 1801

wurde dafür der erste Donnerstag im Juli bestimmt. Mit zwei Musikanten an der Spitze bewegte sich der Zug der Waisenhauszöglinge auf Umwegen durch die Straßen in Richtung Steintor. Hier waren vor der Stadt in einem Garten Zelte aufgeschlagen, in denen die Waisenkinder beköstigt wurden. Im Garten gab es Tanz – dazu spielten die Grünrollmusikanten auf – sowie Spiele wie Topfschlagen, Vogelschießen und so weiter. Freunde und Verwandte der Waisenkinder wurden dazugeladen. Der Umzug durch die Stadt diente einem praktischen Zweck: Bei ihm wurde von den Kindern Geld für die Waisenhauskasse gesammelt, denn das Waisenhaus existierte nur aufgrund privater Stiftungen. Der Zug begann morgens um 6 Uhr und ging, mit einer Rast, über Drehbahn und Neuen Wall nach St. Georg. Das Gartenfest wurde in späteren Jahren davon abgetrennt und am darauffolgenden Montag gefeiert. Beim Umzug baten die Kinder mit hingehaltenen Sammelbüchsen: »Belewt de gode Herr (de Madam, de

Mamsell) de Armen to bedenken und ok een in de Hand to schenken.« Die Bitte wurde kaum umsonst getan – im 19. Jahrhundert kamen bei der Sammlung bis zu 10000 Mark courant zusammen. Von diesem Geld kam ein Sechstel in die Waisenhauskasse; das übrige wurde den Kindern gutgeschrieben und ihnen später, wenn sie das Waisenhaus verließen, ausgezahlt.

Das Waisengrün wurde 1876 abgeschafft, da das Waisenhaus nun aus staatlichen Mitteln finanziert wurde und angeblich auch zuviel Mißbrauch beim Umzug getrieben worden war; für die Kinder aber gab es weiterhin Ausflüge in die Umgebung zu Schiff oder mit der Eisenbahn.

Das Schlachtfest, auch Ochsenschlachten genannt, entwickelte sich aus dem mittelalterlichen Brauch, im Herbst den Fleischbedarf für den Winter durch Einsalzen (Pökeln) oder Räuchern zu konservieren. Der Verkauf der Ochsen begann vom 17. Jahrhundert an zu Anfang Oktober und zog sich den ganzen Monat lang hin, wobei jeweils an fünf, später nur noch an drei Tagen in der Woche auf dem Pferdemarkt und ab 1804 auf dem Schulterblatt die Schlachtochsen verkauft wurden; 1725 sollen es 15 000 gewesen sein. Ein amtlich bestallter Viehtreiber brachte das Tier zur Wohnung des Käufers, wo es angebunden und ausgestellt wurde. Als Schlachttag galt der Gallustag (16. Oktober); die Prozedur fand in der Diele des Hauses statt. Das ausgeblutete und geöffnete Tier wurde aufgehängt und mit Papiermanschetten und Servietten verziert. Freunde und Nachbarn kamen, das Prachtstück zu bewundern, und dann begab man sich zu Schmaus und Umtrunk; ausgeschenkt wurde Rheinwein. Das Fell wurde dem Schuhmacher verkauft; aus dem Talg stellte der Kerzengießer Lichter her. Der Engländer Thomas Lediard, der in Hamburg lebte, berichtete 1740, einen Monat lang sei das Ochsenschlachten Hamburger Tagesgespräch gewesen. Lediard: »Und wirklich höret man, so lange diese Jahreszeit dauert, von nichts anders reden. Öffentliche und Privathäuser, Weinschenken, Kaffee- und Bierhäuser, die Börse, das Rathaus und das Consistorium, und wenn ich nicht übel berichtet bin, so gar die Kirchen erschallen von keinem andern Inhalt. Kurz, alles andere Gewerbe scheinet aufgeschoben und von diesem verschlungen zu seyn. Wenn man in einen Laden gehet, um ein Pfund Thee oder eine andere Waare zu kaufen, so verwette ich zwanzig an eines, der Kramer wird einen statt der Antwort mit keiner andern Anrede empfangen: ›Niemals, mein Herr, bin ich so glücklich gewesen, ein solches Thier zu kaufen, als dieses Jahr. Es war das schönste Thier, und Sie würden sich was darauf zu gute gethan haben, es zu besehen und zu befühlen. Ich hatte so und so viel hundert Pfund Fleisch, so und so viel Talch oder Unschlitt, und verkaufte die Haut so und so theuer, so daß, wenn ich alles dieses rechne, mir das Pfund nur so und so viel kostet, was meinen Sie, mein Herr, habe ich nicht einen rechten Ochsenverstand?«

Daß diese einseitige Winterkost aus eingesalzenem und geräuchertem Fleisch ungesund sei und für Skorbut anfällig mache, hatte schon 1759 der Arzt Johann August Unzer erkannt, dessen Bedenken sich andere Ärzte anschlossen. Etwa fünfzig Jahre später war die »Hamburger Schlachtzeit« aus der Mode gekommen; Frischfleisch wurde jetzt mehr und mehr beim Schlachter gekauft.

Daß dem Ochsenschlachten soviel Bedeutung beigemessen wurde, hatte auch damit zu tun, daß gutes und reichliches Essen und Trinken in Hamburg immer eine wichtige Rolle gespielt hatte. Schon der 1649 nach Hamburg gekommene Pastor Schuppius hatte staunend vermerkt: »Ich sah bei Privatleuten so köstliche Traktaments halten, bei Banketten und Gastereien so vielerlei Konfekt und niedliche Speisen auftragen, wie ich es in fürstlichen Häusern nicht gesehen, selbst wenn Kindtaufen und andere Solennitäten gehalten wurden.«

Wie aufwendig getafelt wurde, hat schon die Darstellung der Matthiä-Mahlzeit gezeigt. Ähnlich üppig ging es auch bei den Diners der vermögenden Hamburger zu. Aus einem Bericht von 1760 erfahren wir, daß bis zu zweiunddreißig Gäste geladen waren. Weiter heißt es da: »Man sitzet so enge, daß man im October, wo noch nicht eingeheitzet wird, glauben sollte, man wäre in eine Bade-Stube verschrieben. Die Tafel-Tücher werden so oft, als die Speisen gewechselt, desgleichen das Porcellan, nach deren verschiedenen Facons, und Gemählden; Zinn wird gar nicht mehr gesehen. Der Hauswirth entschuldigt sich bey jedem neuen Aufsatz, daß er, alle Mühe von vier Tagen ungeachtet, nicht mehr habe erlangen können, er befürchte, daß sie hungrig würden aufstehen, der tumme Koch habe sich wieder sonstige Gewohnheit so schlecht verhalten, daß er ihn aus dem Dienst jagen würde. Die Familien-Gesundheiten aufs Wohlergehen, aufs Vergnügen etc. gehen herum, jeder antwortet: machen auch die Staats-Gesundheiten, Hamburgs Wohlfahrt, der erbgesessenen Bürgerschaft, denen sämmtlichen Departements des weltlichen, kriegerischen und geistlichen Standes sammt denen Collegien, das dauert fünf Stunden in stetigen Nöthigen. Darauf gehet man in ein Zimmer zum Coffee und Thee, eins nach dem andern; dann gehet der Triset- und andere Spiehltische herum, mittlerweile wird wieder angerichtet, es darf aber nicht das mindeste eingesetzet werden, so den Mittag Parade gemacht hat. [...] Morgens um drey Uhr fähret alles auseinander, die Dienstboten strecken ihre Hände aus, um die Mahlzeit bezahlt zu nehmen, davon die Herrschaft nichts anders einnimmt, als die Seegens-Wünsche, daß ihre Umstände so herrlich gewesen, so vornehme Gäste zu haben, welche so wol zu leben wissen.«

Aus der Zeit um 1800 erfahren wir, daß auf 20 Uhr geladen, das Diner aber erst um 23 Uhr serviert wurde und bis 1 Uhr morgens dauerte. Die Einladung zum Diner war vorwiegend eine Lustbarkeit der Wintermonate und eine feste gesellschaftliche Verpflichtung, allerdings nur der begüterten Kreise, denn der Aufwand – wiederholte Diners für vierundzwanzig Personen – war so hoch, daß ihn die wenigsten sich leisten konnten. Garlieb Merkel behauptet um 1800, der Aufwand für ein Diner belaufe sich mit den Nebenkosten auf 15 000 bis 18 000 Mark. Das dürfte zwar übertrieben sein, zumal Merkel den Hamburgern nicht wohlwollte; aber fünfstellig könnte die Summe schon gewesen sein, wurden doch Leckereien in einer uns heute unvorstellbaren Menge aufgeboten, dazu eine Fülle teurer Weine und Spirituosen, und nicht zuletzt schlugen Beleuchtung, Beheizung und die unerläßlichen Leihköche und Leihdiener kräftig zu Buche. Noch 1935 erinnerte sich Fritz Schumacher, seit 1909 als Baudirektor in Hamburg, an diese Diners. Er schreibt: »Sie trugen den Charakter spätrömischer Üppigkeit.«

## »Freie und Abrißstadt Hamburg«

Bis 1867 wurden Bergedorf und die Vierlande von Hamburg und Lübeck gemeinsam (»beiderstädtisch«) verwaltet; dann verzichtete Lübeck auf seinen Anteil zugunsten Hamburgs gegen eine Abfindung von 200 000 Talern preußisch Courant – eine recht preisgünstige Erwerbung, die das Stadtgebiet auch beträchtlich vergrößerte.

Hamburgs Stadtbild änderte sich in der zweiten Hälfte des 19. Jahrhunderts von Grund auf. Mit dem enormen wirtschaftlichen Aufschwung wuchs der Bedarf an großen Kontorhäusern, und dem stand die alte Bebauung, soweit sie dem Brand von 1842 nicht zum Opfer gefallen war, im Weg. Rigoros schaffte man jetzt mit der Spitzhacke Platz.

Mit dem Ausbau des Hafens und der Errichtung des Freihafens gingen einige der schönsten Straßenzüge Alt-Hamburgs zugrunde. Immerhin hatte die Baudeputation wenigstens den lobenswerten Einfall, den Hamburger Photographen Georg Koppmann nach 1872 zu beauftragen, alle historisch wertvollen Straßen und Gebäude abzulichten. Über 10 000 Aufnahmen sollen damals von Koppmann und seinen Mitarbeitern gemacht worden sein; was von ihnen erhalten blieb, liefert eine ziemlich genaue Dokumentation der vernichteten Bausubstanz.

Schon 1852 hatte man das Blockhaus (erbaut 1655) am Eingang des Binnenhafens abgerissen. 1857/1858 folgte das einzig schöne Baumhaus (1662), 1863 das Sandtor, 1873 der Kaisershof (1619) am Neß, 1885 das Hiobshospital (erneuert 1743). Mit dem Abbruch des Alten und des Neuen Wandrahm 1886 im Freihafengelände verschwanden die schönsten barocken Bürgerhäuser, die

Wohnhaus Pferdemarkt 28. Die 1903 aufgenommene Photographie zeigt das damals älteste Haus Hamburgs (1522) vor dem Turm von St. Jacobi; es wurde 1910 abgerissen

Der Sandtorquai mit der 1869 abgebrochenen Annenkapelle; im Hintergrund der Turm von St. Katharinen, photographiert von Charles Fuchs

sich hier um 1680 die Kaufleute erbaut hatten; 1887 fiel die Neue Waage (1676) und 1891 die klassizistische Englisch-Reformierte Kirche am Johannisbollwerk (1825/1826). Erbittert prägte Alfred Lichtwark das Wort von der »Freien und Abrißstadt Hamburg«; er schrieb 1912: »Wohl keine Kulturstadt der Welt hat je eine solche Selbstzerstörungslust entwickelt wie Hamburg. Hamburg hätte die Stadt der Renaissance sein können, des Barock und des Rokoko – doch all diese Schätze wurden stets begeistert dem Kommerz geopfert. An die Stelle barocker Wohnhäuser wurden neubarocke Kontorblocks getürmt, und noch immer ist jeder Neubau ein Schlag ins Gesicht der Stadt.«

Zum Ausbau des Straßenverkehrs schlug man 1867 bis 1876

mit der Wexstraße die erste Schneise durch das Gängeviertel der Neustadt und verband so Große Bleichen und Großneumarkt miteinander. Die zweite Schneise legte 1890 bis 1893 die Kaiser-Wilhelm-Straße. Das Netz der Fleete wurde reduziert; 1877 wurde das Reichenstraßenfleet, Hamburgs ältester Hafen, zugeschüttet, 1884 das Rödingsmarktfleet. Die alte hölzerne Lombardsbrücke mit ihrer Windmühle wurde 1868 durch die heutige Steinbrücke ersetzt.

Von den neuerrichteten Bauten sind drei Schöpfungen des bedeutenden Hamburger Architekten Alexis de Chateauneuf erhalten geblieben: die Alsterarkaden von 1844, die bis heute die Wasserseite des Rathausmarktes prägen, die von 1844 bis 1849 wiederaufgebaute Petrikirche und die Alte Post von 1846 in der Poststraße, in der damals vier Postverwaltungen untergebracht waren. Zum neuen Rathaus konnte 1886 der Grundstein gelegt werden. Als dann 1897 der mit der Börse verbundene Pracht- und

Der Rödingsmarkt um 1880

Prunkbau eingeweiht wurde, schien selbst Bürgermeister Johann Georg Mönckeberg ein wenig beklommen. »Wir werden uns an die Eleganz und an die vielen großen Räume erst gewöhnen müssen«, sagte er und fand: »Weniger wäre in diesem Falle mehr gewesen.«

Die so stürmisch modernisierte Innenstadt konnte sich freilich den in vergangenen Jahrhunderten üblichen Schmutz und das eher laxe Verhältnis zur Sauberkeit nicht mehr leisten. 1881 wurde die staatliche Straßenreinigung eingeführt, und 1896 erhielt Hamburg seine erste Müllverbrennungsanlage.

Das Ufer der Außenalster gegenüber von St. Georg wurde nun mit den Villen vermögender Kaufleute bebaut. So entstand ein Pendant zu dem ab 1837 erschlossenen Baugelände auf der Uhlenhorst, wo 1847 als erstes Gebäude ein »herrschaftliches Gartenhaus« errichtet worden war.

Mit dem 1877 eingeweihten Ohlsdorfer Friedhof bekam auch das Bestattungswesen ein ganz anderes Aussehen. Erst das am 1. Januar 1813 ausgesprochene Verbot der französischen Besatzungsmacht, Bestattungen innerhalb der Stadt vorzunehmen, hatte Schluß gemacht mit der in Hamburg so populären, aber abstoßenden Sitte, die Toten übereinander in schlecht schließenden Kirchengrüften beizusetzen. Aber 1813 gab es auch schon Friedhöfe vor den Toren, und weitere kamen in den folgenden Jahrzehnten hinzu. Der von St. Jacobi (angelegt 1793) befand sich auf dem Gelände des heutigen Hauptbahnhofs; vor dem Dammtor unterhielten Begräbnisplätze St. Petri (1795), St. Katharinen (1798), St. Michaelis (1798), St. Maria Magdalenen (1804), St. Gertruden (1834), St. Pauli (1835) und St. Nikolai (1842; ein wesentlich kleinerer hatte schon ab 1794 bestanden). St. Georg bekam einen eigenen Friedhof 1803. In den Jahren der großen Seuchen hatte man die vielen Toten ohnehin außerhalb der Stadt beerdigt, aus Platzmangel und aus Furcht vor Ansteckung. Solche Pestfriedhöfe wurden angelegt zwischen Kohlhöfen und Markusstraße, am Krayenkamp und, für die Toten der letzten Pest, bei der Sternschanze. Beim Friedhof von St. Jacobi wurden außerdem jene 10 700 französischen Soldaten begraben, die im

Winter 1813/1814 der in den französischen Lazaretten Hamburgs grassierenden Ruhr- und Typhus-Epidemie erlegen waren. Bei der Jungiusstraße wurden 1841 die von Ottensen übergeführten Gebeine von 1138 Opfern der französischen Vertreibung vom Dezember 1813 bestattet.

Für die nicht zur evangelisch-lutherischen Staatskirche Gehörenden hatte es lange gedauert, bis sie ihre Toten auf Hamburger Boden begraben durften. Den Reformierten hatte man 1713 ihren ersten Friedhof vor dem Steintor (Ecke Adenauerallee/Pulverteich) zugestanden; er wurde 1850 aufgelassen. Ebenfalls 1713 wurde den Mennoniten ein 12 Quadratmeter (!) großer Begräbnisplatz auf dem Heiligengeistfeld gewährt, und die römisch-katholische Gemeinde bekam 1,5 Hektar vor dem Dammtor zugewiesen (1815). Die portugiesischen Juden durften zwar schon 1627 einen Friedhof bei den Kohlhöfen anlegen; er wurde aber bereits 1654 wieder geschlossen, und sie mußten die Gebeine des aufgelassenen Friedhofs auf den Altonaer Friedhof überführen, wohin auch die deutschen Juden Hamburgs ihre Toten brachten. Erst 1711 erlaubte man beiden Gemeinden einen Friedhof auf Hamburger Gebiet (Ecke Rentzelstraße/Verbindungsbahn); er wurde 1909 geschlossen. Daß drei Friedhöfe ausgerechnet zu diesem Zeitpunkt zugelassen wurden, war auch eine Folge der damals wütenden Pest, die zu einer Überfüllung der Begräbnisstätten führte und den Rat darum nachgiebig stimmte.

Da der Friedhof vor dem Dammtor für die rund 360 000 Einwohner zählende Großstadt zu klein geworden war, beschloß die Bürgerschaft 1874, außerhalb Hamburgs einen Zentralfriedhof anlegen zu lassen. Dazu wählte man ein 8 Hektar großes Areal nahe dem Dorf Ohlsdorf. (Wie sich bei der Anlage herausstellte, hatte sich hier schon ein prähistorischer Begräbnisplatz befunden.) Dieser neue Friedhof wurde am 1. Juli 1877 eröffnet. Der Ohlsdorfer Friedhof war die Schöpfung des im Hamburger Staatsdienst wirkenden Architekten Johann Wilhelm Cordes, der maßgebend auch an der Gestaltung des Außenalster-Grüngürtels beteiligt gewesen war. Cordes, ab 1898 Friedhofsdirektor, hat den Ohlsdorfer Friedhof – es war der erste überkonfessionelle in

Deutschland – mit dem sicheren Blick des Landschaftsgärtners wie einen großen öffentlichen Park gestaltet, ein wegweisendes Beispiel innerhalb der deutschen Gartenarchitektur. Als Cordes 1917 starb, hatte der Ohlsdorfer Friedhof bereits eine Ausdehnung von 193,4 Hektar erreicht. Bis dahin waren eine halbe Million Menschen hier beigesetzt worden. Seit 1892 wurden hier auch Einäscherungen vorgenommen. Ein jüdischer Friedhof wurde 1884 auf dem Ohlsdorfer Gelände eröffnet.

## Die letzte Cholera-Epidemie

Schon 1872 hatte die Hamburger Medizinalbehörde dem Senat mitgeteilt, »daß die Benutzung des bisherigen Leitungswassers zum Trinken durchaus nachteilig zu betrachten sei«. Doch ein in der Bürgerschaft eingebrachter Antrag, das Wasser zu filtern, war vom Senat zunächst abgelehnt worden. Erst 1891 entschloß man sich zum Bau eines zentralen Filtrierwerks. Es war noch nicht fertiggestellt, als im Sommer 1892 die Cholera ausbrach – von der Altona verschont blieb, denn dort gab es bereits gefiltertes Trinkwasser aus einem Werk bei Blankenese.

Der erste Verdacht auf Cholera entstand, als am 17. August ein Arbeiter im Eppendorfer Krankenhaus starb und sich dort am 21. August ein zweiter Todesfall unter gleichen Symptomen ereignete. Zu diesem Zeitpunkt waren aber schon 248 Menschen erkrankt, als die Behörden endlich reagierten. Am 27. August waren bereits 3728 Erkrankte gemeldet, und die Anzahl der Todesfälle stieg nicht minder; allein am 27. August starben 441 Kranke.

Die Epidemie konzentrierte sich auf die Gängeviertel des St.-Michaelis- und des St.-Jacobi-Kirchspiels, in denen die Menschen unter unbeschreiblichen Bedingungen dahinvegetierten. So war ein an der Steinstraße gelegener Hof von 42 Familien mit 224 Angehörigen bewohnt, die ihr (ungefiltertes) Wasser aus

Hof Langer Jammer am Brauerknechtsgraben, photographiert um 1900 von Paul Wutcke

Klosettschuppen im Hof Langer Jammer am Brauerknechtsgraben um 1890

zwei Leitungshähnen zapfen mußten; in diesem Hof erkrankten 30 Personen, von denen 27 starben. Aus den Wasserleitungen kam nicht nur das ungereinigte Elbwasser, sondern häufig auch Tiere, besonders Aale. Der aus Berlin angereiste Robert Koch, der Entdecker des Cholera-Erregers, inspizierte diese Wohnviertel und ihre Trinkwasserversorgung und schrieb entsetzt nach Berlin: »Ich habe noch nie solche ungesunden Wohnungen, Pesthöhlen und Brutstätten für jeden Ansteckungskeim angetroffen wie in den sogenannten Gängevierteln, die man mir gezeigt hat, am Hafen, an der Steinstraße, in der Spitalerstraße oder an der Niedernstraße.« Koch faßte seine Beobachtungen in dem für Hamburg niederschmetternden Satz zusammen: »Ich vergesse, daß ich mich in Europa befinde.«

Die schon verschiedentlich geschilderten menschenunwürdigen Lebensbedingungen in Hamburg hatten sich bis 1892 um nichts gebessert. Noch immer mußten die Armen – und das betraf auch alle Arbeiter – in jenen Behausungen zusammengepfercht leben, die bereits Johann Jakob Rambach beschrieben, ja die schon dreihundert Jahre zuvor Johann Bökel angeprangert hatte. Nach wie vor hausten ganze Familien in Kellern, die bei jedem Hochwasser überschwemmt wurden, wobei auch der Unrat der Siele als stinkende Brühe hereindrückte; kaum war das Wasser abgelaufen, zogen die Bewohner wieder ein.

Durch Hamburgs Straßen rumpelten während der Cholera-Wochen Tag und Nacht die Pferdewagen, mit denen man Kranke und Tote aus den infizierten Vierteln transportierte. Auf dem Ohlsdorfer Friedhof arbeiteten 250 Arbeiter in Tag- und Nachtschichten, um Massengräber auszuheben, in denen die Cholera-Opfer beigesetzt wurden, nachdem man sie zur Desinfektion mit Chlorkalk überschüttet hatte. Angewidert schrieb damals Detlev von Liliencron an Richard Dehmel: »Da gehe ich so durch die Straßen bei Tag oder Nacht: Geschrei (der Sterbenden, der Hinterbliebenen), die Polizei- (Sanitäts-) Beamten alle besoffen, roh; der Kadaver oder noch Lebende (meistens in drei Stunden futsch) wird aus den Häusern herausgerissen (sehr richtig), Geheul, weißes Laken, einige Sanitätsbeamte sprengen mit großen Malerquasten, ob auf Tote oder Kranke, große Massen Chlorkalk. Alles stinkt hier von Chlorkalk.«

Jetzt rächte es sich, daß man immer wieder die dringlichen Appelle der Ärzte in den Wind geschlagen – und daß man an den Armen jeden Pfennig gespart hatte, um desto größere Gewinne zu erzielen. Denn die Cholera-Epidemie traf auch die Hamburger Wirtschaft empfindlich, das Geld, von dem Telemann schon 1723 bemerkt hatte, es sei in Hamburg der Nerv aller Dinge. Im Deutschen Reichstag mußte sich die Stadt schwere Vorwürfe anhören; es wurde sogar erwogen, Hamburg die Staatsbefugnisse zu entziehen und es unter Reichsvormundschaft zu stellen. Überdies aber wurden die skandalösen Hamburger Verhältnisse jetzt schlagartig in ganz Europa bekannt. Aus Hamburg eintreffende

Schiffe wurden in den auswärtigen Häfen mit Quarantäne belegt, ja viele Kaufleute im In- und Ausland weigerten sich aus Furcht vor Ansteckung, überhaupt noch Post aus Hamburg anzunehmen. Zeitweilig wurde der Hamburger Hafen nicht mehr angelaufen. Falls überhaupt noch Eisenbahnzüge in Hamburg eintrafen, so waren sie leer. Der Bahnverkehr mit Köln, Wien, Prag und Kopenhagen war eingestellt; in Berlin mußten sich Reisende aus Hamburg nach der Ankunft erst einer ärztlichen Untersuchung unterziehen. Und da auch die Auswandererschiffe, die nach Amerika auslaufen wollten, nicht mehr abgefertigt werden durften, hatte die Stadt noch Tausende von Auswanderern zu versorgen, die im Hafen festsaßen. Im Hafen ging der Warenumschlag von 1 134 000 Tonnen auf 812 000 Tonnen zurück. Das traf nicht nur Reeder und Kaufleute, sondern auch die Arbeiterschaft, die jetzt entsprechend weniger Beschäftigung fand.

Die Cholera-Epidemie galt im Oktober als erloschen; es kamen aber noch bis zum Februar vereinzelt Erkrankungen und einige Todesfälle vor. Insgesamt registrierte man 16 596 Erkrankungen und 8605 Todesfälle. Es bedurfte erst dieser Opfer und der Millionenverluste, die der Hamburger Wirtschaft entstanden waren, damit endlich ein Sanierungsprogramm aufgestellt wurde, mit dem die Elendsquartiere beseitigt werden konnten. Ohne diesen moralischen und wirtschaftlichen Druck hätte der Senat 1898 schwerlich sein gegen den erbitterten Widerstand der Grundeigentümer durchgebrachtes »Wohnungspflegegesetz« verabschieden können, das der Stadt die gesetzliche Handhabe für den Abbruch und die Wiederbebauung gab.

# Von 1897 bis 1945

Erster Bürgermeister Johann Heinrich Burchard
1912 in der 1918 abgeschafften Amtstracht
eines Hamburger Bürgermeisters

Als 1890 der dritte und letzte Hamburger Reichstagswahlkreis mit 58,7 Prozent aller abgegebenen Stimmen an die Sozialdemokraten gefallen war, saß in der Hamburger Bürgerschaft kein Abgeordneter der SPD. Denn in Hamburg konnte nur derjenige seinen politischen Vertreter wählen, der das Bürgerrecht besaß, und das mußte man sich mit 30 Mark erkaufen, einer Summe, die ein Arbeiter nicht aufzubringen vermochte. Um aber die mit der Cholera-Epidemie und dem Hafenarbeiterstreik gewachsene politische Unruhe zu dämpfen, war am 2. November 1896 die Entrichtung der Gebühr fallengelassen worden; künftig konnte derjenige das Bürgerrecht erwerben, der nachweislich fünf Jahre hintereinander ein Jahreseinkommen von 1200 Mark versteuert hatte. Auch damit war die Masse der arbeitenden Bevölkerung weiterhin ausgeschlossen; aber das Wählerpotential war immerhin so erweitert, daß 1901 der erste Sozialdemokrat in die Bürgerschaft gewählt werden konnte: Otto Stolten, Maschinenbauer und Chefredakteur des *Hamburger Echos*.

Dieser Erfolg beflügelte die Arbeiterschaft. Trotz ihrer ärmlichen Lebensverhältnisse versteuerten viele Arbeiter monatlich 100 Mark, obwohl sie weniger verdienten – einzig um das Bürger- und damit das Wahlrecht erwerben zu können. Jetzt leisteten allwöchentlich 700 bis 800 Hamburger den Bürgereid, und waren 1893/1894 nur etwa 23 000 Personen für die Bürgerschaft wahlberechtigt gewesen, so waren es zehn Jahre später 44 000. Bei dieser Zahl ist aber zu berücksichtigen, daß die Einwohnerzahl Hamburgs im selben Zeitraum von etwa 660 000 auf 840 000 gestiegen war; der Anteil der Wahlberechtigten, das heißt der »Bürger«, hatte also von 3,5 auf 5,2 Prozent zugenommen. An der Reichstagswahl hingegen durften sich 193 000 Wähler beteiligen. Der überwältigenden Mehrheit von Senat und Bürgerschaft schien die genannte Quote schon zu hoch. Bereits früher hatte man die klare Absicht bekundet, »Sozialdemokraten und andere umstürzlerische Elemente fernzuhalten«, da diese »die Existenzberechtigung des Staates bestritten, dessen Grundbedingungen bekämpften«.

Als daher 1904 eine Neuordnung der Wahlkreise fällig wurde, sollte mit einer geschickten Wahlrechtsänderung dem Vordringen der verhaßten Sozialdemokraten gesteuert werden. Von nun an galt derjenige Kandidat eines Wahlbezirks als gewählt, der nicht mehr wie bisher nur die relative, sondern die absolute Mehrheit erhielt. Konnte diese von keinem Kandidaten im ersten Wahlgang erzielt werden, so mußte im zweiten Wahlgang die Stichwahl entscheiden. Der gewünschte Erfolg blieb aus: Bei der Bürgerschaftswahl am 13. Dezember 1904 gewann die SPD zwölf weitere Mandate hinzu.

Angesichts der Erfolge der Sozialdemokraten in Hamburg auch bei der Reichstagswahl von 1903, bei der sie 62 Prozent aller abgegebenen Stimmen erhielten, wurde es der bürgerlich-konservativen Mehrheit in Senat und Bürgerschaft angst, und sie verlangte 1905 – übrigens gegen die Stimmen der Bürgermeister Johann Georg Mönckeberg und Johann Heinrich Burchard – für Hamburg ein Dreiklassenwahlrecht. Nach diesem Plan sollten die erste Klasse jene Wahlberechtigten bilden, die drei Jahre lang mehr als 6000 Mark versteuert hatten; die der zweiten Klasse hatten ein Jahreseinkommen von 3000 bis 6000 Mark aufzubringen, und die dritte Klasse sollte alle übrigen Wahlberechtigten umfassen. Jede Klasse sollte 24 Abgeordnete in die Bürgerschaft entsenden. »Bezeichnend ist, daß diese Gruppenwahlen nur für das Stadtgebiet gelten sollten; die in den ›allgemeinen‹ Wahlen zu bestimmenden acht Abgeordneten des Landgebietes sollten nach dem bisherigen Verfahren gewählt werden. Man glaubte nämlich, die eher konservative Landbevölkerung werde den Sozialdemokraten ohnehin keine Chance geben. Diese wenig beachtete Ausnahme des Landgebietes von der Klassenwahl macht den manipulativen Charakter der Wahlrechtsänderung besonders deutlich« (Hans Wilhelm Eckardt).

Die Bedenken des Bürgermeisters Mönckeberg, »an die Stelle der Aristokratie des Geistes« werde damit »eine Aristokratie des Geldbeutels treten«, fanden nur bei der Minderheit Zustimmung.

Unumwunden gaben die Befürworter des Klassenwahlrechts ihrer Meinung Ausdruck, natürlich sollten auch die Arbeiter in der Bürgerschaft vertreten sein, »aber sie sollen hier nicht die Macht haben«; der Staat müsse »zum Heile auch der Arbeiter« vor der Sozialdemokratie geschützt werden.

Daraufhin rief die SPD zum ersten politischen Generalstreik Deutschlands am 17. Januar 1906 auf. Einige Zehntausende legten die Arbeit nieder und demonstrierten in den Straßen. Es kam zu schweren Zusammenstößen mit der Polizei, die Tote und Verletzte forderten. Mit 120 gegen 35 Stimmen wurde das neue Wahlrecht dennoch in der Bürgerschaft durchgesetzt; allerdings waren jetzt aus den drei Klassen zwei geworden. »In der Stadt sollten alle drei Jahre in den sog. allgemeinen Wahlen 36 Abgeordnete gewählt werden: 24 durch die erste Gruppe, zu der die Bürger mit mehr als 2500 Mark Jahreseinkommen im Durchschnitt der letzten drei Jahre gehörten, und 12 durch die zweite Gruppe mit den Bürgern, die zwischen 1200 und 2500 Mark jährlich versteuerten. Damit waren die ursprünglichen Regelungen des Gesetzes noch verschärft worden: Zwar gab es jetzt nur zwei statt drei Klassen, aber die zahlenmäßig kleinere erste Gruppe konnte nun doppelt so viele Abgeordnete wählen wie die Mehrheit der Bürger, die in der zweiten Gruppe abstimmte« (Hans Wilhelm Eckardt). Die übrigen Abgeordneten, also die 40 zu wählenden Grundeigentümer und die 40 Notablen (Mitglieder des Senats, der Behörden und so weiter), sicherten ohnehin die völlige Dominanz der Besitzenden. Dennoch wuchs die SPD-Fraktion 1907 auf 19 Sitze und 1910 auf 20 Sitze an. Unterstützt wurde die SPD nur von den in der Bürgerschaft vertretenen Vereinigten Liberalen, die es 1910 auf 29 Mandate gebracht hatten. Dafür blieben beide vom Vorstand der Bürgerschaft ausgeschlossen, und kein Sozialdemokrat wurde in eine der Deputationen entsandt.

Die Vereinigten Liberalen waren ein Zusammenschluß von zunächst 13 Bürgerschaftsabgeordneten, die 1906 aus Protest gegen die Wahlrechtsänderung ihre bürgerlichen Fraktionen verlassen hatten. Obwohl sie in der Bürgerschaft oft die SPD unterstützten, waren sie doch entschiedene Gegner dieser Partei, der sie vorwarfen, die Klassengegensätze zu vertiefen, an einem sozialen Frieden nicht interessiert und »nicht national gesinnt« zu sein. Vor allem verwarfen die Vereinigten Liberalen die Kampfmaßnahmen der Sozialdemokraten wie Streik, Demonstrationen und Boykottaufrufe gegen Geschäftsleute, die als Abgeordnete in der Bürgerschaft für die Wahlrechtsreform eintraten. Vorsitzender der Vereinigten Liberalen war der Jurist Carl Wilhelm Petersen, der 1919, inzwischen Senator geworden, die Interessen der Hansestädte in der Weimarer Nationalversammlung vertrat. Die Vereinigten Liberalen schlossen sich 1919 der Deutschen Demokratischen Partei an und bildeten von 1919 bis 1933 zusammen mit der SPD die Hamburg regierende sozialdemokratisch-liberale Koalition. Beide Parteien stellten abwechselnd den Ersten Bürgermeister; Carl Wilhelm Petersen versah dieses Amt von 1924 bis 1930 und von 1931 bis 1933. Diese Koalition wurde in den Jahren 1924 bis 1933 von der Deutschen Volkspartei (DVP) unterstützt.

In der Debatte um die Wahlrechtsänderung hatte 1906 der SPD-Abgeordnete Otto Stolten seinen Gegnern zugerufen: »Sie werden dann, wenn Sie dieses Zwangsgesetz zurücknehmen müssen, gezwungen sein, viel mehr zu bewilligen, als jetzt die Hamburger Arbeiterschaft besitzt.« Dieser Satz sollte sich bewahrheiten, als der am 1. August 1914 ausgebrochene Erste Weltkrieg 1918 zu Ende ging und am 9. November 1918 in Berlin die Republik ausgerufen wurde.

Am 5. November 1918 meuterten die Matrosen der Kieler Hochseeflotte, als die Admiralität sie in eine letzte, völlig sinnlose Aufopferungsschlacht schicken wollte, obwohl der deutsche Generalstab längst wußte, daß der Krieg unter gar keinen Umständen mehr für Deutschland zu gewinnen war. Schon am 6. November besetzten Einheiten der Kieler Matrosen in Hamburg den Hauptbahnhof, den Elbtunnel, die Kasernen, das Gewerkschaftshaus und die im Hafen liegenden Torpedoboote. Noch am selben Tag übernahm ein Arbeiter- und Soldatenrat die Macht, dessen Vorsitzender am 10. November der Historiker der Hamburger Arbeiterbewegung, Heinrich Laufenberg, wurde. Zwar erklärte der Arbeiter- und Soldatenrat Senat und Bürgerschaft für abgesetzt, beließ sie aber »zur Aufrechterhaltung der hamburgischen Verwaltung« im Amt und verkündete am 18. November: »Für alle das Volk vertretenden Körperschaften in der Stadt Hamburg, ihrem Landgebiet und dessen Gemeinden gilt in Zukunft das allgemeine, gleiche, geheime und direkte Wahlrecht, ohne Unterschied des Geschlechts, mit einer Altersgrenze von 20 Jahren, nach dem Grundsatz der Verhältniswahl.«

Am 19. Januar 1919 wählte Deutschland eine Nationalversammlung, die eine neue Reichsverfassung ausarbeiten sollte. Aus dieser Wahl, bei der erstmals auch die Frauen Stimmrecht hatten, ging die SPD in Hamburg mit 51,3 Prozent aller abgegebenen Stimmen als stärkste Partei hervor. Einen Tag später trat Laufenberg vom Vorsitz des Arbeiter- und Soldatenrats zurück, der unter dem zunehmenden Druck vor allem der SPD nun auch der Neuwahl der Bürgerschaft zustimmte. Bei dieser am 16. März 1919 erfolgten Wahl, bei der jeder, der seit dem 15. Februar 1919 in Hamburg wohnte und das zwanzigste Lebensjahr vollendet hatte, seine Stimme abgeben durfte, errang die SPD mit 82 Mandaten die absolute Mehrheit. Die radikale Unabhängige Sozialdemokratische Partei (USPD), die sich 1917 von der SPD abgespalten hatte und aus deren Mitgliedern sich vornehmlich der Arbeiter- und Soldatenrat zusammensetzte, brachte es nur auf 13 Sitze.

Dieses erste demokratisch gewählte Parlament Hamburgs wurde am 24. März 1919 von der Alterspräsidentin Helene Lange, der einundsiebzigjährigen prominenten Vorkämpferin für die Emanzipation der Frau, eröffnet. Es war das erstemal, daß Frauen Sitz und Stimme im Hamburger Rathaus hatten: Neben Helene Lange saßen in der Bürgerschaft weitere sechzehn weibliche Abgeordnete. Nachdem jetzt eine demokratische Regierung gebildet worden war, gab der Arbeiter- und Soldatenrat zwei Tage später die politische Macht an das gewählte Parlament zurück.

Hauptaufgabe der Bürgerschaft war es nun, eine neue Verfassung auszuarbeiten, die den veränderten Gegebenheiten Rechnung trug. Diese Verfassung wurde am 9. Januar 1921 verkündet. Im Gegensatz zu den Gepflogenheiten in den vergangenen Jahrhunderten bestimmte nun ihr Artikel 2: »Die Staatsgewalt geht vom Volke aus. Sie wird nach Maßgabe der Verfassung und der Gesetze ausgeübt.« Oberstes Staatsorgan war die Bürgerschaft; sie wählte die Mitglieder des Senats (Artikel 34). Die Bürgerschaft bekam das Recht, sich selbst aufzulösen (Artikel 14), und Artikel 36 bestimmte: »Wird dem gesamten Senate das Vertrauen der Bürgerschaft entzogen oder tritt der gesamte Senat für das Senatsmitglied ein, dem das Vertrauen entzogen worden ist, so steht dem Senate das Recht zu, einen Volksentscheid darüber herbeizuführen, ob er selbst zurückzutreten hat oder die Bürgerschaft neu zu wählen ist.« Wahlberechtigt wurden nun »alle über zwanzig Jahre alten Reichsangehörigen, die im hamburgischen Staatsgebiet ihren Wohnsitz haben« (Artikel 4). Damit hatte Hamburg in seiner über tausendjährigen Geschichte zum erstenmal eine wirklich demokratische, dem Willen der Volkssouveränität entsprechende Verfassung bekommen.

Die SPD nutzte ihre absolute Mehrheit in der Bürgerschaft nicht aus, auch die Senatorenposten zu ihren Gunsten zu besetzen. Sie beschränkte sich darauf, neun Senatoren zu stellen; die übrigen neun stammten aus dem alten Senat. Erster Bürgermeister wurde Werner von Melle, Zweiter Bürgermeister Otto Stolten, der das Amt des Ersten Bürgermeisters ablehnte mit der Begründung: »An die Spitze des hamburgischen Staates gehört ein Mann, der auch den alten Familien nahesteht.«

Ehe es aber zur Verabschiedung der neuen Verfassung kam, wurde Hamburg von schweren Unruhen erschüttert. Die Lebensmittelversorgung der Bevölkerung war so schlecht geblieben wie in den letzten Kriegsjahren. Im Januar 1919 gab es wöchentlich je Person 2200 Gramm Brot, 5 Pfund Kartoffeln, 60 Gramm Margarine, 150 Gramm Butter, 500 Gramm Marmelade, 160 Gramm Fleisch und 60 Gramm Nährmittel; zumindest standen die Rationen auf dem Papier – häufig gab es nämlich nicht einmal dieses Minimum zu kaufen. Die Folge war eine steil ansteigende Kriminalität. In der Stadt hausten Banden, nachts kam es zu Schießereien. Im April 1919 wurden Lagerhallen gestürmt und geplündert, und als etwa 2000 Menschen versuchten, ein Magazin in der Markusstraße zu stürmen, schlug die Polizei den Angriff unter Einsatz von Maschinengewehren zurück. Zwecks Beschaffung von Waffen wurden auch Polizeiwachen überfallen und ausgeraubt. Daraufhin wurde über Hamburg der Belagerungszustand verhängt. Eine 6000 Mann starke »Einwohnerwehr« sollte für Sicherheit und Ordnung sorgen.

Die Verhältnisse schienen sich gerade beruhigen zu wollen, da wurde am 23. Juni 1919 entdeckt, daß eine Fleischwarenfabrik verdorbene Sülze herstellte. Innerhalb weniger Stunden war der Volksaufstand da. Tausende stürmten die Sülzefabriken in der Stadt, Läden wurden geplündert, Barrikaden errichtet. Den Sturm auf das Rathaus konnte ein kleiner dort stationierter Trupp der Freiwilligen Wachabteilung Bahrenfeld mit Waffengewalt zurückschlagen. Als der Senat am 26. Juni einen »Waffenstillstand« vereinbaren konnte und die Bahrenfelder die Zusicherung auf freien Abzug ohne Waffen erhielten, fiel der Mob vor dem Rathaus über die Soldaten her und lynchte neunzehn von ihnen. Daraufhin bat der Senat die Reichsregierung um militärischen Schutz. Am 1. Juli 1919 besetzte das Freikorps des Generals Lettow-Vorbeck die Stadt, löste die Einwohnerwehr auf und entwaffnete die Aufständischen, bei denen ein beträchtliches Waffenarsenal gefunden wurde. Aus Angehörigen dieses Freikorps bekam Hamburg am 1. September 1919 eine neue Ordnungspolizei.

Sie hatte ihre Bewährungsprobe am 23. Oktober 1923 zu bestehen, als morgens um 5 Uhr mehrere Hundertschaften Kommunisten die Hamburger Polizeiwachen schlagartig überfielen, um sich der Waffen zu bemächtigen. Der Überfall war Teil eines größeren Konzepts: Mit einem allgemeinen Aufstand – außer in Hamburg auch in Bremen und in Thüringen – wollten die Kommunisten die Macht an sich reißen. In schweren Kämpfen, die sich vor allem auf Eimsbüttel, Barmbek, Schiffbek und

Bergedorf konzentrierten, gelang es der Polizei, den von dem Hamburger Kommunistenführer Ernst Thälmann organisierten Putsch niederzuschlagen. 61 Kommunisten kamen dabei ums Leben, 267 wurden verwundet und 983 festgenommen. Bei der Polizei gab es 17 Tote und 54 Verwundete.

Für die demokratische Freiheit gefährlicher als die radikale Linke sollte wenige Jahre später der Rechtsextremismus werden, verkörpert durch Hitlers NSDAP. Mit 3 Abgeordneten zogen 1928 die ersten Nationalsozialisten in die Hamburger Bürgerschaft ein. Drei Jahre später waren es schon 43 (SPD 46, KPD 36), und 1932 bildeten sie mit 51 Sitzen die stärkste Fraktion im Rathaus (SPD 49, KPD 26). Was die beiden Todfeinde KPD und NSDAP einte, war ihre Entschlossenheit, die junge deutsche Demokratie, die Weimarer Republik, mit allen Mitteln zu vernichten. Bei 6 Millionen Arbeitslosen im Reich (121 000 in Hamburg) und einer desolaten Wirtschaftslage, die den Extremisten beider Seiten die Anhänger zutrieb, kämpfte die SPD auf verlorenem Posten.

Als Hitler am 30. Januar 1933 die Macht übertragen wurde und am 5. März desselben Jahres ein neuer Reichstag gewählt wurde, erhielt die NSDAP im Reich 43,9 Prozent der Stimmen, hatte also nicht einmal die Hälfte der Bevölkerung hinter sich; in Hamburg waren es sogar nur 38,9 Prozent. Doch ehe noch am 23. März 1933 der neue Reichstag mit dem »Ermächtigungsgesetz« Hitler diktatorische Vollmachten zusprach, besetzte schon am Wahlsonntag Hitlers Hamburger Gauleiter Karl Kaufmann mit Abteilungen der SA und der SS das Hamburger Rathaus und ließ die Hakenkreuzfahne aufziehen. Vier Tage später wurde das NSDAP-Mitglied Carl Vincent Krogmann Erster Bürgermeister Hamburgs; Zweiter Bürgermeister wurde Wilhelm Amsinck Burchard-Motz von der Deutschen Volkspartei. Aber nicht Krogmann regierte, sondern Karl Kaufmann, den Hitler am 16. Mai 1933 zum Reichsstatthalter Hamburgs ernannte.

Die Wahl Krogmanns war eine Farce. Schon am 31. März 1933 verfügte das neue Gesetz über die »Gleichschaltung der Länder mit dem Reich« die Umwandlung der Bürgerschaft nach der

Sitzverteilung im Reichstag, wobei die Zahl der Abgeordneten von 160 auf 128 reduziert wurde. Nach diesem Schlüssel bekam die NSDAP jetzt 62 Sitze, und da den 22 KPD-Abgeordneten die Teilnahme verboten war, beherrschte die NSDAP die Bürgerschaft mit 62 gegen 44 Stimmen. Aber es hätte dieses Manövers kaum bedurft, denn schon im Oktober 1933 wurde die Bürgerschaft aufgelöst, zwölf Jahre nach Inkrafttreten der neuen Verfassung; von nun an lag alle Verfassungsbefugnis beim Senat, der nur aus Mitgliedern der NSDAP bestand.

Nach drei Jahren wurde auch der Senat völlig entmachtet. Das Reichstatthaltergesetz von 1936 verstärkte die Position Karl Kaufmanns; Bürgermeister und Senatoren hatten hinfort nur noch eine beratende Funktion und waren im übrigen Befehlsempfänger des Reichsstatthalters.

Parteien und Gewerkschaften wurden im Mai und im Juli 1933 aufgelöst, politische Gegner in die neugeschaffenen Konzentrationslager Wittmoor, Fuhlsbüttel (hier wurde das leerstehende Frauengefängnis einem SS-Wachkommando unterstellt) und Neuengamme (1938) verschleppt, die Presse gleichgeschaltet. Als erste Zeitung war am 29. April 1933 das *Hamburger Echo* verboten worden; ihm folgten die *Hamburger Nachrichten* und der *Hamburgische Correspondent*. Der *Hamburger Anzeiger* und das *Hamburger Fremdenblatt* gingen in den Besitz des NS-Zentralverlags Franz Eher über; offizielles Presseorgan wurde das *Hamburger Tageblatt*.

Die am 10. Mai 1933 im ganzen Reichsgebiet von den Nazis organisierten Bücherverbrennungen wurden in Hamburg erst mit Verspätung exekutiert: am 15. Mai am Kaiser-Friedrich-Ufer. Dafür leistete sich Hamburg als einzige deutsche Stadt die Schande einer zweiten Bücherverbrennung. Sie erfolgte zwei Wochen später auf dem Lübecker-Tor-Feld, ein gemeinsamer Akt von Hitler-Jugend (HJ) und dem Deutschen Handlungsgehilfen-Verband (DHV), der schon in den zwanziger Jahren die Nationalsozialisten in Hamburg unterstützt hatte.

Und wie überall im Deutschen Reich tobte sich am Abend des 9. November 1938 auch in Hamburg ein Pogrom gegen die Juden

Der Gauleiter der NS-Volkswohlfahrt, Senator von Allwörden, ruft am 1. Dezember 1933 am Mönckebergbrunnen zu Spenden für das WHW auf.

aus, den der Volksmund später als »Reichskristallnacht« verharmloste. Hier wie überall wurden jüdische Geschäfte geplündert und verwüstet, Juden schwer mißhandelt und in die Konzentrationslager verschleppt. Anders als in den meisten Städten wurden aber keine Synagogen niedergebrannt, sondern »nur« im Inneren demoliert. Die größte, die 1906 eingeweihte Synagoge am Bornplatz, wurde im Juli 1939 abgerissen. Viertausend Juden emigrierten, und triumphierend konnte schon im Dezember 1938 das *Hamburger Tageblatt* seinen Lesern mitteilen, »daß im Zuge der Maßnahmen zur Entjudung der deutschen Wirtschaft« die noch bestehenden rund 1200 jüdischen Gewerbebetriebe »arisiert« worden seien.

Das einzig Positive jener Jahre war die endgültige Lösung der schon seit Jahrzehnten schwelenden »Groß-Hamburg-Frage«. Das stark gewachsene Hamburg stieß überall an die preußischen Grenzen, in Altona, Wandsbek, Harburg-Wilhelmsburg; die preußische Regierung, mit der man schon vor dem Ersten Weltkrieg verhandelt hatte, war jedoch nicht bereit, über eine Abtretung preußischen Gebiets an Hamburg mit sich reden zu lassen. Es bedurfte erst eines Machtworts des preußischen Ministerpräsidenten Hermann Göring, die unhaltbar gewordenen Verhältnisse 1937 zu Hamburgs Gunsten zu entscheiden. Das freilich hatte politische Gründe: Die wirtschaftlichen Probleme der Stadt waren der Popularität des Hitler-Regimes abträglich. Wollte man sie meistern und dem Nationalsozialismus neue Anhänger gewinnen, so mußte eine Entscheidung zugunsten Hamburgs getroffen werden, und die fiel um so leichter, als der preußische Ministerpräsident Hermann Göring zugleich auch der Beauftragte des Vierjahresplans war. So erklärt es sich, warum in kürzester Zeit eine Lösung gefunden wurde, um die man früher viele Jahre vergeblich gerungen hatte.

Nach dem am 1. April 1937 verkündeten Groß-Hamburg-Gesetz wurden folgende bislang preußische Gebiete an Hamburg abgetreten: Altona, Wandsbek, Harburg-Wilhelmsburg, Bergstedt, Billstedt, Bramfeld, Duvenstedt, Hummelsbüttel, Lemsahl-Mellingstedt, Lohbrügge, Poppenbüttel, Rahlstedt, Sasel,

Steilshoop, Wellingsbüttel, Lokstedt, Cranz, Altenwerder, Preußisch-Finkenwerder, Fischbek, Frankop, Gut Moor, Kirchwerder, Langenbek, Marmstorf, Neuenfelde, Neugraben, Neuland, Rönneburg, Sinstorf, Curslack. Zum Ausgleich gab Hamburg an Preußen ab: Geesthacht, Groß-Hansdorf, Schmalenbek, Cuxhaven (das alte Amt Ritzebüttel), Berensch, Arensch, Gudendorf, Holte, Sprangen, Oxstedt, Sahlenburg. Nur die Verwaltung des Hafens Cuxhaven blieb in Hamburger Hand.

Damit hatte sich die »Hansestadt Hamburg«, wie ab 1933 die neue Bezeichnung lautete, nachdem der Zusatz »Freie« gestrichen worden war, von 41 500 Hektar auf 74 700 Hektar vergrößert; die Einwohnerzahl war von 1 190 000 auf 1 680 000 gewachsen. Angesichts des enormen Gebietsgewinns und der Möglichkeit, endlich den Hafen den modernen Erfordernissen anpassen und erweitern zu können, war der Verlust der an Preußen abgetretenen Gebiete zu verschmerzen.

## Altona, Wandsbek, Harburg

Der Name Altona wird urkundlich erstmals 1535 genannt. An dem Platz, den er bezeichnete, lebten Fischer und Handwerker, über deren Konkurrenz sich die Hamburger Ämter schon um die Mitte des 16. Jahrhunderts beschwerten; diese Klage sollte sich, wie schon geschildert, noch oft wiederholen. Das hinderte aber vermögende Hamburger nicht, sich auf Altonaer Gebiet Landsitze anzulegen; der erste war der Ratsherr Heinrich von Holte, der 1546 vom Landesherrn, dem Grafen Otto V. von Schauenburg, am Pepermölenbek einen Garten geschenkt bekam. Kirchlich selbständig wurden die Altonaer 1548, als sich Ottensen, Othmarschen und Bahrenfeld vom Hamburger St.-Petri-Kirchspiel, dem sie bislang angehört hatten, trennten und mit Altona eine eigene Gemeinde bildeten, deren Kirche in Ottensen stand.

An Bedeutung nahm Altona zu, als unter der Herrschaft von Graf Ernst von Schauenburg den aus ihrer Heimat vertriebenen reformierten Niederländern 1602 – anders als in Hamburg – die freie Religionsausübung zugesichert wurde. An der späteren Kleinen Freiheit durften sie 1603 ihre erste Kirche mit einem eigenen Friedhof anlegen. An der Großen Freiheit ließen sich ab 1601 die Mennoniten nieder. Freiheit der Religion gewährte Graf Ernst nicht nur ihnen, sondern 1610 auch den deutschen Juden.

Es waren nicht nur die Hamburger Ämter, die sich vor der Altonaer Konkurrenz fürchteten; auch die Altonaer Zünfte sahen den Zuzug von auswärts mit steigender Mißbilligung. Daraufhin verfügte der Graf 1611/1612 anstelle der ursprünglich beabsichtigten generellen Aufhebung des Zunftzwangs die Gründung eines Freiheit genannten Bezirks, in dem Religions- und Gewerbefreiheit herrschen sollten. Wer hier arbeitete, mußte allerdings die Vergünstigung mit höheren Steuern bezahlen. Erst später wurde die Freiheit in Große und Kleine Freiheit unterteilt.

Unter den Wirren des Dreißigjährigen Kriegs hatte Altona, das etwa 1500 Einwohner zählte, schwer zu leiden; viele Kaufleute flüchteten in das neutrale Hamburg. Um die Wirtschaft wieder zu beleben, ließ Graf Otto VI. von Schauenburg 1638/1639 eine 647 Meter lange dreispurige Bahn für das beliebte Pallamaglio-Spiel anlegen und sie mit 400 Bäumen bepflanzen: die Palmaille. Der Graf spekulierte dabei auf spielfreudige, ausgabenfrohe Besucher aus Hamburg; die kamen aber nicht, denn sie besaßen ja ihre eigene Palmaille auf dem Jungfernstieg.

Als mit dem Grafen Otto VI. die Schauenburger 1640 ausstarben, betrachtete sich der dänische König als legitimer Rechtsnachfolger, und obwohl der deutsche Kaiser diesen Anspruch bestritt, besetzten die Dänen Altona. König Friedrich III. von Dänemark wußte den Altonaern den Herrschaftswechsel zu versüßen, indem er Altona 1664 das Stadtrecht verlieh und dazu noch eine Reihe von Privilegien, darunter die Zollfreiheit. Damit erhielt Altona schon sehr früh einen Freihafen, dessen Konkurrenz die Hamburger schmerzhaft zu spüren bekamen und gegen den sie erfolglos beim Kaiser klagten. Die aufblühende Stadt zählte 1710 bereits 12 000 Einwohner. Anders als in Hamburg durften endgültig seit 1658 auch Katholiken hier Gottesdienst halten. Die in Altona erscheinenden Zeitungen, *Relations-Courier* (1696–1783) und *Altonaischer Mercurius* (1688–1875), erfreuten sich dank der liberalen dänischen Pressegesetze weitgehender Freiheiten und wurden viel gelesen.

In dieses Glück brachen zwei Katastrophen ein. Am 2. und am 3. November 1711 vernichtete ein Großfeuer 273 Wohnungen, und ehe überhaupt der Wiederaufbau beginnen konnte, besetzten am 7. Januar 1713 die Schweden, mit denen Dänemark seit 1700 Krieg führte, die Stadt und brannten sie zu etwa zwei Dritteln nieder. In der Stunde der Not hatte sich Altonas Magistrat davongemacht und die Bürger allein gelassen; zur Strafe hob der dänische König daraufhin die bürgerliche Selbstverwaltung auf und ernannte zum obersten Verwaltungsbeamten der Stadt einen Oberpräsidenten, der außerordentliche Vollmachten erhielt und bis 1732 ohne Magistrat regierte.

Um den Wiederaufbau zu beschleunigen und Neubürger anzuziehen, wurde Altona mit zahlreichen Vergünstigungen bedacht: Religions-, Gewerbe- und Zollfreiheit, Befreiung vom Wehrdienst in der Bürgerwehr, Steuerfreiheit für den Wiederaufbau der Häuser. Schließlich ging es ja für Dänemark nicht zuletzt darum, Hamburg recht bald wieder die Altonaer Konkurrenz fühlen zu lassen. An der Großen Freiheit entstand von 1718 bis 1723 die katholische St.-Josephs-Kirche, die evangelische Dreifaltigkeitskirche bekam 1742/1743 ein neues Langhaus (Turm von 1688–1694), und von 1735 bis 1738 wurde die Christianskirche in Ottensen gebaut; alle drei Bauten existieren noch heute, nach schweren Kriegsschäden wiederhergestellt. Ein staatliches akademisches Gymnasium wurde 1744 gegründet und nach König Christian VI. von Dänemark Christianeum genannt.

Zu dieser Zeit war die Einwohnerzahl auf etwa 15 000 gestiegen, und im Hafen lagen etwa 40 eigene Schiffe, die von drei Großwerften gebaut worden waren. Wie Hamburg, so beteiligte sich auch Altona im letzten Viertel des 18. Jahrhunderts sehr rege am Nordamerikahandel. Waren es 1779 noch 82 Schiffe gewesen,

Die Christianskirche in Ottensen mit Klopstocks Grab um 1827. Lithographie von Peter Suhr

über die Altona verfügte, so stieg deren Anzahl bis 1806 auf 296 an; die Flotte Altonas war größer als die Hamburgs. Die Anzahl der Werften hatte sich bis 1782 auf acht erhöht. Die 1777 gegründete Spezies-, Giro- und Leihbank war schon bald das größte Geldinstitut Schleswig-Holsteins.

Der wirtschaftlichen Blüte entsprach die kulturelle. In Altona lebten im ausgehenden 18. Jahrhundert der bedeutende Arzt Johann August Unzer sowie sein Neffe, der Arzt und Schriftsteller Johann Christoph Unzer, und dessen Frau, die Dichterin Johanna Charlotte Unzer. Einige Jahre weilte hier auch der angesehene Pädagoge Johann Bernhard Basedow, dessen Name schon genannt wurde. Der geistige Austausch zwischen Hamburg und Altona war rege, und die Landhäuser vermögender Hamburger an der Elbchaussee dienten als Treffpunkte zur Pflege höchst kultivierter Geselligkeit. Auch die Erbauer so mancher Landsitze in den Elbvororten, so die Architekten Axel Bundsen und Christian Friedrich Hansen, lebten in Altona, Hansen von 1783 bis 1804 als Königlicher Landbaumeister für Holstein.

Die erste amtliche Volkszählung in Altona, 1803, ergab 23 099 Einwohner. Von der Kontinentalsperre 1806 wurde auch Altona schwer getroffen, aber anders als Hamburg blieb ihm eine französische Okkupation erspart, da Dänemark ab 1807 mit Frankreich verbündet war. Dafür hatte die Stadt allerdings 1813 unter den russischen Truppen zu leiden, die damals einen Belagerungsring um Hamburg bildeten. Als die Franzosen im Dezember 1813 etwas über 5000 Hamburger, die sich nicht für einen längeren Zeitraum verpflegen konnten, aus der Stadt wiesen, nahm Altona die Flüchtlinge auf und versorgte sie. Der außerordentlichen Umsicht und Geschicklichkeit des damaligen Oberpräsidenten Conrad Daniel von Blücher war es zu danken, daß Altona nicht doch noch am Ende in die Kriegswirren von 1813/1814 hineingezogen wurde. Blücher gelang es, die Neutralität der Stadt durchzusetzen.

Nach dem Sieg Preußens über Dänemark 1864 fiel Altona mit Schleswig-Holstein an Preußen. Zu dieser Zeit waren Altona und Hamburg in der Bebauung schon miteinander verbunden; insbesondere wohnten viele Hamburger Hafenarbeiter bereits auf Altonaer Gebiet. Für Altona erwies sich die Tatsache, daß es damals ebenso wie Hamburg gegenüber den Mitgliedsstaaten des Deutschen Zollvereins Zollausland war, eher als nachteilig, da immer mehr Firmen ihren Sitz nach Hamburg verlegten. Nach Hamburgs Beitritt zum Deutschen Zollverein hob die preußische Regierung 1888 die Zollgrenze auf; Hamburg wie Altona gehörten nun auch zollrechtlich zum Deutschen Reich. Altonas Stadtgebiet erweiterte sich: 1889 wurde Ottensen eingemeindet und 1890 Bahrenfeld, Othmarschen und Övelgönne. Damit zählte Altona nun 143 000 Einwohner.

Obwohl sich Altona von 1919 an um die Verschmelzung mit Hamburg bemühte, lehnte die preußische Regierung ab. Sie schuf 1927 Groß-Altona, bestehend aus Stellingen-Langenfelde, Eidelstedt, Lurup, Osdorf, Groß-Flottbek, Klein-Flottbek, Nienstedten, Blankenese, Rissen und Sülldorf. Die Einwohnerzahl stieg infolge dieser Eingemeindungen auf 232 000.

In der Amtszeit des Altonaer Oberbürgermeisters Max Brauer (1924–1933) erwarb die Stadt für die Schaffung eines Grüngürtels beträchtlichen Grundbesitz in den Elbvororten, als viele bislang vermögende Hamburger wegen der sich verschlechternden Wirtschaftslage gezwungen waren, ihr Eigentum zu verkaufen. Baurs Park und der Hirschpark in Blankenese sowie der Jenischpark in Klein-Flottbek wurden öffentliche Grünanlagen. Mit dem Groß-Hamburg-Gesetz ging Altona 1937 in Hamburg auf.

Als »Wantesbeke« wird Wandsbek 1296 zum erstenmal in einer Urkunde erwähnt, und zwar als ein Dorf, das dem Kloster Herwardeshude bei Hamburg künftig den Zehnten schuldete. Zweihundert Jahre später wird Wandsbek als »Hoff Wandessbeke« genannt, war also ein Gutsbesitz. Die längste Zeit befand er sich im Besitz begüterter Hamburger Familien. Dann kaufte Heinrich Rantzau, königlich-dänischer Statthalter in den Herzogtümern Schleswig und Holstein, 1564 das Gut. Rantzau, der auch königlicher Amtmann in Segeberg war, baute bis 1568 ein Schloß, die Wandesburg, und sorgte für die wirtschaftliche Entwicklung des kleinen Orts durch den Bau einer Korn- und einer Lohmühle. Auf Einladung Rantzaus, eines wissenschaftlich und musisch umfassend gebildeten Mannes, nahm der dänische Astronom Tycho Brahe 1597/1598 im Schloß Quartier und richtete im Turm ein kleines Observatorium ein. Seine auf eigener Druckpresse hergestellte *Astronomiae instauratae mechanica* (1598), eine Beschreibung astronomischer Instrumente, war das erste in Wandsbek gedruckte Buch und verhalf Tycho Brahe zur Berufung durch Kaiser Rudolf II. nach Prag.

Die von Dänemark geübte Politik der Toleranz und der Liberalität kam auch Wandsbek zugute. Um 1600 durften sich hier Juden in einem eigenen Viertel niederlassen und 1637 einen eigenen Friedhof anlegen; auch Mennoniten lebten hier. Wegen der den Handwerkern von Dänemark gewährten Gewerbefreiheit

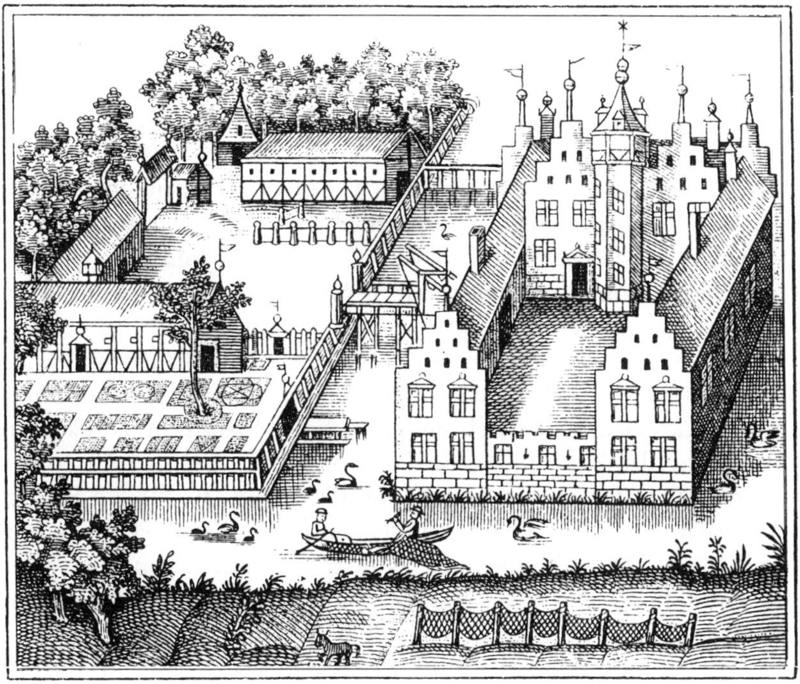

Die Wandesburg in Wandsbek 1592; im Turm des Schlosses arbeitete 1597/1598 der Astronom Tycho Brahe. Holzschnitt von Peter Lindenberg

war Wandsbek für die Hamburger Ämter eine unliebsame Konkurrenz, wenngleich es nicht entfernt die wirtschaftliche Rolle Altonas einnahm.

Wallensteins Truppen verwüsteten 1627 den Ort fast gänzlich. Nach dem Wiederaufbau gewährte König Christian IV. von Dänemark, seit 1614 Besitzer des Guts, dem Ort 1634 auch eine eigene Kirchengemeinde und machte Wandsbek damit vom Hamburger Kirchspiel St. Jacobi, zu dem es bis dahin gehört hatte, unabhängig. Das kleine Dorf mit 5 Höfen, 6 Katen und 25 Handwerkerhäusern (um 1630) wurde im Lauf des 17. Jahrhunderts ein Zentrum der Tuch- und Bandmacher mit angeblich

100 Webstühlen. Doch die von der damaligen Gutsbesitzerin Baronin von Kielmannsegge um das Jahr 1700 durchgesetzte höhere Steuerbelastung ihrer Gutsleute führte zur vollständigen Abwanderung der unzufriedenen Tuch- und Bandmacher nach Neumünster.

Als 1762 der Freiherr Heinrich Carl von Schimmelmann für 110 000 Reichstaler das Gut einschließlich der Dörfer Wandsbek, Hinschenfelde und Tonndorf vom dänischen König Friedrich V. kaufte, übernahm er ein verarmtes, verelendetes Gebiet, das es zu sanieren galt. Und darin hatte Schimmelmann Erfahrung.

Der 1724 zu Demmin in Pommern geborene Kaufmannssohn war mit zwanzig Jahren nach Sachsen gegangen, wo er zunächst einen Kleinhandel betrieb und dann bald zum Steuerpächter avancierte. Im Siebenjährigen Krieg organisierte er in Sachsen die Getreidelieferungen für die preußische Armee, wofür ihn König Friedrich II. von Preußen mit dem konfiszierten Porzellanbestand der Manufaktur Meißen entlohnte. Schimmelmann ließ das gesamte Porzellan nach Hamburg bringen und eröffnete hier einen blühenden Handel – vor allem mit England –, denn Porzellan war äußerst begehrt und damals noch sehr teuer. In kürzester Zeit war Schimmelmann, der den Titel Preußischer Geheimer Rat führte, ein gemachter Mann mit einem Vermögen von mehr als 2 Millionen Reichstalern und einem Palais in der Mühlenstraße bei der Michaeliskirche.

Die Kunde von Schimmelmanns glänzendem Aufstieg gelangte auch nach Kopenhagen, wo die dänische Regierung bemüht war, der zerrütteten Staatsfinanzen Herr zu werden. Schimmelmann wurde um ein Sanierungsprogramm gebeten und willigte ein. Nach wenigen Jahren hatte er den Auftrag erfolgreich erfüllt, nicht zuletzt darum, weil er auf den Abschluß des Gottorper Vergleichs mit Hamburg drängte, der Dänemark 1768 den Erlaß seiner Schulden gegenüber Hamburg brachte. Dieser Vergleich wurde in Schimmelmanns Hamburger Palais unterzeichnet, das von nun an Gottorpsches Palais genannt wurde.

Nachdem Schimmelmann schon 1759 Gut und Schloß Ahrensburg erworben hatte und 1762 mit dem Titel Freiherr vom

Johann Georg Ziesenis (1716–1779): *Bildnis des Grafen Heinrich Carl von Schimmelmann.* Öl auf Leinwand. Ahrensburg, Schloß

dänischen König geadelt worden war – 1779 erfolgte die Ernennung zum Grafen –, erwarb er noch im selben Jahr Wandsbek. Hier ließ er sich für 40 000 Reichstaler von 1772 bis 1778 ein neues Schloß an der Stelle der alten Wandesburg erbauen und betrieb mit Nachdruck die Sanierung von Gut und Dorf, wo er als erstes, noch 1762, eine Kattunfabrik errichtet hatte.

Schimmelmann, Schatzmeister (Finanzberater) des dänischen Königs und Herr eines imposanten Wirtschaftsimperiums mit großen Zuckerplantagen in der Karibik und einem eigenen Hafen zwischen Neumühlen und Teufelsbrück, starb 1782. Wenige Jahre nach seinem Tod, 1790, zählte Wandsbek 500 Einwohner. 1809 waren es schon 2000; von ihnen arbeiteten 1500 in Fabriken. Bei Schimmelmanns Tod gab es bereits fünf Kattunfabriken, dazu Manufakturen zur Herstellung von Lederwaren, Kacheln, Tabak, Hüten und Seife. Für die Armen hatte er 1779 eine »Milde Stiftung« eingerichtet, billige Mietwohnungen geschaffen und eine Kranken- und Altersversorgung gegründet. Auch Matthias

Claudius, mit dem ihn ein freundschaftliches Verhältnis verband, erfuhr seine Unterstützung. Einen Teil der weitläufigen Gartenanlagen des Schlosses machte Schimmelmann als Wandsbeker Gehölz der Bevölkerung zugänglich.

In der Kriegszeit 1813/1814 hatte Wandsbek wie die ganze nähere Umgebung des belagerten Hamburg durch ständige Truppendurchzüge sehr zu leiden, wurde aber nicht zerstört. 1833 erhielt Wandsbek vom dänischen König das Selbstverwaltungsrecht mit dem Status eines Fleckens, eines Mitteldings zwischen Dorf und Stadt. Das von den Hamburgern schon im 18. Jahrhundert als Ausflugsort geschätzte Wandsbek wurde im 19. Jahrhundert als Ziel für Fahrten ins Grüne immer beliebter. Ein Grundstücksspekulant kaufte 1857 das Schloß mit dem dazu gehörenden Areal, ließ das Schloß abbrechen und das Gelände parzellieren. Nur mit Mühe konnte die Bevölkerung verhindern, daß auch das Wandsbeker Gehölz vernichtet wurde; die Bürger ließen sich die Rettung der Grünanlage 96 000 Mark kosten. In reduzierter Form ist sie bis heute erhalten geblieben.

Nachdem Dänemark von Preußen besiegt worden war, wurde Wandsbek wie ganz Schleswig-Holstein 1867 preußisch und bekam 1870 das Stadtrecht. Damals hatte es 10 897 Einwohner. Nach der Eingemeindung von Marienthal 1878 stieg die Einwohnerzahl bis 1895 auf 21666. Die von den Dänen 1854 hier eingerichtete Kavalleriegarnison wurde als Tradition von Preußen übernommen, das in Wandsbek von 1871 bis 1918 das Hannoversche Husaren-Regiment Nr. 15 stationierte, die Wandsbeker Husaren genannt.

Mit der Eingemeindung von Jenfeld und Tonndorf-Lohe 1927 erhielt die 1901 als Stadtkreis verselbständigte Stadt die Bezeichnung Groß-Wandsbek. Wie Altona war auch Wandsbek städtebaulich mit Hamburg längst zusammengewachsen – die Grenze verlief seit Schimmelmanns Zeit in der Mitte der Hammer Straße –, als 1937 der Anschluß durch das Groß-Hamburg-Gesetz vollzogen wurde.

Keimzelle des heutigen Harburg war die um 1140 erstmals erwähnte Horeburg, die im 12. Jahrhundert dem Erzbischof von

Bremen als Befestigung diente. Diese Burg ließ Heinrich der Löwe 1170, nach der Eroberung des Erzstifts, zerstören. Sie wurde später wiederaufgebaut und diente wechselseitig als Stützpunkt im langwierigen Kampf zwischen den Bremer Erzbischöfen und den Herzögen von Braunschweig-Lüneburg, denen die Harburg schließlich 1236 endgültig zufiel. Eine im 13. Jahrhundert bei der Burg entstandene Ansiedlung erhielt 1297 das Stadtrecht.

Mit dem Aussterben der Lüneburger Linie des regierenden Herzogshauses 1369 wurde auch Harburg zum Zankapfel im Erbfolgekrieg zwischen den Herzögen von Braunschweig-Lüneburg und den Herzögen von Sachsen-Wittenberg. Hamburg nutzte das während dieser Zeit herrschende Machtvakuum und erwarb 1375 die Nachbarorte Glindesmoor und Rethwisch (heute Moorburg). Außerdem verkaufte der holsteinische Graf Otto von Schauenburg der Hansestadt 1395 Ochsenwerder und Moorwerder, so daß Harburg fortan von Hamburg eingekreist war. Im anschließenden Kampf der Herzöge von Braunschweig-Lüneburg gegen die Bürger von Lüneburg kamen Lübeck und Hamburg den Lüneburgern zu Hilfe; Harburg wurde dabei 1396 niedergebrannt. Da die Herzöge bei den Friedensverhandlungen mit Lüneburg feststellen mußten, daß es ihnen an Geld gebrach, verpfändeten sie Harburg 1397 an Hamburg, Lübeck und Lüneburg. Von 1417 an lag die alleinige Pfandherrschaft nur noch bei Lüneburg; sie dauerte bis 1517. Harburg fuhr dabei nicht schlecht, denn das Städtchen hatte keinen nennenswerten Handel aufzuweisen – einzig der Holzhandel spielte eine gewisse Rolle – und verfügte nur über einige wenige Handwerker; im wesentlichen lebten die Harburger nur von Ackerbau und Viehwirtschaft. Wurden die Zeiten aber kritisch, so war man unbedingt auf Lüneburgs Schutz und Hilfe angewiesen.

Von 1527 bis 1642 war Harburg Sitz einer Seitenlinie des Herzogshauses Braunschweig-Lüneburg, die im Harburger Schloß residierte. Es war eine Zeit relativen Friedens und eines bescheidenen Wohlstands. Zwistigkeiten gab es indes mit Hamburg wegen der Hoheitsrechte auf der Süderelbe und der damit verbundenen Zölle. Die Anzahl der Einwohner lag 1642 bei etwa 3000; von diesen waren aber nur 350 erbgesessene Bürger, das heißt über eigene Grundstücke verfügende Haushaltungsvorstände, die das Harburger Bürgerrecht besaßen.

Im Mai 1644 wurde mit dem Ausbau des alten Schlosses zu einer starken Festung begonnen; die Arbeiten waren um 1660 abgeschlossen. Die Festung erhielt eine Garnison, der zwei Kompanien Bürgermilitär aus der Stadt zur Seite standen.

Nachdem 1705 das Fürstentum Lüneburg an das Kurfürstentum Hannover gefallen war, hatte sich Harburg als nun kurhannöversche Stadt eine Belebung seiner Wirtschaft vor allem im Englandhandel erwartet, da Hannover seit 1714 mit Großbritannien in Personalunion verbunden war. Aber diese Erwartungen erfüllten sich nicht. Die Konkurrenz Hamburgs war zu stark; es kam nicht einmal zu der längst überfälligen Modernisierung des Harburger Hafens. Die Festungsanlagen verfielen, und als im Siebenjährigen Krieg 1757 französische Truppen vor Harburg erschienen, war an Verteidigung nicht zu denken; sie wurde nicht einmal versucht. So beschloß man 1784, die Festungswerke zu schleifen, da ihr Unterhalt zu teuer und ihr Nutzen zu gering war. Als Preußen 1801 Hannover besetzte, wurden für einige Monate preußische Truppen auch in Harburg einquartiert. Ihnen folgte 1803 eine französische Besatzung, die bis Oktober 1805 blieb. Nach einjähriger Zugehörigkeit zum Königreich Westfalen als französischem Satellitenstaat (1810) wurde Harburg 1811 direkt dem französischen Kaiserreich einverleibt. Als dann Marschall Davout 1813 daranging, Hamburg zur Festung auszubauen, wurde Harburg in die Verteidigungslinie miteinbezogen; eine durch Wilhelmsburg nach Hamburg führende Chaussee und hölzerne Brücken wurden angelegt und eine Fährverbindung über beide Elbarme eingerichtet. Wie Hamburg konnte auch Harburg von den russischen Belagerungstruppen vor dem Waffenstillstand 1814 nicht genommen werden. Mit der Eroberung Hannovers durch Preußen 1866 wurde Harburg preußisch.

Ein wirtschaftlicher Aufschwung bahnte sich 1845 mit einer großzügigen Erweiterung des Harburger Hafens an, nachdem sich schon vorher der Speditionshandel mit Hamburg günstig entwickelt hatte. Für die Auswanderer wurde 1848, als ihre Anzahl immer stärker wuchs, eine eigene Reederei gegründet. Harburg anlaufende Seeschiffe wurden 1850 vom Stader Elbzoll befreit (der im übrigen, auch für Hamburg, erst 1861 ganz aufgehoben wurde). Seit 1847 gab es die Eisenbahnverbindung Harburg–Celle–Hannover. Ein Freihafen existierte von 1848 bis 1854. Mit dem Eintritt des Königreichs Hannover in den Deutschen Zollverein 1854 wurde Harburg Zollinland, während Hamburg Zollausland blieb. Für Hamburger Industrielle wurde es günstig, die Produktionsbetriebe im benachbarten Zollinland – eben Harburg – zu errichten. So begann Mitte der 1850er Jahre der erste Ausbau der gummiverarbeitenden Großindustrie in Harburg mit Hilfe Hamburger Kapitals, zu der sich später die international führende Pflanzenöl-Herstellung hinzugesellte.

Zur Vereinigung der Städte Harburg und Wilhelmsburg – dieses war erst 1925 von einer Landgemeinde mit 35000 Einwohnern zur Stadt erhoben worden – kam es 1927. Damit war eine neue Großstadt mit 115000 Einwohnern geschaffen, der allerdings nur noch zehn Jahre Selbständigkeit vergönnt waren.

## Die größte Reederei der Welt

Der wachsende Handel, die Anzahl der Hamburg anlaufenden Schiffe und vor allem die Entwicklung der Dampfschiffahrt mit immer größerer Tonnage und größerem Tiefgang verlangten den zügigen Ausbau des Hafens und die Regulierung der Elbe. Der Ausbau des Sandtorhafens auf dem Großen Grasbrook (1866) war der erste Schritt zu einer umfassenden Modernisierung. Hier entstanden die ersten Kaianlagen und Schuppen, die das unmittelbare Löschen der Schiffe mit Kränen ermöglichten; ein Eisenbahn- und ein Straßennetz sorgten für eine zeitgemäße Anbindung an das Hinterland. Konnten die Schiffe bislang nur bei Flut den Hafen verlassen, so wurde das nun auch bei Niedrigwasser möglich, da man 1857 damit begonnen hatte, die Tiefe der Fahrrinne konstant zu halten – 1834 wurden dafür die ersten Dampfbagger in Dienst gestellt –, die Elbe neu zu vermessen und die Anzahl der Tonnen, der Baken und der Richtfeuer (über 50 Leuchttürme nach 1850) beträchtlich zu vermehren. Mit Hannover wurde 1866 der 1. Köhlbrandvertrag abgeschlossen (1868 von Preußen bestätigt), der Hamburg das Recht zur Verbreiterung und zur Vertiefung des damals zu Harburg gehörenden Köhlbrands und zum Ausbau der Bunthäuser Spitze auf Moorwerder einräumte. Außerdem wurde die Kalte Hofe durchstochen und die Mündung der Dove-Elbe verlegt (1875–1879). Damit wurde der Norderelbe mehr Wasser zugeführt, so daß man nun die Hafenbecken für die immer größer werdenden Schiffe vertiefen konnte. Hatte noch 1840 (bei Hochwasser) eine Fahrrinne von 4,30 Meter Tiefe genügt, so mußte sie 1897 schon 8 Meter tief sein. Um 1900 hatte die Fahrrinne eine Breite von bis zu 400 Metern und eine Tiefe von 13 Metern unter mittlerem Hochwasser.

Auf dem Kleinen Grasbrook entstand 1879 der Petroleumhafen. Der 1909 geschlossene 2. Köhlbrandvertrag erlaubte Hamburg zusätzliche Veränderungen des Stromverlaufs zum Zweck des Ausbaues der Hafenanlagen von Finkenwerder und Waltershof. Auf Waltershof wurde 1913 der neue Petroleumhafen gebaut, der sich nicht mehr (oder doch nur in geringem Maße) der Faßlagerung bediente, sondern erstmals der Lagerung in Tanks. Der 2. Köhlbrandvertrag ermöglichte außerdem den Hafenausbau auf Kuhwerder und Roß, was zur Vergrößerung des 1888 geschaffenen Freihafens führte. Eine darüber hinausgehende Erweiterung des Hafens war dann erst nach dem Groß-Hamburg-Gesetz von 1937 möglich, da Hamburg bis dahin auch im Hafenbereich überall durch die preußischen Grenzen behindert wurde. Der Kriegsausbruch 1939 brachte den zusätzlichen Ausbau jedoch fürs erste zum Erliegen.

Der Hafenausbau, wie er im 19. Jahrhundert begonnen wurde, folgte dem wachsenden Schiffs- und Handelsvolumen. Obwohl klar war, daß die Zukunft dem Dampfschiff gehören würde, bedeutete das noch nicht gleich das Ende der Segler. Fuhren 1875 unter Hamburger Flagge 336 Segelschiffe mit insgesamt 149 350 Nettoregistertonnen, so waren es 1905 sogar 412 mit 271 614 NRT und 1914 immerhin 585, allerdings mit einer geringeren Gesamttonnage von 267 301 NRT. Die größte Segelschiff-Reederei war die der Firma Laeisz, deren für ihre Schnelligkeit berühmte Segler bis 1914 eine regelmäßige Verbindung mit Südamerika unterhielten und für die 9900 Seemeilen lange Strecke 60 Tage benötigten.

Dennoch waren Anzahl und vor allem Tonnage der Segler bescheiden im Vergleich mit den Dampfschiffen zur selben Zeit. 1875 verfügte die Hamburger Handelsflotte über 93 Dampfer mit 84 300 Bruttoregistertonnen; 1905 waren es aber schon 596 mit 1 573 263 BRT und 1914 dann 764 mit 2 618 049 BRT.

Einen Monat nach dem Untergang der »Titanic«, mit 45 000 BRT damals das größte Schiff der Welt, lief am 23. Mai 1912 in Hamburg ein noch gewaltigeres Schiff vom Stapel: die 52 117 BRT große »Imperator« der HAPAG. Kaiser Wilhelm II. nahm die Schiffstaufe vor. Es waren Rekordzahlen nach seinem Geschmack, die dieses Schiff vereinigte: 268 Meter lang, 30 Meter breit, 1184 Mann Besatzung; 4178 Passagiere konnten damit übers Meer gebracht werden. Und als sei das noch nicht genug, befanden sich noch zwei weitere Superschiffe im Bau: die 54 282 BRT große »Vaterland«, vollendet 1914, und die »Bismarck«, die mit ihren 56 551 BRT im Juni 1914 vom Stapel lief, aber erst bei Kriegsende fertiggestellt war. Die riesige »Imperator« (erbaut auf der seit 1909 in Hamburg ansässigen Stettiner Vulkan-Werft) lag am Steubenhöft in Cuxhaven; das Schiff konnte wegen seines Tiefgangs den Hamburger Hafen nur bei Hochwasser erreichen.

Alle drei waren Schiffe der HAPAG und der Stolz ihres Generaldirektors Albert Ballin. In nur einem halben Jahrhundert war die HAPAG von der einst bescheidenen Schiffahrtsgesellschaft, die 1856 mit den in Großbritannien gebauten 2000-Tonnen-Dampfern »Hammonia« und »Borussia« den Amerikaverkehr mit Dampfschiffen aufnahm, zur größten Reederei der Welt mit nun 175 Schiffen zu insgesamt 1,3 Millionen BRT aufgestiegen.

Dies war wesentlich das Werk Albert Ballins, Sohn eines Auswanderer-Agenten. Er war 1886 bei der HAPAG eingetreten, wurde zwei Jahre später schon Vorstandsmitglied und 1899, mit zweiundvierzig Jahren, Generaldirektor. Er hatte frühzeitig auf das Geschäft im Schnelldampferverkehr gesetzt – bislang eine Domäne Großbritanniens und Bremens – und damit Erfolg gehabt, denn die HAPAG-Schiffe erwiesen sich an Schnelligkeit und Komfort der Konkurrenz überlegen. Das »Blaue Band des Ozeans« gewann als erstes deutsches Schiff 1891 der HAPAG-Schnelldampfer »Fürst Bismarck« (8500 BRT), der die Strecke England–Amerika in 6 Tagen, 11 Stunden und 44 Minuten zurücklegte. Die alte »Borussia« hatte dafür 1858 immerhin noch 12 Tage, 6 Stunden und 30 Minuten gebraucht. Ein zweites Mal gewann die HAPAG das Blaue Band 1900 mit der »Deutschland« (16 502 BRT); sie war 5 Tage, 7 Stunden und 38 Minuten unterwegs.

Ballin, der ausgezeichnete Verbindungen zu Großbritannien besaß und das Vertrauen Wilhelms II. genoß, hat sich immer wieder bemüht, das Mißtrauen zwischen Großbritannien und Deutschland abzubauen und einen Ausgleich herbeizuführen. Die britische Regierung hatte Ballin sogar zum Vermittler bei den Gesprächen über ein deutsch-englisches Flottenabkommen vorgeschlagen; aber die Verhandlungen scheiterten. Am Tag des Kriegsendes, dem 9. November 1918, nahm sich Ballin das Leben.

Nach der HAPAG waren die vier nächstgrößeren Dampfschiff-Reedereien die Hamburg-Süd mit 61 Schiffen (347 000 BRT), die Levante-Linie mit 59 Schiffen (165 000 BRT), die Woermann-Linie mit 39 Schiffen (113 000 BRT) und die Deutsche Ostafrika-Linie mit 26 Schiffen (111 000 BRT). Die Kosmos-Linie, gegründet 1872, und die Deutsche Austral-Linie, gegründet 1889, wurden 1927 mit der HAPAG vereinigt.

Seine traditionelle Stellung im europäischen Kaffeehandel konnte Hamburg so weit ausbauen, daß um 1900 der Hamburger

Kaffeemarkt zum bedeutendsten des europäischen Festlands geworden war. Der Wert des gesamten über Hamburg laufenden Im- und Exports stieg von 1,5 Milliarden Mark 1871 auf 14,5 Milliarden Mark 1912. Hatte das Handelsvolumen der ganzen Welt sich von 1895 bis 1905 um 70 Prozent gesteigert (Großbritannien 47 Prozent), so war das deutsche in diesem Zeitraum um 234 Prozent gewachsen. In Hamburg wurden 4,5 Prozent des gesamten Welthandels umgeschlagen.

Um so vernichtender waren die Folgen des verlorenen Ersten Weltkriegs 1914–1918. An der Front waren 40 000 Hamburger gefallen. Nach den Bestimmungen des Friedens von Versailles mußte Hamburg 1919 fast seine gesamte Handelsflotte von 764 Dampf- und Segelschiffen mit über 2,5 Millionen BRT den Siegermächten ausliefern, darunter auch den 1918 fertiggestellten Schiffsgiganten »Bismarck«, der wie sein Schwesterschiff »Vaterland« bei Blohm & Voss gebaut worden war.

Mit einigen zurückgekauften Schiffen nahmen die alten Linien bald wieder ihren Betrieb auf, wenn auch zunächst, verglichen mit der Vorkriegszeit, in sehr bescheidenem Rahmen. Immerhin hatte es Hamburg 1930 auf eine neue Flotte von 600 Schiffen mit etwa 2 Millionen BRT gebracht. Mit der 1928 gegründeten hamburgisch-preußischen Hafengemeinschaft konnte, unbeschadet des Grenzverlaufs, der gemeinsame Ausbau der Hafenanlagen von Hamburg, Harburg und Altona verwirklicht werden.

Als gänzlich neues Verkehrsmittel kam nun der Flugverkehr hinzu. Nach dem Erfolg der ersten Zeppeline wurde 1910 der 125 Hektar große Flughafen Fuhlsbüttel mit einer Zeppelinhalle von 1600 Meter Länge und 45 Meter Breite angelegt; die Halle mußte 1919 nach den Bestimmungen des Versailler Vertrags gesprengt werden. Ebenfalls 1919 wurde die erste regelmäßige Flugzeug-Verbindung von Hamburg nach Berlin eingerichtet. Im ersten Jahr beförderte man auf der Strecke ganze 233 Passagiere. 1934 wurden in Fuhlsbüttel aber schon 5679 Flugzeuge abgefertigt und 26 380 Passagiere verzeichnet. Der Flughafen wurde 1935 auf 220 Hektar vergrößert.

Für den Eisenbahnverkehr konnte 1906 endlich der Haupt-

Der Kölner Schnellzug fährt durch Hamburg zum Klostertor-Bahnhof; vor der Lokomotive geht ein Bahnbeamter mit einer Glocke. Photographie von 1906

bahnhof in Betrieb genommen werden. Bis dahin hatten die Fernzüge vier Kopfbahnhöfe anlaufen müssen: den Klostertor-, den Berliner, den Hannoverschen oder Venloer und den Lübekker Bahnhof. Die aus Bremen und Köln kommenden D-Züge mußten bis 1906 durch die ganze Stadt bis zum Klostertor-Bahnhof buchstäblich geleitet werden: Den im Schrittempo mitten durch die Stadt fahrenden Zügen ging ein Bahnbeamter mit einer Glocke vorweg. Daß der Hauptbahnhof so spät fertig wurde, lag an Preußen, mit dem Hamburg zwanzig Jahre lang verhandeln mußte, um endlich zu dieser Lösung zu kommen.

Von 1907 bis 1911 baute man den ersten Elbtunnel für Fußgänger und Wagen, um eine bessere Verbindung von den St.-Pauli-Landungsbrücken nach Steinwerder am gegenüberliegenden Elbufer zu schaffen, wo sich die Werft von Blohm & Voß und die Liegeplätze der HAPAG-Dampfer befanden. Der 450 Meter lange Tunnel, 6 Meter unter der Sohle des Flusses, war der erste Unterwassertunnel des europäischen Kontinents. 11 Millionen Goldmark hatte er gekostet – aber auch Menschenleben: Da das Druckkammer-Bausystem damals technisch noch nicht ausgereift war, starben fünf Arbeiter an Lungenriß, wurden 174 für ihr ganzes Leben zu Invaliden.

Im innerstädtischen Verkehr kam 1906 die S-Bahn hinzu, die zunächst die Strecke Blankenese–Ohlsdorf befuhr und 1908 elektrifiziert wurde. 1912 folgte die U-Bahn, die zweite deutsche nach der in Berlin, mit einer zunächst 28 Kilometer langen Ringstrecke. Das S- und das U-Bahn-Netz wurden nach dem Ersten Weltkrieg weiter ausgebaut. Die S-Bahn-Linie wurde 1918 von Ohlsdorf bis Poppenbüttel erweitert und auf dieser Strecke 1924 elektrifiziert, die U-Bahn bis nach Ochsenzoll und Groß-Hansdorf geführt.

Am 2. Mai 1924 um acht Uhr morgens begann der Sender Hamburg I mit der Ausstrahlung seines Rundfunkprogramms, betrieben von der »Nordischen Rundfunkaktiengesellschaft« (Norag). Der Sender war zunächst im Hauptfernsprechamt in der Binderstraße untergebracht; erst 1931 konnte das heutige Gebäude des NDR an der Rothenbaumchaussee errichtet werden. Die Norag wurde 1932 verstaatlicht, der Sender Hamburg am 22. 9. 1945 in »Nordwestdeutscher Rundfunk« (NWDR) und 1958 in »Norddeutscher Rundfunk« (NDR) umbenannt.

## Die neue Architektur

Zwei Jahre nach der Cholera-Epidemie von 1892 wurde mit dem Abbruch der Elendsquartiere zwischen der Michaeliskirche und dem Hafen und 1900 mit dem Abbruch beiderseits der Steinstraße begonnen. Begnügte man sich im Hafengebiet mit dem Neubau größerer Wohnblöcke (beendet 1912), so wurde das Areal an der Steinstraße zu einem reinen Geschäfts- und Kontorviertel umgewandelt. In fünf Jahren, 1908–1913, entstand der große Straßendurchbruch zwischen Rathausmarkt und Hauptbahnhof, die Mönckebergstraße. Die Stadt hatte hier sämtliche an der Straße liegenden Grundstücke aufgekauft und konnte damit Einfluß auf eine einheitliche Gestaltung nehmen, allerdings nicht auf ein künstlerisches Gesamtkonzept, das wohl auch kaum durchzusetzen gewesen wäre. Trotz der Zerstörungen des letzten Kriegs hat die Mönckebergstraße einige wesentliche Akzente ihres alten Aussehens bewahrt, darunter das Klöpperhaus (heute Kaufhof) von Fritz Höger und den Bau der ehemaligen Bücherhalle an der Einmündung der Spitalerstraße, ein Werk Fritz Schumachers. Diese beiden Architekten haben das Gesicht Hamburgs nachhaltig mitgeprägt; ihre Bauten haben zum Teil die schweren Kriegszerstörungen überdauert.

Der 1869 in Bremen geborene Fritz Schumacher war 1909 von Dresden, wo er an der Technischen Hochschule lehrte, als Oberbaudirektor nach Hamburg berufen worden. Der neue Leiter des hamburgischen Bauwesens brachte aus Dresden bereits fertige Pläne für Neubauten mit: für das Technikum, die Kunsthochschule, das Tropeninstitut und das Museum für Hamburgische Geschichte. Er war mitbeteiligt an dem 1912 vom Senat erlassenen Baupflegegesetz, mit dem einer allzu willkürlichen Bebauung gesteuert werden sollte. In dem Gesetz waren ganze Straßenzüge als »besonders schutzbedürftig« aufgelistet, ein erster Schritt zu einem Denkmalschutzgesetz, das erstmals 1920 für Hamburg verkündet wurde. Aber Schumachers Verdienst beschränkt sich nicht auf Bauten wie die genannten, zu denen auch das Johanneum in Winterhude (1912–1914) und das Haus der Finanzbehörde am Gänsemarkt (1919–1926) zu rechnen sind.

Fritz Schumacher schuf der Stadt die ersten modernen, individuell gestalteten Schulbauten, etwa die Volksschule am Rübenkamp und die ehemalige Volksschule an der Krausestraße am Dulsberg, sowie die Siedlungen Dulsberg und Langenhorn, die in den zwanziger Jahren entstanden. Vor allem die Siedlung Dulsberg mit ihren um kleine Wohnstraßen gruppierten dreigeschossigen Bauten und den großen Gemeinschaftsgärten bewies ein neues, überzeugendes Konzept (Zeilenbauweise) und demonstrierte eine humane Alternative zu den Mietskasernen der Gründerjahre.

Als 1929 ein Wettbewerb um ein Ehrenmal für die Gefallenen des Ersten Weltkriegs ausgeschrieben wurde, bestimmte Schumacher den Platz auf der Alstertreppe. Ernst Barlachs Entwurf wurde zwar nicht angenommen, Schumacher konnte aber durchsetzen, daß die nur mit einer schlichten Inschrift geschmückte Stele von Klaus Hoffmann auf der Rückseite ein vertieftes Relief Barlachs erhielt; das 1932 entstandene Relief wurde schon sechs Jahre später von den damaligen Machthabern als »entartete Kunst« und »Verhöhnung der deutschen Mutter« zertrümmert. Die Stele konnte nach dem Krieg rekonstruiert werden. Übrigens hatte sich Ernst Barlach gemeinsam mit Karl Garbers 1898 um die Gestaltung des neuen Rathausplatzes beworben, aber obwohl Barlach und Garbers damals der erste Preis zuerkannt worden war, ging der Auftrag an Johannes Schilling, der den Platz 1903 mit einem monumentalen Denkmal zu Ehren Kaiser Wilhelms I. schmückte.

Fritz Schumacher und Fritz Höger waren es, die für die neue Hamburger Architektur Backstein und Klinker gegen den bis dahin herrschenden Putzbau durchsetzten. Höger, 1877 im Holsteinischen geboren, hatte sich schon mit mehreren Großbauten wie dem Rappolthaus (1911/1912), dem Klöpperhaus (1912/1913) und dem HAPAG-Haus (1914) einen Namen gemacht, als ihn 1921 der Kaufmann Henry Sloman, der zweiunddreißig Jahre im Salpetergeschäft in Chile tätig gewesen war, mit dem Bau des Chilehauses beauftragte, nachdem das alte Meßberg-Niedernstraße-Viertel 1913/1914 abgebrochen worden war. Das von 1922 bis 1924 errichtete Haus, Hamburgs erster Großbau nach dem Kriegsende 1918, ist eines der bedeutendsten Zeugnisse deutscher Architektur im 20. Jahrhundert, wenngleich es in der künstlerischen Bewertung bis heute umstritten geblieben ist. Die reich ornamentierte Klinkerfassade und die vielfältige Modellierung des Baukörpers haben sowohl Bewunderer wie Gegner gefunden; allerdings ist das Ungewöhnliche dieser Schöpfung von keiner Seite in Abrede gestellt worden. Als weitere monumentale

Fritz Schumacher (1869 bis 1947)

Höger-Bauten sind der Sprinkenhof und die Zigarettenfabrik Reemtsma in Wandsbek zu nennen.

In welchem Maß Schumacher und Höger der Architektur Hamburgs neue Impulse gaben, wobei sie ihren Stil konsequent aus der Tradition norddeutscher Baukunst entwickelten, wird deutlich, wenn man ihre Bauten mit zwei anderen vergleicht, die vor dem Ersten Weltkrieg entstanden und die sich beide historisierender Barockformen bedienten: dem Schauspielhaus (1900) an der Kirchenallee und der Musikhalle (1908) am Karl-Muck-Platz.

Wie groß damals die stilistische Unsicherheit war, zeigte sich an der Diskussion um den Neubau der Michaeliskirche. Am 3. Juli 1906 wurde Hamburgs Wahrzeichen, infolge der Unvorsichtigkeit von Handwerkern bei Lötarbeiten im Dachstuhl, das Opfer einer Brandkatastrophe, die außer der Kirche zwölf Häuser in der Umgebung vernichtete. Bei aller in Hamburg grassierenden Zerstörungslust gegenüber dem historischen Architekturerbe: Ihren »Michel« wünschten Bürger und Regierung originalgetreu wiederhergestellt. Das geschah auch. Am 19. Oktober 1912 konnte die Rekonstruktion eingeweiht werden. Schumacher, der damals diese historische Kopie ablehnte (erst sehr viel später hat er sie dann doch bejaht), entwarf die Neugestaltung des die Kirche umgebenden Platzes, die damit erstmals aus den sie umdrängenden Häusern herausgelöst und freigestellt wurde. Seine Lösung mit den die Kirche umgebenden Neubauten haben die Bomben des letzten Kriegs zerstört; einzig die um St. Michaelis gelegte Terrassierung mit den Treppenanlagen blieb erhalten.

Nachdem man mit der Wexstraße (1867–1876) und der Kaiser-Wilhelm-Straße (1890–1893) die ersten Schneisen durch das Gängeviertel der Neustadt gelegt hatte und 1896 mit der Ringstraße (heute Gorch-Fock-Wall) und dem Holstenwall endlich eine durchgehende Verbindung zwischen Lombardsbrücke und Hafen hergestellt worden war, begann man 1930 mit dem Abbruch des zwischen diesen Straßenzügen liegenden Viertels. Das Sanierungsprogramm war noch nicht abgeschlossen, als hier 1943 die Bomben fielen. Es war das letzte Gängeviertel Hamburgs, das damit verschwand.

Der 1907 von Carl Hagenbeck in Stellingen eröffnete Tierpark, in dem erstmals Tiere in Freigehegen zu sehen waren, erwies sich allmählich als ein so attraktiver Anziehungspunkt für die immer mehr in Vororten lebende Bevölkerung, daß der alte, 1861 von Ernst Merck gegründete Zoologische Garten 1930 geschlossen wurde. Auf seinem Gelände entstand 1935, zunächst als Gartenschau, der populäre Park Planten un Blomen.

Hamburg ist reich an Grünanlagen. Die größte – rechnet man den Ohlsdorfer Friedhof nicht hinzu – ist der von Fritz Schumacher 1910 entworfene und gemeinsam mit dem Gartenarchitekten Otto Linne (von 1917 bis 1933 Direktor des Ohlsdorfer Friedhofs) gestaltete Stadtpark, der 1924 fertig wurde und 180 Hektar umfaßt.

Hier wurde 1926 eine von Hugo Lederer geschaffene Bronze-

Statuette Heinrich Heines aufgestellt, das zweite Denkmal, das die Stadt dem Dichter errichtete, nachdem zuerst 1909 eine Skulptur des dänischen Bildhauers Louis Hasselriis am Barkhof (Spitalerstraße) aufgestellt worden war. Das Denkmal Hasselriis' wurde 1927 entfernt und zunächst in Altona in Donners Park aufgestellt, bis es auch dort beseitigt wurde. Seit 1939 befindet es sich in Toulon. Lederers Statuette wurde nach 1933 vernichtet. Die Aufstellung der Heine-Denkmäler war umstritten und führte zu beschämenden Reaktionen in der Öffentlichkeit, wie sie ähnlich auch Düsseldorf erlebte. Einmütige Begeisterung fand dafür Hugo Lederers gigantisches Bismarck-Denkmal, 1906 auf dem Platz der einstigen Bastion Casparus über dem Hafen errichtet. Die Stadt, die sich Schillings Kaiser-Wilhelm-Denkmal schon 948 700 Goldmark hatte kosten lassen, mußte für das Bismarck-Denkmal 536 348 Mark aufwenden. Der weniger geliebte Lessing, bei dessen Tod 1781 der Rat befohlen hatte, es sei von Lessing »keine Notiz zu nehmen«, erfuhr hundert Jahre später eine Ehrung durch das 1881 auf dem Gänsemarkt aufgestellte Denkmal von Fritz Schaper. Und Martin Luthers wurde 1912 mit dem Denkmal von Otto Lessing an der Michaeliskirche gedacht.

## Ehrensold für einen Dichter

Mit dem 1900 eröffneten Deutschen Schauspielhaus an der Kirchenallee – die Kosten von einer Million Mark übernahmen Hamburger Kaufleute – konnten Oper und Schauspiel, bislang vereinigt im Stadttheater, endlich getrennt werden. Die Oper – 1934 erhielt sie die Bezeichnung Hamburgische Staatsoper – hatte von nun an das Haus an der Dammtorstraße für sich; die Leitung des Schauspielhauses übernahm Alfred von Berger.

Neben dem Schauspielhaus gab es seit 1843 das Thalia-Theater, das 1912 sein neues Haus am Pferdemarkt bezog. Volksstücke in niederdeutscher Sprache spielten die 1902 gegründete Niederdeutsche Bühne (heute Richard-Ohnsorg-Theater), die 1936 ihr Haus an den Großen Bleichen bezog, und ab 1921 das Ernst-Drucker-Theater (heute St.-Pauli-Theater). Erich Ziegel, zeitweilig Intendant des Schauspielhauses, gründete 1919 am Besenbinderhof die Hamburger Kammerspiele.

Das Konzertleben bekam eine neue Aufführungsstätte mit der 1908 von dem Reeder Carl Heinrich Laeisz gestifteten Musikhalle. Bis dahin hatten die großen Konzerte in dem 1853 erbauten Gebäude »Conventgarten« (zwischen Fuhlentwiete und Kaiser-Wilhelm-Straße) stattgefunden, das dann 1943 zerstört wurde.

Aus der »Sammlung hamburgischer Altertümer«, die 1839 vom Verein für Hamburgische Geschichte gegründet und jahrzehntelang vom Johanneum beherbergt worden war, erwuchs 1907 das Museum für Hamburgische Geschichte, das 1920 den von Fritz Schumacher errichteten Bau am Holstenwall (auf der einstigen Bastion Henricus) bezog. An der Rothenbaumchaussee entstand 1915 das Museum für Völkerkunde.

Die Kunsthalle, die schon 1886 hatte erweitert werden müssen, bekam 1914 einen modernen Anbau. Ein schwerer Verlust traf das Museum, als am 6. Juni 1931 der Münchner Glaspalast niederbrannte und mit ihm eine Ausstellung deutscher Malerei der Romantik, bei der alle siebzehn Hamburger Leihgaben – davon allein drei Gemälde Runges – vernichtet wurden. Die Kulturpolitik des Hitler-Reichs versetzte der Kunsthalle den zweiten Schlag: 983 Gemälde, Graphiken und Plastiken wurden als »entartete Kunst« beschlagnahmt, darunter Werke von Ernst Barlach, George Grosz, Karl Hofer, Ernst Ludwig Kirchner, Oskar Kokoschka (unter anderem *Die Windsbraut*, heute Kunsthalle Basel), Franz Marc, Emil Nolde, Max Pechstein, Pablo Picasso (*Die Absinthtrinkerin*, heute Schweizer Privatsammlung) und Karl Schmidt-Rottluff. Der Direktor Gustav Pauli, der sich gerade auch um den Aufbau der modernen Sammlung verdient gemacht hatte, wurde 1933 ebenso entlassen wie der Direktor des Museums für Kunst und Gewerbe, Max Sauerlandt, dessen Haus 269 Werke durch den braunen Bildersturm einbüßte.

Nach langem Widerstand seitens der Bürgerschaft erhielt Hamburg 1919 seine Universität. Das traditionsreiche Akademische Gymnasium, das durch die Jahrhunderte hindurch eine Zwischenstellung zwischen Gymnasium und Universität eingenommen hatte, war 1883 aufgelöst und durch das Allgemeine Vorlesungswesen ersetzt worden. Der Ausbau des Überseehandels verlangte aber auch eine entsprechende wirtschaftswissenschaftliche Schulung der Kaufleute. Für diesen Zweck wurde 1907 die Hamburgische Wissenschaftliche Stiftung gegründet; ihr schloß sich 1908 das Hamburgische Kolonialinstitut an, aus dem das Weltwirtschaftsarchiv hervorging. Einer der ersten Beschlüsse der am 16. März 1919 neu gewählten Bürgerschaft galt der Gründung der Universität am 31. März 1919, für deren Errichtung der Senator Werner von Melle jahrelang gekämpft hatte; sie bezog das 1911 von dem Kaufmann Edmund J. A. Siemers gestiftete Vorlesungsgebäude und übernahm zugleich das Kolonialinstitut. Daß diese Universität 1929 den Philosophen Ernst Cassirer zum Rektor ernannte, erregte damals einiges Aufsehen, denn Cassirer war Jude. Mit dem 1921 erlassenen Hochschulgesetz wurde auch die Gründung der Volkshochschule beschlossen.

Der Hafenarzt Bernhard Nocht wurde 1899 mit der Gründung eines Instituts zur Erforschung und Behandlung von Tropenkrankheiten beauftragt; als Bernhard-Nocht-Institut für Schiffs- und Tropenkrankheiten bezog es 1914 einen von Fritz Schumacher entworfenen Neubau. Die Sternwarte wurde 1909 nach Bergedorf verlegt.

Die Patriotische Gesellschaft gründete 1899 aus privaten Spenden die Hamburger Öffentlichen Bücherhallen, die zuerst ein Gebäude an den Kohlhöfen und 1913 den Schumacher-Bau an der Mönckebergstraße bezogen. Da die Bücherhallen seit 1901 auch einen Staatszuschuß bekamen, konnten bald erste Filialen in mehreren Stadtteilen eröffnet werden. Die Patriotische Gesellschaft und die Stadt Hamburg errichteten 1919 gemeinsam eine Stiftung, die seither die Öffentlichen Bücherhallen betreut. Mit dem Groß-Hamburg-Gesetz von 1937 wurden die öffentlichen

Gustav Falke (1853–1916), photographiert von Theodor und Oskar Hofmeister 1900

Büchereien von Altona, Wandsbek und Harburg den Hamburger Öffentlichen Bücherhallen angeschlossen; damit hatte der Bestand innerhalb von achtunddreißig Jahren ein Gesamtvolumen von 236 400 Bänden erreicht; 1940 wurde den Bücherhallen die Städtische Musikbücherei angegliedert.

Im alten Johanneum am Speersort befand sich die Stadtbibliothek, die 1919 in Staats- und Universitätsbibliothek umbenannt wurde; der von Carl Ludwig Wimmel im florentinischen Renaissance-Stil errichtete Bau barg rund 800000 Bücher und mehrere Tausend kostbare Handschriften. Daneben gab es noch die 50000 Bände zählende Bibliothek Warburg, die 1934 nach London gebracht wurde und sich heute im Besitz des britischen Staats befindet.

Auf Anregung des Senators Werner von Melle entschlossen sich Senat und Bürgerschaft 1903 zu einem in der Geschichte

Hamburgs ungewöhnlichen Schritt. Sie verliehen dem Dichter Gustav Falke einen jährlichen »Ehrensold« in Höhe von 3000 Mark, der zehn Jahre später auf 5000 Mark erhöht wurde. Der 1853 in Lübeck geborene Falke, der seit 1877 in Hamburg lebte und sich als Klavierlehrer durchschlug, hatte sich einen Namen gemacht mit einigen Gedichtbänden und Romanen wie *Aus dem Durchschnitt* (1892), *Landen und Stranden* (1895) und *Der Mann im Nebel* (1899), als ihm die Ehrung zuteil wurde. Außerhalb Hamburgs wurde diese unerwartete mäzenatische Tat der Stadt von vielen mit Spott und Hohn bedacht. Erbost schrieb daraufhin das *Hamburger Fremdenblatt*: »Die superklugen Berliner [...] mögen doch erst einmal selbst sich an die Nase fassen, ehe sie den Hamburgern aus einer guten Tat ein Verbrechen machen und ihren abgedroschenen Spott an den angeblichen ›Gewürzkrämern‹ Hamburgs üben.« Der Berliner *Tag* hatte nämlich die berechtigte Frage aufgeworfen: »Und Liliencron?«

Merkwürdigerweise wurde diese Frage sonst nicht gestellt. Dabei gab es an Hamburgs Stadtrand zwei Dichter, die aufgrund ihres künstlerischen Rangs die Auszeichnung weit eher verdient gehabt hätten als der recht durchschnittliche Falke: Liliencron und Dehmel.

Detlev von Liliencron, 1844 in Kiel geboren und zunächst aktiver preußischer Offizier, lebte nach seinem Abschied aus der Armee ab 1889 in Ottensen und später in Rahlstedt, wo er 1909 in bescheidenen Verhältnissen starb. Liliencron, Wegbereiter einer deutschen impressionistischen Lyrik und Förderer des noch unbekannten Rainer Maria Rilke, war trotz der Popularität seiner Balladen (unter anderem *Pidder Lüng*) ein wenig gekaufter Autor und ein Außenseiter der bürgerlichen Gesellschaft; ganz besonders hielt er Abstand zu den Hamburgern, die er als »Beefsteakfresser« verspottete. Er war sowohl mit Falke befreundet wie mit Dehmel, der seit 1902 in Blankenese lebte. Der 1863 im Spreewald geborene Richard Dehmel, dessen zum Teil panerotische Gedichte im deutschen Bürgertum damals als »gewagt« galten und dessen sozialkritische Verse erst recht keinen Beifall fanden, lebte ähnlich isoliert wie Liliencron. Dehmels Beitrag zur deut-

Detlev von Liliencron mit seinem Sohn Wulff, photographiert von Hans Breuer 1904

schen Lyrik ist in Hamburg damals wohl kaum begriffen worden; man beachtete mehr die unbürgerliche Lebensführung. Dehmel, der gleich Liliencron einigen Einfluß auf die zeitgenössische deutsche Literatur ausübte, starb 1920 in Blankenese. Beider Nachlässe wurden 1924 beziehungsweise 1926 vom Hamburger Staat erworben; zu einem »Ehrensold« für diese Dichter reichte es nicht – die Diskussion um die außergewöhnliche Auszeichnung Falkes konnte die Stadtregierung nicht ermuntern, sich noch einmal gegenüber ihren Schriftstellern spendabel zu zeigen.

Weit geschätzter beim Hamburger Bürgertum als Liliencron und Dehmel war Gustav Frenssen, der von 1906 bis 1912 in Blankenese lebte und dessen Roman *Jörn Uhl* (1901) jahrzehntelang zu den meistgelesenen Büchern in Deutschland gehörte. Und populär war auch der seit 1903 in Groß-Flottbek wohnende Otto Ernst (1862–1926), der mit seinen autobiographischen Semper-Romanen, seinen Komödien (unter anderem *Flachsmann als Erzieher*, 1901), vor allem aber mit seinem Kinderbuch *Appelschnut* (1907) eine große Leserschaft fand.

Der aus Finkenwerder stammende Johann Wilhelm Kinau (1880–1916), der sich als Autor den Namen Gorch Fock gab, machte sich einen Namen mit dem Roman *Seefahrt ist not!* (1913) und Erzählungen wie *Hein Godenwind* (1912) und *Fahrensleute* (1914). Den außerordentlichen Erfolg seines Romans *Seefahrt ist not!* (Auflage über eine Million Exemplare) konnte er nicht mehr erleben. Er fiel als Matrose 1916 in der Skagerrak-Schlacht.

Fritz Stavenhagen (1876–1906) und Hermann Boßdorf (1877–1921) entwickelten das neue niederdeutsche Drama, sind aber über Hamburg hinaus kaum bekannt geworden. Einen bedeutenden Beitrag zur niederdeutschen Lyrik leistete Hermann Claudius (1878–1980) mit seinem Gedichtband *Mank Muern* (1912), der zum erstenmal die moderne Großstadt in plattdeutschen Versen beschrieb. Das Leben an der Küste, das Meer und die Schiffahrt wurden zum dominierenden Thema im Werk von Hans Leip, 1893 als Sohn eines Hamburger Hafenarbeiters geboren. Aufsehen erregte 1925 sein expressionistischer Vitalienbrüder-Roman *Godekes Knecht*, dem sich die erfolgreichen Romane

Gorch Fock, der Autor des vielgelesenen Romans *Seefahrt ist not!*

*Der Nigger auf Scharhörn* (1927), *Jan Himp und die kleine Brise* (1934) und *Das Muschelhorn* (1940) anschlossen. Seinen dauerhaftesten, weit über Deutschland hinausreichenden Erfolg errang Leip während des Zweiten Weltkriegs und in der Nachkriegszeit durch das schon 1915 geschriebene, aber erst jetzt erfolgreich vertonte Lied *Lili Marleen*. Hans Leip starb 1983.

Der 1894 in Hamburg als Sohn eines Schiffbaumeisters geborene Hans Henny Jahnn gehört zu jenen Schriftstellern, die sich allen gängigen Kategorien schon bei Lebzeiten entzogen haben. Dem Kriegsdienst im Ersten Weltkrieg entging der überzeugte Pazifist durch Flucht nach Norwegen, und nach seiner Rückkehr nach Deutschland arbeitete er als Orgelbauer und Stifter der religiösen Ugrino-Gemeinde (1922), für die er auch Kirchen entwarf. Er gründete den Ugrino-Musikverlag (1922–1933) und spezialisierte sich auf die Restaurierung alter Orgeln, so der Arp-Schnitger-Orgel in St. Jacobi. Er war auch bis 1933 amtlicher Orgelsachberater der Freien und Hansestadt Hamburg. Daneben entstand sein dichterisches Werk: die Dramen »Pastor Ephraim Magnus« (1919), »Die Krönung Richards III.« (1921), »Der Arzt, sein Weib, sein Sohn« (1922), »Der gestohlene Gott« (1924), »Medea« (1926) und sein Roman »Perrudja« (1929).

Nach dem Verbot seiner Bücher durch das Hitler-Regime emigrierte Jahnn nach Bornholm, wo er als Landwirt, Pferdezüchter und Hormonforscher lebte, bis er 1945 als deutscher Staatsbürger enteignet wurde. Von 1950 an lebte er wieder ganz in Hamburg, wo er die Freie Akademie der Künste gründete, deren erster Präsident er wurde. Sein dreibändiger Roman »Fluß ohne Ufer« (1949–1961) und seine Dramen »Armut, Reichtum, Mensch und Tier« (1948), »Spur des dunklen Engels« (1952) und »Thomas Chatterton« (1955) wurden zwar von der Kritik in ihrer Bedeutung erkannt und gewürdigt, das Publikum aber begegnete ihnen verständnislos, und Hans Henny Jahnn mußte in seinen letzten Lebensjahren unter bedrückenden materiellen Sorgen existieren. Er starb 1959 in Hamburg. Politisch war er in seinen letzten Jahren aktiv in der Antiatom- und Friedensbewegung tätig.

Am Grabe Jahnns rief Hans Erich Nossack dem Freunde nach:

»Ich danke dir, daß du uns durch dein Werk das Ohr für die dröhnende Stille geöffnet hast. Ich danke dir im Namen aller jungen Dichter, daß du ihnen wieder die Kraft gegeben hast, vom Tisch des Herkömmlichen aufzustehen, um die Pflicht der Dichter zu erfüllen... In der Stunde des Abschieds darf es wohl gesagt werden, ohne daß Ärgernis und Unfrieden entstehen: Ich habe nie einen religiöseren Menschen getroffen als dich. Denn ich wüßte nicht, was des Namens Religion würdig wäre, wenn nicht dieses dein Mitleiden mit aller Kreatur, mit jedem Wassertropfen, mit jeder lebendigen Zelle. Wenn nicht die unstillbare Trauer, mit der dich die kurze Seligkeit des Blühens und die lange Qual des Verwesens erfüllte. Wenn nicht die zornige Güte, mit der du noch im Ekligen die Schönheit des winzigen Restes Leben zu erhalten trachtetest, auf den es vielleicht eines Tages ankommen wird, wenn es um den Fortbestand der Welt geht.«

Hans Erich Nossack, 1901 in Hamburg als Sohn eines Importkaufmanns geboren, hatte Philosophie und Jura in Jena studiert und war als Angestellter und Journalist tätig gewesen, ehe ihm das NS-Regime 1933 ein Publikationsverbot erteilte. Nossack arbeitete daraufhin in der Firma seines Vaters. Bei der schweren Bombardierung Hamburgs 1943 verbrannten alle seine Manuskripte und Tagebücher. So konnte er erst nach 1945 als Schriftsteller vor die Öffentlichkeit treten: 1947 erschien seine Erzählung »Nekyia«, 1955 sein Roman »Spätestens im November«, 1961 sein Bericht über die Zerstörung Hamburgs 1943, die er als Augenzeuge erlebt hatte: »Der Untergang«. Sein Werk – Erzählungen, Romane, Gedichte, Dramen, Essays – umkreist immer wieder, mit zum Teil surrealistischen Mitteln, die Einsamkeit und Kommunikationslosigkeit des modernen Menschen in einer bürgerlichen Gesellschaft, die dem einzelnen keine gültigen Werte und damit keinen Sinn des Lebens vermitteln kann. Nossack starb 1977 in Hamburg.

Wie Hans Henny Jahnn wurden auch die Brüder Edgar und Joachim Maass von den Nazis in die Emigration getrieben. Edgar Maass, 1896 in Hamburg geboren, war promovierter Chemiker und debütierte 1935 mit der Erzählung »Novemberschlacht«, 1938 emigrierte er dann in die USA. Erfolgreich wurde er mit seinen historischen Romanen: »Der Arzt der Königin« (1949), »Der Traum Philipps II.« (1951) und »Kaiserliche Venus« (1952). In seinem 1939 erschienenen Roman »Das große Feuer« ist die Hamburger Brandkatastrophe von 1842 dargestellt. Edgar Maass starb 1964 in Paterson (USA).

Sein 1901 in Hamburg geborener Bruder Joachim Maass arbeitete zunächst als Kaufmann und Journalist, ehe er sich ganz dem Schriftstellerberuf widmete. Er veröffentlichte 1935 »Die unwiederbringliche Zeit«, die Geschichte einer Kindheit in Hamburg. Auch sein Roman »Ein Testament« (1939) ist in Hamburg angesiedelt. Als dieses Buch erschien, hatte Maass schon das Deutschland Hitlers verlassen und in den USA eine Professur für moderne deutsche Literatur angenommen. Nur kurz hielt es ihn im Nachkriegsdeutschland, wo er 1952 die Erzählung »Schwierige Jugend« und sein Hauptwerk, den Roman »Der Fall Gouffé«, veröffentlichte, dann kehrte er in die USA zurück. Joachim Maass starb 1972 in New York.

Wie die Brüder Maass, so debütierte auch Peter Gan (Pseudonym für Richard Moering) 1935, als sein Gedichtband »Die Windrose« erschien. Gan, 1894 in Hamburg geboren, war promovierter Jurist, ging 1927 nach Paris, lebte von 1929 bis 1938 als Verlagslektor in Berlin und danach in Paris und Madrid. Bekannt wurde er erst einem größeren Publikum in den Nachkriegsjahren mit seinen Gedichtbänden »Die Holunderflöte« (1949), »Schachmatt« (1956) und »Die Neige« (1961), stille, anmutige, zum Teil auch witzige Lyrik, fernab aller literarischen Trends und Diskussionen. Als Peter Gan 1974 in Hamburg starb, gehörte er zu den schon bei Lebzeiten vergessenen Autoren, vergessen vor allem in seiner Heimatstadt.

Ein ähnliches Schicksal widerfuhr Alexander Zinn, geboren 1880 in Coburg, der 1922 zum Direktor der Staatlichen Pressestelle in Hamburg ernannt wurde, des ersten Presseamts einer deutschen Landesregierung. Zinn arbeitete als Journalist und hatte auch einige erfolgreiche Theaterstücke geschrieben, als ihn, den überzeugten Republikaner, die braunen Machthaber 1933 aus dem Amt jagten. Nach seiner Zwangspensionierung wirkte er nur noch als Schriftsteller und veröffentlichte bis 1941, als er in Hamburg starb, drei Theaterstücke und vier Romane, darunter den dem Leben Matthias Grünewalds gewidmeten »Meister Mathis der Maler« (1936) und den in Hamburg spielenden »Wöldermanns Park« (1937). Ihm zu Ehren stiftete der Senat 1963 den Alexander-Zinn-Preis, der wechselnd einem Journalisten und einem Schriftsteller verliehen wird.

Mit ihrer Berufung an die Kunstgewerbeschule kamen 1907 drei bedeutende Vertreter des Jugendstils nach Hamburg: der Bildhauer Richard Luksch (1872–1936), die Graphikerin und

Bildhauerin Elena Luksch-Makowsky (1878–1967) und der Graphiker und Illustrator Carl Otto Czeschka (1878–1960). Ihr Wirken unterstützte die Museumsarbeit Justus Brinkmanns, der vor allem die Kunst des Jugendstils frühzeitig gefördert hatte. Aber auch sonst besaß Hamburg im 20. Jahrhundert eine Fülle großer Begabungen, besonders unter den Malern, wie etwa Friedrich Ahlers-Hestermann (1883–1973), Ivo Hauptmann (1886–1973), Heinrich Stegemann (1888–1945), Rolf Nesch (1894–1975), Karl Kluth (1898–1972) und Eduard Bargheer (1901–1979). Und in der 1919 gegründeten Hamburger Secession traten nun zum erstenmal verstärkt auch Künstlerinnen hervor wie Alma del Banco (1863–1943), Gretchen Wohlwill (1878–1962), Anita Rée (1885–1933), Alexandra Povorina (1885–1963), Dorothea Maetzel-Johannsen (1886–1930). Die meisten dieser Künstler und Künstlerinnen wurden nach 1933 von den neuen Machthabern für »entartet« befunden und durften nicht mehr öffentlich ausstellen. Rolf Nesch emigrierte nach Norwegen und kehrte nicht wieder nach Hamburg zurück, die Jüdinnen Anita Rée und Alma del Banco nahmen sich das Leben. Während die Literatur in Hamburg sich nie sonderlicher Zuwendung erfreuen durfte und meist im Abseits stand, war das geistige Klima den bildenden Künsten förderlicher, zumal bedeutende Begabungen als Hochschullehrer gewonnen werden konnten, so nach 1945 die Bildhauer Gerhard Marcks (von 1946 bis 1950), Edwin Scharff (von 1946 bis zu seinem Tod 1955) und Gustav Seitz (von 1958 bis zu seinem Tod 1969).

»Das Gefühl einer großen Einsamkeit wird wohl jeder bekommen, der in Hamburg künstlerisch schafft«, meinte Fritz Schumacher 1935 in der Rückschau. Sicher hat in einer so sehr vom Hafen und von der Schiffahrt abhängigen Stadt wie Hamburg der Kommerz immer die Priorität besessen. Daß aber »alles Geistige schon im Keim erstickt würde«, wie Jacob Gallois 1835 giftig über seine Wahlheimat bemerkte, ist ein Vorwurf, den die Geschichte Hamburgs nicht bestätigt.

# Im Zweiten Weltkrieg

Mit dem Überfall Hitler-Deutschlands auf Polen am 1. September 1939 begann der Zweite Weltkrieg; am 3. September erklärten Frankreich und Großbritannien Deutschland den Krieg, und schon an diesem Tag warfen britische Flugzeuge über Hamburg Flugblätter ab. Vom ersten Kriegstag an war in ganz Deutschland strikte Verdunkelung befohlen. Die Straßenbeleuchtung wurde abgeschaltet, Autos, Motorräder und Fahrräder mußten über ihren Scheinwerfern Wachstuchüberzüge mit schmalem Schlitz tragen; damit sollte die Beleuchtung auf ein Minimum reduziert und feindlichen Flugzeugen keine Orientierungshilfe gegeben werden. Man richtete öffentliche Luftschutzräume ein, und die Feuerwehren wurden auf raschen Einsatz bei Fliegerangriffen vorbereitet. (Die hier gegebene Darstellung des Bombenkriegs in Hamburg fußt auf Hans Brunswigs Buch *Feuersturm über Hamburg,* dem besten und zuverlässigsten Bericht über dieses Thema.)

Am 18. Mai 1940 morgens um 0.41 Uhr fielen die ersten Bomben auf Hamburg. Ziel war die Werft von Blohm & Voss. Tatsächlich getroffen aber wurde das sieben Kilometer entfernte Harburger Industriegebiet; 34 Menschen kamen ums Leben, 72 wurden verletzt. Von nun an gab es fast jede Nacht Fliegeralarm, und am 3. Juli 1940 fielen Bomben erstmals auch am Tag, von einem einzigen Flugzeug und ohne Vorwarnung; sie töteten 17 Menschen und verletzten 11 an der Ecke Steilshooper Straße/Elligersweg. Die Bilanz am Ende des Jahres 1940: 70 Luftangriffe mit insgesamt 125 Toten und 567 Verletzten. Die Zerstörungen waren gering, denn die Masse der abgeworfenen Bomben war auf unbebautes Gebiet niedergegangen.

Die ersten schweren Bombenschäden in der Stadt entstanden im Mai 1941; betroffen waren namentlich Adolphsplatz, Valentinskamp, Tieloh und Bramfelder Straße. Bei 42 Luftangriffen im Jahr 1941 gab es 626 Tote und 1959 Verletzte; auch die Zerstörung von Wohnraum war weitaus stärker als im Jahr zuvor.

Obwohl in beiden Jahren mehrmals Werften und Treibstofflager getroffen worden waren, erwiesen sich die Schäden doch als so geringfügig, daß die Hamburger Rüstungsbetriebe (U-Boot- und Flugzeug-Bau) ihre Produktion sogar noch versechsfachen konnten.

Den ersten wirklichen Großangriff erlebte Hamburg in der Nacht vom 26. zum 27. Juli 1942; diesmal waren besonders Jungfernstieg (Alsterpavillon, Hamburger Hof), Am Hünenstein, Hamburger Straße und Schwalbenplatz betroffen. Dennoch war das Jahr 1942 mit 15 Luftangriffen, 494 Toten und 1662 Verletzten gnädiger abgelaufen als das Jahr 1941.

Ein Angriff am 3. März 1943 richtete aufgrund eines Orientierungsfehlers der britischen Bomberpiloten, die eigentlich Hamburg treffen wollten, schwere Schäden in Wedel und Rissen an. Um die Orientierung der Angreifer zu erschweren, wurden zahlreiche Gebäude, auch das Rathaus, mit einem Tarnanstrich versehen; vor allem hatte man schon im Frühjahr 1941 die für die Zielmarkierung besonders auffällige Binnenalster mit Tarnnetzen unkenntlich zu machen versucht – ohne Erfolg. Mit Nachdruck wurden der Bau und die zusätzliche Stabilisierung von Luftschutzräumen forciert und 139 bombensichere Bunker gebaut. Zum Schutz der Stadt waren 80 Flakbatterien aufgeboten; gemessen an den erzielten Abschüssen war ihr Erfolg jedoch gering. Während der ganzen Kriegsjahre lagen die Verluste an alliierten Maschinen bei 40 bis 50 Abschüssen; allerdings zwang das konzentrierte Sperrfeuer die Angreifer in Höhen zwischen 5500 und 8000 Metern, was oft zu Fehlbombardierungen führte. Trotz der geringen Abschußquote hatte Hamburg damals für die Briten »eine der bestgeplanten Flakverteidigungen Deutschlands«.

Vom Jahresbeginn bis zum 25. Juli 1943 hatten 137 Luftangriffe stattgefunden; dabei waren 1431 Menschen getötet und 4675 verletzt worden. Der Luftkrieg hatte also an Härte beträchtlich zugenommen, wenngleich Hamburg immer noch weit weniger getroffen worden war als z. B. Lübeck und Kiel. Doch nun brach über Hamburg eine Katastrophe herein, wie sie die Stadt in ihrer bisherigen Geschichte nicht annähernd erlebt hatte.

Die Große Bergstraße in Altona nach der Bombardierung vom 25. Juli 1943

Am Abend des 24. Juli 1943 starteten 791 britische Bomber mit dem Ziel Hamburg; beziehungsvoll war die militärische Operation mit der Bezeichnung »Gomorrha« getarnt worden. Am 25. Juli setzten um 0.57 Uhr die Bombergeschwader ihre ersten Zielmarkierungen mit dem Zentrum Nikolaikirche. Die Verbände hatten Hamburg unbehindert erreichen können dank einer neuen Taktik: Die Flugzeuge warfen in großen Mengen Stanniolstreifen ab, mit denen die deutschen Radargeräte so gestört wurden, daß eine Ortung der einfliegenden Maschinen nicht möglich war und deutsche Jagdflugzeuge nicht starten konnten. Auf den Radarschirmen war weder die Anzahl der einfliegenden Bomber noch deren Flugrichtung zu erkennen.

In der Innenstadt, in Hoheluft, Eimsbüttel, St. Pauli, Altona und Wandsbek entstanden riesige Flächenbrände, denen die Hamburger Feuerwehr nicht mehr gewachsen war, obwohl sie noch im Lauf der Nacht unterstützt wurde von Wehren aus Lübeck, Kiel, Bremen und sogar aus Berlin. Noch während der Lösch- und Bergungsarbeiten traf am Nachmittag des 25. Juli eine zweite Bomberwelle von 40 amerikanischen Maschinen über Hamburg ein und bombardierte den Hafen. Der dritte Angriff, von 71 US-Bombern, erreichte die Stadt am Vormittag des 26. Juli; er galt wieder den Hafen- und Werftanlagen. Der 27. Juli blieb tagsüber ruhig – Jagdbomber warfen zwei Sprengbomben ab –, doch kurz nach Mitternacht gab es erneut Alarm: 739 britische Bomber befanden sich im Anflug auf Hamburg. Eine Stunde später luden sie ihre tödliche Last ab und entfesselten ein unvorstellbares Inferno. Wandsbek, Eilbek, Hohenfelde, Borgfelde, Hamm, Horn, Hammerbrook und Rothenburgsort waren innerhalb von zwei Stunden ein einziges Flammenmeer mit orkanartigen Feuerstürmen von einem Ausmaß, wie sie noch nie – auch nicht andernorts – bei einer Brandkatastrophe beobachtet worden waren.

Aus dem Bericht eines Feuerwehrmanns: »Beim Hammer Weg liegen Menschen auf der Straße. Wir steigen aus, um zu retten. Da gibt es plötzlich längs der Landstraße eine gewaltige Stichflammenbildung, der ich durch Vorlaufen zu entrinnen versuche. [...] Der Feuersturm ist Orkan. Kein Rauch auf der Straße, nur Flammen und Funkenflug wie dichtes Schneegestöber. Im Laufen sehe ich kaum erkennbar einzelne Menschen und Gruppen jammernd umherirren. [...] Die Hitze auf der Hammer Landstraße ist unerträglich. Ein Glas meiner Schutzbrille springt und fällt heraus. Die Luft wird sehr knapp. Ich laufe bis zur Erschöpfung. Gegenüber Rumpfweg sehe ich noch Menschen sitzen. Instinktiv werfe ich mich dorthin. Einige Menschen liegen [...] schon reglos. Die Sitzenden wimmern apathisch vor sich hin. Auf meine Anrufe reagieren sie gar nicht. Ich liege mit dem Stahlhelm gegen den Wind am Kantstein. Gesicht und Hände muß ich mit meiner Mütze verbergen. Abwechselnd muß ich mit einer Hand die sengende Kleidung löschen. [...] Krise, die ca. 1 1/2 Stunden dauerte (03.00–4.30 Uhr). Ich sog den Sauerstoff direkt vom Pflaster ab. Dieses wurde mit der Zeit so heiß, daß ich Brandverletzungen an der Nase, den Atmungswegen und den Knieen bekam. Alle umliegenden Menschen starben. Bei den weiblichen Personen fing die Kleidung teils Feuer, so daß sie im Nu wie entkleidet dalagen.«

Ein Offizier berichtete über seine Beobachtungen in Hammerbrook: »Die Zahl der auf dem Steinpflaster liegenden Leichen übertraf alles bisher Erlebte. In dichter Folge lagen stark verkohlte Menschen neben solchen, denen das Zeug am Körper verbrannt war, die aber im übrigen nur geringe Verletzungen (z. B. Aufplatzen der Haut) aufwiesen. Dazwischen lagen Menschen in letzten Zuckungen und auch einzelne, die noch bei Bewußtsein waren und nach Wasser lallten. Aus dem vernichteten Gebiet bewegte sich im Zuge der Eiffestraße ein endloser Strom von völlig erschöpften Menschen, vielfach mit Kindern auf dem Arm, über die Leichen hinweg nach Westen zum Heidenkampsweg, in der Hoffnung, dort eine Fahrgelegenheit [...] zu finden.«

Am entsetzlichsten tobte der Feuersturm in Hamm, Hammerbrook und Rothenburgsort, wo infolge der ungeheuren Hitze und durch Einatmen von Kohlenoxyd die Menschen zu Tausenden in den Kellern erstickten oder den Hitzetod starben; viele, die den Keller verließen, wurden durch den Sog in die Flammen gerissen.

Ein Brandmeister erlebte das Inferno in der Hirtenstraße im Stadtteil Hamm so: »Als ich etwa 01.15 Uhr die Kellertreppe heraufkam, fielen in unmittelbarer Nähe neue Sprengbomben. Die Haustür wurde ins Treppenhaus hineingeschleudert, gleichzeitig fielen Brandstäbe in den vorderen Teil des Hausflurs, so daß im Eingang sofort ein Feuer entstand. [...] Wir wurden im Keller hin- und hergeworfen. Kurz danach wurde der Brandmauerdurchbruch im Keller vom Nachbarhaus her aufgeschlagen. Die Leute aus dem Nachbarhause kamen herein, zugleich mit ihnen auch viel Staub, Hitze und etwas Rauch. Der Notausgang unseres Kellers war durch die Sprengbombe ebenfalls aufgerissen, auch von dort drang Staub und Hitze herein. [...] In unserem Keller wurde es nun heiß von oben, von hinten und von der Seite her. Es war mir klar, daß jetzt nur noch übrig blieb zu flüchten. Ich gab Anweisung, daß alle Decken naß gemacht werden sollten, um Kopf und Gesicht damit zu verhüllen. [...] Im Park suchten wir Deckung auf der Wiese unter einem Baum. Der Feuersturm nahm an Heftigkeit [...] noch erheblich zu. Ständig fielen Zweige von dem Baum auf uns herab. [...] Die Hitze war unerträglich, ebenso der Funkenflug. Immer wieder mußten wir die Tücher in einem kleinen Tümpel naß machen und legten sie auf Mund und Augen. [...] Etwas später kam noch ein Ehepaar aus unserem Luftschutzkeller im Park an. Die übrigen 38 Personen aus meinem Haus haben offenbar nicht gewagt, durch das Feuer im Eingang zu laufen. Sie sind im Keller verbrannt.«

Über der Stadt stand eine 7000 Meter hohe Wolke schwarzen Qualms, die Hamburg den ganzen Tag über in Dämmerlicht hüllte. Aber die Leiden waren noch immer nicht zu Ende, denn in den ersten Morgenstunden des 30. Juli traf der von 726 Bombern geflogene sechste Angriff mit voller Wucht Barmbek und etwas abgeschwächt Harvestehude, Rotherbaum, Eppendorf, St. Georg, Uhlenhorst und Winterhude, aber zum Teil auch die schon vorher heimgesuchten Gebiete. In der Innenstadt brannten Rathausmarkt und Mönckebergstraße. Der siebte und letzte Angriff, mit 740 Bombern, erfolgte am 3. August; aber die Bomben fielen zerstreut, weil eine dichte Wolkendecke die Zielmarkierung unmöglich machte und über der Stadt so schwere Gewitter tobten, daß der Verband schließlich abdrehen mußte.

Die ungeheuren Verwüstungen wurden durch ein Phänomen bisher unbekannten Ausmaßes herbeigeführt: den Feuersturm. Der Juli 1943 war in Hamburg sehr heiß und sehr trocken gewesen – am 27. Juli herrschten 32 Grad Celsius –; selbst die Nachttemperaturen erreichten zuweilen 30 Grad Celsius. Die Wetterlage über der Stadt bewirkte bei den entstehenden, vom vielen Holz genährten Bränden einen kaminähnlichen Aufwärtssog mit wirbelsturmgleichen Windgeschwindigkeiten. »Es war wie das Feuer in einem auf volle Zugluft gestellten Ofen« (Brunswig). Nur mit diesem Feuersturm ist die ungeheure Zahl an Toten zu erklären. Bis zum 10. September waren 26 409 Leichen gezählt worden, aber zu diesem Zeitpunkt waren die noch nicht abgekühlten Luftschutzkeller noch gar nicht geöffnet und untersucht worden. »Niemand weiß, wie viele Menschen in der Juli-Katastrophe tatsächlich umkamen. Gar manches Mal konnten die Bergungstrupps nach Öffnen eines Kellers nur an den Aschenresten, an ausgeglühten Uhren und Taschenmessern abschätzen, wie viele Personen sich hier aufgehalten hatten« (Brunswig). Bis zum 30. November hatte sich die Anzahl der geborgenen Toten auf 31 647 erhöht; insgesamt dürften es etwa 35 000 gewesen sein. 37 214 Verletzte wurden allein von Krankenhäusern und Rettungsstellen registriert; wahrscheinlich lag ihre Anzahl aber über 100 000.

Schon nach dem zweiten Angriff waren fast eine Million Menschen aus der Stadt geflüchtet; viele von ihnen kehrten jedoch nach den Angriffen zurück, und da Hamburg danach wochenlang von weiteren Bombardements verschont blieb, konnten Mitte August etwa 800 000 Einwohner registriert werden. Trotz der fürchterlichen Zerstörungen erschienen drei Wochen später wieder Zeitungen und verkehrten auch die ersten Züge. Erst am 13. Dezember wurde Hamburg erneut angegriffen; die Bomben fielen auf Hafen und Innenstadt, Eimsbüttel, Winterhude, Othmarschen und Rahlstedt und kosteten 113 Menschen das Leben.

Dennoch konnte die Rüstungsindustrie kaum beeinträchtigt weiter produzieren und erreichte 1944 sogar ihren höchsten Produktionsausstoß. Doch vom Sommer 1944 an konzentrierten sich die Bombenangriffe auf das Industrie- und Hafengebiet und verursachten große Brände in Tanklagern und Raffinerien, trafen aber auch schwer die Innenstadt (Glockengießerwall, Mönckebergstraße, Gänsemarkt), die bislang noch mit relativ leichten Schäden davongekommen war. Am 25. Oktober griffen US-Bomber Harburg-Wilhelmsburg bei Tag an; es folgten sieben weitere Bombardements allein auf diesen Stadtteil, die schwerste Schäden in den Wohngebieten und in den Industrielagern anrichteten. Allein 1944 fanden in Hamburg 3671 Menschen durch Bomben den Tod, 4319 wurden verletzt.

Hatten die ersten Angriffe des Jahres 1945 wiederum Harburg und den Industrie- und Werftanlagen gegolten, so trafen die letzten Bombardierungen im März und im April vornehmlich wieder die Innenstadt, St. Pauli und Altona; am 11. März wurde das Schiff der bisher nur leicht beschädigten Michaeliskirche zerstört. Am 29. April fielen Bomben auf Bergedorf und Billwerder. Als Opfer der Bomben in den ersten vier Monaten des Jahres 1945 starben 1719 Menschen und wurden 1697 verletzt.

Die Bomben am 29. April, einem Sonntag, waren die letzten, die auf Hamburg fielen. Britische Truppen hatten bereits am Morgen die Elbe bei Artlenburg überquert; zwei Tage zuvor war Bremen nach schweren Kämpfen gefallen. Aber schon seit dem 20. April wurden die Hamburger Außenbezirke gelegentlich von britischer Artillerie beschossen. Seit diesem Tag hatte in Hamburg Generalmajor Alwin Wolz als Kampfkommandant den Oberbefehl. Die Stadt galt als »Festung«, verteidigt von 20 000 regulären Soldaten (Wehrmacht, Marine und Waffen-SS) und 12 000 Männern des Volkssturms. Wolz, dessen Befehlsstand sich im Bunker an der Rothenbaumchaussee befand, war indes entschlossen, Hamburg nicht mehr sinnlos zu opfern.

Durch vorsichtiges Taktieren gelang es Wolz, der jederzeit allein schon wegen vermuteter Kapitulationsbereitschaft hätte verhaftet werden können, Hamburg das Schicksal Bremens zu ersparen, zumal auch Reichsstatthalter Kaufmann eingesehen hatte, daß jeder weitere Widerstand aussichtslos sein würde. Am 3. Mai 1945 kapitulierte Hamburg; um 18 Uhr besetzte die 7. britische Panzerdivision die Stadt. Die offizielle Übergabe an den britischen Brigadegeneral Spurling fand im Bürgermeistersaal des Rathauses statt.

Am 4. Mai wurde Reichsstatthalter Kaufmann verhaftet, am 9. Mai Bürgermeister Krogmann und am 11. Mai die führenden Mitglieder der NSDAP in Hamburg. Alle kamen in das Konzen-

Die Kapitulation Hamburgs am 3. Mai 1945. Links im Eingang des Rathauses, salutierend, Hamburgs Kommandant, Generalmajor Alwin Wolz; hinter ihm, in Zivil, der Zweite Bürgermeister, Wilhelm Amsinck Burchard-Motz; in der Bildmitte, mit weißer Pistolentasche, der britische Brigadegeneral Spurling

trationslager Neuengamme. Hier hatte die SS noch am 14. April Häftlinge ermordet und dann Tausende vor dem Eintreffen der britischen Truppen evakuiert und auf drei Schiffe gebracht, die in der Neustädter Bucht lagen: die »Cap Arcona« (ein Schiff der Hamburg-Süd), die »Thielbek« (Reederei Knöhr & Burchardt) und die »Deutschland« (HAPAG). Britische Flugzeuge, deren Piloten die drei Schiffe offenbar für Militärtransporter gehalten hatten, bombardierten und versenkten sie am 3. Mai; 7398 Häftlinge fanden dabei den Tod. Am 8. Mai endete der Zweite Weltkrieg in Europa mit der bedingungslosen Kapitulation des Deutschen Reichs.

In Hamburg waren etwa 45 000 Menschen bei den Luftangriffen ums Leben gekommen. Etwa 70 000 Hamburger fielen als Soldaten an der Front. Nach einer Aufstellung der Jüdischen Gemeinde Hamburgs wurden 7812 Hamburger Juden ermordet; wahrscheinlich aber waren es weitaus mehr. Aus den Reihen der im Untergrund gegen die Hitler-Diktatur kämpfenden politischen Gruppen in Hamburg – Sozialdemokraten, Kommunisten, Mitglieder der »Weißen Rose« – wurden 1417 Männer, Frauen und Jugendliche umgebracht.

Zwanzig Abgeordnete der Bürgerschaft waren dem nationalsozialistischen Terror zum Opfer gefallen:

Dr. Kurt Adams (SPD), umgekommen 1944 im Konzentrationslager Buchenwald,

Edgar Joseph André (KPD), hingerichtet 1936 in Hamburg,

Bernhard Karl Bästlein (KPD), hingerichtet 1944 in Brandenburg,

Adolf Biedermann (SPD), ermordet 1933 bei Recklinghausen,

Gustav Brandt (KPD), ermordet 1945 auf dem Transport vom Zuchthaus Werl nach Celle,

Valentin Ernst Burchard (Deutsche Staatspartei/DStP), nach 1941 verschollen,

Dr. Max Eichholz (DStP), umgekommen 1943 im Vernichtungslager Auschwitz,

Hugo Eickhoff (KPD), 1944 zum Strafbataillon Dirlewanger verurteilt und in Rumänien gefallen,

Dr. Theodor Haubach (SPD), hingerichtet 1945 in Berlin-Plötzensee,

Ernst Robert Henning (KPD), erschossen 1931 von der SA in Kirchwerder,

Hermann Hoefer (KPD), gestorben 1945 an den Haftfolgen,

Franz Jacob (KPD), hingerichtet 1944 in Brandenburg,

Friedrich Albert Lux (KPD), zu Tode mißhandelt 1933 im Konzentrationslager Fuhlsbüttel,

Adolf Panzner (KPD), gestorben 1944 an den Haftfolgen,

Fritz Simon Reich (Reichspartei des deutschen Mittelstandes), umgekommen 1944 im Konzentrationslager Theresienstadt,

August Schmidt (KPD), gestorben 1939 an den Haftfolgen,

Otto Karl Schumann (SPD), umgekommen als KZ-Häftling 1945 bei der Versenkung der »Cap Arcona«,

Theodor Skorzisko (KPD), verschollen 1940 in Frankreich,

Ernst Thälmann (KPD), ermordet 1944 im Konzentrationslager Buchenwald,

Hans Westermann (KPD), ermordet 1933 im Konzentrationslager Fuhlsbüttel.

# Der Wiederaufbau 1945 bis 1961

Blick vom Turm der St.-Michaelis-Kirche im Mai 1945

Nachdem Hamburg am 3. Mai 1945 durch britische Truppen befreit worden war, mußte die schwer getroffene Stadt erst einmal darangehen, eine Bestandsaufnahme zu machen. Und die sah entsetzlich aus. Im Mai 1939 hatten in Hamburg 1 698 388 Menschen gelebt. Ende Mai 1945 waren es nur noch 1 110 539. Von den 563 533 Wohnungen, die man vor Kriegsausbruch gezählt hatte, waren nur 114 757 (20,5 Prozent) unbeschädigt geblieben; 277 330 (49,2 Prozent) waren völlig zerstört, und 171 446 (30,3 Prozent) galten als leicht bis schwer beschädigt. So

Die Ruine der am 30. Juli 1943 zerstörten Katharinenkirche

die Bilanz der Baubehörde Ende 1945. Im Stadtgebiet lagen 43 Millionen Kubikmeter Trümmer.

Von den 33 Kirchen der Stadt waren 18 heil geblieben. 10 Kirchen waren zerstört, so die Hauptkirchen St. Katharinen, St. Nikolai und St. Jacobi; die anderen waren beschädigt worden, darunter die Hauptkirchen St. Petri und St. Michaelis. Hamburgs Wahrzeichen, der »Michel«, war wunderbarerweise stehen geblieben, und von St. Petri, schon 1842 völlig abgebrannt, war nur der Chor vernichtet worden. Die unschätzbare Arp-Schnitger-Orgel von St. Jacobi war 1942 in einem Bunker im Fundament des Kirchturms untergebracht worden, wo sie die Zerstörung unversehrt überstand. Erstaunlich bleibt auch, wie viele

Das Innere der zerstörten Katharinenkirche

Großbauten die schweren Bombardierungen überdauert hatten, so das Schauspielhaus, die Musikhalle, die Behördengebäude am Gorch-Fock-Wall, das Haus der Finanzbehörde am Gänsemarkt, das Chilehaus und der Sprinkenhof.

Schwere Verluste waren den beiden großen Bibliotheken der Stadt entstanden. Die Staats- und Universitätsbibliothek verlor von ihren etwa 800 000 Bänden rund 500 000. Zwar wurden die wertvollsten Drucke und Handschriften größtenteils gerettet; es entstanden jedoch zusätzliche Verluste dadurch, daß von den nach Ostdeutschland ausgelagerten Beständen ein Teil bis heute verschollen blieb. Auch die Commerzbibliothek, die 1943 etwa 188 000 Bände verzeichnet hatte, konnte nur rund 14 000 Bücher retten.

Im Hafen waren 89,9 Prozent aller Kaischuppen, 78,6 Prozent aller Kräne, 71,5 Prozent aller Speicher, 67,7 Prozent aller Hafenbahngeleise, 54,5 Prozent der Landungsanlagen und 42,4 Prozent aller Brücken zerstört. Die Anzahl der versenkten Wasserfahrzeuge wurde auf etwa 2300 geschätzt.

Zum neuen Bürgermeister Hamburgs ernannte die britische Militärregierung, in Hamburg zunächst repräsentiert durch Colonel Armytage, später durch Henry Vaughan Berry, am 15. Mai 1945 Rudolf Petersen, Bruder des bis 1933 amtierenden Bürgermeisters Carl Wilhelm Petersen und Enkel des Bürgermeisters Carl Friedrich Petersen. Zweiter Bürgermeister wurde Adolph Schönfelder, vor 1933 Polizeisenator; von 1946 bis 1960 war er Präsident der Bürgerschaft.

Die erste Bürgerschaft nach 1945 ging nicht aus Wahlen hervor, sondern wurde von der Militärregierung im Februar 1946 ernannt. Sie zählte 81 Abgeordnete, davon 13 Senatoren, und war in einer Weise zusammengesetzt, die heute eher befremdlich erscheint, denn neben 17 Abgeordneten der politischen Parteien waren die meisten eher als Ständevertreter anzusehen: Vertreter von Gewerkschaften, Religionsgemeinschaften, Industrie, Handel, Kultur; sogar drei Repräsentanten der Grundeigentümer waren unter ihnen. »Seit 1918 das erste und bisher letzte Mal, daß der Gedanke der *Erbgesessenheit*, der die hamburgische Verfassung für Jahrhunderte geprägt hatte, noch einmal in Ansätzen auftauchte« (Hans Wilhelm Eckardt).

Diese Bürgerschaft arbeitete eine vorläufige Verfassung aus, die schon am 15. Mai 1946 verkündet werden konnte, und erließ ein Wahlgesetz, nach dem am 13. Oktober 1946 die ersten freien Wahlen seit 1932 stattfanden – übrigens die ersten Parlamentswahlen in der britischen Besatzungszone. Die Wahl brachte, bei jetzt 110 Abgeordneten, folgende Sitzverteilung: SPD 83, CDU 16, FDP 7, KPD 4 Sitze. Der überwältigende Sieg der SPD war nur möglich gewesen wegen des von der Militärregierung vorgeschriebenen Mehrheitswahlrechts nach britischem Vorbild. Selbst dem neuen Ersten Bürgermeister Max Brauer (SPD), bis 1933 Oberbürgermeister Altonas und jetzt aus der Emigration zurückgekehrt, war angesichts des überproportionalen Anteils seiner Partei beklommen zumute. Er urteilte: »Unser Sieg war zu groß! Der Wahlmodus verhindert die Entfaltung einer arbeitsfähigen Opposition, die nicht zu entbehren ist.«

Die Bürgerschaft beschloß daher 1949 eine Änderung des Wahlrechts. Die Anzahl der Abgeordneten wurde auf 120 erhöht, von denen 72 nach dem Mehrheitswahlrecht und 48 nach dem Verhältniswahlrecht gewählt werden sollten. Diese Korrektur zeigte bei der zweiten Bürgerschaftswahl am 16. Oktober 1949 ihre Wirkung. Die SPD erhielt nun 65 Mandate, CDU und FDP, die unter dem Namen Vaterstädtischer Bund eine Koalition eingegangen waren, 40 Mandate, die Deutsche Partei 9, die KPD 5 Mandate und die Deutsche Konservative Partei 1 Mandat. Max Brauer als Erster und Christian Koch als Zweiter Bürgermeister wurden wiedergewählt. Koch trat ein Jahr später zurück; an seine Stelle trat Paul Nevermann.

Diese Bürgerschaft beschloß die neue, bis heute gültige Verfassung der Freien und Hansestadt Hamburg vom 6. Juni 1952. Am 6. Dezember 1956 wurde auch ein neues Wahlgesetz auf der Basis des Verhältniswahlrechts einschließlich der Fünf-Prozent-Klausel verabschiedet. Damit wurde, wie dies im ganzen Gebiet der 1949 gegründeten Bundesrepublik Deutschland auch für die Bundestagswahlen galt, die Anzahl der im Parlament vertretenen Par-

Das zerstörte Eilbek 1945. Nur der Luftschutzbunker ist stehengeblieben; längs der Straße haben die Ausgebombten in Nissenhütten eine provisorische Bleibe gefunden

teien gesenkt, da jetzt nur noch jene Parteien Abgeordnete entsenden konnten, deren Stimmenanteil 5 Prozent aller abgegebenen Wählerstimmen erreichte.

Doch zurück in das Jahr 1946. Das Elend jener Zeit ist für diejenigen, die es nicht erlebt haben, heute nur schwer vorstellbar. Die Stadt war ein Ruinenfeld, und ehe an den Wiederaufbau gedacht werden konnte, mußten die Trümmer beseitigt werden. Alle Männer von 17 bis 65 Jahren konnten von der Militärregierung zu Aufräumarbeiten befohlen werden. »1946 wurden sogar nur Lebensmittel an diesen Personenkreis ausgegeben, wenn er nachwies, daß der einzelne 100 Ziegelsteine abgeklopft hatte. Diese Arbeiten waren für die unterernährten Menschen recht schwer. Es wurden immer mehr Trecker zum Umreißen der Ruinen eingesetzt. Zur schnellen Beseitigung der Trümmer wurden der obere Teil des Osterbekkanals und viele Fleete in der inneren Stadt zugeschüttet, ebenso eine große Kiesgrube bei Öjendorf. Ziegelgrus aus Trümmerteilen wurde in einem Mahlwerk am Billwerder Steindamm hergestellt« (Hans Dreckmann).

In die Stadt drängten Flüchtlinge, ehemalige KZ-Häftlinge, aus der Kriegsgefangenschaft entlassene Soldaten und aus Hamburg während des Kriegs Evakuierte. Die Menschen hausten in Nissenhütten, Gartenhäusern und in den Kellern zerstörter Gebäude. Die Lebensmittelversorgung war katastrophal. Von der genehmigten Zuteilung zu leben war unmöglich; im Januar 1948 gab es in Hamburg weder Fleisch noch Fett, noch Milch. Entsprechend florierten der schwarze Markt und alle Formen primitivsten Tauschhandels. Genauso schlimm stand es um die Belieferung mit Brennstoffen. Und die ersten Nachkriegswinter waren von extremer Kälte; in Hamburg wurden bis zu minus 28 Grad Celsius gemessen. Wie viele Menschen damals erfroren, verhungert oder an Mangelerkrankungen zugrunde gegangen sind, ist nie gezählt worden. Im Winter 1946/1947 ist einmal von 85 Erfrorenen die Rede, die offiziell registriert wurden. Diese Zahl ist zweifellos viel zu niedrig angesetzt, bedenkt man die Dürftigkeit vieler Behausungen und den Mangel an Heizmaterial. Die Hamburg anlaufenden Züge mit Steinkohlen aus dem Ruhrgebiet wurden auf offener Strecke von der Bevölkerung geplündert. Strom gab es nur stundenweise; deswegen mußten nicht nur viele Unternehmen reduziert arbeiten, was die Anzahl der Arbeitslosen in die Höhe trieb, sondern konnten auch die öffentlichen Verkehrsmittel nur an wenigen Stunden des Tags ihren Betrieb aufrechterhalten.

Doch obwohl die Not die Menschen zwang, sich auf das tagtägliche Überleben zu konzentrieren, war der Hunger nach geistiger Nahrung aller Art nicht minder groß. Seit 1946 gab es in Hamburg wieder fünf – von der britischen Militärregierung lizenzierte – Tageszeitungen: *Hamburger Echo* (SPD), *Hamburger Allgemeine* (CDU), *Hamburger Freie Presse* (FDP), *Volkszeitung* (KPD) und *Die Welt* (überparteilich). Als Wochenzeitung wurde

*Die Zeit* gegründet. Drei Jahre später kamen als Tageszeitungen das *Hamburger Abendblatt* (überparteilich) und die *Hamburger Morgenpost* (SPD) hinzu.

Das Deutsche Schauspielhaus und die Staatsoper wurden 1946 wiedereröffnet. Die Oper hatte das Glück gehabt, daß die Bomben das Bühnenhaus verschont und nur den Zuschauerraum zerstört hatten. Das Haus bekam 1949 einen Erweiterungsbau; bis dahin mußten die Aufführungen im Schauspielhaus oder in der Musikhalle stattfinden. Ida Ehre hatte schon im Dezember 1945 ihre Kammerspiele eröffnet; hier erlebte am 23. November 1947 eines der erfolgreichsten Stücke der Nachkriegszeit seine Uraufführung: *Draußen vor der Tür* des Hamburgers Wolfgang Borchert, der drei Tage vor der Premiere in einer Basler Klinik gestorben war, sechsundzwanzig Jahre alt.

Erst 1951 durften Industrie und Schiffsbau wieder verstärkt arbeiten. 1953 wurden auf der Deutschen Werft in Finkenwerder bereits wieder 219 000 Tonnen Schiffsraum hergestellt. In diesem Jahr konnte auch die Universität ihren Lehrbetrieb in allen Fakultäten wieder aufnehmen. Der Nordwestdeutsche Rundfunk (NWDR) begann 1952 seine ersten Fernsehsendungen. Die Hamburgische Staatsoper, zu deren Intendanten 1946 Günther Rennert berufen worden war, eröffnete 1955 ihren Neubau an der Dammtorstraße. Im Jahr darauf wurde Heinz Tietjen Rennerts Nachfolger, und 1959 übernahm die Leitung Rolf Liebermann. Das Deutsche Schauspielhaus berief 1955 zu seinem Intendanten Gustaf Gründgens, der dieses Amt bis 1963 versah.

Die Tradition des 1929 zum 200. Geburtstag Lessings gestifteten Lessing-Preises der Stadt Hamburg wurde auch nach 1945 bewahrt; 1947 erhielt ihn Rudolf Alexander Schröder, 1950 Ernst Robert Curtius, 1953 Albrecht Goes und Wilhelm Lehmann gemeinsam, 1956 Hans Henny Jahnn und 1959 Hannah Arendt. Als Auszeichnung für Musiker stiftete die Stadt 1950 anläßlich des 200. Todestags von Johann Sebastian Bach den Johann-Sebastian-Bach-Preis, der erstmals 1951 verliehen wurde, und zwar an Paul Hindemith; ihm folgten 1954 Philipp Jarnach, 1957 Boris Blacher und 1960 Wolfgang Fortner. Mit dem Lichtwark-

Gerhard Marcks: Ehrenmal für die Opfer des Bombenkriegs auf dem Friedhof Ohlsdorf (1952)

Preis wurden von 1952 an Maler geehrt: in jenem Jahr Oskar Kokoschka, 1955 Ernst Wilhelm Nay, 1958 Rolf Nesch und 1961 Werner Gilles. Mit dem Edwin-Scharff-Preis wurden von 1955 an jährlich zwei bildende Künstler ausgezeichnet: Erich Hartmann und Hans Ruwoldt (1955), Arnold Fiedler und Fritz Husmann (1956), Herbert Spangenberg und Karl Kluth (1957), Fritz Kronenberg und Richard Steffen (1958), Willem Grimm und Eylert Spars (1959), Martin Irwahn und Tom Hops (1960), August Ohrt und Fritz Flinte (1961).

Der Bildhauer Gerhard Marcks wurde von der Stadt beauftragt, für die Hamburger Opfer des Bombenkriegs eine Gedächtnisstätte zu schaffen. Sie wurde am 16. August 1952 auf dem Ohlsdorfer Friedhof eingeweiht. Dank der hochherzigen Stiftung von Hermann F. Reemtsma bekam Hamburg 1962 ein weiteres

Museum: das Ernst-Barlach-Haus im Jenischpark. Reemtsma, der den nach 1933 verfemten Bildhauer finanziell unterstützt und ihm die Vollendung vieler Werke ermöglicht hatte, vermachte seine Barlach-Sammlung – die größte Barlach-Sammlung überhaupt – der Stadt Hamburg und stiftete überdies das Museum.

Die erste Phase des Wiederaufbaues setzte in der Stadt drei wichtige Akzente. Mit der Neuen Lombardsbrücke – später in Kennedy-Brücke umbenannt – wurde 1953 eine zweite Brücke zwischen Binnen- und Außenalster geschlagen. Zwei Jahre später wurde die Hochhaussiedlung am Grindel fertig. Der wieder wachsende Straßenverkehr verlangte eine stärkere Anbindung des Hafens an das Stadtgebiet. Dies geschah mit der Ende der fünfziger Jahre dem Verkehr übergebenen Ost-West-Straße, mit der eine breite Schneise durch die alten Kirchspiele von St. Katharinen und St. Nikolai gelegt wurde. Die Anlage dieser Straße ist umstritten geblieben; denn mag sie auch aus wirtschaftlichen und verkehrspolitischen Erwägungen unumgänglich gewesen sein, so zerriß die Trasse doch ein Stück des – freilich im Krieg stark zerstörten – ältesten Hamburg und trennte die traditionsreiche Grimm-Cremon-Insel von der Innenstadt. Die Entvölkerung dieses Gebiets durch die Kriegszerstörung und den Wiederaufbau mit Geschäftshäusern hatte die Konsequenz, daß die Ruine der Nikolaikirche nicht wiederaufgebaut wurde – der Turm blieb als Ehrenmal für die Toten des Zweiten Weltkriegs erhalten – und die Gemeinde St. Nikolai, eine der ältesten und größten in Hamburgs Vergangenheit, ein neues Gotteshaus am Klosterstern in Harvestehude erhielt.

In der Stadtregierung erfolgte eine einschneidende Veränderung am 1. November 1953, als der »Hamburg-Block«, eine Koalition von CDU, FDP, DP und BHE, bei der Bürgerschaftswahl 62 Sitze gewann und damit die SPD, die 58 Sitze errungen hatte, überflügelte. Erster Bürgermeister wurde Kurt Sieveking (CDU), Zweiter Bürgermeister Edgar Engelhard (FDP). Aber vier Jahre später, am 10. November 1957, errang die SPD erneut mit 69 Mandaten die absolute Mehrheit und bildete mit der FDP eine Koalitionsregierung. Erster Bürgermeister wurde wieder

Erster Bürgermeister Max Brauer, photographiert von Fritz Kempe 1958

Max Brauer, Zweiter Bürgermeister Edgar Engelhard. Ehe die SPD auch die Bürgerschaftswahl vom 12. November 1961 mit 72 Mandaten gewonnen hatte (CDU 36, FDP 12 Sitze), legte Max Brauer 1960 sein Amt als Erster Bürgermeister in die Hände von Paul Nevermann.

Trotz der vier Jahre Regierung des »Hamburg-Blocks« gelten die ersten sechzehn Jahre von Hamburgs Nachkriegsgeschichte als die »Ära Max Brauer«. Max Brauer, geboren 1887, war von 1924 bis 1933 Oberbürgermeister Altonas gewesen und dann in die USA emigriert. Als US-Staatsbürger kehrte er 1946 nach Deutschland zurück. Als ihm Hamburg 1968 die Ehrenbürgerwürde verlieh, sagte der damalige Erste Bürgermeister Herbert Weichmann: »Max Brauer war von seiner Aufgabe erfüllt, der er sich bis in die letzte Phase seines Wesens verpflichtet fühlte.

Hierbei mag es zuweilen geschienen haben, als seien die Menschen für ihn die Figuren auf dem großen Schachbrett, die gesetzt werden, aber sich nicht selbst setzen sollten. Aber war es wirklich so? Ich glaube, Max Brauer war vielmehr von der Vorstellung beseelt – als Folge der ihm eigenen Gläubigkeit an das gute Werk, das er im Sinne hatte –, daß alle Menschen guten Willens die Züge eigentlich gar nicht anders setzen konnten, als er sie für richtig hielt. Max Brauer war außerdem von einem leidenschaftlichen sittlichen Pathos erfüllt, das ihn keine Kompromisse machen ließ, auch in Fragen, in denen gleichwohl von anderer Warte her eine andere Beurteilung möglich war. [...] Max Brauer war ein Gestalter, aber kein Manager mit kaltem Herzen. Mit Verbissenheit, aber auch mit einer intensiven Wärme seines Herzens, mit aller menschlichen Hingabe setzte er sich für eine würdige Gestaltung der Welt und für ein lebenswertes Leben der Menschen in Freiheit, Recht und Sitte ein. Er konnte sich nicht vorstellen, daß er anders handeln könnte, und ich meine, wir sind ihm Dank dafür schuldig, daß er er es nicht anders konnte.«

Als Max Brauer 1960 von seinem Amt, das er elf Jahre lang innegehabt hatte, zurücktrat – er starb 1973 –, war die erste, die entscheidende Phase von Hamburgs Wiederaufbau abgeschlossen.

# Jahre der Konsolidierung

Seit 1974 überspannt die Köhlbrandbrücke
einen Teil des Freihafens

In der Nacht zum 17. Februar 1962 erlebte Hamburg eine der schwersten Sturmfluten seiner Geschichte. Ein Orkan aus Nordwest staute das Wasser der Elbe und drückte es zurück, mehrere Deiche brachen. Das Hochwasser überraschte die meisten Menschen im Schlaf, 315 verloren ihr Leben. Besonders schwer betroffen war Wilhelmsburg, aber das Hochwasser drang auch in die Hamburger Innenstadt vor, überflutete U-Bahn-Schächte, lief in die Keller, zerstörte teilweise die Telefonverbindungen. Auch die Eisenbahnverbindung war gekappt, da die Elbbrücken unpassierbar geworden waren. Nur dem sofortigen Einsatz der Feuerwehren und erstmals auch der Bundeswehr war es zu danken, daß die Katastrophe nicht noch weitaus größere Dimensionen annahm und mehr Opfer unter der unmittelbar betroffenen Bevölkerung forderte.

Das unerwartete Hereinbrechen dieser Naturgewalt zwang zur Überprüfung der gesamten Sicherheitssysteme und führte schon bald zur Verstärkung der Deiche. Häuser und Betriebe in Elbnähe wurden mit Flutsicherungen versehen. Mit Erfolg, denn die nächste Sturmflut im Januar 1976 – mit der höchsten bisher gemessenen Flutwelle – richtete nur im Hafengebiet Schäden an, verschonte aber das Umland. Das gilt auch für die Sturmflut von 1983.

Das Gesicht der Stadt veränderte sich in den sechziger und siebziger Jahren beträchtlich. Neue Flächen für Bürohäuser wurden 1961 mit dem Bau der City Nord in Flughafennähe erschlossen. Zwischen Schlüterstraße und Bundesstraße entstanden die Neubauten der Universität: Auditorium maximum (1959), Pädagogisches Institut (1960), Philosophenturm (1962), Rechtshaus (1964), Chemische Institute (1964/65), Gebäude der Wirtschafts- und Sozialwissenschaften (1975), Geomatikum (1975) und Staats- und Universitätsbibliothek Carl von Ossietzky (1982).

Da die alten Markthallen in ihrer Kapazität dem wachsenden Handel nicht mehr genügten, entstand 1962 der Großmarkt in Hammerbrook. Eine markante architektonische Note erhielt die

Caffamacherreihe 1963 mit dem Unileverhaus. Zwischen 1965 und 1967 bekam Hamburg seinen mehr als 270 Meter hohen Fernsehturm, offiziell »Heinrich-Hertz-Turm« benannt zu Ehren des 1857 in Hamburg geborenen Physikers. Das 1972 beendete Congress Centrum Hamburg (CCH) mit dem Plaza-Hotel bot endlich die Möglichkeit, internationale Kongresse angemessen unterbringen zu können. Einen Teil des Hafens überspannt seit 1974 die elegant geschwungene Köhlbrandbrücke. Harburg bekam 1978 die schon fünfzig Jahre zuvor von dem damaligen Altonaer Oberbürgermeister Max Brauer geforderte Technische Universität.

Der ein wenig verwahrlost und provinziell wirkende Rathausmarkt erhielt 1980/81 ein ganz neues Gesicht, dessen Konzept von Presse und Architekturkritik zwar nicht eben günstig beurteilt wurde, von der Bevölkerung indes akzeptiert worden ist. Hamburgs schärfster Kritiker unter den Dichtern, Heinrich Heine (»schöne Wiege meiner Leiden«) bekam 1982 vor dem Rathaus auf dem neuen Granitplattenbelag ein Denkmal gesetzt. Der Bremer Bildhauer Waldemar Otto griff dabei auf eine 1928 im Stadtpark errichtete, von den Nationalsozialisten wenige Jahre später zerstörte Statue von Hugo Lederer zurück. Das Ergebnis dieser Mischung aus Rekonstruktion und Neuschöpfung mißriet denn auch als Kunstwerk, wie nicht anders zu erwarten.

Weitaus bescheidener ehrte die Stadt ihren großen Komponisten Georg Philipp Telemann mit einer in den Boden eingelassenen Gedenkplatte links neben dem Rathausportal (Entwurf von Werner Bunz). Diese dürftige, zumeist von parkenden Autos verdeckte Ehrung entspricht allerdings genau der heute in Hamburg geübten Mißachtung dieses bedeutenden Musikers. Einen der schönsten baulichen Akzente erhielt die Innenstadt mit den im Lauf der achtziger Jahre entstandenen Passagen (»Hanse-Viertel«), die zu Recht weit über Hamburg hinaus Aufsehen erregten und durchweg Anerkennung fanden.

So beachtlich viele dieser modernen Großbauten gelangen, so schmählich geriet der Umgang der Stadt mit ihrem historischen architektonischen Erbe. Die schweren Zerstörungen des Zweiten

Weltkriegs waren am Stadtzentrum relativ glimpflich vorübergegangen, für einige Stadtplaner offenbar viel zu glimpflich. So fiel 1953/54 nahezu die gesamte Nordseite der Esplanade (bis auf ein Haus) der Abrißwut zum Opfer, obwohl es sich dabei um ein wertvolles Ensemble aus der Erbauungszeit der Esplanade (1831/32) handelte, eine Schöpfung von Carl Ludwig Wimmel. Und nur einer beträchtlichen Pressekampagne und Protesten aus der Bevölkerung war es schließlich zu verdanken, daß das sog. Amsinck-Palais am Neuen Jungfernstieg und die von Fritz Schumacher erbaute Oberfinanzdirektion am Gänsemarkt 1961 nicht gleichfalls der Spitzhacke geopfert wurden.

Zwar halten sich Hamburgs Denkmalpfleger gern etwas zugute auf den vom Gesetz vorgesehenen Ensembleschutz, der es erlaubt, ganze Straßenzüge vor der Zerstörung zu bewahren, aber die rüde Vernichtung historischer Bausubstanz im Bereich des Hofwegs und die fast abgeschlossene Zerstörung des im Bombenkrieg nahezu unversehrt gebliebenen Stadtteils Marienthal in Wandsbek zeigen nur zu deutlich, wie sehr in Hamburg Theorie und Praxis beim Denkmalschutz auseinanderklaffen. Da ist man schon dankbar, daß es wenigstens gelang, das vom Verfall bedrohte »Glokkenhaus« am Billwerder Billdeich, eines der letzten in dieser Region noch übriggebliebenen Landhäuser vom Ende des 18. Jahrhunderts (erbaut zwischen 1779 und 1785) zu erhalten und in langjähriger Arbeit zu restaurieren. Heute dient das Haus – eines der seltengewordenen Fachwerkbauten des 18. Jahrhunderts in Hamburg – als Museum der Lackierer-Innung.

Dennoch ist nicht zu verkennen, daß sich die Einstellung der Bevölkerung zu ihrem historischen architektonischen Erbe in den letzten 30 Jahren sehr geändert hat. Alte Bauten werden nicht mehr einer falsch verstandenen äußeren Modernisierung unterworfen; im Gegenteil, man versucht vielfach, das ursprüngliche Aussehen wiederherzustellen und Fassaden farbig zu fassen und im Innern die ursprünglichen Stuckdecken zu restaurieren. Zumeist geschah und geschieht das nach wie vor in privater Initiative.

Prominente Beispiele für die Bewahrung historischer Bauten sind das sog. »Landhaus Brandt« an der Elbchaussee (1817 erbaut) und – nicht weit davon – das um 1830/31 entstandene Gartenhaus, das einst Salomon Heine auf dem Areal seines Landsitzes in Neumühlen hatte errichten lassen.

Die in der Neujahrsnacht 1989/90 durch Brandstiftung zerstörten beiden Häuser der 1846 von Alexis de Chateauneuf errichteten Alsterarkaden wurden sorgfältig rekonstruiert. Dabei entdeckte man in der Mellin-Passage (sie verbindet die Alsterseite der Arkaden mit dem Neuen Wall) unter dicken Farbschichten verborgene Decken- und Unterglasmalereien aus der Zeit um 1900, von deren Existenz nichts bekannt gewesen war. Sie wurden – neben bemalten Holzpaneelen – im Museum für Kunst und Gewerbe restauriert und gelangten bei der Wiedereröffnung 1993 wieder an ihren ursprünglichen Platz: ein gelungenes Beispiel der Denkmalpflege.

Daß es zu einem Wandel der Einstellung kam, war nicht ganz zuletzt auch dem Wirken des umtriebigen Kunsthändlers Eduard Brinkama (1927–1978) zu danken. Brinkama hatte 1959 begonnen, in dem damals noch etwas verschlafenen und abgelegenen Stadtteil Pöseldorf alte Remisen und Handwerkerhäuser aufzukaufen, sie zu sanieren, zu restaurieren, im Innern stilvoll auszugestalten und dann an Interessierte weiterzuverkaufen. Ähnliches geschah später in der Deichstraße, deren alte Bausubstanz von der Zerstörung bedroht war. Gegen Brinkamas Wirken läßt sich heute vieles vorbringen, nicht zuletzt auch, daß die nun einsetzende grundlegende Veränderung von Pöseldorf nicht im Sinne einer denkmalschützerischen Verantwortung erfolgte und das ganze Viertel zu einem Quartier werden ließ, das es in seiner Vergangenheit nie gewesen war. Aber Brinkamas Tätigkeit öffnete doch einigen Hamburgern die Augen für die Schönheit des historischen Erbes und erfolgte genau zu der Zeit, als die gewerkschaftseigene Neue Heimat gemeinsam mit einigen Stadtpolitikern Pläne der Öffentlichkeit vorstellte, die eine völlige Zerstörung von St. Georg zugunsten eines Wolkenkratzerviertels vorsahen. Und wieder bedurfte es eines heftigen Protestes in der Bevölkerung, um dieses größenwahnsinnige, die Stadtsilhouette verwüstende Vorhaben zu Fall zu bringen (1966).

Nach dem Rücktritt Max Brauers wurde der frühere Bausenator

Paul Nevermann zum Ersten Bürgermeister gewählt. Er hatte es anfangs nicht leicht, maß man ihn doch an der Statur des eigenwilligen, kantigen und autokraten Max Brauer. Aber Nevermann verstand es, sich Achtung zu erwerben, und er hätte es verdient, länger im Amt zu bleiben, wäre er nicht über ein Vorkommnis gestolpert, daß nicht ihm, sondern seiner Partei zur Schande gereicht. Als nämlich der Besuch der britischen Königin in Hamburg bevorstand, ließ Nevermanns Ehefrau wissen, daß sie nicht bereit sei, an der Seite ihres Mannes repräsentative Pflichten als »First Lady« zu versehen. Daß die Ehe Nevermanns vor der Auflösung stand, war in Hamburg kein Geheimnis, aber das Faktum wurde von der durch und durch provinziellen Presse der Stadt peinlich hochgespielt, und den Parteigenossen des Bürgermeisters fiel nichts anderes ein, als sich schleunigst dieses um Hamburg verdienten Mannes zu entledigen.

Sein Nachfolger wurde Herbert Weichmann, Emigrant wie Max Brauer und der erste Bürgermeister Hamburgs jüdischer Abkunft. Er war 1896 im oberschlesischen Landsberg geboren worden, hatte in den zwanziger Jahren nach einem Studium der Rechts- und Staatswissenschaften als Journalist gearbeitet und war als persönlicher Referent des preußischen Ministerpräsidenten Otto Braun an den zwischen der preußischen Regierung und Hamburg geführten Verhandlungen über einen Hafenvertrag beteiligt gewesen. Nach der Machtübernahme Hitlers emigrierte Weichmann über Frankreich in die USA und kehrte 1948 auf Wunsch Max Brauers nach Hamburg zurück, um hier das Rechnungswesen der Stadt zu organisieren. Ein Jahr später wurde er zum Präsidenten des Rechnungshofes ernannt, 1957 Präses der Finanzbehörde. Der populäre Weichmann sicherte seiner Partei ein glänzendes Wahlergebnis, denn bei der Bürgerschaftswahl am 27. März 1966 errang die SPD 59 Prozent der Stimmen.

Als Weichmann 1971 nach sechs Amtsjahren aus Altersgründen zugunsten von Klaus Peter Schulz zurücktrat, zeigte sich bald, daß die SPD eigenwillige Bürgermeister, die sich ihre Politik nicht von Landesparteitagen vorschreiben lassen mochten, nicht mehr wünschte. Schulz mußte sein Amt schon 1974 an Hans-Ulrich

Klose abgeben, und auch ihn erreichte die Ungnade seiner Partei 1982 – vorgeblich wegen der von ihm vertretenen Energiepolitik, die einen Anti-Atom-Kurs steuerte, tatsächlich wohl mehr wegen Kloses Lebensstil und Amtsverständnis.

Seinem Nachfolger Klaus von Dohnanyi erging es dann nicht besser. Sein nur allzu berechtigtes und wiederholt ausgesprochenes Anliegen, das Amt des Ersten Bürgermeisters – es entspricht dem des Ministerpräsidenten eines Bundeslandes – endlich mit der (selbstverständlichen) Richtlinienkompetenz auszustatten, fand keine Unterstützung in seiner Partei, der auch Dohnanyis gelegentlich etwas selbstherrliches Auftreten und sein betontes kulturelles Engagement mißfielen. Am Ende blieb auch ihm nur der Verzicht auf das Amt, das er würdig vertreten hat.

Das lenkt nun den Blick auf den Zustand und die Veränderungen in der Hamburger Parteienlandschaft. Die SPD hatte bei der Bürgerschaftswahl 1957 die absolute Mehrheit gewonnen, die sie dann 17 Jahre lang ungebrochen behaupten konnte. Dennoch ging sie eine Regierungskoalition mit der FDP ein, die sich in all den Jahren auch bewährte. Die Situation änderte sich, als es der CDU 1974 gelang, erstmals mit 40,6 Prozent ihr bislang bestes Wahlergebnis zu erreichen, während die FDP – nach einem Spitzengewinn von 10,9 Prozent im Wahljahr 1974 – schon vier Jahre später an der Fünf-Prozent-Klausel scheiterte und somit aus der Bürgerschaft ausschied.

Die Crux der Regierungspartei SPD ist, daß sie – vor allem nach der Ära Weichmann – als Partei zunehmend ihren Bürgermeistern und Senatoren ins Konzept redete und versuchte, durch Parteitagsbeschlüsse ihren Repräsentanten in der Stadtregierung Vorgaben zu machen, was zeigt, wie wenig sie ihren Vertretern traute und wie gering sie eigenwillige Persönlichkeiten schätzte. Wie die Partei mit ihren Bürgermeistern Schulz, Klose und Dohnanyi umgegangen ist, sagt genug. Hinzu kam, daß die SPD sicher sein konnte, von der Opposition wenig Schwierigkeiten zu erwarten.

In all ihren Oppositionsjahren bot die Hamburger CDU ein trauriges Bild von Phantasie- und Konzeptionslosigkeit, was sie denn auch, wie die Wahlergebnisse zeigen, für den Hamburger

Wähler ziemlich unattraktiv machen mußte. Mit der Ausnahme von Erik Blumenfeld – als Landesvorsitzender zwar 1968 entmachtet, aber für einige Jahre noch Aushängeschild als glückloser Bürgermeisterkandidat – hatte die CDU für Hamburg nur farblose Funktionäre aufzubieten. Die Stärke der SPD lag nicht etwa in einer besseren Politik oder gar in begeisternden Konzepten und Visionen, sondern in der Schwäche einer Opposition, die sich oft so benahm, als wolle sie die Regierungsverantwortung gar nicht ernsthaft übernehmen.

Dies bot einer wirklichen Opposition, der GAL (Grün-Alternative Liste), 1982 die Chance, in die Bürgerschaft einzuziehen. Es war gar keine Frage, daß diese so junge wie unkonventionelle Partei mit ihrem Engagement für die Probleme des auch in Hamburg sträflich vernachlässigten Umweltschutzes einen bislang unbesetzten Platz im politischen Spektrum einnehmen konnte. Um so mehr war zu bedauern, daß sich die GAL zunehmend von einem internen Ideologenstreit lähmen ließ, in dem sich viele Fehler der von ihr sonst so befehdeten SPD zu wiederholen schienen.

Klaus von Dohnanyi hat 1986 – noch als Erster Bürgermeister – in einem sehr persönlich gefaßten Buch einige bedenkenswerte Sätze über die Politik in einem Stadtstaat notiert: »Ich glaube, daß wir in einem Stadtstaat, der ja letztlich eine auf Landesebene selbstverwaltete Großstadt darstellt, erkennen müssen, daß der größte Teil auf jeden Fall unserer kommunalpolitischen Entscheidungen nicht durch eine Parteibrille betrachtet werden sollte. Wo eine Betriebsansiedlung am zweckmäßigsten durchgeführt, wo eine Straßentrasse am sinnvollsten gezogen wird, welche Schulen bei kleiner werdenden Jahrgängen im Interesse der Bürger aufrechterhalten werden müssen und welche geschlossen werden können – das alles sind Fragen, die sich weitgehend dem Parteienstreit entziehen. Und so gibt es viele andere Probleme, deren Lösungen an relativ objektiven Maßstäben gemessen und bewertet werden können. Und hier sollte nicht gestritten werden, nur um der Rollenverteilung zwischen Regierung und Opposition willen. Wir dürfen nicht zulassen, daß der auf Landesebene überall bestehende

Gegensatz der Parteien mit gleicher Selbstverständlichkeit das politische Klima des Stadtstaates bestimmt.«

Aber die Realität des politischen Alltags in Hamburg sieht anders aus, und wenn die sogenannte »Partei der Nichtwähler« – gemeint sind damit jene, die sich bei den Wahlen der Stimme enthalten – auch in Hamburg immer größer wird, so hat das damit zu tun, daß die Parteien in ihrem Verhalten immer mehr zum Selbstzweck werden, statt tatkräftig Bürgerinteressen zu vertreten, und daß die Vielzahl der aufgedeckten Skandale, die eine Verfilzung von politischen mit handfesten persönlichen finanziellen Interessen demonstrieren, der Sache der Demokratie auf Dauer schweren Schaden zufügen kann.

Bei der Bürgerschaftswahl am 19. September 1993 (die Wahl von 1991 mußte wegen einer Klage gegen das Verfahren bei der Kandidatenaufstellung der CDU wiederholt werden) lag die Wahlbeteiligung nur noch bei 69,6 Prozent. Das war die zweitniedrigste (Wahl 1991: 66,1 Prozent) bei Bürgerschaftswahlen seit 1946. Dabei kam die SPD auf 40,4 Prozent und verlor damit drei Sitze in der Bürgerschaft, aber die oppositionelle CDU profitierte von diesem Verlust nicht, sondern erreichte nur noch 25,1 Prozent, was einen Verlust von acht Sitzen bedeutete. Für beide Parteien war es das schlechteste Ergebnis seit 1945. Demgegenüber konnten Grüne/GAL ihre Stimmenzahl fast verdoppeln und 13,5 Prozent erreichen. Hier zahlte sich die parteiinterne Konsolidierung nach jahrelangem ideologischen Streit spürbar aus. Mit nur 4,2 Prozent verfehlte die FDP ihren Einzug in die Bürgerschaft. Überraschender Gewinner war die neugegründete »Statt Partei«, die auf Anhieb 5,6 Prozent der Stimmen gewann und mit der SPD eine Koalition einging. Während die SPD in der Bürgerschaft von 1946 mit stolzen 83 Sitzen vertreten war, erreichte sie 1993 nur noch 58; die CDU, die 1982 mit 56 Sitzen sogar um einen Sitz stärker als die SPD geworden war, rutschte 1993 auf 36 Sitze ab und durfte sich allenfalls damit trösten, daß ihr 1946 nur 16 Sitze vergönnt gewesen waren. Die FDP, 1974 mit 13 Sitzen vertreten und von 1978 bis 1986 überhaupt nicht mehr in der Bürgerschaft, verlor ihre 1991 errungenen sieben Mandate binnen zweier Jahre, während Grüne/GAL mit nun 19, die Statt Partei mit 8 Sitzen repräsentiert sind.*

Der wachsende Bedarf an Arbeitskräften in den sechziger Jahren führte zu einer beträchtlichen Vergrößerung des Ausländeranteils in Hamburg. Obwohl schon in den fünfziger Jahren »Gastarbeiter« – wie man damals die angeworbenen ausländischen Arbeitskräfte nannte – nach Hamburg kamen, liegen genaue Zahlen erst seit 1974 vor. Aus der Volkszählung von 1961 wissen wir, daß zu diesem Zeitpunkt 22 315 Ausländer in Hamburg lebten. Daraus sind inzwischen (Stand: 31. 12. 1989) 207 538 geworden, zwar weit weniger als in Berlin oder München, aber bei einer Gesamtbevölkerung von 1 692 000 Einwohnern (1992) ist dieser Anteil nicht mehr zu übersehen, zumal er das Erscheinungsbild einiger Hamburger Stadtteile prägt. Dadurch ist auch eine bemerkenswerte Vielfalt von inzwischen über hundert ausländischen Vereinen und Clubs entstanden, angefangen vom 1949 gegründeten polnischen Tanz-Ensemble »Krakowiak« bis hin zu den allein 18 afrikanischen Vereinen, die zu Beginn der achtziger Jahre ins Leben gerufen wurden, oder jenen 21 türkischen Kulturinitiativen, die gleichfalls um diese Zeit entstanden sind. Sie dienen der Pflege der sozialen und kulturellen Identität des jeweiligen Landes und möchten zugleich Stätten der Begegnung mit Deutschen sein.

In Hamburg befanden sich Ende 1989 53 185 Ausländer in einem sozialversicherungspflichtigen Arbeitsverhältnis. Ihr Anteil in der metallverarbeitenden Industrie betrug 20,5 Prozent; im Bereich von Reinigung und Körperpflege lag er bei 20,1 Prozent; im Gaststätten- und Hotelgewerbe betrug er 19,8 Prozent; in der Kunststoff-, Gummi- und Asbestverarbeitung erreichte er 18,2 Prozent.

Als Medienstadt ist Hamburg die Nummer eins in Deutschland. Die hier verlegten Zeitungen und Zeitschriften besaßen 1989 einen Anteil von 85 Prozent bei den Wochenzeitungen, 40 Prozent bei den Publikumszeitschriften und 25 Prozent bei den Tageszeitungen. Hergestellt werden sie u. a. im Heinrich Bauer Verlag, bei

* Zahlen nach »Analyse der Hamburger Wahlen am 19. September 1993«, hrsgg. v. Statistischen Landesamt der Freien und Hansestadt Hamburg.

Gruner + Jahr, im Jahreszeiten Verlag und im Axel Springer Verlag. Hier erscheinen Tageszeitungen wie *Hamburger Abendblatt*, *Hamburger Morgenpost* und *Bild* (die *Welt* in einer Hamburger Regionalausgabe); Wochenzeitungen wie *Die Zeit*, *Die Woche* und *Deutsches Allgemeines Sonntagsblatt*; Nachrichtenmagazine wie *Der Spiegel* und *Stern*; Publikumszeitschriften wie *Brigitte*, *Für Sie*, *Schöner Wohnen*, *Merian* – um nur einige Titel herauszugreifen. Hamburg ist auch Sitz der Deutschen Presseagentur (dpa).

Weniger günstig verlief die Entwicklung im Verlagsbuchhandel. Rowohlt verlegte seinen Standort in das holsteinische Reinbek; andere namhafte Verlage wurden aufgelöst oder von anderen Unternehmen übernommen und gingen auf diese Weise Hamburg verloren, wie u. a. Claassen & Goverts, Hans Dulk, Heinrich Ellermann, Wolfgang Krüger, Marion von Schröder, Christian Wegner.

Führend ist Hamburg auch im Bereich der Schallplattenindustrie mit Unternehmen wie zum Beispiel Deutsche Grammophon, Philips und Teldec.

In der Filmwirtschaft waren 1985 in Hamburg 190 Produktions- und Vertriebsunternehmen tätig. Die Bedeutung, die der Standort Hamburg in der Nachkriegszeit für den deutschen Spielfilm hatte (*In jenen Tagen*, *Liebe 47*, *Des Teufels General*, *Der Hauptmann von Köpenick*), wurde zwar später nicht wieder erreicht, dafür aber gewann das Studio Hamburg in Tonndorf als Film- und Fernsehproduktions-Gesellschaft überregionale Bedeutung. Auf einem Gelände von 80 000 Quadratmetern mit über zehn Ateliers, einem Musikstudio, vier Synchronstudios, zwei Mischstudios und vier Probenstudios haben 30 Produktionen ihren Sitz, seit 1989 auch das Landesstudio des ZDF. Hergestellt werden hier Spiel- und Fernsehfilme sowie Werbe- und Industriefilme.

Das Studio Hamburg ist eine Tochtergesellschaft der NDR-Werbefernsehen und Werbefunk GmbH. Der Norddeutsche Rundfunk (NDR) beschäftigt etwa 2500 Mitarbeiter in seinen Hörfunkstudios an der Rothenbaumchaussee und in seinen Fernsehstudios in Lokstedt. Innerhalb der ARD (Arbeitsgemeinschaft der Rundfunkanstalten Deutschlands) bestreitet der NDR das Programm zu 18 Prozent und ist somit die zweitgrößte Fernsehanstalt innerhalb der ARD. Insgesamt zählte 1991 die Hamburger Medienwirtschaft 48 600 Beschäftigte bei einem Jahresumsatz von 39 Milliarden Mark.

Hamburgs Hafen ist der größte Deutschlands und der viertgrößte in Europa. Als sich die Umstellung des europäischen Stückgutverkehrs auf Container und Containerschiffe immer deutlicher abzeichnete, beschloß die Bürgerschaft 1967, den Hafen zum Container-Hafen auszubauen. Das bedeutete nicht nur eine wesentliche Veränderung der Fahrwassertiefe, sondern auch eine Umstrukturierung der Flächen, die für das Lagern, Sortieren und Laden der Container benötigt werden (ein Liegeplatz für ein Container-Schiff benötigt – bei 300 Metern Schiffslänge – etwa 12 Hektar Landfläche). Seit 1967 wurden zwei Container-Terminals geschaffen: der Burchardkai in Waltershof mit zwei Kilometern Länge und einem Kilometer Breite und ihm gegenüber der Terminal der Euro-Kai-KG. Ein dritter Terminal entstand 1982 am O'Swaldkai.

Als größter Arbeitgeber der Stadt beschäftigte der Hafen 1983 etwa 10 300 Hafenarbeiter; in den sogenannten »Seehafenindustrien« (also Schiffbau, Mineralöl- und Gummiverarbeitung etc.) etwa 34 400. Nimmt man noch weitere Unternehmen hinzu, die alle mehr oder weniger vom Hafen abhängen, so arbeiteten zu Beginn der achtziger Jahre zwischen 70 000 und 100 000 Menschen im Hamburger Hafen.

Um die Geschwindigkeit der Transporte zu beschleunigen – denn natürlich verlangte die Einrichtung der Container-Terminals einen Gleisanschluß – wurde 1968 der Bau des zentralen Rangierbahnhofs Maschen beschlossen, der 1975 fertig wurde und seither als der größte und modernste Rangierbahnhof Europas gilt: 280 Hektar Fläche, 300 km Gleise, 1014 Weichen, 1119 Rangiersignale, 77 Brücken, 38 Hochbauten.

Die Erweiterung und Modernisierung des Hamburger Hafens ist nicht ohne schwere Verluste abgegangen; so sind ihr die Marschendörfer Altenwerder und Moorburg geopfert worden, zum Teil unter Bedingungen, die für die alteingesessenen Bewohner dieser Dörfer menschenunwürdig waren, denen man deutlich zu verstehen gab, daß sie nur »störten« und »im Wege standen«, als sei »Heimatverbundenheit« nur die Bezeichnung für Sentimentalität und Rührseligkeit. Nicht minder bedenklich stimmt, daß Altenwerder als Spülfläche für das mit Schwermetallen vergiftete Elbe-Baggergut vorgesehen wurde.

Die Wirtschaftskraft Hamburgs ist zwar ohne den Hafen nicht vorstellbar, aber von ihm nicht abhängig. 1989 waren in der Luft- und Raumfahrtindustrie (die größte in Deutschland), in der Elektrotechnik, der Feinmechanik, der Optik, im Maschinenbau und in der Chemie 41 Prozent aller in der Hamburger Industrie Beschäftigten tätig. Auf dem Gebiet der Dienstleistungen hält Hamburg unter den deutschen Städten den Spitzenplatz. Von den 791 000 Beschäftigten arbeiteten 74 Prozent 1993 im Dienstleistungsbereich (in Frankfurt am Main sind es 72,6 und in Düsseldorf 71,2 Prozent). Als Versicherungsplatz stand Hamburg 1989 in Deutschland an erster Stelle, als Bankenplatz an zweiter (1989: beide zusammen über 50 000 Beschäftigte). Hamburg gilt auch als Eintrittstor zum EG-Markt für viele skandinavische Firmen, von denen sich 250 in Hamburg niedergelassen haben (1989). Der künftige EG-Binnenmarkt wird die Wirtschaftsstruktur der Stadt noch stark beeinflussen und für große Veränderungen sorgen.

Bei einer 1950 vorgenommenen Verkehrszählung kamen in Hamburg auf 1000 Einwohner 37 Autos (einschließlich Kombi und Lkw). Dreiunddreißig Jahre später war die Zahl der Autos (einschließlich Kombi und Lkw) auf 398 gestiegen. Hatte die Einwohnerzahl 1939 bei 1 698 000 gelegen, so war sie 1946 auf 1 406 000 zurückgegangen, dann aber so kräftig angestiegen, daß 1964 schon 1 857 000 Einwohner gezählt werden konnten. Von da an aber entwickelte sich die Bevölkerung von Jahr zu Jahr rückläufig und war 1992 auf 1 692 000 gesunken, lag also unter dem Stand von 1939. Demgegenüber hatte der Individualverkehr dermaßen zugenommen, daß der öffentliche Nahverkehr stärker ausgebaut werden mußte.

So wurde das U-Bahn-Netz von 65 km im Jahr 1955 auf 90 km

im Jahr 1985 und das der S-Bahn von 140 km auf 200 km erweitert; beide Streckennetze werden auch weiterhin ausgebaut und vergrößert. So entstand zum Beispiel in mehrjähriger Bauzeit um 1970 der Verkehrsknoten Jungfernstieg: Hier kreuzen sich vier U- und S-Bahnlinien auf verschiedenen Ebenen bis zu 26 Metern unter der Binnenalster. Die einzelnen kommunalen Verkehrsbetriebe schlossen sich 1965 mit der Bundesbahn zusammen, und der Hamburger Verkehrsverbund (HVV) bedient inzwischen eine Fläche von 3000 Quadratkilometern.

Nach zehnjähriger Planungs- und Bauzeit konnte 1975 der Neue Elbtunnel eröffnet werden, der durch den Geesthang gebohrt werden mußte und eine Länge von 3 325 Metern mißt. Drei Fahrröhren mit dazwischenliegenden Luftkanälen für die Be- und Entlüftung verknüpfen die von Süden kommende Autobahn Hannover–Bremen mit der nach Norden (Flensburg) führenden BAB. Mit dem Neuen Elbtunnel konnte die sog. Westtangente geschlossen werden, was bedeutet, daß von 1975 an der Fernverkehr nicht mehr durch Teile der Innenstadt geführt werden mußte.

Trotz des weiteren Ausbaus des öffentlichen Personennahverkehrs schaffte Hamburg 1979 seine Straßenbahn endgültig ab. Viele hielten das damals für eine verkehrspolitisch falsche Entscheidung; inzwischen mehren sich die Stimmen, die angesichts der enormen Belastung der Innenstadt durch den Individualverkehr für eine Rückkehr der Straßenbahn plädieren.

Wenn es um Kunst und Kultur in Hamburg geht, wird gern argumentiert, die Stadt sei nun einmal stets ein Ort des Handels gewesen, in dem die Musen keine Heimat besessen hätten. Auch Klaus von Dohnanyi meinte 1986: »Der hamburgische Kaufmannsgeist hat sich gelegentlich in großen Stiftungen, meist sozialen, aber auch kulturellen, dokumentiert. Aber die Künste und die Wissenschaften hatten in Hamburg über viele Jahrhunderte kein natürliches Zuhause.« Dieses Vorurteil dürfte im vorliegenden Buch widerlegt sein, sofern es die Vergangenheit betrifft. Problematisch wird der Umgang mit Kunst und Kultur für Hamburg ab 1919, als ein nun erstmals demokratisch gewählter Senat auch die Kulturhoheit übernahm. Bis dahin nämlich lag die Förderung von

Kultur ausschließlich in den Händen der Bürger, denen der Senat nicht dreinzureden hatte.

Hamburg ist damit nicht schlecht gefahren. Das Schauspielhaus und die Musikhalle wurden aus den Mitteln Hamburger Kaufleute erbaut; Alfred Lichtwark finanzierte die Neuerwerbungen der Kunsthalle mit privaten Mitteln; ihm standen Summen zu Gebote, die seine Nachfolger meist schmerzlich vermissen mußten. Gewiß, Lichtwark wurde es dabei wahrlich nicht leicht gemacht, Kaufleute für Gegenwartskunst zu gewinnen, aber er konnte sein Konzept durchsetzen, nicht zuletzt darum, weil man seine enorme geistige Autorität anerkannte.

Inzwischen befinden über den Kulturetat die Parteien, unter denen Kunstverständige rar sind, die sich aber – über alle politischen Differenzen hinweg – darin einig sind, daß sie unter Kultur vornehmlich öffentliche Repräsentanz verstehen, weswegen für die jährlich steigenden Millionenetats von Staatsoper und Schauspielhaus die Mittel geradezu selbstverständlich bereitstehen; wo aber Kunst nicht repräsentiert – etwa in der Literatur – darf dann um so mehr gespart werden. Und die Etats der Hamburger Museen sind – gemessen am Preisniveau des heutigen Kunstmarkts – nicht anders als ärmlich zu nennen.

Mit wenigen Ausnahmen sind die ganz großen Kunstausstellungen in den letzten 30 Jahren an Hamburg vorbeigegangen, weil der Stadt keine angemessenen Ausstellungsräume zur Verfügung standen, es sei denn, ein Museum erklärte sich bereit, ganze Abteilungen zu schließen, um Räume anbieten zu können. Während sich alle anderen deutschen Großstädten mit Museumsneubauten schmückten (das Museum für Hamburgische Geschichte war 1908 der letzte Museumsneubau dieser Stadt), wurde nach jahrelangen Kontroversen endlich 1993 mit einem Erweiterungsbau der Kunsthalle begonnen. Die ehemalige Blumenmarkthalle am Deichtor konnte – dank der Spende der Körber-Stiftung – zum Ausstellungsgebäude umgebaut werden.

Ähnlich provinziell verhält es sich mit der finanziellen Ausstattung des bedeutendsten Preises, den die Stadt vergibt, den Lessing-Preis. Die Summe von 20000 Mark (dazu noch ein Förderpreis von 10 000 Mark) ist in den letzten 30 Jahren nicht mehr erhöht worden. Der Preis selbst wird in viel zu großen Zeitabständen verliehen und daher kaum beachtet. Ähnliche Beispiele gibt es genug, und sie alle machen Hamburg nicht nur keine Ehre, sondern offenbaren vielmehr eine Provinzialität, die dieser Stadt nicht würdig ist. Auch die von Dohnanyi gelobten »großen Stiftungen« gehen überwiegend an den Künsten vorbei. Als sich Hamburg entschloß, dem Beispiel anderer Städte zu folgen und sich ein Literaturhaus zu gönnen, bewies die Wahl des Objekts zweifellos Geschmack, aber die Millionen für die aufwendige Renovierung der einstigen Kaufmannsvilla am Schwanenwik stiftete ein Privatmann.

Die leeren Kassen von Staat und Gemeinden sind nicht ein vorübergehendes Konjunkturphänomen. Wir werden uns darauf einrichten müssen, viel mehr als bisher privaten Initiativen zu überlassen. Das Sponsoring von Kultur, wie es heute praktiziert wird, galt noch vor 20 Jahren als fast unvorstellbar, ja eher banausisch. Aber neben dem Sponsoring darf das private Mäzenatentum nicht zurücktreten. Wahrscheinlich werden wir uns am amerikanischen Modell der privaten Stiftungen und des verstärkten privaten Engagements orientieren müssen, ohne es sklavisch zu übernehmen, allerdings bei einer Änderung unseres Steuerrechts. Der begüterte Kaufmann als Mäzen: Hier hatte das einmal gute Tradition, und da die Jahre staatlicher Kulturverwaltung gezählt sind, könnte daraus auch eine gute Zukunft erwachsen für Hamburg.

# Nachwort

Mit der Bürgerschaftswahl vom 23. September 2001 mußte die SPD, die mehr als vierzig Jahre lang mit wechselnden Koalitionen Hamburg regiert hatte, die Regierungsverantwortung abgeben. Zwar konnte sie sich bei 36,5 Prozent behaupten (1997: 36,2), aber der Koalitionspartner GAL fiel von 13,9 (1997) auf 8,6 Prozent. Die Wahl gewann ein aus drei Parteien gebildetes Bündnis von CDU (26,2), FDP (5,1) und der neugegründeten »Partei Rechtsstaatliche Offensive« des Amtsrichters Ronald B. Schill, die – einmalig in der deutschen Nachkriegsgeschichte – sofort 19,4 Prozent der Wählerstimmen für sich gewinnen konnte. Die neue Regierungskoalition besitzt in der Bürgerschaft 64 Mandate (CDU 33, Schill 25, FDP 6), die Opposition 57 (SPD 46, GAL 11). Erster Bürgermeister wurde Ole von Beust (CDU), Zweiter Bürgermeister und Innensenator Ronald B. Schill, die FDP – Rudolf Lange – erhielt den Posten des Schulsenators. Der ungewöhnliche Erfolg der Schill-Partei, wie sie inzwischen genannt wird, basierte auf ihrem Versprechen, für mehr Sicherheit in Hamburg zu sorgen, da sich die Kriminalitätsrate zwischen 1970 und 2000 mehr als verdoppelt hatte, vor allem betraf es die außerordentliche Zunahme bei den Gewalt- und Drogendelikten.

Nachdem die Einwohnerzahl Hamburgs 1986 auf 1 571 267 zurückgegangen war, stieg sie Ende 2000 auf 1 715 392, liegt damit aber immer noch hinter 1970, als 1 793 640 gezählt wurden. Der Anteil der Ausländer betrug 15,4 Prozent Ende 1999 und liegt damit hinter Stuttgart (24,5), Frankfurt a.M. (24,1), München (22,8) und Köln (19,7).

In seiner wirtschaftlichen Entwicklung steht Hamburg nicht schlecht da. Die Zahl der Erwerbstätigen erhöhte sich von 704 700 (1985) auf 799 500 (2000). Mit 45,4 Prozent der Erwerbstätigen liegt Hamburg an der Spitze aller Bundesländer. Ende Juli 2001 waren in Hamburg allein 10 098 Unternehmen im Medienbereich tätig, das ist gegenüber 1995 eine Zunahme von 63 Prozent. Mehr als die

Hälfte aller in Deutschland produzierten Zeitungen und Zeitschriften kommen aus Hamburg. Airbus Deutschland hat seinen Hauptsitz in Hamburg und ist hier mit 8200 Arbeitsplätzen der größte industrielle Arbeitgeber. Im Flugzeugbau gehört Hamburg heute zu den drei wichtigsten Standorten der Welt. Das größte Flugzeug, der sogenannte »Super-Airbus« (A 380) mit 555 Plätzen wird hier und in Toulouse gefertigt; die erste Maschine soll 2006 ausgeliefert werden.

Als Fußnote sei noch erwähnt, daß allein neun Hamburger Restaurants mit dem begehrten Stern des Michelin-Führers ausgezeichnet wurden, drei mehr als 1999. Und die Kaufkraft der Hamburger Bürger liegt um 9,3 Prozent über dem Bundesdurchschnitt.

In den Bauvorhaben der Stadt ist Großes geplant. Zunächst einmal die Hafen-City, die bis 2025 zwischen Speicherstadt und Elbbrücken auf 155 Hektar entstehen soll mit Wohnungen für zehn- bis zwölftausend Menschen, Unternehmen mit 15 000 Arbeitsplätzen, Stätten der Kultur und des Sports, wobei hier vor allem an die Olympischen Sommerspiele 2012 gedacht ist, die Hamburg ausrichten möchte. Auch einen Bootshafen soll die Hafen-City bekommen und Anlegeplätze für Kreuzfahrtschiffe. Ein erster Architekten-Wettbewerb für jene acht Baukomplexe, die gegenüber der Speicherstadt am Sandtorhafen errichtet werden sollen, wurde zum Jahresende 2001 entschieden.

Geplant ist auch der Umbau des Flughafens mit dem neuen Terminal 2, einer »Shopping Plaza« für Fluggäste, Parkflächen und S-Bahn-Anbindung. Das alles soll bis 2007 abgeschlossen sein und 15 Millionen Passagieren zugute kommen (einem Drittel mehr als 2001).

In Harburg ist für das Frühjahr 2005 ein Einzelhandels- und Dienstleistungszentrum auf dem 2,6 Hektar großen Industriegelände von Phoenix geplant (»Phoenix-Center«) mit 300 Quadratmeter Büroflächen und über hundert Geschäften.

Das umstrittenste aller Bauvorhaben ist für die Innenstadt zwischen Ballindamm und Mönckebergstraße vorgesehen. Hier möchte eine Investorengruppe (Hamburgische Landesbank, Allianz Immobilien GmbH und die Bernhard Garbe KG) eine riesige »Europa-

Passage« errichten. Auf 37 000 Quadratmetern sollen etwa 130 Geschäfte Platz finden, dazu Büroräume mit 21 000 Quadratmetern. Um das zu realisieren, müssen die in diesem Bereich liegenden historischen Kontorhäuser abgerissen und zwei Straßen überbaut werden. Eine riesige Kuppel soll das Ganze überkrönen. Gegen diesen Plan haben der Bund Deutscher Architekten, der Denkmalschutz und die Freie Akademie der Künste bereits heftig protestiert. Denn die Stadt hat es bisher versäumt, ein Konzept für die Gestaltung, Bebauung und Nutzung dieses sensiblen Innenstadtbereichs vorzulegen. Es gab auch keinen Architekten-Wettbewerb, öffentlicher Straßenraum wird an private Investoren verkauft. Der wirtschaftliche Erfolg eines Projekts von diesen Ausmaßen ist zweifelhaft, eine sogenannte »Nutzungsmischung« (Wohnungen, Läden, Galerien, Gastronomie) in diesem Bereich nicht vorgesehen. Ob die »Europa-Passage« wie geplant bis Herbst 2005 verwirklicht werden kann und in welcher definitiven Gestalt, ist jetzt – im Februar 2002 – noch offen.

»Ehrfurcht vor dem Gewesenen, vor den Denkmalen der eigenen Geschichte besitzt diese Stadt kaum«, schrieb der Hamburger Hans Henny Jahnn 1957. »Das ist ihr Grundfehler. Sie ist, im Gegensatz zu Lübeck, arm an erschaubarer Vergangenheit.«

Es ist natürlich, daß eine lebenskräftige Handelsstadt sich nicht als ein Architekturmuseum verstehen kann. Es gibt auch niemanden in Hamburg, der sich das wünscht. Auch ein so bedeutender Stadtbaumeister wie Fritz Schumacher hat zugunsten seiner Bauten wenig Federlesens mit historischer Bausubstanz gemacht, er hat freilich das Abgerissene durch erstklassige Architektur ersetzt. Es kann heute nicht mehr darum gehen, gigantische Einkaufstempel zu errichten, deren wirtschaftlicher Ertrag zweifelhaft ist, sondern für eine Stadtplanung zu sorgen, die eine vernünftige soziale Struktur vorsieht, damit aus Hamburg nicht eine Stadt wird, die ihre Bewohner mehr und mehr an die Peripherie vertreibt, sondern die auch eine Infrastruktur von Wohn- und Geschäftsbereichen ausgewogen herstellt. Dafür bedarf es guter Konzepte und Zeit für Diskussionen; danach mögen die Investoren ans Werk gehen. Die geplante Hafen-City kann, vernünftig angegangen, durchdacht und im architektonischen Wettbewerb gestaltet, ein großartiges Projekt werden. Warum sollte das bei der »Europa-Passage« anders sein?

Hamburg hat durch eine gutdurchdachte Stadtplanung nach den Zerstörungen des Bombenkriegs die Bausünden anderer Großstädte (wie etwa Frankfurt a. M.) vermieden. Eine gleichmäßige Gebäudehöhe und der Erhalt der Stadtsilhouette haben Hamburg ein harmonisches, gleichmäßiges Aussehen gegeben. Vielleicht war es das, was Alfred Polgar 1953 zu den Sätzen veranlaßte: »In gewissem Sinne kann Hamburg auf das Beiwort ›unvergleichlich‹ Anspruch erheben; will sagen: es ist eine Stadt, die an keine andere erinnert. Sie hat das undefinierbar Besondere, das wir, treffen wir es bei Menschen an, ›Persönlichkeit‹ nennen.«

*Hamburg, im Januar 2002*

# Bibliographie

## Allgemeine Darstellungen


Clemens, Friedrich: *Hamburg's Gedenkbuch, eine Chronik seiner Schicksale und Begebenheiten vom Ursprung der Stadt bis zur letzten Feuersbrunst und Wiedererbauung.* 2 Bde. Hamburg 1844

Eilers, Georg: *Hamburgs Vergangenheit. Eine Geschichte der Heimat.* Hamburg 1922

Gallois, Johann Gustav: *Geschichte der Stadt Hamburg.* 3 Bde. Hamburg 1853–1856

Gallois, Johann Gustav: *Hamburgische Chronik von den ältesten Zeiten bis auf die Jetztzeit.* 5 Bde. 2. Aufl. Hamburg 1870

Griesheim, Christian Ludwig von: *Die Stadt Hamburg in ihrem politischen, öconomischen und sittlichen Zustande.* 2. Aufl. Hamburg 1760

Heß, Jonas Ludwig von: *Hamburg, topographisch, politisch und historisch beschrieben.* Bd. 1: Hamburg 1787; Bd. 2: Hamburg 1789; Bd. 3: Hamburg 1792. – 2. Aufl. Bd. 1: Hamburg 1810; Bd. 2: Hamburg 1811; Bd. 3: Hamburg 1811

Heß, Jonas Ludwig von: *Topographisch-politisch-historische Beschreibung der Stadt Hamburg.* Hamburg 1796

Jochmann, Werner/Loose, Hans-Dieter (Hrsg.): *Hamburg. Geschichte der Stadt und ihrer Bewohner.* Zwei Bände. Hamburg 1982/1986

Kutzbauer, Helga (Hrsg.): *Freie und Hansestadt Hamburg: 40 Jahre Bundesland.* Hamburg 1989

Lahaine, Ludwig/Schmidt, Rud.: *Hamburg, das deutsche Tor zur Welt.* 1000 *Jahre hamburgische Geschichte.* Hamburg 1936

Lehe, Erich von/Kausche, Dietrich/Ramm, Heinz: *Heimatchronik der Freien und Hansestadt Hamburg.* Köln o. J. (1958)

Möller, Ilse: *Hamburg.* In der Reihe Länderprofile – Geographische Strukturen, Daten, Entwicklungen. Stuttgart 1985

Mönckeberg, Carl: *Geschichte der Freien und Hansestadt Hamburg.* Hamburg 1885

Reincke, Heinrich: *Hamburg. Ein kurzer Abriß der Stadtgeschichte von den Anfängen bis zur Gegenwart.* Bremen 1925

Reincke, Heinrich/Hävernick, Walter/Schlotterer, Gustav: *Hamburg Einst und Jetzt.* Hamburg o. J.

Studt, Bernhard/Olsen, Hans: *Hamburg. Die Geschichte einer Stadt.* Hamburg 1951

Wendt, I. C./Kappelhoff, C. E. L.: *Hamburgs Vergangenheit und Gegenwart. Eine Sammlung von Ansichten [. . .] Hamburgs vom elften Jahrhundert bis auf die Gegenwart.* 2 Bde. Hamburg 1896

Wohlwill, Adolf. *Neuere Geschichte der Freien und Hansestadt Hamburg, insbesondere von* 1789 *bis* 1815. Gotha 1914

*Zeitschrift des Vereins für Hamburgische Geschichte, Bde.* 1–74

# Einzeluntersuchungen

Aust, Alfred: *Der Ohlsdorfer Friedhof.* 2. Aufl. Hamburg 1964

Baasch, Ernst: *Die Islandfahrt der Deutschen, namentlich der Hamburger, vom 15. bis 17. Jahrhundert.* Hamburg 1889

Bauche, Ulrich: *Der Schatz der Bürgerkapitäne.* Hamburg 1978

Bauche, Ulrich: *Selbsthilfe gegen Feuersnot. Dreihundert Jahre Hamburger Feuerkasse.* Hamburg 1976

Beneke, Otto: *Hamburgische Geschichten und Denkwürdigkeiten.* 2. Aufl. Berlin 1886

Beneke, Otto: *Hamburgische Geschichten und Sagen.* 3. Aufl. Berlin 1886

Bertheau, Franz R.: *Kleine Chronologie zur Geschichte des Zeitungswesens in Hamburg von 1616 bis 1913. Mit einer Einleitung über die Vorläufer der Zeitungen und die Handhabung der Zensur in Hamburg.* Hamburg 1914

Beurmann, Eduard: *Skizzen aus den Hanse-Städten.* Hanau 1836

Bieber, Hans-Joachim: *Der Streik der Hamburger Hafenarbeiter 1896/97 und die Haltung des Senats.* In: *Zeitschrift des Vereins für Hamburgische Geschichte* 1978, Bd. 64, S. 91–148

Böer, Friedrich: *750 Jahre Hamburger Hafen.* Hamburg 1939

Böhme, Helmut: *Frankfurt und Hamburg. Des Deutschen Reiches Silber- und Goldloch und die allerenglischste Stadt des Kontinents.* Frankfurt a. M. 1968

Bolland, Jürgen: *Die Hamburger Elbkarte aus dem Jahre 1568, gezeichnet von Melchior Lorichs. Mit einer Einleitung über den Zweck der Karte und die Tätigkeit von Melchior Lorichs in Hamburg.* 3. Aufl. Hamburg 1974

Bolland, Jürgen: *Senat und Bürgerschaft. Über das Verhältnis zwischen Bürger und Stadtregiment im alten Hamburg.* Hamburg 1977

Bracker, Jörgen: *Die »Wapen von Hamburg« (III) – ein schwimmender Barockpalast.* Hamburg 1976

Bruhns, Maike: *Anita Rée. Leben und Werk einer Hamburger Malerin 1885–1933.* Hamburg 1986

Brunswig, Hans: *Feuersturm über Hamburg. Die Luftangriffe auf Hamburg im 2. Weltkrieg und ihre Folgen.* Stuttgart 1978

*Buchhandel in Hamburg. Eine Festschrift anläßlich der Gründung des Hamburg-Altonaer Buchhändler-Vereins vor hundert Jahren.* Hamburg 1960

Busch, Harald/Sloman, Ricardo Federico: *Das Chilehaus in Hamburg. Sein Bauherr und sein Architekt.* Hamburg 1974

Dirksen, Victor: *Ein Jahrhundert Hamburg 1800–1900. Zeitgenössische Bilder und Dokumente.* Frankfurt a. M. 1977 (Reprint)

Dohnanyi, Klaus von: *Hamburg – mein Standort.* Hamburg 1986.

Dreckmann, Hans: *Hamburg nach der Kapitulation. Erinnerungen an 1945–1946. Geschichte der »ernannten« Bürgerschaft.* Hamburg 1970

Dreyer, Alfred: *Johann Matthias Dreyer 1717–1769. Ein Hamburger satirischer Dichter und Holstein-Gottorper Diplomat. Ein Beitrag zur Geistesgeschichte Hamburgs um die Mitte des achtzehnten Jahrhunderts.* Hamburg 1934

Ebeling, Helmut: *Schwarze Chronik einer Weltstadt. Hamburger Kriminalgeschichte 1919 bis 1945*. Hamburg 1980
Eckardt, Hans Wilhelm: *Privilegien und Parlament. Die Auseinandersetzungen um das allgemeine und gleiche Wahlrecht in Hamburg*. Hamburg 1980
Ehlers, Joachim: *Die Wehrverfassung der Stadt Hamburg im 17. und 18. Jahrhundert*. Boppard 1966
Faulwasser, Julius: *Der große Brand und der Wiederaufbau von Hamburg*. Hamburg 1892
Finder, Ernst: *Hamburgisches Bürgertum in der Vergangenheit*. Hamburg 1930
Fischer, Manfred F.: *Fritz Schumacher, das Hamburger Stadtbild und die Denkmalpflege*. Hamburg 1977
Fliedner, Siegfried/Busch, Harald: *Welt im Zwielicht. Das Werk des Bildhauers Ludwig Münstermann*. Oldenburg 1962
Freimark, Peter/Kopitzsch, Wolfgang: *Der 9./10. November 1938 in Deutschland. Dokumentation zur »Kristallnacht«*. 2. Aufl. Hamburg 1978
Freudenthal, Herbert: *Vereine in Hamburg. Ein Beitrag zur Geschichte und Volkskunde der Geselligkeit*. Hamburg 1968
Freytag von Loringhoven, Frank Baron v.: *Bäume in der großen Stadt. Alte Bäume in Hamburg*. Hamburg 1963
Gallois, Jacob: *Der chinesische Spion in Hamburg. Nach der französischen Originalhandschrift übersetzt und glossiert von Carl Albert Lange und Robert Pomfrett*. Hamburg 1950
*Gärten, Landhäuser und Villen des hamburgischen Bürgertums. Kunst, Kultur und gesellschaftliches Leben in vier Jahrhunderten*. Ausstellungskatalog des Museums für Hamburgische Geschichte 1975
Geierhos, Wolfgang: *Arbeiterbewegung in Hamburg bis 1918*. Hamburg o. J.
Gernet, Dr.: *Mittheilungen aus der älteren Medicinalgeschichte Hamburgs*. Hamburg 1869
Gonsiorowski, Herbert: *Die Berufe der Juden Hamburgs von der Einwanderung bis zur Emanzipation*. Hamburg 1927
Grab, Walter: *Demokratische Strömungen in Hamburg und Schleswig-Holstein zur Zeit der Ersten Französischen Republik*. Hamburg 1966
Grab, Walter: *Norddeutsche Jakobiner. Demokratische Bestrebungen zur Zeit der Französischen Revolution*. Frankfurt a. M. 1967
Grab, Walter: *Die Revolutionspropaganda der deutschen Jakobiner*. In: *Archiv für Sozialgeschichte* 1969, Bd. IX, S. 113–156
Graupe, Heinz Mosche: *Die Entstehung des modernen Judentums*. Hamburg 1969
Grobecker, Kurt/Loose, Hans-Dieter/Verg, Erik: *... mehr als ein Haufen Steine. Hamburg 1945–1949*. Hamburg 1981
Grundmann, Günther: *Hamburg gestern und heute. Gesammelte Vorträge und Ansprachen zur Architektur, Kunst und Kulturgeschichte der Hansestadt*. Hamburg 1972

Grunwald, M.: *Hamburgs deutsche Juden bis zur Auflösung der Dreigemeinden 1811.* Hamburg 1904
Haarbleicher, M. M.: *Aus der Geschichte der Deutsch-Israelitischen Gemeinde in Hamburg.* Hamburg 1886
Hahn, Julius: *Aus Hamburgs Schreckenstagen.* Hamburg 1913
*Hamburg um die Jahrhundertwende 1800.* Hamburg 1900
Hameln, Glückel von: *Denkwürdigkeiten.* Darmstadt 1979
Harbeck, Hans: *Hamburg – so wie es war.* 3. Aufl. Düsseldorf 1979
Hatz, Gert: *Hamburgische Geschichte im Spiegel der Medaillen (17./18. Jahrh.).* Hamburg 1977
Heckmann, Hermann: *Sonnin. Baumeister des Rationalismus in Norddeutschland.* Hamburg 1977
Hochmuth, Ursel/Meyer, Gertrud: *Hamburger Widerstand 1933–1945. Berichte und Dokumente.* Frankfurt a. M. 1980
Hoffmann, Egbert A.: *Hamburg '45. So lebten wir zwischen Trümmern und Ruinen.* Leer 1985
Hoffmann, Paul Th.: *Die Elbchaussee. Ihre Landsitze, Menschen und Schicksale.* Hamburg 1977
Hofmann, Kurt: *Johannes Brahms und Hamburg. Neue Erkenntnisse zu einem alten Thema.* Reinbek 1986
Holtzmann, Theodor: *Das spanische Militär in Hamburg 1807–1808.* Hamburg 1907
Holzhausen, Paul: *Davout in Hamburg.* Mülheim 1892
Huck, Jürgen: *Das Ende der Franzosenzeit in Hamburg. Quellen und Studien zur Belagerung und Befreiung von Hamburg 1813–1814.* Hamburg 1984
Jaacks, Gisela und andere: *300 Jahre Oper in Hamburg.* Hamburg 1977
Jensen, Jens Christian: *Philipp Otto Runge. Leben und Werk.* Köln 1977
*Die jüdischen Opfer des Nationalsozialismus in Hamburg.* Hamburg 1965.
Jochmann, Werner/Giordano, Ralph: *Als Hamburg unter den Nazis lebte. 152 wiederentdeckte Fotos eines Zeitzeugen.* Hamburg 1986
Kayser, Werner: *500 Jahre wissenschaftliche Bibliothek in Hamburg 1479–1979. Von der Ratsbücherei zur Staats- und Universitätsbibliothek.* Hamburg 1979
Kelter, Edmund: *Hamburg und sein Johanneum im Wandel der Jahrhunderte 1529–1929.* Hamburg 1928
Kempe, Fritz: *Vor der Camera. Zur Geschichte der Photographie in Hamburg.* Hamburg 1976
Kiesel, Otto Erich: *Die alten Hamburger Friedhöfe.* Hamburg 1921
Klein, Gottfried: *Vierhundert Jahre Hamburger Börse 1558–1958.* Hamburg 1958
Kleßmann, Eckart: *Prinz Louis Ferdinand von Preußen 1772–1806. Gestalt einer Zeitenwende.* München 1972
Kleßmann, Eckart: *Telemann in Hamburg 1721–1767.* Hamburg 1980
Köhler, Johannes: *Zur Vorgeschichte der Hamburger Börse.* In: *Deutsche Handelsschul-Woche.* Leipzig 1929, 9. Jg., Nr. 10

Kopitzsch, Franklin: *Grundzüge einer Sozialgeschichte der Aufklärung in Hamburg und Altona.* Zwei Bände. Hamburg 1982
Koppmann, Karl: *Aus Hamburgs Vergangenheit. Kulturhistorische Bilder aus verschiedenen Jahrhunderten.* 2 Bde. Hamburg 1885/1886
Krohn, Helga: *Die Juden in Hamburg 1800–1850.* Frankfurt a. M. 1967
Krohn, Helga: *Die Juden in Hamburg.* Hamburg 1974
Kruse, Joseph A.: *Heines Hamburger Zeit.* Hamburg 1972
Lange, Günther: *Alexis de Chateauneuf. Ein Hamburger Baumeister (1799–1853).* Hamburg 1965
Laufenberg, Heinrich: *Geschichte der Arbeiterbewegung in Hamburg, Altona und Umgegend.* 1. Bd. Hamburg 1911, 2. Bd. Hamburg 1931
Laufenberg, Heinrich: *Hamburg und die französische Revolution.* Hamburg 1913
Lediard, Thomas: *Der deutsche Kundschafter in Briefen eines durch Westphalen und Niedersachsen reisenden Engländers.* Lemgo 1764
Levy, Hartwig: *Die Entwicklung der Rechtsstellung der Hamburger Juden.* Hamburg 1933
Lichtwark, Alfred: *Briefe an Gustav Pauli.* Hamburg 1946
Lichtwark, Alfred: *Briefe an seine Familie 1875–1913.* Hamburg 1972
Lichtwark, Alfred: *Hamburg.* Dresden 1897
Lichtwark, Alfred: *Matthias Scheits als Schilderer des Hamburger Lebens 1650–1700.* Hamburg 1899
Lichtwark, Alfred: *Meister Bertram, tätig in Hamburg 1367–1415.* Hamburg 1905
Lichtwark, Alfred: *Meister Francke.* Hamburg 1899
Liliencron, Detlev von: *Briefe in neuer Auswahl.* Stuttgart 1927
Lindemann, Margot: *Deutsche Presse bis 1815.* Berlin 1969
Litzmann, Berthold: *Hamlet in Hamburg, 1625.* In: *Deutsche Rundschau.* Berlin, Bd. LXX, S. 427–434
Loose, Hans-Dieter: *Barthold Heinrich Brockes (1680–1747), Dichter und Ratsherr in Hamburg. Neue Forschungen zu Persönlichkeit und Wirkung.* Hamburg 1980
Erich Lüth: *Zeitungsstadt Hamburg.* Hamburg 1961
Lynder, Frank: *Spione in Hamburg und auf Helgoland.* Hamburg 1964
Marchtaler, Hildgard v.: *Ein Hexenprozeß zu Bergedorf Anno 1675.* Hamburg 1948 (Typoskript im STA Hamburg, Handschriftensammlung DCCXXXI)
Mathieu, Kai: *Der Hamburger Dom. Untersuchungen zur Baugeschichte im 13. und 14. Jahrhundert (1245–1329) und eine Dokumentation zum Abbruch in den Jahren 1804–1807.* Hamburg 1973
Matthies, Otto: *Hamburgs Reederei 1814–1914.* Hamburg 1924
Merkel, Garlieb: *Briefe über Hamburg und Lübek.* Leipzig 1801
Meyer, Friedrich Johann Lorenz: *Skizzen zu einem Gemälde von Hamburg.* Hamburg 1801
Meyer, Heinrich Ad.: *Erinnerungen an Heinrich Christian Meyer.* Hamburg 1900

Middlebrook, Martin: *Hamburg Juli '43. Alliierte Luftstreitkräfte gegen eine deutsche Stadt.* Berlin 1983
Miesner, Heinrich: *Carl Philipp Emanuel Bach in Hamburg.* Leipzig 1930
Möhring, Paul: *Von Ackermann bis Ziegel, Theater in Hamburg.* Hamburg 1970
Möller, Kurt Detlev: *Das letzte Kapitel. Geschichte der Kapitulation Hamburgs.* Hamburg 1947
Oppens, Edith: *Hamburg zu Kaisers Zeiten.* Hamburg 1976
Ottenberg, Hans Günter: *Carl Philipp Emanuel Bach.* Leipzig 1982
*Der Patriot. Eine moralische Wochenschrift.* 3 Bde. 3. Aufl. Hamburg 1747
*Die Patriotische Gesellschaft zu Hamburg 1765–1965. Festschrift der Hamburgischen Gesellschaft zur Beförderung der Künste und nützlichen Gewerbe.* Hamburg o. J.
Perthes, Agnes und Wilhelm: *Aus der Franzosenzeit in Hamburg.* Hamburg 1917
Piper, Paul: *Altona und die Fremden, insbesondere die Emigranten, vor hundert Jahren.* Altona 1914
Pohlmann, Alfred: *Unser Wandsbek. Geschichte und Geschichten aus 700 Jahren.* Hamburg 1975
Prange, Carsten: *Hamburg in der Hansezeit.* Hamburg 1978
Prell, Marianne: *Erinnerungen aus der Franzosenzeit in Hamburg.* Hamburg 1863
Rambach, Johann Jakob: *Versuch einer physisch-medizinischen Beschreibung von Hamburg.* Hamburg 1801
Rave, Paul Ortwin: *Kunstdiktatur im Dritten Reich.* Hamburg 1949
Rehberg, Walter und Paula: *Johannes Brahms. Sein Leben und Werk.* Zürich 1947
Rehtwisch, Theodor: *Die Hansestädte unter dem Kaiserreich Napoleons.* Leipzig o. J.
Reincke, Heinrich: *Forschungen und Skizzen zur Geschichte Hamburgs.* Hamburg 1951
Riecke, Christel: *Die Juden in Hamburg 1933–1938.* (Typoskript im Institut für die Geschichte der deutschen Juden, Hamburg)
Riesbeck, Johann Kaspar: *Briefe eines reisenden Franzosen über Deutschland.* Berlin 1976
Rudhard, Wolfgang: *Das Bürgerhaus in Hamburg.* Tübingen 1975
Rüdiger, Otto: *Caspar von Voght. Ein Hamburgisches Lebensbild.* Hamburg 1901
Runge, Philipp Otto: *Hinterlassene Schriften.* 2 Bde. Göttingen 1965 (Reprint)
Rüsch, E. H. A.: *Hamburg in der Franzosenzeit.* Hamburg o. J.
Schellenberg, Carl: *Das alte Hamburg. Eine Geschichte der Stadtentwicklung und Baukunst, dargestellt in Gemälden, Zeichnungen, Stichen und Photos zeitgenössischer Künstler.* Hamburg 1975
Schiefler, Gisela: *Wir, Eduard Brinkama. Ein Leben für eine schönere Stadt – in Pöseldorf fing alles an ...* Hamburg 1978

Schindler, Reinhard: *Ausgrabungen in Alt-Hamburg. Neue Ergebnisse zur Frühgeschichte der Hansestadt.* Hamburg 1957

Schönfeldt, Gustav: *Beiträge zur Geschichte des Pauperismus und der Prostitution in Hamburg.* Weimar 1897

Schrader, Th.: *Hamburg vor 200 Jahren.* Hamburg 1892

Schramm, Percy Ernst: *Gewinn und Verlust. Die Geschichte der Hamburger Senatorenfamilien Jencquel und Luis (16. bis 19. Jahrhundert). Zwei Beispiele für den wirtschaftlichen und sozialen Wandel in Norddeutschland.* Hamburg 1970

Schramm, Percy Ernst: *Hamburg, Deutschland und die Welt. Leistung und Grenzen hanseatischen Bürgertums in der Zeit zwischen Napoleon I. und Bismarck. Ein Kapitel deutscher Geschichte.* München 1943

Schramm, Percy Ernst: *Hamburg. Ein Sonderfall in der Geschichte Deutschlands.* Hamburg 1964

Schramm, Percy Ernst: *Neun Generationen. 300 Jahre deutscher »Kulturgeschichte« im Lichte der Schicksale einer Hamburger Bürgerfamilie.* 2 Bde. Göttingen 1963/1965

Schröder, Hans: *Lexikon der hamburgischen Schriftsteller bis zur Gegenwart.* 8 Bde. Hamburg 1851–1883

Schumacher, Fritz: *Stufen des Lebens. Erinnerungen eines Baumeisters.* Stuttgart 1935

Schurek, Paul: *Begegnungen mit Barlach. Ein Erlebnisbericht.* 2. Aufl. Gütersloh 1954

Schwabacher, Ysaar S.: *Geschichte und rechtliche Gestaltung der Portugiesisch-Jüdischen und der Deutsch-Israelitischen Gemeinde zu Hamburg.* Berlin 1914

Sieveking, Heinrich: *Georg Heinrich Sieveking. Lebensbild eines Hamburgischen Kaufmanns aus dem Zeitalter der französischen Revolution.* Berlin 1913

Sittard, Josef: *Geschichte des Musik- und Concertwesens in Hamburg vom 14. Jahrhundert bis auf die Gegenwart.* Altona/Leipzig 1890

Staisch, Erich: *Die Hamburger S-Bahn. Chronik eines modernen Verkehrsmittels.* Hamburg 1979

Staisch, Erich: *Straßenbahn adieu. Ein Stück Hamburg verabschiedet sich.* Hamburg 1978

Stephenson, Kurt: *Hamburg.* In: *Die Musik in Geschichte und Gegenwart.* Kassel 1956, Bd. 5, Sp. 1386–1415

Tannenwald, Bruno: *Die rechtlichen Verhältnisse der Juden in Hamburg.* Hamburg 1911

Therkorn, Kurt: *Gewerbegeschichtliche Untersuchungen zur Einwanderung der Niederländer in Hamburg im 16. Jahrhundert* (1922; Typoskript im STA Hamburg, Sign. A 970/801)

Tittel, Lutz: *Backsteinbau in Hamburg.* Hamburg 1977

Traeger, Jörg: *Philipp Otto Runge und sein Werk. Monographie und kritischer Katalog.* München 1975

Trummer, C.: *Vorträge über Tortur, Hexenverfolgungen, Vehmgerichte u. andere merkwürdige Erscheinungen in der Hamburgischen Rechtsgeschichte*. Hamburg 1844

Urban, Alfred: *Staat und Prostitution in Hamburg*. Hamburg 1925

*Vollständige Einrichtungen der neuen Hamburgischen Armen-Anstalt, zum Besten dieser Anstalt herausgegeben vom Hamburger Armen-Collegio*. Zwei Bände. Hamburg 1788

Voigt, Johann Friedrich: *Die Hamburgischen Hochzeits- und Kleiderordnungen von 1583 und 1585*. Hamburg 1889

*Vollständige Einrichtungen der neuen Hamburgischen Armen-Anstalt*. Bd. 1. Hamburg 1788

Wagner, Adolph: *Die Geld- und Credittheorie der Peel'schen Bankacte*. Wien 1862

Wehl, Feodor: *Hamburgs Literaturleben im 18. Jahrhundert*. Leipzig 1856

Willmann, Rainer: *Wann starb Klaus Störtebeker?* In: *Die Heimat*, 87. Jg., 1980, Heft 3

Wohlwill, Adolf: *Aus drei Jahrhunderten der Hamburgischen Geschichte (1648–1888)*. Hamburg 1897

Wohlwill, Adolf: *Hamburg während der Pestjahre 1712–1714*. Hamburg 1893

Wolff, Hellmuth Christian: *Die Barockoper in Hamburg (1678–1738)*. Wolfenbüttel 1957

Wunderlich, Heinz: *Das kleine Orgelbuch der Hauptkirche St. Jacobi, Hamburg*. Hamburg 1977

Ziegler, Edda: *Julius Campe. Der Verleger Heinrich Heines*. Hamburg 1976

Zimmermann, Mosche: *Hamburgischer Patriotismus und deutscher Nationalismus. Die Emanzipation der Juden in Hamburg 1830–1865*. Hamburg 1979

# Personenregister

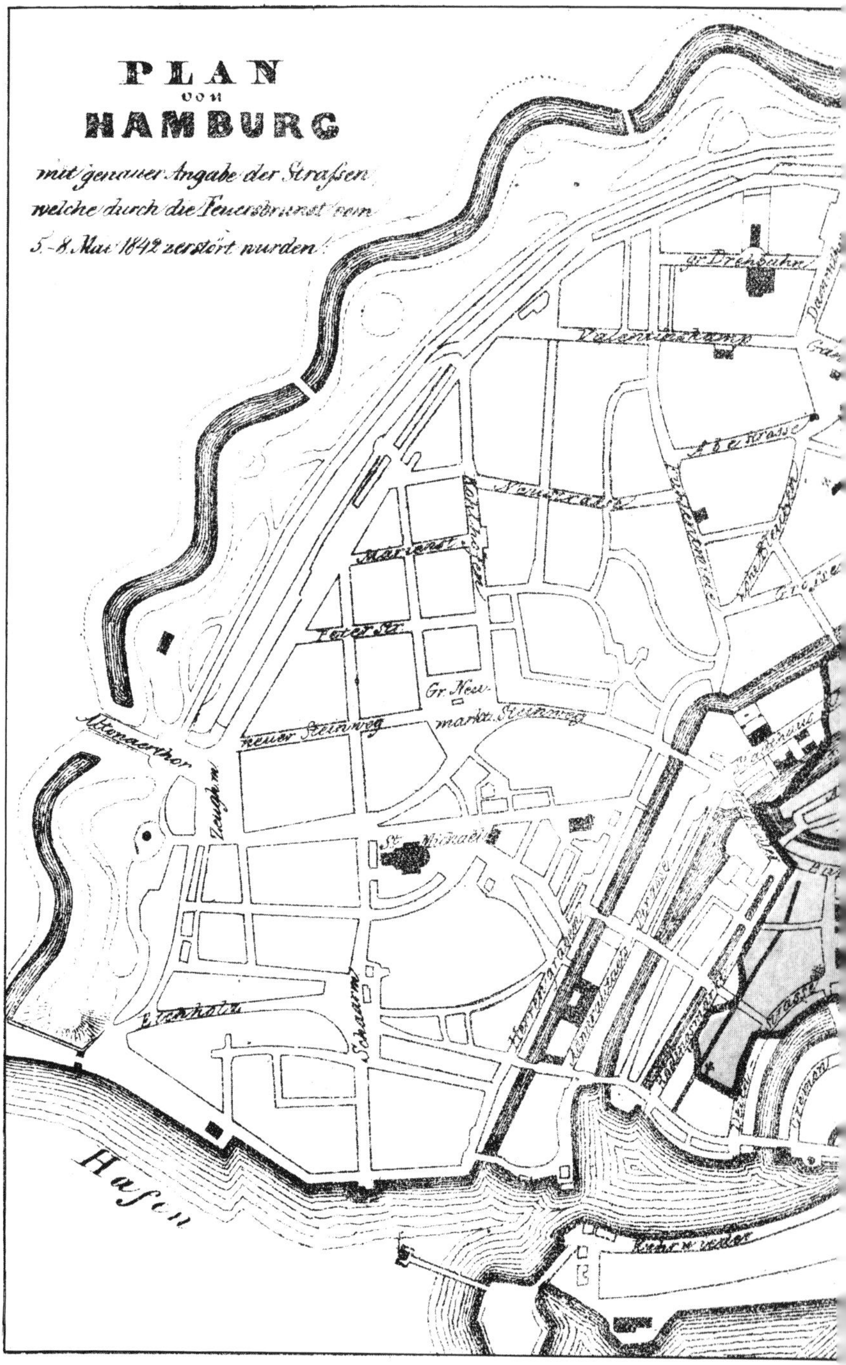


Durch das Feuer zerstörter Theil der Stadt